U0468500

西方思想史
The Passion of the Western Mind
Understanding the Ideas
That Have Shaped Our World View

［美］理查德·塔纳斯（Richard Tarnas） 著

吴象婴 晏可佳 张广勇 译

上海社会科学院出版社
SHANGHAI ACADEMY OF SOCIAL SCIENCES PRESS

思接千载　视通万里
——《西方思想史》中译本序

张广勇

　　理查德·塔纳斯的《西方思想史》是上海社会科学院出版社的重点引进著作项目。长期以来，西方思想史在我国不受重视。进入21世纪，西方思想史在经历了长时期的受冷落与向隅之后，在我国逐渐兴起，引起了各方的重视。从那时起，我们便考虑重点选择和引进国外西方思想史权威著作，以满足各方面读者的需要。

　　一是满足读者渴望深入了解西方思想文化的需要。

　　在当今日益繁荣兴盛的中国，人们不仅走出国门，广泛与世界各国人民交往，而且渴望深入了解西方，了解西方社会、经济、科学、技术、文化的盛衰之道，尤其渴望了解西方之所以走向强盛而凌驾世界的原因。但是，人们在了解西方这种发展过程中往往"只见树木，不见森林"，只见面貌，不见精神，可谓不免浮云遮望眼。因为，西方社会、历史和文化所呈现于人们眼前的，若云兴霞蔚，或光怪陆离，所有一切的变化，归根结底的是思想观念上发生的深刻变化，是新旧思想激烈冲突的产物，是汩汩而出、汹涌奔腾的新思想荡污涤浊的结果，是生机勃勃、清新活泼的新思想的催化作用的后果。正是在这种意义上，用英国著名历史学家柯林武德的话来说，一切历史都是思想史。无论社会、历史和文化，还是政治、经济体制，所有这些方面的变化都可以从思想观念中找到答案，都可以追溯到思想的源头,所以西方历史文化是西方思想变化和发展的历史。西方思想史从根本上揭示了西方走向强盛的原因,适应了人们在当今世界和社会的演进、变化中理解世界和社会的这种需要。

二是推动我国西方思想史这门学科建设的需要。

西方思想史研究在我国只是刚刚起步,而在国外则备受重视,学派林立,成果累累。重要的如法国年鉴学派的精神状态史研究,主要研究人们对世界的各种看法的历史,即研究人们对性、死亡、爱、交往、观念、宗教等问题的态度。他们挖掘不为以往历史学所关注的史料,借助民族学、文化人类学、符号学、深蕴心理学和计量语义学等学科的方法,深入研究思想史的各个领域,代表性成果有《书籍与社会》、《蒙泰尤》、《中世纪的想像》、《大革命精神状态》、《罗马人的狂欢节》等。又如英国剑桥学派思想史研究,主要研究政治思想史,一改通常的哲学方法而注重语言与修辞学的方法,尤其注重在具体的历史语境中去理解思想家的文本,显示了极为独特的语言和修辞学理论特色,也为思想史研究的一大创举。重要成果有《国家与公民》、《近代英国政治话语》等。以上这些都属于思想史的专题研究。这些著作的出版很有意义,但对于推动我国西方思想史学科建设和教学来说,更有意义的是具有西方思想史发展体系的著作的出版。

通常认为,对思想史发展体系的研究可以追溯到黑格尔。黑格尔认为,历史是世界精神或绝对观念运行、发展并自我实现的过程。因此,在他看来,人类的历史不仅是一部精神或思想的历史,而且人类精神或思想历史有它明确的发展过程和体系:它在古代东方度过童年时期,在古希腊度过了美好的青年时代,在古罗马度过了壮年时代,在日耳曼—基督教世界进入了它的老年时代。这个老年时代是精神的老年时代,是精神得以体现的时代,是完满和成熟的象征。以后,布克哈特等历史学家遵循黑格尔的这种体系,着手具体研究并论述西方思想文化史的发展,产生了彪炳史林的《意大利文艺复兴时期的文化》等力作。

到了20世纪,这种研究和思想体系因学术关注的变化而载浮载沉,一些思想史学家力图摆脱黑格尔的这种思想史体系,著名的如英国哲学家以赛亚·伯林、波普尔以及美国哲学家洛夫乔伊等。但黑格尔的这种思想体系的影响是深远的,在20世纪也不绝如缕,其中体系最庞大、影响最广泛的便是英国著名历史学家汤因比的皇皇巨著《历史研究》,而20世纪七八十年代由美国著名历史学家斯塔夫里阿诺斯等掀起的全球史运动,也很难说不是对思辨的、宏大的思想体系的某种依恋和喜好。塔纳斯所著的《西方思想史》也在某种程度上体现了黑格尔所主张的这种世界精神发展的思想,但努力从当下所掌握的历史认识出发重温西方思想并给予其新的理解和意义,从而更像《全球通史》一类著作,尽管两者内容和范围不尽一致。

所以,这类思想发展体系的西方思想史著作引起了我们的关注。在这方面,这类著作重要的有博尔曼的《西方哲学思想史》、斯特罗姆博格的《欧洲思想史》、布林顿的《观念与人:西方思想史》、布朗诺斯基和梅兹里希的《近代西方思想史》、彼得·沃森的《20世纪思想史》、塔纳斯的《西方思想史》等。其中,我们觉得塔纳斯的《西方思想史》别具风采和韵味。塔纳斯是国际著名的思想史学者,这部《西方思想史》耗费了他10年漫长光阴,凝聚了他很长时间以来对西方思想的所思所想,饱含了他心忧天下、情系世界的人文情怀,追溯了从古希腊到后现代的西方思想的完整过程,是最佳的一卷本西方思想史,是大学人文通识教育即博雅教育的杰作,曾轰动西方学术界,已被誉为经典作品,在西方常销不衰。

与国内外同类书比较,塔纳斯的《西方思想史》有以下一些特点:

一是直面现实,激情洋溢。

作者对西方思想史的考察,具有非常强烈的现实感,充满了思想的激情。本书不是那种学究式探讨,而是努力寻求救治由于沉醉于科学和技术进步等而产生的精神病态的思想药方,是为了满足人们希望了解西方思想文化发展盛衰之道以及对付当代种种思想和现实困境的需要,是为了引发人们对当今这个思想混乱的、社会纷争的世界的全面思考,从而改变现实。西方思想正在经历一场划时代的变革,作者从20世纪末叶时代背景出发,重新分析和思考西方思想发展的历史,就是为了参与这场变革。

二是驾繁驭难,高屋建瓴。

作者对西方思想史的考察,阐释概念简洁明了,叙述铺展高屋建瓴。本书不是那种人物列传式的对思想家的思想的罗列,而是着意于思想的宏观动态发展,在一卷本的篇幅内,引人入胜地描述了西方思想的演变及其关于实在的不断变化的观念,从开篇到终篇可谓一气呵成。正如论者所说,它像侦探小说一样扣人心弦,像诗一样动人,以精确的、颇有学术性的细节一幕又一幕、一个场景又一个场景地展现了西方思想演变发展这出伟大的戏剧。

三是体系完整,脉络清晰。

作者对西方思想史的考察,构筑体系气势恢宏,展示演变脉络清晰。本书依循西方整个思想和文化的发展,按古典时代的世界观、中世纪的世界观和现代的世界观等层递演进,着眼于西方文明中的重要思想和核心观念,即从柏拉图到黑格尔,从圣·奥古斯丁到尼采,从哥白尼到弗洛伊德的西方宗教、哲学和科学等形成的思想传统,条理清晰地叙述了自古希腊起至后现代主义时代的西方思想的演进以及不断变化的观念,并通过从当下的角度对影响西方人理解世界的种种观念的重新审视和深刻思考,满怀激情地提出了解决当代西方世界观危机的新的途径和方向,从而帮助人们勇敢面对和积极推动西方思想正在经历的划时代的变革。

2011 年 6 月 10 日于荻泾畔颐河苑

目录

思接千载　视通万里——《西方思想史》中译本序 / 张广勇　1

西方思想的激情 / 1

序言 / 1

引言 / 1

第一篇　希腊人的世界观 / 1

- 原型的型 / 4
- 相与神 / 12
- 从荷马到柏拉图的希腊思想的演变 / 16
  - 神话中的想像力 / 16
  - 哲学的起源 / 19
  - 希腊人的启蒙运动 / 26
  - 苏格拉底 / 32
  - 柏拉图的英雄 / 37
- 哲学家的探求与宇宙精神 / 44
- 关于行星的问题 / 52
- 亚里士多德与希腊人的平衡 / 59
- 双重遗产 / 75

第二篇　古典时代的转变 / 81

- 希腊化母体的互相对立的倾向 / 84

　　　　希腊思想的衰落与保持/84

　　　　天文学/88

　　　　占星术/91

　　　　新柏拉图主义/94

　　　　罗马/97

　　· 基督教的兴起/100

第三篇　基督教的世界观/103

· 犹太人的一神教与历史的神化/107

· 古典成分与柏拉图哲学遗产/112

· 异教思想的皈依/120

· 基督教看法内的两个对立面/135

· 欢欣鼓舞的基督教/141

· 二元论的基督教/147

· 进一步的对立面和奥古斯丁的遗产/157

　　　　物质与精神/157

　　　　奥古斯丁/163

　　　　律法与恩典/169

　　　　雅典与耶路撒冷/172

· 圣灵与它的沧桑变化/176

· 罗马与天主教/180

· 圣母马利亚与母教/184

· 总结/188

目录

第四篇　中世纪时代的转变／195

- 经院哲学家的觉醒／199
- 托马斯·阿奎那的探求／204
- 中世纪全盛时期的进一步发展／217
  - 世俗思想的涨潮／217
  - 天文学与但丁／219
  - 基督教会的世俗化与世俗神秘主义的兴起／222
- 批判的经院哲学与奥康姆的剃刀／226
- 古典人文主义的复兴／236
  - 彼特拉克／236
  - 柏拉图的复归／238
- 在门槛上／248

第五篇　现代世界观／251

- 文艺复兴／253
- 宗教改革／262
- 科学革命／277
  - 哥白尼／277
  - 宗教界的反应／280
  - 开普勒／283
  - 伽利略／287
  - 牛顿宇宙观的形成／290
- 哲学革命／301
  - 培根／301

　　　　笛卡尔/305
　・现代世界观的基础/312
　・古代和现代/322
　・现世主义的胜利/330
　　　　科学和宗教：早期的协调/330
　　　　妥协和冲突/333
　　　　哲学、政治学、心理学/340
　　　　现代的性质/350
　　　　隐而不显的连续性/352

第六篇　现代的转变/357

　・变幻不定的人类形象——从哥白尼到弗洛伊德/359
　・现代思想的自我批判/367
　　　　从洛克到休谟/367
　　　　康德/375
　　　　形而上学的衰落/386
　・现代科学的危机/391
　・浪漫主义及其命运/403
　　　　两种文化/403
　　　　分裂的世界观/412
　　　　尝试综合：从歌德和黑格尔到荣格/415
　　　　存在主义和虚无主义/426
　・后现代主义的思想/433
　・世纪之交/449

第七篇 尾声 /453

- 哥白尼之后的双重束缚 /455
- 认识与无意识 /461
- 世界观的演变 /473
- 万物归元 /481

大事年表 /487

注释 /519

参考书目 /544

志谢 /566

索引 /569

译后记 /604

世界是深奥的：
比岁月所能理解的更深奥。

弗里德里希·尼采
《查拉图斯特拉如是说》

西方思想的激情

"这是我所读过的对每个学生学习西方思想史时所应了解的宏伟概况作了最清晰、最简洁的描述的一部著作。这部著作文字典雅,使读者像读一部引人入胜的长篇小说一样深受感动……这确实是一部气势磅礴的杰作。"

约瑟夫·坎贝尔

"我所读过的最佳的西方思想史……非常精彩。"

纽约城市大学巴鲁克学院哲学系主任罗伯特·A.麦克德莫特

"一部非凡的、有学术水准的专著。这部专著不仅正确地看待西方思想史,而且获得了关于我们思想的演变和整个人类事业的前途的种种新见解。"

哈佛大学医学院精神病学教授、《我们混乱的巨头》
和《继续生存的魔力》两书的获得普利策奖的作者
约翰·E.麦克

"这部专著对西方思想史作了最具创造性的、最全面的论述……这部专著是一部真正的杰作。"

加利福尼亚州综合学院心理学教授、《人类潜意识的王国》
和《大脑之外》两书的作者斯塔尼斯拉夫·格罗夫

"我陶醉在这本书从头至尾给予我的思想的愉悦和激励之中。当我读到书尾时,我想把书再读一遍……我已把这本书添加到属于我案头'永久收藏对象'的一小批书中——大约10本,其中包括我的词典、《圣经》,等等……一本完美的书,没有瑕疵。无论怎样赞美也不过分。"

康涅狄格州大学心理学教授、《最后一个方案》一书的作者肯尼思·林

"以通俗易懂的形式出色地概述西方世界观发展的一部绝妙的思想佳作。仅仅对后现代主义思想的总结,就使这本书值得一读。"

赛布鲁克学院心理学教授斯坦利·克里帕纳

"一部充满冒险精神、思想上极为大胆的著作。"

《菩提树评论杂志》加里·拉赫曼

"《西方思想史》是论述西方从苏格拉底前的古希腊人到现代期间对知识的探求的根源和重大成果的一部精彩的思想史。它也是将这种探求的哲学方面、精神方面和科学方面准确地结合在一起、预言了其即将到来的变化的一个强有力的、多层面的综合体……一部伟大的艺术杰作,一种独特的精神启示。"

《希腊杂志》哈里森·谢泼德

"[塔纳斯]已认真考虑了数千个事实,成功地将它们组合成一个惊人的思想综合体,以完美的散文体将它表现出来。"

《光谱评论杂志》格奥尔格·福伊尔施泰因

"全面地、理智地概述了从远古时代到现代的人类思想的出现和演变……靠这一卷书,理查德·塔纳斯朝使自己被公认为现代百科全书编纂

者的方向走了很长一段路。"

《新英格兰图书评论杂志》

"引人注目的成功……令人兴奋的读物,给人留下深刻印象的每一页。"

《探求》罗伯特·克拉夫特

"结构异常严密……文笔极为流畅……尤其是,这本书全文充满了像奇妙的小爆竹一样'爆炸'的见解……这本书的根本上的跨学科性质,明确地对知识'诸领域'间的划分提出了疑问;的确,这在很大程度上是这一故事的中心点及其意义所在之处:没有树木,但整个密林却令人信服地给表达出来……[这本书包含了]我有生以来所读到的对早期基督教历史的最简洁、最引人入胜的叙述。"

锡拉丘兹大学宗教学教授、

《新的多神信仰》一书的作者戴维·L. 米勒

"理查德·塔纳斯拥有迷人的洞彻事理的能力,因此,在《西方思想史》一书中能自在地回旋于诸复杂的问题之间而一点也不伤及这些问题的复杂性。"

《全国性评论杂志》杰弗里·哈特

"对理解历史、文化和人类本身作出的一种重要的新解释……绝对地明晰、广泛、简洁。"

《内门》凯万·普罗希尼克

"真正地依靠思想的锋刃。"

哈佛大学核时代心理研究中心

"一次思想奇遇——这本富有挑战性的体大思精的著作使人清楚地了解对现代观点极为重要的思想。"

《出版者周刊》

"出色地传达了这一关于心灵和物质、信仰和理性、宇宙论和科学、自由和决定论方面种种相冲突的问题的剧本……了解过去的哲学家们的永恒智慧的一本必不可少的指南。"

《西雅图时报》、《邮报》约瑟夫斯·F.开普勒

"其他任何概述都不能像这一概述那样,在同样范围内提供同样清晰、同样有说服力的全面评述。这一概述的学术成就是毋庸置疑的。"

伯克利加利福尼亚大学宗教学教授、

《世界诸宗教》和《后现代主义思想之外》

两书的作者休斯顿·史密斯

"在一定程度上,他的成功在于,甚至是这一故事中为人所熟悉的那些部分,他也可以做到让人在聆听时对它们的性质、复杂性和有悖常理之处产生新的、更深的感觉。"

《越过潮流》尤金·丰蒂内尔

"理查德·塔纳斯评论了我们作为生活在20世纪末的人的状况……虽然塔纳斯已积累了数量大得惊人的资料,但他却解除了这种知识在我们头脑中造成的困惑。他是如何做到这一点的呢?他首先不是把他的心所已抓住的事物告知我们,而是把已抓住他心的事物告知我们。因此,他的叙述也抓住了读者的心。"

《属于宇宙》一书的合著者达维德·施泰因德尔—拉斯特

"一本伟大的书……一本关于历史、关于思想的极乐境界、关于思想与生命之奥秘的关系的充满激情的书。这本书的光彩、巧匠技艺和无畏精神，人们应该不会领略不到。"

《形成阶段》沃尔特·R.克里斯蒂

"对塔纳斯的建树，无论怎样赞扬也不过分……他已推出了一部为人们所十分需要的当代'困惑者指南'，即关于西方思想史的可能令人困惑的领域的一张全面而又易于理解的地图。"

《旧金山荣格学院图书馆杂志》

"关于从哲学、宗教和科学之间关键性的相互作用当中察觉到的逐步形成的西方世界观——西方的思想和精神——的一部令人信服的叙事性历史……靠心理学家的洞察力和小说家的艺术才能[写成]。"

《读者》基思·汤普森

"塔纳斯是一个罕见的、却又极受尊敬的人。他使一种深刻的、持久的远见与无可挑剔的学识、和谐和纯粹的努力相一致；这种纯粹的努力是创造具有改变世界的性质的某种东西所必需的。"

《共同基础》雷恩·巴特勒

"像任何人类计划有理由做到的那样接近完美。"

《约伯的身躯》一书的作者迪恩·朱安

"我有生以来读到过的最有启发性、最令人满意、行文最优美、辩论最透彻的——而且很重要的——书中间的一本。"

《读者》基思·汤普森

"对西方3 000年来寻求这位评论作家所意识到的广大民众容易接近的真理的历程所作的最令人激动的叙述……一部天才的著作。"

《希腊杂志》哈里森·谢泼德

"我有生以来所见到的最佳的一卷本的西方思想史。"

《世界诸宗教》一书的作者休斯顿·史密斯

"[这部]宏伟的、评论性的概论以其对'西方主流高雅文化'和20世纪90年代'发生根本变化的世界'的固有尊重,为一般读者和学者型读者同样提供了一个惊人的新发现……允许读者仿佛首次似的理解西方文化的大场景。"

《旧金山记事报》帕特里夏·霍尔特

"强有力的……将帮助我们顺利地进入下一千年。"

苹果计算机股份有限公司董事长兼总经理约翰·斯卡利

"这是一本典雅的、迷人的书——是一本像侦探小说一样扣人心弦、像诗一样动人的杰作。这本书,是塔纳斯满怀激情地写的,写得很明了、很出色,以精确的、颇具学术性的细节一幕又一幕、一个场景又一个场景地展现了西方思想演变发展这出伟大的戏剧。"

《复活》安妮·巴林

这里表现的是从柏拉图到黑格尔、从奥古斯丁到尼采、从哥白尼到弗洛伊德的西方文明的伟大智者们和他们的关键性思想。理查德·塔纳斯基本上创造了一个奇迹:对深奥的哲学概念的描述很简洁,却又没有使这些概念简单化。《西方思想史》一书作者撰写了10年,已被赞颂为经典作品,真正做到了以一卷本的形式实现一种完整的通才教育。

序　言

本书简要地叙述了从古希腊人至后现代主义的西方世界观的历史。我的宗旨,就是要在一卷本的篇幅内,条理清晰地描述西方思想的演变及其关于实在的不断变化的观念。近来在哲学、深蕴心理学、宗教研究和科学史诸领域所取得的种种进展,已使人进一步了解这种值得注意的演变。这里所提供的历史描述,亦因这些进展而大受影响且内容更为丰富,因此,叙述到最后,我凭借这些进展,为人们了解西方文化中的思想与精神的历史,提出了一种全新的观点。

现在,关于西方传统的崩溃、文科教育的衰落以及努力解决当代种种问题所需要的文化基础的引起危险的缺乏,我们听说的已非常之多。在一定程度上,这类担心反映了人们面对正在发生根本变化的世界所感受到的不安与怀旧。不过,它们也反映了一种真正的需要;正是因为有愈来愈多的好思考的男男女女认识到这种需要,我才撰写了这本书。那么,现代世界是如何达到目前这种状况的呢? 现代思想又是如何衍生出如此深深地影响了当今世界的那些基本观念和行为准则的呢? 对我们这个时代来说,这是一些十分紧迫的问题;要处理这些问题,就必须重新找出我们自身的根源——不是从对以往时代的观点和价值观的不加批判的崇敬中去找,而是恰恰相反,要去发现我们自己时代的种种历史根源,并将它们整合在一起。我相信,唯有重温现行世界和世界观的更深一层的根源,才有希望获得对付当前困境所必需的自知之明。因此,西方的文化与思想的历史,可以用作应付我们大家所面临的种种挑战的一项预备教育。我希望,通过这本书,这一方面历史的基本内容更易为一般读者所理解。

不过,说实在话,我也想讲一个我认为值得一讲的故事。西方文化史似乎早就具备一部伟大的史诗般的剧本所拥有的动力、规模和优美:古希腊与古典希腊,希腊化时期与罗马帝国,犹太教与基督教的兴起,天主教会与中世纪,文艺复兴、宗教改革与科学革命,启蒙运动与浪漫主义运动以及从那时起直到我们自己的这个必须接受的时代。气势磅礴和崇高伟大、一场场戏剧性的冲突和一次次惊人的解决,已标志西方思想一直在试图理解实在的本质——从泰勒斯和毕达哥拉斯到柏拉图和亚里士多德,从克雷芒和波伊提乌到阿奎那和奥康姆,从欧克多索斯和托勒密到哥白尼和牛顿,从培根和笛卡尔到康德和黑格尔,从所有这些人到达尔文、爱因斯坦、弗洛伊德和再往后的人,均是如此。那种称之为"西方传统"的长期的思想观点的交锋,是一种我们大家心里都得承受其主要内容及后果的激动人心的冒险活动。史诗般的英勇精神已在苏格拉底、保罗和奥古斯丁、路德和伽利略各自的个人斗争中大放光芒,亦在由这些人和许多不那么引人注目的人物承受的规模更大的文化斗争中大放光芒;后一种斗争已将西方纳入其非凡的轨道运行。这里上演的是高雅悲剧,所以还伴有除悲剧之外的东西。

接下来的篇章是追述西方其主流高等文化的几种较重要的世界观的发展,重点放在哲学、宗教和科学三者如何相互影响这一至关重要的领域内。也许弗吉尼亚·吴尔夫关于伟大的文学作品所说的那番话也同样适用于伟大的世界观:"杰作的成功似乎并非尽在于它们摆脱了种种瑕疵——其实,我们能够容忍一切杰作中各种最严重的错误——而在于它们拥有一种已完全掌握自己观点的思想,这种思想又具有巨大的说服力。"我在这些篇章中确立的目标,就是要对西方思想在其演变过程中所掌握的每一种观点发表意见,并按照它们各自的主张分别予以接受。我并没有特别优先考虑关于实在的任何一种特定的观念,其中包括我们现行的观念(它本身也是多方面

序　言

的,正处于深刻的变化之中)。相反,我以探讨一件独特的艺术品时所会采取的同样态度,去探讨每一种世界观——试图予以理解和欣赏,试图体会它的人文影响,试图让它的意义充分展现。

今天,西方思想似乎正在经历一场划时代的变革,其重要性也许比得上我们文明史上的任何一场。我相信,我们对历史知识的掌握达到什么程度,我们便只能在那个程度上明智地参与这场变革。每个时代都必须重温自己的历史。每一代人都必须按自己独特的观点,再一次仔细分析并彻底思考影响自己对世界理解的种种观念。我们的任务,就是要按20世纪末叶那种极为复杂的观点来分析与思考。我希望本书将有助于这种努力。

理查德·塔纳斯

引 言

　　一本书若要探讨西方思想的演变,就会不但对读者而且对作者提出特殊的要求,因为它要求我们使用的标准往往截然不同于我们自己的标准。这样的书,会要求我们头脑相对灵活,具有一种体察入微却又高度抽象的想像力、一种能以其他时代芸芸众生的眼光观察世界的能力。在某种意义上,一个人必须勾销往事,设法在没有先入之见的利诱或掣肘的情况下详察事物。当然,这种纯洁而又易受影响的心态,只能力争,不可强求。然而,追求这种理想,也许是从事如此一般事业所需具备的一个最重要的先决条件。有些强有力的信念和假设——例如,人们一度普遍确信:地球是宇宙的固定不动的中心;西方思想家中甚至还有一种更持久的倾向:从占支配地位的男性的角度来想像和表现人类——我们现在已不再认为是有理有据的;然而,我们只有按照这些信念和假设其本身的主张,不以屈尊俯就的态度来理解和表达它们,才有可能了解我们自己思想的智力与文化的基础。我们不断面临的一个挑战,就是要始终忠实于历史材料,让我们当下的观点去丰富而不是歪曲我们正在考察的各种思想和世界观。虽然那种挑战不应该予以低估,但由于本书后面章节中所阐明的种种缘由,我相信,今天,在以必不可少的灵活的理智和想像力来从事这一任务时,我们的处境比以往可能有过的任何时候都好。

　　接下来的叙述是根据与西方文化史上通常所划分的古典时代、中世纪和现代这三个重要时代相联系的三种世界观、按年代次序来加以组织的。

不用说,依据"时代"和"世界观"对历史所作的任何划分,其本身是无法充分恰当地处理这些世纪中西方思想事实上的复杂性和多样性。不过,若要富有成效地讨论如此大量的材料,人们就必须首先采用若干暂定的组织原则。有了这些包罗万象的一般原则,我们才可以更好地处理各种复杂的或不明确的情况以及永远是西方思想史标志的种种内部冲突和意料不到的变革。

我们以希腊人为起点。正是在大约 25 个世纪前,希腊世界产生了标志着西方文明起始的极度繁荣的文化。由于天生具有看来像是原始的思维明晰与创造力,古希腊人为西方思想提供了不少东西;现已证明,这些东西长期以来一直是真知灼见、灵感和复兴的源头。现代科学、中世纪神学、古典人本主义——这一切全都深深地受惠于古希腊人。希腊思想对哥白尼和开普勒以及奥古斯丁和阿奎那来说,如同对西塞罗和彼特拉克来说一样,是极其重要的。现在,我们的思维方式就其基本逻辑而言仍是极为希腊式的,以致我们必须先仔细察看希腊人思想的特点,然后才有可能开始抓住我们自己思想的特点。希腊思想在其他方面对我们来说也始终是极其重要的:希腊人好奇、富有革新精神、善于批评、极其关注生与死、追求秩序和意义,却又对传统的真理表示怀疑,因此,他们是理性标准的创始人;这些标准在今天如同在公元前 5 世纪一样适用。那么,就让我们来缅怀西方理性传统的这些最早的倡导者吧。

第一篇 希腊人的世界观 1

- 原型的型 / 4
- 相与神 / 12
- 从荷马到柏拉图的希腊思想的演变 / 16
    - 神话中的想像力 / 16
    - 哲学的起源 / 19
    - 希腊人的启蒙运动 / 26
    - 苏格拉底 / 32
    - 柏拉图的英雄 / 37
- 哲学家的探求与宇宙精神 / 44
- 关于行星的问题 / 52
- 亚里士多德与希腊人的平衡 / 59
- 双重遗产 / 75

要探讨一种看法的特点,而这种看法又像希腊人的看法一样复杂且变化多端,我们就得先考察其最突出的特点之———种按照原型原则来解释世界、持久且极为多样化的倾向。这种倾向虽然最先是以哲学上精心制作的形式,出现在公元前5世纪末叶至公元前4世纪中叶雅典这个理智的熔炉里,但在从荷马史诗起的整个希腊文化中,亦始终明晰可见。在柏拉图的对话中,已把这种倾向与苏格拉底这一人物联系在一起,对它作了基本的、在某些方面颇为明确的阐述。这种倾向的基础,乃一种对若干原初本质或超验的第一原理作了有条理之表述的宇宙观;这些原初本质或超验的第一原理,已被各不相同地构想为型、相、共相、不变的绝对事物、不朽的神、神圣的本原以及原型。虽然这种宇宙观呈现出若干不同的变化,虽然还存在着与这种宇宙观截然相反的若干重要观点,但是,似乎不仅苏格拉底、柏拉图、亚里士多德以及他们之前的毕达哥拉斯和之后的柏罗丁,实际上还有荷马和赫西奥德、埃斯库罗斯和索福克勒斯,全都表达了犹如共同看法的某种东西,反映了一种典型的希腊人的倾向,即欲在混乱的生活中看到正在变得清楚明白的各种共相。

如果用概括性的语言来表达,并考虑到这类语言的不精确性,我们可以说,使希腊世界有序的是多种永恒的本质,它们构成具体实在的基础,赋予具体实在以形式和意义。这些原型原则包括几何和算术的数学形式,宇宙中各组对立面如光与黑暗、雄性与雌性、爱与恨、单一性与多样性,人类和其他生物的各种形态,善的相、美的相、正义的相及其他绝对的道德标准和审美标准。在哲学产生之前的希腊人看来,这些原型原则除了取诸如宙斯、普鲁米修斯和阿佛洛狄特之类更为完全拟人化的形象的形式外,还取诸如厄洛斯、混沌、天穹和大地(乌拉诺斯和盖亚)之类只存在于神话中的象征的形式。从这一角度看,存在的每一方面均由于这类基本原则而得到模仿,并为这类基本原则所渗透。尽管外部世界和内心体验均存在着接连不断、总在变化的种种现象,然而,还是能辨别出明确无疑、永远不变的一些结构或本质;这些结构或本质是那么确定、那么永久,结果人们认为它们拥有一个属于它们自己的独立的实体。柏拉图就是将这种明显的永恒与独立作为其形而上学与认识论的基础。

由于这里概述的原型观点为讨论希腊人的世界观提供了一个有用的出发点,由于柏拉图是原型观点的杰出的理论家和辩解者,而他的思想又会成为西方思想演变唯一最重要的基础,所以,我们将先讨论柏拉图关于种种型的学说。在随后章节中,我们再讨论希腊人的看法作为一个整体的历史发展,进而仔细考虑导致柏拉图思想的复杂的辩证法,再仔细考虑由辩证法得出的同样复杂的种种推论。

不过,要着手探讨柏拉图,我们就得记住柏拉图在提出自己的哲学时所表现出来的那种没条理、时常凭推测,甚至爱讲反话的风格。我们还应该记住他选定的文学方式即戏剧性对话中固有的、不可避免的、无疑时常又是故意的模棱两可。最后,我们必须重温在一个大约50年的时期中柏拉图思想的广泛、多变与发展。具备了这些先决条件,我们就可以暂且试着阐述柏拉图著作中提出的某些重要的思想和原则。在作这种阐述时,我们暗中遵循的指导原则将是柏拉图传统本身;这一传统保持并发展了它认为始自柏拉图的特定的哲学观点。

如果在希腊思想范围内确立了这一关键性的立场,那么我们就能进退自如——往前追溯到早期的神话传统和苏格拉底前古希腊哲学家的传统,然后往后回顾到亚里士多德。

原型的型

通常所理解的柏拉图哲学，是以其主要学说即主张存在原型的相［Ideas］或型［Forms］为中心。这一主张要求对实在的态度与我们通常的态度有部分不同，不过，这是一种含义深刻的不同。要理解这种不同，我们就得先问一下："柏拉图哲学中的型或相与关于日常实在的经验世界之间究竟是一种什么样的关系？"这整个概念的关键就在这一问题上（idea 和 eidos 这两个希腊词在柏拉图书中是互通互用的。Idea 给直接移植到拉丁语和英语中，而 eidos 引入拉丁语中则给译为 forma，引入英语中则给译为"form"）。

对理解柏拉图哲学来说，决定性的是，要领会这些型乃原初的，而传统实在的各种可见物体则乃这些型的直接派生物。柏拉图哲学中的型，并非人脑通过对某一种类的若干个别事物进行概括而创造出来的概念的抽象名称。恰恰相反，这些型拥有存在的一种特性，即某种程度的实在，这种存在高于具体世界的存在。柏拉图哲学中的原型构成了世界，而且还超越世界。它们在时光中显现自己，然而，又是永恒的。它们构成了各种事物隐藏的本质。

柏拉图教导说，被感知为世界上某一物体的东西，最好能理解为是一种更基本的相即把自己特殊的结构和状态赋予该物体的一种原型的一个具体表现。某个东西之所以是现在这个样子，全是由于体现在其中的相的缘故。有的东西只有在它含有美的原型的时候才是"美"的。如果一个人爱上什么，那是因为这个人所认识到的并对此屈服的美（或阿佛洛狄特）的缘故，而被爱的对象只是美的工具或容器。最终的基本因素是原型，这是在含有最深刻的意义这一层面上说的。

有人可能会反对说,这并非人们经历这一类事情的方式。实际上,吸引人们的并不是某个原型,而是某个具体的人,或者某件实在的艺术品,或者别的某个美丽的物体。美仅仅是个别事物的一个属性,而非它的本质。不过,柏拉图主义者会争辩说,这种反对是以对事物的有限的感觉为依据。他会反驳道,确实,普通人不会直接意识到原型这一层面,尽管它实际存在。但是,柏拉图描述过,一位哲学家若观察过许多美的物体,并对这一问题早已有过深思,则会如何突然瞥见绝对的美——至高的、纯粹的、永恒的、与任何具体的人或事物无关的美本身。这位哲学家会由此认识到构成一切美的现象之基础的型或相。他会揭示外观背后真正的实在。如果有什么东西是美的,那么,它之所以美是因为它"分有"绝对的美的型的缘故。

柏拉图的导师苏格拉底已试图了解一切善行的共同点是什么,所以他能评价人们应该如何在生活中控制自己的行为。他推断,如果人们想要选择善的行为,就必须知道,除了任何特定的环境之外,"善"是什么。要评价一件事比另一件事"更好",就得假定存在着能用来对两件相关的好事加以比较的一个绝对善。不然,"善"这个词会仅仅是一个其意义实际上没有任何牢固基础的词,人的道德也会缺乏稳固的基础。同样,如果不存在评价如正义或非正义之类行为所需要的某一绝对基础,那么,每个称之为"正义"的行为也就会成为一件相对的、具有不确定的美德的事。当那些同苏格拉底进行对话的人采纳关于正义和非正义、或者关于善和恶的流行观念时,苏格拉底对这些观念作了仔细分析,指出它们是主观决定的,充满内在矛盾,而且没有任何实在的基础。由于苏格拉底和柏拉图认为,关于美德的知识对一个要过有德行的生活的人来说,是必不可少的,所以,关于正义和善的客观的一般概念,对真正的伦理学来说,似乎也是不可或缺的。如果没有这类超越怪异多变的人类习俗和政治制度的不变常数,人类就不会拥有确定真正的价值观念所需要的坚固基础,从而易受到一种与道德无关的相对主义的危害。

柏拉图以苏格拉底对伦理学术语的讨论以及对绝对定义的探求为起点,最终建立起一种关于实在的无所不包的理论。正如作为讲道德的行为者,需要正义的相和善的相来妥善处理自己的生活一样,作为科学家,需要别的绝对的相来理解世界,需要别的共相来统一混乱、不断的变化和各种可感知的事物,使它们易于被人了解。哲学家的任务包括道德范围和科学范围,所以相为这两个范围提供了一个基础。

在柏拉图看来,似乎很明显的是,当许多物体分有一个共同的特性时——如所有的人都分有"人性",或者如所有白色的石头都分有"白"——那个特性就不再限定于空间和时间中一个特定的、有形的实例。它是无形的、超越时空限制的,而且对它的许多实例来说也是超验的。某一事物可以不复存在,但这个别事物所体现的那种普遍性质却不会如此。那种普遍性质是出自这个别事物的一种独立的实体;由于它是恒定不变的,永远不会消逝,所以在它的实在中居于较高的位置。

柏拉图的批评者中有一位曾说过:"我见到某些马,却没有见到马性。"柏拉图回答说:"那是因为你有双眼却没有智慧。"赋予所有的马以形状的原型的马,在柏拉图看来,是一个比这些个别的马更基本的实在;这些个别的马仅仅是原型的马的一些具体实例,是那个型的具体表现。严格说来,虽然有限的身体感官能指路和引路,但这原型对这些感官来说,不如对灵魂的更敏锐的目光即受启迪的智力来说那么清晰可见。各种原型与其说是呈现在外部知觉面前,不如说是呈现在内部知觉面前。

柏拉图的这一观点对哲学家提出了如下要求:必须通过个别到全体,透过现象到本质。这一观点不仅想当然地认为这种洞察力是有可能获得的,而且还认为这种洞察力乃获取真正的知识所必须具备的。柏拉图提请哲学家别注意外表的东西和具体的东西,别认为事物真如其显示的那样,并指出"更深一层"和"内部",使人们可以"认识到"实在的一个更深的层面。

他断言,人们凭自己的感官察觉到的东西,实际上是更原始的本质的结晶体,而更原始的本质只有凭借敏捷的、有直觉力的头脑才能予以理解。

柏拉图始终对凭借感性知觉获得的知识采取极为不信任的态度,因为这种知识老在变化,乃相对的,而且对每个个人来说是个人的。一阵风对一个人来说是惬意的凉风,但对另一个人来说却是令人不舒服的冷风。葡萄酒在一个健康的人尝来是甜的,但在此人生病时,却会感到是酸的。因此,基于感觉的知识是一种主观判断,一种没有任何绝对基础、总在变化的看法。相比之下,真正的知识只有从对超验的型的直接领悟中才有可能获得,因为超验的型是永恒的,并超越了物质平面的不断变动的混乱和不完善。凭感觉获得的知识仅仅是看法,按任何非相对标准都是不可靠的。只有直接从相获得的知识才不会出错,才能无可非议地称之为真正的知识。

例如,感官决不会体验到真正的、绝对的相等,因为世界上没有两样东西在任何时候、在每一方面都彼此完全相等,确切点说,它们始终仅仅是或多或少地相等。然而,由于相等的超验的相的缘故,人的智力能领悟到独立于感觉之外的绝对相等(人的智力永远不会具体地了解绝对相等),因此,能使用"相等"这一专门名词,并认识到经验世界中相等的种种近似形式。同样,实际上并不存在任何完全的圆,但是,实际上所有近似的圆都是从完全的原型的圆那里得到它们的"圆性",而且人的智力之所以能认识到任何以经验为依据的圆,靠的就是完全的原型的圆这后一种实在。至善或至美的情况也是如此。因为当人们提到某一事物比另一事物"更美"或"更善"时,只有根据绝对美或绝对善即美本身或善本身这一看不见的标准,才能作出这一比较。感觉世界中的一切东西都是不完美的,相对的,不断变动的,但是,人类知识需要并寻找绝对的东西,而绝对的东西仅存在于纯粹的相这一超验的层面。

在柏拉图关于相的概念中隐含着他对存在与生成的区分。各种现象相对于一个人和另一个人,或者相对于不同时期的同一个人,乃不断变化的,处在从一种事物转变为另一种事物、成为这种事物或那种事物、然后消亡的一个永远不会完结的过程中。这一世界不存在什么东西,因为一切事物始终处于成为别样事物的状态中。但是,一个事物的确享有真正的存在,这种存在有别于纯粹的生成,这就是相——唯一稳定的实在,它潜存于不断变化的各种现象之下,激起不断变化的各种现象,并使它们有序。世界上任何个别事物,实际上都是一个其形成过程很复杂的外观。所感知到的物体是许多型的一个会面地点,这些型在不同时期以不同的结合体和不同的强烈程度来表达自己的意思。因此,柏拉图的世界之所以有活力,只是因为整个能感知到的实在处于一个不断生成和消亡的状态中,乃一个由相的不断变动的参与所支配的运动。但是,终极实在,即不只是生成、还是真正的存在所处的相的世界,就其本身而言,是不变的、永恒的,因而也是静止的。在柏拉图看来,存在与生成的关系同真实与看法的关系正好相对应——靠受启迪的理性所能领会的东西与靠肉体感官所能理解的东西形成了鲜明对照。

尽管型的具体表现变化不定,但既然型永世长存,那就可以说,型乃不朽的,因而与诸神相仿。虽然当前的某一化身可以消失,但那个别化身暂时体现的型却会继续在其他具体事物中显露出来。一个人的美貌会逝去,但阿佛洛狄特还活着——原型的美是永恒的,既不易受时光流逝的伤害,也不会为其个别现象的转瞬即逝所触动。自然界一棵棵个别的树最终会倒下,会烂掉,但原型的树却会继续在其他树中、通过其他树来表达自己的意思。一个好人可以堕落,可以做出坏的行为,但善的相却会永远保持不变。这一原型的相以多种具体形式出入存在,不过,它同时作为一种单一的本质,始终是超验的。

柏拉图对"idea"[相](它在希腊语中表示形式、模式、本质属性即某事物的性质)这一词的用法显然不同于我们当代的用法。在现代通常的理解中,"ideas"[思想]乃个人头脑中独有的主观的思维产物。相比之下,柏拉图是指不仅存在于人的意识中而且还存在于人的意识之外的某种东西。柏

第一篇　希腊人的世界观

拉图的相是客观的。它们并不取决于人的思想,而是完全凭本身的能力存在。它们乃埋在事物特有的性质中的完美模式。可以说,柏拉图的相不仅是人类的一个观念,而且还是这宇宙的观念,即一个在外部以具体的、可触知的形式或者在内部作为人头脑中的一个概念来表达自己意思的理想实体。它是一个以各种方式并在不同层面上显露出来的原始映象或形式本质,所以也是实在本身的基础。

因而,相既是一种本体论(关于存在的理论)的基本成分,又是一种认识论(关于知识的理论)的基本成分：它们构成了各种事物的基本本质和最深刻的实在,而且还是人类有可能借以获得某些知识的工具。一只鸟之所以为一只鸟,乃因为它分有原型的鸟的相。而人的头脑之所以能认识一只鸟,乃因为头脑自身分有那同样的鸟的相。一个物体的红颜色之所以是红的,是因为它分有原型的红,而人的知觉之所以能意识到红,是因为头脑分有这同样的相。对人的头脑和宇宙的安排就是按照这些同样的原型结构或原型本质来进行的;因为这一点,也仅仅是因为这一点,人的智力才有可能真正认识各种事物。

在柏拉图看来,相的范例乃数学。柏拉图似乎特别熟悉毕达哥拉斯学派的哲学思想;跟在毕达哥拉斯学派后面,他认识到,对物质世界的安排是依照数学上的数的相和几何的相来进行的。这些相是看不见的,只有凭借智力才可领悟,然而,可以发现,这些相乃一切以观察为依据的可见物体和变化过程的形成期原因和调整者。但是,另一方面,柏拉图和毕达哥拉斯关于实际存在的数学上的顺序原理的见解,完全不同于常见的现代观点。按柏拉图的理解,圆、三角和数不仅仅是人的头脑强加给各种自然现象的正式结构或定量结构,它们也不只是作为自己具体的存在的一个无情事实而机械地存在于各种现象中。相反,它们乃超自然的、超验的存在物,既不依赖于它们使之有序的各种现象,也不依赖于察觉它们的人的头脑而独自存在。虽然具体现象是短暂的、不完美的,但是,使那些现象有序的数学上的相却是完美的、永恒的、不变的。因此,柏拉图的基本信条是,在暂存世界表面的混乱和无规则的背后存在着一种更深一层的、永恒的绝对事物的秩序;这一信条是在数学中找到的,也有人认为,是在一次特别用图表表示的论证中找到的。所以,柏拉图认为,在数学方面对大脑进行训练,对从事哲学事业是绝对必要的,因此,按照传统,在他建立的学园大门的上方刻有这样几个字:"不懂几何学者不得入内。"

到此为止所作的描述,大致表明了柏拉图关于相的种种最独特的观点,其中除了包括在《第七封信》即他的一封很可能真正现存的信中所表述的观点外,还包括了他在几篇最著名的对话——《国家篇》、《会饮篇》、《斐多篇》、《费得罗篇》和《蒂迈欧篇》——中所阐明的观点。不过,在柏拉图作品的全集中,仍有许多含糊不清和前后不一致之处未得到解决。有时,柏拉图似乎抬高想像的东西,使其远远高于来自经验的东西,以致一切具体特殊事例全给理解成在某种程度上仅仅是超验的相的一系列脚注。有时,他又似乎强调被创造的事物其本身的高贵,就因为这些事物乃那种神圣且永恒的东西的具体表现。目前,从不同对话中许多论及相的地方,尚无法确定相究竟在多大程度上是超验的而非内在的——是相与可感知的事物相分离,后者只是不完全的模仿呢,还是相以某种方式存在于可感知的事物中,后者实质上分有相的性质?一般说来,似乎柏拉图随着其思想的成熟,倾向于一种更超验的解释。然而,在很可能是以上所引证的大部分对话之后所写的《巴门尼德篇》中,柏拉图却提出了批判他自己的理论的几种强有力的论点,指出了关于相的性质的种种问题——存在多少种相,它们彼此之间以及它们与感觉世界之间有着什么样的关系,"分有"的确切含义是什么,如何才有可能获得关于相的知识——对这些问题的回答又引起若干表面上无法解决的问题和前后矛盾之处。其中有些问题,柏拉图可能是通过自我批评提出的,同样也可能是借助于辩证法的力量提出的,后来成为一些哲学家反对相论的基础。

第一篇　希腊人的世界观

同样,在《泰阿泰德篇》中,柏拉图始终没有举出相论来作为摆脱他所描述的那种认识论上的僵局的一种方法,而是以极其敏锐的目光分析了知识的本质,不作任何明确的结论。在《智者篇》中,柏拉图不仅把实在归因于相,而且还归因于变化、生命、灵魂和悟性。在别处,他指出在相和可感知的特殊具体事例之间还存在着一个由数学对象组成的中间类别。他多次设想一个由相组成的等级系统,然而,在不同的对话中却提出了不同的等级系统,让善、一、存在、真或美占据着不同的最高位置,有时是让它们同时占据,并有部分重叠。显然,柏拉图根本没有构筑起一个完整的、前后完全一致的相的系统。不过,同样十分明显的是,尽管柏拉图自己未能解决关于他主要学说的一些问题,但他认为,这一理论是正确的,若没有这一理论,人的知识和道德行为就会没有任何基础。因此,正是这种信念构成了柏拉图哲学传统的基础。

概括地说,根据柏拉图的观点,存在的基础乃各种原型的相,它们构成一切有形体的东西的无形基质。世界的真实结构不是靠感官来揭示,而是靠智力来揭示;处于最佳状态时的智力有机会直接接近支配实在的相。一切知识均以相的存在为先决条件。原型王国决不是具体世界的一个不真实的抽象名称或一个假想的隐喻,相反,在这里被认为是实在的真正基础,它决定了实在的秩序,使实在是可认识的。为达此目的,柏拉图宣布,亲身体验超验的相乃哲学家的首要目标和最终目的地。

相 与 神

柏拉图在他最后一部作品《法篇》中断言：一切事物实际上都"充满神"。于是，在这里，我们必须着手处理类似原型的一种独特的模棱两可的说法——对希腊人的整个想像力极为重要的一种模棱两可的说法——它使人联想到，在若干主导原则和神话中的一些存在物之间，存在着一种潜在的联系。虽然有时柏拉图如同对待数学的相一样，赞同关于原型的一种更抽象的系统阐述，但有时，他又以神一般人物即有高贵声望的神话中人物的措辞来说话。在柏拉图的那些对话中，有好多次苏格拉底的谈话方式带有一种明显的荷马的腔调，以神话人物和神话故事的形式来探讨各种哲学问题和历史问题。

一种简洁的讥讽文体、一种开玩笑式的认真，掩饰了柏拉图对神话的运用，使人们无法精确地确定他希望自己在多大程度上为人们所理解。他时常宣称，这是"一篇可信的报告"，或者宣称，"不论这件事还是与此十分相近的事，都是真实的"；他就是用这种含含糊糊的说辞，又以肯定而又与己无关的态度，为自己那一次次神话般的游览加开场白。宙斯、阿波罗、赫拉、阿瑞斯、阿佛洛狄特以及其他一切，在柏拉图那里均可以用来表示真正的神、寓言中人物、性格类型、心理态度、经验模式、哲学原理、超验的本体、诗的灵感或神的消息的源头、相沿成习的虔敬对象、不可知的存在物、至高无上的造物主的不朽制造物、天体、宇宙秩序的基础或者人类的统治者和导师；而究竟用来表示上述的哪个对象，则取决于特定对话的背景。柏拉图的那些神不囿于拘泥字面的隐喻，而是公然蔑视严格的限定，要么在一篇对话中充

第一篇　希腊人的世界观

当教诲寓言中爱空想的角色,要么在另一篇对话中摆布毋庸置疑的本体论上的实体。柏拉图在其哲学上的大多数重要关头,常常使用这类拟人化的原型,仿佛形而上学的抽象过程中所用的非个性化语言,直接面对事物超自然的本质时,便不再适用。

我们可以看到《会饮篇》令人难忘地显示了这一点;这篇对话将厄洛斯当作蕴藏在人类各种动机中的那种极为出色的力量来加以讨论。那几位参加柏拉图举办的谈论哲学的酒会的客人,在一连串巧妙进行的典雅的辩证的谈话中,把厄洛斯说成一个复杂的、多方面的原型,认为这一原型虽然在肉欲的层面上通过性本能来表达自己的意思,但在一些更高的层面上,则驱使哲学家酷爱智力的美与智慧,故而它最终成为那种永恒的东西的神秘幻象,亦即一切美的本源。不过,在整个对话中,这一原则是以拟人化的、玄妙的措辞来表述:将厄洛斯看作是一个神即爱神,称美的原则为阿佛洛狄特,并在多处提及神话中的人物如狄俄尼索斯、克罗诺斯、奥菲士和阿波罗。同样,在《蒂迈欧篇》中,柏拉图在阐明自己关于宇宙的创造与构造的一些观点时,也用几乎完全是神话中的词语来这样表述;在关于灵魂的本质和命运的多次讨论中,他也是如此(《斐多篇》、《高尔吉亚篇》、《费得罗篇》、《国家篇》、《法篇》)。具有特殊性质的身份经常给加到一些特定的神身上,就像在《费得罗篇》中那样,称那位寻求智慧的哲学家为宙斯的追随者,说那位为自己的事业而流血的武士是阿瑞斯的侍从。通常几乎没疑问的是,柏拉图一直把神话用作纯粹的讽喻,正如在《普罗塔哥拉篇》中,他让那位身为智者的教师运用关于普罗米修斯的古老神话,只是为了证明人类学的一个论点一样。普罗米修斯在盗取天火给拥有文明的其他技艺的人类的过程中,象征着理性的人类正在脱离一个较原始的状态。不过,也有些时候,柏拉图本人似乎是神气十足地走进神话世界,就像在《费利布篇》中那样,他让苏格拉底把自己分析相的世界时所用的辩证方法说成是"上天的一个礼物,就如我想像的,诸神借一位新的普罗米修斯的双手将这一礼物抛到人们中间,随即迸发一片强光"。

通过用这样一种方式进行理性的思考,柏拉图将希腊古典哲学中那种新兴的理性主义与古希腊人心灵中那种丰富的神话想像力——那种原始的宗教想像力——的一个独特的汇合点表达了出来;而那种原始的宗教想像力在原始印欧语和地中海东部地区这两者中的根子,可以经公元前第二千年一直追溯到新石器时代,这种根子为希腊古典文化中的崇拜、艺术、诗和戏剧提供了强有力的多神论基础。在古代神话中,希腊神话特别复杂,经过十分精心的设计,且自成体系。正因为如此,它为希腊哲学本身的演变提供了一个有益的基础;希腊哲学不但在最初出现时,而且在柏拉图哲学发展到顶点时,也带有其神话世系的明显痕迹。然而,不仅柏拉图诸篇对话中的神话用语,而且还有他许多思想中内含的诸神和诸相基本上作用相当这一观点,也使柏拉图在希腊思想的发展中起了极为关键的作用。就像古典主义者约翰·芬利所指出的,"虽然对希腊诸神的崇拜是多变的,但正如希腊诸神共同构成对世界的分析——雅典娜为智慧,阿波罗为任意不定的光明,阿佛洛狄特为性能力,狄俄尼索斯为变革与刺激,阿耳特弥斯为原始状态,赫拉为婚姻与生育,宙斯为支配一切的秩序——一样,柏拉图哲学的各种形式也独立地、光辉地、永恒地存在于人类对它们的任何短暂的分有之上。……[同这些形式一样,诸神]乃生命的本体,任何个体生命均是通过对这些本体的沉思,才呈现意义和本质。"①

柏拉图时常批评诗人把诸神比拟作人,可是,他自己却老是带着含而不露的宗教意图,通过讲述动人的神话来不停地传授自己的哲学体系。尽管他对思想的缜密予以高度评价,尽管在他的政治学说中对诗和艺术有着种种武断的指责,但是,诸篇对话中许多段落均明显地含有这样的意思:在对获取有关世界基本性质的知识的探索追求中,诗的想像力和宗教想像力同任何纯粹的逻辑方法——更不必说经验主义方法了——一样有用。但是,柏拉图的想像力对希腊人世界观的不稳定的、难捉摸的状况的影响,于我们当下的探索却特别重要。因为柏拉图用这类相似的措辞,时而在一页上谈起相,时而在另一页上提到神,从而,虽然含含糊糊地,却获得了重大且持久的结果,并在此情况下,解决了希腊古典思想中神话和理性之间的主要对立。

从荷马到柏拉图的希腊思想的演变

神话中的想像力

希腊思想的宗教与神话的背景,跟自身特性相符,是极为多元化的。大约公元前第二千年初,印度和欧洲一批批操希腊语的游牧斗士,开始袭入爱琴海诸地区,同时带来了他们那史诗般的父权神话,奉伟大的天神宙斯为主神。虽然当地希腊前诸社会的各种古老的母权神话,连同克里特岛上弥诺斯文化中高度发达的崇拜女神的文明在内,最终都顺从了这些外来征服者的宗教,但是,它们并没有受到彻底的压制。因为北方诸男神与古老的南方诸女神结了伴,娶了她们,就像宙斯娶了赫拉那样;而且,这种开始组成奥林匹斯众神的复杂合并,对确保希腊古典神话的动力和活力起了很大作用。此外,一方面是希腊的公共宗教,它的一些城邦节日和民间宗教仪式紧紧围绕主要的奥林匹斯诸神进行,另一方面是广泛流行的神秘宗教——俄尔甫斯教、狄俄尼索斯教、伊流欣努教,它们的种种秘传仪式招致了希腊前的和东方的一些宗教传统:死亡—重生入会仪式、农业丰产祭礼和大地丰产女神崇拜;而希腊古典遗产中的这种多元化,则通过上述两方面之间那种持续不断的分化而得到进一步的表现。

考虑到这些神秘宗教向来为誓约所束缚而严守秘密,要按现在的观点去判断各种形式的希腊宗教信仰对一个个个别的希腊人的相对意义,是十分困难的。不过,颇为明显的是,古希腊人的想像力有着渗透到各个方面的原型回声,这种回声,首先是通过流传至今的希腊文化中作为基础的两首史诗,即荷马的《伊利亚特》和《奥德赛》,表达出来的。在这一点上,在西方文学传统的曙光初现的黎明,希腊人获得了原始的神话感觉力,凭借这种感觉力,他们把人类生存中的种种大事看作是与男女众神的永恒王国密切相关的,并认为,这一永恒王国体现在那些大事中。古希腊人的想像力,反映了直接的感性知觉与永恒的意义的内在统一、特殊情况与普遍的戏剧性场景的内在统一、人的活动与神圣的诱因的内在统一。历史上的人在战争和流浪中实践神话般的英雄行为,而奥林匹斯诸神则在特洛伊平原的上空观看并进行干涉。感官对一个张开的、因五光十色和戏剧性场景而分外灿烂的世界的作用,从未与对世界的既是有序的又是神话般的这一含义的理解分开过。对物质世界——海洋、山脉和黎明,宴会和战斗,弓、头盔和双轮战车——的极度疑惧中,也弥漫着那种在大自然和人的命运中可感受到的神的存在。似乎有悖常理的是,荷马想像力的即时性和新鲜,与对世界的一种实际上是概念性的理解相关,尽管这一世界受着一种古老的、令人崇敬的神话的支配。

甚至荷马这一杰出人物本身,也使人联想到个别与普遍的一种特别不可分割的综合体。那些不朽的史诗是从一个更大的集体灵魂中产生的,乃经过一代又一代、一个又一个吟游诗人的发展和完善而流传下来的希腊民族想像力的产物。不过,在决定史诗创作的口语传统的已确立的刻板模式内,也存在着一种明显的个人特征,亦即风格和想像力的一种灵活的个性和自发性。因而,"荷马"可含糊地说成既是一个个别的、富人情味的诗人,又是全体古希腊人记忆力的一个共同化身。

荷马在公元前8世纪前后创作的史诗中表达的价值观念,不断鼓舞着整个古代一代又一代的希腊人,而稍微晚些时候赫西奥德在《神谱》中有系统地描述的奥林匹斯众神中的许多形象,则体现并渗透在希腊文化的想像力中。由于各种不同的神及其本领,当时有一种观念把天地万物看作是一个有序的整体即宇宙而非一片混沌。在古希腊人的宇宙中,自然界和人类世界不是两个可区别的范围,因为一种独一无二的基本秩序既构成了自然界又构成了社会,并体现了授权给宙斯即诸神的统治者的那种神圣的公正。虽然这种普遍秩序尤其体现在宙斯身上,但即便宙斯,最终也受到控制一切并维持某种均势的一种客观命运(诸神的意志)的束缚。诸神平常的行为的确往往是变化无常的,结果人的命运难定。不过,整体是协调的,所以,秩序的力量战胜了混乱的力量——正如由宙斯领导的奥林匹斯诸神在争夺世界统治权的早期斗争中战胜了巨人们一样,也正如奥德修斯在经过长期的、充满危险的流浪之后终于成功地返回家里一样。[②]

到公元前5世纪之前,伟大的希腊悲剧家埃斯库罗斯、索福克勒斯和欧里庇得斯已在利用古代神话来探讨有关人类状况的种种更深刻的主题。孔武有力和机敏,高贵和为不朽的荣誉而奋斗,乃史诗中英雄人物特有的长处。然而,不管个人有多了不起,人的遭际还是会受制于命运和人总有一死这一事实。尤其是自命不凡的人,常常由于傲睨神明,结果,其行为引使诸神对他作出毁灭性的惩罚,这种惩罚有时看起来是不公正的。以人的努力和神的谴责之间、自由意志和命运之间、罪孽和惩罚之间的那种对抗为背景,主角内心的斗争展开了。在那些悲剧家的笔下,以前在荷马和赫西奥德那里已得到直接的、未加思考的描述的种种冲突和苦难,这时服从于对一种晚些时候的、更好挑剔的性格所作的种种心理探索和存在主义探索。对那些以往已长期公认的绝对的东西,这时又用对人类困境的一种新意识,来予以细察、怀疑和苦苦琢磨。在雅典祭酒神狄俄尼索斯的宗教节日的舞台上,那种可与对痛苦、死亡和命运的一种同样深刻的认识相比较且有不可分割的联系的明显的希腊英雄感,也在神话剧的上下剧情中表现出来。因此,正如荷马给称为希腊的教育家一样,随着舞台演出同艺术活动一样成为社会宗教圣礼,那些悲剧家表达出了这种文化的日益深化的精神和使这种精神的品性得以形成的东西,遂也给称为希腊的教育家。

不但在古代诗人而且在古典悲剧家看来,神话世界使人在凭经验处世时具有一种高贵的、明晰的想像力,在更高的水平上补偿人生无法预言的不幸。一般概念使人易理解具体概念。虽然,按悲剧的眼光,性格决定命运,可是,这两者在神话中均可察觉到。和荷马的史诗比起来,雅典人的悲剧反映了对诸神的比喻意义的一种更清醒的认识,以及对人类的自我意识和苦难的一种更深刻的评价。然而,从深深的苦难中可获得深刻的知识,所以,尽管人类的生存中包含着严酷的冲突和令人痛苦的矛盾,但有关人类生存的历史和戏剧,仍具有至关重要的目的和意义。神话就是那种意义的生命体,构成了一种不但反映且还阐明人生基本过程的语言。

哲学的起源

荷马和索福克勒斯的神话世界因其奥林匹斯诸神的秩序而具有一种复杂的可理解性,但是,除了可见于悲剧作品中的日益发展的人本主义外,对希腊人在进行想像时所具备的有条不紊与明晰的那种执着向往,也正开始以一些新的形式出现。这一巨大变化早在公元前6世纪初,就已在位于小亚细亚沿海希腊世界东部的米利都这一爱奥尼亚的繁荣大城邦里开始。在这里,泰勒斯同他的后继者阿那克西曼德和阿那克西米尼,既有闲暇又天生好奇,遂着手通过某种途径来理解这个完全新颖且又特别重要的世界。或许他们因自己所在的爱奥尼亚这一地理位置而受到了推动;在那里,他们面对的邻近文明拥有既彼此不同又与希腊人不同的种种神话。或许他们还受到了希腊城邦这一社会组织的影响;希腊城邦是靠非个人的、始终如一的法律而不是某个专制君主随心所欲的行为来治理的。然而,不管这些模范的科学家其直接的灵感是什么,他们作出了一个引人注目的推断:一种基本的、合理的统一与秩序存在于世界的流变中;而且,他们还为自己确立了这样一个任务:要发现不但支配自然且还构成其基本物质的一种简单的基本原则,亦即本原[arche,早期希腊哲学中一种实体或最初的元素]。在这情况下,他们开始用建立在对各种自然现象的观察之基础上的、更为客观的理性解释,来补充自己对传统神话的理解。

在这一关键阶段,存在着神话模式和科学模式的一种明显交叠,这从归功于泰勒斯的那种最重要的说法中即可看出来;在那种说法中,泰勒斯坚称既存在一种单一的、统一的原始物质,又存在一种神灵的遍在性:"万物来自于水,万物充满神灵。"泰勒斯及其后继者提出自然起源于一种不断运动且改变自身使之具有不同形态的自行活动的物质。[3]因为这种原始物质乃其自身有序的运动与变形的创造者,而且是永恒的,所以被认为不仅是物质的,而且是有活力且有神性的。与荷马几乎一样,这些最早的哲学家认为,自然与神性尚缠结在一起。此外,他们还在某种程度上坚持荷马的那种旧观念,也认为有一种道德秩序在支配宇宙,亦即有一种非个人的命运在世界各种变化中保持世界的平衡。

但是,决定性的一步已迈出。希腊思想这时力求靠观察与推理来为宇宙找到一种自然的解释,而这些解释很快就开始去除其残余的神话成分。种种最终的、普遍的问题,正在给提出,而种种答案,正从一个新的方面——从人的大脑对各种物质现象的批判性分析中——去寻找。对自然,应该按自然本身而不是根本超自然的什么东西来加以说明,应该用非个人的措辞而不是个人的男女诸神来予以解释。由拟人神祇统治的原始世界开始让位于一个以原始的自然元素如水、气或火为其起源与物质的世界。最终,这些原始物质不再被认为天生具有神性或灵性,而是相反地给理解成因偶然性或盲目的必然性而作机械运动的若干纯粹的有形实体。但是,一种早期的自然主义经验论已在诞生。因此,随着人类其独立的智力日益强大,那些古老的神的最高权力便日益削弱。

这场哲学革命中的下一步,即与一个世纪前泰勒斯迈出的同样重要的一步,是在意大利南部(大希腊)的希腊世界西部迈出的;当时,埃利亚的巴门尼德以一种纯粹抽象的理性逻辑,着手探讨了什么是真正实际存在的东西这一问题。另外,正如在早先的爱奥尼亚人那里一样,巴门尼德的思想具有传统的宗教成分与新奇的世俗成分的一种独特的结合。从他所称的一种神示中,他成就了一种空前严密的演绎逻辑。爱奥尼亚的哲学家在寻求解释自然所需的简单明了之过程中,曾说过,世界是一样东西,但已变成许多样东西。但是,在巴门尼德同语言和逻辑的早期斗争中,"存在"某东西,对该东西而言,就不可能变成不存在的东西,因为"不存在"的东西根本无法说成是存在着的。同样,他还认为,"存在的东西"决不会已生成,也决不会消灭,因为存在不能从非存在产生,也不能变为非存在,如果非存在根本不能存在的话。各种事物不可能像它们出现在感官跟前那样:说这个熟悉的世界由变化、运动和多样性组成,一定仅仅是看法,因为按逻辑必然性,真正的实在是不变的、单一的。

逻辑学方面这些初步的、却又极其重要的发展,使哲学家首次必须彻底考虑诸如实际存在的东西和外表之间、理性真理和感官知觉之间以及存在和变化之间的差别之类的一些问题。同样重要的是,巴门尼德的逻辑学最终迫使一种静态的有形物质和一种动态的、决定性的生命力(这两者早先已给爱奥尼亚人认定为同一样东西)之间的区别成尚未解决的问题,从而突出了引起万物运动的东西是什么这一基本问题。但是,最重要的是,巴门尼德宣布,人的理性作为对实在的评判员具有自主权与优势。因为实际存在的东西是可理解的——是智力理解的对象而非感性知觉的对象。

自然主义和理性主义这两种不断前进的趋势,推动了解释自然界的一系列日益精致的理论的发展。恩培多克勒、安那克萨哥拉,最后还有那些持原子说者,因为必须使源自感官观察的种种相冲突的要求同那种新的逻辑的严密一致起来,所以,试图按照一些更为多元的体系重新解释和修改巴门尼德的绝对一元论——实在乃单一的、静止的、不变的,进而来说明世界其明显的变化与多样性。虽然这些体系中的每一种,都坚持巴门尼德那种认为实际存在的东西根本不会生成也不会消灭的观点,但是,它们都把自然事物其明显的生成与毁灭解释成是许多基本的、不变的元素所带来的结果,认为只有这些元素是真正实际存在的,它们构成各种结合与分离,从而形成世界上的种种事物。这些元素本身不生不灭。只有它们的种种不断变换的结合才有生有灭。恩培多克勒假设了4种最初的基本元素——土、水、空气和火,认为它们是永恒的,并在爱与争这一对原始力量的作用下聚合与分离。安那克萨哥拉提出,宇宙是由无数极小的、不同性质的种子形成的。但是,他不是根据那些盲目的半神话的力量(如爱与争)来解释物质的运动,而是假定存在一种超验的、原始的理性[Nous:努斯,本来是希腊语中的常用字,相当于中文的"心"、"心灵"(mind),泛指感觉、思想、意志等精神活动以及这些活动的主体,但到安那克萨哥拉所说的努斯,已经是专指高级的精神活动即理智和理性了],它使物质世界运动起来,并赋予物质世界以形态与秩序。

但是,处于这一发展中的最全面的体系乃原子说体系。留基伯和其后继者德谟克利特,试图完成爱奥尼亚学派对构成物质世界的一种基本物质的寻求,同时又能战胜巴门尼德用以反对变化与多样性的论点,遂用纯粹唯物主义的措辞为各种现象制定了一种复杂的解释:世界仅仅是由无起因的、永恒的物质性原子——如巴门尼德所要求的一种单一的、不变的物质,不过其数目无限——组成。这些小得看不见的、不可分的粒子在无限的空间恒动,通过其任意的碰撞和不同的组合,产生了物质世界的种种现象。这些原子其性质相同,只是形状和大小相异——即用数量表示的术语及由此产生的可以测量用的术语不同。德谟克利特进一步反驳巴门尼德的不同意见说,从虚空——为原子的运动和结合提供场所的一个虽是空的却是实在的空间——的意义上说,"非存在"的确能存在。原子不是由于任何宇宙智慧如努斯,而是由于自然必然性(ananke,必然性)的不可捉摸的机运,才作机械运动。人类的一切知识均不过来源于物质原子对感官的影响。不过,人类的大部分经验,如关于热和冷或者苦和甜的经验,则并非源自原子固有的特性,而是源自人类"约定俗成的认可"。各种特性乃人类主观的认识,因为原子只具备量的差异。实际存在的东西乃空间中的物质,亦即在虚空中任意运动的原子。若一个人死亡,其灵魂也就消亡;然而,物质却可以保存下来,是不灭的。只有原子的种种具体结合,才会随着原子本身在增加和减少的不同阶段不断碰撞和形成不同物体、聚合和分离,而发生变化,从而随着时间的推移在整个虚空中产生和分解无数的世界。

按原子说,有关最早的哲学家所提出的自行活动之物质的神话残余物,这时已完全给除去:只有虚空引起了原子的任意运动;原子纯粹是物质的,既不具备神的秩序,也不具备神的意志。在有些人看来,这种解释作为为避免歪曲人的主观与愿望、进而理解宇宙的种种未经装饰的结构而作出的最明白的理性努力,是成功的。但是,在另一些人看来,则还有许多问题——关于种种形态及其持续时间的争议、世界上的意志问题、对解释运动起因问题的一种更为令人满意的答案的需要——仍处于悬而未决的状态。在认识世界的过程中所取得的一些重要进步,似乎正在扩展,可是,早先对原始的、哲学前的思想而言乃确定无疑的许多东西,这时却成了问题。按这些早期的哲学初步尝试的暗示,不仅诸神,而且还有人们自身感官的直接证据,兴许都是一种错觉,只有依靠人的大脑,才能理智地发现什么是实际存在的东西。

希腊人当中这一离开神话、接近自然的智力进步,有一个重要的例外,那就是毕达哥拉斯。宗教与理性的对立,似乎并没有全然迫使毕达哥拉斯非此即彼地背离一者,赞同另一者,而是相反,为他提供了将两者结合在一起的推动力。实际上,他在古人中的声誉就是:他在宗教方面的天赋同在科学方面一样高。不过,关于毕达哥拉斯,可以确切叙说的东西几乎没有什么。他的学派保持着一条严守秘密的规矩,所以该学派从创立伊始就给围裹在民间传说的气氛中。毕达哥拉斯出生于爱奥尼亚人的萨摩斯岛,很可能去埃及和美索不达米亚游学过,然后向西移居到意大利南部的希腊殖民城邦克罗顿。在那里,他创建了一个以对阿波罗和缪斯的崇拜为中心的哲学学派兼宗教团体,致力于追求道德的净化、精神的拯救和对自然的理性洞察——这三者被认为是彼此密切相关联的。

爱奥尼亚自然哲学家对种种现象的物质本质感兴趣,而毕达哥拉斯学派却着重研究支配那些现象并使之有序的种种形式,特别是数学形式。因此,虽然当时希腊思想的主流正在放弃古希腊文化的神话与宗教的基础,但毕达哥拉斯及其追随者却在一个为诸神秘宗教教义,尤其是奥菲士教教义所渗透的框架内,进行哲学和科学工作。科学地理解自然界的秩序,乃毕达哥拉斯信徒通往精神启示的御道。数学的种种形式、音乐的种种和谐、诸行星的运动以及秘密宗教仪式的诸神,在毕达哥拉斯学派看来,实质上全都是相关联的;那种关联的含义,在导致人类精神和世界灵魂同化、再由此和关于天地万物的神圣的创造性思想同化的一种教育中,给揭示了出来。由于毕达哥拉斯学派信守对膜拜仪式的保密,有关那种含义的详情,有关揭示那种含义时所用方法的细节,基本上仍无人知晓。现在可以肯定的是,毕达哥拉斯学派按照一种信念系统来制订其独立的哲学课程;该信念系统在促进对后来的西方思想有巨大影响的种种科学发现的同时,坚定地维持着神话和神秘宗教的一些古老的结构。

但是,希腊人思想演变的总的趋向则完全不是那样,因为从泰勒斯和阿那克西曼德到留基伯和德谟克利特,一种自然主义的科学已与一种愈来愈持怀疑态度的理性主义同步成熟起来。虽然这些哲学家谁也不具有普遍的文化影响,虽然对大多数希腊人来说,奥林匹斯诸神从未被认真地怀疑过,但是,早期哲学的这些不同组成部分——爱奥尼亚人的自然科学、埃利亚人的理性主义、德谟克利特的原子说——的逐渐兴起,代表了希腊思想在其从传统信仰时代进入理性时代这一发展中的重要先驱。除了较独立自主的毕达哥拉斯学派外,苏格拉底之前的希腊古典思想沿着离开超自然事物、接近自然事物这样一个虽有时并不明确,然总的来说是确定的方向行进:从神

第一篇 希腊人的世界观

到尘世,从神话到概念,从诗与故事到散文与分析。在这一时代后期更好批评且智力发达的人看来,古代诗人所叙说的故事中的诸神,是按人类自己的模样塑造的,太像人了,故作为真正的神的存在物,愈来愈引起怀疑。早在公元前5世纪即将开始时,诗人哲学家色诺芬尼已因荷马神话中诸拟人神有不道德行为而对人们普遍接受荷马神话不以为然:如果牛、狮子或马拥有制作塑像的双手,无疑它们会使诸神具有和它们自身相同的躯体和形状。二三十年后,安那克萨哥拉断言,太阳并非赫拉俄斯神,而是一块比伯罗奔尼撒半岛还大的炽热的石头,至于月亮,则是由接受来自太阳的光的一种泥土似的物质构成的。德谟克利特认为,人类信仰诸神,仅仅是试图用想像的超自然力量来解释如雷暴或地震之类的惊人之事。对古代神话的一种模棱两可的怀疑态度,甚至在古希腊三大悲剧作家中的最后一位——欧里庇得斯身上也可以见到,而喜剧作家阿里斯托芬则公开模仿嘲弄古代神话。面对这类正在起变化的思考,那种因古老而受到尊重的宇宙论不再是不证自明的。

然而,希腊人愈是发展起一种认为个人需作审慎判断的观念,愈是从早几代人共同的原始想像中摆脱出来,其认识也就愈是凭猜测,绝对可靠的知识之范围也就愈狭窄。色诺芬尼断言:"至于确凿的真理,没人已认识到,也不会有人认识到。"哲学上的一些贡献,如埃莱阿的芝诺提出的不能解决的逻辑悖论,或者赫拉克利特提出的万物皆在流动的学说,常常似乎只是加深了一些新的不确定性。随着理性的到来,一切事物好像都易受到怀疑,故每一位后继的哲学家均提出了不同于其前辈的种种解答。如果世界仅为若干机械的自然力所支配,那么,就仍不会有任何明显的根据可用以确立一些明确的道德判断。而且,如果使真正的实在与日常经验完全相分离,那么,对于人类知识的真正基础就会提出疑问。看来人类愈变得能自由地、自觉地独立自主,其立足处也就愈不稳固。然而,那种代价似乎的确是值得付出的,倘若能使人们摆脱迷信引起的恐惧与相沿成习的虔诚信仰,深入了解——哪怕是暂时的——万物真正的秩序的话。尽管新的问题与新的未获成功的解决办法频频出现,但是,鼓舞人心的智力进步观念,似乎压倒了伴随智力进步而来的各种混乱。因此,色诺芬尼会坚称:"诸神并没有从一开始就把一切指点给凡人,而是人们经过一定时间的探索逐渐找到更好的东西的……"④

希腊人的启蒙运动

公元前5世纪,随着希腊人思想与艺术的各种潮流汇聚到雅典,这一智力发展在雅典达到了顶点。伯里克利时期和帕台农神庙的建造,是此时的雅典在希腊处于其文化创造力与政治影响力之巅峰期的见证;雅典人以对自己的能力和智力的一种全新观念,在其活动天地内坚持自己的权利。雅典在取得对波斯入侵者的胜利并确立自身作为希腊诸城邦的领导者的地位之后,便迅速崛起,成为一个抱有帝国野心的、广阔宏伟的沿海商业城邦。雅典各种迅速开展的活动,使雅典市民与其他种种文化和观点有了更多的接触,具备了一种新的城市人的老练。雅典已成为希腊第一大城市。民主自治的发展与农业和航海方面的种种技术进步,均体现并鼓励了这种新的人本主义精神。早些时候的哲学家是领着一个、也可能是几个弟子从事工作,所以他们是在与世比较隔绝的情况下进行思索;而此时在雅典,这种思索变得更代表城邦的整个理性生活,这种理性生活不断地朝着理性思想、批判性分析、反思和辩证逻辑的方向发展。

公元前5世纪期间,希腊古典文化在古代神话传统和近代世俗理性主义之间达到了一种微妙的、有益的平衡。希腊人为了获得一种永恒的超脱世俗的庄严伟大,以前所未有的热情建造诸神的神殿。然而,在帕台农神庙诸巨大的建筑物、雕像和绘画作品中,在菲迪亚斯和波利克里托斯的一些艺术作品中,这种庄严伟大,相当一部分是通过谨小慎微的分析与理论,通过以具体形式将人的理性跟神话中的秩序结合起来那样一种强劲的努力,来完成的。宙斯、雅典娜和阿波罗诸神的神殿,似乎既颂扬了人类的理智清晰与数学精确的胜利,也向神表示了敬意。同样,希腊艺术家对男女诸神所作的艺术处理,也就是对希腊男女所作的艺术处理——虽乃理想的、超凡脱俗的,可显然又是有人性的、个人的。不过,艺术上渴望表现的独特目标依然是诸神,依旧存在一种观念,认为人类在宇宙系统中受到了适当的限制。埃斯库罗斯和索福克勒斯对神话的那种新的富有创造性的处理,还有伟大的合唱抒情诗诗人品达罗斯在觉察到诸神在奥林匹克竞赛会其运动员非凡表现中所起的种种暗示作用后写下的颂歌,皆表明人类自身不断发展的种种才能可以增强神的力量,并高度体现出神的力量。但是,各种悲剧和合唱的颂歌也都认可了人类抱负的一些界限,越出这些界限就会有危险,就会使人类的抱负不可能实现。

　　随着公元前 5 世纪的流逝,这种平衡继续朝着有利于人类的方向转变。希波克拉底在医学方面所做的开创性工作、希罗多德所著的有敏锐观察力的史书和游记、默冬所制定的新的历法体系、修昔底德所作的鞭辟入里的历史分析、安那克萨哥拉和德谟克利特所作的大胆的科学推测——所有这一切,均扩展了希腊思想的范围,推进了希腊思想根据理性所能领会的自然原因而对各种事物所作的理解。伯里克利本人和理性主义哲学家兼自然哲学家安那克萨哥拉过从甚密,遂一种新的思想的缜密,在对各种旧的超自然解释表示怀疑的情况下,充分展开。同时代的人此时认为,自己是脱离野蛮状态的进步的一个文明产物,而不是脱离神话中黄金时代的一个堕落者。[5]在商业和政治上崛起的活跃的中产阶级,进一步反对古老的诸神与英雄的贵族等级制度。品达罗斯为他的那些贵族资助人而极力颂扬的长期稳定的社会,此时正让位于其平等主义更为不稳、竞争更趋激烈的一种新秩序。品达罗斯以往一向保守地维持旧的宗教价值观和针对不受社会观念约束、奋勇进取的人而采取的制裁;由于上述变化,这种维持也被抛弃了。对雅典城邦传统诸神的信仰,此时正逐渐受到损害,而一种更具批判性的、更为世俗的精神正在强有力地上升。

随着智者的出现,这一演变于公元前5世纪后半叶达到其最为深刻的阶段。这种新的智力环境的主要倡导者,亦即智者,是巡回职业教师,是具有一种自由精神的世俗人本主义者,既提供知识讲授,也为人们取得实际事务中的成功提供指导。随着在政治上参与民主城邦事务的前途得到扩展,对智者所提供的服务的需求也日益增多。早先已成为智者之前哲学发展的特点、而此时愈来愈反映时代精神的同样的理性主义和自然主义,标志着智者思想的总的趋向。但是,同智者一起,持怀疑态度的实用主义这一新成分也进入了希腊思想,使哲学避开其早些时候更好思索的、且乃宇宙论所关心的事。按照诸如普罗塔哥拉之类的智者的说法,人是一切事物的尺度,所以,人自己关于人类日常生活的个人判断应构成其个人信仰与行为的基础——不应生来就顺从传统的宗教,也不应沉溺于广泛的抽象思辨。真理是相对的,而非绝对的,所以因文化的不同、人的不同、形势的不同而迥异。相反的主张,无论是宗教的还是哲学的,都经不起批判的论证。要判断任何信仰或看法的最终价值,只有根据它在为个人生活需要服务过程中的实际效用才能做到。

在当时社会与政治形势的鼓励下,希腊思想的性质发生的这一决定性转变,应归因于传统宗教信仰的衰落,同样也应归因于那时自然哲学的令人困惑的状况。不仅古老的神话失去了它们在希腊思想中的支撑点,而且科学解释的现状也正达到危机关头。以巴门尼德逻辑学及其费解的悖论为一极端,以原子物理学及其假定的原子为另一极端,两者都否定人类日常经验的非想像的实在性,所以,正开始使理论哲学的整个应用看来好像是不相干的。在智者看来,那些思辨宇宙论既不提及人的实际需要,对常识而言,似乎也不正确。从泰勒斯起,每一个哲学家都已提出自己关于何为世界的真正性质的独特理论,而每一种理论都与其他理论相抵触,且越来越倾向于拒绝考虑感官所揭示的现象世界的愈来愈多的现实情况。结果是杂乱一片的种种相冲突的思想,没有任何准则可据以证明一种思想在其他种种思想之上。此外,自然哲学家们似乎已在构筑他们关于外在世界的种种理论而不充分考虑到富人情味的观察者即主观成分。相比之下,智者承认每个人都有他自己的经验,因而也都有他自己的现实世界。结果,他们认为所有的认识均是主观意见。真正的客观是不可能的。凡是一个人能在正常状态下声称自己知道的东西,只是种种可能的东西,而非绝对真理。

不过,按照智者的看法,如果人对自身以外的世界根本不具备某种洞察力,那是无关紧要的。虽然人能知道的只是自己头脑中的东西——各种现象而非各种本质的东西——但是这些东西构成了对人可能确实有重要关系的绝无仅有的现实。除了各种现象之外,一种更深一层的、稳固的实体是无法知晓的,这不仅是由于人能力有限的缘故,而且更为根本的是因为这样一种实体无法说成存在于人的猜测之外。可是,人思考的真正目的是要为人的需要服务,而且只有个人的经验才能为达到这一目的提供一个基础。每个人都应该依靠他自己的才智去获得成功。因此,承认个人才智有限将是一种解放,因为只有那样,人才会设法使自己的思想靠自身的力量成为主宰,为自己而不是为一些虚假的绝对事物服务,因为虚假的绝对事物是由人自身判断之外一些靠不住的方面任意规定的。

智者提出,先前指向物质世界的批判的理性主义,此时能更富有成效地应用于人类事务,应用于伦理学和政治学。例如,旅游者报告中引用的事实根据表明,各种社会习俗和宗教信仰并非绝对事物,而仅仅是当地人的习惯做法,被普遍接受的虔诚信仰因各民族风俗习惯的不同而不同,与自然或神的戒律根本没有任何关系。近代物理学理论也已给用来使人联想到同样的结论:如果热和冷的经验客观上根本不存在于自然,而仅仅是由互相作用的原子的一种临时排列所引起的单个人的主观印象,那么,是非标准或许也同样是非实在的、相沿成习的,而且是主观决定的。

同样,诸神的存在也可以确认为是一种无法加以证明的假定。正如普罗塔哥拉说的,"关于诸神,我根本无法知道它们存在还是不存在,也无法知道它们是什么样子的;因为要掌握此类知识会遇到许多障碍,包括这门学科的费解和人类生活的短暂"。另一位智者克里蒂阿斯认为,编造诸神是为了将恐惧逐渐灌输给那些本来可能会以邪恶方式行事的人。智者很像持机械自然主义的自然哲学家,认为自然是一种其偶然性与必然性法则同人类事务几乎无关的客观现象。无偏见的常识的事实根据表明,世界是由可见的物质而非看不见的诸神组成的。因此,远离宗教偏见就可以很清楚地察看世界。

因此,智者最终赞同玄学方面一种灵活的无神论或不可知论以及伦理学方面一种情境性的道德规范。既然这时的人已察觉到宗教信条、政治结构及道德行为规则均是依靠人力创造的惯例,那么这些东西从根本上说就都是不确定的,尚可改变。人们在经过数世纪盲目顺从各种约束性的传统看法之后,这时总算有可能解放自己,去实行一项开明的利己主义计划。用理性的方法去发现什么东西对人类最有用,较之把人的行为建立在信仰神话中诸神的基础上或者建立在无法证明的玄学的种种绝对论假设的基础上,似乎是一种更为明智的做法。由于寻找绝对真理纯属徒然,智者建议年轻人向他们学习进行巧言利口的说服和敏捷的逻辑推理所需掌握的实用技巧以及从社会史和伦理学到数学和音乐等范围广泛的其他学科。市民们由此可以极为充分地准备好,在城邦民主政体中起有效的作用,而更为通常的是,还可确保自己在世上过上一种成功的生活。由于在生活中出人头地所需掌握的技能,可以经传授和学习获得,所以一个人可以借教育增加自己的机会。陈腐的信条认为,由于偶然的禀赋或出身地位,一个人的才能是永远不变的;而此时,诸如上述信条之类的传统假设已不再对人起限制作用。通过像智者提供的那样的计划,个人和社会皆有可能改进自己。

这样,智者通过调解促成了由神话时代到实践理性时代的过渡。对人类和社会,此时可以在没有神话的先入之见的情况下,以经验为依据,有条不紊地加以研究。神话可以给理解成讽喻性寓言,而不是对神的存在的揭示。才智敏锐、文法精确、雄辩术高超,乃新的理想的人身上的主要优点。要适当地塑造一个人成功地参与城邦生活所需具备的性格,就得让他在各种技艺和科学方面都受到一种完美的教育,因而,当时建立了"派地亚"——古典时期希腊的教育和训练体系,该体系渐渐开始包括体操、文法、修辞、诗歌、音乐、数学、地理、自然史、天文学和各门自然科学、社会史和伦理学以及哲学——"派地亚"也可以说是造就一个具有多方面能力的、受过充分教育的公民所必需的完整的教学研究课程。

智者对人的信仰——无论是信奉诸神的传统信仰还是更为新近的、然在他们看来乃同样幼稚的信仰即相信人的理性有能力真正了解如宇宙一般巨大且难以确定的东西的本质——的有系统的怀疑,正在使人的思想得到解放,去走一条条未经勘探的新路。其结果,人的地位比以往任何时候都高。人愈来愈自由、愈来愈自主,开始认识到一个除他自己的文化和信仰之外还包含其他各种文化和信仰的更大的世界,意识到人的价值观与风俗习惯的相关性和可塑性,注意到人在创造自己的现实世界过程中所起的作用。然而,人在这个宇宙系统中不再那么重要,因为这个宇宙系统若在任何情况下都存在的话,便有它自己的道理而无需去注意人类和希腊文化价值观。

其他一些问题也由于智者的观点而显露出来。尽管智者倡导智力训练,并把文科教育确立为有效的性格形成的基础,而且这两者都取得了积极的效果,但是,由于对所有价值观的一种极端的怀疑态度,有些人开始提倡一种显然没有是非观念的机会主义。学生们得到的传授是,如何设计出表面上似乎有理的论点,去实际支持任何主张。更为有形的滋扰是,雅典的政治局势和道德状况同时恶化到危机关头——民主政体变得朝三暮四且腐败,结果为一个残忍的寡头统治集团所接管,雅典对希腊的领导变成暴君式的,狂妄发动的一场场战争以彻底失败而告终。在雅典的日常生活中,最低限度的仁慈的道德标准被肆无忌惮地违犯——尤其从雅典专门是男公民对妇女、奴隶和外邦人的惯常做法及经常性的残酷剥削中可清楚地看出来。所有这些新情况都有它们自己的起因和缘由,所以几乎不可能归咎于智者。不过,在如此危急的情况下,哲学家否认绝对价值观,而诡辩者又赞许赤裸裸的机会主义——这两者似乎不仅反映而且深化了那个时代的那种令人困惑的精神。

智者的相对的人本主义尽管具有进步的、开明的性质,但并不证明是完全有利的。雅典较早时候的成功所开辟的那个更大的世界,先前已使一些古老的确定之物动摇,而这时,似乎又需要一种更为广泛的秩序——普遍存在的,却又是概念的——好让一些重大事情可以在这一秩序内得到理解。智者的教导绝对提供不了这样的秩序,而只是提供获取成功的方法。成功本身该如何界定仍有争议。智者大胆地断言,人的智力具有至高无上的权威——人的思想凭借自身的力量,能为人提供足够的智慧去很好地生活,人的心智能独自产生平衡的力量——这一断言此时似乎需要重新评估。对更为保守的判断力来说,传统的希腊信念系统和其先前不受时间影响的价值观的基础,正在危险地遭到损害,而理性和言语技巧却开始获得一种不那么完美的名声。的确,随着人的心智否认自己具备真正认识世界的能力,理性的整个发展此时似乎已从根本上动摇了它自身的基础。

苏 格 拉 底

正是在这种引起激烈争论的文化气候中,苏格拉底开始了他的哲学探求,这一探求同任何智者的探求一样,持怀疑态度,而且是个人主义的。苏格拉底是伯里克利、欧里庇得斯、希罗多德和普罗塔哥拉的一个更为年轻的同时代人,在一个他能自始至终看到帕台农神庙在雅典卫城上给建造起来的时代里成长起来,他进入哲学界的时候,古老的奥林匹亚传统和充满活力的新理智主义之间正处于最紧张状态。由于他那不平常的生与死,他使希腊思想得到了根本的改造,不仅为追求真理确立了新的方法和新的理想,而且还亲自为所有后来的哲学树立了永久的典范,对所有后来的哲学起了很大的鼓舞作用。

尽管苏格拉底的影响十分巨大,但关于他的生平,确切知道的内容几乎没有。苏格拉底本人没有写过著作。对此人的内容最为丰富、条理最为清楚的描述,是柏拉图《对话录》中包含的描述,但是,《对话录》中被认为是苏格拉底的那些话和思想,究竟在多大程度上反映了随后柏拉图自己思想的演变,至今仍不清楚(这是我们在本章末要处理的一个问题)。其他同时代的人和追随者——色诺芬、埃斯基涅斯、阿里斯托芬、亚里士多德、后来的柏拉图主义者——的未佚失的报告,虽然有用,但通常是间接的或不完整的,常常意思含糊不清,有时还互相矛盾。不过,利用柏拉图的早期对话同其他原始资料相结合,可以勾勒出苏格拉底的颇为合理的、可靠的总体形象。

从这些对话和原始资料中,可清楚地看出,苏格拉底是一个性格非凡、才智超群的人;他对思想上的诚实和道德上的完美,满怀着在他那个时代或其他任何时代均罕见的热情。他一个劲地寻找以前不曾有人问过的种种问题的答案,试图暗中破坏各种传统的假设和信念,以引起对各种道德问题的更细致的思考,而且,他还不屈不挠地强迫自己及他所交谈的那些人,对构成有道德的生活的那些东西,都设法去作更为深刻的了解。他的言行体现了一种始终不渝的坚定信念:理性的自我批评的行为,可以使人的思想从错误看法的束缚中摆脱出来。由于苏格拉底致力于从别人那里发现智慧、博得智慧这项工作,他忘了自己的私事,把全部时间都用来同周围市民作认真的讨论。与智者不同,他施教不收费。虽然他跟雅典的那些杰出人士关系密切,但他对物质财富和传统的成功标准却全然不感兴趣。苏格拉底予人的印象是异乎寻常地表里如一,可是,他个人性格中却有许多方面是互相矛盾的,形成了鲜明的对比。苏格拉底使人消除敌意般地谦恭却又高傲地自信,淘气地风趣诙谐却又在道德方面很执着,迷人、爱社交却又孤独、好沉思,不过,他首先是一个因热爱真理而不断受折磨的人。

还是一个年轻人时,苏格拉底似乎已以相当大的热情研究了他那个时期的自然科学,考查了当时与对物质世界的纯理论分析有关的各种哲学。不过,最终他发现这些自然科学和哲学都不能令人满意。杂乱一堆的相冲突的理论,使人的思想更为混乱而不是清晰,而且,这些理论只是根据物质因果关系来解释宇宙,而忽视世界上有目的的智力的证据,所以在苏格拉底看来颇有欠缺。他断定,这样的理论在概念上是不一致的,在道德上也是无用的。因此,他从自然科学和宇宙哲学转向伦理学和逻辑学。人应该怎样生活呢?如何想清楚人该怎样生活的问题成了最叫他关心的事。正如3个世纪后西塞罗所宣称的,苏格拉底"把哲学从天上召唤下来,植入城市和人们的家里"。

这样一种转变的确已反映在智者的思想中,智者在关心教育、语言、修辞和辩论方面也与苏格拉底相像。但是,苏格拉底在道德与智力方面渴望达到的目的的性质显然不同。智者主动提出要教人们如何在一个所有的道德标准都是成规定俗、人类的一切知识都是相对的世界上过一种成功的生活,而苏格拉底则认为这样一种教育哲学不仅于智力不妥,于道德也不利。与智者的观点相反,苏格拉底认为,超越了仅仅是看法的知识也体现在超越了仅仅是成规定俗的道德规范中,自己的任务就是要设法找到这种知识。

早在这位青年哲学家生活中一个较早的日子里,特尔斐大庙的阿波罗神谕已宣布,没有人比苏格拉底更智慧。后来当苏格拉底以独特的反话提到这一神谕、试图反驳时,他一丝不苟地检验了所有自以为聪明的人的信念和思想——得出结论说,他的确比其他所有人更聪明,因为只有他认识到自己的无知。但是,尽管智者先前已认为真正的知识是不可获得的,可苏格拉底却相反地认为,只是以前尚未获得真正的知识。他一再论证人类的无知,即不仅他自己而且还有其他人的无知,其目的并不是要引出思想上的绝望,恰恰相反,是要引出思想上的谦逊。无知这一发现对苏格拉底来说,是哲学工作的开始而非结束,因为只有通过这一发现,人们才有可能开始克服遮蔽了人那样的生物的真正天性的那些公认的假设。苏格拉底认为,使其他人认识到自己的无知,去进一步探求应当如何生活才最恰当的知识,是他个人的使命。

按照苏格拉底的看法,只要企图促进人类生活中真正的成功与非凡,就得考虑到一个人内心深处的真实情况,亦即他的灵魂或心灵。苏格拉底兴许就是在他自己高度发达的个人自我感和个人自制感的基础上,给希腊思想带来了对灵魂的主要含义的一种新意识,首次把灵魂确立为个人的正在觉醒的意识的寓所及品性和智性的寓所。他认可了"认识你自己"这句特尔斐箴言,因为他相信,人只有凭借自知之明、凭借对人自己的心灵及其实际状况的了解,才能找到真正的幸福。所有人都是按照自己真正的本性去寻找幸福,所以,苏格拉底教导说,过那种能最恰当地满足灵魂本性的生活,就可以获得幸福。幸福并不是身体状况或外部环境的结果,也不是财富或权力或声望的结果,而是过一种于灵魂有益的生活的结果。

然而,要过一种真正有益的生活,人就必须明白善的本性或本质是什么。要不然,人就会盲目行动,在仅仅是成规定俗或权宜考虑的基础上,逢到什么东西符合民意或者满足瞬间快乐便说什么东西是善的或者有德性的。相比之下,苏格拉底论辩说,如果一个人的确知道什么是真正的善——什么在最深层的意义上于他有益——那么他就会自然地、必然地以善的方式行事。人若知道何为善,就必然会在那个基础上行事,因为没有人会故意去选择他明知会伤害自己的东西。只有当他将虚假的善误认为真正的善时,他才会做出错误的行为。从来没有人会故意犯错误,因为知善便趋善是善的真正本性。在这一意义上,苏格拉底认为美德即知识。真正幸福的生活是遵循理智正确行动的生活。因此,人类幸福的关键是发展一种基于理智的品性。

但是,对一个要去发现什么是真正的美德的人来说,肯定会有种种棘手的问题要探问。要认识美德,人就必须发现一切有道德的行为中的共同要素,即美德的本质。为了找到美德真正的特性,人就得对有关美德本性的每一种说法的价值予以严厉批评、分析和检验。举出各种善行的例子,说那就是美德本身,是不够的,因为如果使这类例子成为美德的真正的实例,那上述这种回答是揭示不了所有这类例子内的那种单一的本质属性。善、正义、勇敢、虔敬、美的情况也是如此。苏格拉底批评了智者的看法,后者认为这类专门名词从根本上说只是一些词语,只不过是当时已被确认的人类种种惯常做法的一些名称。词语的确会起歪曲和欺骗的作用,在它们实际上缺乏坚实的基础时给人以真实的印象。但是,关于宝贵的、难觉察的神秘事物,词语也能指明某种真正的、持久的东西。设法找到那种真正的实在便是哲学家面临的任务。

正是在从事这一任务的过程中,苏格拉底发展了他那有名的、对西方思想的特性和演变变得极其重要的对话形式的辩论:将严格的对话当作旨在揭露错误信念和引出真理的一种智能调查的方法,通过这种对话来作推论。苏格拉底的独特策略是,他无论同谁交谈,都要与其一起讨论一连串的问题,用能指出某一信念或说法中的谬误和内在不一致那样一种方法,不留情地依次分析种种答案的含意;而解释事物本质的种种尝试,不是因解释过于宽泛就是因解释过于狭隘,或者因解释完全错误,而相继被摈弃。常常这样一种分析,碰巧在讨论者完全困惑的状态中结束,于是,同苏格拉底一起讨论的人觉得仿佛他们刚才被一条刺魟[体扁而宽的大鱼,尾有毒刺具杀伤力]刺得失去了感觉似的。然而这种时候,很明显,哲学在苏格拉底看来,关心的与其说是知晓正确答案,不如说是力求发现正确答案。哲学是一种过程、一种训练、一种毕生的寻求。用苏格拉底的方式实践哲学,就是要不断地使一个人的思想在同其他人的认真对话中经受理性批判。真正的知识并非像一件已购置的商品,完全可以从另一个中间人那里得到,就像在智者看来那样,恰恰相反,是一种个人成就,只有以不断的思想斗争和自我批判的反思为代价,才能获得。苏格拉底宣称,"没有用批判检验过的生活,是不值得过的"。

不过,由于苏格拉底不断地向别人提问,他并没有到处受人欢迎,而且,由于他在弟子们中间积极鼓励一种批判的怀疑态度,有些人认为,他带来了一种危险的令人不安的影响,逐渐损害了传统与城邦的固有权威。虽然苏格拉底先前在费力求得某些知识的过程中,已花了一生中的大量时间以其人之道来战胜智者,可颇具讽刺意味的是,有些人却将他和智者归为一类人;当时,雅典正处于灾难性的伯罗奔尼撒战争之后政治上的不稳定时期,有两个公民指控他不敬神和败坏青年。由于苏格拉底陷入与许多政治人物(其中有些人曾经是他圈子里的)为敌的旋涡中,他被判处死刑。在这种境况下,本可以按照惯例提出以流放代替死刑,这兴许也是控告他的人所希望见到的。但是,苏格拉底在接受审判的每一阶段都拒绝放弃自己的原则,拒绝作逃亡或改变裁决结果的任何努力。他坚称他以前所过的生活是正当的,尽管使其他人觉醒的使命此刻给他带来了死亡——面对死亡,他无所畏惧,恰恰相反,他将死亡当作走向永恒之门,表示欢迎。苏格拉底高高兴兴地饮下毒芹汁,心甘情愿地去当一个他已如此长久地捍卫的哲学理想的殉难者。

柏拉图的英雄

苏格拉底最后那些日子里,聚集在他周围的朋友们和信徒们都给他这样一个已极为非凡地体现了自己理想的人吸引住了。由于爱与理性——激情与心智、友爱与辩论、欲望与真理——的独特结合,苏格拉底的哲学似乎已直接表露了他的人格。苏格拉底的每一种思想及其表达,均带有他个人性格本身的最重要部分的标记,而且,似乎均来源于他个人性格本身的最重要部分。的确,就像柏拉图整个系列对话中对苏格拉底所作的描述,他的谈话与思考均带有一种智力与道德上的自信,这种自信虽然扎根在他心灵深处,却是建立在极为自知的基础上——正是由于这一事实,他才有能力表达在某种意义上乃普遍存在的、以神圣的真理本身为基础的一种真理。

然而,柏拉图在对这位哲学导师的描述中所强调的,并不仅仅是心智与灵魂的这种极有魅力的深邃。柏拉图所纪念的这位苏格拉底,还发展和阐明了实际上使苏格拉底的那种辩证策略在理论上臻于完整的一种特定的认识论观点。因此,在这里,我们将利用柏拉图伟大的中期对话中所包含的有关苏格拉底的更详尽的——而且更不容置疑是"柏拉图式的"——解释,来扩大我们对这位关键人物的讨论范围。从《斐多篇》开始,而且是以诸如《会饮篇》和《国家篇》之类对话中的充分发展的形式,苏格拉底这一人物逐渐表达各种观点,这些观点超越了较早期的对话所归之于他的观点,也超越了像色诺芬和亚里士多德那样的别的消息提供者所归之于他的观点。虽然这样说的根据可以从几个方面来解释,但看来好像是柏拉图在自己思想演变的过程中思索着他导师的遗产,逐渐用这些更为高度发展的观点,来阐明他认为不仅从苏格拉底生活中,而且从他辩论中也可感觉出来的东西。

随着这些对话的进行(它们确切的先后次序现在尚不完全清楚),对苏格拉底的较早期的描述——他努力坚持自己对逻辑的一致性和有意义的定义的种种要求,批判有关人类信念的一切假定的必然之事——开始向前进展到哲学论证的一个新水平。先前在调查了当时从科学的自然哲学到智者的巧妙辩论的每一种思想体系之后,苏格拉底已得出结论说,所有这些思想体系都缺乏正确批判的方法。为了阐明自己的方法,他决定自己此时要关心的不是种种事实,而是关于事实的种种说法。他要通过把每一种说法都当作一种假设来分析这些说法,推断其逻辑上必然的结果,从而判断其价值。一种假设,如果其逻辑上必然的结果被查明是真实的、始终如一的,那么即便未得到证实,也该暂时予以确认,因为这样一种假设只有在求助于一种更为终极的公认为真实的假设的情况下才能转而得到证实。

最后,据柏拉图的中期对话所载,在经过对这些问题全面而彻底的论证和深思之后,苏格拉底提出了自己的基本假设,用作知识和道德标准的那种终极基础:如果有什么事物是善的或美的,那么之所以如此,是因为该事物分有善或美的一种原型本质;这种原型本质乃绝对的、完全的,存在于超越其短暂的、特定的表现的一个永恒的层面上,最终只有智力而非感官才能去接近。这类共相具有超越仅仅是人类的习俗或看法的一种真正的性质,因而具有超越它们体现于其中的各种现象的一种独立的实体。人的大脑可以通过哲学这门最高学科来发现和认识这些永恒的共相。

就像柏拉图所描述的,关于"型"或"相"的这一假设,虽然从未得到过证实,但似乎已代表某种东西,这种东西胜过合乎逻辑的讨论的一种似乎正确的结果,在一定程度上作为超越于人类经验的一切猜测、不明之事及错觉的一种无可置疑的——非常确凿且必然的——实体而存在。它的哲学的理由最终是顿时领悟的,对先前已达到启蒙这一遥远目标的热爱真理的人来说,是不证自明的。柏拉图的言外之意似乎是,先前在苏格拉底不但坚定地关注理性的真理、而且还坚定地关注自己的心智与灵魂、关注行德的过程中,世界秩序本身已被触摸到,并给揭示出来。在柏拉图所描述的苏格拉底那里,人类思想不再独自不稳地挺立着,而是找到了以某种更为基本的东西为坚实后盾的自信与确信。因此,正如柏拉图十分动人地阐述的,苏格拉底持怀疑态度寻求真理之后的似乎有悖常理的结局是,他最后得出了关于永恒的相——绝对的善、真、美,等等——的概念,即远见;在对这类永恒的相的沉思中,他结束并完成了他那漫长的哲学探求。

神话中的英雄与诸神的时代,对近代居住在城市的雅典人来说,似乎早已过去,但是,在柏拉图所描述的苏格拉底那里,荷马史诗中的英雄,这时作为在一个受到善诡辩的斯库拉和传统主义的卡律布狄斯危害的领域里,对各种绝对事物进行理智与精神上的探求的英雄,又复活了。苏格拉底面临死亡时所揭示的,正是一种具有新形式的不朽的荣耀,而且,正是由于这种哲学家的英勇行为,荷马的理想在柏拉图及其追随者看来,开始呈现新的意义。因为先前通过苏格拉底的脑力劳动,一种精神实体已诞生,这种实体显然极为根本、无所不包,甚至连死亡也模糊不了它的存在,而是正相反,充当了它的出入口。柏拉图的对话——这些对话本身如同已给希腊文化增添光彩的史诗和戏剧,乃伟大的文学作品——中揭示的那个超验的世界,显示了一个新的奥林匹亚王国,这一王国使人想起古代神话中诸神的超凡脱俗的伟大,同时又反映出理性的秩序这一新观念。柏拉图报告中的这位苏格拉底,先前一直忠实于希腊人的理性发展和个人主义者的人本主义。但是,在他智力上的长期探索过程中,通过批判地使用和综合其前辈们的深刻见解,他已建立同一种永恒的实体的一种新联结,这种永恒的实体这时不仅具有神话中的神秘性,而且还具有哲学意义。在苏格拉底那里,思想已被深信不疑地信奉为生命的一种活力和精神的一种必不可少的工具。智力不仅仅是智者和政治家的有用工具,也不仅仅是实际思考和费解的悖论独占的偏僻领域。确切点说,智力是一种神圣的能力,凭借这种能力,人类精神不仅可以发现自己的本质,还可以发现世界的意义。这种能力需要的只是觉醒。不管觉醒之路多么艰难,这种神圣的智力同样地潜伏在卑贱与伟大中。

在柏拉图看来,苏格拉底这一人物的情况就是如此——解决了希腊人对真理的寻求问题且达到这一寻求的顶点,乃世界的神圣基础的修复者,亦为人类智力的觉醒者。早先在荷马和古代思想看来,以经验为依据的东西和原型的东西有一种不可分割的关系,这种关系后来越来越受到爱奥尼亚自然哲学家的自然主义和埃利亚学派的理性主义的挑战,并为持原子说者的唯物主义和智者的怀疑主义所完全排除,但到了苏格拉底和柏拉图那里,两人却又从一个新的角度来予以重新阐述与恢复。与那种无明显特征的古代看法相比,原型的东西和以经验为依据的东西的那种已察觉到的关系,此时已变得更成问题、更被对分开来、更具有两重性。这一步是决定性的一步。但是,与原始神话中的看法连在一起的那种基本的、被重新发现的共性,则同样是决定性的。按柏拉图的理解,世界由于若干共同的论题和一些名人而又一次给阐明。世界的一些指导原则由于人的大脑而又一次是可知的。神圣的绝对的东西再一次统治宇宙,并为人类行为提供了一个基础。存在又具有超验的意志。思想的缜密和奥林匹亚的灵感不再遭受反对。人类的价值观又一次在自然的秩序中扎根,而神圣的智力则体现在人类价值观与自然秩序中。

在苏格拉底和柏拉图看来,希腊人对人类经验的具有多种形式的东西的明晰、秩序及意义的探求,只是在思想上修复了在希腊文化的遥远的荷马童年便已知晓的神圣的实在,所以是兜了个圈子仍回原处。因此,柏拉图将自己的见解与源自古希腊人感觉力的古代原型看法结合在一起,从而赋予后者以新的生命和意义。

❧✵❦

苏格拉底是希腊哲学的模范人物——诚然,也是整个西方哲学的模范人物——不过,我们不拥有他写的、能直接代表他思想的著作。他的生平与思想,主要是通过柏拉图对他的了解这一极为有效的折光物,才流传至后世。苏格拉底对年轻柏拉图的影响非常之大,故而柏拉图对话以真正的对话形式传递苏格拉底哲学的辩证精神,几乎每一页上好像都带有苏格拉底的印痕,所以,要在这两位哲学家的思想之间作任何区分,简直是不可能的。在大部分重要对话中,苏格拉底这一人物都扮演了重要角色,表达了主要论题,而且,他很大程度上是凭似乎已得到如实描绘的个人气质来这么做。众所周知,历史上的苏格拉底终结于何处,而柏拉图的苏格拉底又起始于何处,现在尚不明确。苏格拉底谦逊地自称无知,而柏拉图则知晓种种绝对的东西,表面上这两者相去甚远;不过,后者好像是直接师承前者、发扬光大,仿佛思想上那种无保留的谦逊乃一个针眼,提供了获取普遍智慧的通道。无疑,苏格拉底对真理与秩序的毕生追求,似乎毫无保留地依赖于一种信念,即相信最终存在那种真理与秩序。⑥而且,苏格拉底种种辩论的性质与方向,不仅如柏拉图早期对话中所描绘的,也如其他人的报告中所反映的,有力地表明他起码在逻辑思维上致力于后来被认为是一种共相论的东西。

雅典民主政府对苏格拉底的审判与处决,给柏拉图留下了深刻印象,使他确信,既不能信任一个无方向舵的民主政府,也不可信赖一种无标准的哲学;因此,任何政治体系或哲学体系若向往成功、英明,那就必须为价值标准确立一个绝对基础。根据所能获得的历史材料和文学资料,似乎苏格拉底对绝对定义和盖然可靠的个人探求,以及很可能是他提出的对某种早期形式的相论的建议,由于柏拉图的更为包罗万象的感觉力而得到发展,并被扩展成一个无所不包的体系。柏拉图从苏格拉底前的许多古希腊哲学家,特别是巴门尼德(用理智可理解的实在的不变的单一性)、赫拉克利特(感觉世界的不断流变)、最重要的是毕达哥拉斯学派(通过数学形式的实在的可理解性)那里,吸收了其他种种见解。因此,苏格拉底更为全力关心的事和策略,成为柏拉图对随后西方哲学所有不同领域——逻辑学、伦理学、政治学、认识论、本体论、美学、心理学、宇宙论——的主要轮廓与问题作更为广泛的阐述的基础。

柏拉图认为,苏格拉底的一生已为哲学作出了极好的榜样;他通过利用苏格拉底这一人物去阐明哲学,表达了对哲学的那种深化与扩展。因为按柏拉图的看法,苏格拉底似乎是善与智慧的生动体现,而柏拉图又认为,正是善与智慧这些品德,乃世界的基本原则,亦乃人类渴望达到的最高目标。因此,苏格拉底不仅成为鼓励柏拉图哲学前进的人,也成为柏拉图哲学的象征。从柏拉图的学问中浮现了原型的苏格拉底,亦即柏拉图学说的化身。

从这一观点看,柏拉图并没有提供有关苏格拉底思想的一字不差的纪实报道,反过来,他也没有仅仅把苏格拉底当作他自己完全独立的思想的代言人。确切点说,柏拉图跟苏格拉底的关系似乎更复杂,更神秘,更因解释而造成的,且更为创造性的,因为他为了从其导师的思想中引出他认为是其内在的、经过彻底论辩的、理论上清晰的种种结论,便详尽阐述他导师的思想并使其大为变样。苏格拉底常常称自己是一位思想的助产士,凭借自己的辩证技巧,使另一人头脑中隐伏的真理得以诞生。兴许柏拉图哲学本身就是那种劳动最后的、也是最圆满的成果。

哲学家的探求与宇宙精神

尽管柏拉图的哲学专心致力于辩证法的精确与思想的缜密,但其本身却为一种宗教浪漫主义所渗透,这种浪漫主义不仅影响了柏拉图哲学的本体论的范畴,而且还影响了其认识论的策略。正如在《会饮篇》中对厄洛斯所作的讨论,柏拉图对相的描述是,相与其说是客观公正的理性领悟的不确定物体,不如说是超验的实体;这类实体在为地道的哲学家所亲身体验时,会引起感情上的强烈反应,甚至还会招来不可思议的狂喜。哲学家在字面上是"爱好智慧的人",把自己的智力任务当作对普遍意义的一种浪漫探求来对待。在柏拉图看来,终极实在实际上不仅是道德的、理性的,而且也是审美的。善、真、美,通过最高创造性原则而被有效地统一在一起,同时支配着道德的肯定、理智的忠诚与审美的屈服。美,作为各种型中最易接近的、在某种程度上甚至是肉眼可见的东西,引导哲学家接近关于真与善的令人愉快的看法与认识,从而使人开始觉察到还存在其他种种型。因此,柏拉图指出,只有具备一个恋人的性情的人,才有可能获得这种最高的哲学眼光。哲学家必须允许自己内心为具有最崇高形式的厄洛斯——为了克服与神的分离且与神合为一体而恢复早先的统一的那种普遍的激情——所抓住。

柏拉图把对神的认识说成是每个灵魂中所固有的,只是给忘记了。虽然灵魂乃不朽的,在出生以前就经历与各种永恒的实体的直接的、密切的交往,但是,产后人体受限制的状态,使灵魂忘记了一些事情的真实状况。哲学的目标,就是要使灵魂摆脱受迷惑的状态,因为在这种状态中,灵魂受到了永恒事物的有限拟态与面纱的蒙蔽。哲学家的任务,就是要"记起"超验

第一篇 希腊人的世界观

的相,以恢复对万事万物其真实的起因与根源的直接认识。

在《国家篇》中,柏拉图以一个精辟的比喻来说明关于实在的可靠知识与现象错觉之间的差别:人就像给用链条拴在黑深深的地洞后壁上的犯人,他们永远无法转过身来看看在他们背后远处较高的地方燃烧的火光。如果洞穴外面有一些东西从火光前面通过,犯人就会把火光投射到他们对面洞壁上的阴影误认为真正的东西。犯人只有摆脱拴住他的链条,离开洞穴进入更远处的世界,才能瞥见真正的实在,虽然刚接触到火光时,他也许会因耀眼的光亮而眼花缭乱,竟识别不出火光的真实特性。不过,一旦习惯于火光,开始认出一些事物的真正起因,他就会珍视自己新的认识的清晰。如果回想起自己原先和其他囚犯在一起时的命运:在洞穴里,大家都把自己的头脑不停地用来理解纯粹是错觉的东西,那么,他就会同荷马一样,宁可忍受实在的世界中的任何东西,而不愿被迫生活在阴影的地狱里。的确,如果他必须回到洞穴,又由于不习惯洞穴的黑暗而在通常"理解"各种阴影的活动中同其他囚犯辩论,那么,他很可能只会招来其他囚犯的讥笑,而无法使他们相信,他们正在察觉到的东西不过是实在的模糊影像。

于是,在柏拉图看来,哲学家面临的伟大任务,就是要从短暂的阴影的洞穴中钻出来,使已给搞混的头脑回到原型的光亦即存在的真正根源上来。在提到这种高级实在时,柏拉图一再将光、真理和善连在一起。在《国家篇》中,他称善的相对于可知世界好比太阳对于可见世界,乃一样的:太阳使可见世界的东西得以生长,而且看得见;同样,善使理性的各种东西得以存在,而且可理解。哲学家要获得美德,就得找到那种发光的知识,它使人类精神和原型的宇宙秩序亦即由至高的善的相决定且照亮的一种秩序之间的关系和谐。

然而,要实现从愚昧无知的状态中的解放,就需要进行特别持久的理智与道德上的努力,以便理智——被柏拉图看作灵魂的最高级部分——能超越仅仅是感觉得到的、有形的东西,重新获得关于相的失去的知识。在有些对话(如《理想国》)中,为了达到这一目的,柏拉图强调辩证法的力量,亦即严格的自我批判的逻辑的力量,而在别处(如在《会饮篇》和《第七封信》中),他更多地提到由直觉智力所作的一种自发认识——也可以说,是在经过长期磨炼之后,天恩的一种显示或瞬间的天恩。在这两种情况的任何一种情况下,回忆相都不仅是获取真知识的手段,也是获取真知识的目的。

所以,柏拉图对哲学的主要指示,集中在努力发展智力与意志力方面,其动机源自一种持久的愿望,即渴望重新获得与永恒事物的失去的连接。通过哲学回忆这种劳动,人脑可以使它早先拥有过的神智诞生。因此,教育就是为灵魂和神服务,而不是像智者认为的那样,单单为世俗和人服务。此外,教育也是一种过程;真理并非通过这一过程由外部引入头脑,而是通过这一过程从内部"导向外面"。于是,头脑就可以找到内心揭示的一种既有关其自身性质又有关天地万物的知识,一种本来会因世俗存在的费解而变得模糊不清的知识。在柏拉图的指导下,古典时期的派地亚提出了要通过规范化教育来予以实现的内心完美的理想,故也具有柏拉图学园这一既是大学又是隐修院的教育团体的更为深化的形而上学范围与精神范围。

还有,哲学的启发就是重新认识和回忆已忘记的知识,重新确立灵魂与一切事物内在的超验的相之间那种幸福的亲密关系。在这一点上,柏拉图维护哲学的救赎方面,因为正是灵魂同永恒的相的直接相遇,向灵魂揭示了其自身的永恒。根据柏拉图对苏格拉底最后数小时的描述,似乎苏格拉底对超越物质存在的原型意识的这种状态,评价极高,所以在饮下毒芹汁、迎接死亡的到来时,他表现出镇静,甚至渴望。他宣称,当灵魂终于能返回其不朽状态、沐浴于荣耀中时,他已终生都在期待拥抱死亡这一片刻。对相信永恒事物的实在性这一点如此热情地加以肯定,加之那些对话中又时常提及神话和宗教神秘事物,表明苏格拉底和柏拉图他们自己可能已与希腊的一些神秘宗教有密切关系。按柏拉图的看法,不仅神如在传统的希腊公共宗教中那样存在,而且经由哲学之路,人类精神也能认识到其自身神圣的不朽。这种看法,使柏拉图离开了早先已在终有一死的人们和永恒的诸神之间确立种种较严格的界限的荷马传统,并使他在一定程度上同一些神秘宗教和毕达哥拉斯学派交往;在神秘宗教中,入会仪式带来了关于不朽的一种启示,而对毕达哥拉斯学派来说,哲学本身则提供了通往神秘的精神启示和为神所同化的最佳途径。柏拉图同神秘宗教和毕达哥拉斯学派的密切关系,也反映在他的一个信念中:各种最高真理不应该传播给所有的人,以免这些真理被滥用。因此,他宁可不取明确的专著形式,而取较为含糊的对话体,因为对话体能隐藏——有适当准备时又能揭示——他哲学中最深刻的真理。

可以说,柏拉图哲学特有的价值观的二元论——哲学家高于普通人、心智和灵魂高于物质、先存在的理想的型高于现象世界、绝对的东西高于相对的东西、死后的精神生活高于眼前的物质生活——反映了柏拉图对自己一生中在雅典经历的各种政治危机、道德危机和思想危机的反应。考虑到,原先在伯里克利时代达到全盛期的公元前5世纪,人们信奉的观念是,人类自行完成了从原始的无知到文明的世故这一进步,柏拉图时常倾向于由赫西奥德阐明的更为早期的希腊人的观点:人类的状况已从更早的黄金时代逐渐恶化。柏拉图不仅见到了同时代人的技术进步,而且也目睹了同时代人从"比我们自己强且离诸神更近"的古人那种更为质朴的天真无邪状态中的道德堕落。人类成就本身是相对的、不牢靠的。只有以种种神圣的原则为基础且由神一般博学多闻的哲学家治理的社会,才能将人类从其毁灭性的无理性中拯救出来;因此,最令人满意的生活是避开世俗生活、朝向永恒的相的世界的一种生活。不变的精神王国领先于且永远优于人类在世俗世界中试图完成的任何东西。只有精神王国掌握了真正的真理和价值。

不过,尽管柏拉图有着表面上反物质世界的悲观情绪,但其观点的特征却是某种宇宙乐观主义,因为在各种事件不易看清的持续变动的背后,他安放了神智这一天佑的构想。于是,尽管柏拉图那狂热的神秘主义凌空飞翔,更确切点说,在他那狂热的神秘主义凌空飞翔的下方,他的哲学却与自身特性相符,基本上是理性主义的——不过他的理性主义依靠的是他所认为的一种普遍而又神圣的基础,而不仅仅是人类的一种逻辑性。因为在柏拉图关于世界的观念之中心,是统治并使一切事物有序的超验的智力这一概念:神圣的理性乃"天地之王"。天地万物最终不是由偶然性、唯物主义方法或盲目的必然性来统治,而是由"一种奇妙的调节智力"来统治。

柏拉图也承认,在世界的构造中,有一种硬是产生迷误、硬是无理性的无法改变的成分,他称之为 ananke[朱光潜译为"定命神"]即必然性[Necessity]。按柏拉图的理解,非理性的东西与物质、感觉世界及本能性欲望有关,而理性的东西则与心智、超验的事物及精神欲望有关。⑦必然性,亦即宇宙中难控制的漫无目的和随意的无理性,抵制对创造性理性的绝对顺从。必然性遮蔽了原型的完美在具体世界中的纯粹表现,使原型的完美黯然失色。虽然理性在世界的最大部分范围内否决必然性,使必然性顺从善的意志,但是,在某些地方,理性并不能制伏产生迷误的原因——因此,世界上存在邪恶与混乱。世界作为一个有限的创造物,必然是不完美的。然而,正因为世界的令人困惑的性质,必然性起了一种使哲学家从可见物溯源到超验的事物的推动作用。虽然难以捉摸的偶然性和无理性的必然性乃真实的,有自己的位置,但是,它们存在于一个更大的构造物内,而体现在这一构造物中并支配这一构造物的,则是绝对智慧即理性,理性依照最高智慧即善的相调动一切事物。

在这一点上,柏拉图充分明确地表达了在更早期的希腊哲学中便已提出、在其随后的发展中又起主要作用的原理。先前,居住在伯里克利统治下的雅典的安那克萨哥拉,已提出努斯即理性乃万物安排有序的超验的原因。由于安那克萨哥拉的这个第一原理使人联想到可以将理性神学作为宇宙之存在的基础,苏格拉底和柏拉图都为这一原理所吸引。不过,他们又同后来的亚里士多德一样失望了,因为安那克萨哥拉并没有在自己的哲学中进一步发展这一原理(它同持原子说者提出的原理一样,主要是唯物主义的),尤其是,他没有阐明宇宙精神的有意的善。但是,早在安那克萨哥拉之前大约半个世纪时,诗人哲学家色诺芬尼便已批判了幼稚的民间传统中的拟人神祇,转而假设了唯一的至高无上的神,亦即通过纯粹智力活动影响世界、且实质上等于世界本身的一个宇宙之神。不久以后,苏格拉底前的另一位古希腊哲学家、离群索居且颇为神秘的赫拉克利特,用逻各斯(原来的意思是言词、说话或思想)这一词语来表示支配宇宙的理性原则,从而提出了关于神圣智力的一个同样内在的观念。万物都是在不断运动变化中的,不过从根本上说,是因普遍的逻各斯而互相关联、安排有序;普遍的逻各斯也显见于人类的理性力量中。赫拉克利特把逻各斯和火这一元素联系在一起;火同赫拉克利特的整个世界一样,是从斗争中产生的,永远在焚烧,且在不断运动变化中。正是由于普遍的逻各斯这一法则,每个事物都受到其对立面的制约,都趋向其对立面,并最终为其对立面所抵消,因此,所有对立面最终构成一个统一体。最美的和谐是由彼此处于紧张状态的诸成分组成的。赫拉克利特坚称,大多数人由于不理解逻各斯,就仿佛睡在关于世界的一个虚假的梦中那样生活,因此老是处在不和谐的状态中。人类应该设法领会生机勃勃的逻各斯,从而认识到与宇宙更深一层的秩序进行明智合作的一种生活。

但是,正是毕达哥拉斯学派,也许首先是别的哲学学派,强调了世界的可理解性,尤其是讲授了为实现人类精神和神圣宇宙之间令人狂喜的结合而科学地洞察有关世界可理解性的奥秘的精神价值。在毕达哥拉斯学派看来,正如后来在柏拉图主义者看来一样,在自然界可发现的数学模式,在某种程度上,隐藏了引导哲学家超越实在的物质层面的一种更深层的意义。要发现实际存在的、规定的数学形式,就必须揭示神圣智力本身,用超验的完美和秩序来支配神圣智力的创造物。毕达哥拉斯学派发现,乐音能归结为数,和谐的音调由弦产生,而弦的尺寸则由简单的数值比率来决定;这些发现被看作是一种宗教启示。那些数学上的和谐作为精神范例而保持永存,所有听得见的乐调都起源于数学上的和谐。毕达哥拉斯学派认为,整个宇宙,尤其是天空,是按照难理解的和谐原理即表达了极美的音乐的数学配置而给安排有序。要理解数学,就必须先找到获得神圣的创造性智慧的关键。

毕达哥拉斯学派还教导说,这些形式先是在人的头脑中,然后是在宇宙中发现的。只有在人的智力确立关于数和图形的种种数学定律之后,才能在外在世界确认这些定律。依靠这一方法,人类精神发现,它自身的本质和智力同隐蔽在自然中的东西,是一样的。只有那时,宇宙的意义才能为灵魂所领悟。通过智力与道德上的训练,人类精神能洞悉数学上种种型的存在和特性,然后,能开始弄清自然与人类精神的种种奥秘。科斯摩斯[kosmos]这一词,表示希腊人眼中秩序、结构的完美和美这三者的独特结合,一向被认为是由毕达哥拉斯首先运用到世上;毕达哥拉斯之后,对这一词,也时常按他的那种意思来予以理解。正如柏拉图所重申的,要发现世界上的科斯摩斯,就得先揭示一个人自己灵魂中的科斯摩斯。世界精神在通常所认为的人类生活中显现出来。在这一点上,苏格拉底的名言"认识你自己",未被认为是一个好内省的主观主义者的信条,而被看作是理解世界的一道指示。

当时有这样一种信念:宇宙拥有一种全面的调节智力,同时又为这种全面的调节智力所支配,而且,这同一种智力也显示在人的大脑中,使人的大脑能认识宇宙秩序;这一信念亦乃希腊思想主要传统中最独特且被反复提及的原理之一。在柏拉图之后,逻各斯和努斯这两个词都经常同关于人类知识和普遍秩序的各种哲学观念联系在一起,而且,它们的含义通过亚里士多德、斯多葛派学者和后来的柏拉图主义者,得到越来越详尽的阐述。随着古代哲学的进步,逻各斯和努斯都被不同地用来表示心灵、理性、智力、组织原则、思想、言词、说话、智慧和意义,在每一种情况下,都既和人类理性有关,又和一种绝对智慧有关。关于宇宙秩序的这种天佑的原理,通过各种原

第一篇 希腊人的世界观

型,不断地渗入被创造的世界;逻各斯和努斯这两个词,最终除了开始表示这种天佑的原理外,还开始表示所有原型的超验的根源。逻各斯作为人类智力借以实现对世界的理解的工具,亦乃一种神圣的揭示性原理,在人的大脑和自然界中同时起作用。为了掌握这种既起决定作用又起揭示作用的最高的理性的、精神的原理,同时又能被这种原理所掌握,哲学家最重要的探求应该是从内心认识理性这一原型世界。

关于行星的问题

在柏拉图对话所讨论的其他许多重要的论题和概念中,有一个方面特别需要我们现在予以注意。因为事实证明,柏拉图思想中的这一方面,对西方世界观的演变来说,无比重要,不仅构成以后古典世界的宇宙哲学的基础,而且还作为促使近代科学诞生的一种决定性力量而再次露面。它对西方思想理解物质宇宙这一尝试来说,理所当然乃唯一最重要的因素,不仅给予这一尝试以推动力,还赋予这一尝试以连续性。

柏拉图一再称赞天文学这一研究领域对获取哲学智慧格外重要,并在天文学研究中明确指明了一个特别需要解决的重要问题。而且,这一问题——如何在数学上解释诸行星的不规则运动——对柏拉图来说是那么重要,他竟把解决这一问题的需要说成仿佛是宗教方面十分紧急的事。这一问题的性质——诚然,它的确存在——不仅突出地表明其自身内部的紧张状态,而且还突出地表明它在古代神话中的宇宙和近代科学的宇宙之间那种极重要的位置,从而清楚地解释了柏拉图世界观的特征。因为柏拉图所确切阐述的行星之谜以及历史上为解决此谜而进行的长期且艰巨的思想斗争,导致两千年后哥白尼和开普勒的工作以及由他们发起的科学革命。

但是,要追寻从柏拉图到开普勒的这一条非凡的思想路线,我们首先必须在短时间内,设法重现柏拉图以前,特别是与来自巴比伦尼亚古代美索不达米亚王国最早的颇似天文学家的占星家有关的关于天的古代观点。因为正是从公元前几乎两千年的这些遥远的源头,西方的宇宙论首次出现。

第一篇 希腊人的世界观

似乎从很早的时代起,古代的观察者就注意到天国和地国之间的根本差别。虽然无论何处,尘世生活的特点是变化、不可预测、生成和衰败,可天却似乎拥有一种永恒的规律性和一种明亮的美,使天被公认为一个具有完全不同的良好秩序的王国。虽然对天的观察,一夜复一夜、一个世纪继一个世纪,不断地揭示了这种不变的规律性和不受腐蚀性,可相比之下,对尘世生活的观察却揭示了持续不断的变化——动植物、海洋和气候都经历着不停的变化,人生生死死,整个整个的文明兴起又消逝。天似乎拥有一种超越人类时间的时间秩序,一种使人联想起永恒本身的时间秩序。同样明显的是,天体运动还以各种方式影响尘世生活——例如,以经久不衰的坚定性,在每个黑夜之后招来黎明,或在每个寒冬之后引来春天。气候状况中某些较大的季节性波动、干旱、洪水和潮汐,看来好像也与天上一些特定的现象相符。还有,虽然天显露为一个超越人类所及范围的广阔且遥远的空间,为虚幻的宝石般的斑斑驳驳的明亮光点所占据着,可尘世环境却是直接的、有形,由像岩石和泥土那样显然较粗劣的材料组成。天国似乎表现出——其实,它似乎就是——超凡特有的形象。也许就因为天由于这些非凡的特点——发亮的外观、永恒的秩序、超然的位置、对地球的种种影响以及一种包罗万象的雄伟——而别具一格,古人把天国视作诸神的居所。繁星点点的天空,作为神话中诸神的一个不断旋转的佐证,即诸神的可见的化身,在高处主宰一切。从这一观点看,天与其说是神的一个隐喻,还不如说是神的真正化身。

由于天国诸重大事件被认为正好说明了尘世生活诸类似的事件,天的神圣特征使人类不得不去注意星辰的型态和运动。在古代巴比伦尼亚诸帝国城市中,除了因为历法计算以外,还因为种种预兆而作的接连好几个世纪持续不断的、日益精确的观察,导致大批系统的天文记录产生。但是,除了与这些观察报告相符的神话中的事例以外,还有这些观察报告,在到达早期希腊哲学家的文化环境中并满足希腊人对条理清楚的、合理的自然解释的需求时,便使宇宙论的思索中有一个崭新的方面产生。虽然对其他同时代的文化而言,天犹如那种全面的世界观,依然主要是一种神话中的现象,但对希腊人而言,天也开始与几何图形和自然科学的解释联系在一起,而几何图形和自然科学的解释转而又成为希腊人正在逐步形成的宇宙论的基本组成部分。从而,希腊人给予西方以一个传统;这一传统要求宇宙论不仅必须满足人类在一个富有意义的宇宙中生存的需要——一种已由古代神话系统来予以满足的需要,而且必须描述出这一宇宙的条理清楚的自然科学与数学上的结构,以便解释对天的细致的、系统的观察结果。⑧

诸如爱奥尼亚学派和持原子说者之类的早期希腊哲学家,依照他们新近的自然主义观点,开始认为天是由各种有形的物质构成的,而这些物质的运动则是机械地决定的。但是,天体运动保持与数学模式完全一致的一贯秩序;这一证据在许多希腊人看来,乃一个极富意义的事实。尤其在柏拉图看来,那种数学秩序揭示了天乃神圣理性的看得见的表现,亦乃 anima mundi[世界灵魂]即充满活力的世界灵魂的具体表现。柏拉图在关于宇宙论的对话《蒂迈欧篇》中,把恒星和行星说成是不朽的诸神的可见的影像,而它们那受到完美控制的运动则是超验的秩序的范式。上帝,这位用杂乱一堆的原始物质塑造世界的最早的艺术家和工匠(造物主),已创造天,作为永恒存在的一个不断转动的影像,按照完美的数学的相精确地旋转,而这一点,反过来又产生和确立了若干时间模式。柏拉图认为,正是人类与天体运动的相遇,首次导致了人类对各种事物性质的推论,导致了日和年的若干分界线,导致了数与数学,甚至导致了哲学本身这一诸神给人类的礼物中最起解放作用的东西。宇宙乃神圣理性的生动表现,因此,神圣理性在天上比在其他任何地方更充分地显露出来。如果更为早期的哲学家已认为天在空间上确实是由各种物体构成的,那么在柏拉图看来,各种物体其明显的数学秩序证明完全不是那样。天绝不仅仅是不断转动的石头和泥土的一个没有灵魂的领域,恰恰相反,它包含了世界秩序本身的根源。

因此,柏拉图强调研究天上各种运动的重要性,因为天体运行的和谐对称构成了人类可直接理解的一种精神上的完美。哲学家致力于各种神圣的事物,便可以唤醒自身内部的神性,使自己的生命巧妙地与天国秩序协调一致。柏拉图以毕达哥拉斯学派其祖先的那种态度,在他为哲学家式的统治者制定的理想教育所需要的那些学科中,将天文学提至很高地位,因为天文学揭示了支配宇宙的各种永恒的型与诸神。只有完全致力于这类研究且长期努力接受教育的人,才会理解不仅天上,而且还有地球上各种事物的神圣安排,才能成为一个政治国家的公正的保护者。相信诸神之存在这样一种不加思考的传统信仰,对群众而言,是可接受的,但是,对于可能成为统治者的人,则还应该期望他掌握关于宇宙的神性的一切可能的证据。他必须有能力思考许多方面,而且能察觉到一个方面,即察觉到在所有表面上的多样性背后存在的那种神圣的、巧妙的整体性设计。天文学乃这种哲学需要的范式领域,因为天的永恒的完美高高地耸立在世界所有短暂的现象之上,天的显而易见的智力,可以体现在哲学家的生命中,并可以唤醒哲学家灵魂深处的智慧。

从泰勒斯(因其对日蚀的预测而知名)和毕达哥拉斯(人们认为他的功劳是最早推断出地球乃球形的,而不是像荷马和赫西奥德所以为的那样乃扁平的圆形)开始,每一个较重要的希腊哲学家都带来了关于宇宙的明显的结构与特征的新见解。到柏拉图时,对天的持续不断的观测已揭示出这样一个宇宙:它在大多数细心的观察者看来,好像是由两个同一中心的球构成的,广阔无垠的外天球由恒星组成,这些恒星每日向西绕着地球这个小得多的球体运转,而地球则固定在宇宙的正中央。日、月和行星在地球和恒星之间的某一空间运动,与繁星点点的外天球大概同步运转。这种双球系统,其概念清晰,容易解释天空全面的周日运动,渐渐地使希腊天文学家能看出巴比伦人更早时候所观察到的东西,而不是最喜欢明白地理解几何图形的希腊人眼中的那种令人不安的现象。诚然,此时已被充分揭示的那种现象也很可疑,竟使天文学这整门科学受到挑战,使天的这种神圣的系统处于险境。因为有一点已变得很明显:有若干天体的运动并没有像其他天体那样带有同样永恒的规律性,而是"游荡"(希腊人的"行星"即 planetes 一词的词根意味着"游荡者",表示日、月及其他 5 颗可见的行星——水星、金星、火星、木星和土星)。不仅仅是太阳(在一年期间)和月亮(在一个月内)以与整个天的向西的周日运动正相反的方向,渐渐地向东运行,穿过繁星点点的外天球。更令人迷惑不解的是,其他 5 颗行星也有明显不一致的运行周期,在这些周期里,它们似乎随固定的恒星而转移,定期地加速或减速,有时,在发出程度不等的光亮的同时完全停顿下来,彻底掉转方向,从而完成那些向东的轨道。这些行星一直令人不解地蔑视天上各种运动的完美的对称与循环的一致。

由于柏拉图认为神性等同于秩序、智力和灵魂等同于完美的数学规律性,他似乎已极其敏锐地感觉到行星运动的那种矛盾情况;他第一个阐明了这一问题,并给予了解决这一问题的种种指示。在柏拉图看来,证明宇宙的神性是极其重要的,因为只有确信宇宙的神性,人类的道德与政治活动才会有坚固的基础。在《法篇》中,他为相信神性提出了两个理由——他的灵魂论(一切存在和运动均是由灵魂引起的,灵魂乃不朽的,其地位高于它所赋以生命的各种有形的东西)和天犹如受最高智慧和世界灵魂支配的各种神体这一概念。行星的违规行为和种种游荡,表面上与那种完美的神圣秩序相抵触,从而危及人类对宇宙的神性的信仰。这一问题的重要性也就在那一点上。柏拉图哲学其宗教支柱的一部分遭到了威胁。的确,柏拉图认为,称任何天体为"游荡者"是亵渎神圣事物。

但是,柏拉图并不只是将这一问题放到一边,单独处理,并阐明其重要性。他还以惊人的自信提出特定的——最终是极富成效的——假说:那就

第一篇　希腊人的世界观

是,行星表面上与经验证据完全相反,实际上却是遵循具有完美的规律性的单独的不变的轨道运行。虽然当时除了柏拉图对数学和天的神性的信仰外,似乎不存在其他什么东西可以支持这种看法,但是,他却嘱咐未来的哲学家要努力处理有关行星的资料,查明"按照可以对行星表面上的运动作出解释的那种假设,不变的有序运动是什么样的"——也就是要发现能解决以经验为依据的不一致之处、揭示真正的运动的各种理想的数学形式。⑨为了洞察天之谜,了解天的神圣智慧,就必须掌握天文学和数学。幼稚的经验主义对不规则的种种行星运动的外表信以为真,因此,必须用批判的数学推理来加以克服,从而揭示天体运动其简单的、不变的、超验的本质。哲学家的任务就是要"救助各种现象"——要凭借理论上的洞察力和数学的力量来补救经验上的天的表面上的混乱。

当然,从某种意义上说,"拯救各种现象"亦乃整个柏拉图哲学的主要目标:发现在暂存的东西背后的永恒的东西,知晓隐藏在表面之下的真实,瞥见在经验世界的不断变化背后和在经验世界的不断变化内部占统治地位的绝对的相。但是,在这一点上,可以说,柏拉图的哲学冒着与某一特定的经验问题公开对抗、使未来好几代人都极为惊愕的危险。这一问题本身之所以重要,仅仅是因为希腊人,特别是柏拉图,提出了关于几何和神性——这两者间有内在的联系,与天之间也有内在的联系——的种种假设。但是,那些假设的长远影响——从与行星运动的好几个世纪之久的斗争中直接产生的影响——注定会异常地与它们的柏拉图哲学的基础相对立。

还有,在这里,我们会发现柏拉图哲学中许多最独特的成分:探求绝对的、单一的东西,相信绝对的、单一的东西高于相对的、多种多样的东西;神化秩序,拒绝混乱;经验观测和理想的型之间处于紧张状态;经验主义犹如那种用之仅为了胜之的东西,因此,对经验主义持自相矛盾的态度;把古代神话中的诸神与数学的、理性的型相提并论;进而把许多神(天神)与唯一的上帝(造物主和最高智慧)相提并论;科学研究具有宗教意义;最后,柏拉图的思想对西方文化后来的发展起着复杂的,甚至对立的影响。

✥

在越过柏拉图往后叙述以前,让我们先简要地回顾一下要获取柏拉图对话过程中表明的知识所需采用的各种方法。超验的相乃神圣智慧的指导原则,而关于超验的相的知识则乃柏拉图哲学的基础;按柏拉图的说法,要接近这种原型知识,就得由几种不同的(通常是部分相同的)认知方式来居间促成,而这几种认知方式均包含程度不等的从经验出发的直截了当。对各种相,可以通过直接领悟这样一种基于直觉的跳跃来最为直接地予以认知;而直接领悟,也被认为是对不朽灵魂的先前知识的一种回忆。对各种相的逻辑必然性,也可以通过不仅凭借辩证法,还凭借数学,对单凭经验感受的世界进行谨小慎微的智力分析,来予以发现。另外,天展示了可见的诸神的不断转动的外形,对天进行天文方面的沉思与理解,就可以意外地遇见超验的实在。原型的东西以模糊的形式存在于现象世界内部,如果不仅注意心灵深处由这种原型东西的存在所引发的一种美的反响,而且还借助于神话与诗的想像力,那么也可以接近超验的事物。因此,直觉、回忆、美学、想像力、逻辑学、数学和经验观测,每一种都如同精神欲望和行德,在柏拉图的认识论中起着特定的作用。但是,所有这些东西中,以经验为依据的东西一般都受到轻视,起码在不加批判地予以使用时,被认为对哲学事业帮助不大,妨碍倒不小。以上这些就是柏拉图传给他最杰出的弟子亚里士多德的遗产;亚里士多德在柏拉图学园学习了二十年后,才开始陈述他自己的颇具特色的哲学。

第一篇 希腊人的世界观

亚里士多德与希腊人的平衡

由于亚里士多德的缘故,可以说,柏拉图给带回到了现实中。因此,如果从柏拉图哲学的一种观点看,说柏拉图的以超验的相为基础的世界的光辉在这一过程中给减弱了,那么,别的人就会强调,在能清晰地理解亚里士多德所描述的世界方面已有了决定性进展,而且的确会认为,亚里士多德的观点是对柏拉图的唯心论的一种必要的修改。了解亚里士多德的哲学和宇宙论的基本趋向,乃理解进一步的西方思想运动及其一系列的世界观的先决条件。因为亚里士多德提供了一种语言和逻辑,提供了一种基础和结构,而且,不管怎样,还提供了一个难对付的有权威的对手——先是反对柏拉图主义,后又反对早期现代思想——若没有这一对手,西方的哲学、神学与科学的发展就不可能像事实上那样。

发现亚里士多德思想的确切性质与发展过程是个难题,会因柏拉图的这位解释者所面临的情况而带来一系列不同的困难。实际上,亚里士多德现存的作品中,没有一部是明显地专为发表而写的。亚里士多德当初发表的一些作品,现在都已佚失了,这些作品在学说方面是极为柏拉图式的,以流行的文学体裁写成,而那些幸存下来的作品,则是一些内容精练的论文,以讲课笔记和学生教科书的形式写成,专供学校使用。这些幸存下来的手写本,在这位哲学家去世后的若干世纪里由亚里士多德学派的人予以编纂、校订并冠以标题。现代人虽试图从这堆大为变样的材料中追溯亚里士多德的发展过程,却并没有取得明确的结果,亚里士多德对某些问题的判断,至今依然不清楚。不过,他的哲学的总的性质是清楚的,所以,现代人仍可以推测有关其哲学演变的一般理论。

亚里士多德思想在早期阶段仍较为充分地反映柏拉图哲学的影响;似乎在早期之后,他开始构筑起一个明显有别于其师的哲学立场。他们两人间的差别,是个尚未解决的问题,其中包括型的确切性质以及型与经验世界的关系。亚里士多德的理性禀赋,表现为按照经验世界自身的条件,把经验世界当作完全真实的世界来予以接受。他无法同意柏拉图的那种结论:实在的基础,存在于由各种理想实体构成的一个完全超验的、非物质的领域中。他认为,真正的实在,就是由具体对象构成的可感觉的世界,而非由永恒的相构成的难以察觉的世界。在他看来,相论似乎不仅在经验上是无法证实的,而且充满逻辑上的种种困难。

为了反驳相论,亚里士多德提出了他的范畴论。事物可以在许多方面说成是"存在"的。一匹高的白色的马在某种意义上说是"高",在另一种意义上说是"白",在还有一种意义上说是"马"。然而,存在的这些不同方面在本体论上的地位并不相同,因为马的高和白的存在完全取决于这个别的马的主要实在。在这匹马的实在方面,可以说,描绘它的那些形容词均不是实在的,只有这匹马是实在的。为了区别存在的这些不同方面,亚里士多德提出了范畴概念:这个别的马是一种本体,本体构成了一个范畴;这匹马的白是一种性质,性质完全构成了另一个范畴。本体就是主要实在,性质的存在取决于主要实在。在亚里士多德所确立的这十个范畴中,只有本体("这匹马")表示具体的、独立的存在,而其他范畴——性质("白")、数量("高")、关系("更快"),等等——不过是存在的派生方面,因为它们仅依存于一个个别的本体。一个本体在本体论上是主要的,而可以依存于它的其他各种类型的存在,则是派生的。本体潜存于其他所有事物之下,乃其他所有事物的主体。倘若本体不存在,那就没有东西会存在。

在亚里士多德看来,实在的世界是由一些个别的本体构成的;这些个别的本体是明确的、彼此分开的,不过,它们的特点是与其他一些个别的本体一样,拥有一些性质或其他类型的存在。然而,这一共同特征并不表示存在一个可以从中取得共同性质的超验的相。共同性质乃智力在一些可感知的事物中可认出的共相,但是,它并非一种依靠自力生存的实体。共相在概念上与具体的殊相是区别得出的,但是,在本体论上并不是独立的。共相本身并不是一种本体。柏拉图先前教导说,诸如"白"和"高"之类的东西,拥有一种不依赖任何具体事物的存在,尽管它们也许出现在这些事物中,但是,对亚里士多德来说,这种教导是站不住脚的。他认为,其错误在于柏拉图混淆了不同的范畴,例如,他由此把一种性质视作一种本体。许多事物可能是美的,但这并不意味着存在一个超验的美的相。除非一个具体的本体在某一点上是美的,否则,美就不会存在。个别的人苏格拉底是主要的,而他的"人性"或"善良"只有在这具体的、个别的苏格拉底身上被发现时才存在。与一种本体的主要实在相比,一种性质不过是一个抽象概念——不过,并不仅仅是一个思想上的抽象概念,因为它是以自己存在于其中的本体的一个实在的方面为基础。

共相即大脑可以在经验世界中抓住却又并非脱离经验世界而独立存在的共同性质;亚里士多德通过用共相取代柏拉图的相,彻底改变柏拉图的本体论。在柏拉图看来,殊相较不实在,乃共相的派生物;在亚里士多德看来,共相较不实在,乃殊相的派生物。共相是知识所必需的,但是,它们并不作为依靠自力生存的实体存在于一个超验的领域中。柏拉图的相在亚里士多德看来,是对日常经验的实在的世界的一种不必要的、理想主义的重复,而且是一种逻辑错误。

但是,对世界,特别是对变化和运动的进一步分析,向亚里士多德表明,有必要对各种事物提出一种更复杂的解释——这种解释似乎有悖常理地使他的哲学在精神上更接近柏拉图的哲学,然而也更明显地成为他自己的哲学。亚里士多德断定,一个本体并非只是一个单元的质料,而是用质料来体现的一种可理解的结构或形式(eidos)。虽然这种形式完全是内在的,而且并不脱离其物质化身而独立存在,但是,正是这种形式赋予本体以独特的本质。因此,一个本体并非只是简单地与它的一些性质和其他一些范畴相比,是"这个人"或"这匹马",因为决定这些本体之所以为这些本体而非别的东西的,是它们的质料和形式的特定构成——即这样一种实际情况:它们的物质基质已因一个人或一匹马的形式而被构建。不过,形式在亚里士多德看来,并不是静止的,尤其在这里,亚里士多德不仅保持了柏拉图哲学中的某些成分,而且还添加了一个崭新的方面。

因为按亚里士多德的观点,形式不仅赋予一个本体以基本结构,而且还赋予它发展的动力。有机生物学而非抽象的数学,乃亚里士多德特有的科学;为了替代柏拉图的静止的、理想的实在,亚里士多德更为明确地承认了自然的生长与发展的过程,指出每一种生物都力求从不完善达到完善:从一种潜能状态达到一种现实状态,即实现自己的形式。虽然柏拉图强调各种自然事物较之它们所模仿的型而显示的那种不完善,但亚里士多德却教导说,一个生物是按照一种目的论的发展,从一种不完善的或未成熟的状态,朝达到完全成熟的状态这一方向运动,在达到完全成熟状态的过程中,它实现自己内在的形式:种子变成一株植物,胚胎变成婴儿,婴儿变成成人,如此等等。形式乃生物从一开始便内含的一种内在活动原则,就像橡树的形式内含在橡树果实中一样。生物因这种形式而从潜能状态被带到现实状态。在完成对形式的这种实现之后,腐烂便随着形式渐渐"失去其控制力"而开始发生。这种亚里士多德的形式给予了每种生物所需具备的一种内在的推进力,这种推进力使生物的发展有序,并推动了生物的发展。

事物的本质是事物已发展成为的形式。事物的性质应该是实现事物其内在的形式。不过,在亚里士多德看来,"形式"和"质料"是两个相关的术语,因为实现一种形式,反过来会致使那种可以从中产生一种更高级的形式的质料得以存在。因此,成人是婴儿为其质料的形式,婴儿是胚胎为其质料的形式,胚胎是卵细胞为其质料的形式。每个本体皆是由被改变的东西(质料)和被改变成为的东西(形式)组成的。质料在这里并不仅仅指一个有形的物体,有形的物体实际上总是具备某种程度的形式。确切点说,质料是事物本身对结构和动力的形成的一种不确定的开放。质料乃存在的绝对基质,乃形式的可能性,即形式所塑造、所推动、使其从潜能到现实的那种东西。质料只是由于它与形式的构合才开始得到实现。形式乃质料的现实,即质料有目的地完成的形状。整个自然处在形式对质料的这一征服过程中——其实,自然本身就是形式对质料的这一征服过程。

虽然正如柏拉图的观点所认为的那样,形式本身并不是一个本体,但每个本体皆有一个形式,一个可理解的结构,即决定这个本体之所以为这个本体的那种东西。而且,不仅仅每个本体皆拥有一个形式;人们可以说,每个本体也皆为一个形式所拥有,因为每个本体皆自然地力求实现其内在的形式。每个本体皆力求成为其同一类的一个完美的样本。每个本体皆试图实现它已潜在地具备的东西。

按亚里士多德的想法,柏拉图早先已根据巴门尼德和赫拉克利特所提供的关于实在的不同观点,对存在与生成的区别作了详尽阐述,而现在,这种区别已被完全置于自然界的背景下,被看作是现实与潜能的区别。在柏拉图那里,"存在"是真正知识的对象,"生成"是感官可感知的看法的对象;柏拉图用"存在"与"生成"所作的区别,反映了他把实在的型抬高到相对不实在的具体个别事物之上。相比之下,亚里士多德则把生成自身的实在给予了生成的过程,坚称起决定作用的形式本身就是在生成的过程中实现的。变化和运动并不表示一种模糊的不实在,而是表示目的论上对实现形式的一种努力。

这一认识,是通过亚里士多德的"潜能"观念,即一种能独特地既为变化又为连续性提供一种概念基础的观念,获得的。巴门尼德不允许在理智上认为有可能发生实在的变化,因为按照定义,"存在"的东西不可能变成非存在的东西,因为"非存在"的东西不可能存在。赫拉克利特的教导是,自然界总是在不断运动变化中的;柏拉图也很在意这一教导,因此将实在的位置确定在超越经验世界的不变的型中。不过,他也指出了使巴门尼德的问题明朗化的一种文字上的区别。巴门尼德没有区分"is"[兼有"存在"和"是"的意义]这个词的两种重要的不同含义,因为一方面人们可以在某事物存在的意义上说该事物"存在"[is],另一方面人们又可以在一种可断定的属性的意义上说某东西"是[is]热的"或者"是一个人"。以这一重要的区别为基础,亚里士多德断言,从潜能状态到现实状态的变化是由本体内在的形式决定的,如果存在一种正在经受这种变化的经久不衰的本体,一种事物可以变成别的事物。因此,亚里士多德努力使柏拉图的型与有活力的自然过程的经验事实一致起来,并更深入一步地强调人的智力能够识别感觉世界中的这些形式模式。

虽然柏拉图不信任通过感性知觉获得的知识,但亚里士多德却认真地接受这类信息,宣称有关自然界的知识首先是从对具体个别事物的感性知觉中获得的,因为凭借这种感性知觉,人们可以识别规则模式,制订一般原则。所有的生物都需要靠营养的力量来继续生存与发展(植物,动物,人),有些生物还需要靠感觉的力量来知道各种物体并区别它们(动物,人)。人还进一步天生具有理性;就人来说,这些力量使人能积聚经验,作出比较和对比,进行推测和思索,进而得出结论,而所有这一切,则使关于世界的知识成为可能。因此,人对世界的认识从感性知觉开始。在有任何感觉经验以前,人的心智就像一块上面没有刻写过东西的干净的刻写板。关于可理解的事物,人的心智处于一种潜能状态。因此,人需要有感觉经验,在种种心像的帮助下,将人的心智从潜在知识带至现实知识。经验主义即便有可能比柏拉图对绝对的相的直接直觉要低微些,但却是贴近实际的,靠得住的。

然而,正是人的理性容许感觉经验成为有用的知识的基础,因此,亚里士多德首先成为这样一种哲学家:阐明理性论辩的结构,使人的心智能以最大程度的概念的精确与有效来理解世界。虽然亚里士多德以苏格拉底和柏拉图已拟定的一些原则为基础,为正确运用逻辑和语言确立了系统的规则,但是,他还带来了他自己的新的条理性、一致性和种种新方法。演绎法和归纳法,三段论法,因果关系之区分为质料因、作用因、形式因和目的因的分析,诸如主词和谓词、本质属性和偶然属性、形式和质料、潜能和现实、共相和殊相、种和属和个别之类的基本区分,本体、数量、性质、关系、地点、时间、姿态、状况、活动和承受这十个范畴:所有这些,皆是由亚里士多德予以明确的,以后又被确立为西方思想所必不可少的分析工具。尽管柏拉图先前已将对超验的相的直接直觉视为知识的基础,可是亚里士多德现在却将经验主义和逻辑学视为知识的基础。

不过,亚里士多德相信,心智其最大的认知力源于超越经验主义、超越对感觉经验所作的理性阐述的某种东西。虽然现在从亚里士多德就这一问题所作的简短的、有点费解的叙述中,还难以觉察出他的确切意思,但似乎他不仅把心智看作是由感觉经验推动的那种东西,而且还看作永远是能动的、实际上是神圣且不朽的某种东西。只有心智的这一方面,即能动的知性(努斯),才赋予人类以领会终极普遍真理的直觉能力。虽然经验主义提供了可用来进行归纳、形成理论的某些材料,但这些材料是不可靠的。人类只有通过另一种认知官能即能动的知性的存在,才能获得必需的、普遍的知识。正如光使潜在的颜色成为现实的颜色一样,能动的知性也实现了心智关于各种形式的潜在知识,为人类提供了使某些理性知识成为可能的种种基本原则。能动的知性在一直超越于人类认知的过程、乃永恒且完整的同时,还照亮了人类认知的过程。人类只是因为分有神圣的努斯,所以才能领会绝对可靠的真理,因此,努斯构成了人类的唯一"从外部进入"的部分。按亚里士多德的观点,既然个别的人的灵魂生气勃勃地与由它赋予生命的肉体连在一起,那么这个灵魂也就可以随着死亡而不复存在。灵魂是肉体的形式,正如肉体是灵魂的质料一样。但是,每个人皆潜在地分有的、且将人与其他动物区分开来的那种神圣的知性,是不朽的、超验的。确实,人的最大幸福就在于对永恒的真理进行哲学上的沉思。

尽管亚里士多德对感性知觉有新的考虑,最终却还是同意柏拉图所作的评价:人的智力乃神圣的;与此相同,尽管亚里士多德降低了各种型的本体论地位,却也仍然坚持各种型的客观存在以及它们在自然的机制方面和在人类的认识过程中的决定性作用。同柏拉图一样,他也认为,诸如德谟克利特的原子论之类的哲学,因为只是以物质粒子为基础,缺乏形式这一决定性概念,所以无法解释如下事实:自然尽管处在不断变化中,却包含一种具有若干明显的、持久的形式特征的秩序。此外,还同柏拉图一样,亚里士多德也认为,事物最深层的原因,肯定不是从事物的起源而是从事物的终结——事物的 telos[目的、目的因]即事物的目的和终极现实,亦即事物渴望的那种东西——中去寻找。虽然亚里士多德的各种形式(有一个例外)寓于自然中,并非超验的,但它们实质上是不变的,因而可以靠人的智力从不断变动的生物的发展和腐败中去予以辨认。虽然世界上一种本体的形式从来没有脱离其特定的物质化身而独立存在过,但如果心智本身接纳了那种形式,那么认知便产生了。心智能在概念上使实际上没有分离的东西分离,或者把实际上没有分离的东西抽象出来。不过,由于实在拥有内在的结构,认知便有可能产生。接近自然的经验主义方法是有意义的,因为自然对理性的描述呈内在开启状态,凭借理性的描述,便可以在认知上按照形式、范畴、原因、种、属,等等,使自然系统化。因此,亚里士多德坚持柏拉图关于一个有序的、依靠人力可认识的宇宙的观念,并给这一观念下了新的定义。

实质上,亚里士多德重新调整了柏拉图的从一个超验中心到一个内在中心的原型观点,使这一观点完全对准拥有凭经验察觉得到的种种模式和过程的物质世界。早先柏拉图强调型的超验性,结果发现难以解释一个个殊相如何分有型;这一难点源于柏拉图的本体论的二元论,这种二元论在其较极端的系统阐述中需要将型和物质实际分开。相比之下,亚里士多德强调一种有生命力的复合存在物,这种复合存在物是由形式与质料在一个本体中的统一产生的。除非一个形式寓于一个本体中——就像一个人的形式可以在个别的人苏格拉底身上发现一样——否则,便不能说那个形式存在。形式并非存在物,因为形式不拥有独立的存在。相反,存在物是通过形式而存在。因此,亚里士多德的形式具有好几种作用——作为内在的模式,作为可理解的结构,作为主要的动力,作为终结或目的。他消除了柏拉图的各种型的神秘性与独立性,不过,给了它们以新的功能,使对世界的理性分析成为可能,并增强了科学解释的力量。

先前,科学的早期基础,一方面因爱奥尼亚学派和持原子说者关于物质的哲学,另一方面因毕达哥拉斯学派和柏拉图关于形式和数学的哲学,而已建立。但是,亚里士多德通过将自己受过柏拉图哲学训练的注意力对准经验世界,而在一个柏拉图的形式和目的的框架内,对观察和分类的价值予以新的、富有成效的强调。亚里士多德比柏拉图更为断然地认为,不仅爱奥尼亚学派对质料因的集中考虑,而且还有毕达哥拉斯学派对形式因的集中考虑,皆是彻底认识自然所必需的。正是这种独特的综合,成为亚里士多德大部分成就的特征。希腊人深信人类思想具有理智地理解世界的力量这一观念,亦即始于泰勒斯的一种自信,此时在亚里士多德身上最充分地表现出来,并达到顶点。

※※※

亚里士多德的世界,在其整个复杂的、多方面的结构中拥有一种惊人的逻辑一致性。世界上的整个运动和过程可用他的形式目的论来解释:每一种存在物皆是按照由特定的形式决定的一种内在的动力,从潜能变为现实。如果不存在一个已成为现实的存在物,即一个已实现其形式的存在物,那么任何潜能都不会变为现实:一粒种子必定是由一株成熟的植物产生的,正如一个孩子必定有一个父亲或母亲。因此,任何一种存在物的推动力与有组织的发展,皆需要一个外因——一个同时充当作用因(引起运动)、形式因(赋予存在物以形式)和目的因(作为存在物发展的目标)的存在物。因此,亚里士多德为了说明整个宇宙的秩序和运动,尤其是为了说明天的伟大运动(在这一方面,他指责德谟克利特和持原子说者没有充分地探讨运动的初始因),而假定了一个最高的型——一种就其完美而言乃绝对的、已经存在的现实,亦即完全脱离质料而存在的唯一形式。既然最伟大的宇宙运动乃天的运动,既然那种循环运动乃永恒的,则这位第一推动者也必然是永恒的。

亚里士多德的逻辑可用以下方式来表示:(a)整个运动是那种推动潜能实现形式的推动力的结果。(b)既然宇宙作为一个整体卷入运动中,既然没有对形式的一种推动力就没有东西会运动,则宇宙必定受一个最高的、普遍的形式的推动。(c)既然这一最高的形式必然已经完全实现——即不是处于一种潜能状态中——既然按照定义,质料是潜能状态,则这一最高的形式不仅是完全非物质的,而且是没有运动的:因此,可以说是不动的推动者[也叫"第一推动者"],也就是那个乃纯形式的最高的、完美的存在物,即上帝。

这一绝对存在物,在这里是按照逻辑必然性而非宗教信念假定的,乃宇宙的初始因。不过,这一存在物是完全自我专注的,因为对它来说,对物质自然的任何注意,都会影响其完美的、未被触动过的性质,使它陷入不断变动的潜能中。这个不动的推动者作为完美的现实,其特点是,处于永恒的、不受妨碍的活动——不是那种从潜能变为现实的奋斗过程(kinesis[运动]),而是只有在完全实现形式的状态中才成为可能的那种永远有乐趣的活动(energeia[表示"在工作中",陈康的意见是将该词译为"现实",详见《希腊哲学史》第三卷,第807—811页])——的一种状态中。对于这一最高的型,那种活动被认为:是永远在沉思其本身的存在,虽然其本身的存在因其最终激起的物质世界的变化和不完美而证明是不合格的。因此,亚里士多德的上帝乃纯粹的上帝,不带任何物质成分。它的活动与快乐不过是永远意识到其自身的那种活动与快乐。

这一主要的型,因其绝对的完美,吸引自然趋向自己这边,从而使物质宇宙运动。上帝乃宇宙渴望达到的目标,亦乃宇宙运动的目标——对人而言乃一个更为自觉的目标,对自然的其他形式而言则乃一种不那么自觉的、内在的推动力。宇宙中每一个别的存在物,各以其特定的有限的方式,努力模仿这一最高存在物的完美。每个存在物皆试图实现自己的目的,试图发展并成熟起来,试图完成自己已发生的形式。上帝"作为欲望的对象而运动"。但是,一切生物中,只有人因为拥有智力即努斯而分享上帝的自然。由于这一最高的型如此远离世界,所以人与上帝之间有相当大的距离。然而,人的最高天赋即人的智力是神圣的,所以人能培养那种智力——也就是以最适合于人的方式模仿这一最高的型——从而把自己引入与上帝的一种交往中。这位第一推动者并不是世界的创造者(亚里士多德认为,世界是永恒的,与上帝是同年代的)。确切点说,自然在朝模仿这一最高的、非物质的型的方向运动时,卷入了创造自身的一个永恒过程中。虽然就这种努力而言,无始无终,但亚里士多德却提出,存在着取决于天上各种运动的若干固定周期;他同柏拉图一样,也认为天上的各种运动是神圣的。

在亚里士多德那里,希腊人的宇宙论得到了最广泛、最系统的发展。他的宇宙观综合了许多前辈的深刻见解,从爱奥尼亚学派和恩培多克勒关于自然元素的观念到柏拉图的天文学和有关行星的问题,皆综合在内。地球乃宇宙的固定的中心,各种天体皆环绕着这一中心旋转。整个宇宙乃有限的,为一个完美的天球所包围;在这一天球内,嵌着各种恒星。亚里士多德把地球的独特性、中心性和固定性不仅建立在不证自明和常识的基础上,而且还建立在他的元素论的基础上。较重的元素即土和水,按其本性,朝宇宙的中心(地球)运动,而较轻的元素即气和火,则按其本性,离开宇宙的中心向上运动。最轻的元素乃以太——透明的,较火更纯,而且是神圣的——天就是由以太这种物质组成,以太的自然运动不同于地球的一些元素的自然运动,乃圆周运动。

柏拉图的弟子之一,亚里士多德的同代人,即数学家欧多克索斯,先前已着手处理有关行星运动的问题,并为这一问题提供了第一个答案。为了拯救种种不规则运动的外表,同时又保持完美的圆形这一理想,欧多克索斯设计了一个复杂的几何图形,靠此图形,让每个行星坐落在由一组互相连接的、旋转的星球构成的天球内层上,而各种恒星则坐落在宇宙边缘,构成天球最外层。虽然每个星球皆以地球为中心,但每个星球皆有一个不同的转动速度和旋转轴;凭借此方法,欧多克索斯得以建立——运用日和月各有3个星球、有着更复杂的运动的其他行星各有4个星球——一个巧妙的数学解法,来解释行星运动,其中包括行星运动的逆行周期。这样,欧多克索斯完成了对行星不规则运动的第一个科学解释,为以后的天文学史提供了一个有影响的、最初的模型。

对这一解决办法,欧多克索斯的后继者卡利普斯作了颇为详尽的阐述,而亚里士多德则将这一解法办法融入了自己的宇宙论中。太空星球中的每一个,从最外围的一个星球开始,靠一种摩擦运动,将自己的运动传递给紧邻的星球,因此,内层诸星球的运动,乃外围星球与相关的、紧邻的星球一起作用下的综合产物(亚里士多德在坚持天的全面运动的同时,还添加了一些中间的、起反作用的星球,以便适当地将诸行星运动彼此分隔开来)。反过来,这些天上的星球又影响了其他的月下的一些元素——火、气、水和土——这些元素,由于那些运动的缘故,在其环绕地球的一连串星球上的自然状态中始终没有完全分隔开来,而是受外力推动形成不同的混合物,从而在地球上产生极为多样的自然物质。天的有序运动,最终是由原始的不动的推动者引起的,而从土星往下经月球的诸行星的其他运动,则转而是由其他永恒的、非物质的、独立思考的一些智者引起的。这些天体,亚里士多德认为就是诸神;这一事实,他认为古代神话已予以准确的传达(虽然在其他问题上,他认为神话乃知识的一个不可靠的来源)。因此,地球上的一切过

第一篇　希腊人的世界观

程与整个变化,皆是由各种天体运动引起的,而各种天体运动,最终是由最高的形式因兼终极因即上帝引起的。

尤其是就亚里士多德关于天文学和这一最高的型的理论而言,他接近柏拉图的一种唯心主义,在某些方面甚至还较柏拉图有过之而无不及。柏拉图先前已如此有力地强调数学的各种型的超验性;通过这种强调,他偶尔甚至还把天描绘成仅仅是完美的神圣的几何的近似反映——这一判断,也反映了柏拉图关于必然性[ananke]即给有形的创造蒙上阴影的不完美的无理性的观念。但是,在亚里士多德看来,上帝从某种意义上说,是更为全面地全能的,而且实际上是无所不在的,因此,他在较为早年的时候就论断说,天的有序的数学的完美和星形的诸神的存在,证实天本身乃神的可见的化身。这样论断时,他更为明确地将柏拉图对永恒事物和数学方面的集中考虑,同人类所发现自己身处其中的物质性现实的有形世界连在一起。他确认自然界是神的值得重视的一种表现,而非如柏拉图时常强有力地暗示的那样,不过是作为对绝对知识的一种妨碍而被看透或完全放弃的某种东西。尽管亚里士多德的思想具有通常的世俗特性,但他却在其颇有影响的著作《哲学》(现在仅存一些片断)中解释了哲学的作用;这部著作是要塑造关于哲学家职业的古代观念:从如在自然哲学中的各种事物的质料因,前进到如在神学中的形式因和终极因,从而发现宇宙的只能用智力理解的本质和整个变化背后的目的。

☙✖❧

不过,正如有别于柏拉图的唯心主义,有别于他对必须直接直觉到一种精神实体的强调一样,亚里士多德哲学的总的趋势,显然是自然主义的和经验主义的。自然界乃亚里士多德主要兴趣所在;他是医生的儿子,很早就接触生物科学和医学实践。在这一意义上,可以说他的思想反映了荷马和爱奥尼亚学派的具有英雄时代特征的人生观;在英雄时代,现实生活乃存在的更可取的、更实在的王国(与幽冥昏暗的阴世截然不同;在阴世,脱离躯壳的灵魂实际上缺乏任何生命力),因此,有形的肉体对爱情、战争和宴饮的积极介入,被承认为是一种有道德的生活的本质。关于诸如肉体的价值、灵魂的不朽以及人与上帝的关系之类的问题,柏拉图的感觉力不如荷马和爱奥尼亚学派的感觉力,而且更多地反映出神秘宗教和毕达哥拉斯学派的影响。亚里士多德对肉体的关注和高度评价,更直接地反映了古典时期希腊人对如在运动员的勇猛、个人的美貌或艺术创作中所表现出来的人体的普遍欣赏。柏拉图在这一方面的态度,虽然常常是真心赞赏,但肯定是含糊不定的。最终,柏拉图的忠诚取决于超验的原型。

亚里士多德对依靠自力生存的相的弃绝,也对他的伦理说有较重要的含义。在柏拉图看来,除非一个人知道任何美德的超验的基础,否则,他就不可能适当地控制自己的行为,因此,只有已完成对那种绝对实在的认识的哲学家,才有能力判断任何行为的德行。如果不存在一种绝对善,道德就会没有可靠的基础,所以在柏拉图看来,伦理学源自形而上学。不过,在亚里士多德看来,这两个领域具有根本不同的性质。实际存在的并不是与所有情况有关的一个善的相,而仅仅是在许多不同环境中的一些有德行的人或善良的行为。人们不可能像在科学的哲学上那样,在道德问题上获得绝对的知识。道德源于偶然事件王国。人们所能做的最好的事情是,单凭经验为合乎道德的行为推出规则,因为合乎道德的行为,在应付人类生存的复杂情况方面,具备有望实现的价值。

伦理学的适当目标,不是要确定绝对美德的性质,而是要确定如何做一个有道德的人。这一任务因回避最后的定义,必然是复杂的、不明确的,所以,需要有对具体问题的实际解决办法,而非放之四海而皆准的绝对原则。在亚里士多德看来,人类生活的目标乃幸福,幸福亦即确定何为美德的必要的先决条件。但是,对美德本身,得按照在一个具体环境中的理性选择来下定义,因为在具体环境中,美德在于两个极端之间的中庸。善始终是两种截然相反的恶之间的一种平衡,亦即过度和欠缺之间的中点:节欲是禁欲和纵欲之间的一种中庸,勇敢是胆小和鲁莽之间的一种中庸,自尊心是傲慢和自卑之间的一种中庸,如此等等。这样一种中庸,只有在实践中,在与各自特定状况相关的个案中,才能找到。

亚里士多德的概念截然不同于柏拉图的概念——不过,始终处在柏拉图的形式和目的的框架内——在亚里士多德的每个概念中,皆存在着对今生今世、对看得见的事物、可触知的东西及特殊事例的一种新的强调。虽然不仅亚里士多德的伦理学,而且还有他的政治学,皆以各种定义和目标为根据,但是,它们一直与来自经验的东西、偶然事件和个别事物相联系。虽然他的宇宙乃目的论的,而非随意机械的,但是,他的目的论大体上乃一种无意识的自然目的论,建立在自然除了引导每一个别事物向前实现其形式外,"白白地什么也不干"这样一种经验感觉的基础上。形式仍然是亚里士多德的宇宙中的决定性原理,但它首先是一种自然原理。同样,亚里士多德的上帝,实质上是他的宇宙论的逻辑后承,即物质基础上的一个必然生存者,而非柏拉图思想中被神秘地理解的至善。亚里士多德采用苏格拉底和柏拉图费力铸造的理性的力量,有系统地将其运用于世界上所存在的许多种现象;但是,尽管柏拉图利用理性战胜了经验世界,并发现了一个超验的秩序,可亚里士多德却利用理性发现了在经验世界自身范围内的一个内在的秩序。

因此,亚里士多德的遗产,主要是逻辑学、经验主义和自然科学方面的遗产。吕克昂学府系亚里士多德在雅典创办的学校,在那里,他主持了其逍遥学派的一次次讨论;该学府反映了亚里士多德的上述遗产,因为它与其说是如柏拉图学园那样的半宗教性的哲学学校,倒不如说是科学研究与资料收集的一个中心。虽然在古代,人们普遍地将柏拉图评为大师,但在关键性的中世纪,这一评价却因亚里士多德而被戏剧性地抵消了,所以在许多方面,是亚里士多德的哲学禀赋,开始规定西方思想的主要方向。他的百科全书式的思想体系是如此重要,以致 17 世纪以前西方的大部分科学活动,都是在他公元前4世纪写的著作的基础上进行的,甚至近代科学在超越他时,也继续沿着他的方向前进,并使用他的概念工具。然而,归根结底,正是以其导师柏拉图的精神——不过是朝着一个决定性的新方向——亚里士多德宣称发达的人类智力拥有理解世界秩序的力量。

于是,在亚里士多德和柏拉图两人身上,我们发现了经验分析和心灵直觉之间某种优雅的平衡与紧张状况,一种在拉斐尔的文艺复兴时期杰作《雅典学派》中得到出色表现的活力。在这幅杰作中,许多希腊哲学家和科学家聚在一起进行热烈的讨论,在他们正中,站着较年迈的柏拉图和较年轻的亚里士多德,柏拉图手向上指着天空,指着看不见的东西和超验的事物,而亚里士多德则伸出手,向下指着地面,指着看得见的事物和内在的东西。

第一篇 希腊人的世界观

双重遗产

那么,古典希腊思想成就的情况是:反映了古代神话意识,因为古典希腊思想的成就,是从这种古代神话意识中显现出来的,因先于并伴随自己的各种艺术杰作而增添色彩,并受到了与自己属同一时期的一些神秘宗教的影响;这种成就,是通过伴随怀疑主义、自然主义和世俗人本主义的一种辩证法而建立起来的;这种成就,一直有助于对随后数世纪的科学发展颇为有益的理性、经验主义与数学——伟大的希腊哲学家们的思想,乃希腊古典时代所有较重要的文化表达在智力上的一个理想结局。这是一种全球性的形而上学观点,关注的是,既要包括整个实在,又要包括人类感觉力的许多方面。

首先,这是一种求知的尝试。希腊人也许是最早将世界看作一个有待回答的问题。他们尤其为认识世界的主观愿望所牢牢控制,渴望透过不确定的、不断变化的种种现象,抓住更深一层的事实真相。因此,他们为从事这一探求而确立了一个强有力的、批判的思想的传统。随着这一传统和这种探求的诞生,西方思想也随之诞生了。

现在,让我们来设法辨认古典希腊关于实在的概念中的一些主要成分,尤其是当这些成分从古代至文艺复兴和科学革命阶段影响西方思想时。按我们眼下的目的,我们可以描述西方从希腊人那里继承来的很普遍的两组假设或原则。下面系统阐述的第一组信条,代表了在从毕达哥拉斯至亚里士多德的希腊古典思想中起过如此重大作用、且在柏拉图思想中得到了更充分体现的希腊理性主义与希腊宗教的那种独特结合：

（1）世界乃一个有序的宇宙，其秩序类似人类思想内部的秩序。因此，对经验世界作理性的分析是可能的。

（2）宇宙作为一个整体，表示一种把自己的目的和设计赋予自然的普遍存在的智慧，而这种智慧是人类的意识可直接接近的，如果人类的意识颇发达且给高度集中起来的话。

（3）最为鞭辟入里的理性分析，揭示了一种永恒的秩序，这种秩序超然存在于自身短暂的具体表现之外。物质世界内部包含一种更深刻的含义，在某种意义上，这一含义与自身特性相符，既是基于理性的，又是虚构的，它虽然反映在经验秩序中，却来自既是整个存在之根源又是整个存在之目的的一个永恒的方面。

（4）要了解世界的深层结构和基本含义，就需要运用多种人类认知官能——理性的、经验的、直觉的、审美的、想像的、记忆的和道德的。

（5）对世界的更深一层实在的直接领悟，不仅满足了心智，而且还满足了灵魂：实质上，这是一种救赎的幻觉，是对各种事物的真正性质的一种用以支撑的深层认识，这种认识既在智力上是决定性的，又在精神上起了解放的作用。

这些引人注目的信念对随后西方思想演变所产生的巨大影响，与自身特性相符，既是唯心主义的，又是理性主义的，所以无论怎样夸大也不为过。但是，这种希腊古典遗产是一种双重遗产，因为希腊思想还创立了截然不同

第一篇　希腊人的世界观

且同样有影响的一组智力的假设与趋势,这组智力的假设与趋势,虽然在某种程度上与第一组信条有着相似之处,但在决定性的程度上,是在与第一组信条的令人紧张的对比中起作用的。这第二组原则可以大致归纳如下:

(1) 真正的人类知识,只有靠严格地运用人类理性与经验观察才能获得。

(2) 真理的根据,必须到人类经验的现实世界中,而不是到一种不可证明的、非现实世界的实体中去寻找。依靠人力可接近的、且有用的唯一真理,乃内在的而非超验的。

(3) 自然现象的种种原因,乃客观的、物质的,应该到看得见的自然的领域内去寻找。所有神话中的成分和超自然的成分,应该作为拟人的投射,排除在各种因果性解释之外。

(4) 必须将对广泛的理论理解的任何要求,在具体特殊事例的整个多样性、易变性和个性方面,与具体特殊事例的经验的实在作一比较。

(5) 没有一种思想体系是最终的,所以对真理的探求必须既是批判的,又是自我批判的。人类的知识乃相对的、容易出错的,必须不断地根据进一步的证据和分析来加以修订。

若极为笼统地说,希腊思想的演变和遗产,都可以说成是从这两组假设和推动力的复杂的相互作用中产生的。虽然第一组尤可见于柏拉图所作的综合中,但第二组是在大胆的、多方面的智力发展中逐渐形成的,这种智力发展以辩证方式推动了柏拉图所作的综合——即苏格拉底前古希腊哲学家的由泰勒斯的自然主义的经验主义、巴门尼德的理性主义、德谟克利特的机械论的唯物主义以及智者的怀疑主义、个人主义和世俗人本主义构成的哲学传统。希腊古典思想中的这两组趋势,在从荷马和秘密宗教仪式到索福克勒斯和欧里庇得斯的希腊宗教传统和文学传统中,都有着深深的非哲学的根子,每一组趋势都利用了那些传统的不同方面。此外,这两组推动力具有一个共同立场,即以独特的希腊方式——不过时常只是含蓄地——肯定:衡量真理的最终标准不是在视为神圣的传统中找到的,也不是在当时的陈规定俗中找到的,而是在自主的个别的人的头脑中找到的。更重要的是,这两组推动力都在苏格拉底这位完全可能有多种解释的人物身上得到了范式体现,都在柏拉图对话中得到了对位性的生动表现,都在亚里士多德的哲学中得到了光辉的、有重大影响的妥协。

这两组部分地互为补充、部分地互相对立的原则,不断地互相作用,在希腊遗产内部确立了一种深刻的内在紧张状态;希腊遗产为西方思想提供了智力基础,这种基础对将要持续2 500年以上的一种极为生气勃勃的思想演变来说,既是不稳定的,又是具有高度创造力的。一种思潮的世俗怀疑论和另一种思潮的形而上学的唯心论,提供了彼此间一种决定性的平衡力;虽然各自都逐渐削弱对方欲形成独断论的趋势,但双方又结合起来引出好多新的智力可能性。希腊人对存在于杂乱一堆的特殊事例中的各种普遍原型的探求与确认,因一种同样强有力的推动力而从根本上被抵消;这种推动力推动的是对具体特殊事例的评价,而这种评价是按照具体特殊事例自身情况并为了具体特殊事例自身而进行的——这种"按照"与"为了"的结合,导致了那种极为希腊式的倾向,即往往按照经验个体所有具体的例外,而将经验个体看作本身能揭示实在的种种新形式和真理的种种新原则的某种东西。一种往往成问题却又极富成效的两极分化,由此在西方思想对实在的理解中出现,这种理解乃两种截然不同的世界观的一道忠实的分界线:一方面,是效忠一种极为有序的宇宙;另一方面,是效忠一种不可预测的开放

第一篇 希腊人的世界观

的宇宙。正是同这种在其真正基础上尚未解决的分叉一起,同这种伴随而来的有创造力的紧张状态与复杂性一起,希腊思想繁荣不衰。

西方从没停止过对希腊思想其非凡的生命力与深邃的赞赏,哪怕是在随后的智力发展已对希腊古典思想的一个方面或另一方面提出疑问时。希腊人在阐发自己逐步形成的远见时,是极其善于表达的,而且,在数不清的情况下,可能早已被认为是希腊思想中一种奇怪的错误或混乱的东西,后来由于新的证据,却被发觉是一种准确得惊人的直觉真理。兴许希腊人在我们的文明起始时便已出现,所以对世界的感知拥有某种天生的明晰,而这种明晰真实地反映了他们正在寻找的普遍秩序。无疑,西方如今继续反复不止地求助于它的古代先驱,就如求助于不朽见识的源头一样。正如芬利所评论的,"无论希腊人是因为首先出现,故能极为清新地察看各种事物,还是纯粹十分幸运地因为已首先出现,故能以无与伦比的机敏对生活作出反应,在上述两种情况的随便哪一种情况下,他们都保持着永恒的光辉,就像由一种早晨6点时的光亮和草地上永存的露水所照亮的世界的光辉一样。如今,希腊思想依然在我们的头脑中,因为那种未受玷污的清新,使犹如青春本身一般的希腊思想成为我们的第一个典范。"[10]

现在就好像先前在希腊人看来,天和地还没有完全给分裂成数块一样。但是,我们现在不要试图按希腊人的眼光来整理永远有价值的东西和有疑问的东西。由希腊引起的西方文化已在向前发展——以希腊遗产为基础,改造希腊遗产,批判希腊遗产,进一步阐发希腊遗产,漠视希腊遗产,复兴希腊遗产,否定希腊遗产……不过,最终决不会真正舍弃希腊遗产;所以,还是让我们来看看:历史是如何随着这种西方文化的发展,来与整理永远有价值的东西和有疑问的东西这一任务周旋的。

第二篇 古典时代的转变

- **希腊化母体的互相对立的倾向**/84
  - 希腊思想的衰落与保持/84
  - 天文学/88
  - 占星术/91
  - 新柏拉图主义/94
  - 罗马/97
- **基督教的兴起**/100

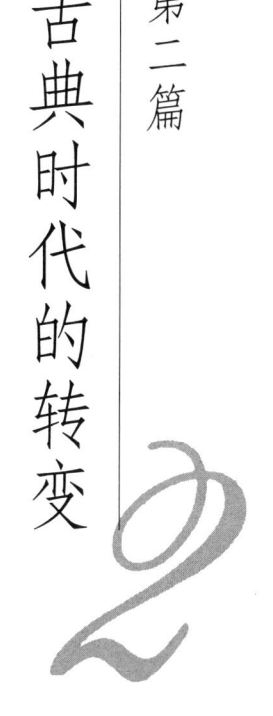

73　　　正当希腊思想的成就在公元前4世纪期间达到其顶点时,亚历山大大帝从马其顿发起猛攻,穿过希腊,向前攻抵波斯,征服了从埃及到印度的各地区和各民族,创建了一个囊括已知世界大部分区域的帝国。先前已对希腊的辉煌发展起了促进作用的种种真正的特性——永不安宁的个人主义、骄傲的人本主义、批判的理性主义——此时却有助于加速希腊的衰败,因为使希腊人较高尚的品德蒙上一层阴影的纷争不和、妄自尊大和机会主义,令希腊人目光短浅,对马其顿的挑战毫无准备,终于国破人亡。然而,希腊人的成就并没有注定毁灭。亚历山大年轻时曾在他父亲的宫廷里师从亚里士多德,受到了荷马史诗和雅典人种种理想的激励,故他后来携带希腊的文化和语言,将它们传播到他所征服的整个广阔世界中去。因此,希腊正当其达到顶点的时候,衰败了,然而,又正当其屈服的时候,胜利地扩展了。

　　　正如亚历山大所筹划的,帝国的一些世界性大城市——尤其是他在埃及兴建的亚历山大城——成为极其重要的文化学习中心,在这些中心的图书馆和学院里,古典希腊的遗产幸存下来,并繁盛起来。当时有一种幻觉,认为人类有着超越一切政治分界线的普遍的血缘关系;亚历山大似乎也为

74　这一幻觉所鼓舞,试图凭自己巨大的军事野心,完成这样一种统一,即一种大规模的文化熔合。不过,亚历山大英年早逝后,他的帝国并没有团结一致。在长期的王朝斗争和不断更换的君权之后,罗马作为一个新帝国的中心崛起了,不仅罗马的活动中心,而且还有罗马诸边远地区,皆进一步向西扩展。

　　　尽管受到罗马的征服,但希腊的高度文化仍支配着更为宽广的地中海世界诸知识阶层,并迅速地为古罗马人所吸纳。当时最重要的一些科学家和哲学家,继续在希腊思想框架内工作。古罗马人以希腊人的杰作

为自己拉丁语著作的榜样,并继续进行一种高级文明的发展与扩张,但是,他们的更重实效的创造才能,则集中在法律、政治管理和军事战略的领域中。在哲学、文学、科学、艺术和教育方面,希腊依然是古代世界中最令人信服的文化力量。正如古罗马诗人贺拉斯所指出的,被俘虏的希腊人俘虏了胜利者。

希腊化母体的互相对立的倾向

希腊思想的衰落与保持

在亚历山大征服之后,在整个罗马霸权时期,尽管希腊的文化力量仍持续存在,但古典希腊思想原来的模子却没能顶住这么多种新力量的影响。随着希腊化世界从地中海西部一直扩展到中亚,古典时代末期好思考的个人接触到了极为多种多样的观点。希腊文化最初向东的扩展,因东方(从地中海之东)的宗教潮流和政治潮流强有力地汇集到西方而彼此及时地相辅相成。在一些重要的方面,希腊文化因这种新的汇集而丰富,正如非希腊文化因希腊文化的扩展而丰富一样。不过在另一些方面,以城邦为中心的希腊思想,在某种程度上失去了其较早时候充满自信的洞察力与大胆的创造力。古典希腊其批判的个人主义先前已产生伟大的艺术与思想,不过也促成了社会秩序的崩溃,使古典希腊易受马其顿征服的伤害;与此相同,希腊文化其离心的活力此时在古典城邦向一个范围大得多的、成分混杂的文化环境的种种颇有差别的影响敞开时,不仅导致了希腊文化的成功传播,而且还导致了希腊文化最终的稀释与破碎。这种新文明的前所未有的世界性、诸小城邦的旧秩序的崩溃以及接连数世纪的不断的政治和社会动乱,使人深深地迷失方向。不仅城邦社区中的个人自由,而且还有对城邦社区的责任,皆因新的政界的巨大与混乱而暗中遭到破坏。个人的命运似乎与其说是由个人选择决定的,倒不如说是由种种巨大的非人的力量决定的。旧时的思想明晰似乎不再可获得,因此,许多人感到自己已迷失方向。

第二篇 古典时代的转变

哲学反映了这些变化,并试图处理这些变化。虽然柏拉图和亚里士多德仍然是人们研究与追随的对象,但起源于希腊化时期的两个主要的哲学派系,即斯多葛派和伊壁鸠鲁派,却具有一种不同的性质。尽管这些新的学派应该把许多东西归功于更早时候的希腊人,但它们主要是在伦理方面作些规劝,是用以忍受难以预料的乱世的高贵的哲学屏障。哲学其性质与功能上的这一转变,在一定程度上,是紧跟在亚里士多德对各门学科所作的拓展与分类后面的一种新的智力专门化的结果,这种智力专门化渐渐地将科学和哲学分开,使哲学局限于由相关的形而上学学说或自然科学学说支持的有关道德的一些见解。不过,除了哲学与更为广泛的需从思想上加以关心的种种问题的这一隔绝之外,这些希腊化学派的独特的哲学推动力,较少起源于了解神秘而又巨大的世界的那种激情,而是更多地起源于这样一种需要:给人们以某种稳定的信念系统与内心的安宁,以面对充满敌意的混乱环境。这种新的推动力所带来的结果是,出现了比它们先前的古典哲学在活动范围上更受限制、更倾向于宿命论的各种哲学。遁世绝俗或摆脱激烈的情感,成了主要选择,而哲学在这两种情况下均采取一种更为教条主义的论调。

不过,斯多葛哲学,亦即各种希腊化哲学中最具广泛代表性的哲学,拥有早已给西方精神留下自己印记的一种目光远大且道德上有节制的高尚。斯多葛哲学,是由早先就学柏拉图学园的基提翁的芝诺,于公元前3世纪初在雅典创立的,后来又由克里西波斯予以系统化;这一哲学在西塞罗和塞内加、爱比克泰德和马可·奥勒利乌斯的罗马世界中特别有影响。按斯多葛派的观点,渗透整个实在的是一种有智慧的神圣力量,亦即使一切事物有序的逻各斯或普遍理性。人类只有使自己的生活和品格与这种最强大的天佑的智慧一致,才能获得真正的幸福。要自由自在,就得依照上帝的意志生活,因此,生活中最终至关重要的是灵魂的有德性的状态,而非外部生活的环境。斯多葛派心目中圣人的特点是,内心平静,律己严格,对义务认真履行,而对怪异多变的外部事件,则不感兴趣。支配世界的理性的存在,对斯多葛派来说,还有另一个重要结果。因为所有的人都分享神圣的逻各斯,所以人人都是一个共同的人类社区亦即构成这一世界城即国际性都市的一个人类兄弟会的成员,而且,每个个人都被要求积极参与世界事务,从而履行自己对这一大社区的义务。

实际上,若将苏格拉底和赫拉克利特的哲学换位到较少受限制且更为世界范围的希腊化时期的话,那么,斯多葛哲学是对这种哲学诸主要成分的一种发展。相比之下,斯多葛哲学当时的竞争对手伊壁鸠鲁学说,通过坚持人的快乐的主要价值——给说成是摆脱痛苦和恐惧——不仅使自己有别于各种传统的宗教观念,而且还使自己有别于斯多葛派对行德和支配世界的逻各斯的那种忠诚。伊壁鸠鲁教导说,人类必须克服自己对民间传统中诸变幻不定的拟人神的那种与迷信有关的信仰,因为首先是那种信仰,还有对死后遭天罚的担忧,引起了人的痛苦。人无须害怕诸神,因为诸神并不干涉人类世界。人也无须害怕死亡,因为死亡不过是意识的消亡,而不是一种令人痛苦的惩罚的前奏。今生的幸福,最好能通过遁世绝俗、在几位朋友陪伴下培育一种悄然存在的纯粹快乐来获得。那种使伊壁鸠鲁的体系得以产生的自然科学的宇宙论,乃德谟克利特的原子论,认为物质粒子组成世界本体,其中包括终有一死的人的灵魂。这样一种宇宙论和当时的人类经验并非不相关,因为希腊化时代的平民,被剥夺了给划定界限的、位于中心的、不可分割的有序的城邦世界——城邦世界的共性并非不同于亚里士多德的宇宙——完全可能已意识到,他们自己的命运与德谟克利特的原子的命运有某种相似之处,因为德谟克利特的原子是奉各种自然力的命令,在一个不辨方向地扩展的宇宙的无中心的空间,作无规则运动。

那种由诸如埃利斯的皮朗和塞克斯都·恩披里柯之类的思想家代表的有系统的怀疑主义,是对这一时代的思想转变的一种更为根本的反映;这类思想家认为,不可能知道有任何真理是确凿无疑的,唯一恰当的哲学态度

第二篇 古典时代的转变

是,将判断完全悬置起来。在阐发各种强有力的论点以驳斥对哲学知识的一切教条主义的主张时,怀疑论者指出,两个明显的真理之间的任何冲突,只有靠诉诸某一标准才能予以解决;不过,那个标准只有靠诉诸某个进一步的标准,才能证明其自身是正确的,因而,这就需要无穷尽地深入,诉诸一个个进一步的标准,没有一个标准是基本的。柏拉图学园(意味深长的是,它这时也接受怀疑主义,使其源自苏格拉底的一个主要方面获得新生)的一个成员阿凯西劳斯说:"没有什么东西是确凿的,甚至连'没有什么东西是确凿的'这句话,也不是确凿的。"诚然,在希腊化哲学中,为了论证人类事业中有许多方面是无用的,尤其是为了论证对形而上学真理的追求是徒劳的,时常熟练地运用逻辑学。不过,诸如塞克斯都之类的怀疑论者则认为,相信自己能认识实在的人,在生活中易不断遭受挫折与不幸。如果他们能真正地将判断悬置起来,承认自己关于实在的种种看法未必是有根据的,那么他们就会获得心境的平静。若要既不确认也不否认认识的可能性,他们就应该逗留在无先入之见的一种平和状态中,等着看看什么东西也许会出现。

这几种哲学,虽然从其不同方面看,都是重要的、有吸引力的,但是,并没有完全满足希腊化精神。神圣的实在,不是被看作对人类事务毫无反应,和人类事务毫不相干(伊壁鸠鲁学说),就是被看作,即便是天佑的,也是不能改变地决定论的(斯多葛哲学),或者被看作,完全不是人类的认知能力可及的(怀疑主义)。科学也摆脱了以前在毕达哥拉斯、柏拉图甚至亚里士多德身上可见到的神圣理解力的那种事实上的宗教推动力与宗教目标,变成更为彻底的理性主义的。因此,这种文化的感情需要和宗教需要便由各种神秘宗教——希腊的、埃及的、东方的——来更为直接地予以满足;这些神秘宗教提供了摆脱世界禁锢的途径,日甚一日地广为流行,在整个帝国繁荣起来。但是,这些神秘宗教虽有着专用于各自不同的神的节日和秘密仪式,却未能迫使知识阶层中的许多人皈依自己。对这些人来说,古老的神话濒临消亡,至多也只适宜作为通情达理的谈话中所用的讽喻手段。可是,几种主要哲学的严肃的理性主义留下了某种精神需要。较早时代理智与情感的那种独特的创造性的结合,此时已分化。在一种特别复杂的文化环境中——在一种繁忙的、城市化的、有教养的、世界性的文化环境中——好思考的个人往往缺乏不可抗拒的动力。亚历山大大帝统治前希腊那种古典的综合体已破碎,其力量消耗在那种扩散的过程中。

不过,由于若干引人注目的、从近代西方的观点看乃必不可少、值得称赞的文化成就,希腊化时期是一个特别丰富多彩的时期。尤其是,这一时期对较早时候的希腊成就予以确认,随之又对从荷马至亚里士多德的经典作品加以保存。各种文本,此时已有人收集,已有人作系统的考察,并精心地加以编辑,以便制定由各种杰作构成的最权威的真本书目。人本主义学问已被建立。新的校勘学科和文学批评学科得到了发展,演绎性分析与评论也已产生,所以,一些伟大的作品被确立为受尊崇的文化典范,以丰富充实以后数代人的思想。在亚历山大,《希伯来圣经》的希腊文译本,即《七十子希腊文本》,亦得到了同样的编纂与校订,并因编译者的写作态度同荷马史诗和柏拉图对话的作者的写作态度一样慎重而被视为典范。

教育本身变得既系统化又很普遍。为了从事学术研究,各主要城市都建立了精心组织的大型学术机构——亚历山大拥有自己的博物馆,帕加马拥有自己的图书馆,雅典拥有若干所悄悄繁荣的哲学学园。诸重要的希腊化帝权国家的王室统治者,皆资助公共学术机构,雇用科学家和学者当国家的支薪官员。公共教育制度几乎存在于每座希腊化城市中,运动场和剧场很多,希腊哲学、文学和修辞学方面的高级讲授,变得到处都可获得。希腊的派地亚繁荣起来了。因此,较早时候的希腊古典成就,在学术上得到了巩固,在地理范围上得到了扩展,而且,在古典时代的剩余时期中一直生气勃勃地经久不衰。

天 文 学

就富于创造性的贡献而论,正是在自然科学这一领域内,希腊化时期尤其突出。几何学家欧几里得、几何学家兼天文学家阿波罗尼奥斯、数学家兼自然科学家阿基米得、天文学家喜帕恰斯、地理学家斯特拉博、医学家加伦和地理学家兼天文学家托勒密,全都取得了种种科学进展,进行了种种科学整理工作,而这些科学进展和科学整理工作,在许多世纪中一直是范例。数理天文学的发展尤具深远重要性。欧多克索斯建立的由互相连接的同心球组成的模型,提供了解决行星问题的第一个方法;这一模型不仅说明了逆行运动,而且还提供了大致准确的种种预言。不过,这一模型解释不了诸行星逆行时的亮度变化,因为不断转动的星球必然使行星与地球保持固定不变的距离。正是这一理论上的缺点,促使后来的数学家和天文学家试探各种供选择的几何系统。

有少数人,如毕达哥拉斯学派,提出了地球转动这一根本性意见。柏拉图学园的一个成员赫拉克利德斯提出,天的周日运动实际上是由地球绕地轴的转动引起的,而水星和金星,似乎一直离太阳很近,之所以如此,是因为它们绕太阳而非绕地球运转。一个世纪后,阿利斯塔克甚至假设,地球和所有的行星皆绕太阳运转,而太阳则如同由恒星组成的外天球,始终固定不动。[①]

不过,这些不同的模型皆因数学与物理学的一些正当理由而普遍遭到摈弃。人们从来没有观测到每年的恒星视差,而这样一种变化是本该发生的,如果地球绕太阳运转,并因此行经相对于恒星乃如此巨大的距离的话(除非如阿利斯塔克所提出的,由恒星组成的外天球大得无法想像)。此外,一个不断转动的地球,会使亚里士多德的宇宙论的那种广泛的一致性彻底中断。亚里士多德先前已明确地探讨了各种落体的物理特性,证明重的物体会朝地球运动,因为地球乃宇宙的固定不动的中心。如果地球转动,那么,对各种落体的这一有相当充分理由、实际上乃不证自明的判断,就会因没有一种力量相同的理论来替代上述观点而暗中遭到破坏。也许更为根本的是,一个行星般运动的地球,会与那种以天的超然的雄伟为基础、古老且同样不证自明的尘世与天国的一分成二的观点相抵触。最后,除了理论问题和宗教问题外,根据常识规定,一个不断转动的地球会迫使地球上的物体和人饱受撞击,会把云和小鸟抛在后面,如此等等。感官的确凿证据主张一个固定不动的地球。

在这类考虑结果的基础上,大多数希腊化的天文学家决定赞成一种以地球为中心的宇宙,所以,继续用能说明行星位置的各种几何模型来进行工作。公元2世纪,托勒密对前人不断努力后累积的成果加以整理;他所作的综合,为从那时至文艺复兴时期的天文学家们确立了工作上的范例。摆在托勒密面前的基本挑战仍同以前一样:一方面,亚里士多德的宇宙论的基本结构要求,诸行星均沿着完美的圆周始终如一地围绕一个位于中心的、静止不动的地球而运动,另一方面,天文学家对行星的实际观察结果是,诸行星似乎是以不同的速度、方向和亮度运动;这两方面之间存在着许多差异,该如何去解释呢?托勒密以希腊几何学新近的进步、巴比伦人不间断的观察报告和线性计算技术以及希腊天文学家阿波罗尼奥斯和喜帕恰斯所做的工作为基础,概括出以下体系:由恒星组成的最外面的、不断转动的天球,使整个天向西绕地球转动。不过,在这一天球内,每个行星,包括太阳和月球在内,皆以不同的较慢的速度向东转动,皆处在其自身的、称之为均轮的大圆上。对于除太阳和月球之外诸行星的更为复杂的运动,则采用了另一个较小的圆,称之为本轮;本轮始终如一地绕着继续在均轮上运动的一个圆心转动。本轮解决了欧多克索斯的同心球所无法解释的问题,因为不断转动的本轮每当行星逆行时,便会自动地使行星离地球较近,从而使该行星显得更亮。天文学家通过调整每个均轮和本轮其公转一周的不同速度,可以粗略估计每个行星其多变的运动。均轮与本轮这一体系的简单明了,加上它对多变的亮度的解释,使该体系在对一种切实可行的天文学模型的寻求过程中,成为公认的胜利者。

不过,如果应用这一体系来说明托勒密进一步利用了哪些几何方法:

偏心圆(各种其圆心被从地心移位于别处的圆)、较小的本轮(另外一些绕一个主要的本轮或均轮转动的较小的圆)、想像的天体运行轨道(虽然围绕某圆心的运动是不变的,但这些想像的天体运行轨道通过假设离开该圆心的另一个点,就可以进一步说明各种多变的速度),那么,这一体系就会进一步使一些较小的不规则之处显露出来。托勒密的这一由若干复合的圆组成的精心制作的模型,能首次有系统地从数量上解释各种天体运动。此外,凭借这一模型的多功能,通过添加一些新的几何变更(例如,在一个本轮上附加另一个本轮,或者在一个偏心圆上附加一个偏心圆),就可以应付种种新的相互抵触的观察结果,因此,这一模型的多功能,使该模型拥有一种在整个古典时期和中世纪时期保持其主导地位的灵活的力量。亚里士多德的宇宙论,连同其固定不动的位于中心的地球、其环行的以太天球及其诸元素的物理特性,为希腊化的天文学家们制订这一体系提供了一个基本框架,而这一综合而成的托勒密与亚里士多德的宇宙,转而又成为基本的世界性观念,在随后15个世纪的大部分世纪中,体现在西方的哲学的、宗教的和科学的想像力中。

占 星 术

不过,在古典世界,数理天文学并不是一门完全世俗的学科。因为古代人认为,天乃诸神的所在地,而这种认识又与迅速发展的天文学紧密结合在一起,形成了一门被认为是占星术的科学;托勒密是古典时代最终使这门科学系统化的人。确实,促使天文学发展的大部分推动力,直接源自天文学与占星术的联系;占星术利用那些技术进步提高了自己的预测能力。反过来,对占星术的洞察力的普遍需求——无论是在帝国宫廷、公共市场,还是在哲学家的书房里——又促进了天文学的进一步发展,提高了天文学的持久的社会意义,因而,从古典时代至文艺复兴时期,这两门学科实质上构成同一门职业。

古代美索不达米亚人的观念是,天上发生的事预示人世间的事——普遍同情说,即"有上就有下"——随着天文计算的精确性大大提高,这一观念此时给置入一个由数学原理和定性原理构成的更为先进、更有系统的希腊框架内。然后,希腊化的占星家们不仅将这一系统用来为诸如民族和帝国之类的大集体提供预言,还用来为一个个个别的人提供预言。占星家们通过计算一个人出生时诸行星的确切位置,通过从神话中诸特定的神与诸特定的行星的已察觉到的相符之处引出若干原型原理,来推导出关于个人的性格与命运的种种结论。由于运用毕达哥拉斯学派和巴比伦人有关宇宙结构,有关宇宙和小宇宙即人体的内在关系的各种原理,还产生了进一步的深刻见解。柏拉图主义者详细描述了这样一种方法:凭借此方法,诸特定的行星排列有可能引起行星特性与个人性格的一种同化,亦即作用物和接受者之间一种原型的统一。反过来,亚里士多德的自然哲学,连同它非个人的术语以及它对天体的通过诸原始星球施予尘世诸现象的影响所作的机械论的解释,又为这门发展中的学科提供了一个适当的科学框架。托勒密将古典占星术理论中积累起来的成分放入一个统一的综合体中;在这一综合体内,他将诸行星的意义、诸行星的位置和几何外观以及它们对人类事务的各种影响编目归类。

随着占星术观点的出现,人们普遍认为,人类生活不是受变化无常的偶然性的支配,而是受一种有序的、依靠人力可知的命运的支配,而这种命运是由诸天神按照行星的运动来加以规定的。由于这种认识,人们认为,人类能够了解自己的命运,靠一种新的宇宙安全感行事。有关世界的占星术观念,严密地反映了希腊人关于宇宙本身与人类的基本观念,宇宙本身,即宇宙的用理智可理解的有序的图案结构与互相连接的一致性,而人类,则即构成宇宙与人类的这一整体的一个不可缺少的组成部分。在希腊化时期中,占星术成为超越科学、哲学和宗教界限的一种信念系统,构成该时代的若无这一信念系统便会四分五裂的那种观点中的一种独特的统一的成分。对占星术的信仰,从亚历山大这一文化中心向外扩散,渗透整个希腊化世界,不仅为斯多葛派哲学家、柏拉图学派哲学家和亚里士多德学派哲学家所接受,也同样地为数理天文学家和医学家、隐居的神秘主义者和各种神秘宗教的成员所接受。

不过,对占星术洞察力的主要基础,不同群体以不同方式予以解释,每一群体均是按自己的世界观来解释的。对托勒密及其同事来说,占星术似乎已首先被看作是一门有用的科学——一门直截了当的研究,即研究特定的行星位置与组合如何同特定的事件和个人品质恰好相符。托勒密已注意到,占星术无法自称是一门跟天文学一样的精确科学,因为天文学专门处理各种完美的天体运动的抽象的数学运算,而占星术则将那种知识应用于地球活动和人类活动的必然不大可预料的不完美的活动场所。但是,虽然占星术因其固有的不精确和可能有的错误而易受批评,但托勒密和他所处的时代则认为占星术是有效的。占星术同天文学一起分享天上诸有序运动的同一个中心,而且,由于诸天球所施展的因果关系的力量,占星术拥有一种合理的基础和若干坚定的操作原则,对这一基础和这些原则,托勒密曾试图予以解释。

希腊和罗马的斯多葛派学者按一种更为哲学化的精神,将占星术的一些相似之处解释成:通过诸天体来表示人类生活的基本决定论。因此,占星术被视为是解释宇宙意志、靠神圣理智来调整人们生活的最佳方法。由于斯多葛派学者确信有一种宇宙命运在支配一切事物,由于他们相信有一种普遍同情或宇宙法则在使宇宙各部分成一体,所以,他们发现占星术与自己的世界观高度一致。诸神秘宗教表达了类似的认识,也认为诸行星支配着人类生活,不过,它们另外还察觉到解放的可能:除最后的行星即土星(掌管命运、限制与死亡的神)以外,还有一个更伟大的神的无所不包的天球在起主宰作用,这位神的天赐的无所不能,能使人的灵魂摆脱人终有一死的必然的决定论,进入永恒的自由。这位最高的神统治着所有行星式的神,因而能将命运的种种法则悬置起来,将虔诚的个人从决定论的罗网中解放出来。②与此相仿,柏拉图主义者认为,诸行星是在至善的最终统制之下,但是,他们往往将天体的各种布排构图看作是预示性的,而非构成原因的,故对进化而来的个人而言,并非完全是决定性的。从托勒密的态度中也可感觉出一种不那么宿命论的观点;他以那种态度来强调这类研究的重要价值,提出人类有可能在宇宙系统中起积极的作用。但是,不管特定的解释如何,那种认为行星运动对人类生活具有一种仅能用智力了解的意义的看法,对古典时代的文化精神有着巨大的影响。

新柏拉图主义

另一思想领域,试图弥合理性哲学和神秘宗教之间那种希腊化的分裂。早先,在公元前 4 世纪中叶柏拉图去世后的若干世纪中,接连不断的一批又一批哲学家,已通过着重探讨和进一步阐发柏拉图思想的形而上学与宗教方面的内容,发展了柏拉图思想。在这一发展过程中,他们开始称那个超验的最高本原为"太一";对"超脱肉体"予以了新的强调,认为"超脱肉体"乃灵魂在哲学上上升到神圣的实在所必需的;开始将各种型设置在神圣心智内;而且,对恶及恶与质料的关系这一问题,也表示出更多的关心。公元 3 世纪,一批批的哲学家们发现柏罗丁的工作成果已成为他们事业的顶峰;柏罗丁在吸收亚里士多德思想某些方面内容的同时,还将一种更为明显的神秘主义成分融入柏拉图哲学系统,从而创立具有很高的通晓力和相当普遍的范围的一种"新柏拉图主义"哲学。在柏罗丁那里,希腊理性哲学已到达终点,并逐渐变成另一种更彻底的宗教精神,一种超理性的神秘主义。一个新时代,因所拥有的心理与宗教感觉力截然不同于古典希腊主义的心理与宗教感觉力,而正使自身的性质变得十分明显。

因为按柏罗丁的思想,世界具有合理性,哲学家的探求亦具有合理性,

第二篇　古典时代的转变

这种合理性只不过是超越理性的一种更为超验的存在物的先声。新柏拉图主义的宇宙,乃从至高无上的太一那里神圣地流溢出来的结果;至高无上的太一就其存在而言,乃无限的,难以用一切叙述或范畴来形容。太一也称为善,在绝对完善的一种溢出过程中产生"他者"——即被创造的宇宙,它处于一切变化中——处于从这一本体论的中心转至无限可能的极限的等级森严的一系列阶段中。第一个创造性行动,就是从太一中流溢出神圣理智或努斯,亦即宇宙的普遍存在的智慧;在宇宙的普遍存在的智慧中,包含着使世界产生且有序的原型的型或相。从努斯中则流溢出世界灵魂,世界灵魂包含着世界,且使世界有活力,乃一切生物的灵魂之源,并构成精神上的理智和质料世界之间的中间实在。神性从太一中的流出,是一种本体论的过程,柏罗丁把这一过程比作蜡烛光渐渐向外移动,直到最后消失在黑暗中为止。不过,这几个阶段并非时间或空间意义上的若干独立王国,而是一切事物所永恒地含有的存在的若干不同层面。这三种"实体"——太一、理智、灵魂——并非不折不扣的实体,而是若干精神配置,正如各种相并非不同的物体,而是上帝之存在的不同状态。

存在于时间与空间中、且乃感官可感知的物质世界,是离单一神性最远的实在层面。若以否定的措辞,物质世界作为创造的最终限制,则可描绘成是多样性、限制和黑暗的国度,在本体论上的地位最低——拥有最小程度的真实存在——且构成恶的本原。不过,尽管物质世界极不完美,但若以肯定的措辞,则也可把它描绘成是美的一个创造物,是由世界灵魂在一种普遍和谐中产生且使其结合在一起的一个有机整体。在型的精神上的理智世界中,在一个更高层面上,存有多样性,而物质世界则在时空层面上不完整地反映了这种多样性中值得称道的统一:可感知的东西,乃可理解的东西的一个高贵影像。虽然恶存在于这种和谐之内,但那种否定的实在,则在一种更大的设计中起着一种必要的作用,而且最终既不影响太一的完美,也不影响哲学家其最高的自我的安康。

人的本性乃寓于身体之中的灵魂，所以人有可能进入最高级的理智与精神的国度，不过这取决于人能否从物质性中解放出来。人可以上升到世界灵魂的意识——从而实际上成为已有可能成为的那种人——再从那里上升到普遍理智；或者，人可以依然被束缚于较低级的国度。由于一切事物皆源自太一，是通过理智和世界灵魂生成的，由于人的最高级的想像力分有那种原始的神性，所以人的有理智的灵魂，能富于想像力地反映超验的型，从而，通过对事物最终秩序的这种洞察力，朝自身的精神解放运动。整个宇宙存在于从太一进入被创造的多样性这样一种持续不断的流出中，而这种多样性接着又回归太一——一个始终由太一的过多的完美所引起的流出与回归的过程。哲学家的任务，就是要通过道德与理智上的律己和净化，来克服自然界对人类的束缚，然后，从内心里渐渐地追本溯源到绝对的存在。从任何通常的意义上说，启示的最后片刻超然存在于知识之外，且是不可解释或描述的，因为这一最后片刻是以克服探索者和目标这一主客关系上的对立为基础：正是沉思的愿望的一种实现，将哲学家和太一连接到一起。

这样，柏罗丁阐明了一种精巧地前后一致的理性主义与唯心主义的玄学，而这种玄学是在对至高无上的上帝的一种单一的、神秘的疑惧中完成的。柏罗丁以颇有把握的、一丝不苟的精确性，而且用往往优美得惊人的散文体，描述宇宙的复杂性质和宇宙对神的分有。柏罗丁把他的哲学建立在柏拉图关于超验的相的学说基础上，从而添加或引出若干新的、明确的特点——目的论的推动力，等级体系，流溢和一种超理性的神秘主义。新柏拉图主义以这一形式，成为古典异教哲学的最后表现，并在随后数世纪中扮演柏拉图主义的历史载体的角色。

新柏拉图主义和占星术，皆超然存在于希腊化时期的思想分歧之外；而且，希腊思想形式渗入了种种非希腊的文化冲击，且与这类冲击融合在一起，而新柏拉图主义和占星术，则同古典文化中其他许多东西一样，皆是这种渗入与融合的结果。新柏拉图主义和占星术皆以自己的方式,对后来的西方思想起着持久的、然有时又是隐秘的影响。不过,尽管占星术在希腊化世界中得到近乎普遍的流行,尽管新柏拉图主义在一些学园的最后几年中受到异教哲学的众所公认的修正,但到古典时代末期,若干强大的新势力已开始影响希腊和罗马的意识。最后,希腊化时期永不安宁的精神,基本上是在一个新地区内寻觅对自身的赎救。

除了前文已提及的若干重要例子外,古典时代中希腊文化后期的努力,似乎缺乏大胆的思想上的乐观主义与好奇心,而这种乐观主义与好奇心,早先却是古希腊人的特点。至少在表面上,希腊化文明的引人注目,看来好像是更因为它的多样化而不是它的力量,更因为它的尘世的才智而不是它的富有灵感的天才,更因为它对过去文化成就的维持和详尽阐述而不是它的新文化成就的产生。虽然有许多重要的趋势在起作用,但它们整体上却并不协调。那时的文化观是变化不定的,要不,就是表示怀疑的和教条主义的,调和的和支离破碎的。各种有高度组织结构的学问中心,似乎对个人的天赋起着一种令人泄气的影响。到公元前 2 世纪罗马征服希腊时,更为东方的观点认为,人类须服从超自然事物的巨大力量;希腊的推动力因此时已为这种观点所取代,正在逐渐消失。

罗　马

不过,在罗马,由于先是受到共和国军国主义者与自由意志论者的精神激励,接着又受到凯撒、奥古斯都在长期帝国统治期间所缔造的罗马和平的滋养,古典文明经历了全面的秋熟似的繁荣。罗马人凭借政治上的精明和坚定的爱国心,再加之因信奉自己的诸主导神而勇气倍增,不仅成功地征服了整个地中海流域和欧洲大部分地区,而且还成功地完成了自己业已意识到的使命:将自己的文明扩展到整个已知世界。那种征服,是因为如尤里乌斯·凯撒之类的独裁者的残忍的军事手段和野心勃勃的政治天才,才成为可能;倘无那种征服,古典文化的颇有建设性的遗产,原本未必会在西方或东方,在经历后来野蛮人与东方人屡屡攻击所带来的种种艰难之后,还幸存下来。

罗马文化本身为古典成就作出了重大贡献。西塞罗、维吉尔、贺拉斯和李维,在希腊诸大师的影响下,使拉丁语变得雄辩起来,达到成熟的地步。希腊的派地亚在罗马贵族的人文学科[humanitas(西塞罗为派地亚一词所取的拉丁文译名)]中,亦即在建立在经典作品之上的那种通才教育中,获得了新生。希腊神话与罗马神话合并到了一起,留存在罗马神话中,并通过奥维得和维吉尔的作品,传给了西方的子孙后代。客观的合理性和自然法则源自普遍的逻各斯这一希腊概念;罗马的法律思想因包含关于客观的合理性和自然法则的一种新观念,遂使整个帝国的种种商业交往和法律交往变得彻底明晰起来,克服了不同的地方惯例的混乱,逐步制订出关于合同法和财产所有权的若干原则,而这些原则对西方以后的发展是至关重要的。

罗马事业的纯粹活力和巨大规模,博得了古代世界的敬畏。但是,罗马的文化光彩,尽管是由于从希腊的辉煌中受到鼓舞,但却又是对希腊辉煌的一个模仿,因此,仅靠罗马其文化光彩的巨大,是不可能无限期地保持希腊古典精神的。虽然品格的高贵往往在政治生活的混乱中显露出来,但罗马精神渐渐失去了自身的活力。帝国无节制的军事与商业活动本身的成功,抛开更深一层的动机不谈,正在动摇罗马平民百姓的品格。大部分科学活动,更别提创造才能了,在公元2世纪加伦和托勒密之后不久的帝国中,从根本上减少了,而且,拉丁文学的非凡,也在这同一时期中开始结束。相信人类进步这一点,尽管如此广泛地显见于公元前5世纪希腊的文化繁荣中,且在希腊化时期内,通常由科学家和技师,来断断续续地予以表示,但实际上,在罗马帝国最后数世纪中,已不复存在。古典文明最美好的时光,到那时全成为过去,因此,使罗马衰败的各种因素——不公正的、贪婪的政体,过于野心勃勃的将军,蛮族的不断入侵,一个变得堕落、无能的贵族统治集团,逐渐削弱帝国权力和军人精神的互相对立的宗教倾向,急剧的、持久的通货膨胀,各种疫病,没有恢复能力或活动中心的日渐减少的人口——全都进一步促成了这一受希腊鼓舞的世界的表面上的灭亡。

然而,在古典文化其光彩夺目的衰败下面,从希腊化宗教母体的源泉内,一个新的世界已在缓缓地、不可阻挡地形成。

基督教的兴起

古典希腊和罗马的文明,被认为是一个单独的实体,在一千年期间出现、繁荣、衰落。这一千年大约过了一半的时候,犹太人中年轻的宗教领导人,拿撒勒的耶稣,在位于罗马帝国边缘的加利利和犹太的一些偏僻地区,生活、讲道、死去。他那些激进的宗教预言,为一批人数不多却受到热情鼓动的犹太信徒所信奉;这些信徒相信,耶稣被钉死于十字架后,又复活升天了,显示自己为基督("救世主"),即世界的统治者和拯救者。随着塔尔苏斯的保罗的出现,这一宗教信仰达到了一个新阶段;保罗在血统上为犹太人,在公民身份上为罗马人,在文化上为希腊人。保罗为了进一步遏制他认为对犹太人的正统信仰有危险的这一异端教派的传播,动身去大马士革;途中,他见到基督升天的异象,遂皈依耶稣。他先前是这一宗教信仰最强有力的反对者,此时却热情地拥护这一宗教信仰,且确实成为传播该信仰的杰出的传教士和做奠基性工作的神学家。在保罗的领导下,这一小规模的宗教运动迅速蔓延到帝国其他地区——小亚细亚、埃及、希腊、罗马本地——并开始将自己发展成一个世界性的基督教会。

在不稳定的希腊化时期中,类似精神危机的某种东西似乎已在文化中出现,因为当时的人们开始需要了解个人在宇宙中的意义,需对人生的意义有所知,而这类新的意识需求对文化中所包含的一些成分起了推动的作用。虽然各种神秘宗教、公共膜拜仪式、秘传制度和哲学学派,皆对这类需求作出了回应,但却正是基督教,在经受了罗马政府断断续续的若干时期的严酷迫害之后,渐渐地作为胜利者崛起。这一过程的转折点,是公元 4 世纪初随着罗马皇帝君士坦丁对基督教的划时代的皈依而到来的,其后,这位皇帝为基督教的传播献出了自身和手中的最高权力。③

由于基督教从东方不断传入,而日耳曼蛮族又从北方屡屡大举入侵,故古典世界在其最后数世纪中起了急剧的变化。到公元4世纪末,基督教已成为罗马帝国法定的国家宗教;到公元5世纪末,西方的最后一个罗马皇帝已被一个蛮族国王所废黜。乍看起来,古典文明在西方已被扼杀,先是留给拜占庭人、后又留给穆斯林的古典文明的伟大著作与思想,只是如同放在博物馆中那样给保留下来。正如爱德华·吉本对自己写下的《罗马帝国衰亡史》所作的一针见血的概括,"我已描述了野蛮行为和宗教的胜利"。但是,从西方之复杂演变的一个长远观点看,与其说这些新力量完全排除或取代了希腊和罗马的文化,不如说它们把自己的一些独特成分嫁接到高度发达且根深蒂固的古典基础上。④

尽管欧洲在随后数世纪中沦落到文化孤立和无所作为的地步(尤其是与繁荣昌盛的拜占庭帝国和诸伊斯兰教帝国相比较),但日耳曼诸民族永不静止的、富有进取心的活力与天主教会的文明化影响相结合,形成一种在另一千年中产生现代西方的文化。因此,在古典时代和文艺复兴时期之间的这些"中"世纪,是一个相当重要的妊娠期。基督教会成了将西方与古典文明统一起来,并保持与古典文明的联系的这样一种社会公共机构。至于诸蛮族,干了两件引人瞩目的大事:他们皈依了基督教,同时,开始做一项巨大的工作,就是学习并完善他们刚征服的古典文化的丰富的思想遗产。这种伟大的学术上的努力,在这千年期间先是在一些修道院、后又在各大学慢慢地进行,努力的对象不仅包括罗马的政治思想,还有希腊的哲学和文学,而且还包括古代基督教神父所写的、此时令人肃然起敬的大部分神学著作,这些神学著作的顶峰乃奥古斯丁的作品——是奥古斯丁于公元5世纪初,正当罗马帝国受蛮族频频入侵的影响而在他周围崩溃时写下的。正是从这种种族成分、政治成分、宗教成分和哲学成分的复杂的熔合中,逐步产生了西方基督教世界共有的一种全面的世界观。古典希腊人的观点乃文化中居支配地位的远见,继古典希腊人的观点之后,直到现代以前,基督教的观点一直在渗透并激励千百万人的生活和思想——而且即便现在,对许多人来说,仍在起这种渗透和激励的作用。

第三篇 基督教的世界观

- 犹太人的一神教与历史的神化 /107
- 古典成分与柏拉图哲学遗产 /112
- 异教思想的皈依 /120
- 基督教看法内的两个对立面 /135
- 欢欣鼓舞的基督教 /141
- 二元论的基督教 /147
- 进一步的对立面和奥古斯丁的遗产 /157
  - 物质与精神 /157
  - 奥古斯丁 /163
  - 律法与恩典 /169
  - 雅典与耶路撒冷 /172
- 圣灵与它的沧桑变化 /176
- 罗马与天主教 /180
- 圣母马利亚与母教 /184
- 总结 /188

91　　我们的下一个任务,是设法理解基督教的信念系统。要对我们文化与思想的历史作任何概述,就得小心地对待这一任务,因为基督教已在西方文化存在以来的大部分时间里主宰西方文化,不仅承受西方文化其主要的精神冲击达两千年之久,而且还通过文艺复兴运动和启蒙运动,来继续充分地影响西方文化中哲学与科学的发展。即便现在,基督教世界观仍以不那么明显却十分重要的方式,影响——其实是渗透——西方的文化精神,哪怕在西方文化精神具有极为明显的世俗倾向时。

　　历史上的拿撒勒的耶稣究竟说过什么话,做过哪些事,认为自己是怎样的人,现在尚无法确定。同苏格拉底一样,耶稣没有为子孙后代留下什么著述。通过历史研究和圣经诠释而能相对充分地予以确认的是,他在犹太宗教传统内,宣传天国即将来临,要求众人悔改,他认为这一正在出现的天国已存在于他自己的言行中,由于这些主张,公元30年前后,他被罗马派驻耶

92 路撒冷的总督庞蒂乌斯·彼拉多判处死刑。耶稣是否知道自己是上帝的儿子,现在尚不十分清楚,而且,在耶稣一生中被基督教视为神圣的其他重要内容——戏剧性的耶稣诞生的故事、各种奇迹故事、耶稣对三位一体的认识、耶稣创建一个新宗教的打算——中,也有许多东西无法依历史证据和文字根据来加以确证。

　　直到公元1世纪后半世纪,耶稣一些贴身信徒的后裔才编写出《新约全书》的四福音书,奠定了基督教信仰的基础,而在那时以前,一个复杂的、有时前后不一致的信念结构已发展起来。这一结构不仅包含耶稣一生中为后人所记得的一些事实,而且还包含各种口语传统,传说,寓言和格言,接二连三的幻想和预言,赞美诗和祷文,预示世界末日的信念,年轻的基督教会的

第三篇　基督教的世界观

道德说教要求,同《希伯来圣经》一起插入的若干类似的经典,其他的犹太教影响、希腊影响与诺斯替教影响,以及一种复杂的救赎神学与历史观——所有这一切皆因《圣经》的作者们信仰这一新宗教而给统一在一起。这一最终的复合物,究竟在多大程度上反映了耶稣一生中的真实事件和他亲身作过的教导,现在还很难说。最早的未佚失的基督教文件是保罗的一些书信,他从没遇见过耶稣。因此,有史以来所开始了解的这位耶稣,乃《新约全书》中所描绘的——所记得的、所修复的、所解释的、所美化的、所生动地想像的——耶稣;《新约全书》的作者们乃生活在他们的叙述所涉及的那个时期之后的一二代人,他们将自己所作叙述的源头归到耶稣原来的一些门徒那里。

甚至这些作品,也是由早期基督教会统治集团从更大一批诸如此类的材料中逐步挑选出来,作为上帝之可信的启示,其中有些作品(通常是后来写成的),对有疑问的一些事件提出了种种极为不同的观点。这些看法对随后基督教信念系统的形成起了颇为决定性的作用,所以,作出这些看法的正统的基督教会,认为自己是靠最早的使徒们创立,并由上帝通过《圣经》来予以认可的一个权威。基督教会乃上帝在人世间的代表,是一个神圣的社会公共机构,其持久不衰的传统起了上帝对人类的启示的唯一解释者的作用。由于基督教会逐步上升为统治机构,由于基督教会在早期基督教中的影响,现在构成《新约全书》的那些作品,再加上《希伯来圣经》,被确立为基督教传统之公认的基础,这些经典有效地决定了正在逐步形成的基督教世界观的种种特征。

因此,这些作品将用作我们现下对基督教现象进行研究的基础。由于我们的题目是西方文明诸主要世界观的性质和它们彼此之间不断变化的关系,所以,我们这里主要关心的是,基督教传统从罗马灭亡到现代对西方所具有的文化影响。关于世界和人在世界中的位置,基督教西方认为是正确的世界观,亦乃我们特定的兴趣所在,而那种世界观,是以《圣经》正经的启示为坚实后盾,且通过主要是在基督教会传统的权威性的指导下起作用的各种后来的因素,而逐步得到改造、发展和扩展。正是基督教会确立了《圣经》正经的神圣权威,又正是《圣经》正经确立了基督教会的神圣权威,这看来好像是迂回的,但那种共生的相互支持,的确已为持久不衰的基督教会世界所确认,有效地支配了基督教观点的形成。于是,这一不但以《圣经》为基本形式,而且后来还取得种种发展的传统,成为我们要探究的主题。

首先,让我们将注意力转向基督教兴起的源头——希伯来人亦即亚伯拉罕和摩西的后裔的受到认真关注、道德上严格且内容丰富的宗教传统。

第三篇　基督教的世界观

犹太人的一神教与历史的神化

按希伯来人的看法,神学和历史难解难分地结合在一起。上帝的行为和人类经历过的重要事件构成了一种实在,《圣经》中对希伯来人往事的叙述,与其说是为了重建一种精确的历史记录,不如说是为了揭示自身神圣的逻辑。正如在基督教那里一样,犹太教早期历史中的传说和事实,现在尚无法清楚地区分开来。不过,在古代近东,出现了信奉一神论宗教的特定民族,该民族摆脱了更早时候、在其崇拜对象中含有多神论成分的半游牧部落背景(可以追溯到公元前两千年初的始祖亚伯拉罕、以撒和雅各那里);虽然后来《圣经》中的一些窜改模糊了该民族出现时的确切情况,但对犹太人的传统的自我理解来说,却似乎会存在一个明确的历史核心。

无疑,希伯来民族的历史和使命及其宗教信仰,不同于古代世界中的其他任何民族。在众多民族中,有不少民族往往较希伯来民族更强大、更先进,可唯有希伯来人被挑出来作为一个其历史对整个世界而言会有重大精神影响的民族,故希伯来人开始体会到自己就如同上帝的选民。在周围诸部落和民族皆崇拜许多自然神的一片土地中,希伯来人开始相信,唯一的、绝对的上帝既作为世界的创造者,又作为世界历史的主宰,高于且超越于其他一切存在物,而自己则处在与这位上帝的一种独特的、直接的关系中。的确,当上帝已创造世界并按自己的模样创造了人时,希伯来人认为,他们自己的历史是与天地万物本身的早期阶段相连的,并反映了这些早期阶段。随着亚当和夏娃最初的不服从和被逐出伊甸园,人被神放逐的一幕已开始出现,随后还一再重演——该隐和亚伯、挪亚和洪水、巴别通天塔——直到千真万确地唤来亚伯拉罕去执行上帝为其人民制定的计划为止。

正是在出埃及一事,即在摩西率领希伯来人摆脱奴役、逃离埃及一事的过程中,圣约得以确立,以色列凭借此圣约来证明自己的身份,并承认其上帝即耶和华为永垂史册的救世主。①古代以色列人之所以一直相信上帝许下的会让他们将来称心如意的允诺,就因为有这一历史事件作基础。希伯来人通过接受耶和华在西奈山上传授摩西的神圣十诫,顺从地把自己许给上帝,许给上帝那不可战胜、不可思议的意志。因为希伯来人的上帝乃一位奇迹与意志的上帝,它拯救诸民族或者随意地压制它们,为了实现它为以色列制定的计划,它从岩石中带来水,从天空中带来食物,从不孕的子宫中带来婴儿。希伯来人的上帝不仅是创造者,也是解放者,而且还确保它的人民有光辉灿烂的命运,如果他们始终忠顺于它的律法的话。

必须信赖上帝、惧怕上帝,此乃享有上帝在世界上的救助力量的前提,对犹太人的生活起着决定性影响。这是关于道德紧要,关于最终命运由人眼下的行为决定,关于个人应向洞察一切、完全公正的上帝直接负责的首要观念。这也是对一个不公平的社会的谴责,对徒有其名的世俗成就的蔑视,对道德复兴的预言性召唤。犹太人已应一种神圣的召唤而承认上帝对世界的最高权威,进而帮助上帝去实现自己的意图——把和平、公正和满足带给全人类。这一最后的设计,在古代以色列较后数世纪不断变化的历史中,即"巴比伦囚房"期间(公元前6世纪)和后来发展起关于即将到来的"上帝的日子"的一种日益增强的观念时,变得十分明确。于是,天国将被建立,正直的人将得到提升,邪恶的人将受到惩罚,以色列将被尊崇为人类的精神之光。于是,上帝的选民其眼前的苦难,将带来一个有着普遍的公正、真正的虔诚、并将上帝的全部荣耀展示给世人的新时代。在经过若干世纪的悲痛和失败之后,一个救世主似的人物将出现,由于他的神力,历史本身将找到其胜利的终点。以色列的"迦南"[指上帝答应给亚伯拉罕及其后裔的土地],由于备有大量的奶与蜜,这时已扩展成以色列将要带给全人类的天国。

第三篇 基督教的世界观

正是这一信仰,这一未来的希望,这一由先知们向前传送、且在《圣经》其诗文中得到令人信服的记载的独特的历史推动力,支持着犹太民族达两千年之久。

拿撒勒的耶稣开始传教时,是在犹太人的一种文化氛围中进行的;在这种文化氛围中,对一位救星和一种预示世界毁灭的历史结局的期望,已达到无以复加的程度。这种情况奇特地、戏剧性地加强了耶稣对自己的加利利同胞所作的宣告:在他身上,实现"天国即将出现"这类《圣经》中的预言的时刻终于到来了。但是,并非只是耶稣关于正在出现的天国的教导鼓舞了这一新信仰,也并非只是由像施洗者约翰那样的周游四方的传道士所唤起的有关世界末日的期望鼓舞了这一新信仰。当时,最为决定性的是耶稣的门徒们对耶稣被钉死于十字架的反应以及他们对耶稣将死而复活的强烈信念。因为在那种死而复活中,基督教的忠实信徒们察觉到了上帝对不免一死和邪恶的胜利,并确认了他们自己死而复活的类型和可能。不管这一信念的基础是什么——对这一信念的极大说服力,无论怎样评价也不为过——似乎在耶稣死后不久,他的追随者们就已实现了对他们宗教信仰的非常迅速的、全面的重新塑造,这种塑造破除了过去的种种臆测,开始了对上帝和人类的一种新理解。

这种新的看法,是在耶稣被钉死于十字架后不久,从一系列天启经历中产生的;由于这类天启经历,耶稣的许多追随者开始确信,他们的耶稣基督又在世了。这些"表面现象"后来因保罗于梦幻中见到已复活的基督这一经历而得到支持,使门徒们相信,耶稣在某种意义上已因上帝的力量而完全复原,并荣耀地与上帝团聚,在天上共享永生。于是,耶稣不只是一个人,甚至也不只是一位伟大的先知,而是弥赛亚本人,上帝的儿子,即长久以来一直为人们所期待的神圣的救世主,他的激情和死亡已引出世界的救赎和一个新的永世的诞生。对犹太人《圣经》中的种种预言,此时已能予以适当的理解：弥赛亚不是一位世俗的国王，而是一位精神上的国王，天国并非以色列的一个政治上的胜利，而是对人类的一种神圣的救赎，带来了充满上帝之精神的一种新生活。因此，他们的引导者之被钉死于十字架这一令人极为失望的事件，在其门徒们的心中，被神秘地转换成相信人类最终会得救的一种表面上无限制的信仰的基础，而且还被转换成促进这种信仰的传播的一种特别强有力的推动力。

耶稣先前已要求自己的犹太同胞承认上帝在历史上的拯救活动，即在他自己身上与自己的传教生涯中就能看得见的一种活动。这一要求，可与早期基督教会号召世人承认耶稣为圣子和弥赛亚的做法相比，且因这一做法而得到发展，得到再次系统的阐述，得到加强。② 因此，基督教声称自己满足了犹太人的希望：对上帝的未来所渴望的东西，此时已因基督而进入历史。由于线性的东西和永恒的东西的一种似乎有悖常理的结合，基督教宣布，基督在世上的存在就是上帝其允诺的未来的存在，正如上帝的未来在于充分实现基督的存在一样。天国此时已近，然是刚出现，有待在历史的尽头随着基督的凯旋而臻于完全实现。因为在基督那里，世界虽已和谐，却尚未得到充分的救赎。因此，基督教不仅使犹太人的希望达到最高点，而且还一直坚持这样一种希望：在最近的未来，获得宇宙的精神胜利，因为到那时，就会出现享有上帝的不受妨碍的存在的一种新世界和一种新人类。

正如出埃及一事为犹太人对未来上帝的日子的希望提供了历史根源一样，基督的死而复活和与上帝的团聚，也为基督徒对人类未来的死而复活和与上帝团聚的希望提供了基础。因此，正如犹太教的《圣经》由于先前在与上帝其子民的历史的对比中显示了上帝的律法与允诺，故而支持了犹太人达数世纪之久，并将其信条和希望渗透到了犹太人生活中一样，现在，随着《圣经·新约》与《圣经·旧约》（犹太教的《圣经》）接合在一起，这一新宗教及其种种传统用来支撑自身的基础，成为基督教的《圣经》。基督教会就是新的以色列。基督就是新的圣约。因此，正是因基督教而开创的这一新

第三篇　基督教的世界观

时代的性质,留有以色列这一小国的完全非希腊的性质的印记。

在这一新宗教的所有这些特性中,基督教对普适性和历史性满足的种种要求,乃关键性的,而那些要求,全源于犹太教。为犹太教与基督教共有的上帝,并非许多神中间的一个部落之神或城邦之神,而是唯一真正的至高无上的神——宇宙的上帝,历史的上帝,其无与伦比的实在与力量理所当然地博得了所有民族和全人类的忠诚的全知全能的上帝。在以色列民族的历史中,那位上帝已决定性地进入世界,由先知们代言,召唤人类去把握其神圣的命运:从以色列诞生的东西将具有世界性的历史意义。对此时在罗马帝国到处宣告其预言、为数迅速增长的基督徒来说,从以色列诞生的东西就是基督教。

古典成分与柏拉图哲学遗产

若考虑到基督教的基本教义和预言的奇特性质,那么,基督教是以惊人速度从它极小的加利利核心地带传播开来,最终囊括整个西方世界。在耶稣死后的一代人中,他的追随者们已在其新信仰的框架内制作了一个宗教与思想的综合体;他们的新信仰不仅激励许多人去接受将那种信仰扩展到周围异教环境中去这一往往很危险的使命,而且还能确立并最终实现一个高度发展的、城市化的世界帝国的宗教与哲学上的种种抱负。不过,基督教的作为一个世界性宗教的自我概念,因它与更大的希腊化世界的关系而受到极大促进。虽然基督教对宗教普适性的要求源于犹太教,但其有效的普适性——它在传播中的成功——和其哲学上的普适性,皆有许多方面应归功于基督教诞生时希腊和罗马的环境。古代基督徒并不认为,在犹太教、希腊哲学和罗马帝国三者相互间发生某种结合的历史关头出现道成肉身,是偶然的。

颇有意义的是,并非加利利的犹太人先前与耶稣关系最密切,而是保罗这位有着希腊文化背景的罗马公民,有效地使基督教转向其世界使命。虽然事实上,所有最早的基督徒都是犹太人,但犹太人中只有较小一部分人最终成为基督徒。从长远看来,这一新宗教对范围更大的希腊化世界的求助要远为广泛,远为成功。[3]犹太人早已在期待一位弥赛亚,但是,他们所盼望的要么是一位同他们古代国王大卫一样的政治君主,他将坚持以色列在世界上的统治权,要么是一位显然神圣的王子——人子[指耶稣]——他将在生命期突然终结时天使般荣耀地从天上降临。他们并不盼望那位不问政

第三篇　基督教的世界观

治、不好斗、显然富有人性、正在受苦蒙难、即将死去的耶稣。此外,虽然犹太人明白,他们同上帝的特殊关系会对整个人类有重要影响,但是,犹太教按其性质是极为民族主义和分离主义的,几乎完全以以色列民族为中心——这样一种精神仍留在耶路撒冷那些早期的信仰基督的犹太人身上,他们反对在整个以色列觉醒过来以前将非犹太人全都吸纳到共同信仰中来。有一段时间,耶路撒冷的基督徒们在雅各和彼得的领导下,继续要求遵守不准与外邦人同桌吃饭的传统的犹太教规,以便将这一新宗教限定到犹太教的框架内,其时,保罗却不顾众人反对,宣称:不仅对受犹太律法约束的犹太人来说,而且对不受犹太律法约束的非犹太人来说,新的基督教的自由和对拯救的希望已普遍存在。整个人类需要神圣的救世主,也能欣然接受神圣的救世主。在早期基督教会内部发生的这第一场根本性的教义争论中,正是保罗的普救论战胜了犹太教的排他主义,对古典世界产生了巨大影响。

因为就大多数犹太人而言,不愿信奉基督教的启示,而保罗的意见——将基督教带给非犹太人——又占了上风,这两者与若干政治事件结合起来,使这一新宗教的重心从巴勒斯坦转移到了范围更大的希腊化世界。耶稣死后,为了反抗罗马人,由奋锐党领导的、对弥赛亚的期待所激起的政治革命运动继续在犹太人中间展开,过了一代人时间,在一场广泛的巴勒斯坦起义中达到决定性的顶峰。在接踵而来的战争中,罗马军队镇压了这场起义,攻占了耶路撒冷,捣毁了犹太圣殿(公元70年)。耶路撒冷和巴勒斯坦的基督教社会由此而解体,基督教与犹太教之间最密切的联系——由耶路撒冷基督徒们来维持和代表——被切断。此后,基督教与其说是一种巴勒斯坦现象,倒不如说是一种希腊化现象。

此外,还须注意到,与犹太教相比,希腊和罗马的文化不但在实践中,而且在看法上,皆有许多方面始终是更无派性的,更为普遍。罗马帝国及其法律超越于各民族和先前的一切政治界限,不仅将公民身份和种种权利授予罗马人,而且也授予被征服的诸民族。世界性的希腊化时期凭借一些大的城市中心、贸易和旅行,将整个文明世界前所未有地连接起来。斯多葛派的人人皆兄弟与建立国际性都市即世界城的理想证实,所有的人皆是上帝的自由的、平等的孩子。希腊哲学的适用于万物的逻各斯,超然存在于一切表面上的反对与缺陷之外——神圣的理性统治着整个人类和宇宙,然又是人的理性本身所固有的,是任何国家或民族的每个个人有可能获得的。但是首要的一点,一个具有世界范围的普遍存在的基督教,是因亚历山大帝国和罗马帝国居先的存在才成为可能,若无这两个帝国,地中海周围诸地区与民族原本仍会被分隔成许许多多有着迥然不同的语言倾向、政治倾向和宇宙论倾向的单独的种族文化。尽管许多早期的基督徒对他们的罗马统治者怀着可理解的敌意,但正是罗马帝国统治下的和平时期,提供了传播基督教的信仰所必不可少的活动与交往的自由。从基督教发端时的保罗至古典时代末期基督教最有影响的重要人物奥古斯丁,在这一新宗教的性质与渴望达到的目标的形成上,其希腊和罗马的背景起了决定性影响。

这些考虑结果,不仅适用于基督教实际传播方面,也适用于开始统治西方思想的复杂的基督教世界观。虽然基督教世界观可以想像成是一个完全独立的、整体式的信仰结构,但我们不仅可以更为精确地区分这一整体结构内种种相对立的趋势,而且还可以凭借古典世界的一些形而上学概念和宗教概念来更为精确地辨认一种历史连续性。确实,随着基督教的兴起,希腊化文化的多元性和融合及其各种混在一起的哲学学派和多神论宗教,为源于犹太教传统的一种排他的一神教所取代。同样确实,基督教神学将《圣经》中的启示确立为绝对真理,并要求严格遵从源自任何哲学思辨的基督教教义。不过,在这些界限内,基督教世界观基本上具有其古典前身的色彩。不仅在基督教的基本信条及仪式和异教诸神秘宗教的基本信条及仪式之间,存在着决定性的相似之处,而且另外,随着时间的流逝,甚至希腊化哲学中一些最博大精深的成分,也为基督教所吸收,并已对基督教的信仰产生影响。无疑,基督教在罗马帝国不是作为一种哲学,而是作为一种宗教——与自身特性相符,是东方的和犹太教的,明显地大众的、救世的、情感的、神秘的,取决于信仰和信念的天启说法,且几乎完全不受希腊理性主义的影响——发端并取得胜利的。不过,基督教很快就发现,希腊哲学不仅是一种它不得不与之竞争的外国异教的思想体系,而且按许多早期基督教神学家的看法,对基督教信仰的理性阐述而言,也是一个凭借上帝的力量预先安排好的母体。

保罗的神学理论的实质在于,他相信耶稣不是普通常人,而是基督,即上帝的永世的儿子,他化身为男人耶稣,来拯救人类,使历史得到可称颂的结局。按保罗的看法,上帝的智慧虽是以一种隐秘的方式支配历史,但终于在基督身上变得十分明显,基督使世界和神一致起来。一切事物皆已体现在基督身上,因为基督就是神智的原则。基督也是万物的原型,因为万物皆是仿效基督的,皆汇聚在基督身上,皆在基督的化身与复活中找到自己胜利的意义。这样,基督教开始将人类历史的整个运动,包括其在宗教与哲学上的所有各种努力在内,理解为是于基督再临时完成的上帝的计划的一种展现。

基督这一概念和希腊人的逻各斯这一概念之间的一些相似之处,并非没有为希腊化的基督徒们所注意到。非凡的希腊化犹太哲学家亚历山大的斐洛,耶稣和保罗的一个较年长的同时代人,先前已开始讨论取决于"逻各斯"一词的一种犹太神学和希腊哲学的综合体。[④] "太初有道,道与上帝同在,道即是上帝。"["道"为希腊哲学名词"逻各斯"(Logos)的中文译名] 此乃《约翰福音》开篇的几句话;但是,正是随着这几句话的出现,基督教与希腊哲学的关系被强有力地确立了。不久以后,希腊思想和基督教神学开始惊人地趋于会合,使两者皆大为变样。

在规模更大的地中海文化中,已存在源于希腊人的一种复杂的哲学传统;早期属于知识阶层的基督徒们虽面临这一实际情况,却迅速地察觉到了将这一哲学传统与自己的宗教信仰结合起来的需要。实行这样一种结合,既是为了满足他们自己,也是为了帮助希腊和罗马的文化理解基督教的奥秘。不过,这种结合被认为决非策略性婚姻,因为精神上引起共鸣的柏拉图哲学,不仅与源自《圣经·新约》启示的一些基督教概念相一致,而且还发展并在智力上增强了这些概念。柏拉图哲学的基本原理这时在基督教背景中求得佐证,并找到了新的含义:永恒之完美的一种超验的实在的存在,神智在宇宙中的最高权威,精神的东西之重于物质的东西,苏格拉底对"灵魂趋向"的注重,灵魂的不朽与高度的道德上的责任,灵魂在死亡之后对上帝的公正的体验,一丝不苟的自察的重要,在为善与真服务的过程中对激情和种种欲望须加以控制的告诫,情愿遭受不公正行为而不做出不公正行为的道德原则,相信死亡是对更丰富的生活的一种过渡的信念,在人的有限的自然状态中被遮蔽了的神圣知识的一种先决条件的存在,分有神圣的原型的概念,作为人类渴望达到之目标的受上帝的逐步同化。尽管对古代许多基督教知识分子来说,柏拉图哲学传统极为不同地起源于兼犹太教与基督教的宗教,但它本身是神智的一种可信的表达,能给基督教一些最深奥的奥秘带来表达得清楚有力的形而上学的见解。因此,随着基督教文化在其最初数世纪中的成熟,其宗教思想发展成为一种自成体系的神学;虽然那种神学基本上是为犹太教与基督教共有的,但其形而上学的结构在很大程度上是柏拉图的。对这样一种熔合起促进作用的,乃早期基督教会的大神学家——先是查斯丁(殉教士),然后是工作做得更充分的亚历山大的克雷芒和奥利金,最后是作出极重要贡献的奥古斯丁。

反过来,随着福音成为古希腊文化和犹太教的伟大的会合之地,基督教被看作是对哲学的真正完成。基督教宣告,逻各斯,亦即世界理性本身,实际上已通过耶稣基督这一历史人物以人的形式表现出来;这一宣告使人们不得不普遍关注希腊化的文化世界。早期基督教的神学家们在将基督解释为人格化的逻各斯时,将希腊哲学关于世界的超感觉的神圣合理性的学说与犹太教关于创造性的道的宗教学说综合在了一起,创造性的道表明了一个肉身上帝的天赐意志,并赋予了人类历史以救世的意义。在基督那里,逻各斯成为人:历史的东西和永恒的东西,绝对的东西和个人的东西,人性的东西和神性的东西,成为一体。基督以自己的救世行为,经斡旋使灵魂接近超验的实在,从而满足哲学家最终的探求。基督教的神学家们以强有力地使人联想起柏拉图哲学及其超验的相的措辞,教导说,发现基督就是发现宇宙的真相,就是发现人们自己的身心在受到一种单一启示时的真相。

新柏拉图主义的哲学结构,在与亚历山大早期的基督教神学一起同步发展时,似乎提供了一种特别恰当的形而上学的语言,因为在这种语言的范围内,为犹太教与基督教共有的看法有可能得到更好的理解。新柏拉图主义认为,不可言喻的超验的上帝,即太一,已带来其明显的映象——神圣的努斯或普遍的理性——和世界灵魂。基督教认为,超验的圣父已带来其明显的映象——圣子或逻各斯——和圣灵。但是,基督教此时使逻各斯这一希腊概念获得了强有力的历史真实性,因为它坚称,逻各斯乃从世界被创造之时起便已存在的永恒真理,圣父此时已将逻各斯以人的形式遣入世界历史,以便依靠圣灵使世界的创造回到其神圣的本体上来。在基督那里,天和地被重新结合,太一和众多得到和解。已成为哲学家个人精神上上升的东西,此时通过逻各斯的道成肉身,成了整个世界的历史命运。道将使整个人类觉醒。由于圣灵的永存,世界对太一的回归将发生。那种至高无上的圣灵之光,亦即在柏拉图所说的各种阴影的洞穴外面闪闪发光的实在之真正的源头,此时被确认为基督之光。正如亚历山大的克雷芒所宣告的,"通过逻各斯,雅典和希腊现在适合整个世界"。

柏罗丁和奥利金这两位重要思想家,分别属于异教哲学的最后一个学派和基督教哲学的第一个学派,皆在亚历山大城师从过同一位老师阿摩尼奥斯·萨卡斯(一位差不多至今仍不为人们所了解的神秘人物);这一点正好说明了柏拉图哲学和基督教之间的亲密关系。柏罗丁的哲学转而在奥古斯丁对基督教的逐步皈依中起了关键性作用。奥古斯丁将柏罗丁看作是

"柏拉图复活"于其身上的人物,并将柏拉图思想本身看作是"所有哲学中最纯粹、最辉煌的",是那么深奥,以致与基督教的信仰几乎完全一致。因此,奥古斯丁认为,柏拉图的型存在于上帝的创造性思想内,实在的标准是感觉世界所不能及的,只有通过灵魂的一种根本的内省才可获得。奥古斯丁有一种范式说法:"真正的哲学家是热爱上帝的人";这种说法依然是柏拉图的,然是极其基督教的。因此,正是奥古斯丁对基督教柏拉图主义的确切阐述,后来实际上渗透到了整个中世纪基督教思想中。基督教的集希腊精神而成的统一整体,充满了热情,使得苏格拉底和柏拉图时常被视作基督诞生以前受神灵启示的非凡圣徒,视作在异教时代就已存在的神圣的逻各斯的早期传播者——如查斯丁(殉教士)所断言的"公元前的基督徒"。在古代基督教画像中,苏格拉底和柏拉图给描绘成同被救赎者一样的人,由基督历经在阴间的风暴之后引领他们脱离地狱。古典文化就其本身而言,也许是有限制的、易消亡的,但是,从这一观点看,因它被赋予新的生命和新的意义,故通过基督教又正在复兴。因此,克雷芒宣称,哲学已使希腊人对基督做好思想准备,正如律法已使犹太人对基督做好思想准备一样。

然而,不管与柏拉图思想的这种形而上学的密切关系有多深远,基督教的基本推动力源于它的犹太教基础。希腊人认为,许多具有不同特性和不同支配范围的原型存在物,不受时间影响地保持平衡;与此形成对比,犹太人的一神教授予基督教以一种关于神的特别强有力的观念,这种观念认为,神乃有着拯救人类的特定历史计划的唯一的、至高无上的人格存在物。有史以来,上帝一直怀着明确的目的、朝着明确的方向行动。与希腊人比起来,犹太教浓缩并强化了关于神物或圣物的观念,认为神圣的东西来自既是造物主又是救世主的唯一的、全能的上帝。虽然一神教无疑存在于柏拉图关于上帝的各种概念——宇宙精神、造物主、善的最高的型,尤其是新柏拉图主义的至高无上的太一——中,但是,摩西的上帝,按其自己的宣告,显然具有独特的神力,因此,在与人的关系上更有人性,而且,较之柏拉图的超验

第三篇 基督教的世界观

的绝对事物,在人类历史上更自由自在地起作用。虽然犹太人的流亡与返回的传统,与新柏拉图主义关于宇宙的流溢与回到太一的学说,有着惊人的相似之处,但是,前者拥有众所周知的一种历史具体性和在仪式上受到尊崇的一种令人感动的激情,而这种历史具体性和令人感动的激情,却不是后者的那种更为隐秘的、讲求理智的、具有个性的态度的特点。

希腊人的历史观通常是循环的,而犹太人的历史观则不容置疑地是线性的、渐进的,即按时逐步完成上帝为人类制订的计划。[⑤]希腊人的宗教思想趋于抽象与分析,而犹太教的方式则是更具体的,强有力的,可明确论证的。因此,希腊人对上帝的看法倾向于一种认为智力居最高支配地位的观念,犹太人的看法却突出一种认为意志居最高支配地位的观念。因为犹太教的信仰的实质,取决于一种强烈的企盼,即企盼上帝会通过戏剧性地转变人类历史,来积极地重建自己对世界的统治权;到耶稣那时,主要企盼的是一个肉身救星的出现。基督教使这两种传统相结合,因为它事实上已宣告,真正的、最高的神圣实在——圣父兼造物主上帝,亦即柏拉图的永恒的超验的事物——已通过圣子耶稣基督即逻各斯的血肉化身,完全渗入不完美的、有限制的自然界和人类历史,而耶稣基督的生与死,已开始使先前分开的两个国度——超验的国度和尘世的国度,亦即神的国度和人的国度——不受束缚地再度统一,从而通过人类,开始使宇宙获得新生。这位世界的造物主和逻各斯,已以新的创造力重新闯入历史,开始实行一种普遍的和解。在从希腊哲学到基督教神学这一过渡时期,超验的事物成为内在的事物,永恒的东西成为历史的东西,而人类历史本身,此时则具有精神上的意义:"因此,逻各斯成为众生,生活在我们中间。"

异教思想的皈依

在希腊化时期中,甚至犹太文化也已为希腊的影响所渗透。整个地中海帝国的一些犹太社区,在地域上广为分散,使这种影响的速度加快了;这种影响,反映在后来诸如智慧书之类的犹太宗教文学中,反映在七十子希腊文本圣经和亚历山大的有关《圣经》的学术成就中,也反映在斐洛的柏拉图式宗教哲学中。但是,随着基督教的出现,尤其是随着保罗肩负起将基督教的福音传播到犹太教范围以外地区的使命,犹太教的推动力转而开始促成一种对抗运动,这一运动从根本上改变了希腊人对古典时代较后数世纪中出现的基督教世界观所起的作用。希腊人的形而上学、认识论和科学的种种强有力的趋势,希腊人对神话、宗教、哲学和个人满足的种种独特的态度——这一切,均由于犹太教和基督教共有的启示而大为变样。

超验的相的地位,虽然对柏拉图哲学传统是那么重要,并为异教知识分子所普遍承认,此时却有了重大改变。奥古斯丁同意柏拉图的意见,相构成了一切事物的稳定的、不变的形式,为人类知识提供了认识论上的坚实基础。但是,他指出,柏拉图缺乏关于上帝创世的适当学说,来解释殊相对相的分有(柏拉图的造物主,即《蒂迈欧篇》中的造物主,并不是一个全能的至高无上的存在物,因为他把相强加于生成的混乱世界,而这一世界已经存在,正如相本身已存在一样;柏拉图的造物主与必然性即产生迷误的原因相比,也不是全能的)。因此,奥古斯丁认为,犹太教和基督教共有的有关至高无上的造物主的启示,可以使柏拉图的那个形而上学的概念臻于完整,因为在犹太教和基督教看来,这位至高无上的造物主可以自由地决定从无中创

第三篇 基督教的世界观

造宇宙,不过,它是依照存在于神圣心智中的原始的相所确立的潜在的次序模式,来创造宇宙的。奥古斯丁把诸相确认为道即逻各斯的集体表现,并认为所有的原型皆包含在基督的存在之内,且表示了基督的存在。在这里,更为强调的是上帝及其创世,而不是相及其有形的模仿,因为前一种构架使用并包含了后一种构架,正如从总体上看,基督教使用并包含了柏拉图哲学一样。

在对柏拉图作这种形而上学的纠正之外,奥古斯丁又加以一种认识论上的修改。柏拉图先前已将一切人类知识建立在两种可能的源头的基础上;第一种源头来自感觉经验,感觉经验是靠不住的,第二种源头则来自对永恒的相的直接知觉,对相的认识乃头脑中固有的,但给遗忘了,需要回忆,相提供了准确知识的唯一源头。奥古斯丁同意这种系统的阐述,坚称:如果人的头脑没有受到上帝的启发,就像没有为内心精神上的太阳所照亮那样,那么,人头脑中可能就不会产生任何思想观念。因此,灵魂唯一真正的导师是内心的导师,是上帝。但是,奥古斯丁又为人类知识添加了一个源头——基督教的启示——一个因人类的堕落而成为必需,并随着基督的再临而赠与人类的源头。这一在《圣经》的圣约中给揭示出来,并因基督教会的传统而为人们所认识的真理,使柏拉图哲学臻于完整,正如它使犹太律法臻于完整一样,两者皆是为新秩序做的准备。

虽然在理论上,奥古斯丁的柏拉图主义是明确的,但在实践中,基督教强调的一神论削弱了柏拉图的相的形而上学的意义。与上帝的基于爱与信仰的直接关系,较之智力上与相的偶遇,要更为重要。相所拥有的任何实在,皆要依上帝而定,因此在基督教的格局中并不那么重要。基督教的逻各斯,亦即活跃的道——创造性的、决定性的、起启示作用的、有救赎作用的——支配一切。各种原型皆具有多重性这一事实,进一步显示,认为这些原型在基督教普遍单一的精神实在中起重要作用的看法,是站不住脚的。此外,随着将实在划分成神性的一些依次缩减的层面,新柏拉图主义关于存在的一种等级系统的学说,因原始的基督教启示(从公元1世纪起)的某些方面而遭到反对;这种原始的基督教启示,强调整个创世的一种基本的统一与神化,亦即所有从前的范畴和等级系统的一种民主爆炸。相反,为犹太教与基督教共有的传统的其他一些成分,则强调上帝与其创世的绝对的一分为二,亦即新柏拉图主义为了赞同太一的神性经由若干中间层面——比如相——流溢到整个宇宙而予以贬低的一种一分为二。但是,恐怕最重要的是,《圣经》中的启示较之关于柏拉图的相的任何巧妙的哲学论点,为基督教虔诚徒众提供了一种更易理解、更易掌握的真理。

不过,基督教的神学家们利用了基督教许多最重要的教义中的原型思想:整个人类分有亚当之罪,因此,亚当乃未得救的人类的主要原型;基督的受难包含人类的全部苦难,基督作为亚当第二,以自己的救世行为实现对所有人的救赎;由于每一种人类精神皆潜在地分有基督的普遍存在,基督乃完美人性之原型;无形的普遍的基督教会完全存在于所有单独的教堂里;唯一的至高无上的上帝完全存在于三位一体的三个位格中的每一位格上;基督作为普遍的逻各斯,构成了创世的全部与实质。因此,《圣经》中诸如出埃及事、上帝的选民和应许之地之类的原型,从不停息地在文化想像力中起重要作用。虽然柏拉图的相本身,对基督教的信念系统并不很重要,但是,古代与中世纪的思想,通常倾向于按照类型、象征和共相来进行思考,所以,柏拉图哲学为理解那种思想方式提供了哲学上最为先进而复杂的框架。诚然,相的存在及其独立的实在的溢出,会在后来的经院哲学中成为热烈争论的问题——这种争论的结果将产生超越于哲学本身的持久影响。

异教诸神更明显地与《圣经》中的一神论相对立,因而遭到更强有力的摒弃。异教诸神首先被视作各种真实的势力,然也被视作不甚像恶魔一般的存在物,故最终遭到彻底的摒弃,并被看作是各种虚假的神,即异教幻想

第三篇 基督教的世界观

的种种偶像；积极信奉这类偶像，不仅是愚蠢地受迷信思想支配，而且也是充满危险地信奉异教。各种古老的仪式和神秘事物，构成了对基督教信仰之传播的一种普遍障碍，因此，基督教的辩护士们与这些古老的仪式和神秘事物作斗争，他们所用的措辞与古典雅典持怀疑态度的哲学家们所用的措辞没有什么不同，只是处在新的情况下，怀有不同的目的。就如克雷芒劝告亚历山大的异教知识分子那样，世界并不是充满神和恶魔的一种神话现象，而是由唯一的、至高无上的、依靠自力生存的上帝来予以天佑般的统治的一种自然界。的确，异教诸神的塑像只是一些石制偶像，神话仅仅是原始的拟人化的故事。只有唯一的、无形的上帝和唯一的《圣经》中的启示，才是可靠的。苏格拉底前古希腊哲学家的哲学，如泰勒斯或恩培多克勒的哲学以及他们对物质元素的神化，并不比原始神话强。物质不应该受到崇拜，而物质的制造者却该受到崇拜。天体并不是神圣的，而天体的创造者却是神圣的。此时，人类有可能从旧的迷信中解放出来，且为基督的真正的神圣之光所照亮。原始想像力的无数神圣的对象，此时有可能被确认为，不过是人们先前天真地认为具有非实在的超自然力的种种自然事物。人们——不是各种动物或鸟，也不是各种树木或行星——被选为上帝的先知，成了神圣交往的真正信使。为犹太教与基督教共有的极为公正的上帝，而不是希腊人的多变的宙斯，成了宇宙的真正统治者。历史上的基督，而不是神话中的狄俄尼索斯或奥菲士或得墨忒耳，成了真正的拯救之神。信奉异教的黑暗，此时为基督教的黎明所驱散。克雷芒称异教的希腊与罗马世界末期就像先知提瑞西阿斯——年老，有智慧，但双目失明，奄奄一息——一样，劝这位先知摆脱自己日渐腐朽的生活与方式，抛弃昔日的狂欢和对异教的预言，让自己初步了解基督的新的奥秘。如果他此时为上帝而锻炼自己，他就又能有视力，重见天本身，成为基督教的永远新出生的孩子。

因此，诸古老的神消失了，唯一真正的基督教的上帝显现出来了，并受到了崇拜。不过，在异教的皈依中，出现了一种更微妙的、可加以区分的同化过程,因为在希腊化世界信奉基督教的过程中,异教诸神秘宗教的许多基本特征,此时成功地在基督教中表现出来:对一位其死亡与复活会使人类永存的救星式的神的信奉;有关精神启示与重生的种种论题;敬神者当中的群体为了获得对宇宙真理的有助于灵魂得救的认识而举行的仪式上的入会;入会之前的预备期,亦即对膜拜之圣洁、斋戒、宗教节日前夕的祈祷、清晨的仪式、宗教宴会、例行的列队行进赞美诗以及朝圣的种种要求;对新入会者的新名字的赐予。但是,虽然有些神秘宗教强调物质所起的邪恶的禁锢作用,认为只有被接纳入会的人才能超越其外,但早期基督教却宣告,哪怕对物质世界,基督也开始实行救赎。基督教进一步将一种非常重要的、公开的、历史的成分引入神话框架:耶稣基督并非一位神话中的人物,而是一位真实的历史人物,由于他很可能将全人类而不是挑选出来的少数几个人当作新入会的人,故使犹太救世主的预言应验,给全世界的听众带来了新的启示。对异教的种种奥秘来说,堪称为神话中一种神秘过程的奥秘——死而复活的奥秘——先前已在基督身上成为具体的历史现实,随着整个历史运动的一种随后发生的转变而展现出来,让全人类亲眼目睹并公开参与。从这一观点看,异教的种种奥秘与其说是基督教发展的障碍,不如说,是使基督教更易迅速生长的土壤。

但是,基督教不像诸神秘宗教,由于它取代先前所有的奥秘和宗教,独自授予有关宇宙的真正知识,为伦理学安放一个真正的基础,故被宣告并确认为灵魂得救的唯一可靠的源头。这样一种主张,在古典世界末期基督教的胜利中是决定性的。只有如此断言,才能随着希腊化时期相冲突的宗教与哲学的多元化,随着无固定界线的一些大城市挤满了没有根基的人和一贫如洗的人,对希腊化时期种种令人焦虑的事,以新的自信予以解决。基督教为人类提供了一个共同的家,一个永久的社区,一种明确规定的生活方式;所有这三者,皆拥有对宇宙确实性的一种源出圣经的、制度式的保证。

基督教在吸收种种奥秘以外,还进而吸收异教各种不同的神,因为随着

第三篇 基督教的世界观

希腊和罗马的世界逐渐信奉基督教,古典诸神被有意或无意地吸收到基督教的等级系统中(就像后来见于日耳曼诸神、见于为基督教西方所渗透的其他文化中诸神的情况一样)。它们的品格和特性给保留了,但此时,是联系基督教背景来理解它们,并将它们纳入基督教背景中,就像归入到具有多种身份的基督(例如,既是珀尔修斯、奥菲士、狄俄尼索斯、赫拉克勒斯、阿特拉斯、阿多尼斯、厄洛斯、太阳神、密特拉神、阿提斯、奥西里斯,又是阿波罗和普罗米修斯)、圣父上帝(宙斯、克罗诺斯、乌拉诺斯、萨拉匹斯)、圣母马利亚(伟大的母亲、阿佛洛狄特、阿耳特弥斯、赫拉、瑞亚、珀尔塞福涅、得墨忒耳、盖亚、塞默勒、伊希斯)、圣灵(既是有生殖力的诸女神的种种方面,又是阿波罗、狄俄尼索斯、奥菲士)、撒旦(潘、冥王、普罗米修斯、狄俄尼索斯)以及众多天使和圣徒(马耳斯与天使长米迦勒的合并物、阿特拉斯与圣徒克里斯托弗的合并物)身上一样。随着基督教宗教判断力从古典多神教的想像力中逐步产生,一个独一无二的复杂的异教之神的不同方面,被应用到三位一体的相应的方面,或者,就一个异教之神的似影子内阁的方面而言,被应用到撒旦身上。阿波罗作为神圣的太阳神,即天上发光的王子,此时被看作是基督的一位异教前辈,而阿波罗作为突然的照明的提供者和预言与神谕的给予者,此时则被确认为是圣灵的存在。普罗米修斯作为人类的正在蒙受苦难的解放者,此时给包含到基督这一角色身上,而普罗米修斯作为上帝的傲睨神明的叛逆者,此时则给包含到明亮之星[早期基督教教父著作中对堕落以前的撒旦的称呼]这一角色身上。一度归因于狄俄尼索斯的心醉神迷般着魔的精神,此时归因于圣灵,狄俄尼索斯作为死亡与再生的自我牺牲的救世神,此时摇身一变,成了基督,而狄俄尼索斯作为放纵而出的性本能和攻击本能,亦即充满邪恶的原始精力且极度疯狂的恶魔似的神,此时则被确认为是撒旦。

因此,古代神话中的一些神被改变成教义上所确立的一些角色,这些角色构成了基督教的万神殿。关于精神真理的一种新概念也形成了。神圣的实在和神圣的存在物,乃早先异教时代中属于神话的一类东西——可变的,非教条的,易接受虚构的新奇性和创造性的变化,常受到互相矛盾的描述和多种多样的解释——对这类东西的种种叙述与描述,此时被独特地理解为是绝对的、历史的、不折不扣的真理,并对那些真理竭尽全力地加以阐明,加以系统化,使之成为不变的教义准则。异教诸神的品格往往在本质上是不明确的——既善又恶,有两副面孔,按情况而多变——而基督教中的那些新角色,起码是正统教义中的那些新角色,则与此不同,不具备这种模棱两可,而是保持显然与善或者恶相一致的真实品格。因为基督教的核心剧本,同犹太教(及其有巨大影响的波斯亲属,即琐罗亚斯德教这一典型二元论的宗教)的核心剧本一样,以善和恶这两个原始的相反的原则之间的历史冲突为主题。因此,归根结底,基督教的善与恶亦即上帝与撒旦的二元论,乃其最终的一元论的一个派生物,因为撒旦的存在最终要依上帝即至高无上的造物主和万物之主而定。

与异教观点相比,基督教的世界观仍然是通过一种超验的原则建立的,但此时,它成了一种确实无疑的整体式结构,完全受一个上帝的支配。先前在希腊人当中,柏拉图是一个最主张一神论的人,然即便对他来说,"上帝"和"诸神"也常常是可互换的。对基督徒来说,决不存在这种模棱两可。虽然超验的事物依然是首要的,就像在柏拉图那里一样,但不再是多元论的。诸相是派生的,而诸神则是十分可憎的。

尽管受到柏拉图哲学和奥古斯丁的智力的影响,但基督教接近真理的方式,基本上却不同于古典哲学家的方式。无疑,理性在基督教的灵性中起了作用,因为就如克雷芒所强调的那样,人正是凭借自己的理性,才能接受天启逻各斯。人的理性本身,乃上帝原先创世的礼物,在这一创世中,创世的原则是逻各斯促成的。因此,与异教的那种更为含糊不清的一分为二相

第三篇　基督教的世界观

比,正是基督教高超地将智力与狂热崇拜紧密结合在一起的这一做法,在古典时代末期基督教占据统治地位的过程中起了如此决定性的作用。希腊人其独立的智力的自我发展的哲学计划,与经验世界有关,也与使那个世界有序的绝对知识的超验的范围有关,不过,与希腊人的这种哲学计划截然不同,基督教的方式是以一个人即耶稣基督的启示为中心,因此,虔诚的基督徒是通过读圣经来寻求启蒙。就像对许多希腊哲学家如亚里士多德来说那样,要领会宇宙真理,仅有智力是不够的,哪怕用柏拉图或柏罗丁所强调的道德纯洁来予以补充,也不够。信任和信赖在与上帝自由赐予的恩典的神秘的相互影响中起作用,随着人类坚持这种信任与信赖,信仰——灵魂对基督的天启真理的自由选择后的积极信奉——在基督教的判断力中,起了关键的作用。因为基督教宣告了个人与超验的事物的关系。逻各斯不仅是一种非个人的心智,而且是一种像神一样地人格化的道,即上帝赐爱的一种行动,向所有人揭示了人类和宇宙的神秘本质。逻各斯乃上帝的救世之道;笃信则能得救。

因此,对理解各种事物更深一层的意义而言,信仰乃主要手段,而理性则是一种遥远的次要手段。奥古斯丁不再自诩为智力高度发展的人,而是恭顺地信奉基督教的信仰,从而完成了自身最后的皈依。除了柏拉图哲学外,奥古斯丁先前其理性智力的一种纯哲学发展的结果,只是增强了他对发现真理的可能性的怀疑态度。对奥古斯丁来说,甚至新柏拉图主义的哲学,亦即异教诸思想体系中在宗教方面最深刻的那种体系,也有其根本性的缺点和不完整的方面,因为在该体系内的任何地方,他都不可能找到自己如此渴望的那种个人与上帝的亲密关系,也不可能找到超验的逻各斯已成为众生的那种神奇的启示。[6]相比之下,阅读保罗的书信,却在奥古斯丁身上唤起了他视作精神上的解放而所体会到的那种认识。从那时起,他拥有获取真理的一种新对策:"我信仰上帝是为了理解。"在这一点上,奥古斯丁的认识论显示了它的犹太教基础,因为正确的认识完全取决于人与上帝的正确关系。若无开始时对上帝的信奉,智力探索和理解的整个轨道,就会不可避免地给抛到灾难性的错误方向上。

按基督教的观点,人的理性也许曾经是足够的,因为在天国中的时候,人的理性仍拥有其原来与神圣智力的共鸣。但是,在人背叛上帝、放弃天恩之后,人的理性越来越受到遮蔽,对启示的需要成为不容置疑的事。依靠并发展专属于人的理性,必然会导致危险的无知与错误。的确,人的堕落本身,是由人从善与恶的知识之树上偷取禁果引起的,而偷取禁果,是人向思想独立和引以为荣的自力更生迈出的决定性的第一步,也是对上帝独有的最高权威的一种道德侵犯。由于从神圣的秩序中抓取这样的知识,人在思想上反而受蒙蔽了,此时,只有通过上帝的恩典,才有可能受启发。这样,为希腊人所极为尊崇的尘世的合理性,便被认为对拯救而言,仅具靠不住的价值,因为经验观察除对改善道德生活有帮助外,与拯救是风马牛不相及的。在这种新秩序的背景下,一个孩子的朴素信仰,优于老于世故的知识分子的深奥推理。基督教的神学家们继续哲学家似地思考,继续研究古人,继续辩论教义中的奥妙之处——但是,这一切都在基督教教义规定的界限内进行。一切学问皆服从神学,即此时所有学科中最重要的那门学科,而神学,则在信仰中找到了它那不可动摇的基础。

从某种意义上说,基督教关注的重点比希腊人关注的重点更有局限、更显豁明确,所以,必然不像从前那样需要广泛的教育。最高的形而上学的真理,乃道成肉身这一事实:即上帝对人类历史的神奇干预;这种干预的结果是,解放人类,使物质世界与精神世界、终有一死的人与不朽的人、创造物与造物主重新统一。仅仅抓住这一惊人的事实,就足以满足哲学的探求,所以,这一事实在基督教会的经文中得到充分的描述。基督乃真理在宇宙中的唯一源头,亦即真理本身的无所不包的原则。神圣的逻各斯的太阳照亮了一切。此外,在古典时代末期和基督教时代初期深深地体现在奥古斯丁

第三篇　基督教的世界观

身上的那种新的自我意识中,个体精神对其精神命运的关心,远比理性智力对概念思考或经验研究的关心更有意义。在基督对人类的救赎的奇迹中,单靠信仰就足以给人类带来最深刻的救世真理。尽管奥古斯丁很博学,也颇为欣赏希腊人在思想与科学方面所取得的成就,但他却宣告:

> 当有人提问说,我们在宗教信仰方面该相信什么时,我们无须仿效被希腊人称为自然科学家的那些人以往的做法,去探究各种事物的性质,也无须担心基督徒会全然不了解诸元素的力量和数目,诸天体的运动、秩序和食相,天的形状,动物、植物、石头、泉水、河流和山脉的种类和性质,年表和距离,即将到来的风暴的迹象,以及那些哲学家要么已弄清,要么认为自己已弄清的上千种别的事物。……对于所有被创造的事物,不管是天国的还是尘世的,是看得见的还是看不见的,基督徒只要相信,造物主即唯一的真正的上帝的仁慈,是它们唯一的成因,只要相信,除了上帝,没有什么东西不是从上帝那里获得自身的存在,就足矣。⑦

随着基督教的兴起,古罗马人统治时期末科学的业已衰落的状态,并没有因为一些新的发展而受到什么促进。现象世界较之超验的精神实在,不具有任何意义,所以,早期基督徒在思想上没有体验到"救助"这一世界的"各种现象"的任何紧迫感。更确切地说,救赎一切的基督,先前已救助各种现象,所以,几乎就不需要数学或天文学来完成这一任务。尤其是对天文学的研究,因与占星术和希腊化时期的宇宙宗教有关,故受到了阻碍。希伯来人信奉一神教,早已有理由谴责外来的占星家,而且这一态度也持续存在于基督教背景下。由于占星术认为存在似行星般运动的诸神,本身又处在多神主义的信仰异教的氛围中,且倾向于既与天恩又与人的责任相对立的一种决定论,因此(特别是随着奥古斯丁看到了驳斥从事占星术的"数学家们"的需要），占星术正式受到了基督教会会议的谴责，其结果，尽管占星术偶尔也有自己的神学辩护者，但还是渐渐衰落了。那时，人们已按基督教的世界观，虔诚地将天看作是上帝其荣耀的表现，更为普遍的是，看作上帝及其天使和圣徒的住所，看作基督复临时从中返回的国度。而世界，作为一个整体，则被简单地、独树一帜地解释为上帝的创造物，因此，为科学地洞察自然的内在逻辑所作的种种努力，似乎不再是必需的，也不再是合适的。自然的真正的逻辑已为上帝所知晓，而人关于那种逻辑所可能了解的，已在基督教《圣经》中被揭示。

上帝的意志统治了宇宙的每一方面。由于超自然的干预始终是可能的，自然的种种过程总是服从于天道而不是纯粹的自然法则。于是，圣经中的圣约书成了普遍真理的最后的、不变的宝库，而且，不会有人接下来作任何努力，去加强或修改以上的绝对说法，更别提让那种说法发生根本变化了。虔诚的基督徒与上帝的关系，就是孩子与父亲的关系——就是典型意义上的一个年幼天真的孩子与极其伟大、全知全能的圣父的关系。由于上帝和人之间的距离分为遥远，人理解创世的内部活动的能力从根本上受到了限制。因此，人主要不是靠自主的智力探索，而是靠圣经和祈祷，靠对基督教教义的信仰，来接近真理。

保罗和奥古斯丁皆证实，上帝对不道德的人的罚入地狱的判决，会带来潜在的精神上的破坏，而上帝其意志的至高无上与压倒一切的力量，便体现在这种破坏中，但是，也极为宽厚地体现在基督通过被钉死在十字架上而为人类所采取的救赎行为中。两人先前皆因天恩的干预而受到强有力的推动，从而经历了自身的宗教皈依——保罗是在去大马士革的路上，奥古斯丁则是在米兰的花园里——作为生平传记中富有戏剧性的转折点。只有靠这种干预，他们才能得救，不再过原先的生活，因为那种生活的自我界定的方向,此时有可能被认为是无益的、毁灭性的。鉴于这类经历,一切纯粹的人类活动,不论是出于有主见的故意,还是出于思想上的好奇,此时似乎都是第二位的——多余的、引人入歧途的,甚至有罪的——除非在这类活动也许会导致完全指向上帝的活动时。上帝乃一切善与人类得救的唯一源头。一切英雄行为,对希腊人的品格是那么重要,此时却集中在基督这一人物身上。人对神的投降,乃基于存在的唯一最重要的事情。别的一切,都是徒而无功。殉难,亦即自我对上帝的最终投降,代表了基督教的最高理想。正像基督最为无私那样,所有的基督徒也都应该力求同他们的救世主一样。谦恭而不是傲慢,乃基督徒区别于他人的美德,亦即灵魂得救的必要条件。要在行动和思想中无私,要献身于上帝并服务于他人:只有忘却自我,天恩的力量才会完全进入灵魂,使灵魂大为变样。

不过,这样一种不对称的关系,并没有使人认为人类开始垮了,因为对人类真正的需要和最深层的欲望而言,仅有上帝的恩典与爱,就绰然有余了。与上帝的这些礼物比起来,所有尘世的满足不过是一些拙劣的模仿,没有任何最终的价值。的确,基督徒们向世人所作的令人震惊的宣告就是:上帝爱人类。上帝不只是世界秩序的根源,不只是哲学抱负的目标,不只是所有存在物的首要原因。上帝也不只是宇宙的不可思议的统治者和人类历史的严厉审判者。因为通过耶稣基督这一人物,上帝已从其超凡的状态中伸出援助之手,向全人类永久地显示了自己对芸芸众生的无限的爱。这里是一种新的生活方式的基础,这种生活方式以对上帝的爱的体验为后盾,而上帝的爱的普遍性,则引起了一个新的人类社会。

这样,基督教将一种普遍存在的观念传给了基督徒们;这种观念认为,不管将何种水平的智力和文化带给精神事业,肉身上帝总是直接对人类事务发生兴趣,对每一种人类精神保持必不可少的关心,而不去关注体力、美貌或社会地位。希腊人将关注的重点放在伟大的英雄和出类拔萃的哲学家身上,基督教则与此完全不同,致力于灵魂得救的普世化,宣称除了国王以外,还有奴隶,除了渊博的思想家以外,还有头脑单纯的人,除了美丽的人以外,还有丑陋的人,除了强壮幸运的人以外,还有患病受难的人,皆有可能灵魂得救,甚至还倾向于彻底改变以前的等级制度。在基督那里,已克服了对人类的一切划分——野蛮人和希腊人,犹太人和非犹太人,主人和奴隶,男子和女子——所有的人此时都合为一体。基督的最高智慧和英雄行为,使对所有人而不只是少数人的救赎成为可能:基督是太阳,一视同仁地照耀着整个人类。因此,基督教将每一种个体精神都当作上帝的孩子,予以高度评价,但是,在这种新背景下,人们开始轻视希腊人关于自主的个人和崇高的天才的理想,转而赞成基督教的一种集体身份。对共有自我即人对天国的反映的这种抬高,建立在上帝的为世人所共有的爱的基础上,亦建立在对基督之救赎的信仰的基础上,促进了对个人自我的一种利他主义的纯化,有时还促进了对个人自我的一种利他主义的征服,从而使个人自我对其他人的利益和上帝的意志有更大的忠心。不过,从另一方面来说,由于把不朽与价值授予个体精神,基督教又促进了个人良心、对自己的责任以及与俗权有关的个人人身自由——西方人品格形成时的所有决定性特点——的发展。

基督教按自己的道德教义,给异教世界带来了一种新观念。这一新观念认为,整个人类生活是神圣不可侵犯的;家庭具有精神价值;在精神上,自我牺牲胜过自我满足,超凡脱俗的神圣胜过追逐名利的野心,温和与宽恕胜过暴力与惩罚;对谋杀、自杀、溺婴、残杀犯人、侮辱奴隶、淫乱与卖淫、血淋淋的竞技场场面,皆应予以谴责——所有这些看法,皆源自关于上帝对人类的爱的那种新意识,也源自上帝的爱在人类精神中所需要的那种道德纯洁。基督教的爱,不管是神圣的还是富人情味的,并非纯粹是阿佛洛狄特的王国,甚至主要也不是哲学家们的厄洛斯,而是体现在基督身上,通过牺牲、受苦受难和普遍的同情表示出来的那种爱。基督教关于善与仁爱的这一道德理想,得到了强有力的传播,有时,还为人们所普遍地观察到;这一理想在希腊哲学的道德规则中——尤其是在基督教伦理学之前便早以若干方式如此提倡的斯多葛哲学中——肯定不缺乏,但此时,它对基督教时代大众文化的影响,比起先前希腊哲学伦理学在古典世界的影响,要更为普遍。

希腊人关于上帝和哲学家的个人攀登(不管那种过程对柏拉图或柏罗丁来说是多么充满激情)的观念,具有更难对付的理智化的性质,这种性质在基督教中,已由于同造物主的一种个人的、家庭的关系所具有的那种感情上的、共同分享的亲密,由于对基督教的天启真理的那种虔诚信奉,而被取代。与先前数世纪的形而上学的困惑形成对比,基督教为人类的困境提供了一种详加制订的解决办法。于是,没有宗教指导原则的一种私下的哲学探究所具有的种种潜在的、令人苦恼的模棱两可与混乱,便为一种确凿无疑的宇宙论和人人都可接近的一种通过教会而仪式化的拯救系统所取代。

但另一方面,随着真理被如此牢固地确立,早期基督教教会认为,哲学探究对精神发展来说并不那么至关重要,因此,思想自由基本上是不相干的,受到了彻底的限制。⑧真正的自由,不是在无限制的哲学思辨中,而是在基督的救世之恩中,被发现。对基督教的考虑,不该类似于对希腊哲学的考虑,更别提诸异教徒的宗教了,因为基督教的独特启示,对人类和世界具有最重要的意义。基督教的奥秘,并不是形而上学巧妙推理的可争辩的结果,也不是各种异教奥秘和神话集的另一个切实可用的替代品。确切点说,基督教乃至高无上的上帝的绝对真理的可靠声明,若相信这一声明,不仅会改变个人自身的命运,还会改变世界的命运。一种神圣的教义,已被交托给了基督徒们,因此,除了那种教义的完整以外,还有对那种受托物的忠诚,皆需要不惜任何代价地予以维持。对整个人类来说,永恒的拯救很成问题。

于是,维护这种信仰,成了哲学对话或宗教对话的任何需讨论的问题中最该优先考虑的事;因此,那种对话往往被完全缩短,以免疑惑或异端的魔鬼在虔诚徒众的易受伤害的心灵中获得立足点。在思想上更难理解、在教义上不受约束的种种早期的基督教,如广泛的诺斯替教运动,遭到了谴责,最终还受到了如同对待异教一般极为敌视的压制。主要是反对等级制度的诺斯替教派,于2世纪和3世纪逼迫正统的基督教会给基督教教义下明确的定义。为了保护12门徒之后的基督教会所认为的基督教启示的那种独特的、从某种意义上说是脆弱的本质——基督同时兼有人性与神性,上帝同时兼有统一性与三位一体,上帝创造天地宇宙原是出于善却又需要救赎,《圣经·新约》乃对《圣经·旧约》的辩证式的满足——不受日益增多、彼此冲突的教派和教义的伤害,早期基督徒们的一些领头人物决定,必须借助一个具有权威性的基督教会组织来确立、传播并维持虔诚徒众的信仰。于是,具有公共机构特征的基督教会,作为基督教教规的生动体现,成为终极真理的正式保护者和处理任何含糊不清的问题的最高上诉法院——的确,不仅成为上诉法院,而且还成为宗教律法的检察兼惩罚部门。

  基督教主张普适性,而它的似影子内阁的一面却是不容异说。基督教会认为,对基督教的皈依,作为一种私人的宗教体验,完全依个人的自由和自发的信仰而定,但是,形成鲜明对比的却是,基督教会又认为,必须坚持一种并非暂时性的政策,就是要强有力地强制实行宗教一致。随着基督教于古典时代末期最终占据统治地位,异教的各种神庙被有计划、有步骤地拆毁,各种哲学学园被正式关闭。⑨基督教先前已从犹太教那里继承来的严厉的道德清教主义,反对它在异教文化中察觉到的不受约束的纵欲与淫荡,与此相同,基督教也以同样严厉的方式,发展起一种神学清教主义,设想能用来反对异教哲学的各种学说和关于基督教真理的任何非正统的观念。世上没有许多正确的道路,也没有许多因地点的不同而不同、因人的相异而相异的男神和女神。世上只有一个上帝和一个天道,一个真正的宗教,一个拯救全世界的计划。整个人类都该知道并拥有这一救世信仰。因此,正是古典文化的多元性连同其多种多样的哲学、多种多样的多神论神话集和过多的神秘宗教,让位给一个明显整体式的系统——一个上帝、一个基督教会、一个真理。

第三篇　基督教的世界观

基督教看法内的两个对立面

　　这里,我们可以开始大致认识基督教世界观的两个相当不同的方面。的确,从第一印象看,人们也许会看出有两种截然不同的世界观同时存在于基督教内,它们涉及一些共同领域,且彼此不停地处于紧张状态中：一种观点是欢天喜地地抱乐观态度,欣然接受一切,而与它配对的另一种观点却是严厉地指责,起限制性作用,且倾向于一种二元论的悲观主义。但实际上,这两种观点是难解难分地结合在一起,是同一枚硬币的两面,光亮的一面和似影子般的另一面。因为基督教会包含了这两种观点,而且,它实质上就是这两种观点的实际交叉点。这两种观点,在基督教《圣经》中,不但在《圣经·新约》中,也在《圣经·旧约》中,得到了阐述,而且,还按不同的比例,在基督教会所有重要的神学家那里、在基督教会会议上以及在基督教会的教义综合体中,同步表达出来。不过,对我们来说,区分这两种观点,且分别予以解释,从而阐明基督教看法中的一些复杂情况和有悖常理之处,是有用的。让我们先设法描述这种内部的分歧,然后着手了解基督教会是如何努力解决这种分歧的。

　　这里所要考虑的第一种观点,强调的是基督教乃一种已经存在的精神革命,此时正在上帝的天启的爱的曙光下,逐步改造个体精神和世界,使两者皆获得解放。按这一种认识,基督的自我牺牲已引起人类和被创造的世界与上帝的一种根本性的再统一,亦即由基督预示并开始、且随着基督的返回而即将到来的时代中得到实现的一种再统一。这里强调的是,救赎的无所不包、逻各斯和圣灵的宽泛和力量、上帝现下之于人类和世界的无所不在,以及组成基督教会即基督的生命体的基督教虔诚徒众其最后所得到的快乐和自由。

基督教看法的另一方面,则更明显地着重于人类和世界现下与上帝的疏远状态。因此,这一方面强调的是,救赎的前景和超世俗性、上帝的"他性"的本体论上的目的性、严厉禁止世俗活动的需要、由制度化的基督教会规定的一种教义上的正统观念,以及只限于构成基督教会虔诚徒众的一小部分人的一种拯救。以这些信条为根据并随这些信条而发生的是,关于人类精神和被创造的世界的目前的地位,尤其是与上帝的全能和超验的完美有关的一种普遍否定的评价。

另外,基督教框架内有着这种内部对立关系的两个方面,在任何时候都不会与其中的另一方面相分开。保罗和奥古斯丁,分别是替传给西方的基督教下定义的第一位古代神学家和最后一位古代神学家;两人皆以一种无法分解的、然有点不稳定的复合体,来强有力地表达这两种观点。不过,由于这两个方面的侧重点如此明显地不同,由于这两种观点常常看来好像是源于截然不同的心理根源和宗教经历,所以,颇有价值的做法是,对它们作互不相连的、高度对分的描述,仿佛它们彼此实际上有根本的区别似的。

这里所要探讨的第一方面,在保罗写给一些早期基督教团体的书信和《约翰福音》中得到了最初的阐述。其他三篇福音书和《使徒行传》也常常支持这种观点,不过,没有一份原始资料全面地包含这种观点。在这种认识中所要表达的主要见解是,神已通过基督进入世界,对人类和自然的救赎此时已正在开始。如果犹太教是一种伟大的渴望,那么基督教便是光荣地实现这一渴望。天国已闯入历史领域,此时正在积极地改造历史,逐步推动人类走向一种新的、先前无法想像的完美。基督的生、死与复活,已创造千百年来的奇迹,因比,由此引起的情感是一种心醉神迷的喜悦与感激之情。最伟大的战役已经打赢。十字架乃胜利的标志。基督已解放了一种为自身的无知和错误所控制的人类。由于神的原则已存在于世,正在创奇迹,所以,

第三篇 基督教的世界观

精神探求的关键在于实实在在地承认这一崇高事实的真实性,并鉴于这一新的信仰,直接参与上帝的计划的展现。正在到来的天国的救赎力量,在基督这一人物身上显露;基督的能使人效忠的力量,把所有人都一起引入一个新社会。基督已将一种新生活传入世界:他本人就是那种新生活,即上帝的气息。靠基督的激情,一种新的创世已产生,此时正在人类内部、通过人类进行。这种创世的顶点将是建立一个新天地,将是有限的时间与永生的融合。

早期基督教所表示的关于无限喜悦和万分感谢的那种独特的观念,似乎源于这样一种信念:由于上帝对自己所创造的天地万物有着不图回报的、四下外溢的爱,所以,它已神奇地冲破对这一世界的禁锢,把自己的救赎力量源源不断地输向人类。神的本体已再次完全进入物质与历史,引起了物质与历史的根本变化。由于上帝本身通过耶稣基督这一人物,已变得完全通人情——内心体验到了终有一死的众生所要继承的全部苦难,挑起了人类有罪这一普遍的重担,且在内心克服了人的自由意志所易有的道德上犯错误的倾向——因此,上帝已把人类从与神的疏远状态中解救出来。耶稣一生的意义,不只是他已给世人带来了新的教义和天赐的见解。确切点说,由于基督为了完全沉浸到人类的生与死的痛苦中而在具有特定时间和特定地点的明确的历史条件下牺牲自己神圣的超凡——"在庞修斯·彼拉多主持的审判下受难"——他已创造了一种崭新的实体。在这种新的历史的永存中,一种新的人类命运有可能在与上帝的智慧和爱的心交神会中展现。基督的死已在世界上播下了圣灵;圣灵若一直存在于人类中,就会使人类发生神圣的变化。

按这一观点,耶稣所要求的"悔罪",与其说是经历正在出现的天国的一个先决条件,不如说是一个结果。这种"悔罪",与其说是对以往罪恶的一种后向运动的、使人气馁的懊悔,不如说,是对新秩序的一种逐步接受;比较起来,这种新秩序使人们的旧生活似乎是不可靠的、给指错了方向的。这种

"悔罪",也就是对所有的天真纯洁和新开端皆源于其中的神圣源头的一种复归。基督徒对救赎的体验,是一种内心的转变,以对个人内心和世界内部早已在产生的东西的一种觉醒为基础。在早期的许多基督徒看来,额手称庆的时刻就在眼前。

不过,这同一种启示,作为前面已阐明的基督教看法的第二极端,导致了截然不同的其他结果;由于这些结果,基督在一个给疏远的世界中的救赎行为,被认为是善和恶之间一场戏剧性的搏斗的一部分,而这场搏斗的输赢,还未见分晓,也没法为所有的人去加以保证。为抵消基督教中那种更为积极的、欢欣鼓舞的、能促成团结的成分,《圣经·新约》中的许多内容,强调的与其说是一种业已实现的救赎变化,不如说是在期待基督返回的过程中,尤其是在考虑现下邪恶世界的危险与永世受罚的风险时,对高度的警惕和显得更为突出的品行端正的那种要求。这种观点,不仅在三篇对观福音书——《马太福音》、《马可福音》和《路加福音》——中给表达出来,而且也在保罗和约翰的作品中给表达出来。这里所强调的是,人类最终的拯救,是如何完全等待着上帝将来的外界活动,这种外界活动是通过一种预示世界末日的历史结局和基督复临而展开的。基督和撒旦之间的搏斗仍在继续,因此,能减轻现在的巨大危险和苦难的,是对历史上的耶稣即已复活的耶稣基督的信仰,是对他即将返回救世的信仰,而不是使徒约翰的那种充满自信的观念:基督已取得对邪恶与死亡的决定性胜利,上帝在这世界上又表现出了新的无所不在,信徒现已分享受赞美的基督的永生。对耶稣基督的希望,在基督教的正好相反的两个方面中,皆是至高无上的,但是,按这第二种认识,现实世界受到了精神黑暗的禁锢,这种黑暗使救赎的希望变得更为迫切,甚至都到了不顾一切的地步,从而迫使救赎的中心更为专门地移向未来,移到上帝的外界活动中去。

基督教的这一更为全面预测的方面,和犹太教的一些主要成分颇为相像,因而,这些成分继续构成基督教的看法。对渗透于人和自然的邪恶的体

第三篇 基督教的世界观

验,人和神之间极度的疏远,关于坚定地等待表示上帝在世界上确实起救赎作用的决定性标志的观念,对严谨地墨守律法的需要,保护纯洁的、忠实的少数派不受来自敌对的、受污染的环境的侵犯的企图,对预示世界末日的惩罚的期待——犹太教识别力中的所有这些成分,重新出现在基督教的认识中。宗教看法的那种调子,转而由于基督复临的持续不断的延迟,由于伴随这种延迟而来的基督教会的历史与神学的演变,而得到加强,并获得一种新的背景。

这种更为二元论的认识,以其并非不表示奥古斯丁之后西方基督教主流传统的特征的更为极端的形式,强调了人类固有的品质低劣,强调了人类随之而来的在今生体验基督救赎力量方面的无能——除非是采取通过基督教会的一种预期的方式。基督教会在反映并强化犹太教关于亚当堕落以及由此发生的上帝与人的分离的概念的过程中,向人们反复灌输一种明确的观念,主要涉及罪孽与过失,亦即罚入地狱的危险甚或可能,以及随之发生的严格遵从宗教律法和灵魂在上帝面前作按惯例规定的辩解的需要。上帝既作为一种无所不在的存在物,又作为一种超验的存在物,神秘地将人、自然和精神统一在一起;在这里,与上帝的这种兴高采烈的形象并列对照的是,与人和自然分开甚至对人和自然持敌对态度的一个完全超验的司法权威的形象。《圣经·旧约》中的那个严厉的、时常无情的上帝即耶和华,此时体现在最高审判者基督身上;基督乐意救赎顺从的人,同样也乐意谴责不顺从的人。因此,基督教会本身——在这里,与其理解成虔诚徒众的神秘团体,不如理解成等级森严的社会公共机构——以相当大的文化权威来承担那种审判职责。与死而复活的基督和基督教社会融为一体的这种早期基督教的倾向于团结的理想,还有哲学与神圣逻各斯的这种希腊的、受神灵启示的、神秘的结合,作为明确的宗教目标又缩回去了,而赞同严格服从上帝的意志——按推断,就是服从基督教会统治集团的决定——的那种更具犹太特征的概念。基督的受难与死,在这里时常给描绘成人类有罪的进一步的原因,而不是描绘成使那种罪得以消除的进一步的原因。令人恐怖的钉死于十字架,而不是复活,也不是钉死于十字架与复活一起,成为主要形象。有过失的孩子与严厉的父亲的关系,就如《圣经·旧约》的许多篇章中所述的情景一样,在很大程度上使与神的本体的令人愉快的和谐一致黯然失色,而这种和谐一致是早期基督教的另一方面所宣告的。

  不过,基督教看法内的两个极端,并非如这些区别可能表明的那样是不相关的,而且,基督教会不但传送了这两方面的意思,且还知道自己能解决那种分歧。为了了解在这同一个宗教中,这类明显不同的寓意是如何给统一在一起的,我们必须设法抓住基督教会不但在它的自我概念方面,而且在历史上逐步演变的过程,并设法理解决定这种演变的那些事件、人物和运动所带来的压力。不过,即便有了这种调查,首先还是取决于能否抓住——或者起码是瞥见——原始基督教在其大约1世纪的形式中所显示出来的东西。

第三篇 基督教的世界观

欢欣鼓舞的基督教

在《圣经·新约》中，尤其是在保罗书信和《约翰福音》的一些段落中，人和神之间的巨大分裂，显然在某种意义上已给弥合。这种(由亚当的原罪引起的)分离所带来的负罪感与痛苦，已因基督("亚当第二")的胜利而被克服，而信仰坚定的基督徒，则直接参与了那种新的结合。可以这样说，那种选择此时终于向人类开放。基督已牺牲自己，使终有一死的人有可能获得不朽的生命：上帝将自己与人连在一起，使人此时有可能将自己与上帝连在一起。随着基督离别这一世界，基督的精神已降临了，此时成了人类本身所固有的东西，从而实现了人类的精神转变——实际上是实现了人类的神化。

基督教对上帝的这一新认识，不同于犹太教的传统概念。救世主弥赛亚不仅仅为希伯来的预言家们所预言到，完成了犹太人在历史上的宗教使命。他还是圣子，和上帝在一起的人；随着他的自我牺牲，《圣经·旧约》中那个要求正义、坚持报仇的正直的耶和华，已成为《圣经·新约》中的慈爱的圣父，赐与恩典，宽恕一切罪孽。早期的基督徒们也确认了上帝与人类的这种新的直接关系和亲密关系，上帝已进一步从孤高严厉的耶和华，摇身一变成了通人情的耶稣基督，上帝此时的举动，与其说是像报仇心切的审判者，不如说是像富有同情心的解放者。

因此，基督的再临，不仅是犹太传统的一个完成，而且是犹太传统的一个突破(因而，早期基督徒们有意识地将《圣经·"旧"约》和《圣经·"新"约》区分开来——《圣经·"新"约》宣告了"新生"、"新人"、"新自然"、"新方向"、"新天和新地"。)基督同死亡、受难和邪恶的对抗,以及基督对死亡、受难和邪恶的胜利,已使整个人类的胜利成为可能,并使整个人类能在复活的更大背景下察觉到自己的苦难。和基督一起死亡,就是和基督一起升向天国中的新生。基督在这里被理解为永久的新生的一个阶段,亦即神圣的光在世界和灵魂中的一种无穷尽的诞生。基督之钉死于十字架,代表了一个新人类和一个新宇宙分娩时的阵痛。神圣的变形的过程,已因基督的救赎,不仅在人身上,而且在自然中开始,在这里,被看作是影响整个宇宙的一件大事。这里存在的不是对一个堕落世界中的有罪的人类的谴责,而是一种更为有力的强调,即强调上帝的无限恩典,圣灵的存在,逻各斯对人类和世界的爱,圣洁化,神化和普遍的新生。根据许多早期基督徒的著作,似乎他们已体验到了突然的、宇宙的一种死亡暂缓,对罚入地狱的一种撤销,新生——其实,不但是新生,而且是永生——的一份意外礼物。在这一神奇启示的影响下,他们开始传播人类得救的"好消息"。

基督的救赎,在这里,被如此完全地视作对人类历史和人类所有苦难的一种绝对的、无可怀疑的完成;在人类历史和人类所有苦难中,亚当的原罪,亦即人的异化和不免一死的命运的原型起源,在复活节的礼拜仪式中被有悖常理地宣告为"O felix culpa!"("啊,这是多么幸运的错误!"[指亚当与夏娃当时的堕落,由天上被赶到地上])这种堕落——人类最初的错误,带来了关于善与恶的隐秘知识,自由的道德风险,对异化和死亡的体验——在这里,不是完全被视作绝对可恨的一种悲剧性灾难,而是被视作人类的存在发展的一个早期的、回想起来乃不可缺少的组成部分;这一组成部分,起因于人类初期缺乏敏锐的意识,起因于人类幼稚、易受蒙蔽。由于错用上帝给的自由,愿意去爱,愿意把自己抬高到上帝之上,所以,人类已损害创世的完美,使自己脱离了神圣的统一。不过,正是由于令人痛苦地敏锐意识到这一过错,人类此时有可能体验到上帝的宽恕与上帝对人类迷惘的灵魂的接受所带来的无限快乐。通过基督,这一最初的分离正在被弥合,创世的完美正在一个新的、更广泛的层面上得到恢复。因此,人类的弱点成为上帝显示力量的机会。人类只有根据自己关于失败与限制的观念,才有可能自由地向上帝开放。因此,只有通过人类的堕落,上帝才有可能纠正不正当的东西,从而使自身的难以想像的荣耀与爱充分地显示出来。甚至上帝的明显的愤怒,此时也有可能被解释成是其无限的仁慈的一种必然成分,而人类的苦难,则被视作无限的幸福的必然前奏。⑩

因为在基督战胜死亡的过程中,在人类认识到自己有可能重生、进入永世的过程中,所有现世的罪恶与苦难,除了作为对救赎的一种准备外,不再具有根本的意义。宇宙中的这种消极成分,多少起了这样的作用:按照一种神圣奥秘的逻辑,促成了所有基督教信徒都能享有的存在的一种更大的积极状态的诞生。人们可以绝对信任上帝,抛弃从今以后得忍受"原野中的百合花"的素朴的一切担忧。正如隐秘的种子在冬天寒冷的阴影中破土而出,沐浴到春天温暖的阳光和生气之后便开花一样,甚至在最黑暗的时刻,上帝的神秘智慧也在制订其崇高的计划。从上帝初辟鸿蒙到基督复临的整个剧本,此时可以被确认为上帝的计划的极美妙的成果,亦即逻各斯的展现。基督既是上帝创造天地宇宙的开始,又是上帝创造天地宇宙的结束,即"始与终",亦即上帝创世用的原始智慧与创世的最后实现。先前隐秘的东西已变得很明显。在基督身上,宇宙的意义已得到实现并给揭示出来。早期基督徒们用令人狂喜的比喻说法赞颂了这一切:随着基督的化身,逻各斯已重新进入世界,且创作了一曲天国之歌,将宇宙的不协和变为完美的和谐,表达了天国和尘世亦即上帝和人类的巨大结合所带来的欢乐。

原始基督教对救赎的这一宣告,既是神秘主义的、宇宙的,又是历史性的。一方面,是根本的内心转变的经验:体验到上帝的正在出现的天国,就是心灵深处为神力所掌握,充满了一种内在的光与爱。由于基督的恩典,旧时的、单独的和虚假的自我逐渐消逝,使一个新的自我即与上帝相融合的真正自我得以诞生。因为基督就是这个真正的自我,即人类性格最深处的核心。基督在人类精神中的诞生,与其说是从外面到来的,不如说是从内部发生的,是对实在的一种觉醒,是神力对人类经验的核心的一种彻底得超乎意料的侵入。不过,另一方面,与这种内心的转变相联系,整个世界正在大为变样,正在恢复其神圣的荣耀——不仅似乎是通过主观上的启发,而且是以绝对必要的某种本体论的方式,而这种方式在历史上,总的来说,是颇为重要的。

在这里,一种前所未有的宇宙乐观主义得到了坚持。基督的复活,以其物质性和历史真实性,许下这样一个诺言:将通过与完美的上帝的最后的、胜利的团聚,以某种方式清理一切事物——一个个个人的全部历史和人类的整个历史,一切斗争,一切错误、罪恶和不完美,一切物质性,地球的整个剧本和现实——且使之完美。然后,将通过基督的充分显示,亦即创世所蕴含的意义,使一切残酷的、荒谬的东西变得有意义。没有什么东西会给遗漏。世界不是一种邪恶的禁锢,不是一种可有可无的幻觉,而是上帝的荣耀的支承物。历史不是逐渐衰退的若干阶段的一种无限循环,而是人类的神化的母体。由于上帝的全能,严酷的命运本身神奇地变成仁慈的天道。人类的痛苦与绝望,此时不仅有可能暂时缓解,而且有可能神圣地结束。天国之门虽然因亚当的堕落而被无情地关闭,但已由基督重新打开。上帝的无尽无穷的怜悯和力量,必然会征服整个宇宙,并进而使整个宇宙完美无缺。

许多早期基督徒似乎已生活在对神奇的历史性救赎不断表示惊讶的状态中;他们认为,这种救赎是刚发生的。宇宙的统一此时正开始,而旧时的二元论——人类与上帝,自然与精神,时间与永恒,生与死,自我与他者,以色列与人类其余部分——的不可改变性,则已被克服。虽然他们热切地期望基督复临,即耶稣基督的第二次到来("光临")——届时基督将十分荣耀地从天上回到整个世界面前——但是,他们的意识却是集中在使人摆脱传统观念的一种事实上:基督已开始救赎的过程——一个他们能直接参与的胜利的过程。在这一基础上,基督教的压倒一切的满怀希望的姿态形成了。

由于基督教的虔诚徒众始终对上帝的大慈大悲的力量和为人类制订的计划保持希望,所以,有可能战胜现在的种种磨难和恐惧。人类此时能以谦卑的自信期待未来一种荣耀的结局,而人类自身满怀希望的姿态,则在某一方面有助于实现这一结局。

这里特别重要的是这样一种信念:上帝已通过基督而成为人——包罗万象的完美的造物主,已完全成为历史上一个单独的富人情味的人。因为体现在基督身上的这种融合,已将人性和神性带入一种崭新的关系,即用以提高人类自身价值的一种救赎的统一。保罗、约翰和像伊里奈乌斯那样的早期基督教神学家关于即将到来的基督所用的语言,似乎不仅表明,基督的返回将作为一个外部事件,即在将来未指定的某个时间从天上的一次降临,而发生,而且还表明,基督的返回将取一种逐步的诞生的形式,这种诞生源自整个人类的自然与历史的发展范围之内,而整个人类则由于基督、通过基督而正完美起来。在这里,基督既被看作是天国的新郎,已以神性的种子影响着人类,又被看作是人类进化的目标,即那颗种子的远大前程的实现。在基督其持久不衰的、发展中的化身进入人类和进入世界的过程中,基督将实现创世。虽然这颗种子此时也许被隐藏在地里,但它已在起作用,在活动着,在缓慢地生长,在上帝的奥秘的一种荣耀地展开的过程中趋于完美。就像保罗在《罗马人书》中所写的那样,"整个世界"在分娩这一神圣存在物的"阵痛中呻吟",正如所有基督徒体内都怀上了基督——怀上了一个新的自我一样,而这种新的自我将在对上帝的充分意识中降生于一种新的、更可靠的生活。人类历史是有关神性的一种巨大教育,亦即指引人类的存在通往上帝的一种向前的引导。的确,不仅人类在上帝身上得到满足,而且上帝也在人类身上得到满足,通过自己实现人的形态来完成一种自我揭示。因为上帝已选择人类作为自己映象的接受者,而上帝的神圣的本体,则通过这一接受者得到极为充分的体现。

从这一角度来看,人类乃上帝的创造性的展现的高贵参与者。在人类疏远上帝时,最为不幸的生物即人类,还可以在修复创世的破碎状态并恢复其神圣映象的过程中起主要作用。逻各斯已下降到人类中间,使人类能分享基督的激情,并立刻容纳逻各斯本身,从而上升到上帝那里。由于基督已自愿地把自己交给人类,并充分体会到了人类生活条件的屈辱与薄弱之处,所以,他已赋予人类以分享上帝自己的力量与荣耀的能力。因此,就人类在上帝那里的前途所可能有的变化而论,并不会受到任何限制。在4世纪神学家亚大纳西对教义的系统阐述中,对在保罗和约翰身上可发现的人类神化的理想,描述得十分明确:"上帝成为人,是为了让我们成为上帝。"从《圣经·新约》中所预告的演变产生的神化来看,所有历史上的创伤和破坏,战争、饥荒和地震,人类的无边无际的苦难,皆可理解为神在人类身上的必要的分娩阵痛。以基督教的启示的新眼光来看,人类的辛劳并非徒而无功。人类必须忍受折磨,即基督的苦难,以便能忍受上帝。耶稣基督乃新的亚当,他已逐步发展会在将来臻于完整的精神意识和精神自由的种种新力量,从而创造了一个新的人类——但是,神已荣耀地存在于整个人类和整个现实世界中,并在人类和现实世界中起作用。

第三篇 基督教的世界观

二元论的基督教

不过,保罗警告说,基督教中那种欢欣鼓舞的成分,虽然其本身是有根据的,但很可能导致不良的精神结果,如果那种成分的着重点突然转移,过于离开基督,转向人类,过于离开将来,转向现在,过于离开信仰,转向知识的话。这样一种扭曲,在他先前已帮助建立的早期基督教会诸宗教团体中的某些"宗教狂热者"或原始诺斯替教徒身上,他察觉到了,所以急忙加以纠正。

在保罗的眼中,他们的信仰和道德行为,揭示了对基督教的预言所作的一种过于欢欣鼓舞的解释所带来的种种危险,因为这种解释有可能由此竟变成对自我的一种可耻的过高评价,变成对世界及其依然存在的邪恶的一种不负责任的冷漠,甚至变成一种言过其实的抬高,即认为个人的精神力量和独有的知识胜过爱、胜过谦逊、胜过实际的道德训练。基督的确已开始一个新的时代和一种新的人类,但是,新时代和新人类尚未到来,所以,如果有人认为,除上帝以外,任何人都能实现那种其完整的实在依然展现在面前的崇高的变形,那就是在欺骗自己。这个世界已怀上了神,且处在分娩时的阵痛中,但是,尚未完成分娩。虽然基督的活动已出现在人类身上,可是,保罗身受的种种迫害和其个人的种种苦难(他的"苦恼的根源"),皆表明他将来可如愿以偿,皆表明真正的荣耀之路就是苦难之路。人要与基督一起获得荣耀,就得与基督一起受苦受难。

宗教狂热者往往会失去保罗所认为的个人的宗教愿望和较大的基督教社会的宗教愿望之间的适当平衡,保罗主要是与这种趋势作斗争。因为失去这种平衡就是失去真正的基督教福音的精髓。宗教狂热者断言,在一个显然仍未得救的世界中,存在一种已得到实现的个人的救赎;这一主张有可能导致宗教精英主义,导致行为方面的无法无天,甚至导致对一种未来的集体复活的不信,因为个人的死而复生已被认为是存在的。人的傲睨神明而不是上帝的怜悯,乃这种教导的结果。人类必须知道自己的种种极限和错误,并信赖基督。目前,真正的基督徒的使命是,与志同道合的信徒们一起工作,逐步建立与上帝的光辉的未来相称的一个充满爱且在道德上纯洁的社会。以已通过基督感受到的东西为乐,乃理所当然的,但是,道德上的苦行、个人的牺牲以及对未来变化的谦卑的信心,也是合宜的。

因此,保罗就在那个时候传授了一种不完全的二元论,来确认将来的一种更大的宇宙统一体,以免此时关于救赎的一种不成熟的主张去排除后来世界的更大规模的获救。保罗的这些起纠正作用的教导,也得到了包含在《马可福音》、《马太福音》和《路加福音》这三篇对观福音书中的宗教看法的支持。这些记叙文集结在一起,与《约翰福音》截然不同,倾向于强调耶稣的仁慈,他的历史活动和苦难,以及在预示世界末日的最终时刻到来以前由撒旦引起的现今的种种危险,而较少强调使徒约翰关于基督其精神上的荣耀已弥漫于现时代的观念。因此,对观福音书中所表达的观点,促进了对将会减轻现今的种种磨难的上帝的活动的强烈期待,而且,还对人类目前的精神地位提出了一种更富批判性的意见。这样一种观点,有助于现实世界和即将到来的天国之间、上帝的全能和人类的无助之间的一种二元论。不过,那种二元论由于圣灵给人类的天赐之物而被缓和下来,而且,很快就会随着基督的复临而被完全克服。

然而,似乎有悖常理的是,由于《约翰福音》——(接近公元1世纪末)所写的四篇福音书中的最后一篇,亦即在神学上最为详尽阐述的一篇——中的某些成分,那种二元论得到了增强,并被赋予一种不同的意义。由于基督复临并没有像第一代的基督徒们所预期的那么早到来,在对观福音书中

第三篇 基督教的世界观

具备一种预期形式的二元论,受《约翰福音》的影响,呈现出一个更为神秘、更为本体论的方面。使徒约翰的看法为光明与黑暗的主题、善与恶的主题,亦即一种宇宙的划分所渗透;这种划分容易适用于精神和物质之间的一种二元论,而这种二元论使基督的超验的王国和受制于撒旦的世界之间的区分具体化,并加强了这种区分。虽然约翰的"已得到实现的末世论"——他的教导是,历史的救世结局已紧跟着复活而正在得到实现——确认人类现下在分享基督所受到的赞美,但这种分享越来越被理解成是超然存在于物质世界和有形的肉体之外的一种精神上的分享,因而,对救赎过程来说,变得是不相干的,甚至起阻碍作用。这样一种神秘的、本体论上的二元论,不但因基督教神学范围内新柏拉图主义的潮流而得到支持和进一步的阐发,也因诺斯替教派而得到支持和进一步的阐发,而且还进一步因基督复临的持久的历史性的延迟而得到证实。但是,虽然对诺斯替教派来说,秘传知识被认为促成了那种超然存在,虽然对新柏拉图主义者来说,神秘的启示也能促成那种超然存在,可是,对已期望将基督复临当作必要的解决办法的更大的基督教主流传统来说,却是继续存在的极其神圣的基督教会会起那种促成作用。

因此,《约翰福音》确认了基督和信徒的一种现下的统一,不过,损害了不言而喻的本体论上的二元论。此外,尽管使徒约翰作了"逻各斯已成为众生"这一极其重要的宣告,可是,《约翰福音》中的基督——在那里被荣耀地描绘成自其从事牧师业起便很显赫的主——所具有的极为巨大的光辉神性,似乎远远超越了所有其他人现有的潜力,因此,往往会照亮自然人和物质世界的精神上的低劣和黑暗。正是基督教会,将作为基督持久不衰地存在于世界的神圣代表和人类的圣礼化的工具,来填补这一缺口。使徒约翰的基督以一种神秘的方式展现在人类的存在的前面:服从他的爱的戒律并知道他为圣子的那些人,有可能分享他与超然的圣父的单一关系。但是,对这种特殊关系的考虑,是在与"属于这一世界"的其他人的对比中进行的,从而确立了另一种划分——就如诺斯替教的杰出人士有别于人类中不可挽救的大多数人,或者,有知识的哲学家有别于愚昧无知的人,或者,对基督教传统而言,极为概括地说,基督教会内的那些人有别于基督教会外的每一个人。这一划分支持并加强了整个《圣经·旧约》和《圣经·新约》中的那种趋势,就是往往从蒙上帝挑选的少数信徒方面来考虑灵魂的得救,因为只有蒙上帝挑选的少数信徒对上帝很亲,虽然人类的大部分生来就反对上帝,注定要罚入地狱,可是,蒙上帝挑选的少数信徒却可以不付代价地得救。

正是这种普遍的趋势——将对观福音书中可发现的预知的救赎观,保罗的道德告诫,约翰的神秘的二元论以及与基督诞生以前的犹太教主题的持续不断的影响、基督复临的延迟、发展中的制度化的基督教会的种种要求结合在一起的所有这些东西全包含在内的一种异乎寻常地有效且持久的复合物——促进了基督教看法的另一面,而这另一面的性质,从长远来讲,则颇有影响地重新界定了原始基督教的预言。随着侧重点的适度改变或增强,共同宣告了欢欣鼓舞的基督教预言的那些福音书和使徒书信,可能适合于具有明显不同色彩的另一种综合体,尤其是当历史背景起变化,并使人从另一角度了解启示时。实质上,这一认识反映了关于存在的种种划分——上帝和人类之间,天和地之间,善和恶之间,虔诚徒众和罚入地狱的灵魂之间——的一种更为突出的观念。这里强调的是,人类和这一世界皆已屈服于腐败,因而,上帝的超验的活动是拯救人类精神所必需的。虔诚的基督徒们在这一圣经的基础上,在他们自己对现实世界的消极条件和自身的精神渴望的体验的基础上,更为专一地集中注意力于未来和非尘世的方面,而未来和非尘世的方面,要么是以被允诺的基督复临的形式出现,要么是以一种由基督教会促成的被救赎的来世的形式出现。这两种情况都会导致一种明显的趋向,即往往会否定现实生活的真正价值,否定物质世界,否定人类在上帝的等级系统中的地位。

只有上帝的干预能拯救人类中正直的余剩民;基督之后的头几代人,期

第三篇 基督教的世界观

待上帝的干预以会终止历史的一种预示世界末日的突然介入的形式出现。这种期待,可能已因耶稣自己论及这一事件已迫在眉睫时说的一些话而受到鼓励,然而,也有记载说他不允许对这一事件的准确的时间安排或细节作预测。总之,那时,在对同时代的邪恶世界加以谴责的犹太人和其他宗教派别中,普遍存在着对最终时刻的一种急迫的期待。但是,在好几代人消亡而未发生这样的大动乱之后,尤其是在奥古斯丁之后,对于拯救,已较少地用如此戏剧性的、历史的和共同的措辞来予以预言,而是更多地将其看作是一个由基督教会经斡旋促成的过程;这一过程,只有通过举行单调而重复的圣礼才有可能发生,而且,只有当灵魂舍弃物质世界、进入天国时才有可能完成。这样一种拯救,如同大动乱的拯救,被认为完全是由于上帝的意志而不是人的努力,不过,这要求信徒在今生中严格地使自己的行为和信念同基督教会认可的相一致。在这两种情况下,皆为了上帝的积极作用而贬低或否定人的积极作用,皆为了来世的价值而贬低或否定今生的价值,而且,只有对特定的道义和教会规章的不折不扣的服从,才能保护信仰坚定的人不受谴责。与难以抵制的邪恶作斗争,乃最需关注的事,使上帝和基督教会的权威性活动显得是不可或缺的。

在这一基础上,大多数基督教徒,还有西方持续的基督教传统,虽然原则上承认这一欢欣鼓舞的单一观念的许多内容,但实际上却赞成一种更为稳定、更受限制、更为二元论的基督教。原始基督教的宇宙方面——作为发展中的生育基督的人类与自然,作为世界上诞生神的一种应变过程的历史——由于一种更为对分的观念而给弱化了。按照后一种观点,理想的基督徒被认为是神的一个顺从且较为被动的感受器,神的存在,只有在与这一世界的一种彻底的决裂中,才有可能为人类精神所完全知晓——这种彻底的决裂,被不同地理解为是通过在外部产生的预示世界末日恐怖景象的基督复临,是通过苦行主义的修士般的遁世,是通过一种脱俗的或反世俗的基督教会的圣事的调停,或者是通过后半生的一种完全超验的、人世间以外的拯救,发生的。

在这种意义上,可以说,基督教的大部分成员仍等待着自己的救星——并非与犹太教不同,虽然犹太教更带有对后世的强调。在这里,基督复临即基督再世的宗教意义,往往大于基督初次降世的宗教意义,只是后者使基督教会开始创立,提供了教义和一位道德楷模,并带来了对一种未来的拯救的希望。就初次降世而论,受苦受难、被钉死在十字架上的耶稣,由于为人类替罪,往往会取代肩负人类的解放、得意洋洋、死而复生的基督的位置。因为世界本身似乎没经历过什么本质的变化或神化。实际上,在上帝已成为人时,世界已把上帝钉在十字架上处死,从而,进一步表明了世界的有罪的命运。人类的希望在于未来,在于上帝的超验的力量,在于后世,而眼下,则在于基督教会的支持。

因此,天国的"无所不在"此时全隐含在基督教会中。不过,那种基督教会被明确地认为是同它存在于其中的世界抗衡的,确切点说,是同它不得不与之共存的世界抗衡的。从更为深刻的角度考虑,已成为原始基督教意识特点的"新人"和"新天地"的内在活力,在这里变为对一种新的后世、一种光辉灿烂的天国的未来、一种完全超验的精神启示的热切渴望。现实世界乃一个陌生的舞台,亦即那种相对稳定的环境,人类在上帝初辟鸿蒙时便被置于那种环境中,并在那种环境中准备通过基督教会来求得对自身的拯救。反过来,那种拯救又在于基督将人类携入天国,在天国,人类会抛弃自身种种世俗的缺点。因为现实世界是如此穷困,如此堕落,所以,在天堂得救的快乐还是那么崇高。大部分虔诚的基督徒皆痛苦地意识到自己的罪孽和世界的严重缺陷,便专心地致力于为这种后世的拯救做准备,而对此起促进作用的则是那样一种信念:只有少数蒙上帝挑选者才会得救,而堕落的人类中的绝大多数人则会遭永劫。

按这种观点,关于人类神化的观念变得不是毫无意义的,就是亵渎上帝的。人类对救世事业的贡献受到了限制,而且,那种救世的性质,较少

第三篇　基督教的世界观

地被解释为是由于和上帝的同化,而是更多地被解释为是由于教会的辩解,是由于教会给包括在上帝的天朝中。于是,信仰坚定的基督徒与其说显得同上帝一样神圣,不如说在上帝看来是正直的,摆脱了其个人的、遗传的罪孽。在这里,基督教认为,人类的高贵和自由乃上帝最伟大的创造,乃上帝按自己的模样创造的,并因基督将神和人统一起来而得到提升,而这一观念,在很大程度上却由于那种认为人类微不足道、在精神上完全依赖上帝和基督教会的观念而给蒙上一层阴影。人类是一种已故意使自己反对上帝、本身充满罪恶的存在物。因此,人类的意志无力克服自身之内和自身以外的邪恶,人类的拯救,仅在于这样一种可能性:上帝也许会把自己圣子的死视为赎罪,而仁慈地忽视信仰者的该受惩处,并拯救信仰者免于罚入地狱,而罚入地狱,乃信仰者同人类的其余部分一样,真正应受的惩罚。

　　由于只有上帝的行为在精神方面是强有力的,所以,尽管人类自称具有古希腊型的英雄气概,可这种自称却只能被视作是应受指摘的自夸。诚然,对许多早期的和后来的神秘主义的基督徒来说,人们能在直接分享基督即普遍神性的内在原则这个意义上分享这种英雄气概。这种观点往往构成早期基督教会中一些殉教者的遗言的基础。不过,对后来的主流基督教来说,那种最终的英雄气概通常是人类完全没有能力具备的。按这种看法,基督乃一个完全外来的角色,他在耶稣身上的历史表现是独特的,他的神圣的英雄气概是绝对的,与基督比较起来,就最乐观的一方面看,人类乃受惠的生物,就最不利的一方面看,人类乃不幸的罪人。一切善皆来自上帝,来自精神,而一切恶皆源于人类自身罪恶的本性,源于肉体。在这里,这种古老的二元论实际上和在基督诞生之前一样是绝对的,所以,耶稣被钉死于十字架的悲剧形象,足以进一步证实关于宇宙中上帝和人类之间、这一世界中的现实生活和精神世界中的来世之间的分裂的观念。只有基督教会能弥合那种巨大的裂缝。

这两种根本不同却缠结在一起的体验基督教的方式的存在,反映了犹太教信仰之内的一种类似的对分,这种对分的持续不断的影响,在这方面构成了使基督教世界观逐步形成的另一因素。关于神及其超凡力量的那种高度发展的犹太教的观念,用关于世俗方面、关于偶像崇拜方面、关于仅仅有人性的东西之无足轻重方面的一种同样深刻的观念作补充。同样,以色列与上帝的特殊关系,以及以色列所负有的完成其加强上帝在世界上的统治权这一使命的特殊历史责任,使以色列不仅意识到自己在精神方面的独特重要性,而且还意识到自己所有的过于显示人的本性的失败和罪孽。本着琐罗亚斯德教关于善与恶的宇宙二元论的精神,不过也由于是人类的堕落引起宇宙的崩溃而不是颠倒过来这一历史上的重大区别,《圣经》中的传统把宇宙范围内的一种道德责任加在人类肩上。上帝的选民既因自己所起的特殊作用而地位升高,又因自己所起的特殊作用而负担加重,所以,上帝的模样也相应地有所不同。

一方面,《希伯来圣经》中的许多段落——比如在《诗篇》、《义赛亚书》或《雅歌》中——表明了犹太人对上帝的仁慈、善良和内心的爱的感受。犹太人的宗教文献,尤以其关于上帝与人类及其历史的个人关系和上帝对人类及其历史的关系的明确观念而著称。不过,另一方面,一位严守公正且无情报复——随心所欲地惩罚,过分地自我指认,具有好战的民族主义,实行家长制,进行说教,"以眼还眼",如此等等——的好妒忌的上帝的形象,对《圣经·旧约》的精神和叙述起了那么多的决定性影响,以致上帝的被珍视的种种大慈大悲的品质往往让人难以觉察。人们不断地以对上帝的信赖弥补对上帝的恐惧。在与耶和华的若干次决定性的意外相遇中,唯有人类对一种公正的或仁慈的审判的恳求,使上帝针对它所认为的那些不顺从者的愤怒的矛头有所钝化。在某些时候,仿佛耶稣自己的道德正义感超过了耶

第三篇　基督教的世界观

和华的道德正义感;不过,前者显然是从与后者的意外相遇中逐步形成的。⑪似乎有悖常理的是,上帝和人类之间的圣约既需要自主性,又需要来自人类这一伙伴的顺从,因此,在那种紧张状态的基础上,犹太精神逐步形成。

　　精神上的紧张,乃犹太宗教体验最重要的部分,因为尽管有若干值得注意的例外,但希伯来人的上帝通常将自己作为不妥协的"他者"显露出来。二元性渗透在犹太教的看法中:上帝与人类,善与恶,神圣与亵渎。但是,上帝的靠近,通过克服上帝的他性,显见于历史中。因此,按犹太教的看法,上帝在世界上的存在,主要是通过以色列对耶和华的顺从显示出来,也主要是根据以色列对耶和华的顺从来予以评估;这种顺从亦即一种义务,以色列在履行这种义务时,不是洋洋得意,便是畏缩犹豫。一切皆以那种戏剧性场面为基础。犹太教在上帝的令人生畏的全能和人类与上帝在本体论上的分开这两方面之间的辩证逻辑,通过上帝有关拯救的历史计划得到解决,这一计划需要人类的完全服从。因此,上帝对人类的坚定不移的服从的控制,往往会超过上帝的乐于和解的爱的流露。

　　不过,上帝的爱,尤其是作为一种被察觉到的不可思议的存在,仍然为人类所体会到了;这种不可思议的存在,以各种不断展开的形式,使犹太民族得以形成,得以到达应许之地。上帝对人类的爱的这一救赎的、单一的方面,似乎在更大程度上是一种被热诚期待的条件,这种条件,在现时代因人类的罪孽和上帝的愤怒所带来的黑暗与破坏而受到令人痛苦的影响时,将由一位救星在未来的时代中予以实现。犹太人对神性的体验,已难解难分地与一种坚定的审判观念纠结在一起,正如人类对上帝的爱,已完全地与对上帝的律法的不折不扣的服从缠绕在一起一样。这种纠结和缠绕,转而由基督教继承下来,再坚持下去,因此,基督的救赎并没有完全消除上帝的报复禀性。

　　保罗、约翰和奥古斯丁的著作,均表示了由神秘主义的东西和审判上的东西组成的一种独特的混合物,所以,以这些著作为自身主要塑造者的基督教信仰,反映了那些不同倾向。上帝乃一个绝对善的最高存在物,但是,那位慈善的上帝有可能像在约翰《启示录》的预示世界末日的最后审判中那样,以最为狠心、最为无情的严厉态度,对不顺从的人采取行动(中世纪的某些教堂和隐修院略去了复活节礼拜仪式中的一段话:"啊,这是多么幸运的错误!"这在神学上并不是无意义的)。就如在犹太教中一样,基督徒对上帝的体验,在对一种崇高的爱的关系——其实是一篇神圣的浪漫故事——的体验和对一种令人恐惧的惩罚性的敌对与审判上的定罪的体验之间徘徊。因此,基督徒的希望和信仰与基督徒的负罪感和恐惧同时存在。

第三篇　基督教的世界观

进一步的对立面和奥古斯丁的遗产

物质与精神

就基督教而论,救赎与审判之间的内在冲突,还有上帝同世界的合一与一种极可能引起激烈反应的二元论的区分之间的内在冲突,在基督教对物质世界和有形之躯的态度中——在基督教从未彻底解决过的一种根本的矛盾态度中——表现得格外突出。犹太教和基督教较之其他宗教传统,更为明确地宣称了上帝原先自由选择的创世的完全的实在性、伟大、美和正确性:不是一种幻觉,一种虚假,一种神圣的错误;不是一种不完美的模仿,也不是一种必需的流溢。上帝创造了世界,这就是善。此外,上帝是整个儿地按自己的模样创造人类的。但是,由于人类的罪孽和堕落,人类和自然皆失去了自己神圣的得自遗传的特征,因而,在精神上贫困的、被疏远的世界的一种背景之中,开始了为犹太教与基督教共有的、相对于上帝而言人类乃变化无常的戏剧性场面。由于为犹太教与基督教共有的关于原先全新的创世的看法是如此崇高,所以,它关于世界之灭亡的观点还是显得那么可悲可叹。

不过,基督教的启示坚称,上帝通过基督已变成人,即血肉之躯,而且,在他被钉死于十字架后,他又升天了,使徒们认为,他是在实现其有形之躯的一种完全的精神上的转变与重生的过程中再次升天的。按照基督教信仰的这些主要奇迹——道成肉身和耶稣复活,这一信念不仅建立在灵魂不灭中,甚至还建立在肉体和自然本身的救赎与死而复生中。由于基督,不仅人类精神,而且还有人体及其活动,正在被改变,正在被净化,而且又变得神圣起来。在这里,甚至夫妻之间的结合,也被看作是对基督与人类之间的密切联系的一种反映,因此,被认为具有神圣的意义。基督的化身已实现上帝的模样在人身上的恢复。在耶稣身上,原型的逻各斯已与其派生的模样即人融为一体,从而恢复了后者的全部神性。这一救赎的胜利就是造就了一种全新的人,而不仅仅是促成了其肉体性的一种精神上的超越。在基督教的"使逻各斯成为众生"的教导中,在它的相信整个人类会重生的信仰中,存在一个明显的物质方面,这一方面可以区分基督教和其他更为纯粹地超验的一些神秘主义的概念。

基督教的这一救赎认识,重申了原先希伯来人对人的看法,并使这种看法获得了新的意义;希伯来人认为,人是按上帝的模样创造的肉体与灵魂,这一观念与后来新柏拉图主义所认为的人乃上帝之缩影的观点相似,但当时,犹太教却更为明确地强调,人——肉体与灵魂——乃生命力的一个完整的单位。肉体乃精神的容器,亦即精神的圣堂与实体化表现。此外,耶稣的业绩主要跟治愈病人相关,治病时,他认为肉体与灵魂是在一起的。在早期基督教会中,人们一再提到医治者基督,而且也时常确认使徒们为有神授超凡能力的医治者。原始的基督教信仰按照明确的身心条件认识到了精神拯救的性质。在保罗看来,人类复活的主要形象乃基督的一个躯体的形象,这一躯体由整个人类构成其四肢,最后成熟为基督乃其头部与终结的完整意义上的基督。不过,不仅人类正在恢复神性,而且自然亦如此,自然已因人的堕落弄得四分五裂,渴望得到拯救。保罗在《罗马人书》中写道:"受造之物,切望等候神的众子显出来。"早期基督教会的神父们认为,正像基督将恢复人类与上帝之间被中断的关系一样,基督也将恢复人类与自然之间被中断的关系,自亚当堕落和人类滥用自由以后,自然已受到人类自私的僭取。

在这里,基督在尘世中的化身和基督对尘世的救赎,不仅被看作纯粹是精神上的若干事件,而且被看作是短暂物质性与世界历史范围内的一种独

第三篇 基督教的世界观

一无二的发展,所以被认为是代表了自然的精神上的完成——不是与自然完全背道而驰,而是使自然臻于完备。因为逻各斯即神智从一开始起就已存在于上帝创造的宇宙中。这时,基督已使世界内含的神性显露出来。上帝创造的宇宙是救赎的根据,正如出生是再生的先决条件一样。按这一观点,自然被视为上帝的高贵杰作和上帝自我揭示的现时所在地,因而,值得人们去敬畏和了解。

但是,同样乃基督教思想之特点的是一种相反的观点,这一观点在后来的西方基督教中尤其占支配地位;按这一观点,自然被认为是为了获得精神上的纯洁而必须予以制伏的对象。自然总的来说是污浊的、有限的。只有人类,即天地万物之首,才是可拯救的,所以,在人身上,只有人的灵魂实质上才是可赎回的。按这一认识,人的灵魂是处在与自身生物性的基本本能的直接冲突之中,并因肉体之乐和物质世界的潜在诱骗而受到损害。在这里,有形之躯时常作为魔鬼的居所和罪孽的起因而受到谴责。为早期犹太教与基督教共有的、对整个人类和物质世界的救赎的信念,主要是在新柏拉图主义的基督教神学家们的影响下,明显地转为对一种纯精神的救赎的信念;在后一种救赎中,只有人类的一些最高级的才能——精神上的智力、人类精神的神圣本质——才会与上帝重新结合。虽然基督教中的柏拉图哲学成分通过设想人类直接分有神的原型,克服了神与人的二元论,但它同时也鼓励了肉体与精神之间的另一种二元论。柏拉图哲学的神与人相一致的中心点乃努斯,即精神上的智力;有形之躯并没分有这种一致,而是妨碍了这种一致。柏拉图哲学以其更为极端的形式,在基督教中鼓励了一种视肉体为灵魂之牢笼的观点。

正像就有形之躯来说一样,就物质世界来说亦如此。柏拉图的学说认为,超验的实在凌驾于偶然的物质世界之上;这一学说在基督教中强化了一种形而上学的二元论,而这种二元论反过来又支持了一种道德上的禁欲主义。同柏拉图所说的苏格拉底一样,虔诚的基督徒认为自己是精神世界中的一介公民,自己同转瞬即逝的有形王国的关系就是一个局外人和朝圣者的关系。人类曾拥有一种带来福气的神传知识,但后来却陷于黑暗的无知状态中,因此,基督教灵魂滞留在这种肉体和尘世中时,只有对重新获得那种已丢失了的精神之光抱有希望,才能振作起来。只有当人类从现实生活中觉醒过来时,人类才会获得真正的幸福。死亡作为一种精神上的解放,比世俗的存在受到更为高度的评价。有形的物质世界,充其量只是未来更为高级的精神王国的一种不完整的反映,只是对未来更为高级的精神王国的一种准备。但是,更有可能的是,世俗的世界会因其种种靠不住的诱人事物、虚假的快乐和强烈情感的其意义正大为贬低的激起,而腐蚀灵魂,并使灵魂得不到天国的报偿。因此,人类在智力和道德上所作的一切努力,皆不顾实际寿命和今世,适当地集中到精神方面,集中到死后灵魂的生活上。柏拉图哲学以所有这些方式,赋予基督教中那种潜在的精神与物质的二元论以一个明显的哲学理由。

不过,这种后来的神学上的发展有着众多的前身:斯多葛哲学、新毕达哥拉斯主义、摩尼教和诸如艾赛尼派之类的其他宗教派别,皆具有影响基督教观点的宗教二元论和禁欲主义的明显倾向。因此,犹太教本身由于其反对在尘世与肉体上亵渎神和圣物的独特需要,从这一新宗教开始起就支持这类倾向。但是,二元论的诺斯替教的产生,则很可能是由于神秘主义的犹太教借助琐罗亚斯德的二元论而进行的渗透;正是二元论的诺斯替教的某些趋势,于基督教的最初数世纪期间,在这个方面成了最极端的趋势,始终保持着在一个恶的物质世界与一个善的精神王国之间的一种绝对的划分。结果,融合多种信仰的诺斯替教神学从根本上改变了正统的基督教观念,因为诺斯替教神学坚持认为,物质世界的创造者,即《圣经·旧约》中的耶和华,是一位有缺点的、专横的从属的神,它为《圣经·新约》启示(诺斯替教派用其他文本补充了《圣经·新约》的启示,并为了除去希伯来人信仰中他们认为是错误的残存部分而对《圣经·新约》的启示加以修改)中的圣洁的

第三篇　基督教的世界观

基督和有同情心的圣父所战胜。人类的精神陷入了一个陌生的物质世界中的一种陌生的躯体内,只有极少数有见识的人,即诺斯替教的蒙上帝挑选者,才有可能超越这一世界。这样一种幻觉,因强调的是光明与黑暗之间、基督的王国与撒旦统治下的尘世之间、精神上的蒙上帝挑选者与尘世的未得救者之间,以及耶和华与基督之间、《圣经·旧约》与《圣经·新约》之间的划分,故增强了《约翰福音》中一些相关的倾向。虽然最早的权威性的正统神学家,如伊里奈乌斯,颇有说服力地提出理由,赞成《圣经·旧约》和《圣经·新约》的连续性,赞成上帝的计划中的从《创世记》到基督的统一,但是,诺斯替教的二元论总的来说有许多内容给后来基督教的神学与虔诚留下了自己的痕迹。

　　因为原始基督教本身同其犹太教前辈一样,含含糊糊地倾向于一种物质与精神的二元论和一种关于自然与尘世的消极观点。《圣经·新约》称撒旦为尘世的大王;因而,基督教对一个由上帝统治的世界的信任,被与基督教对一个由撒旦统治的世界的恐惧相提并论。此外,早期基督教为了使自己远离属于同一时期的极具性征的异教文化,在许多方面强调人类有必要保持一种没有给自然的种种自发本能,尤其是性欲留下什么空间的精神纯洁。独身乃一种理想状态,所以,结婚是对人的强烈情欲的一种必要的容忍,好让人的强烈情欲保持在规定的界限范围内。然而,基督教的爱——对人类之爱而不是性爱——的种种公共的、乐善好施的形式,却得到了强调。在这里,尤为重要的是对基督的即将返回的期待,这种期待对早期基督教会的感觉力起了决定性影响,并使生殖与婚姻方面要考虑的一些因素似乎是无关紧要的。天国的到来,即大多数早期基督徒预计会在自己一生中发生的一件大事,将消除旧秩序的一切物质形式和社会形式。更一般地说,不但基督教一再遭受到的国家法定的种种迫害,而且还有要求克服异教文化中被察觉到的过多的唯物主义成分的那种愿望,驱使早期基督徒否定现实世界的价值标准而赞同来世。对尘世的退避和超越,无论是以沙漠隐修士的方式还是更为彻底地通过殉教,皆对狂热的基督徒有着巨大吸引力。对世界末日的期望,往往是从这一现实世界中产生的,并引起了对这一现实世界的种种极为否定的评价。

有必要保持神圣与完美无瑕,以期待着基督的即将到来;这对早期基督徒来说,是最重要的必须做的事。因此,保罗将"肉体"与"精神"根本地对立起来,认为前者是恶,后者乃善,从而解释了那种神圣与道德纯洁的性质。确实,保罗把"肉体"(sarx)和"躯体"(soma)区别开来,认为"肉体"具有未得救的性质,而"躯体"则乃把整个人包含在内的某种东西——与其说是希腊人所主张的躯体与灵魂的对分的一部分,不如说是《圣经》中的完整个体,易受到罪孽的影响,却又易受到救赎。保罗用诸如基督的躯体、基督教会成员的躯体、躯体的复活、作为圣灵所宿之处的躯体之类的比喻,对"躯体"提出一个肯定的评价。他也时常使用"肉体"这个词,与其说是用来指身体的自身,不如说是指人的致命弱点,具体是指狭隘的自我抬高的一种原则;这种狭隘的自我抬高引起了适当的人类性格的一种道德上的逆转,也就是使人的灵魂和躯体受制于较低级的反对势力,而损害了对上帝这一更伟大的精神实体的一种充满爱意的开放状态。罪孽与其说仅仅是淫欲——虽然罪恶生活的迷人之处在于声色之乐——不如说是偏要将某种东西抬高到上帝之上,而这种东西尽管就其本身而言,在适当的程度上是善的,但却理所当然地从属于上帝。

不过,保罗对肉体与躯体所作的区分,不但在他的教义陈述中,而且在他的实践伦理学中,亦往往是含糊不清的。因此,他选择"肉体"一词作为道德与形而上学的这种权威性的贬低的点缀词,是一种逻辑上必然的做法。许多后来的基督徒与众不同地认为这种肉体的、生物的、本能的东西天生就倾向于邪恶的东西,应对人类的堕落和连续不断的腐败负责;这一看法,不是没受到过保罗的支持,虽然那种支持是人们所假定的。保罗所主张的肉体与精神的对立,因《圣经·新约》其他部分中若干类似的倾向而加剧;基督教中一种反肉体的二元论的种子,就存在于保罗所主张的肉体与精神的对立中,而柏拉图哲学、诺斯替教和摩尼教的影响,后来则加强了基督教中这种反肉体的二元论。

奥古斯丁

保罗没有明说出来的东西,奥古斯丁却明说了出来。因此,在这里,我们必须更为直接地讨论研究这个人,他对西方基督教的影响极为普遍、极为持久。因为在奥古斯丁那里,所有这些因素——犹太教、保罗的神学理论、使徒约翰的神秘主义、早期基督教的禁欲主义、诺斯替教的二元论、新柏拉图主义以及古典文明末期专事批判的状态——与他自己的性格和个人经历的独特之处结合起来,确定了对自然和尘世,对人类历史,对主要在中世纪西方基督教性质的形成上起影响的人类之救赎的一种态度。

奥古斯丁的父亲是个异教徒,而母亲则是个虔诚的基督徒,奥古斯丁作为他(她)们的儿子,天生就个性极强,而这种个性之强,又进一步增强了他的以个人身世为基础的不同倾向。虽然他生性极为好色,在异教的迦太基这一淫荡的环境中过着一个年轻享乐者的生活,与情妇同居,生了个私生子,从事修辞学教授的世俗职业,但是,由于他更喜爱哲学,有宗教抱负,尤其是受到母亲的关心,他依然逐步地被吸引到超感觉领域和精神领域。由于一系列心理上的戏剧性经历,奥古斯丁经过对他后来的宗教认识有重大意义的接连好几个阶段,离开了自己更早时候重视现世的生存方式:先是在阅读西塞罗的《霍滕修斯》之后提倡哲学的高等生活;然后,与摩尼教的极为二元论的半诺斯替教教派有长期的瓜葛;之后,又愈来愈喜欢哲学上的新柏拉图主义;最后,在偶遇米兰的赞成新柏拉图主义的基督教主教安布罗斯之后,结束自己的探索,改宗基督教和天主教教会。这接二连三的阶段中的每一成分,皆给他成熟的远见留下了深刻印记,而他成熟的远见,反过来又通过他写下的极为令人信服的著作这一媒介,给西方后来的基督教思想留下了深刻印记。

奥古斯丁作为一个行使意志的、有责任感的讲道德的行为者的自我意识是强烈的,就像他对人类自由的重负——错误与罪恶、黑暗与苦难、与上帝隔绝——的意识是强烈的一样。从某种意义上说,奥古斯丁乃古人中最现代化的人:由于他所具备的极强的自省与自我分析的能力,他对记忆、意识和时间的关注,他的心理洞察力,他的怀疑和自责,他对人本身若无上帝便会独自异化的感觉,他的内心冲突的剧烈,他的讲求理智的怀疑态度与老练,所以,他拥有一个存在主义者的自我意识。正是奥古斯丁首先写下他有可能怀疑一切,但不可能怀疑灵魂自身对怀疑、认知、意愿和存在的体验这一事实——从而确认了人的自我在灵魂中的确凿存在。不过,他也确认了人的自我的绝对可能性取决于上帝,若无上帝,人的自我就不可能存在,更别提能获得知识或满足了。因为奥古斯丁亦乃古人中最中世纪化的人。他对天主教的虔诚、他的坚如磐石的禀性、他的超世俗的关注点和他的宇宙二元论,皆预示了随后的时代——正如他对看不见的东西,对上帝的意志,对母教,对奇迹、天恩和上帝,对罪孽、邪恶和恶魔似的东西的强烈意识,预示了随后的时代一样。奥古斯丁乃一个有明显矛盾特点且处在两个极端上的人,因此,他的遗产也具有同样的特性。

无疑,正是奥古斯丁的皈依的性质和力量——对正在势不可挡地涌来、使他离开其自然本性的既邪恶又自私自利的盲目状态的一种天恩的体验——成了形成他的神学远见的终极因素,使他深信上帝的意志与善的至高无上,深信他自身的受到限制的贫乏。基督对他生活积极干预时所显示出来的光辉的超凡力量,将这个富人情味的人留在相对的阴影里。不过,对他的宗教认识兴许特别有影响的是性活动在他的宗教探求中所起的关键作用。虽然奥古斯丁考虑到了自然其固有的神圣安排(而且比起柏拉图主义者,往往对上帝创造的世界的美与慷慨更为大加称赞),但是,他在自己生活中总是极度强调要像苦行僧一般拒绝自己的性本能,认为这种拒绝是获得完全的精神启示的先决条件——这种观点因他不但与新柏拉图主义,而且与摩尼教的相遇而得到支持,不过也反映出在他自己的人格和经验中的更深一层的根由。

上帝对人类之爱,乃奥古斯丁笃信宗教的最纯粹的主题与目标,而且,上帝对人类之爱,只有在人类成功地克服对自我的爱和对肉体的爱的时候,才有可能蓬勃发展。按他的观点,屈服于肉体乃人类堕落的实质;亚当的偷食善与恶的知识之树上的禁果,即整个人类分有的原罪,是直接与炽烈的声色之欲连接在一起的(而且实际上,《圣经》中的"知晓"总是具有性的内涵意义)。在奥古斯丁看来,从羞耻感中可见到肉欲的邪恶性,这种羞耻感伴有自身的表现,不受理性意志的控制,只不过是随着生殖器官的裸露,接踵而来。在亚当堕落之前,伊甸园中的生育不会必然引起这种野兽般的冲动和羞耻感。现在,婚姻起码能从遗传的邪恶中实现某种善,因为婚姻带来了子女、持久的承诺和为了生育目的而对性活动所作的限制。但是,原始的罪孽污染了所有从肉体繁殖中诞生的人,结果,使整个人类遭受分娩时的疼痛,遭受生活中的痛苦与负罪感,还遭受死亡这一最后的不幸。只有靠基督的恩典,只有随着躯体的复活,原始罪孽的所有痕迹才会被除去,人类的灵魂才会摆脱其堕落了的天性的祸根。

确实,奥古斯丁认为,邪恶的根源就如新柏拉图主义者所提出的那样,并不存在于物质中,因为物质乃上帝的创造物,故而是善的。确切点说,邪恶乃人类滥用其自由意志的结果。邪恶存在于改变自身——逃避上帝——的行为中,而不存在于被改变的东西中。不过,奥古斯丁将自由的那种罪恶的滥用与炽烈的声色之欲和性活动连在一起,之后,又将自由的那种罪恶的滥用与天性的普遍堕落连在一起;在这种连接中,新柏拉图主义和更为极端的摩尼教的二元论的萌芽还活着。

奥古斯丁的道德神学总的来说就安置在这一中心点上。上帝创造的世界——除了自然以外,还有人类——的确是上帝的仁慈的生产力的极为非凡的产物,但是,由于人类的原始罪孽,上帝创造的世界从根本上离开了预期的方向,只有在天堂的来世才会恢复其原先的完整与荣耀。人类的堕落,因人类故意反抗上帝的适当的等级系统而加速;这种反抗是以反对精神的价值标准、维护肉体的价值标准为根据的。人类此时受制于下层阶级的强烈情感。人类不再是仅仅凭借理性意志就可以自由决定自己的生活,这不仅是因为超出人类控制范围的环境已出现,而且还因为人类由于无知和情绪条件作用而不知不觉地受到了限制。人类最初的有罪的思想和行为已成为根深蒂固的习惯,成为最终不可避免的枷锁,这种枷锁把人类禁锢在不幸地与上帝疏远的一种状态中。只有天恩的干预才有可能打破罪孽的邪恶的螺旋。人类已完全为虚荣和骄傲所束缚,非常渴望把自己的意志强加于别的事物,结果是不能靠自己的本领使自身大为变样。在人类眼下的堕落状态中,真实的自由对人类来说,可能仅存在于对天恩的接受中。只有上帝才有可能使人类获得自由,因为人类独自采取的行动并不足以使人类求得拯救。因此,上帝早已无所不知地预知众生对天恩的不同反应,以此为根据,永久地知道谁是蒙上帝挑选者,谁是罚入地狱的灵魂。虽然正统的基督教教义不会始终接受奥古斯丁对得救预定论的更为极端的系统阐述,也不会始终赞同他对人类在拯救过程中的任何积极作用的近乎全盘的否定,但是,基督教随后关于人类的道德败坏与禁锢的观点,是一种与奥古斯丁的看法基本一致的观点。

因此,是人类,如此明确地宣布在自己生活中存在上帝对人类的爱与解放,也正是人类,由于一种始终渗透西方基督教传统的力量,承认为原罪所歪曲的人类精神的固有的束缚与软弱无力。对奥古斯丁来说,从这一对照中产生一种必要性,即有必要在尘世凭借上帝的力量提供恩典手段:一个具有权威性的基督教会机构;在那个庇护所内,人类有可能满足自己对精神指导、道德训练和神圣恩典的压倒一切的需要。

第三篇 基督教的世界观

奥古斯丁在对人性作分析性评述时,将有关人性的推论放在他对世俗历史的评价中。奥古斯丁作为他所处时代的一位有影响的主教,在晚年时为他所关心的两件迫切需要解决的大事所左右:一件大事是保护基督教会的统一性和教义的一致性不受若干较重要的异教运动的混乱影响;另一件大事是解决与蛮族入侵期间罗马帝国的灭亡的历史冲突。奥古斯丁面对正在崩溃的帝国和文明本身的明显终止,几乎看不出尘世有可能取得任何真正的历史进步。相反,由于世间显而易见的恶行和残忍行径,战争和凶杀案,由于人类的贪婪和傲慢,放荡和淫乱,由于所有人不得不经历的无知和苦难,他察觉到了原罪的绝对的、永久的力量的迹象,因为原罪使今世成为一种折磨,成为世界上只有基督才有可能将人类从中搭救出来的一个地狱。奥古斯丁换了一套价值标准,以另一种历史远见,就幸存的异教罗马人针对基督教信仰提出的强烈批评——基督教已暗中破坏了罗马帝国权力的完整,从而为野蛮人的胜利开辟了道路——作出答辩:一切真正的进步必然是精神性的,且超然存在于尘世及其不佳的命运之外。对人类的幸福而言,重要的不是世俗帝国,而是天主教会。因为神圣的上帝和精神的拯救乃决定人类生存方式的终极因素,所以,世俗历史的意义,随着世俗历史其短暂的价值标准和不稳定的、普遍消极的进步,而相应地减弱。

不过,历史犹如世界上的其他一切东西,乃上帝意志的一种表现。历史体现了上帝的道德目标。人类不可能在黑暗与混乱的现今充分领会上帝的道德目标,因为该目标的意义只有在历史终结时才会被证明是正确的。但是,虽然世界历史仍处在上帝的控制之下,按设计仍是精神上的(的确,奥古斯丁把世界历史比作由某位因为太神圣而不容称呼的作曲家创作的一首伟大乐曲,而该乐曲的诸乐段则是适合每个时代的天道),可是,它的世俗方面却不是绝对地循序渐进的。确切点说,由于撒旦在尘世的持久不衰的力量,历史注定要像在善与恶的永恒的摩尼教之战中那样,表现精神上的蒙上帝挑选者和尘世大多数罚入地狱的灵魂的一种日益恶化的、引起纷争的演变。

在上演这出戏时,上帝的动机往往是隐秘的,但归根结底是公正的。因为无论一个个个人在今世遇上怎样明显的成功或失败,与那些个人的灵魂所已获得的永恒的命运比较起来,这些成功或失败算不了什么。世俗历史的详情和成就,就其本身而言,并不极其重要。今世的各种行为,主要对其后世的结果即上帝的奖赏或惩罚而言,是重要的。个体精神对上帝的探求乃首要的,而历史和尘世只不过是上演这出戏的舞台。从今世逃往来世,从自我逃往上帝,从肉体逃往精神,构成了人类生活的最遥远的目标和方向。基督创建的基督教会乃历史上唯一伟大的拯救的恩典。

早期基督教期待一种不但是即将发生的,而且是内在的世界变化;奥古斯丁没有放弃那种期待,而是放弃了尘世领域,因为尘世的堕落倾向自然是否定性的。按奥古斯丁的看法,基督实际上已击败撒旦,然是在超验的精神王国中,亦即在唯一真正重要的王国中,击败的。真正的宗教实在,并不受尘世及其历史的难以预测的情况的支配,因此,只有通过个人对上帝的内心体验,才有可能认识真正的宗教实在,而个人对上帝的内心体验,是由基督教会及其神圣的影响力促成的。

在这里,新柏拉图主义的影响——内心的,主观的,即个人精神的上升——与犹太教的一种共同的、外部的、历史的精神性原则会合,并在一定程度上超过了这种原则。新柏拉图主义对基督教的渗透,不但加强而且说明了基督教启示这一神秘的、内部的成分,尤其是《约翰福音》中的成分。但是,在这种情况下,这种渗透同时又削弱了一种历史的、共同演变的成分,而这种成分是原始基督教,尤其是保罗和很早的一些神学家如伊里奈乌斯,从犹太教那里继承来的,并从根本上予以了发展。奥古斯丁对上帝主宰历史的强烈意识——就如他的颇有戏剧性的设想:蒙上帝挑选者和罚入地狱的灵魂这两个无形的社会,即上帝之城和世界之城,在整个世界历史上一直在战斗,直到最后审判日——仍然反映了犹太教关于上帝有史以来一直目的明确的道德见解。的确,有关这两个城市的教义,肯定了神圣的基督教会与世俗国家相比所享有的自主权,对随后的西方历史有很大影响。但是,他对世俗国家的根本性贬低,与他的哲学基础、心理倾向和历史背景相结合,使犹太教的那种见解朝着一种个人的、内心的、超世俗的虔诚方向大为变样。

在奥古斯丁思想和正在逐步形成的基督教世界观的其他一些非常重要的方面——如同在一位全能的、超然的上帝与被罪孽所束缚的、生物性的人类的二元论中,亦如同在对治理受上帝垂爱的信徒社会、在教义与道德上是权威性的一种宗教机构的需要中——正是犹太教的感觉力处于支配地位。这一点,尤见于基督教对上帝的道德戒律所持的独特态度的演变中。

律法与恩典

在犹太人看来,摩西律法是在道德上使他们的生活有条不紊、且使他们仍处于与上帝的良好关系中的生活指南,亦即使他们能坚固地存在下去的支柱。虽然犹太传统就如法利赛人在耶稣时代所标榜的那样,提出了严格遵守律法的需要,但早期基督教却宣称自己所信奉的是一种截然不同的观点:律法是为人类制定的,并在上帝对人类的爱中臻于完备,这一点,排除了强迫人们遵守律法的需要,却召唤人们不受束缚地、全心全意地把上帝的意志当作他们自己的意志来接受。意志的统一,只有靠神圣的恩典,即基督带给人类的拯救这一分外的礼物,来促成。按这一观点,律法凭借其刻写在石头上的消极戒律,所能确立的只是人们出于恐惧而做到的一种不完全的遵守。对比起来,保罗却宣布:人类只有相信基督,才有可能真正地证明自己是无罪的,因为所有的信徒都可以通过基督的拯救行动,认识天恩的自由。律法的限制使人类分裂成派系而自我削弱,成为罪人。基督教信徒并没照律法的规定,处于"受奴役状态",而是自由的,因为凭借基督的恩典,基督教信徒分享了基督的自由。

保罗本人在皈依基督教之前,是一个法利赛人,是律法的一个热诚的捍卫者。但是，在皈依基督教之后，他以自我贬损的热情，证明律法较之基督的爱的力量和在富人情味的人内心起作用的圣灵的存在，是不起作用的。不过，犹太人却将保罗对律法的认识视作是对律法其真正本质的一种拙劣模仿。在他们看来，律法本身就是上帝的礼物，并引起了人类的道德责任。律法确认了人类的自治和善行是拯救机制中的必要成分。保罗也承认了那些成分所起的一种作用，但坚称自己的生活反映了一种受律法控制的虔诚最终是无用的。要实现像救赎人类精神那样根本的、超人的目标，需要的就远不止人类的努力，哪怕是那种凭借上帝的力量通过立法予以规定了的努力。善行和道德责任是必需的，但还不够。只有基督的化身与自我牺牲这一至高无上的礼物，才使与上帝协调一致的生活成为可能，而那种生活是人类精神如此深深地渴望的。相信基督的恩典，而不是不折不扣地遵从道德戒律，乃人类通往拯救的最可靠的路——而由基督的恩典使之成为可能的基督徒的爱与侍奉的善举，即可以证明对基督的恩典的相信。在保罗看来，律法不再是有约束力的权威，因为真正终止律法的是基督。

《约翰福音》以类似方式强调与犹太法律的决裂，宣布："律法本是借着摩西传的，恩典和真理都是由耶稣基督带来的。"上帝意志与人类意志之间的紧张状态，亦即外部控制与内部倾向之间的紧张状态，可以通过上帝对人类的爱予以消除；上帝对人类的爱，会以一种统一的精神使人和神统一在一起。要认识到神圣的爱的这一状态，就得经历天国。由于基督的救赎，人类此时在上帝看来可以达到真正正当的状态，不是由于强迫，而是出于快乐的自发的意愿。

不过，在《圣经·新约》中，道德限制和赋有神圣光彩的自由之间的这种对照，并不很明显。福音书对人际伦理学的关注乃基督教观中的一个主要成分，但是，这一成分的性质似乎易受到两种解释。一方面，耶稣的教导是按属于闪米特族方式的严格的辩证法表述的，并由于即将到来的最后时代而得到加强，所以，其调子往往是极其坚定的，极具判决性的。在《马太福音》中，对耶稣的信徒们来说，律法甚至显得更苛刻——除了要求行为的纯洁外,还要求目的的纯洁,除了要求爱朋友外,还要求爱敌人,要求不停地宽恕,要求完全超然于世俗事物之外——而且,对无条件的道德完美的要求,亦在弥赛亚过渡时期的催逼下得到充分的坚持。另一方面,耶稣一再强调同情心而不强调伪善,强调内在精神而不强调法律外在的字面意义。他对增强了的甚至绝对的道德纯洁的要求——既要判断谨慎的行为,也要判断自发的思想——似乎并不仅仅是以实现这种内在的善所须具备的人类意志为先决条件,故而为人们相信天恩开辟了道路。通常,他的目的似乎是为了给穷人、绝望的人、被抛弃的人和有罪的人以安慰,同时又以令人恐怖的方式警告骄傲的人和自鸣得意的人,即那些有牢固的宗教地位与世俗地位的人。谦恭地接受天恩,并不只是对墨守成规的正当行为有重要意义。律法始终是与上帝关于爱的高等戒律相抗衡的。按照《圣经·新约》,一种墨守成规的道德标准在一定程度上战胜了犹太宗教习俗,即可证明律法已随着时间的推移变得根深蒂固且麻木不仁了,即变成就其本身而言此时正在遮掩而不是促成个人同上帝和其他人的真正关系的一种终结。

但是,即便是基督教关于上帝仁慈的新启示,也易受到相互对立的解释,招致正相反的结果,尤其是在后来的历史条件下。保罗和奥古斯丁皆强调天恩而不强调人的善举和独立自主的正当行为;这一点,不仅有助于关于人在欣然接受无所不在的上帝意志的过程中臻于完美的那种统一观念,而且也有助于对人类实际的意志自由的一种坚决限定,而人类实际的意志自由是与上帝的全能相对应的。在为拯救而进行的斗争中,人类自身的努力比较起来是微不足道的;只有上帝的拯救力量才是有效的。善的唯一源头乃上帝,因此,只有靠上帝的慈悲,才有可能将人类从人的趋于盲目的邪恶这种自然的堕落倾向中解救出来。由于亚当的罪孽,所有的人都是堕落的、有罪的,因此,只有基督的死才能赎那种共同的罪。基督带给人类的复活存在于基督教会中,因此,每个人为了不遭谴责而需进行的辩解皆取决于基督教会的圣事,而对圣事的参与转而又要求参与者遵从特定的道德标准和教会标准。

151　　既然基督教会及其宗教机构乃天恩的已像神一样地被确立的工具,那么基督教会便是极其重要的,它的等级制度是绝对权威性的,它的律条也是决定性的。由于人们本身倾向于犯罪,又生活在诱惑不断的世界中,所以,他们要求教会规定对不受约束的行为和思想实施严厉的制裁,以免他们永恒的灵魂沦入与他们短暂的肉体一样其意义已大为贬低的命运。尤其在西方,在基督教会应对新近改信基督教的(而且,从基督教会的观点看,在道德上是原始的)诸蛮族承担责任这样一种历史性的迫切需要下,随着整个宗教权力从地位最高的教廷君主那里向下传,一种到处渗透的纵向一体化状态在制度化的基督教会中被确立了。因此,中世纪基督教会的鲜明的个性特征——由于它的绝对主义的道德戒律,它的复杂的法律与审判结构,它的关于善行和功过的统计制度,它在不同类型的罪孽之间所作的极其细致的区分,它的强制的信仰和圣事,它的开除教籍的权力,以及它对抑制肉欲、不受罚入地狱的频繁威胁的颇有说服力的强调——在大多数情况下,似乎与其说使人联想起天恩的新的统一映象,不如说使人联想起犹太教关于上帝的律法的更为古老的观念,亦即实际上给夸张了的那种观念。不过,为了维护一种真正的基督教的道德标准,并引导基督教会的各种训示进入永生,这类精心设计的防范措施在道德难以捉摸且存在世俗危险的现实世界中似乎是不可或缺的。

雅典与耶路撒冷

基督教信念体系内的另一种二分法,涉及关于该体系的纯洁和完整以及应如何保持其纯洁和完整的问题。因为犹太教的宗教排外主义和教义纯洁的倾向也传给了基督教,从而保持了与希腊古典成分的一种持久不变的

第三篇　基督教的世界观

紧张状态;希腊古典成分在形形色色的异教思想家的著作中,尤其是在柏拉图的著作中,寻找并找到了一种神学根据。虽然保罗时常强调有必要将基督教与异教哲学的种种靠不住的观念完全区别开来,认为也正因为这一理由,应小心地避开那些观念,但在另一些时候,他却提出一种更为自由的方式,引用异教诗人的作品,并暗中将斯多葛派伦理学的一些成分掺入到他的基督教教义中去(保罗在小亚细亚的故乡塔尔苏斯城在他那个时代是一座世界性的大学城,尤以那里的斯多葛派哲学家们而著称)。后来,古典时代的基督教神学家们在改信基督教之前往往受希腊哲学的影响,随后还继续发现希腊古典传统的价值。当许多早期的基督教思想家急切地承认其他一些哲学和宗教的若干相同的意义模式,时常运用比喻的分析来比较《圣经》中的文学作品和异教文学作品时,他们身上便有了一种由不同哲学主张或宗教信仰融合而成的神秘主义色彩。真理无论是在哪里发现的,只有一个,因为逻各斯是无所不包的,具有无限的创造力。

早在公元 2 世纪时,查斯丁(殉教士)就首先提出了一种神学;由于逻各斯既意味着神圣心智、人的理性,又意味着不但使犹太教历史传统而且使希腊古典历史传统臻于完整的救世基督,这种神学认为基督教和柏拉图哲学都在追求同一位超越物质世界而存在的上帝。后来,亚历山大的基督教柏拉图主义学派用派地亚作自己的基础;派地亚即始于柏拉图时代的希腊古典教育体系,该体系原先以人文科学和哲学为中心,但此时却以神学为新的课程表中的最高级的尖端科学。在这一框架中,学习本身就是基督教苦行修炼的一种形式,甚至是崇拜的一种形式。这种学习并不限定在为犹太教与基督教共有的传统内,而是超越这一传统去包含一个更大的统一体,以便借逻各斯之光去照亮所有知识。

亚历山大的克雷芒提出了一种独特的折中立场,就是既要为了基督教的辩解而利用受赞赏的希腊文化,却又要与这种文化保持一定距离;他在提出这种立场时引用了荷马的《奥德赛》:奥德修斯在回家去伊萨卡的路上,乘船经过塞壬居住的岛,便把他自己绑在船的桅杆上,使他可以听到塞壬的诱人歌声("拥有所有知识"),却又不会抵挡不住塞壬的诱惑以致触礁身亡。成熟的基督徒也可以这样经受住世俗世界和异教文化的官能与智力上的引诱而不断前进,在把自己绑在十字架——基督教会的桅杆——上以求得精神上的安全的同时,拥有全部知识。

不过,跟通常情况一样,基督教与它的犹太教前身有一处更为完全地相似:它们实际上都拒绝同非基督教哲学观念和非基督教哲学体系的一切接触,认为这些观念和体系不但是渎神的,而且是没有价值的。按这一观点,基督教的奥秘的真正核心乃非常独特、极为光辉的,其他文化溪流的注入只会模糊、扭曲或歪曲这一核心。由于基督教的希腊古典方面的缘故,人们认为逻各斯(作为上帝的智慧即普遍的理性)是在先于启示的非基督教智慧中,而且是在为犹太教与基督教共有的传统之外的世界历史的更大的框架中起作用。但是,按那种更为排外的认识,逻各斯(在这里被更为特别地理解为道)往往只是在《圣经》、基督教会的学说和《圣经》中所述历史的范围内得到承认。与异教哲学的非宗教的老于世故相比,基督教的福音一定看来好像是绝对愚蠢的,所以,这两者之间的任何对话也都该是无用的。因此,2世纪末,德尔图良在他的"雅典与耶路撒冷有何相干"这一名言中,对希腊古典传统的重要意义表示了明显的疑问。

形形色色的神学变种和宗教改革——诺斯替教、孟他努斯主义、多纳图派教义、贝拉基主义、阿里乌主义——尤其与基督教会当局相抵触,因为它们对关系基督教实质的一些问题提出了质疑,并因此被视为异端,被认为有很大危险性,须受到有力的谴责。基督教对教义与结构的一致性的要求以及随之而来的不容异说,在基督教急迫的原始要求——尤其在保罗身上可见到——中,找到了自己的部分根据;这一原始要求是,基督的躯体(基督教会社会)在基督复临的准备状态中须是纯洁的、未分割开来的。另一方面,奥古斯丁表现了包含两方面成分的一种有影响的态度——对于古典文化、特别是柏拉图哲学,了如指掌且表示尊重,然又敏锐地意识到基督教独特的教义优势,尤其是当他步入晚年时,以强有力的方式积极镇压异端邪说。奥古斯丁之后数世纪中的基督教思想,普遍反映了一种类似的态度。尽管其他哲学体系和宗教体系不但有意识地而且无意识地不断产生种种影响,但基督教会却对按照自己主张行事的其他体系正式采取一种几乎不宽容的、限制性的教条式的态度。

因此,奥古斯丁认为有必要(不但在他自己身上,而且在其他人身上)遏制或否定多元论的东西和异教的东西,生物的东西、尘世的东西和人性的东西,而赞同上帝、精神上的东西、唯一真正的基督教会及其唯一真正神圣的教义;他的这一观念在古代世界的最后关头已确定成形,并通过他对基督教会一些重要人物如教皇格列高利一世的持久影响,从制度上体现在中世纪西方基督教会中。由于奥古斯丁的思想、著作和人格的惊人力量,由于奥古斯丁在某种意义上阐明了一个时代的刚出现的自我意识,西方基督教的感觉力主要是通过他的斡旋发展起来的。到古典时期末,显见于原始基督教中的欢欣鼓舞且包容广泛的宗教精神,已获得另一种性质:更重精神的、超世俗的,且在哲学上是精心设计的,然而也是更为制度化的、审判上的,而且是教条式的。

圣灵与它的沧桑变化

基督教内部从其方兴之时起便存在的那种根本性的紧张关系，开始使关于圣灵的奇特教义的重点明晰起来；圣灵即基督教三位一体中的第三位，与圣父上帝和圣子基督合成一神。《圣经·新约》宣布，耶稣死前已向他的门徒们保证，上帝将派圣灵去跟他们待在一起，继续从事并完成他的救世任务。随后，五旬节主日，一群门徒聚集在耶路撒冷一处房屋楼上的一个房间中时，"圣灵降临"到他们中间；据说，他们都体会到圣灵的降临就如圣灵的一次极为强有力的显现，伴有响声从天上下来，"好像一阵劲风刮来，巨大的呼啸声充满整座房屋"，又有"一个个小火舌"显现出来，瞬间落在他们各人头上。在场的那些人将这件事解释成是表明基督依然存在于他们中间的一种压倒一切、不容置疑的启示，尽管基督已死，已升天。据《使徒行传》中的记载，受神灵启示的门徒们之后马上就开始欣喜若狂地向大众讲道：通过圣灵，道已晓示给世人；此时，基督的激情的果实有可能散布给全人类。正如五旬节早先对犹太人来说标志着神在西奈山上面谕摩西十诫一样，此时对基督徒来说，它标志着一种新的启示，即圣灵的不断涌现。随着圣灵降临到上帝的所有臣民的头上，一个新的时代已开始。这一五旬节的感受——显然在随后的公共聚会中，在牵涉到富有魅力的种种现象（如意想不到的治愈和起预示作用的出神入魔的状态）的其他一些境况中，得到更新——后来成了基督教会关于圣灵的教义的基础。

这种教义认为圣灵除了乃物质创造和精神复活所明晰表达出来的生活的神圣原则外，还是真理与智慧的灵魂（圣灵，即指导者）。在第一个方面即启示方面,这种教义确认圣灵为早先通过希伯来先知们表达出来的灵感的神圣源泉。不过此时,圣灵已大众化,易于同所有的基督徒而不只是少数人接近。在第二个方面即生殖方面,确认圣母马利亚是从圣灵怀了孕而生基督,因此圣灵在耶稣受施洗者约翰的洗礼、开始自己的业绩时便已存在。耶稣已死,故圣灵也许降临到所有人头上:只有这样,人类的死与体现上帝的完美的复活才有可能发生。由于圣灵的持续不断的流入,上帝的一种逐渐变为人类的化身正在得到实现,重新开始并推动了基督在持久不衰的基督教社会中的神圣诞生。虽然人的种种现世的推论就其本身而言是没有价值的,但是,由于圣灵的神灵感应,人有可能获得神授的知识。虽然人凭其自身的资源不可能从内心找到对其他人的足够的爱,但是,通过圣灵,人有可能认识一种拥抱全人类的无限的爱。圣灵乃基督之灵,即人类恢复神性的原动力,亦即上帝的通过逻各斯并跟逻各斯一道起作用的精神力量。圣灵的存在使对神圣生活的一种分享成为可能,因而,也使基督教会内部一种团结契合的状态成为可能,而这种状态实质上是对上帝的一种分有。最后,由于圣灵的存在使基督教会这一信仰坚定的群体具有神圣的影响力和神秘性,所以,圣灵被看作是基督教会的基础,在基督教会生活的各个方面——在基督教会的圣事、祈祷和教义,基督教会的发展中的传统,基督教会正式的等级制以及基督教会的宗教权威诸方面——表达自己的意思。

不过,圣灵的这种自然经历很快就与制度化的基督教会的种种保守的需要相冲突。《圣经·新约》称圣灵就像一阵风,吹向"它所愿意去的地方"。但是,就其本身而论,圣灵具有若干生来就有的自然的、革命的品质;按照释义,这些品质使圣灵不受任何控制。声称存在圣灵的一些个人往往会带来种种不可预测的多变的启示和富有魅力的现象。这类过于频繁的现象——基督教会宗教仪式中不受约束且不合时宜的活动,携带迥然不同的异教信息、周游四方的传道士——似乎对积极完成基督教会的使命这一点是无助的。由于这类现象,基督教会并不认为圣灵的权威是真正存在的。

如果不去更为谨慎地予以解释,那么处在种种更为极端的表现形式中的圣灵的原则,似乎便适合于一种亵渎上帝的人类的神化,或者就最乐观的一方面看,适合于一种过早的人类的神化,这种神化会对造物主和创造物之间传统的分离构成威胁,所以,会与基督其救赎行为的最重要的唯一性相抵触。

鉴于这些趋于分裂和异教的倾向,再考虑到有必要保持信仰与仪式的一种有序的结构,基督教会对圣灵的自命的爆发开始予以一种普遍否定的回答。圣灵的种种富有魅力的、无理性的表现——自发的精神上的出神入魔的状态、奇迹般的治愈、使用不同方言的讲话、各种预示、对神圣的启示的新的断言——愈来愈受到阻止,而种种更为有序的、理性的表现形式,如布道、安排有序的宗教礼拜和仪式、制度化的权威和教义的正统性,则受到赞同。由于没有任何新的启示被确认为上帝的绝对可靠的道,人们仔细地选择并永久地确立了衡量使徒的专门著作的一种固定标准。由于罗马教皇即彼得的后继者在西方所宣称的最高权威,基督在原先的使徒们中间所授的圣灵的权威,此时按一种神圣地确立的次序传递给了基督教会的主教们。早先的观念认为,圣灵乃革命的精神力量的一个神圣原则,这一原则是人类社会固有的,并使人类社会趋于神化;这一观念后来在基督教信仰中失去了重要性,而让位于另一种观念,那种观念认为,圣灵仅仅是赋予制度化的基督教会的权威与活动的一种东西。基督教会的稳定性和连续性由此得到了维持,不过是以损害宗教体验和革命的精神推动力的更为独特的形式为代价的。

圣灵与圣父和圣子的关系,在《圣经·新约》中并没有得到明确解释。坦率地说,最早的基督徒们所关心的与其说是神学上严谨的系统阐述,不如说是上帝在他们当中的存在。后来的基督教会会议说圣灵是三一神中的第三位,而奥古斯丁则称圣灵为联结圣父和圣子的爱的共同精神。在早期的基督教崇拜中,有一段时间人们用适于女子的措辞来描绘圣灵(就像后来那样,用鸽子来象征圣灵),所以,有时称圣灵为圣母。从长远看,人们倒是用更一般的、非个人的语言来将圣灵说成是一种既神秘又神圣的力量;这种力量的强大程度似乎已随着时光离最早的使徒这一代人愈来愈久远而从根本上减弱,因此,这种力量的持续不断的存在、活动和影响主要体现在制度化的基督教会中。

罗马与天主教

犹太教对西方基督教的影响——关于上帝批准的一种历史使命的观念,对服从上帝的意志、服从道德上的清苦戒律、服从教义的一致与排他性的强调——因罗马的影响而得到进一步的扩展和调整。基督教会关于人类与上帝的关系乃由道德律严格规定的一种司法关系的观念,在一定程度上来源于罗马法,而以罗马为基地的天主教会则继承了罗马法,并使罗马法臻于完整。罗马国的宗教崇拜的有效性是以对种种规章制度的不折不扣的遵守为基础。更为根本的是,罗马的法律理论与实践是以正义观念为根据;若换位到宗教领域,罪孽则是对上帝在自身与人类之间确立的法律关系的一种可耻的侵犯。关于正义的教义——关于罪孽、犯罪、悔罪、恩典和赔偿的教义——保罗在《罗马人书》中予以了阐明,[12]而且奥古斯丁还将它提出来作为人类与上帝的关系的基础。同样,使高度发达却又难驾驭的人的意志服从上帝的权威,乃犹太教的需要;这一需要在罗马帝国庞大的专制机构所要求的政治从属关系中找到了可用来支持自身的若干文化模式。人们通常用可以反映出同时代政治环境的语言将上帝本身评述为指挥官和国王,君主和主人,认为它公正得不可思议且又无可非议,是对它特别喜爱的东西最终皆宽以待之的芸芸众生的一位严厉的统治者。

基督教会考虑到自己的宗教使命和对人类的宗教保护所负的巨大责任,便需要一种异常持久的形式,来确保自己在古典世界末期的继续生存与影响。罗马国和犹太教的已确立的文化模式与结构——心理学的,组织上的,教义的——尤其适合于一种强有力的、有自我意识的制度化的实体的发

第三篇 基督教的世界观

展,这种实体能指导虔诚徒众,并随着时间的推移而一直存在下去。当基督教在西方逐步发展时,它的犹太教基础迅速同化了罗马帝国文化种种类似的司法上的、专制的特性,所以,罗马基督教会的显著特征的形成在很大程度上受以下这些条件的影响:强有力的中央等级制度,影响道德规范与精神性的复杂的司法结构,牧师和主教的有约束力的宗教权威,对基督教会成员的忠顺的要求和对这种要求的有效坚持,形式化了的仪式和有组织的圣事,对任何偏离公认的教义的做法的不懈防范,旨在使诸蛮族改信基督教并开化的离心式的、好战的扩张,等等。主教的权威被宣布是由上帝规定、无可争议的。主教乃上帝在世界上的权威的活生生的代表,是统治者和审判员,他关于罪孽、异端邪说、开除教籍以及其他极其重要的宗教问题的种种决定被认为在天国是有约束力的。基督教真理本身在罗马的影响下,成为有关立法斗争、强权政治、诏书、军事强制执行以及最终罗马新的最高统治者即教皇论及上帝赋予的绝对可靠之权威时所作的种种断言的一个问题。原始基督教会的种种不稳定的社会形式让位于天主教会的决定性的等级制度。不过,在这样一种坚固的、无所不包的结构内,基督教教义受到了维护,基督教信仰得到了传播,因此,一个基督教社会在整个中世纪欧洲给维持了下来。

在4世纪初君士坦丁大帝皈依基督教之后的这一时期中,罗马与基督教的关系已给完全颠倒过来:迫害者罗马已成为防御者罗马,逐步地把自己与基督教会联结在一起。基督教会的边界此时相当于罗马国的边界,因此,基督教会此时所起的作用,是与罗马国一起共同维护公共秩序、控制其老百姓的活动和信仰。到教皇格列高利一世——中世纪全体罗马教皇的楷模和教皇统治制度的缔造者,于6世纪末在位执政——时,西方社会已起了十分重大的变化,以致早先乃奥古斯丁抨击异教徒时代末期的精神的问答式讲述,此时已成为文化的主要标准。[13]大众戏院、竞技场和异教的节假日已为基督教的圣礼庆典和行进队伍、圣日和节日所取代。随着基督教登上世界舞台、史无前例地意识到自己的要在精神上控制世界的使命,一种新的公共责任感进入了基督教。基督教会的集权等级制度,即与罗马帝国相对应的宗教制度,越来越接受并控制基督教精神探求的中心点。当罗马帝国成为基督教时,基督教亦成为罗马帝国。

君士坦丁大帝将罗马帝国的首都从罗马东迁至拜占庭(后改名为君士坦丁堡)的决定,也对西方有着巨大影响,因为在罗马帝国分裂为东、西两部分之后,在西罗马帝国随着诸蛮族的迁移而崩溃之后,在欧洲大部分地区出现了一个政治与文化的真空地带。基督教会成为能够维持西方的社会秩序和文明文化的某种表象的唯一机构,因此,罗马的主教作为帝国首都传统的宗教首脑,逐步接纳了罗马皇帝先前所拥有的许多特点和职责。基督教会控制了政府的各种功能,成为知识和各门技艺的唯一赞助人,基督教会的教牧人员成为西方唯一有文化修养的阶层,而教皇则成为最高的神圣权威,他可以为皇帝和国王登基举行涂油仪式,也可以开除皇帝和国王的教籍。在西罗马帝国废墟上建立起来的欧洲诸新国家相继皈依了基督教,所以,它们必然认为教皇的罗马是基督教世界的拥有最高统治权的宗教中心。在第一千年中,西派教会不仅将自己的权力集中在罗马主教手中,而且还逐步地然又决定性地宣称了自身的摆脱东派教会的独立;东派教会以拜占庭为中心,并在那里与仍在进行统治的东罗马皇帝结成同盟。地理上的距离,语言、文化和政治形势方面的差别,蛮族入侵和穆斯林入侵的不同影响,各种重大的教义之争,最后还有西方自身的自治倾向——所有这一切,皆使罗马的拉丁教会与拜占庭的希腊正教会更为分离。⑭

在这些情况下,西方的基督教发现了一个独一无二的历史机会。西派教会摆脱了东方的教会与国家,未受到西方古老的罗马帝国先前的文职机构和世俗机构的阻碍,而且还因罗马帝国诸民族及其统治者的过分虔诚而得到授权,所以在中世纪欧洲开始执掌一种极其完整的权力。罗马基督教会不仅成为与神圣罗马帝国相似的宗教帝国,而且成为神圣罗马帝国的历史后继者。接踵而来的中世纪基督教会的理想的自我形象,乃一种宗教上的罗马的和平在英明、仁慈的僧侣统治集团的指导下盛行于世界的自我形象。奥古斯丁本人已根据一个新罗马即基督教会的宗教帝国,想像了古罗马即世俗帝国的灭亡;基督教会的宗教帝国作为尘世对上帝的神圣天国的一种反映,是从使徒们开始的,而且会继续存在于整个历史中。奥古斯丁这样做时,经斡旋促成了基督教在用现存基督教会的措辞去重新设想应允之天国的性质时所接受的那种重大转变。⑮随着中世纪向前推移,随着基督教会逐步巩固自己在罗马的权力,天主教会作为上帝为了使人类获得拯救而予以规定的唯一的、真正的、具有普遍权威性的机构而最终出现了。

圣母马利亚与母教

罗马帝国末期异教民众的大规模皈依，引起了基督教的另一惊人发展。虽然比较而言，关于圣母马利亚即耶稣之母，《圣经·新约》几乎没提供什么情况，而且，对于圣母马利亚在基督教会的未来所可能起的任何重大作用，几乎也没给予什么支持，但是，在古典时期末期和中世纪期间，对马利亚作为令人敬畏的圣母的不同寻常的崇拜，却自然而然地产生了，并作为普遍的基督教看法中的一个主要成分而显示了自己的威力。《圣经·旧约》和《圣经·新约》在它们的一神论中都几乎始终是主张父权的，但是，当一批批异教徒在君士坦丁大帝之后的帝国中皈依基督教时，他们带来了有关大母亲神的一种非常根深蒂固的传统（以及有关神圣童贞女、有关童贞女生育天神般英雄的若干神话中的实例），这一传统注入基督教的虔诚信仰中时，便大大地扩展了基督教会对圣母马利亚的崇敬。不过，圣母马利亚根本不同于诸异教女神之处在于：她是圣子的惟一的、富人情味的母亲，即出现在基督的化身的那幕不可重复的戏中的关键性历史人物，而不是支配死亡与重生的永恒循环的一位自然女神。从异教的神话背景中产生了对圣母马利亚的一种得到了加强的挚爱，不过，圣母马利亚的作用和品格却是在一种明确的基督教认识的范围内发展起来的。

考虑到只有圣经的背景，圣母马利亚在基督教的虔诚信仰中升为如此崇高的角色，乃一种出乎意料的发展。福音书中论及圣母马利亚之处，并不很多，也不完全一致。在《路加福音》中，她得到天使的预告，说她将怀上圣子，此时，她给描绘成是好心地服从上帝的意志，意识到她在上帝的计划中所将起的特殊作用,由于她在肉体和灵魂方面极为纯洁,惟有她适合起那种作用。不过,《马可福音》中的一些段落,很可能是以一种更为古老的传统为根据,描述了一种更为典型的人类性格,提出她也许未认识到耶稣在其一生大部分时间中所起的神圣作用。在《马可福音》中,也有几处提到耶稣有好几个近亲,可能是兄弟和姐妹,他(她)们同耶稣的母亲一样,似乎在耶稣履行其自我感知的使命的较为早期的阶段反对过耶稣。甚至《约翰福音》中也有一些迹象表明圣母马利亚与她儿子之间的关系确实紧张。《圣经》中说圣母马利亚在怀孕和分娩时是一位童贞女的依据,也是含糊不清的。两篇福音书即《马可福音》和《约翰福音》并没提到这一问题,保罗的书信也没谈到这一问题。说及这一问题的两篇福音书即《马太福音》和《路加福音》,是含蓄地前后不一致的,因为这两篇福音书还提供了证明耶稣乃大卫的直系后裔(而且,按《路加福音》的说法,耶稣还是亚当的直系后裔)的家谱表,该家谱表的尽头乃圣母马利亚的丈夫约瑟而非圣母马利亚。

但是,由于虔诚徒众将马利亚确认为贞洁的圣母,由于神学家们将马利亚描绘成是孕含神圣逻各斯的化身的容器,圣母马利亚很快就在早期基督教会中被尊崇为人类和基督之间的调解者,甚至还被尊崇为和基督一起的"为人类赎罪的女性"。先前在圣母马利亚体内已发生了上帝和人的首次融合。正像基督被看作是亚当第二一样,圣母马利亚被看作是夏娃第二,因为她的顺从的、贞洁的观念使人类和自然得到救赎,使纯洁的夏娃的原始的不顺从得到纠正。圣母马利亚依然是已成为基督教精神特点的所有那些美德——纯洁与高雅,温柔与谦恭,简朴,温顺,完美的天赐之福,内在的美,道德上的清白,无私的奉献,对上帝意志的降服——的最高典范。

不但异教大母亲神与自然的基本关系,而且还有源自异教大母亲神的女性养育成分经圣母马利亚之后的注入,起了软化更为严肃不苟地超然的、有男子气概的犹太神的作用。马利亚升至圣母的实际地位,也为本来会原因不明地孤寂且不受任何约束的圣父上帝提供了(对皈依的异教徒而言乃)必需的配对物。对圣母的确认和崇拜,使基督教的万神殿和古典世界的感觉力更为协调,并成为基督教与异教徒关于转世的自然宗教之间的一种有效的纽带。但是,在更为早期的具有女族长权威的女神主宰自然的地方,圣母马利亚的角色是处在人类历史的背景下。对早期神学家来说,最为重要的是,富人情味的马利亚与基督的母方关系确保了基督的真正的人性,与诺斯替教关于基督只是超人的神圣存在物的某些主张形成了对照。

有时,从基督教会的观点看,民众对圣母马利亚的巨大崇敬似乎超出了神学可证性的限制范围。不过,由于圣母马利亚与基督教会的同一化,这一问题不但通过基督教会,而且通过民众的想像力,得到了解决。由于圣母马利亚接受了上帝有关基督即将诞生的宣告、乃第一个相信基督的人,而且乃第一个在自己体内接纳基督的人,所以她代表了整个基督教社会的原型。与圣母马利亚的接受基督、未受精而怀孕的方面相比,人们将基督教会视作"基督的新娘",其目的在于当人类于时光的尽头接受神的完全注入时,能使基督教会通过神圣的婚姻与基督结合在一起。但是,甚至更重要的是圣母马利亚的母亲特性与基督教会的同一化:"神圣的母教"在圣母马利亚的无所不在的守护下,不仅成为基督教博爱的化身,而且成为可以包含、保护并引导所有基督徒的富于营养的母体。⑯

因此,基督徒们除了认为自己是圣父上帝的子女以外,还认为自己是母教的子女。从而,圣母马利亚和母教的养育孩子的母亲形象不仅补充并改善了《圣经》中耶和华的严厉的家长形象,而且还与基督教会自身的严格信奉摩西律法并实行家长专制主义的倾向结合,缓和了这种倾向。⑰甚至教会建筑物的建筑式样,由于这些建筑物的导致宏伟的中世纪大教堂的光辉灿烂的内景和神圣的同母异父的结构,也再现了关于圣母的神秘子宫的这一明确观念。因此,天主教会作为一个整体,在它复兴于天国以前,扮演了一种包罗万象的精神的、智力的、道德的、社会的母体的普遍文化角色,孕育了开始形成的基督教社会,即基督的神秘躯体。似乎尤其是通过这种形式——崇敬圣母马利亚并把她作为母亲的神秘性转移到基督教会中去——在共同的基督教精神中极为成功地保持了基督教的统一成分。

总　结

因此，原始的基督教启示带有各种文化的和智力的变音——犹太教的、希腊和希腊化的、诺斯替教和新柏拉图主义的、罗马和近东的——基督教将这些变音引入一个时常互相矛盾却又特别持久的综合体内。这一综合体就其起源而言是多元的，但就其发达的形式而言是整体式的，它有效地支配了欧洲人的思想，直到文艺复兴以前。

让我们设法在这一观点与希腊和罗马时代的观点之间作出若干概括性区别，这里尤其要着重论述从古典时期末至中世纪初基督教看法的性质。若在这一参考系内，并考虑到这类概括性表述的不可避免的不精确性，一个人就可以说，基督教对希腊和罗马思想的总体影响如下所述：

（1）通过确认唯一的至高无上的上帝即三位一体的造物主与历史的主人，在宇宙中确立一神教的等级系统，从而贬低——不过不是消除——关于原型的型的形而上学，同时也吸收和否定异教的多神信仰；

（2）使柏拉图主义的精神与物质的二元论充分蕴含关于原罪即人与自然的堕落、关于共同的人类之罪的学说；基本上把任何内在的神性——不管是多神教所主张的还是泛神论所主张的——与自然隔开，不过也留给世界一种不是有神论的就是撒旦的具有超自然意义的气氛；并从根本上使善与恶极化；从而，加强柏拉图主义的精神与物质的二元论；

（3）按照上帝在历史中的统治者地位、上帝的选民的故事、基督在世界上的历史性的出现以及他在一个未来的预示世界末日的时代中为拯救人类而最终的再出现,生动地表达超验的事物与人的关系——因而,引进一种新的历史动力观,即历史中一种乃线性的而非循环的神圣的救赎逻辑;不过,也逐步地重新确定这种救赎力量在继续存在的制度化的基督教会中的位置,从而,毫无保留地恢复对历史的一种更为固定的认识;[18]

（4）随着贞女马利亚成为富人情味的圣母马利亚,将异教的母亲神神话并入和改变成一种历史化的基督教神学,进而并入和改变成处于母教形式中的一种持续不断的历史的和社会的实在;

（5）随着人的所有功能皆为基督教信仰的种种要求所包围,并服从于上帝的意志,贬低观察、分析或了解物质世界的重要性,从而贬低或否定理性的功能和经验的功能,而赞成情感的功能、道德的功能和精神的功能;而且

（6）考虑到基督教会和《圣经》对真理的最终定义的绝对权威,拒绝承认人有能力在智力或精神上独立洞察世界的意义。

※

据说,摩尼教的云雾给中世纪的想像力蒙上了阴影。普遍的基督教的虔诚和大部分中世纪神学,皆表明了对物质世界和现实生活的一种决定性的蔑视,因为"尘世、肉体和魔王"时常被集合为一种邪恶的三头政治。节欲乃一种独特的精神需要。物质世界乃悲伤与死亡之谷,亦即邪恶的一个堡垒,信教者会在今世结束时被仁慈地从这一堡垒中释放出来。人们进入尘世是很勉强的,就像一位骑士进入阴影和罪孽的王国,只是希望抵制、战胜

和超越这一王国一样。在中世纪初期的许多神学家那里,对物质世界和一种独立存在的人类理性的发展的直接研究,被看作是对宗教信仰的完整性的致命威胁。诚然,按照正统的基督教教义,上帝其有形的创世的善并没有被最终否认,但是,尘世本身也没有被认为是人类活动的一个值得重视的中心。如果尘世决非邪恶的,那么用宗教措辞来说,它基本上是无意义的。

人类精神的命运在时间开始以前便为上帝所知晓,是上帝预先规定的——这种信念与中世纪早期男男女女面对自然、历史和传统权威而明显表现出来的无能为力同时发生,并因这种无能为力而在人们心理上得到支持。虽然人类生活的戏剧性场面也许是上帝意志的主要集中点,但是,人类所起的作用是一种微弱的、低级的作用。比如说,与荷马笔下的奥德修斯比较起来,中世纪的个人可以被认为在邪恶和尘世面前是比较无能为力的,是得不到基督教会的始终如一的指导与保护的不知所措的人(按这一观点,"漫游"与其说很可能是一种大无畏的冒险之举,不如说是属于异教的、对不敬神的风俗的一种陷入)。又比如,与苏格拉底比较起来,中世纪的基督徒可被认为是在相当大的智力限制下受煎熬(按这一观点,"怀疑"与其说是智力上的主要长处,不如说是精神上的严重缺点)。对人的个性的维护——比如说,在伯里克利的雅典是那么明显——此时却似乎基本上遭到否定,而赞成虔诚地接受上帝的意志,用更切合实际的话来说,赞成虔诚地接受对基督教会其道德、智力与宗教权威的服从。因此,基督教历史的极为有悖常理之处似乎在于:基督教的一种预言的原质——宣告宇宙的神圣的新生,即宣告永世因逻各斯的人类化身而出现的转折点——已前所未有地使人类生命、人类历史和人类自由的意义上升,这种预言最终起了加强一种多少有点对立的观念的作用。

不过,基督教世界观,即使按其中世纪的形式,也不像上述区别所可能表明的那样简单或片面。两种推动力——乐观主义的和悲观主义的,二元论的和统一的——不断地混合成为极为复杂的综合体。的确,基督教会认

第三篇　基督教的世界观

为,极性的一侧使另一侧成为必需——例如,基督教虔诚徒众的伟大天命和基督教真理的至高无上的美,皆要求在制度化控制和教义的精确方面采取那种令人惊叹的措施。在许多谨慎的基督徒看来,神圣的启示和仪式的连续性给成功地保持了一个又一个世纪这一事实,远远超过了同时代教会政治的短暂邪恶或民众信仰和神学教义的一时歪曲。从这一观点看,基督教会的救世恩典最终存在于其世俗使命的宇宙意义中。世俗的基督教会的明显缺点,仅在于不完美的人类在试图执行一个其范围大得不可思议的上帝的计划时所带来的种种不可避免的副作用。根据类似的理由,基督教的教义和仪式被认为高于并超越各基督徒的独立判断——仿佛所有的基督徒都要把自己并入宇宙真理的象征中似的;虽然宇宙真理的崇高与重要此时并不是信教者可直接理解的,但是,宇宙真理最终可以发展成为人类的精神进步,并在人类精神进步的过程中为信教者所领会。因此,无论中世纪基督徒的与其存在有关的明显减少的东西是什么,他们却知道自己是基督通过基督教会所带来的救世恩典的潜在接受者;这一点,使他们上升到历史上所有其他民族所不及的地位,并使与诸异教文化的任何反面的比较无效。

　　但是,除了此类宗教辩护外,我们在将一个时代与另一时代作比较时,已含蓄地将中世纪初期西方基督教世界中的一般人与古典时代开始时在独特的文化创造力的一个相当短暂的时期中显赫一时的一小群杰出的希腊人作了对比。中世纪的西方并非没有自己的天才人物,纵然他们在这较早的若干世纪中屈指可数,只是偶尔有影响。若声称这种天才人物的缺乏与其说是由于其他历史因素,不如说是由于基督教,那将是轻率的,尤其是不但考虑到基督教取得统治地位以前古典文化的衰落,而且还考虑到基督教文化末期所取得的非凡成就的话。因此,我们不应该忘记:苏格拉底是因为"不敬神"才被雅典民主政府处死;他也不是古代因非正统的舆论而被控告的唯一的哲学家或科学家。反过来,中世纪亚瑟王的寻找圣杯的骑士们也不是其古希腊时代的祖先的微不足道的继承人。爱冒险的精神和教条主义必定存在于每个时代,虽然这两者之间的重点在转移;所以,从长远的观点来看,一者无疑会刺激另一者。总之,中世纪时代和古典时代之间的一种更为普遍的心理比较,将会是更为公正的,而且,显示的差异或许也会更少。

无疑,人们可能会认为,由于皈依了基督教的诸异教民族和蛮族年复一年、周复一周地受到指导,去对个人生活的圣洁,对关心他人幸福,对忍耐、谦恭、宽恕和同情,予以新的评价,所以,它们获得了某些渐增的道德与社会的益处。虽然在古典时代,好内省的生活是几位哲学家特有的,但是,基督教对个人责任、犯罪意识和遁世绝俗的注重,促使远为众多的人去关心精神生活。因此,与先前若干世纪的往往使人痛苦的哲学的不确定性和宗教的异化截然不同,基督教世界观提供了含有精神与情感的营养成分的一个稳定的、不变的孕育处,在这一孕育处,每一种人类精神都在这个更大的格局中具有意义。一种公认的宇宙秩序观已流行开来,所以,再怎样过高估计耶稣基督这一最重要角色所具有的那种巨大的神授超凡能力也不为过,因为耶稣基督使整个基督教世界结合在一起。凡是中世纪基督徒所能感受到的限制,似乎都因他们对自己神圣地位与精神救赎的潜力的一种强烈意识而得到补偿。虽然人类生活此时也许是一场考验,但上帝的历史计划正在使虔诚徒众朝最终与上帝团聚的方向渐进。的确,信仰、希望与爱的基本力量使任何事情原则上都有可能在基督教世界中发生。在一个时常是黑暗的、混乱的漫长时代中,基督教世界观提供了一个理想的精神王国的实在性;在这一王国中,所有的信徒,即上帝的儿女,都可以找到食粮。

现在,回头察看中世纪全盛时期处于其最为辉煌阶段的天主教会——由于整个欧洲实际上都是天主教的,由于人类历史的整个历书此时在数值上以基督的诞生为中心,由于罗马教皇在精神上、也时常在尘世居统治地位,由于大批忠实信徒深受基督教虔诚信仰的影响,由于宏伟的哥特式大教堂、寺院和大修道院,抄写员和学者,成千上万的神甫、修道士和修女,由于对病人和穷人的普遍关心,由于极其神圣的仪式,伴有游行队伍和庆祝活动

第三篇　基督教的世界观

的盛大宗教节日,值得称道的宗教艺术和格列高利圣咏,道德剧和奇迹剧,拉丁语在礼拜仪式和学问中的通用,基督教会和基督教的虔诚在人类活动的所有领域的普遍存在——由于所有这一切,人们几乎肯定会对基督教会在建立一个共同的基督教文化母体和履行其世俗使命方面所取得的巨大成功予以某种赞赏。[19]因此,不管基督教的事实上的形而上学的正确性是什么,西方文明文化本身的有生命力的连续性已把它的存在归因于基督教会在整个中世纪欧洲的生命力和渗透性。

但是,或许首要的一点,我们必须谨防将现代世俗的判断标准往回投射到一个较早时代的世界观上。历史记载表明,对中世纪的基督徒们来说,他们信仰的基本信条并不是教会权威强加的抽象信条,而是他们经验所特有的实质性东西。上帝或魔王或圣母马利亚的活动,罪孽和灵魂得救的状况,对天国的期待——这些是有效地支持并激励基督徒的世界的现存原则。我们必须设想,中世纪有关一种特定的基督教现实的经验,比如说,与古希腊有关一种拥有男女诸神的神话中的现实的经验,或者与现代有关一种迥然不同于私下的主观心灵的非个人的、有形的客观现实的经验,是同样确凿、不证自明的。正是因为这一理由,我们必须着手考虑中世纪的世界观,如果我们想从这种世界观的内部去探讨对我们文化精神发展的一种认识的话。在某种意义上,我们在这里谈到一种世界,就和谈到一种世界观差不多。因此,如同在希腊人那里一样,我们正在谈到西方予以发展和改变,予以批评和否定,但从来没有完全丢弃过的一种世界观。

的确,正是基督教看法本身之内的种种深刻的对立面——不但起因于基督教的种种根源,而且还起因于基督教综合体的辩证性质的许多内在的紧张状态和有悖常理之处——会不断地破坏基督教思想的大一统的教条主义倾向,从而不仅确保其巨大的历史推动力,而且最终还确保其彻底的自我改变。

第四篇 中世纪时代的转变

- 经院哲学家的觉醒／199
- 托马斯·阿奎那的探求／204
- 中世纪全盛时期的进一步发展／217
    - 世俗思想的涨潮／217
    - 天文学与但丁／219
    - 基督教会的世俗化与世俗神秘主义的兴起／222
- 批判的经院哲学与奥康姆的剃刀／226
- 古典人文主义的复兴／236
    - 彼特拉克／236
    - 柏拉图的复归／238
- 在门槛上／248

171　我们现在要从事自己的一个主要任务：关注西方思想从中世纪基督教世界观到现代世俗世界观的复杂演变，即古典思想在其中起了关键性作用的一种长期的、戏剧性的转变。

　　古典文明和罗马帝国的光辉灿烂，对中世纪初期的西方来说是一种久远的回忆。先前诸蛮族的迁移不仅破坏了西方的政府权力体制，而且基本上消除了任何高级文化生活，尤其是在伊斯兰教扩张之后，还阻断了接近原先的希腊文本的机会。尽管中世纪初期头脑清醒的基督徒们意识到自己特别荣耀的精神地位，却也明白自己正生活在一个文化与学术的黄金时代结束后的昏暗时期中。但是，在基督教会的一些隐修院中，少数人却使古典时代的火花不熄灭。在那个政治与社会不稳定的历史时期中，正是这种基督教的隐修院提供了能在其中安全地维持和发展高级追求的一种受保护的场地。

　　中世纪思想的文化进步首先意味着恢复古代文本及其意义，而且首先也需要恢复古代文本及其意义。早先，古代的基督教祖先已确立了一种有
172 效的传统；按照这一传统，对古典时代的异教成就不是完全予以拒绝，而是可以在基督教真理的框架内予以重新解释和理解，因此，正是在这一基础上，中世纪初期的修道士们使学术成就的某种外表延续了下来。在一些隐修院中，用许多人工来复制古老原稿已成为体力劳动的一种典型形式。波伊提乌，古罗马濒临灭亡时的一位基督教贵族政治家兼哲学家，曾试图为子孙后代保存古典思想遗产，并取得了部分成功。在他于6世纪初期去世之后，他的拉丁语作品和摘要——除了有关基督教神学的外，还有有关柏拉图哲学和亚里士多德哲学的——被传入隐修院的传统思想中，并为中世纪好

几代学者所研究。①同样,查理曼在 8 世纪末叶靠军事征服来统一欧洲大部分地区、建立一个西方基督教世界之后,也鼓励有学术水准的文化复兴;这种文化复兴如同依靠基督教思想一样地依靠古典思想。

但是,在整个中世纪的上半叶,学者罕见,文化资源匮乏,原先的古典文本基本上得不到。在这些情况下,新合并成一体的西方诸民族的智力进步是一个缓慢的、费力的过程。仅仅学习这个被征服帝国的语言的词汇和语法、掌握它的已高度发展的思维方式、确立正确的教学方法论,就是一些十分重要的任务,需要若干世纪的努力学习。

这些也不是仅有的障碍,因为基督教信仰之绝对重于世俗事务这一点,亦阻止人们按照古典思想和古典文化的条件去广泛地涉足其间。一些最杰出的修道士将智能全耗在对《圣经》的沉思中,从而使自己的心灵有可能领会道的精神含义,驱使灵魂走向与神的神秘结合之路。这种修道士的探求和苦行修炼扎根于古代基督教会祖先的神学,几乎不会引起要求其他智力探索的离心愿望,因为其他的智力探索只会搅扰静心沉思的隐修院生活。对来世的要求吸引了虔诚的基督徒们的注意力,使他们不会为了自然、科学、历史、文学或哲学起见而对这些学科有浓厚的兴趣。由于《圣经》中的真理是无所不包的,所以,当时只是为了更好地理解基督教教义的奥秘和宗旨,才对人类理性的发展予以支持和鼓励。

但是,中世纪过了一半,即公元 1000 年前后,由于欧洲在经受数世纪的外来入侵和社会混乱之后终于获得了一定程度的政治安全,西方的文化活动开始在许多方面有了日益加快的进展:人口增长了,农业改善了,欧洲大陆内外的贸易有了发展,与邻近的伊斯兰教文化和拜占庭帝国文化的接触变得更为频繁,城市和市镇与一个有文化修养的上流阶级一起出现,工匠们的行会产生了,学习愿望的普遍增强导致了大学的创建。具有古老封建秩序的固定不变的世界正让位于一个新世界。

这些新的社会结构——行会、社区和社团——是建立在同行业和友爱合作的基础上,而不是建立在较早时候君主和封臣的垂直式的、家长式统治的权力基础上,因此,它们的协议仪式是建立在民主地达成一致意见的基础上,而不是建立在封建封臣的由基督教会认可的誓言的基础上。政治权利和制度被重新界定,呈现了一种更为世俗的倾向。法律程序朝理性的验证而不是朝借助神断的审判方向发展。对中世纪的心灵来说,自然界呈现了更多的实在性;这一点,可以从神学家们的那种普遍的做法——用 universitas[整体]这个词来将具体的宇宙表示为一种不可分割的同质整体,即具有自然差异的一种神圣的和谐——中看出来,同样也可以从让·德·默恩所著的《玫瑰传奇》中的新的性爱和现实主义中看出来。古代的文学和思想,从柏拉图的《蒂迈欧篇》到奥维德的《爱的艺术》,拥有了有欣赏力的读者。行吟诗人和宫廷诗人都歌颂使灵魂变得崇高的浪漫式爱情的一种新理想;这种爱情产生于一些自由的个人之间,这些个人皆毫无保留地反抗将婚姻当作须由基督教会批准的社会与政治安排这一普遍的封建流俗。有关历史和历史推动力的一种更为深刻的观念被唤醒了;这种观念不仅体现在新的编年史家们对同时代诸政治事件的介绍中,而且还体现在神学家们对基督教日益由进化产生的进步的新意识中。中世纪的视阈马上在许多平面上迅速地扩展了。

在这场文化的革命中,显得特别重要的是,在农业和机械制作技术方面,尤其是在新的动力源(风车、水车、马轭、马镫、重型犁)的利用方面,出现了若干重要的技术革新。随着这类发明物的出现,人们开始以前所未有的技能和干劲来开发自然环境。技术的进步,使人类智力在征服自然力量和获取有用知识方面的重要性显得更加突出。世界似乎因对智力的这种运用而变得文明,所以,从欧洲人身上可以看出,他们在这一领域是极为足智多谋的。结果,随着一种仅能维持生存的经济进入欧洲中世纪全盛时期的生气勃勃的先进文化中,增长了的生产力促进了尚未发展完全的农业社会的发展。年轻的、未开化的基督教西方正通过它自己的雄心勃勃的事业崛起,成为一个充满活力的文明中心。

第四篇　中世纪时代的转变

经院哲学家的觉醒

当西方文化作为一个整体使自身大为变样时,天主教会对世俗学问和异教智慧的态度也起了根本变化。基督教较早时候需要对异教文化或多或少地严加排斥,以便彰显自身、加强自身,这一需要现在却不再那么急迫了。由于欧洲大陆的大部分地区此时已皈依基督教,基督教会的精神与思想的影响力是最为巨大的。学问和文化的其他来源也不再造成过去那种威胁,尤其是如果基督教会能把其他的来源全都融入它自己的包罗万象的结构中去的话。此外,随着欧洲的日益繁荣,基督教会的神职人员挤出更多的时间去努力思考自己感兴趣的问题,这一点,反过来又由于与更古老的东方诸学问中心——拜占庭帝国和伊斯兰教帝国——的交往日益频繁而得到进一步的促进;在东方诸学问中心,古代的各种原稿和希腊古典遗产已在欧洲处于更愚昧黑暗的时代期间给保存了下来。在这些新情况下,基督教会开始倡导一种有着惊人的广度、深度和严密性的学问与教育的传统。

思想气候中这一变化的特点,从12世纪初期巴黎一个学派在圣维克托的奥古斯丁隐修院的发展中可以看出来。虽然定居于圣维克托隐修院的于格完全是在隐修院的神秘主义和基督教的柏拉图主义的传统范围内活动,但他却提出了根本性的教育论点:着重于物质世界的实在性的世俗学问,构成高级的宗教冥想和神秘主义的出神入魔状态的必要基础。于格宣称:"万事皆学,然后方知无事不有用。"七门人文科学——三学科(语法、修辞、论理)和四艺(算术、音乐、几何、天文)——的目的是"恢复上帝在我们身上的映象"。由对学问的这种新的支持产生了中世纪伟大的总结性论文,即旨在理解整个现实世界的百科全书式的论文;于格第一个写了这种论文。② 这同一种教育观念成为整个欧洲诸大学发展的基础;在这些大学中,巴黎大学(大约创建于 1170 年)总是处于卓越地位。希腊的派地亚又正在以一种新的化身萌芽。

因此,西方对物质世界和人脑理解物质世界的能力的不断增长的兴趣,在制度和文化上赢得了对西方雄心勃勃的新事业的相宜支持。在基督教会倡导的学问的这种前所未有的背景下,在使西方的文化生气勃勃地兴起的更为巨大的势力的影响下,基督教观点的哲学基础的根本转变成为可能之事:在中世纪基督教会的母体内,由奥古斯丁创立并建立在柏拉图的基础上的否认世界的基督教哲学,开始让位于处理存在的一种根本不同的方式,正像经院哲学家们实际上在他们自己的思想演变中重演了从柏拉图到亚里士多德的转变一样。

那种转变在 12 和 13 世纪中因西方对亚里士多德大部分作品的重新发现而被引起;这些作品是由穆斯林和拜占庭城的居民保存下来的,此时已被译成拉丁语。这些文本包括《形而上学》、《物理学》和《论灵魂》;同这些文本一起出现的不仅有博学的阿拉伯人的系统的注释,而且还有其他的希腊科学著作,特别是托勒密的著作。中世纪欧洲与一种就其广度而言乃百科全书式的、就其复杂精细而言又是浑成协调的高级科学宇宙论的突然相遇,对一种基本上不了解这些著作和思想已达数世纪之久的文化来说,是耀眼的。不过,亚里士多德之所以有如此巨大影响,是因为那种文化已极为充分地准备好承认亚里士多德成就的高质量。他对科学知识的巧妙总结,他对逻辑推理规则的整理,以及他对人类智慧的力量的信任,皆完全与中世纪西方日渐发展的理性主义和自然主义的新倾向相一致——所以,对基督教会的许多知识分子具有吸引力;这些知识分子受过长期的学校教育,在关于教义的微妙之处的逻辑辩论中,使自己的推理力发展到异常敏锐的程度。因此,亚里士多德的文本在欧洲出现后,拥有一批接受能力显然很强的读者,

第四篇　中世纪时代的转变

亚里士多德很快就被称为"哲学家"。中世纪思想潮流中的这一转变将带来重大的影响。

在基督教会的支持下，诸大学正逐步发展成为引人注目的学问中心；学生们从欧洲各地聚集到大学里学习和聆听大师们的公开讲演和辩论。随着学问的发展，学者们对基督教信仰的态度变得不像以往那么轻率，而是变得更为内省。运用理性来检查信条、为信条辩护的方法，早在11世纪便已为坎特伯雷大主教安塞姆所利用，之后，尤其是逻辑推理方面的训练，又得到了12世纪充满激情的逻辑学家阿伯拉尔的支持；这种方法和训练的地位，现在正随着教育的普及和神学的日渐重要而迅速上升。阿伯拉尔的《是与否》乃不同教会当局的显然自相矛盾的论述汇编；随着这部著作的问世，中世纪的思想家们由于在相对立的观点之间所作的辩论，又由于识别正确教义的人类理性的力量日益增强，变得越来越专注关心真理的可能的多元性。这并不是说基督教真理遭到了怀疑；确切地说，它们此时正得到分析。正如安塞姆所说的，"在我看来，这似乎是一个粗心大意的例子，如果我们在自己的信仰变得坚定之后不去努力理解我们所相信的东西的话"。

此外，诸大学经过与地方宗教当局和政治当局的长期斗争之后，从国王和教皇那里赢得了建立它们自己社区的权利。随着巴黎大学于1215年接获圣座的一份书面特许状，欧洲文明又有了一个新特点，因为诸大学此时是以专用于追求知识的相对自治的文化中心的形式存在。虽然基督教的神学和教义主持了对知识的追求，但它们转而又越来越为理性主义精神所渗透。正是这种富有创造力的环境，采纳了亚里士多德及其阿拉伯评注者们的译本。

最初，有些教会当局抵制异教哲学家的突然侵入，尤其是抵制他们关于自然哲学和形而上学的著作的突然侵入，生怕基督教真理受亵渎。但是，它们早期不准讲授亚里士多德思想的禁令却激起了学者们的好奇心，促使他们更深入地研究这些经过检查的文本。不管怎样，亚里士多德思想是不可能轻而易举地被摒弃的,因为他的由波伊提乌传下来的已十分有名的逻辑学著作,自中世纪刚开始起,就已被认为是权威性的,成为基督教文化的基础之一。尽管保守的神学家们十分担忧,但基督教文化的思想探求虽还没有在内容上,然在性质上却是越来越亚里士多德的,而且,随着时间的推移,基督教会的指责也变得不很严厉了。但是,这种新的态度必然会急剧地改变欧洲思想的性质和方向。

使信仰与理性结合,一直是中世纪哲学的主要工作,因此,借助于理论的分析,基督教教义的天启真理便有可能得到阐述与辩护。哲学是神学的婢女,正如理性是信仰的解释者一样。因此,理性从属于信仰。但是,随着对亚里士多德思想的采纳,随着物质世界成为新的瞩目的中心,早期经院哲学家对"理性"的认识作为形式上正确的逻辑思维,获得了一种新的含义:理性此时不仅意味着逻辑,而且还意味着经验观测和实验——即对物质世界的认识力。由于哲学家思想领域的日益扩展的范围,理性与信仰之间的紧张状态此时从根本上显得更为突出。有关具体事物的一大堆不断增加的事实,必须与基督教教义的种种要求结合起来。

结果,新的理性与信仰之间的辩证法、有关物质世界的人类知识与有关神示的固有教义之间的辩证法,在13世纪达到顶点的经院哲学家大阿尔伯图斯及其学生托马斯·阿奎那那里充分显现出来。这两个人都虔诚地忠于圣经神学,不过也关心物质世界的种种奥秘,而且还赞同亚里士多德对自然、肉体和人类智力的确认。经院哲学的黄金时代中的这些学者,本来不可能了解他们为了理解实际存在的一切而进行的思想探求所带来的最终影响。因为经院哲学家们如此直接地与不同倾向——希腊的和基督教的、理性和信仰、自然和精神——之间的这种紧张状态对抗,从而在中世纪末期的一些大学中为由科学革命引起的西方世界观的巨大变异扫清了道路。

阿尔伯图斯是将从神学获得的知识与从科学获得的知识明确区别开来的第一位中世纪思想家。虽然神学家在信仰问题上是专家,但在世俗问题上，科学家知道得更多。阿尔伯图斯宣称：世俗学问具有独立的价值，而人们则需要感性知觉和经验观测，因为人们关于物质世界的知识就是建立在感性知觉和经验观测的基础上。按这一观点，亚里士多德的哲学被认为是在不利用基督教灵感的情况下奏效的自然的人类理性的最伟大的成就。

在阿尔伯图斯已领会亚里士多德学说的思想力量并将其确立为大学课程的一个必要的组成部分之后，阿奎那剩下的哲学任务就是要有条有理地完善这一希腊式的挑战。阿奎那是虔诚的多明我会修道士，意大利贵族的儿子，诺曼征服者和伦巴族征服者的后裔，在那不勒斯、巴黎和科隆当过学生，也任过罗马教廷的顾问，所以，他知道欧洲文化生活的广泛性和活力，并在巴黎大学即西方思想骚动的中心担任关键性的教学工作。在刚过去的若干世纪中起作用的力量，开始在阿奎那那里得到充分的表达。在他比较短暂的一生中，他创造了一种世界观，这种世界观戏剧性地体现了中世纪全盛时期西方思想绕其轴心朝一个新方向的转变，而现代思想则将成为这一新方向的继承者和受托者。

托马斯·阿奎那的探求

阿尔伯图斯和阿奎那所体验到的对综合思想体系的热情,对站在过去与未来之间、处于历史转折点的那类人来说,是不可避免的:就像受磁体吸引那样被引向物质世界的开端,引向理智能力的新范围,不过,也受到了对基督教启示的一种不可动摇的、更确切地说是更新了的信仰的影响。此外,正是由于那个独特的时代,特别是那类独特的人,这两种忠诚的表现——一方面是对福音的忠诚,另一方面是对物质世界和人类理性的忠诚——被认为不是互相对立的,而是互相支持的。阿尔伯图斯和阿奎那皆是多明我会的成员,因而先后投入到早一代由多明我和阿西西的方济各充当先锋、普遍持久地汇集到一起的福音狂热中。很快就蓬勃发展起来的多明我托钵修会和方济各托钵修会,不仅给中世纪基督教带来了新的活力,而且还带来了新的价值观。

方济各在自然的神圣的伙伴关系中得到的神秘欢乐,多明我在侍奉福音的过程中对学问的培育,他们对教牧人员与俗人之间严格死板的界限的终止,他们的具有更为民主的形式、授予更大的个人自主权的内部治理,他们的让隐修院在世界上积极地布道和讲课的号召——所有这些都促进了对自然和社会、对人类理性和自由的一种新的开放状态。尤其是,这种新注入的使徒信仰重新确认了自然与神恩之间的亲密关系,同时也支持了基督教启示与世俗世界之间的直接对话。在福音会教徒们眼中,道并不是与人类的日常生活远远隔离的一种遥远的真理,而是与人类经验眼下的细节直接有关的。福音按其真正的本性,需要进入尘世。[③]

第四篇 中世纪时代的转变

阿尔伯图斯和阿奎那继承了与俗人的这种宗教上的和睦关系,所以能够更自由地发展甚至在奥古斯丁身上也可以发现的基督教神学传统的某些方面;那些方面确认了造物主的天佑的智慧以及由此产生的存在于被创造的世界范围内的秩序与美。他们朝前迈了一小步便得出这样的结论:越探索世界、了解世界,便越认识上帝、崇敬上帝。由于只可能存在一个源于唯一的上帝的令人信服的真理,理性揭露的东西最终不会与神学教义相悖。真实的、有价值的东西,即便是靠人的天生智力获得的,最终也不会与上帝的启示无关,因为理性和信仰皆源于同一源头。但是,阿奎那还是更进了一步,宣称自然本身可以提供对神智的一种更深刻的评价,而且,对物质世界的理性探索也有可能揭露其内在的宗教价值——不是正像对超自然事物的一种模糊的反映一样,而是根据物质世界自身的条件,在其世俗实在中发现的一种理性上可理解的自然秩序。

传统的神学家们反对这一科学观点,因为这一观点的传说中的对一般决定性规律的发现似乎削弱了上帝的自由创造力,同时还对人类的个人责任心以及人类需要信仰上帝这一点构成了威胁。主张自然的价值似乎就是夺取上帝的最高权威。由于他们将自己的论点建立在奥古斯丁关于自然的堕落与需要上帝的救世恩典的学说的基础上,他们将这门新科学关于自然的明确的、决定论的概念视作对基督教教义的本质的一种异教威胁。

但是,阿奎那认为,承认自然界秩序就会增强人对上帝创造力的认识,而且决不会贬低上帝的全能;他认为上帝的全能体现在连续不断的创世中,而这种创世是按照依然由上帝主宰的有序的模式进行的。在这一结构内,上帝用意志力驱使各种生物按照自己的本性行动,而人类本身则凭借自己的理性智力获得了最大程度的人身自由。人类的自由既没有因为自然规律、也没有因为人类与上帝的关系而受到威胁,而是给编织进上帝创建的秩序之中。因此,由于自然界颇有秩序这一事实,人类能发展起一门会使其心智通往上帝的理性科学。

在阿奎那看来,物质世界并不仅仅是人类为了制订其精神命运而以外来人身份短暂地居留于其间的一个不透光的有形的舞台。自然也不为与精神事务不相容的一些原则所支配。更准确地说,自然和精神彼此紧密地联系在一起,所以一者的历史会影响到另一者的历史。人类本身乃这两个王国——"如肉体的范围和精神的范围"——的非常重要的中心。在阿奎那眼中,重视自然并不会夺取上帝的最高权威。确切地说,自然同人类一样,之所以是有价值的,就因为上帝让它存在。成为上帝的一个生物并不意味着与上帝的一种分离,而是意味着与上帝的一种关系。此外,上帝的恩典并没有损害自然,而是使自然完美。

阿奎那还确信,人类的理性和自由是有独立价值的,而且,它们的现实化会进一步有助于造物主的荣耀。人类其意志和智力的自主性并没有因为上帝是全能的这一事实而受到限制,它们的充分突现也不会是人在反对造物主时所施展的本领的一种不适当的证据。更准确地说,这些特殊品质本身也可以在上帝自己的本性中找到,因为人是上帝按自己的模样创造的。人类凭借自己与造物主的独特关系,可以享有独立存在的智能和意志力,而这种智能和意志力是按上帝自己的智能和意志力仿制的。

由于阿奎那受到了亚里士多德关于自然与最高的型的关系的神学概念的影响,又受到了新柏拉图主义对无孔不入的太一的认识的影响,所以他宣布了人类的尊贵与潜能的一个新的基础:在如同上帝假设的人性的内部,存有那种朝与人类的存在的无限背景——即上帝——的完美交融的方向积极运动的潜能,因为上帝乃趋于实际存在的完美方向的整个进化过程的源头。甚至人类的语言也体现了神智,因而是能接近并详尽阐述创世的奥秘的一种有价值的工具。因此,人类理性能在信仰中起作用,不过是按照它自己的原则起作用。哲学可以坚持其自身的与神学无关、然又与神学互补的优点。人类的智力和自由从上帝自己那里得到了自身的实在与价值,因为上帝的无限慷慨使各种生物能按照各自的特殊本质分有上帝的存在,人类也能在不断发展的人的品质的整个范围内这样做。

位于阿奎那看法中心的是他的一个信念：倘若从人类身上减去这些非凡的能力，就会冒昧地减弱上帝自身的巨大能力和上帝的富有创造力的全能。若为人类的自由、为实现特定的人类价值观而努力，就会促进上帝的意志。上帝先前已将这个世界创造成具有若干内在目的的一个王国，所以，为了达到上帝的至上的目的，上帝打算让人类领会若干内在的目的：为了成为上帝想要的那种人，人类先前已充分实现了自己的人性。人类乃上帝的宇宙的一个自治的部分，所以，人类的真正的自治使人类能自由地回到一切事物的源头。的确，除非人类真正获得自由，否则人类就不能自由地爱上帝，不能自由地实现其崇高的精神命运。

✠

阿奎那对人性的评价伸展到了人的肉体方面，即得出一种对他独特的认识论上的方向有影响的评价。柏拉图的反物质的态度也反映在传统的奥古斯丁神学的大部分思路中；与柏拉图的这一态度截然不同，阿奎那吸收了亚里士多德的一些概念，来主张一种新的态度。在人身上，精神和自然是区别得出的，但它们也是一个同质的整体的两个方面：灵魂乃人的形式，肉体则乃人的质料。因此，人的肉体实质上是人的存在所必需的。[④]用认识论上的措辞来说，人的灵魂与肉体的结合对人有利，因为只有人的实际观察结果才有可能使人对各种事物的潜在认识开始起作用。阿奎那曾多次引用保罗的《罗马书》："神的各种看不见的东西……借着所造之物就可以被清楚地看见。"神的各种看不见的东西——阿奎那把奥古斯丁和柏拉图所说的"种种永恒的类型"也包括在其中——只有通过来自经验的东西，通过对可见物和特殊的具体对象的观察，才有可能被接近。人的心智若凭借感官来体验特殊的具体对象，就有可能接近共相；共相可使特殊的具体对象被理解。因此，感觉经验和智力皆是认识力所必需的，各自皆体现在对方中。与柏拉图的暗示形成对比,感觉和智力在阿奎那看来不是寻找知识的反对者,而是伙伴。同亚里士多德一样,阿奎那认为,人的智力不可能直接接近超验的相,而是需要感觉经验来唤醒其对诸共相的潜在认识。

正如阿奎那的认识论更为深刻地强调了现世经验对人类知识的价值、甚或必要性一样,他的本体论断言了现世的存在的基本价值与实质。[⑤]各种可感知的事物并没有仅仅作为较不真实的映象而存在,就像柏拉图的相的模糊的复制品一样;更准确地说,它们拥有它们自己的实际存在的实体,就像先前亚里士多德所坚称的那样。各种形式真正地嵌在质料中,与质料结合产生复合整体。但是在这里,阿奎那超越了亚里士多德学派的认为自然脱离上帝而存在的倾向,认为对存在的意义的一种更深刻的哲学认识会把被创造的世界与上帝完全联结在一起。为了做到这一点,阿奎那在这一新的方面以新的方式再次提出柏拉图哲学的"分有"概念:各种被造物拥有真正的实际存在的实体,因为它们分有存在;存在来自上帝,上帝即所有存在的无限的依靠自力生存的背景。因为上帝的本质恰好是上帝的实存,即上帝的存在——这种存在引起了所有被造物的有限的存在,而每个被造物皆有自己的特定本质——的无限实在。

每一物的本质,即其特定种类的存在,乃衡量该物分有由上帝传递给它的真实的存在的标准。一物之所是和该物之存在乃任何被造物的两个不同方面。只有在上帝那里,才是绝对简单明了的,因为上帝之所是和上帝之存在完全是一回事:上帝就是"存在"本身——无限制的,绝对的,难以描述的。因此,每个生物皆是本质和存在的复合物,而只有上帝才不是复合物,因为上帝的本质本身就是存在。各种生物拥有存在;上帝就是存在。对各种生物来说,存在并不是自己给予自己的,所以在这一点上,存有阿奎那的基本哲学信条:有限的世界的绝对偶然性取决于存在的一位无限的给予者。

因此,在阿奎那看来,上帝不仅是取得自然的至高无上的型,而且还是自然之存在的真正的背景。对亚里士多德和阿奎那两人来说,形式是活动的本原——不仅是一种结构,而且还是趋于现实化的一种推动力;因此,整个世界与最高的型即上帝相比,受到强有力的推动。但是,尽管亚里士多德的上帝是与上帝乃其原动力的世界无关的,而且对这种世界也是不感兴趣的,但是在阿奎那看来,上帝的真正的本质就是存在。上帝将自己的本质传递给它所创造的世界,这一世界的每种情况在接受由上帝传递的存在之实在的范围内开始变得真实起来。只有以这种方式,亚里士多德所说的第一推动者才得以与它所激励的世界真正连接在一起。因此,反过来,也只有这样,柏拉图所说的超验的事物才得以与具有多样性且处于不断变化之中的经验世界真正连接在一起。

依靠阿拉伯和基督教的新柏拉图主义传统(除奥古斯丁和波伊提乌以外,这些传统还是阿奎那有关柏拉图的知识的主要源头)的若干哲学成果,尤其是依靠古代东方基督教的那位自称丢尼修大法官的神秘主义者的思想,阿奎那渴望通过运用柏拉图的一些原则来深化亚里士多德思想。不过,他也明白柏拉图哲学需要亚里士多德哲学的若干原则。的确,在阿奎那看来,柏拉图的分有说只有在经深化后超脱于各种类型的存在——存在可以有各种类型的存在——而获得关于存在本身的原则时,才会导致完整的形而上学观念。而这种深化则需要亚里士多德学说所提出的一个拥有真实的存在的自然的背景——这一自然即是通过其持续不断的生成过程即其从潜能到现实的强有力的运动而实现的一种实体。因此,阿奎那指出了这两位希腊哲学家可以互为补充,即柏拉图的崇高的精神的绝对和亚里士多德的生气勃勃的真实的自然可以互为补充,亦即可以通过利用柏拉图的不是有关相而是有关存在的分有而实现一种结合。这样做时,他还进一步纠正了亚里士多德的哲学观点,因为他指出一个个具体的个人不仅是一些孤立的本体,而且还通过他们共同分有存在而彼此结合在一起,并与上帝结合在一起。不过,他也纠正了柏拉图的哲学观点,因为他论证神圣的上帝不仅与相有关系，而且还直接影响到一个个个人，因为每个个人都是按上帝的模样创造的，而且各自都以其有限的方式分有上帝的存在的无限实在。

阿奎那就这样将柏拉图通常赋予相的东西单单给予了上帝，但这样做时，他也赋予了经验世界以更多的实在。既然"生存"就是分有存在，既然存在本身就是上帝自身之存在的礼物，那么，每一被造物就都拥有一个建立在上帝的无限实在中的真正的实体。在某种意义上，相乃上帝创造的世界的榜样，就和上帝头脑中正式的设计一样；但是，从最深刻的角度考虑，上帝才是世界的真正的、最终的楷模，而所有的相不过是那种至高无上的本质的一些曲折变化。所有被创造的存在物皆首先极大地分有上帝的本性，各自皆以其自身特定的、有限的方式显示上帝的一部分无限的变化和完满。按阿奎那的认识，上帝并非只是一物，即在一系列别的实体中排在首位的一个实体，而宁可说，是一切事物皆从中获得自身之存在的存在（esse）的无限实在。实际上，基督教把上帝解释为慈爱的无限的造物主，自由地把自己的存在赐予它所创造的世界；阿奎那借助于基督教的这一认识，将柏拉图的超验的实在和亚里士多德的具体的实在综合在一起。同样地，他以为上帝处于绝对的、不可言喻的完满中，不过也把自己的本质——即存在——给予被造物，从而，他将亚里士多德对自然和人类的目的论推动力——即力求更为完美的现实化——的强调和柏拉图对自然分有一种高级的超验的实在的强调综合在一起。这些被造物之所以被强有力地朝现实化方向推进，就因为它们分有存在；这种存在就其本性而言，乃趋于绝对的存在的一种强有力的倾向。正如新柏拉图主义所认为的那样，整个世界始于并结束于至高无上的太一，就是说，从至高无上的太一出发，又返回至高无上的太一。但是，在阿奎那看来，上帝创造世界并赋予世界以存在，不是通过必需的流溢，而是通过充满个人的爱的一种自由的行为。因此，创造物不仅作为一种遥远的半真实的流溢分有太一，而且作为上帝创造的一个完全真实的单独的实体分有"存在"（esse）。

第四篇 中世纪时代的转变

这样,阿奎那便在考虑自然、考虑自然的实在和活力、考虑一个个单独的存在物和考虑感觉经验的认识论上的必要性方面追随了亚里士多德。不过,他对一种高级的超验的实在却有明确的意识,他相信个体精神的不朽,他的强有力的精神感觉力集中在作为存在的无尽源泉和目标的慈爱的上帝身上;就这些方面而言,他坚持了中世纪神学的奥古斯丁传统,从而与柏拉图和柏罗丁更相酷似。但是,阿奎那在涉及相和人类知识时对柏拉图和奥古斯丁所作的区别,却是一种在认识论上颇有意义的区别,因为这种区别支持了基督教知识界对感觉经验和经验主义的基本价值的明确承认,而早先柏拉图和奥古斯丁却贬低那种基本价值,赞成从超验的相中获得直接的启示。阿奎那并不否认诸相的存在。更准确地说,在本体论上,他(与亚里士多德一致)否认诸相能离开物质实在而自立,而且(与基督教的一神论一致,与奥古斯丁认为诸相存在于上帝的富有创造力的头脑中的看法一致)否认诸相能离开上帝而享有各自的创造性地位。因此,在认识论上,他否认人类智力有能力直接认识诸相,宣称人类智力需要感觉经验按照那些永恒的原型来推动对各种事物的一种不完整的、然却富有意义的认识。如果人类实际上是不完整地了解上帝所完整地了解的东西,那么人类就必须使自己看清物质世界。

在阿奎那看来,就像在亚里士多德看来一样,我们先认识具体事物,然后才认识共相。在柏拉图和奥古斯丁看来,真实情况恰好相反。奥古斯丁的知识论靠的是在认识论上确信:人类由于从内心受到了关于上帝的超验的相的知识的直接启发而有可能认识真理。这些相构成了逻各斯,即基督,亦即奥古斯丁内心的导师;这位导师包含所有的相,并以一种内在的方式启发人类智力。虽然阿奎那保留了奥古斯丁观点的某些方面,但他却无法接受柏拉图在认识论上仅依赖诸相的做法。人类不但是精神,而且也是物质,所以,人类的认识力必定会反映两个原则:知识源于对具体的特殊对象的感觉经验,从这些特殊对象中可以抽象出共相,而且,这种知识具有正确性,因为在识别诸独一无二的对象中的共相时,人类心智正在理智上分有——不管怎样间接——上帝据以创造该对象的那种原始模式。在这里,阿奎那又把柏拉图和亚里士多德结合在一起,因为他认为灵魂的这种分有的能力等同于亚里士多德所说的能动的知性,即努斯——不过,他激烈反对亚里士多德的那些解释者将努斯当作全人类所共有的一种单一的、独立的实体,因为那样做往往不但会否认个体精神的不朽,而且会否认个人的智力和道德责任。

  阿奎那承认可以把一种实在作为神圣智力中的永恒类型归属于相,这些永恒类型类似于建筑师在建造一幢房屋以前便存在于其头脑中的一些形式,但是,他否认人类可以在今世直接认识它们。只有一种更为完美的(即天使的)智力才可以享有与上帝的一些永恒概念的亲密接触,并直接抓住它们。不过,尘世间的人类是以借助阳光察看事物的同样方式,根据那些永恒类型来理解事物。没有感觉经验的心智是一块空白的石板,在仅能用智力理解的事物方面处于一种潜能状态中。但是,没有能动的知性的感觉经验则是难以理解的,因而实际上是盲目的。人类的能动的知性内部包含与神圣的光相像的东西。按照人类目前的状况,人类必须将其能动的知性集中到自己对物质世界的感觉经验之上,如果人类正在试图抓住真理的话;从那一点上,人类可以借助于亚里士多德方式中的论证的推理继续前进。按照阿奎那的哲学,诸相隐退到背景的位置,而需要强调的则是感觉经验乃必需的特定的感觉映象的提供者;能动的知性亦照亮那些必需的特定的感觉映象,以便把可理解的事物或概念抽象出来。

  因此,阿奎那为经院哲学的一个主要的、最持久的问题即共相问题提出了一个解决办法。中世纪初期的共相学说就其特性而言乃"唯实论"学说——即共相作为一个真实的实体而存在。从波伊提乌的时候起,关于共相是在柏拉图哲学的意义上,作为一种与具体的特殊对象无关的超验的相而实际存在,还是在亚里士多德哲学的意义上,作为一种与其单独的物质化

第四篇　中世纪时代的转变

身完全联系在一起的内在形式而实际存在,始终意见不一。在奥古斯丁的影响下,柏拉图哲学的解释通常受到赞同。不过,在这两种情况下,共相的实在性皆得到极为普遍的确认,以致——举例来说——安塞姆就根据相的存在与特殊对象即相的派生物的存在之间的关系来进行辩论。但是,洛色林,即安塞姆的同代人和阿伯拉尔的导师,却批评了人们对实在的共相的认定,坚称共相不过是词语或名字(名义上的)——因此发表了关于唯名论的哲学学说。阿奎那利用大阿尔伯图斯所系统地阐述的一些区分,来努力解决这一争论,提出诸相有三种存在方式:作为与各种事物无关的存在于上帝的心灵之中的原型(先于实在的),作为存在于各种事物中的可理解的形式(现实中的),作为人类的心灵从事物中抽象出来的概念(后实在的)。

认识论上这些非常仔细的区分以及诸如此类的区分,对阿奎那来说是十分重要的,因为在他看来,人类知识的性质和变化过程直接与神学上极为关心的一些问题有关。按阿奎那的观点,人类能够努力认识事物的现状,因为各种事物和人类对各种事物的认识皆是由同一个绝对的存在物——上帝决定的,而且与人类自身一样,皆表现出同一个绝对的存在物——上帝。同柏拉图和亚里士多德一样,阿奎那相信人类知识的可能性,因为他确信存在与知识最终是一致的。人类通过理解一个物体的形式方面即一般外表而可以认识该物体。人类之所以拥有这种理解的能力,不是因为人类心智仅仅被高级的独立的实体即相所打动,而是因为人类自身的心智拥有一种高级的、"更高贵的"成分,通过这种成分,人类心智可以从感觉印象中抽象出确凿的共相。这种能力就是能动的知性的灵光(lumen intellectus agentis)。人类理性的灵光从包含一切事物的永恒类型的神圣上帝那里获得自己的力量。在给予人类以这种灵光的过程中,上帝已使人类拥有认识世界的潜能,正如上帝已将可理解性赋予作为认识的可能对象的所有存在物一样。因此,人类心智能够作出合理的判断。

不过,阿奎那认为,由于存在与认识的关系,某种具有更为深刻意义的东西卷入了人类认识过程中。认识一个事物,在某种意义上就是要使认识者接受该事物。灵魂把一个物体的形式收进自身中。灵魂通过接受一个事物的一般外表即表示该事物的每一种情况的外观——该事物的与其个体化的物质化身无关的形式——而可以认识该事物。正如亚里士多德先前所说的,灵魂在某种意义上乃一切事物,因为早先创造灵魂的方式已让宇宙的整个秩序刻录在灵魂之内。但是,阿奎那将这一认识的最高级的状况确认为上帝的眼光——并非纯粹是亚里士多德确认为人类的最终目标的那种哲学沉思的状况,而宁可说,是基督教神秘主义的那种至高无上的圣洁无邪的眼光。人类通过扩展自己的认识,正在变得与上帝更为相像,所以,同上帝一样,乃人类真正向往的目标。由于纯存在和纯知识皆表示上帝(上帝拥有构成存在的"趋于自身的存在"的知识,即拥有构成存在的自我启发的知识),由于一种有限的存在以一种不完全的方式分有那些绝对的东西,认知的每一个行为皆不仅是一个人自身的存在的一种扩展,而且是对上帝的本性的一种不断扩展的分有。因此,通过认识诸被造物中的存在,再借助于有限的存在和无限的神之间的相似,心智有可能获得关于上帝的一种明确的——不过始终是不完美的——认识。因此,在阿奎那看来,人类为认识而作的努力具有深远的宗教意义:真理之路就是圣灵之路。

阿奎那之所以会对西方思想产生惊人的影响,主要是因为他确信:早先由希腊人准许并予以发展的对人类其经验智力和理性智力的审慎运用,此时能令人吃惊地为基督教事业服务。因为正是人类智力对尘世的许多被造物——它们的秩序、它们的活力、它们的推动影响、它们的有限状态、它们对另外事物的绝对依赖——的敏锐认识力,在宇宙等级系统的顶端揭示了一种无限的最高存在物即原动力和初始因的存在:基督教的上帝的存在。因为上帝乃所存在的一切事物的支持原因,即所有事物的存在的最终的无

第四篇 中世纪时代的转变

条件状态。希腊人是形而上学的探求的主要典范,而基督教则是精神探求的最终表现;人们发现,形而上学的探求的最终结果与精神探求的最终结果完全一样。信仰超出了理性的范围,但是,并没有遭到理性的反对;实际上,它们互相丰富了对方。阿奎那并没有将世俗理性的活动看作是宗教信仰的真理的一个威胁性的对立面,而是确信这两者最终不可能不一致,确信它们的多重性会因此对一种更深刻的统一体有用。在这一点上,阿奎那完成了更早时候的经院哲学家阿伯拉尔所提出的辩证法的挑战,这样做时,他虚心接受了正在涌入的希腊古典智力。

诚然,理性哲学不可能独自为《圣经》和基督教教义中所揭示的所有宗教真理提供令人信服的证明。但是,理性哲学可以提高对神学问题的宗教认识,正如神学可以提高对世俗问题的哲学认识一样。由于上帝的智慧渗透世界的所有方面,对自然实在的认识只能加深基督教信仰的深邃,然而是以恐怕非预先可知的方式加深的。无疑,单靠关于自然心灵的哲学是不可能完全洞悉世界的最深刻的意义的。由于这一缘故,基督教启示是必需的。人类智力因亚当的堕落而被遮暗,所以是不完美的。为了接近一些最高级的精神实体,人类思想需要被揭示的道的启示;只有爱才有可能真正地达到无限。但是,哲学事业仍然是人类寻求精神认识的过程中的一个极其重要的成分。因此,如果亚里士多德在阿奎那看来(就像柏拉图在奥古斯丁看来)缺乏关于造物主的一个适当的概念,那么阿奎那便是明白如何依靠亚里士多德,同时又如何在任何需要的地方——或者是通过灌输一些新柏拉图主义的概念,通过采用基督教启示的一些特殊见解,或者是通过利用他自己的敏锐的哲学眼光——纠正和深化亚里士多德思想。因此,阿奎那赋予了亚里士多德思想以一种新的宗教意义——即如通常所说的,阿奎那使亚里士多德皈依了基督教,并为他施了洗礼。不过,同样确实的是,从长远的观点来看,阿奎那也使中世纪基督教皈依了亚里士多德,皈依了亚里士多德所代表的价值观。

阿奎那充当中间人,将亚里士多德介绍给了中世纪西方;这样做并没有抛弃奥古斯丁神学中的柏拉图的超验事物,而是使基督教思想接受了这一世界的内在价值和自发的活力,亦即人类和自然的内在价值和自发的活力。按阿奎那的观点,对亚里士多德的一种理解似乎有悖常理地使神学变得更为完全地"基督教的",使神学中更为回荡着作为自然和精神、时间和永恒、人类和上帝的救赎之团聚的道成肉身的奥秘。理性哲学和对自然的科学研究有可能因神学和信仰而臻于完整,同时又丰富神学和信仰本身。这一理想是"一种神学上有根据的世俗倾向和向世人开放的一种神学"。在阿奎那看来,存在的奥秘是无穷无尽的,但是,这种奥秘通过人类的天赋智力的虔诚发展,永不完整地、然却光辉灿烂地展现在人类面前:就这样上帝引导人类从内心向前去寻求完美,去懂得更彻底地分有绝对的存在,去超越自身、回到自己的源头。

阿奎那就这样欣然接受了这门新的学问,掌握了所有可获得的文本,并致力于艰巨的智力任务:在一部伟大的《神学大全》中将希腊世界观和基督教世界观统一在一起;在那部《神学大全》中,古人的科学成就和哲学成就将进入基督教神学的统括一切的视野之内。阿奎那的哲学不只是其各部分的一个总和,还是使其综合体的不同成分得到新的表达的一个有生命的复合物——仿佛他先前已确认了两股潮流中的一种内含的统一,然后开始靠纯粹的智力的力量将它牵引出来似的。

第四篇　中世纪时代的转变

中世纪全盛时期的进一步发展

世俗思想的涨潮

阿奎那对理性与启示的结合所怀有的那份乐观的信心，不是人人皆有的。其他的哲学家们因受到亚里士多德的最伟大的阿拉伯评注者阿威罗伊的影响，在讲授亚里士多德的著作时并没意识到有必要始终如一地使他的科学结论和逻辑推论与基督教信仰的真理协调一致，也没意识到这样做的可能性。这些"现世主义的"哲学家以布拉班特的西格尔为首，集中在巴黎的文学院里；他们注意到了亚里士多德的某些信条和基督教启示的那些信条之间的明显不一致之处——尤其是注意到了亚里士多德的一些概念，如：为全人类所共有的独特的智力（这种智力意味着单独的人类精神之总有一死）、物质世界的永恒（这种永恒是同《创世纪》中的创世故事相矛盾的）以及上帝和人类之间的许多中间体的存在（这种存在否决了神圣上帝的直接活动）。西格尔和他的同事们宣称，如果哲学上的理性和宗教信仰处于矛盾之中，那么理性和科学的王国从某种意义上说肯定是在神学范围之外。一个"二重真理"的宇宙便是逻辑上必然的结果。这样，阿奎那便发现自己要求基本解决这两个王国之间的矛盾的愿望，不仅是与传统的奥古斯丁教义的信奉者们的立场相对立的，而且是与阿威罗伊主义的信徒们的异教哲学相对立的，因为传统的奥古斯丁教义的信奉者们完全拒绝亚里士多德科学的闯入，而阿奎那又认为阿威罗伊主义的信徒们的异教哲学对完整的基督教世界观是不利的，而且还削弱了对亚里士多德的一种真正的基督教解释的潜能。但是,随着亚里士多德著作的更好译本的出现,随着这些译本同它们一直与之融合在一起的新柏拉图主义解释的逐渐分离,亚里士多德的观点越来越被承认为是不易与明确的基督教观点相结合的一种自然主义的宇宙哲学。

面对诸大学中这种令人不安的、突然发生的思想独立,教会当局谴责了这种新的思想。由于觉察到异教的亚里士多德与阿拉伯的科学因自发的人类理性及其对世俗自然的欣然接受而形成的世俗化威胁,基督教会不得不采取一种反对开始蔓延开来的反神学的思想的立场。基督教信仰的真理是超自然的,所以需要受到保护以免遭自然理性主义的含蓄批评。阿奎那先前没有成功地解决这两个对立阵营之间的激烈分歧,在他于1274年英年早逝之后,这种裂缝变得更深了。实际上,3年后基督教会列出须受谴责的东西的名单时,有一些受过阿奎那教导的人也给包括在内。因此,相敌对的坚持理性者和坚持信仰者之间的分裂进一步加深了,因为基督教会通过开始时不仅对现世主义者而且对阿奎那的指摘,切断了科学的思想家和传统的神学家之间的交往,使这两个阵营越来越彼此远离、互不信任。

基督教会的禁止并没有阻止新的思想。在许多哲学家的眼中,事情已经是无可改变的了。由于已体验到亚里士多德的非凡才智的力量,他们拒绝回到以前的原状中去。他们承认,自己的智力本分就是无论人类理性的批判性判断导向哪里,都得予以追随,即便那样做会与信仰的传统真理相抵触。这不是因为信仰的真理最终有可能受到怀疑,而是因为这类真理不一定要靠纯粹理性来证明其正确;纯粹理性有自己的逻辑和自己的结论,而且在一个或许与信仰不相干的领域中找到了自己的用途。神学和哲学之间的潜在分离已很明显。因此,潘多拉的科学探求的盒子一旦被打开,就不会关上。

不过,在中世纪最后的这些世纪中,基督教会的权威仍然是牢固的,能使自己适应教义的变化而不危及其文化霸权。新的思想尽管屡遭指摘,但很有吸引力,无法完全予以扼制,甚至在虔诚的基督教知识分子中间也是如此。在阿奎那去世半个世纪时,基督教统治集团对阿奎那的一生和工作重新评介,正式封他为有文化的圣徒。托马斯主义的所有学说被从须受谴责的东西的名单中除去。基督教会通过承认阿奎那在用基督教措辞解释亚里士多德方面所取得的巨大成就,开始将这种经过调整的亚里士多德学说并入教会学说中,而阿奎那则被视为亚里士多德学说的最权威的解释者。阿奎那和他学术上的追随者及同事们就这样通过精心详细地设计出亚里士多德的科学、哲学和宇宙论与基督教教义的统一,给了亚里士多德以合法地位。若没有这一综合体系,希腊的理性主义和自然主义的力量能否为和中世纪西方一样乃普遍地基督教的一种文化所同化,则是有疑问的。但是,随着基督教会逐步接受这一工作成果,亚里士多德全集实际上上升至基督教教义的地位。

天文学与但丁

同样随着对亚里士多德的发现而出现的是托勒密关于天文学的著作;这些著作指出诸行星以同中心的晶球的形式绕地球运转,并对本轮、偏心圆和想像的天体运行轨道作了进一步的数学上的严谨推理,以此来阐明关于天的古典概念。虽然观测和理论之间的差异不断产生,要求新的解决办法,但是,托勒密体系作为已知的最为尖端的天文学仍起支配作用,能在维持其基本结构的同时在细节上修正自身。尤其是,这种体系为那种以为地球恒定不动而天绕其运转的自然感觉提供了一种令人信服的科学解释。总之,亚里士多德和托勒密的著作提供了代表古典时代最佳科学的一个无所不包的宇宙论范例,即一个先前已决定性地影响阿拉伯科学、此时又在西方诸大学中迅速传播开来的宇宙论范例。

从12和13世纪起,连托勒密编纂的占星学也在诸大学中(往往与医学研究结合在一起)得到讲授,而且被阿尔伯图斯和阿奎那融入一种基督教的背景中。实际上,占星学在中世纪期间由于定期享有国王和教皇的赞助与学术名声,并构成了一种正在进行的、愈来愈重要的隐秘传统的宇宙框架,而从未完全消失过。但是,随着信奉异教不再构成对基督教的一种直接威胁,尤其是考虑到占星学的古典起源与亚里士多德和托勒密对占星学所作的系统化编纂,中世纪全盛时期的神学家们更为自由地、明确地接受了占星学在这个格局中的重要意义。传统的基督教对占星学——其内含的对自由意志和神恩的否定——的异议,由阿奎那在《神学大全》中予以了反驳。他在《神学大全》中断言,诸行星影响了人类,特别是影响了人类身体的自然状态,但是,人类通过运用其天赋的理性和自由意志,可以控制自己的强烈情感,从占星学的决定论中获得自由。由于大多数个人没有运用这种能力并因此受到行星威力的支配,所以占星家们能够作出一般的准确预言。不过,原则上,灵魂可以自由地作出选择,正如按占星家们的说法,明智的人控制了命运一样。阿奎那就这样在承认天上的神灵这一希腊概念的同时,维持了基督教对自由意志和神恩的信赖。

占星学与天文学结合在一起,能揭示自然的普遍规律,所以作为一门综合性学科又上升至很高的地位。诸行星式星球——月球、水星、金星、太阳、火星、木星、土星——构成了环绕地球并影响人类存在的连续不断的天空。因为作为得到恢复的古典宇宙论的基础的是亚里士多德的一个基本原则:"每一个运动的终止必定是在天空中运行的神圣物体的终止。"随着各种阿拉伯语译本在接连好几代人中的不断流传,形成于希腊化时代、在亚历山大诸学校和赫耳墨斯传统中得到阐述并由阿拉伯人推进的一些隐秘的占星学概念,渐渐地在中世纪知识分子中间获得广泛的影响。

但是,正是在但丁欣然接受经院哲学家们授予基督教的亚里士多德和托勒密的宇宙论时,古代世界观再次完全地进入这位基督徒的灵魂,在那里得到发展,且充满着基督教的意义。由于但丁及时地从内心紧密追随阿奎那,又同样地被亚里士多德的科学智慧唤起了灵感,他在自己所写的叙事诗《神曲》中实现了实际上乃中世纪时代的道德的、宗教的和宇宙论的范例。《神曲》在好几个方面都代表着基督教文化中的一种前所未有的成就。但丁的叙事诗作为诗的想像力的经久不衰的一幕,超越了中世纪较早时候的若干传统手法的范围——具体表现在以下方面:它具有文学素养,对本国语的运用令人信服,具有心理洞察力并在神学上作了种种创新,表达了一种更加强烈的个人主义,确认诗和学问为宗教认识的工具,暗示女性与对上帝的神秘认识有关联,在一种基督教的背景下大胆地、柏拉图式地夸大了人的性爱。但是,对西方世界观的历史来说,尤其重要的是这部叙事诗的宇宙论结构所带来的某些结果。因为但丁将亚里士多德和托勒密的科学概念与对基督教宇宙的一种经过生动想像的描绘结合在一起,从而创造了一个巨大的古典基督教神话;这一神话包含了会对后来的基督教想像力施加相当大的——而且是复杂的——影响的整个由神创造的世界。

按但丁的看法,正如通常按中世纪的看法一样,天不但是神圣的,而且从人类角度看是有意义的。人的微观世界直接反映了宏观世界,所以诸行星式星球体现了左右人类命运的各种势力。但丁通过富有诗意地将基督教神学的一些具体成分与古典天文学的一些同样具体的成分结合起来,使这个一般概念更详尽完备。在《神曲》中,围绕中心地球的诸上升的基本的行星式星球靠那颗包含上帝御座的最高的星球而达于中天,而朝相反方向映照诸天球的地狱的圈子则向地球的堕落的核心下降。亚里士多德的以地球为中心的宇宙就这样成为基督教的道德戏剧的一个巨大的象征性结构;在基督教的道德戏剧中,人类位于天堂和地狱之间,为其天上的寓所和尘世的寓所吸引,并在其精神性和肉体性之间、在道德枢轴上保持平衡。由于特定级别的天使和天使长对每个星球的运动负责,甚至对诸星球的各种本轮的细微区别负责,托勒密的所有行星式星球此时成为基督教的参照物。《神曲》描绘了存在的整个基督教等级系统——随着宇宙论以人类的世俗存在为中点,随着一切都被小心地标示在托勒密和亚里士多德的体系上,存在从位于物质地球的黑暗深处的撒旦和地狱向外穿过炼狱之山,然后继续向上越过接二连三的一群群天使,最后延伸到位于最高天球的天堂中的至高无上的上帝那里。由此产生的基督教宇宙乃一个神圣的宏观世界孕育处;人类被安全地置于这一孕育处的中心,完全为上帝的全知全能的存在所包围。因此,但丁同阿奎那一样,完成了宇宙的一种极其广泛的安排,即中世纪基督教对由希腊人提出的宇宙秩序所作的一种外观上的改变。

但是,这种希腊与基督教的结合所特有的力量和勃勃生气,必然促使文化心灵中的活动发生突如其来的决定性变化。中世纪的智者认为物质世界对其核心而言是象征性的,而且那种认识先前已随着基督教知识分子对亚里士多德和希腊科学的接受而获得新的特性。由于希腊科学计划的每个方面此时都充满着宗教意义,但丁将托勒密和亚里士多德的宇宙论用作基督教世界观的结构性基础的做法,迅速地被基督教集体的想像力所接受。按但丁及其同时代人的看法,天文学和神学难解难分地结合在一起,所以,这种宇宙论的综合体系的文化影响是深远的:因为如果有任何基本的物理变化——举例来说,比如一个运转中的地球——被未来的天文学家们引入那种体系中,那么一种纯科学的革新的结果就会威胁整个基督教宇宙论的完整性。思想的广泛性以及对已成为中世纪全盛时期基督教思想特点的文化普遍性的要求,甚至使古典科学的一些细节进入基督徒头脑的褶缝中,从而使基督教思想进入后来证明是极成问题的若干领域。

基督教会的世俗化与世俗神秘主义的兴起

在中世纪全盛时期,基督教世界观仍然是确定无疑的。不过,制度化的基督教会的地位已在很大程度上变得更加有争议。罗马教廷因在10世纪

第四篇　中世纪时代的转变

后巩固了自己在欧洲的权威,所以已逐步扮演一个对诸基督教国家的事务有巨大政治影响的角色。到 13 世纪时,由于罗马教廷积极干预整个欧洲的国家问题,又从虔诚徒众那里获得巨额收益来供养愈来愈富丽堂皇的教廷及其庞大的官僚机构,基督教会的权力范围是惊人的。到 14 世纪初,这种世俗成功的结果既是清楚的,又是令人不安的。基督教虽然已变得很强大,但也开始妥协起来。

教会统治集团显然容易有财政与政治方面的动机。教皇对位于意大利的教皇国的世俗统治权,使教皇国卷入了种种政治行动和军事行动;这些行动一再地使基督教会其精神上的自我理解变得复杂起来。此外,基督教会由于其过分的财政需要而不断地对虔诚的基督徒民众提出更多的要求。也许最糟的是,罗马教廷的现世主义和明显的腐败,在虔诚徒众的眼中,正在使罗马教廷失去其精神上的完美(但丁本人先前已把精神价值和教会统治集团区别开来,而且感觉到无奈,只好将不止一个的教会高级官员送进《地狱篇》,因为他们背叛了基督教会的使徒的使命)。基督教会的为文化霸权而奋斗,虽然起先带有宗教动机,但所取得的真正成功此时却在逐渐损害其宗教基础。

在此期间,欧洲诸民族国家的世俗君主政体已逐渐获得权力和凝聚力,从而创造了一种形势;在这种形势下,教皇对普遍权威的主张不可避免地会导致严重的冲突。基督教会在其财富和尘世的扩张达到最高点时,突然发现自己陷入长达一个世纪的极端的宗教混乱中——先是罗马教廷被迫迁至法国人控制下的阿维尼翁("阿维尼翁囚禁"时期),接着是出现一种前所未有的情况:先有 2 位教皇,然后又有 3 位教皇,同时主张教皇的权力("教会大分裂")。由于神圣的教皇权威如此明显地完全受难以捉摸的政治势力、尘世盛况和个人野心的支配,基督教会实际上的精神作用正变得愈来愈模糊不清,西方基督教世界的统一也受到极大的威胁。

在 13 世纪末叶和 14 世纪时,在基督教会的世俗化过程不断加快的同一年代中,一种惊人的神秘主义热潮席卷了欧洲大部分地区,尤其是莱茵兰,结果影响到成千上万的男男女女——除了牧师、僧侣和修女外,还有俗人。这种宗教的迸发是极为虔诚的,以基督为中心,且旨在实现与神的直接的、内在的结合,所以基本上是在与基督教会的已确立的构造物无关的情况下发生的。这种基督教神秘主义的冲动在阿奎那和但丁那里得到具有相当大的思想复杂性的一种神学上的表达,所以在中欧俗人中间就需要一种更为完全地由感情引起的献身的勇气。十分微妙的智力也在迈斯特·爱克哈特即神秘主义运动最重要的导师这样的人身上起作用;爱克哈特的形而上学的看法从阿奎那和新柏拉图主义中获得了哲学上的支持,他原先对神秘体验的系统阐述有时似乎还对正统观念的范围构成威胁:"上帝用来察看我的那种眼光就是我用来察看上帝的那种眼光;我的眼光和上帝的眼光是同一种眼光。"不过,他的为众人所聆听的布道带来的影响,还有他的信徒约翰·陶勒和海因里希·苏索的学说所带来的影响,基本上不是智力的或理性的,而是道德的和宗教的。尤其是,他们主要关心的是直接的宗教启示和充满基督教的爱与侍奉的一种圣洁化的生活。

但是,由于当时强调的是与上帝的内部交流而不是对基督教会的制度化圣事和崇拜的共同形式的需要,基督教会本身被认为对精神事业而言不是那么必须的。由于高级的宗教体验此时被认为既是神职人员可直接获得的,又是俗人可直接获得的,牧师和主教不再被看作是精神活动的必不可少的调停者。同样地,话语和理性也在灵魂与上帝之关系的这一背景下显得相对不重要,从而使神学的高度的理性主义发展和教会学说的有争议的微妙之处似乎是多余的。理性和信仰虽是从经院哲学的这一结果的对立面出发,然亦是在起相同作用的情况下,渐渐地进一步分离开来。

具有更超乎寻常的直接重要性的是基督教的精神性的理想与制度化的基督教会的现实之间的逐渐增大的差异。按新的神秘主义的传道士和世俗兄弟会全体成员的看法,个人的虔诚高于教会仪式,正如内心体验取代了外部遵从一样。真正的基督教会即基督的躯体,此时越来越被认为等同于忠实信徒和受启迪者的卑微灵魂,而不是等同于得到官方支持的教会等级系统。着重强调《圣经》和对道的信仰乃真正的基督教会之基础的一种新做法,开始取代了制度化的基督教会着重强调教义和教皇的最高权威的做法。过看破红尘与世隔绝的简朴生活被认为是通向上帝的可靠之路;这种生活与教会机构的特权官员所过的享有财富和权力的生活截然不同。

所有这些被普遍地体验到的差异暗示了与中世纪基督教会的传统结构的一种潜在的决裂。不过,那种决裂并没有发生。与此相关的那些人乃虔诚的基督徒,通常承认没有任何必要去积极反抗基督教会。在寻求改革和复兴的地方,由于是通过中世纪末期若干较重要的宗教运动来达到目的,改革和复兴通常依然是处在现存的基督教会框架内。但是,种子已给播下了。基督和使徒们的生活被承认为精神生活的范例,不过,天主教会当时的一些机构似乎既不代表也不促成那种生活。因此,不但为英国和低地国家的其他人所接受、也为莱茵兰的神秘主义者所接受的新的精神自治,往往会使基督教会在真正的精神性的领域内起次要作用。早在12世纪末,菲奥雷的约阿基姆就已提出了自己关于历史的颇有影响的神秘主义看法,将历史分成具有不断增加的精神性的三个时代——圣父时代(《圣经·旧约》)、圣子时代(《圣经·新约》与基督教会)和即将到来的圣灵时代;在圣灵时代,整个世界会充满着神,制度化的基督教会不再是必需的。

由于对个人与上帝的直接的、私下的关系予以新的强调,基督教会其精心设计的制度化的形式和规章制度在基督教会的世俗化使其宗教使命似乎越来越值得怀疑的同时遭到贬低。当中世纪时代达到其最后一些阶段时,始终存在于教会历史中的要求改革的呼声,通过日渐增多的各种人物——但丁、帕多瓦的马西利乌斯、尼姆的狄特里希、约翰·威克里夫、扬·胡斯——强有力地表达出来,而且,从统治集团的观点看,变得与自身特性相符,比以往任何时候都更是异端的。

批判的经院哲学与奥康姆的剃刀

当以新的世俗神秘主义为代表的一种文化潮流趋于宗教自治方向时,经院哲学的潮流依然在亚里士多德的影响下使西方智力惊人地发展下去。因此,如果基督教会的精神作用是不明确的,那么它的智力作用同样是不明确的。一方面,基督教会正在诸大学中支持整个学术事业;在诸大学中,对基督教学说的阐述采用了空前严密的逻辑方法,而且是在愈来愈大的范围内进行的。另一方面,基督教会又试图控制整个学术事业,采取的方法不是谴责和压制就是给某些改革如阿奎那的革新以理论地位——仿佛在说,"到此为止,不得逾越"。但是,在这种含糊不定的气氛内,经院哲学的探索仍在继续,且具有愈来愈重要的含义。

基督教会先前已基本上接受了亚里士多德。但是,这种文化对亚里士多德的新的关注并没有随着对其著作的研究而停止,因为这种关注意味着对物质世界的一种更为广泛的、且不断加深的兴趣,也意味着对人类理性力量的一种不断增长的信心。中世纪末期的亚里士多德学说与其说是欧洲的发展中的科学精神的起因,不如说是征兆。英国的经院哲学家如罗伯特·格罗斯泰斯特及其学生罗杰·培根,早已(在某种程度上受诸如炼金术和占星术之类的秘传传统的驱使)在做具体的科学实验,将柏拉图哲学传统认为是至高无上的数学原理应用于亚里士多德所提议的对物质世界的观察方面。对直接经验和推理的这种新的关注,正开始暗中破坏基督教会对一些古代文本——此时除了有《圣经》文本和早期基督教作家的文本外,还有亚里士多德的文本——的独家授权。人们正根据亚里士多德自己的主张,尽管没在总的权威性方面,但在一些细节上,对他提出质疑。人们将他的一些原理与经验作比较,发现这些原理是有欠缺的,人们确定了他提供的证据中的一些逻辑上的推理谬误,而且,常常对其全集作细致的考查。

经院哲学家们对亚里士多德的全面而彻底的批判性讨论以及他们对一些备择假说的往往很高明的建议,正在形成一种愈来愈敏锐的、持怀疑态度的、乐意接受根本变化的新的理性精神。尤其是,他们的探索正在创造一种思想气候;这种思想气候不仅鼓励了关于自然的一种更为经验主义的、机械论的、用数量表示的观点,而且还会及时地、更从容自在地容纳不断运转的地球这一概念所必需的视野的根本转变。到 14 世纪时,一位像巴黎学者和主教尼科尔·奥雷姆那样的主要的经院哲学家,也会为一个不断转动的地球的理论上的可能性辩护(哪怕是在其本人直接拒绝接受这种可能性时),从而由于纯粹的逻辑上的强大力量而在论及视觉相对性和自由落体时提出反对亚里士多德的一些精妙论点——这些论点后来被哥白尼和伽利略用来支持日心说。为了解决亚里士多德的抛体运动论所提出的种种困难,奥雷姆的老师让·比里当提出一种冲力说,他不但将这一理论应用于天文现象,而且还应用于地面现象;这一理论直接导致了伽利略的力学和牛顿的运动第一定律。[7]

亚里士多德继续提供了术语、逻辑方法和发展中的经院哲学的日益经验主义的精神。然而,具有讽刺意味的是,正是亚里士多德本身的权威,由于招致如此认真的考查,正在促使他最终被推翻。因此,正是将亚里士多德的科学与基督教启示的不容置疑的信条综合起来这样一种非常注重细节、充满活力的尝试,正在产生最终既同古代大师作对又同教会权威作对的整个批判性智力。回想起来,先前阿奎那的《神学大全》已是中世纪思想朝完全的思想独立方向迈出的最后几步中的一步。

※※※

这种新的自治在 14 世纪奥康姆的威廉这一有明显的矛盾特点的人身

上得到了奇特的坚持,奥康姆既是一个不可思议的具有现代观点的人,却又是一个完全守旧的人。奥康姆是阿奎那去世后不久诞生的一位英国哲学家和牧师,他看待问题时对理性的精确性怀有和阿奎那同样的热情,不过,作出的结论却迥然相异。在为维护基督教启示而提供服务时,他不但采用了一种高度发展的逻辑方法,而且还采用了一种得到加强的经验主义。不过,随着基督教会对巴黎那些现世主义者的谴责,奥康姆首先是努力限定自然的人类理性领会普遍真理的假定的能力。虽然奥康姆的动机完全相反,但事实却证明,他是中世纪末期趋于现代观点的运动中的非常重要的思想家。因此,虽然现代思想本身基本上会把使他担忧的那些思想冲突作为一种衰落的、用得过滥的经院哲学的一些无足轻重的、吹毛求疵的反对意见而不予以认真考虑,但是,在现代思想有可能确立其对人类知识和物质世界的根本修订之前必须予以进行的,却恰好正是那些玄乎的概念争论。

奥康姆思想的主要原则,亦即最重要的原则,是他否认共相在人类思想和人类语言之外的实在性。亚里士多德强调,具体的个别的事物高于柏拉图哲学中的型,居本体论的首位;奥康姆从逻辑上将亚里士多德的这种强调推至极端,认为除了个别的存在物外,没有什么是存在的,只有具体的经验可以用作知识的基础,共相不是作为思想以外的实体,而是仅仅作为思想概念而存在。总之,实在的东西乃思想之外的个别事物,而不是思想关于该事物的概念。既然一切知识都必须建立在实在的东西的基础上,既然一切真正的存在皆乃个别存在物的存在,那么,知识肯定属于个别事物。人类的概念并不拥有超出具体个别事物范围之外的任何形而上学的基础,因此,词语和事物决不会必然一致(按唯名论的概念论者的说法)。奥康姆由此给了唯名论的哲学立场以新的力量和新的活力;唯名论认为共相不过是名称或思想概念,而非真正的实体。虽然洛色林早在11世纪时便已表明了类似的立场,但是,从奥康姆时候起,唯名论才在西方思想的演变中起主要作用。

在奥康姆之前的一代人中,另一位有"细密博士"之称的著名经院哲学家邓斯·司各脱,已朝具体个体的方向修改了古典的型理论,因为他断言每个个别事物皆有它自己的单独的"存在的个体性"("此"性);除了个别事物分有共相外——或者更确切地说,除了个别事物分有一种共同性质外,这种"存在的个体性"拥有它自己的一种确实存在的实体。司各脱认为个体化的这种附加的形式性质必须根据个体自身的条件给予个体以一种可理解性,暂莫提个体的普遍形式(不然个体就其本身而言将是不可理解的,即便对上帝的心灵而言恐怕也是如此)。他还认为个体化的这一原则必然确认个人的自由意志,尤其是确认上帝对创造每个个体的方式的自由选择,而不是确认永远不变的共相的决定论和源自造物主的必要的流溢对上帝或人类的束缚。这些远离固定不变的共相和决定论的修改,转而又鼓励了对观察和实验的注意——即研究一位自由的上帝的不可预测的创世——并使理性哲学和宗教真理之间的区别更加突出。

但是,尽管司各脱同先前奥古斯丁时的大多数前辈一样,已想当然地认为人的概念和形而上学的存在的事物之间有一个直接的、真正的相似处,但是,奥康姆却完全否认那种相似处。只有具体的个别的存在物是实在的,而共同性质(司各脱)、可理解的事物(阿奎那和亚里士多德)或超验的型(柏拉图)则是由那种基本实在派生而来的概念的虚构。在奥康姆看来,一个共相乃表示真正的具体个别存在物之某一概念化方面的一个名称,所以就其本身而言并不构成一个形而上学的实体。为共相或型所占据的实在的一种分开的、独立的秩序遭到了明确的否认。奥康姆就这样采取措施来消除柏拉图的型在经院哲学思想中的最后的遗迹:只有个别事物是存在的,而关于真正的共相的任何推论,无论是超验的还是内在的,都是虚假的。奥康姆时常极为有力地运用"除非必要不得增加实体"(non sunt multiplicanda entia praeter necessitatem)这一哲学原则,以致这一原则开始被称为"奥康姆的剃刀"。[8]

因此,按奥康姆的看法,诸共相仅存在于人类思想中,而不存在于实在中。它们是心灵在对多少有点相似的诸个体的经验观测的基础上抽象出来的一些概念。它们并非上帝的决定其对诸个体的创造的先存在的相，因为上帝是以自己认为合适的任何方式完全自由地创造任何事物。只有上帝的创造物是存在的，而不是创造物的相是存在的。在奥康姆看来，这一问题不再是关于短暂的个体如何起源于真正的超验的型的形而上学问题，而是关于抽象的一般概念如何起源于真正的个体的认识论问题。"人类"本身作为一个物种并不意味着一种单独的真正的实体，而是意味着许多个别的人身上所存在的、为心灵所承认的一种共有的相似性。这是一种思想上的抽象概念，不是一种真正的实体。因此，共相的问题是认识论、语法学和逻辑学的问题——而非形而上学或本体论的问题。

奥康姆又以司各脱为榜样，也否认人类有可能从理智地理解世间的各种事实进展到就上帝或其他宗教问题作出任何必要的结论。这个世界完全取决于上帝的绝对的、难以确定的意志。因此，人类所能确定的东西仅来源于直接的感觉观察，或者来源于不证自明的逻辑命题，而不是来源于关于无形的实体和普遍的本质的理性思考。由于上帝可以按自己的意志自由创造或决定各种事物，所以，尽管人类声称关于宇宙的正确知识乃关于超验的本质的一种理智的有序的表达，但任何这样的主张都完全被作为相对物来予以考虑。上帝如果愿意的话，还可以以其随意想要的任何方式来创造各种事物，而无须运用诸如亚里士多德哲学和托马斯主义的神圣智慧之类的媒介物。给予人类的实体有两个：上帝的实体，是靠启示给予的，还有经验世界的实体，是靠直接经验给予的。超出这两个实体，或在这两个实体之间，人类便不能合乎情理地声称自己有认知途径，所以，若无启示，人类就不可能知道有上帝。人类无法根据经验，以体验自己面前的物体的同样方式来体验上帝。既然整个人类知识建立在对具体个别事物的感觉直觉的基础上，超越感官的某种东西，比如上帝的存在，就只能靠信仰来揭示，不可能靠理性来了解。一个绝对的神圣的存在物的概念仅仅是人类的一种主观构造

第四篇 中世纪时代的转变

物,因此,不可能用作神学推论的牢固基础。

阿奎那试图将希腊哲学和科学的决定论和必然原因与基督教信仰结合在一起;按奥康姆的认识,这种决定论和必然原因专断地限制了上帝的无限自由的创世,所以,奥康姆强烈反对这种限制。这种哲学未能确认人类纯理性的真正范围。在奥康姆看来,关于自然的所有知识皆仅仅是由感官经历过的东西引起的。虽然理性是一种强有力的工具,但是,理性的力量仅存在于与"确实存在的"实在的种种具体事实的经验上的相遇之中。人类思想并不拥有神圣之光,虽然阿奎那教导说,能动的知性可以凭借这种神圣之光,超越感官获得一种以绝对的存在为基础的、令人信服的全称判断。可以说,即便采取协调一致、互相连接的方式,使心灵可以依靠左右知道者和已知物的真正的共相而认识世界,心灵和世界也都不是有序的。由于仅有的一些个别事物确然存在,由于这些个别事物之间没有任何超险的关系或一致性,思辨的理性和形而上学缺乏任何真正的基础。

若无内心启示或具有认识论确定性的某一别的手段如阿奎那的能动的知性之光,对人类知识的一种新的怀疑态度则是不可避免的,也是必须具备的。既然只有个别存在的事物的直接证据为知识提供了一种基础,既然那些存在的事物取决于不知道自己的创造性活动的受定范围的一种神的全能——对上帝来说,任何事物都是可能的——那么人类知识便受到了偶然的和以经验为依据的东西的限制,所以最终根本不能算是必要的、普遍的知识。上帝的意志不会受到人类纯理性的结构物的限制,因为上帝的绝对的意志自由和全能使上帝只要愿意的话就可以使邪恶的东西成为善的东西,反过来也可以使善的东西成为邪恶的东西。在上帝的自由创造的宇宙和人类对一个理智上可理解的世界的渴望之间,不存在任何强制性关系。至多只有关于可能性的一些论点是合乎逻辑的。人类思想可以根据直接经验作严格的符合逻辑的论证,但是,直接经验取决于上帝的自由意志,必然使逻辑的绝对确定性相对化。因此,由于奥康姆的本体论仅用于具体个别事物,对经验世界就必须按照一种纯粹自然科学的观点来察看。亚里士多德或柏拉图的一些形而上学的组织原则不可能衍源于直接经验。

因此,奥康姆抨击了较早时候经院哲学家们的思辨的神学理性主义,认为这种理性主义不适合逻辑学和科学(因为逻辑学和科学利用像型那样的一些无法证实、不相干的实体来解释个别存在物),而且还认为这种理性主义对宗教有危险(因为宗教冒昧地知道上帝的动机或者冒昧地将秩序范围和中间原因置于上帝的直接的自由创世之上,同时与基督教信仰相比,还抬高异教的形而上学)。他借此切断了阿奎那如此精心制造的那种统一。对奥康姆来说,存在一个由基督教启示描述的真理,这一真理既是确实无疑的,又超出了理性理解的范围,而且,还存在另一个包含经验科学和理性哲学所描述的种种察觉得到的特定事实的真理。这两个真理未必是连续不断的。

在某种意义上,奥康姆既反对前一世纪的现世主义运动,又完成了前一世纪的现世主义运动。他以一种宗教真理和一种科学真理,强有力地宣告了有效地切断神学与哲学间的关联、具有二重真理的宇宙的一种新形式。但是,较早时候的现世主义者已主张将神学与哲学分隔开来,因为他们不愿意在希腊和阿拉伯的哲学与基督教信仰相冲突时,将这种哲学限制在从属位置。相形之下,奥康姆则希望通过明确规定自然理性的范围来维护基督教教义的卓越地位——尤其是维护上帝作为造物主的绝对自由和全能。不过,这样做时,尽管先前阿奎那相信上帝在创世时会热情地接受人类为认识世界所作的种种努力,但奥康姆却否定了这种信任。在阿奎那和奥康姆两人看来,上帝的实在和人类的理性认识彼此相距无限遥远是一事实,人类思想必须使自己思想上的强烈愿望与这一事实相符。但是,在阿奎那为一种接近上帝的奥秘并提高神学理解力的理性认识留下余地的地方,奥康姆却觉察到了有必要规定一种更为绝对的限制。虽然在接近经验世界的过程中可以小心、适度地应用一种实证主义的理性,但是,只有启示可以照明上帝的意志、上帝的创世和上帝免费给予的拯救这样一些更伟大的现实。在经验的东西和神圣的东西之间并不存在依靠人力可理解的连续性。

与奥康姆的逻辑上的严密相一致的是其道德上的清苦戒律。针对阿维尼翁教廷的世俗的富丽堂皇,他以耶稣、使徒们和阿西西的方济各为榜样,赞同过一种完全贫穷的生活以求得真正的基督教的精神完美。因为奥康姆本人就是一位热诚的方济各会修士,他的宗教上的坚定信仰使他甚至愿冒被教皇开除教籍的危险,如果教皇的政策似乎与基督教真理相冲突的话。在与教廷的一系列重大的冲突中,奥康姆不仅赞成彻底的贫穷以反对教会统治集团的世俗财富,而且还为英国国王征收教会财产税的权利辩护(就像耶稣在"把恺撒的东西给恺撒"时已屈服于世俗权力一样),还谴责了基督教会对个别基督徒的自由的侵犯,还否认了教皇绝无错误一说的合理性,并概括了可以据以合法地废黜一位教皇的各种情况。在奥康姆和基督教会之间这出个人的戏中,有着行将上演的一场划时代的戏的若干先兆。

但是,正是从这一哲学角度考虑,奥康姆的影响是最直接、最强有力的,因为在他对唯名论的有力坚持中,理性与信仰之间日趋严重的中世纪的紧张状况开始突然结束。似乎有悖常理的是,奥康姆对上帝的全能的自由的极端忠诚,与他对逻辑精确性的敏锐感觉相结合,使他系统地阐述了一种因其现代性而引人注目的哲学态度。按照奥康姆的观点,人们不能想当然地认为人类的心智和上帝的心智是从根本上连在一起的。虽然经验主义和理性可以在一些方面提供有关世界的有限知识,但是提供不了有关上帝的确凿知识,因为只有道才有可能是有关上帝的确凿知识的一个源头。启示提供了确实性,但是,启示只有通过信仰和神恩,而不是通过自然理性,才有可能得到证实。理性应该适当关注自然而不是上帝,因为只有自然向感官提供了理性可以将其作为自己认识之基础的具体材料。

奥康姆并没有在人类理性和上帝的启示之间、在人类所知道的东西和人类所相信的东西之间留下任何桥梁。不过,他对尘世的个别具体事物的不折不扣的强调,他对为了查明必要存在物、鉴别证据和不同程度的可能性而需运用的人类理性力量和逻辑力量的信任,以及他对制度上得到批准的传统思路的怀疑态度,皆直接促进了科学事业。的确,从这样一种二元论的起始点考虑,科学可以以它自己的方式自由发展,不用害怕潜在的教义矛盾——起码直到整个宇宙论受到怀疑以前是如此。比里当和奥雷姆这两位中世纪末期最有独创性的科学思想家,皆在先前由奥康姆起主要影响的巴黎唯名论者的学院里工作过,这一点并非偶然的。虽然奥康姆的兴趣主要在哲学而不是自然科学方面,但是,奥康姆对人的概念与形而上学的实在之间的已确定的相似处不加考虑,并断言整个真正的存在就是个别的存在——这两点促使物质世界易于接受新的分析。此时与具体个别事物的直接接触,有可能胜过借助于抽象的一般概念的形而上学的斡旋。颇有意义的是,当奥康姆思想所代表的唯名论与经验主义的结合于 14 世纪传遍诸大学时(尽管受到了教皇的指责),奥康姆的哲学之路便被称为现代之路,与阿奎那和斯科特斯的古代之路形成了鲜明对照。致力于将信仰与理性结合起来的传统的经院哲学事业正告结束。

因此,到 14 世纪时,概念和存在的假定已久的形而上学的统一开始破裂。此时受到质疑的是这样一种假定:人类思想是通过在理智上理解事物内在的形式——或者是通过借助于超验的相的内心启示,如在柏拉图和奥古斯丁那里,或者是通过能动的知性从感官感知到的殊相中抽象出内在的共相,如在亚里士多德和阿奎那那里——来认识事物。由于缺少那种基本的认识论的预先假定,13 世纪的经院哲学家们所构筑的一些雄心勃勃的综合体系已不可能存在。随着作为知识基础的经验证据取代抽象思考,较早时候的形而上学体系似乎越来越令人难以置信。基本的中世纪世界观——基督教和亚里士多德的——依然完整无缺,但是,种种新的、更富批判性的解释此时出现了,从而破坏了较早时候的综合思想体系,并引起了一种新的思想多元化。在许多问题上,可能性取代了确定性,就如经验主义、语法和逻辑开始取代形而上学一样。

奥康姆的看法预示了随后为西方思想所采取的路线。因为正如他认为基督教会肯定会为了自身和世俗世界两者的完整和合法自由而在政治上与世俗世界相分离一样,他也认为上帝的实在肯定会在神学上不同于经验的实在。只有这样,基督教真理才会保持其超然的神圣不可侵犯,也只有这样,世界的自然状态才能在根据其自身条件、根据其完整的特殊性和偶然性的情况下得到正确理解。在这方面存在着后来由宗教改革、科学革命和启蒙运动所铸成的西方世界观的即将到来的种种变化的原始基础——不但有宗教的和政治的,而且还有认识论的和形而上学的。

※

因此,正如中世纪的眼光已在阿奎那和但丁的工作成果中臻于完美一样,一个新时代的完全不同的精神在已完成较早时候的综合思想体系的那种势力的推动下开始形成。中世纪的一些伟大的杰作已使思想的发展达到顶点,这一发展正开始侵入新的领域,纵然那意味着该发展本身正在离开基督教会的教育与信仰的已被确认的结构。但是,奥康姆的早熟的现代思想仍然是超前的。似乎有悖常理的是,这一新时代的文化不会从中世纪经院哲学的方法、自然科学和亚里士多德那里受到较重要的、初始的推动,而会从古典人文主义的另一极端、纯文学和被复活的柏拉图那里受到较重要的、初始的推动。因为正如阿奎那有了与自己形成对照的哲学后继者——奥康姆一样,但丁也有了与自己形成对照的文学后继者——彼特拉克;彼特拉克诞生于但丁开始写《神曲》的10年间,亦即14世纪开始时。

古典人文主义的复兴

彼 特 拉 克

  彼特拉克是在西方文化史上的一个关键性时刻回顾自古罗马衰落以来的一千年,并体会到那整个时期犹如人类伟大本身的一个衰落期,犹如杰出的文学与道德的一个衰退期,犹如一个"黑暗的"时代。与这种贫困形成对照,彼特拉克看到了希腊和罗马文明的巨大文化财富,看到了具有创造精神且让人类不断扩张的一个表面上的黄金时代。好几个世纪,中世纪的经院哲学家们一直在逐步地重新发现古代著作并将它们结合在一起,但此时,彼特拉克却从根本上改变了这种结合的重点和格调。经院哲学关注逻辑、科学和亚里士多德,并关注使异教思想基督教化这一持久不变的需要,彼特拉克及其追随者却并非如此,而是明白古代所有经典作品——诗、散文、书信、历史和传记、取典雅的柏拉图对话形式而不是取枯燥的亚里士多德论文形式的哲学——的价值,并按照这些经典作品本身的主张接受它们,这样做并不是出于改造基督教的需要,而是因为这些经典作品是高贵的、鼓舞人心的,正像它们坐落在古典文明的光辉中一样。古代文化不仅是科学知识和逻辑论辩规则的源头,而且是使人类精神深化和强化的源头。古典文本为欣赏人类提供了新的基础;古典学问构成了"人文学科"。彼特拉克着手发现和吸收属于古代文化的伟大著作——维吉尔和西塞罗、贺拉斯和李维、荷马和柏拉图的著作——的工作,不仅是为了反复教育人们要一成不变地模仿过去的大师,而且是为了逐渐使自己获得这些大师如此出色地表达出来的合乎道德规范的、具有丰富想像力的激情。欧洲已忘却了自己高贵的古典遗产,所以彼特拉克要求回忆起这笔遗产。一部新的神圣的历史正在被确立,希腊和罗马的信仰被和犹太教与基督教共有的信仰放在一起。

彼特拉克就这样开始了欧洲的再教育。与拉丁文学和希腊文学的大师们的直接交往,将成为同时代欧洲思想取得根本发展的关键。不仅基督教神学,而且还有古典人文学科,此时皆可以被确认为精神洞察力和道德发展的根源。虽然教会学问已变得越来越理智化、越来越抽象,但彼特拉克却感觉到需要一种能更好地反映人类其真挚的感情和极为丰富的想像力中的种种冲突和难以预测的情况的学问。彼特拉克不是从描绘人类和牧师的苦行的教义准则中接受教育,而是为了自身的教育,除了去过隐修院的离群索居的生活外,还进行非教条式的内省并关注自己对人类状况的种种见解,而且还过一种完全的文学生活并采取行动。人文学科与神学学科有了区别,并给提高到神学学科的水平上。这时,根据复活的古典模式,诗和修辞,风格、雄辩和说服力,就其本身而言,又成为值得重视的目标,成为道德力量的必要的伴随物。在彼特拉克看来,文学表达的优美和清晰反映了灵魂的优美和清晰。在用词语和思想进行创作这样一种缓慢的、一丝不苟的工作中,在对情感和知觉的每一点细微变化作敏感探究的过程中,文学学科成为一门精神学科,成为为艺术完美而作的一种努力,而这种艺术完美要求灵魂的类似的完美。

虽然但丁的易感性在某种意义上已使中世纪时代达到顶点,并概括了中世纪时代,但彼特拉克的易感性却期待并推动了一个未来的时代,带来了文化、创造力和人类伟大状态的复兴。虽然但丁是以建造中世纪大教堂的无名的能工巧匠们的谦恭精神来进行诗歌创作,受到了上帝的启示,而且是为了上帝的更大的荣耀而进行创作,但彼特拉克进行诗歌创作却是出于一种新的精神,受到了古人们的启示,而且是为了人类本身——上帝创世的高贵中心——的提高和更大的荣耀而进行创作。虽然但丁和经院哲学家们注重的是神学上的精确性和有关物质世界的科学知识,但彼特拉克极感兴趣的却是他自己意识的深处和复杂情况。他关注的不是建立宗教和科学的体系,而是建立心理学、人文主义和美学的体系。

并不是说,彼特拉克是非宗教的,甚或是非正统的;最终,他的基督教信仰同他的古典主义一样虔诚,一样根深蒂固。在彼特拉克看来,奥古斯丁同维吉尔一样重要,而且,与综合这两大传统的其他著名的人物一样,他认为基督教信仰是对古典派的诺言的神圣履行。彼特拉克的最高理想是博学的虔诚(docta pietas)。虔诚是表现基督精神的,对准上帝,然而,学问增进了那种虔诚,而且学问来源于对古代经典作品的了解。两大潮流——基督教信仰和古典文化——形成了一种极度的和谐,因此,当人类饮用这两大潮流的水时,人类便获得更大的精神上的想像力。按照彼特拉克的看法,当西塞罗说到"独一无二的上帝乃一切事物的统治者和制造者时",他这样说"并不是以一种仅仅哲学的叙述方式,而是以一种几乎是天主教的叙述方式,因此,你有时会认为你不是在听一位异教哲学家说话,而是在听一位使徒说话"。

中世纪末期的新事物缺乏的不是体现在彼特拉克身上的精神性,而是他对待人类生活的态度所具有的那种总体性质。他渴望富有浪漫情调、给感官以快感的爱情,渴望外交圈子和宫廷圈子中的世俗活动,渴望文学上的成名和个人的荣耀,而他的虔诚个性的种种需要却处在与这类欲望的持续不断的、富有创造力的斗争之中。正是对人类生活的丰富多彩和多方面内容的这种新的、内省的觉察,以及对体现在古代伟大作家们身上的一种类似精神的承认,使彼特拉克成为文艺复兴的第一人。

柏拉图的复归

在彼特拉克发出的号召的鼓舞下,大批学者开始搜寻遗失的古代原稿。

当时,他们对所发现的任何东西都予以仔细的核对、编辑和翻译,以便为自己的人文主义使命提供一个尽可能准确的、坚实的基础。这一活动与当时同东正教世界的更为频繁的交往相一致,因为东正教世界完好无损地保存了许多希腊遗产,而且,东正教世界的学者们在土耳其人入侵的威胁下,开始离开君士坦丁堡,前往西方。西方的学者们开始学习和掌握希腊语,因此,柏拉图的希腊语的《对话录》、柏罗丁的《九章集》以及柏拉图哲学传统和古典希腊文化的一些重要著作很快就传到了意大利。

西方对这些著作的突然接近,同更早时候对亚里士多德的重新发现一样,促成了柏拉图哲学的复兴。柏拉图主义先是经奥古斯丁和波伊提乌的传播,后又通过9世纪哲学家约翰·斯科特斯·埃里金纳的传播和他对丢尼修大法官的一些著作的翻译和评注,从中世纪最早的年代起渗透西方的基督教思想。在12世纪的复兴运动中,柏拉图主义在位于沙特尔和圣维克托的一些学校中开始复兴,而且,从迈斯特·爱克哈特的神秘主义哲学中,也可以清楚地觉察到这一点。甚至阿尔伯特和阿奎那的趋于顶点的经院哲学传统,虽必然会关注集一切学问之大成的亚里士多德的挑战,但就其倾向而言,依然是极为柏拉图主义的。但是,这始终是一位极为基督教化的、经过奥古斯丁和其他教会神父改造的间接的柏拉图:这位柏拉图是人们从远处认识到的,基本上未经过翻译,是靠用另一种语言写的摘要和引文,还有思想倾向,传下来,很少用到柏拉图的原话。彼特拉克本人虽然渴望在西塞罗和奥古斯丁多处提及柏拉图的基础上求得柏拉图哲学的复兴,但14世纪时,却找不到必需的翻译者。对希腊一些原作的恢复,对15世纪的西欧来说,是一种新发现,因此,诸如马尔西利奥·菲奇诺和皮科·德拉·米兰多拉之类的人文主义者开始全心全意地将源源不断的新发现传给自己的同代人。

柏拉图哲学传统为人文主义者提供了一个与他们自己的智能习惯和抱负极为相符的哲学基础。柏拉图哲学提供的不是后来诸大学中经院哲学家们的三段论的诡辩和用脑筋的抽象,而是具有丰富想像力和精神提升作用的完全结构性的丰富多彩的画面。美是寻求终极实在的过程中的一个主要成分的观念,想像力和眼光在寻求终极实在的过程中比逻辑和教义更重要的观念,人类能直接了解神圣事物的观念——这类观念颇能吸引欧洲日益增长的新感觉力。此外,柏拉图的对话本身是精妙的文学杰作,不是属于亚里士多德哲学和经院哲学传统的枯燥乏味的论文,因此,激起了人文主义者对辞藻华丽的雄辩和艺术说服力的热情。

亚里士多德和阿奎那都已因先前的经院哲学家而僵化,大大地失去了他们对新的人文主义者的魅力。先前的经院哲学是在以某些特点为标志的一种学术气氛中繁荣起来的,这些特点常常使阿奎那几乎超人的思想的精确与分析的严密过于显眼,达到漫画的程度。亚里士多德和阿奎那在他们自己时代中表现出来的思想上的极端好奇,已产生一套套思想;这些思想最终由他们毕恭毕敬的后继者改变成封闭式的、完整的、不可改变的体系。阿奎那在工作上所取得的真正成功和所涉及的广阔范围,使他的追随者们除了重新耕耘同一块地外几乎没有什么可干的。对这位大师的言辞的过于敬畏,必然会减少出现创造性学问的可能性。甚至在存在冲突和批评的地方,就像在托马斯主义者、司各脱主义者和奥康姆主义者之间那样,经院哲学对话对局外人来说,似乎已变成关于种种枯燥乏味的细微之处的不间断的辩论。奥康姆所指引的现代之路尤其容易导致这种微不足道的辩论;在这种辩论中,对术语的准确性的探求和对形式逻辑的关注,取代了古代之路所导致的对形而上学的综合性的关心。因此,在 14 世纪奥康姆、比里当、奥雷姆及其同代人显示出众才华之后,现代之路本身已大大地失去原先的推动力。到 15 世纪时,经院哲学的思想命脉日渐衰退。于是,柏拉图哲学传统的注入,意味着即将刮起一阵使欧洲思想得到复兴的范围很广的新风。由于诸大学被困于正统思想观念的落后状态中,15 世纪后半叶,在科西莫·德·梅迪契的赞助下,由菲奇诺领导,在佛罗伦萨建立了一所柏拉图学园,这所学园成为柏拉图哲学复兴的蓬勃发展的中心。

在柏拉图主义和新柏拉图主义中,人文主义者发现了一个非基督教的宗教传统;这一传统具有表面上可与基督教本身相媲美的宗教与伦理方面的一种深奥性。新柏拉图主义的主体意味着一种世界宗教的存在;基督教也许是这种世界宗教的最终的、但不是唯一的表现形式。伊拉斯谟进一步坚持蕴含在彼特拉克对西塞罗的看法中的那种精神,在书中写到,他很难沉住气,不像对待一位圣徒那样地去向苏格拉底做祷告。人文主义者的突然被扩展的推荐书目,表明了一个拥有思想的、精神的、富于想像的洞察力的学习传统;这一学习传统不仅在古典时期的希腊人身上表现出来,而且在整个文明史上——在赫耳墨斯秘义书、琐罗亚斯德的神喻、希伯来人的犹太教神秘哲学、巴比伦文本和埃及文本中——表现出来,这是表明一再到处显现出来的逻各斯的一种泛文化启示。

随着这一传统的注入,对人类、自然和神有了新的看法。柏罗丁认为,世界万物是从超验的"太一"那里流溢出来的;建立在这一观念的基础上的新柏拉图主义,描绘自然说,它为神力所渗透,乃世界灵魂的高贵表现。恒星、行星、光、植物,甚至石头,都具有一种神秘的特性。新柏拉图主义的人文主义者断言,太阳之光乃上帝之光,正如基督之光乃世界之光一样,因为整个宇宙沐浴在神威之中,而太阳本身,即光和生命之源,又具有若干神圣的属性。古代的毕达哥拉斯认为,宇宙是按超验的数学形式安排的;这一看法使人们重新产生浓厚的兴趣,有可能让人认识到,自然为一种神秘的智力所渗透,这种神秘的智力的语言就是数和几何。世界的花园又被自然的每一部分所固有的魔力和超验的意义迷住。

人文主义者关于人的新柏拉图主义观念同样大受赞扬。由于人拥有一颗神圣的火星,人能在自身内部发现无限的神的映象。人乃神圣的宏观世界的高贵缩影。菲奇诺在《柏拉图的神学》一书中宣称,人不仅在其世俗力量的大范围内,是"上帝的代表者",而且在其智力范围内,具有"几乎同天的创造者一样的天才"。虔诚的基督徒菲奇诺甚至还接着赞扬说,人的灵魂能"像靠柏拉图的那几对翅膀一样,靠智力和意志,在某种意义上成为一切事物,甚而成为神"。

人类这时根据被复活的古典时期历史,对自己在宇宙中扮演的高贵角色有了新的意识;于是,一种新的历史观念也产生了。古代的希腊人和罗马人认为,历史的发展是循环的,而不是像传统的犹太教与基督教所认为的那样仅仅成一直线的;人文主义者欣然接受了这一观念。他们认为,自己所处的时期是从中世纪不文明的黑暗中新生的,是对古代的荣耀的复归,是另一个黄金时代的开端。按照新柏拉图主义的人文主义者的看法,这一世界并不像早先摩西或奥古斯丁所认为的那样是堕落了的,而且,人类也不是堕落了的。

也许年轻而又才华横溢的皮科·德拉·米兰多拉最适当地总结了蕴含在宗教融合、广泛学问和对人的潜在神性的乐观开拓中的这一新精神。1486年,23岁的皮科宣布,他打算为自己从希腊、拉丁、希伯来和阿拉伯的各类作家的著作中搜集到的900篇论文进行辩护,邀请欧洲各地的学者们到罗马来进行公开辩论,并为这次辩论写了著名的《论人的尊严的演说》一文。在这篇文章中,皮科虽然将《创世记》和《蒂迈欧篇》当作最初的原始资料,描绘了上帝的初辟鸿蒙,但又进一步说:在上帝将世界当作其神智的神圣庙宇予以创造之后,终于考虑创造人类的问题,认为人类的作用是要思索、赞赏、爱慕上帝的杰作的无限伟大。但是,上帝发现自己不能找到一个原型来构造人类,因此,对其最后的创造物说:

> 啊,亚当,我们既不曾给你固定的居处,亦不曾给你自己独有的形式或特有的功能,因此,你可以按照自己的愿望、按自己的判断取得你所渴望的住所、形式和功能。其他一切生灵的本性,都已被决定,都被限制在我们规定的法则的范围之内。我们交与你的

是一个自由意志,你不为任何限制所约束,可凭自己的自由意志决定你本性的界限。我们把你安置在世界中心,使你从此地可以更容易观察世间的一切。我们使你既不属于天堂,又不属于地上,使你既非可朽,亦非不朽,使你好像是自己的塑造者,既有自由选择,又有光荣,能将你自己造成你所喜欢的任何模样。你能够沦为低级的生命形式,即沦为畜生,亦能够凭你灵魂的判断再转生为高级的形式,即神圣的形式。⑨

由于上帝将自由、易变性和自我转变的力量赋予人类,因此,皮科断言,在古代的种种奥秘中,已用普罗米修斯这位神话中的伟大人物象征人类。上帝已给予人类一种能力,使人类能自由地决定自己在宇宙中的位置,甚至使自己上升,达到与至高无上的上帝完全结合的程度。古典时期的希腊人认为,人类有自己的荣耀,也有智力,能使精神上升到表面上不被《圣经》中的原罪玷污的高度;这一观念此时又重新浮现在西方人心中。

了解宇宙时所用的新方式也是独特的。想像力这时在认识论的范围内上升到最高的位置,就其提供形而上学真理的能力而言,是无可匹敌的。通过对想像力的受过训练的运用,人类能意识到那些使宇宙有序的超验的、有生命力的型。因此,心智能恢复自身最深层的结构,并使自身与宇宙重新结合。与越来越奉行经验主义和具体主义的经院哲学家们截然不同,新柏拉图主义的人文主义者在每个具体事实中都看到了原型的意义,将神话用作传递形而上学见解和心理顿悟的工具,而且始终善于观察到事物的隐秘的意义。

文艺复兴时期的人文主义者追随新柏拉图主义的融合占星术,并让异教诸神进入现实等级系统的做法,开始将供奉飘忽不定的诸神的万神庙用作充满想像力的各种谈话的谈资。虽然一些杰出的经院哲学家,如14世纪的唯名论者奥雷姆,已反对声称能预测未来的占星家,但由于人文主义者的影响,占星术又开始盛行——在佛罗伦萨学园里,在各王朝和贵族圈子中,在梵蒂冈。为犹太教与基督教共有的上帝仍享有至高无上的权威,但是,希腊和罗马的男女诸神此时在这一格局中被赋予了新的生命和价值。天宫图大量存在,到处都有人提到行星的力量和黄道带的象征。诚然,神话、占星术和秘传的教义,即便在正统的中世纪文化中,也从未缺乏过:寓言和艺术形象、一周中每一天的行星名称、元素和体液的分类,以及人文科学和自然科学的其他许多方面,全都反映了它们的持续存在。但此时,人们又用一种可用来使它们的古典地位复活的新眼光重新发现它们。诸神恢复了神圣的尊严,它们的表现在绘画作品和雕刻作品中的优美的、悦目的形体与古代诸塑像的形体相似。古典神话开始被认为是生活在公元前的那些人的崇高的宗教真理,被认为其本身就是一种神学,因此,对古典神话的研究成为博学的虔诚的另一种形式。异教的维纳斯,即美的女神,复原为精神上的美的象征,即复原为上帝那里促使灵魂意识到神圣的爱的一个原型——因此,就其本身而论,可以确认为是圣母马利亚的另一表现形式。柏拉图的一些概念和学说,又用基督教的措辞予以重新表达,希腊诸神和魔鬼被看作是基督教的天使,《会饮篇》中苏格拉底的老师狄奥提玛被认为受到了圣灵的启示。随着柏拉图主义被遵奉为新的福音,包含不同的传统和观点的一种可变通的融合正在出现。

因此,虽然经院哲学已有力地促进了亚里士多德哲学传统中的理性思想,虽然福音集团和莱茵兰的神秘主义者已培育了原始基督教传统中的宗教感情,但人文主义这时却唤起了柏拉图哲学传统的富于想像的智力——所有这些发展都以各自不同的方式朝重新建立人与神的关系的方向进行。人文主义给了人类以新的尊严,给了自然以新的意义,给了基督教信仰以新的范围——然而,不是那么完全的。的确,人类、自然和古典遗产,都已因人文主义者的看法而神化;人文主义者的看法使人的视野有了根本的扩展,使人的活动远远地超越中世纪的地平线,从而以人文主义者完全没有预料到

第四篇　中世纪时代的转变

的方式威胁旧秩序。

因为对这样一种深奥微妙、切实可行却又非基督教的宗教传统的重新发现,使基督教启示的绝对唯一性相对化了,使基督教会的宗教权威暗中遭到破坏。而且,人文主义者对内省和丰富的个人想像力的颂扬,超出了基督教会的精神性的传统形态的教条式范围,因为基督教会的精神性的传统形态将不受控制的个人想像力当作危险的东西予以弃绝,转而赞成制度上规定的仪式、祈祷和对基督教教义之奥秘的沉思。同样,新柏拉图主义所作的关于整个自然具有内在神性的断言,遇到了为犹太教与基督教共有的维护上帝的绝对超然性——即只有在像遥远的圣经历史中的西奈山或各各他这样的特殊地方才显露出来的完全为上帝所独有的神性——的正统倾向。因此,尤其令人不安的是新柏拉图主义的人文主义者的著作中的多神教含义;这些著作在提到维纳斯、萨杜恩或普罗米修斯时,似乎不仅仅表示比喻中包含的意思。

对保守的神学家来说,同样不合意的是新柏拉图主义的以下信条:在人类身上,存有永恒的神圣的火花;神圣的天才可以凭借这种火花超越人类性格,使人类上升到精神启示和创造力的顶峰。虽然除了古代多神崇拜的神话外,还有这一信条,都为文艺复兴时期正在出现的艺术天才(例如,米开朗琪罗是菲奇诺在佛罗伦萨的学生)提供了基础和促进因素,但这一信条也暗中破坏了基督教会关于神性为上帝所独有的传统约束,破坏了基督教会的圣事制度。更为严格规定的正统的基督教教义是将造物主与生灵对分,而如菲奇诺和皮科所描述的那样将人类提升到上帝般的地位的做法,则似乎违反了这一教义,也违反了关于亚当堕落的教义。皮科在《论人的尊严的演说》一文中发表了声明,大意是人类能自由地决定自己在宇宙的任何层面上的存在,包括与上帝的结合,没有提及起中介作用的救助者;这一声明可以很容易地解释成是异教对已被确认的神圣等级制度的一种破坏。

所以,教皇的一个委员会谴责皮科的好几个论点,还有,教皇不准举行皮科筹划的国际公共集会,是并不出人意外的。不过,罗马的教会统治集团基本上还是容许甚至接受这种古典复兴,尤其是当像佛罗伦萨的梅迪契那样的一些人上台掌握教皇权,开始利用教会资源同意承担文艺复兴时期一些巨大的艺术杰作的费用(比如说,养成了帮助支付艺术杰作费用的嗜好)时。随着生活的古典和世俗层面上的丰富充实,文艺复兴时期的一些教皇极为欣赏新文化运动,而这一新文化运动,似乎是基督教会在精神上保护大批基督徒灵魂时所完全忽视的。正是宗教改革运动认可了对正统的基督教教义的所有这些受到人文主义运动鼓励的侵犯——赋有内在神性的自然、异教的感性和多神信仰、人的神化、世界宗教——因而,停止了文艺复兴时期基督教信仰的希腊化。不过,新教徒们同时还依靠那些人文主义者对基督教会的批评和对宗教改革与制度改革的要求。人文主义者的新的宗教感觉力给予西方文化的精神生活以新的活力,正像它在基督教会的世俗化和中世纪末期诸大学的极端理性主义的影响下日渐衰退一样。然而,通在强调希腊古典的、超越基督教的宗教价值观,这种新的宗教感觉力也诱使犹太教与基督教共同极力抵制异教对这一仅仅建立在圣经启示的基础上的极其神圣的宗教的侵入。

  柏拉图哲学复兴的科学结果同宗教结果一样,意义重大。人文主义者的反亚里士多德哲学,加强了当时的文化运动,使文化摆脱支配诸大学的亚里士多德哲学传统的越来越教条的影响,朝思想独立的方向发展。更为特别的是,毕达哥拉斯的数学原理——按照这种原理,对世界的定量测定可以揭示由至高无上的智力产生的一种神秘的秩序——的注入,促使哥白尼及其包括伽利略和牛顿在内的后继者去努力了解自然的奥秘。新柏拉图主义的数学加上以前的经院哲学家的理性主义和开始发展的经验主义,提供了兴起科学革命所必需的最后一个组成部分。正是哥白尼和开普勒所坚持的新柏拉图主义的信仰,与有形的宇宙相符,并因简单的、精确的、优美的数学形式而易于理解;这些数学形式驱使哥白尼和开普勒推翻了托勒密天文学的复杂的、越来越行不通的地心系。

新柏拉图主义者就像特别赞美太阳的菲奇诺那样将太阳神圣化；哥白尼假说的发展也因这种神圣化而受到影响。按新柏拉图主义的理解，太阳反映了位于中心的上帝，而其他行星和地球则绕太阳运转（或者如开普勒所说的，以崇敬的姿态绕太阳运行）；这种理解对哥白尼，尤其是开普勒在改造以地球为中心的宇宙时所运用的智力，起了重要的促进作用。柏拉图已在《国家篇》中断言，太阳在有形的王国中所起的作用，与至高无上的善的相在超验的王国中所起的作用相同。太阳乃天空中最光辉、最富有创造力的实体；考虑到发源于太阳的光、生命和温暖所带来的源源不断的礼物，似乎没有其他任何物体同样适合充当宇宙中心的角色。此外，与亚里士多德的有限的宇宙形成对比，新柏拉图主义的至高无上的上帝的无限活力，还有上帝在创世时表现出来的无限创造性，都使人联想到宇宙的相应扩展；这种扩展进一步引起了与中世纪宇宙的传统建筑结构的决裂。因此，15 世纪中叶博学的天主教枢机主教、新柏拉图主义的哲学家兼数学家库萨的尼古拉斯，建议将不断运转的地球当作新柏拉图主义的无中心的（或者泛中心的）宇宙的一部分。

因此，人文主义者的柏拉图哲学的复兴，不仅靠文艺复兴本身对它的鼓舞——靠文艺复兴的艺术成就、哲学的融合和对人类天才的膜拜——而且靠它对宗教改革和科学革命的直接影响和间接影响，颇具意义地持续到近代。随着柏拉图哲学路线的直接源头的恢复，中世纪的发展轨迹在某种意义上是完整的。与古希腊在亚里士多德和柏拉图之间、理性和想像力之间、内在性和超然性之间、自然和精神之间、外在世界和内在心灵之间的和谐和紧张状况有点相像的东西，又在西方文化中出现——即出现了一种因基督教本身及其自身内部的辩证法而进一步复杂化、进一步得到加强的二极性。从这种不稳定的、却又提供发展可能的平衡中，产生了下一个时代。

在门槛上

在漫长的中世纪期间,一种有效的成熟已在基督教母体内部的每一方面——哲学的、心理学的、宗教的、科学的、政治的、艺术的——发生。到中世纪全盛时期末期,这一发展已开始向基督教母体的范围挑战。惊人的社会和经济发展已为这种文化活力提供了宽敞的基础,而与基督教会相竞争的世俗君主国的政治权利的巩固,则进一步激起了这种文化活力。从封建秩序中已产生城镇、行会、同盟、国家、国际贸易、新的商人阶级、流动农民、新的订约承办机构和法律机构、议会、法人特权以及早期形式的立宪政府和代议制政府。技术有了重要的进展并得到传播。各种学问也在大学内外取得进步。人类在西方的经验就高级性、复杂性和全面性而言,正达到新的水平。

这一演变的性质从哲学层面上可清楚地看出来,因为阿奎那将人的必不可少的、能动的意志自由,物质世界的本体论上的意义和经验知识的价值全都确认为神的神秘性的展现过程中的内在成分。更为一般地说,这种性质显示在经院哲学家的自然主义和理性主义的长期的、引出争辩的发展中,显示在他们的将希腊哲学和科学融入基督教框架内的百科全书式的总结性论文中。这种性质也可以从哥特式大教堂的独特的建筑成就和但丁的宏伟的基督教史诗中看出来。这种性质在培根和格罗斯泰斯特所提出的早期实验科学中,在奥康姆对唯名论以及理性和信仰的分歧的坚持中,在比里当和奥雷姆在亚里士多德科学内所取得的重大进展中,也表现得很明显。这种性质还可以从世俗神秘主义和非公开的宗教狂热的兴起中,从社会和各门

第四篇 中世纪时代的转变

艺术的新的现实主义和浪漫主义中,从歌手和诗人在颂扬救赎的爱时所提到的神圣事物的世俗化中,看出来。这种性质也可以靠感情的流露来评估;这种感情同彼特拉克的感情,尤其是同他在表达既具宗教倾向又具世俗倾向、极为个性化的性情时流露出来的感情,一样复杂、细腻和美妙。这种性质在人文主义者对古典文学的复兴中,在他们对柏拉图哲学传统的恢复中,在他们自罗马帝国灭亡以来首次于欧洲对自主世俗教育的确立中,也表现得很明显。因此,也许最能说明问题的是,这种演变可以从皮科和菲奇诺所赞美的人类的新的普罗米修斯的形象中清楚地看出来。新的、日益增强的精神独立无论哪里都清楚可见,体现在往往是不同的、却又始终在扩展的一些领域内。西方思想缓慢地、费力地,却又是奇妙地,且凭借必然的力量,迎向新的宇宙。

中世纪欧洲文化的孕育已靠近一道关键性的门槛;越出这道门槛,这种孕育就不再是一些旧的结构所能包容的。的确,西方的长达千年的成熟,即将在产生现代世界的一系列巨大的文化大变动中显示自己的威力。

第五篇 现代世界观

- **文艺复兴**/253
- **宗教改革**/262
- **科学革命**/277
  - 哥白尼/277
  - 宗教界的反应/280
  - 开普勒/283
  - 伽利略/287
  - 牛顿宇宙观的形成/290
- **哲学革命**/301
  - 培根/301
  - 笛卡尔/305
- **现代世界观的基础**/312
- **古代和现代**/322
- **现世主义的胜利**/330
  - 科学和宗教：早期的协调/330
  - 妥协和冲突/333
  - 哲学、政治学、心理学/340
  - 现代的性质/350
  - 隐而不显的连续性/352

223 　　现代世界观乃是各种事件、观念和人物因缘际会的产物，由于它们相互抵牾的多样性，因而对宇宙以及身处其中的人类形成了一些颇为深刻的见解——这种见解新颖奇特，造成了互相矛盾的后果。同样的因素既表现了同时也引发了许多颇具西方特色的根本变化。为了理解现代思想的历史性的诞生过程，我们现在就需要考察这样一个相互重叠、相互交织的文化时期，亦即文艺复兴、宗教改革以及科学革命的时期。

第五篇 现代世界观

文艺复兴

文艺复兴的现象既拥有多姿多彩的表现形式,又具有前所未有的内在实质。就在一代人的时间里,达·芬奇、米开朗琪罗和伦勃朗各自创作出了他们的杰作、哥伦布发现新大陆、路德叛逆天主教会,发动宗教改革、哥白尼提出日心假说,发动科学革命。与其前辈相比,文艺复兴的人一跃而成为真正的超人。人类如今能够通过艺术和科学,以无与伦比的数学的精确、经验的直观以及神秘的审美力,深入并且反思自然的秘密。他无限地拓展了已知世界、发现新大陆、环绕地球航行。他可以公然藐视权威,提出某种建立在自我判断基础上的真理。他赞美古典文化的丰富多彩,可是认为自己能够超越古人的局限性而进入一个新的天地。复调音乐、悲剧、喜剧、诗歌、绘画、建筑以及雕塑,一切都达到了复合与美丽的新水准。个人的天才和人格独立随处可见。一切的知识、创造或者探索的领域,人类似乎无远弗届。

随着文艺复兴,人类在今世的生命似乎拥有了一种直接的内在的价值,拥有了一种激动人心的存在意义。人与上帝、教会、自然似乎不再毫无关联。在人类行为的诸多方面和不同领域,皮科所宣告的人类尊严似乎都已经化为现实。文艺复兴从彼特拉克、薄伽丘、布鲁诺和阿尔贝蒂,到伊拉斯谟、莫尔、马基雅维里和蒙田的初始阶段,再到莎士比亚、塞万提斯、培根和伽利略的最后表现,人类成就的新典范接踵而至。人类意识和文化的发展如此令人叹为观止,自西方文明诞生之初的古希腊奇迹以来是从来没有过的。实际上西方人重新获得了生命。

不过以为文艺复兴的滥觞是一片灿烂辉煌,未免是一种错谬之至的判断,因为它是在一浪高过一浪的惊天灾难和连续不断的动乱之中降临的。14世纪中叶的黑死病席卷欧洲,夺去了三分之一的生命,破坏了中世纪鼎盛时期的文明所赖以存在的经济和文化的平衡。许多人相信上帝的怒气降临人世。英法百年战争成为一场旷日持久、破坏极大的冲突,而意大利却为无尽的内忧外患所荼毒。遍地海盗、土匪和雇佣军。宗教纷争国际化。严重的经济萧条持续了数十年。大学全都冥顽不化。从港口蔓延到欧洲的新疾病夺命无数。黑巫术和魔鬼崇拜盛极一时,就像当众鞭刑、墓地死亡之舞、黑弥撒、宗教裁判所、酷刑和火刑一样。教会阴谋司空见惯,比如在复活节的大弥撒期间佛罗伦萨大教堂祭台前发生的谋杀事件背后都有教皇的支持。谋杀、强奸和巧取豪夺成了家常便饭,饥荒和鼠疫的威胁连年不断。土耳其游牧民族随时对欧洲构成威胁。到处洋溢着末世论思想。而罗马教会本身,亦即西方最基本的文化机构则几乎成为颓废、腐败的中心,在结构和目标上都丧失了精神统一。教会和这些文艺复兴所赖以产生的大众文化的腐朽、暴力和死亡的背景遥相呼应。

正如数世纪前的中世纪文化革命一样,技术发明对于这个新时代的形成也是功不可没的。特别是四大发明(每一种发明都起源于东方)在当时的欧洲广为流传,产生了重大的文化影响:罗盘使得航海术臻于完满,全球都为之向欧洲的探险活动敞开;火药促成了欧洲封建秩序日薄西山,从而诞生了民族主义;机械钟表使得人类与时间、自然和工作的关系发生了根本性变化,将人类的行为与自然的节律分离并使人类从中解脱出来;印刷术极大地推动了学术进步,使得古典著作和现代著作获前所未有的大量读者,学术从此不再为教士阶层所长期垄断。

所有这些发明造成了极大的现代化以及最终世俗化的后果。在火炮支持下而兴起的相互独立而内部团结的民族国家不仅表明中世纪封建结构的倾圮,而且表明世俗的反罗马教会的力量日渐强大。印刷术在思想领域影响深远,使得新生的而且经常是革命性的思想迅速传遍整个欧洲。没有印刷术,宗教改革就可能仅仅是发生在一个偏远的德意志省份里的一场神学争论而已,而多依赖科学家之间的国际交流的科学革命也可能根本不会发生了。此外,印刷文字和逐渐发展的文学艺术有助于孕育新的文化精神,这种文化精神的特征就是个人的、私密的、非集体性的交流和体验逐渐得到强化,由此催生出个人主义。无声的阅读和独立的思考有助于把个人从传统的思维方式,从集体思想的钳制中解放出来,因为如今阅读的个人可以通过自己获得大量各不相同的观点和体验。

机械钟表的发明也同样造就了进步,其人造齿轮和发条系统成为现代机械的典范,推动了各种机械发明的制造。同样重要的是,机械方面的新成就为新时期出现的科学——事实上也为整个现代心灵——提供了一种概念模式和隐喻,深深影响到现代关于宇宙和自然、人类、理想社会甚至上帝的观点的形成。同样,罗盘也使人们能够从事全球探险,极大地促进了理智创造,推动了对自然界的科学研究,进一步确定了西方人处在文明历史的前沿。探险者的发现屡屡揭示出古代地理学家的错谬无知,赋予现代思想对于自我能力产生一种全新的感受,甚至面对那些从前无法逾越的古代大师们形成了某种优越感——冥冥之中破坏了所有传统的权威。在这些声名扫地的地理学家中,托勒密是其中之一,他在天文学中的地位也因此而受到动摇。而航海远征则要求更为精确的天文学知识、更为熟练的天文学家,在这些人中就出了一个哥白尼。新大陆的发现带来了新的经济和政治扩张的可能性,由此也给欧洲的社会结构带来了重大转型。与这些发现俱来的,还有与新的文化、宗教和生活方式的遭遇,致使欧洲对自身传统的傲慢产生了一种新的怀疑论的相对主义。西方的视野——地理学的、心智的、社会的、经济的、政治的——正在以前所未有的形式发生变化。与这些进步同时发生的乃是心理方面的重大发展,欧洲人的性格,从意大利文艺复兴的政治文化氛围开始,就发生了独一无二的令人惊讶的变化。意大利14、15世纪的城邦——佛罗伦萨、米兰、威尼斯、乌尔比诺,还有其他城市——从许多方面看乃是欧洲最发达的都市中心。充满活力的经济事业、繁荣昌盛的地中海贸易，与东方古老文明的不间断的交往，令这些城市集聚了一笔不同寻常的经济、文化财富。此外，罗马教皇在与内部四分五裂的神圣罗马帝国以及北方崛起的城邦的斗争中遭到削弱，为意大利的变动创造了政治条件。意大利的城邦规模较小，独立于外部公认的权威、商业和文化上的活力，为大胆的、富有创造力的、常常是彻头彻尾的个人主义的新精神的盛极一时提供了政治舞台。不久以前，国家的生命还受制于传统或者更高权威所强加的世袭权力和法律结构，如今个人才能和深思熟虑的政治行动和思想发挥了重大影响。国家本身被当作人类的意志和理智所能理解和控制的东西，政治理解力使得意大利的城邦成为现代国家的先驱。

此种注重个人主义和个人天才的新价值观强化了意大利人文主义一个共同特征，他们认为，个人的价值是以个人的能力为基础的，他们的理想就是要成为解放的人，有着多方面才能的天才。个人身份完全浸没在基督教由灵魂所组成的集体身体里面的中世纪基督教理想逐渐浸淫于异教徒式的英雄模式里面了——个体的人是一个冒险家、天才和叛逆。实现多才多艺的自我，不是像圣徒那样远离世俗，而是以辛勤劳动为城邦服务，投身学术或者艺术活动、经商或者社交。古老的两分法被理解为某种更高的统一性：在今世行动如同对永恒真理的思考；献身于国家、家庭和自我就是献身于上帝和教会；肉体享乐就是灵魂幸福；财富就是美德。文艺复兴时期的人抛弃禁欲守贫的观念，享受个人财富带来的富足生活，而人文主义学者和艺术家则在这种意大利商业和寡头精英营造的新文化气候里盛极一时。

政治活力、经济富足、学术宽松、艺术敏锐以及与古代和东地中海文化联系紧密，这些多重影响令意大利的统治阶级孕育出一种全新的愈演愈烈的世俗精神，甚至延伸到了梵蒂冈的圣所里面。在虔诚的信徒眼里，意大利生活中弥漫着某种异教的和不道德的气氛。这种气氛不仅可以从政治舞台上蓄意制造的野蛮行为以及种种阴谋，而且还可以从文艺复兴时期人对自然、知识、优美和奢华兴趣盎然而表现出的赤裸裸的世俗性中看得一清二楚。正是从意大利文艺复兴充满活力的文化的源头诞生了一种全新的与众不同的西方人格。其特点是个人主义、世俗化、强调意志、兴趣和动机的多元化、富于创造性的发明、乐于拒斥对人类行为的种种传统限制,这种精神很快就传遍了整个欧洲,形成现代性格的基本轮廓。

不过,虽然当时是一个世俗主义时代,但是在某种真正意义上,文艺复兴时期的罗马天主教会本身仍然处在荣耀的顶峰。梵蒂冈的圣彼得教堂、西斯廷教堂和署名室,既是教会伟大的纪念碑,也是西方文化毫无争议的至尊权威。在这里,罗马天主教的自我概念得以充分展示,精心构造,形成了创世纪和圣经戏剧(西斯廷教堂的天顶画)、古典希腊哲学和科学(《雅典学派》)、诗歌和富有创造性的艺术(《帕纳索斯山》)。所有这一切都以罗马天主教的神学和至高无上的万神殿(《圣体的争论》,《教会的凯旋》)为顶峰。世纪的赓续、西方心灵的历史,在这里得到了永恒的表现。在灵感大发而全无祭司习气的教皇朱利斯二世指导下,多才多艺的艺术家如拉斐尔、布拉曼特①、米开朗琪罗等,绘画、雕塑、设计,创作着各类艺术作品,它们以无与伦比的美艳和力量称颂着辉煌的罗马天主教思想的威权。例如,沟通神人之间的圣母大教堂堪称西方文化的基石,如今那里荟萃并综合了所有各不相同的因素:犹太教和希腊文化、经院派和人文主义、柏拉图派和亚里士多德派,以及异教神话和圣经启示,艺术家用想像的语言,书写着他们自己的新的生动的《神学大全》,把西方文化的地方因素综合在一个超越的整体里面。似乎教会潜意识觉得痛苦的命运就要降临,于是竭尽全力发挥自己的文化理解力,并寻找那些居于神圣境界的艺术家去表现自己的形象。

不过,天主教会在一个完全欢呼世俗、注重现世的时代达到其全盛,实乃文艺复兴所特有的一个悖论。因为就整个文艺复兴在文化史上所处的独特地位而言,它在很大程度上是许多对立事物的平衡和综合:基督教的和异教的、现代的和古典的、世俗的和神圣的、艺术和科学、科学和宗教、诗歌和政治。文艺复兴既是一个时代本身,也是一个嬗变过程。同时作为中世纪和现代,它依旧是非常虔诚的(菲奇诺、米开朗琪罗、伊拉斯谟、莫尔、萨沃纳罗拉、路德、罗耀拉、阿维拉的特雷萨、十字架的约翰),不过不可否认也是非常世俗化的(马基雅维里、塞里尼、卡斯提略、蒙田、培根、梅迪契家族和博尔吉亚家族,大多数文艺复兴时期的教皇)。在科学意识兴起并繁荣昌盛的同时,宗教热情同样异常高涨,两者常常交织在一起。

文艺复兴将对立面综合在了一起,这在佩脱拉克的"有学识的虔诚"(*docta pietas*)的理想中已初露端倪,而如今在伊拉斯谟及其朋友莫尔等虔诚学者那里也得到了充分展示。就文艺复兴的基督教人文主义者而言,讽刺和节制、世俗行为和古典教训都是中世纪所不曾有的基督教动力。文学的和普世的福音派在这里似乎取代了起初恪守教义的虔诚派。批判的宗教思潮超越了天真的宗教迷信。哲学家柏拉图和使徒保罗被带到了一起,经过综合而成为一种新的基督教哲学。

但是,也许文艺复兴的艺术最好地表达了这个时代的对立和统一。在15世纪早期,只有二十分之一的绘画是非宗教题材的。一个世纪之后竟翻了五番。甚至在梵蒂冈,裸体和异教神灵的绘画与圣母和幼年耶稣的绘画遥相呼应。人体的优美、形式的和谐与匀称受到赞美,只是多用于表现宗教题材或者上帝创造性智慧的启示。文艺复兴艺术致力于精确地模仿自然,在技术上能达到一种前所未有的自然主义的现实主义,不过也出色地表现了高贵的神圣性,以某种不可言喻的崇高和形式的完美,去描绘灵魂的、神话的形象,甚至当代人物。反过来说,没有技术上的发明——用几何学将空间数学化、直线透视法、空间透视法、解剖学知识、明暗对照法、渲染层次——也就无从表现神性,而这些技术发明正是在力求感觉的现实主义和经验的精确性过程中得到的。这些绘画成就又推动了解剖学和医学的科学进步,预示着一场科学革命,使得全球物理世界被数学化。对于现代世界的整体而言,文艺复兴艺术从单一的客观的视角去描绘一个处在统一空间里的理性上互相关联的世界,这一点并非无关紧要。

文艺复兴繁荣了一种坚定的"去分割化",主张在人类的知识和经验里并没有严格的分隔。达·芬奇正是一个典范——他致力于寻求知识也寻求美,是一位精通多门艺术的艺术家,连续不断如饥似渴地从事各个领域里的科学研究。达·芬奇扩展并且利用经验的眼睛,以更加充分的意识和新颖的精确把握外部世界,既是为了服务于科学洞察力也是为了艺术表现,他的"绘画科学"所追求的正是这两个目标。他的艺术显示出一种异乎寻常的表现力,同时也伴随着极其精确的描绘,这也有益于这种表现。正是文艺复兴这种独一无二的特征造就了这么一个人,他不仅绘出《最后的晚餐》和《岩间圣母》,而且在其笔记本里也演示了日后将要占据现代科学思想的三大原理——经验主义、数学和力学。

哥白尼和开普勒也是如此,他们怀着新柏拉图主义和毕达哥拉斯主义的思想动机,寻求解决天文学问题以便满足美学规则,这个策略致使他们提出了日心说。强烈的宗教动机也具有同样的重大意义,它们通常与柏拉图的主题一起,推动着直到牛顿为止的科学革命时期的大多数主要人物。在这些活动背后有一个观念,就是相信存在一个遥远的神话般的黄金时代,当时人类知道所有的一切——伊甸园、遥远的古典时代、已逝的古老圣哲的时代。人类从这个原初的启蒙和满有恩典的状态堕落,便将知识全部丧失殆尽了。因此恢复原有的知识就具有了某种宗教意义。正如在古典时代的雅典一样,古希腊人的宗教、艺术和神话而今再一次与同样是希腊的理性主义和科学精神交汇在一起并相互发生作用,文艺复兴时期达到了这种悖论的综合与平衡。

虽然从许多意义上讲,文艺复兴是从中世纪鼎盛时期丰富的、蓓蕾初放的文化中直接发展出来的,但是人们认为,在 15 世纪和 17 世纪初,西方文化发展毫无疑问有了一次质的飞跃。回顾起来可以发现各种起作用的因素,例如——古典文化的重新发现、商业活力、城邦精神、技术发明等等。但是当我们列出所有这些文艺复兴的"动因"之后，人们仍然会感觉到，文艺复兴的基本动力远比所有这些因素还大，甚至大过所有这些因素的总和。与这些因素不同，历史记载表明在许多方面都同时出现了一种引人注目的新意识——扩张的、反叛的、冲动和富于创造、个人主义、野心勃勃而且经常是不顾礼义的、充满好奇的、自信的、委身于今生今世、视野开阔而充满怀疑精神、灵感迸发而身心鼓舞，这种意识的出现有其自身的理由，受到某种更远大、更崇高的力量的推动，这种力量比政治的、社会的、技术的、宗教的、哲学的或者艺术的因素全部加在一起还要强大。对于文艺复兴的人物而言，中世纪经院派认为历史分为两个阶段，耶稣诞生之前和耶稣诞生之后，而他们自己所处的时代只是模模糊糊地与基督诞生后的罗马时代有所区分，但是文艺复兴时期的历史学家对于历史形成了一种明确的新看法：历史第一次被想像并被定义为一个三元结构——古代、中世纪以及现代——因而将古典时期、中世纪时期，与处在新时代前驱的文艺复兴时期截然区分开来了。

各种重大事件和人物迅速甚至同时在文艺复兴这座大舞台上风云际会。在同一个十年之间（1450—1455），哥伦布和达·芬奇出生、谷登堡印刷术发明、君士坦丁堡陷落，结果大批希腊学者流落到了意大利、百年战争结束，英法两国孕育了各自的民族意识。在同一个十年间（1468—1488），佛罗伦萨学院的新柏拉图主义的复兴在"豪华者"洛伦佐在位期间达到高潮，与此同时，哥白尼、路德、卡斯蒂廖内、拉斐尔、丢勒、米开朗琪罗、乔尔乔涅、马基雅维里、博尔吉亚、茨温利、皮萨罗、麦哲伦和莫尔也诞生了。在同一时代，阿拉贡和卡斯蒂利亚因斐迪南和伊莎贝拉的婚姻而合并，从而形成西班牙国家，都铎家族在英国取得王位，达·芬奇开始其艺术生涯，起先在韦罗基奥《基督受洗》中画天使，接着就是独立创作东方博士参拜耶稣，波提切利画了《春》和《维纳斯的诞生》，菲奇诺撰写了《柏拉图的神学》，出版了西方第一部柏拉图著作译文全集，伊拉斯谟在荷兰接受人道主义教育，而皮科·

德拉·米兰多拉则创作了文艺复兴的人道主义宣言《论人的尊严的演说》。在这里还有许多"动因"在发生作用。一种自发的、不可化约的革命意识产生了,它真正影响到了西方文化的每一个方面。在急剧的痛苦的震荡中,现代人在文艺复兴的"荣耀的云层后面"诞生了。

宗教改革

只有当文艺复兴的个人主义精神进入神学领域以及基督教会的信仰层面,就个人而言就是进入德意志奥古斯丁派修士马丁·路德的时候,欧洲方才爆发了具有重大意义的反抗罗马教会的宗教改革。文艺复兴将古典文化和基督教调整为一个即使不是系统的也是一个庞大的整体。文化上无拘无束的融合主义,表现在文艺复兴时期的教会首肯希腊—罗马的异教文化(这种首肯令赞助者花费无度),助长了教会的绝对宗教权威迅速腐化。路德便以《旧约》先知严谨的道德力量为武器,挑战罗马教皇公然蔑视圣经启示的基督教信仰。路德的反抗犹如星星之火,在整个16世纪引发了一系列前所未有的文化反响,一方面基督宗教重新作出了全新表述,同时也分裂了欧洲基督教世界。

宗教改革的直接原因是教皇企图通过出售赎罪券这种在神学上颇有争议的手段,在文艺复兴鼎盛时期增添建筑和艺术的荣耀。曾经迫使路德于1517年贴出其《九十五条论纲》的游方修士台彻尔,获得教皇利奥十世的授权,在德意志兜售赎罪券,为圣彼得大教堂集资。赎罪券原系罪人通过告解圣事宽免其罪行后,教会免除对其惩罚——这种做法受到前基督教的德意志习俗影响,就是使用金钱代替肉体的惩罚。为了转让这种赎罪券,教会支取从前圣徒的分外善功积赚起来的功德库,而收取赎罪券的人就要奉献教会。赎罪券是一种自愿的、通行的做法,教会以此募集资金,资助十字军、建造教堂和医院。起初仅适用于赦免教会对今世之人的惩罚,到路德时代,赎罪券被用于赦免上帝对来世之人的惩罚,包括直接从炼狱中解救出来。由

第五篇 现代世界观

于赎罪券具有甚至免罪的效果,则苦行的圣事本身似乎就被抛在一边了。

但是除了赎罪券外,反抗罗马教会的宗教改革还有更为深层的社会根源——教会森严的等级制度长期以来发展了一种政治世俗主义,削弱了其精神凝聚力,卷入了外交和军事纷争;教会信仰的极度虔诚和神贫与经常非宗教的、世俗的,以及唯利是图的教士阶层形成了鲜明对照;王室力量的兴起、民族主义和德意志的地方叛乱此起彼伏,与教皇和哈布斯堡神圣罗马帝国的普世野心针锋相对。然而比较直接的原因还有教皇花费无度、保护高级文化,展示了宗教改革背后更为深刻的因素——也就是反对希腊化的精神,而路德正是通过这种精神净化基督教,返回到其朴素的基础上去。宗教改革并不是对于文艺复兴文化、经院哲学和后使徒时代的基督教中的希腊(和罗马的)因素的纯粹"犹太教式"的反应。不过产生宗教改革的最基本因素也许就在于初露端倪的叛逆的、自我决定的个人主义精神,尤其是日益壮大的理智和精神的独立,这些动力已经发展到了这样一个重要关头,以至于对西方最高精神权威罗马天主教教会可以采取一种激烈的批判立场了。

路德通过相反的证据,如上帝的审判和路德自己的罪孽,竭尽全力寻求上帝救赎的荣耀。他在自己内心或者他的善功里面找不到这样的荣耀,在教会里也找不到——在圣事、教会体制以及在赎罪券中更是无法找到。最后只有通过基督在圣经中所启示的上帝救赎力量的信仰,而且仅仅通过这种信仰,路德才能说明关于救赎的经验,唯有站在这块磐石上,他建立了一个改革的基督教会。相反,伊拉斯谟,这位坚定不移的人文主义批评家,则希望从内部挽救教会的统一和使命。但是教会的等级制度却心有旁骛,对于这些要求置之不理,而路德,也因为遭到同样对待而宣称必须同那个他视之为敌基督的组织彻底决裂,从中独立出来。

教皇利奥十世觉得,路德的反叛无非是又一次的"修士之争",对于他提出的问题一直未予适当的答复。几乎是在贴出《九十五条论纲》之后三年,

235

路德终于收到了教皇要求其认错的通谕,他当众将其付之一炬。在此后召开的帝国会议上,哈布斯堡的神圣罗马帝国皇帝,就是查理五世,明确宣布区区一个修士想要否定过去一千年基督教的全部有效性是不可能正确的。他希望保持基督宗教的统一,面对路德的桀骜不驯、拒不让步,下了一条帝国禁令,宣布路德为异端。但是在德意志反叛的选帝侯和骑士的支持下,路德个人的神学反抗迅速扩展为一场国际动乱。现在回过头来看,后君士坦丁时期将基督宗教与古罗马连为一体实际上是一把双刃剑,一方面有助于教会在文化上占有主导地位,但是也最终促使了它的衰落。罗马天主教在欧洲维持了一千年的高度文化统一现在已不可逆转地支离破碎了。

但是路德个人在宗教上陷入的困境正是宗教改革的必要条件。路德敏锐地发觉面对上帝人类的疏离和恐怖,腐化的、因而需要上帝宽恕的乃是整个人类,而不是某种特定的罪过,因而不是通过教会规定的行为就可以一件一件加以去除。特定的罪过只不过是亟需救治的人类灵魂更为根本的病症所表现出来的症状而已。人们不可能一步一步地通过善功或者苦行、善行或者其他圣事,更不用说通过臭名昭著的赎罪券来换取救赎了。只有基督能够拯救整个人类,而人类只有信仰基督才能使人类在上帝面前称义。唯有如此,那公平惩罚罪人的愤怒的上帝令人畏怖的公义,才能转化成为以永恒的福乐自主地报答虔信者的宽恕的上帝仁慈的公义。正如路德欣喜地在保罗至罗马人的书信中所发现的,人不能挣得救赎;毋宁说,上帝自愿地将救赎赐予那些虔敬的人。这种救赎的源泉就是《圣经》,上帝的仁慈通过基督为人类钉十字架而显现给我们。唯有信基督的人才能找到救赎的途径。天主教会——采取玩世不恭的市场化行为,声称施予上帝的恩典、零售圣徒的善功、宽恕人的罪和免除他们来世的债务,而为自身经常是非宗教的目的攫取金钱,同时却宣称教皇永无谬误——只不过是一个江湖骗子而已。再也不能把教会敬奉为基督教真理的神圣中保了。

罗马天主教会给基督教带来的所有附属之物,在《新约》中一概无法找到,因此遭到新教徒的质疑、批评并经常被抛弃一旁:数世纪以来日积月累的圣事、仪式和艺术、纷繁复杂的组织结构、教阶制及其精神权威、经院派的自然神学和理性神学、炼狱信仰、教皇永无谬误、教士独身、圣餐化体说、圣徒功德库、圣母马利亚的大众崇拜以及母教会本身。所有这些都是基督徒信仰基督救赎恩典的第一需要即因信称义的对立面。基督徒必须从古老制度的令人迷惑的控制中解放自己,因为只有对上帝直接负责才能自由地体验到上帝的恩典。神学权威的唯一源泉现如今仅存于圣经所表述的真实含义里面了。制度化的教会繁复的教义发展和道德教训是无关紧要的。在拥有了几个世纪相对无可争议的精神权威之后,罗马天主教会连同其一切行头,一夜之间就再也不被视为人类宗教幸福的指导了。

天主教神学家论证道,为了捍卫教会及其精神的统一,教会的圣事制度是有价值的而且是必须的,其教义传统解释并阐述了最初的启示,具有真正的精神权威。当前教会固然需要在道德和行为方面进行改革,但是其内在的神圣性和有效性仍然是全备的。他们认为,没有教会的传统,上帝的话在世界上就不会有很大的力量,也不大会得到信仰基督的人的理解。通过施加于教会机构上面的圣灵感动,教会就可以出面宣布在圣经文字中没有完全表述出来的基督教真理。事实上,教会在最早的使徒阶段比《新约》本身的形成还早,是教会创造了《新约》,以后又将其定为正典,成为福音。

但是改革家们却反驳道,教会以对教会的信仰取代对基督个人的信仰。由此它败坏了最初基督教启示的力量,愚蠢地将教会置于人与上帝的关系之间。只有直接与《圣经》的交流才能带给人类灵魂与基督的直接交流。

在新教徒看来,真正的基督教是建立在"信仰本身"、"恩典本身"以及"经典本身"的基础之上的。天主教会一边同意这些都是基督宗教最基本的东西,一边却主张制度化的教会及其圣事、圣职制度和教义传统与基督教的基础——即信仰上帝的恩典是在圣经中启示出来的——有着天然的、有力的联系,并且将这信仰广为传扬。伊拉斯谟也反对路德,主张自由意志和美德行为在得救的过程中并非一钱不值。天主教主张上帝的恩典和人的德行都是得救的工具，不必将两者视为对立面，以为只有其中的一个会发生作用。教会论证道，至关重要的是，制度化的传统和基于圣经的信仰并不对立。相反，天主教正是上帝之道遍行于世的鲜活的工具。

但是宗教改革家却认为，教会的所作所为完全背离了它的理想，其等级制度显然太过腐化，其教义传统也与最初的启示相距甚远。要从内部改革这个堕落的结构实际上是毫无意义的，在神学上也是大谬不然的。路德令人信服地论证道，对于人类的救赎而言，上帝扮演的角色是独一无二的，人在精神上是孤立无援的，制度化的教会在道德上是堕落的，而圣经的权威也是独一无二的。新教徒的精神传遍了半个欧洲，古老的秩序被打破了。西方基督教再也不是单一的天主教了，再也不是一统天下，再也不是文化统一的源泉了。

宗教改革特有的悖论就是其特征基本上是含混不清的，因为它一方面是保守的宗教反应，一方面又是一种激进的解放性的革命。路德、茨温利和加尔文缔造的新教宣称是复兴基于圣经的犹太人的基督教——无与伦比的一神论、断言亚伯拉罕的、摩西的上帝是至高无上的、无所不能的、超越的和"他者"的上帝，断言人是堕落的、孤立无助的、命中注定不是要受到诅咒就是要得救，就后者而言，只有全然依靠上帝的恩典才能得到救赎。而阿奎那早已提出，每一个受造物可以参与上帝无限的、自由的本质，主张上帝赋予人类本性的积极性和自主性，而宗教改革家们却以一种更为二元分立的观点，把上帝想像为绝对的君临于其创造物之上的上帝，人的罪恶本性使得独立的人类意志变得无效和邪恶。新教对于上帝——选民的仁慈的保护者抱乐观态度，但是对于人类，"一大堆的丑事"（加尔文语），却是毫不妥协地抱悲观态度。人类的自由必然导致邪恶，它只是选择不同层次的罪孽而已。

对于宗教改革家而言,自主就意味着背教。人真正的自由和快乐就在于服从上帝的意志,这种服从的能力仅仅来自上帝恩赐的信仰。人为自己所做的一切都无助于使他更加接近于得救。经院派神学已经为希腊哲学所污染,其理性进步无助于人类获得精神的启示。只有上帝能够提供真正的启示,只有圣经揭示了真正的真理。与文艺复兴随意对待宽泛的希腊化基督教、与异教的柏拉图主义及其宇宙的宗教和人类的神化不同,路德和加尔文重新建构了一种更为严格的、道德上更为严谨的、本体论上二元论的奥古斯丁派的犹太教和基督教观。

此外,天主教的反宗教改革在整个欧洲进一步刺激了"纯洁的"基督教传统的重新提出,这一场反宗教改革肇始于16世纪中期召开的特兰托公会议,天主教会终于对于危机有所觉悟,于是酝酿着手从内部进行重大改革。罗马教皇制度再次拥有了宗教的动力,而且常常怀有非常严格的动机,教会重申基督教信仰的基础(主张教会的本质结构和圣事权威),而且采用了与它所反对的新教一样好战的用语。于是在欧洲分裂的双方,亦即南方的天主教和北方的新教,正统基督教竟都充满活力地重新建立起来了,以一种保守的宗教态度共同反对文艺复兴时期异教的希腊主义、自然主义和世俗主义。

不过,尽管宗教改革有着种种保守主义特征,但是它对教会的反抗却是西方文化前所未有的革命性行动——不仅是针对罗马教皇制度和教会等级制度一次成功的社会政治的反抗,因为改革者得到了德意志和其他北方国家世俗统治者的支持,而且第一次提出个人的良心反对确定的教会体系的信仰、仪式和组织。因为宗教改革的根本问题是关注宗教权威的地位。在新教徒看来,教皇和公会议都不具有属灵的力量,不可以规定基督教信仰。相反路德宣扬"由一切信徒组成的教会":宗教的权威最终而且仅仅奠基在每一个基督徒的身上,他们根据各自的良心,通过个人与上帝的关系,阅读和解释《圣经》。圣灵的临在,就其一切自由的、直接的圣灵感动的而非制度化的自由而言,就是每一个基督徒反对罗马教会的掣肘。信徒个人内心对基督恩宠的回应,而不是梵蒂冈教会机器,构成了真正基督教的经验。

正是路德坚定不移地主张,个人直接面对上帝揭示了上帝的全能和仁慈。新教的这两种对立特征,亦即人类独立的自我和全能的神,两者复杂地交织在一起。因此宗教改革标志着个人在两个方面的进步——在教会之外,在上帝面前。路德在帝国会议面前慷慨陈词,宣布一种新的个人宗教自由:

> 除非《圣经》和清晰的理性使我信服——我不接受教皇和公会议的权威,因为它们相互矛盾——我的良心只系于福音。我不能,也不愿意认错,因为违背良心是不对的,也是不安全的。愿上帝助我。阿门。

宗教改革是叛逆的个人主义——个人良心、"信仰基督的自由"、反对教会体制的垄断权威的个人的、批判性的判断——的一种全新的、决定性主张,因而进一步将文艺复兴运动从中世纪教会和中世纪特征中剥离出来。尽管宗教改革的保守的犹太教性质是对文艺复兴中的希腊化和异教文化的反动,但是宗教改革强调个人自主的革命宣言促进了文艺复兴的继续发展——因而也是整个文艺复兴现象内在的,即便是部分具有反叛性的因素。一个经历了文艺复兴和宗教改革的时代实际上就是一个革命的时代,也许正是由于这种普罗米修斯式的时代精神,路德的叛逆迅速膨胀,超出了他所预见的,甚至超出了他所想看到的。总之,宗教改革只不过是发生在西方心灵和精神中一种更大的文化转型的突出表现形式而已。

在这里,我们遭遇到了宗教改革的另外一个极不寻常的悖论。其本质特征具有极其明确的、毫不含糊的宗教性,但是其对西方文化的最终影响却从许多方面共同强化了其深层的世俗化。宗教改革推翻了天主教会,这个举世公认的宗教教义之最高法院的神学权威,从此西方宗教的多元化、宗教怀疑论的大门洞开了,最终与当时仍然大致自成一体的基督教世界观彻底决裂。虽然各种新教权威试图构建某种特有的基督教信仰形式作为其至高无上的唯一正确的教义真理,但是路德改革的最初前提——由一切信徒组成的教士以及凭借个人良心的权威解释《圣经》——必然会削弱任何加强正统的努力获得长久的成功。一旦母教会被弃之一旁,认为自己对教义的阐释没有谬误的新主张就不能被长期视为合法。这种脱离古老基础的直接后果显然使得坚定的基督教的宗教虔诚得以释放,因而全新的新教会众充满鲜活的属灵的意义以及神授超凡能力的力量。不过随着时间的流逝,普通新教徒由于不再被包裹在天主教的庄严仪式、历史传统以及圣事权威的子宫里,在某种程度上就较少受到保护,不能抵制个人怀疑和世俗思想的奇思怪想。自路德以后,每一个信徒的信仰越来越仰仗自我的支持;西方的理智的批评功能则变得越来越突出了。

此外,路德接受的是唯名论传统,这使得他不相信早期经院哲学企图用理性神学将理性和信仰结合起来的做法。路德认为根本没有"自然启示",因为自然的人类理性是对自然世界的认知和分析。与奥康姆一样,路德认为自然的人类理性并不能理解上帝的意志和恩赐的救赎,因此理性主义企图通过经院派神学这样做似乎是极端傲慢的。在世俗的心智和基督教的真理之间不可能存在真正的内在联系,因为基督在十字架上奉献自己,对于世俗智慧而言是愚蠢的。《圣经》只能提供人类上帝所作所为的真实的、救赎的知识。这些主张对于现代思想及其对自然世界的理解具有意义重大而难以预见的后果。

宗教改革恢复了一种突出的以圣经为基础的神学以对抗经院派神学,有助于净化现代思想中的希腊概念,这种希腊概念认为自然中弥漫着神圣的理性和最终的动因。新教因而发起了一场神学范围内的革命，巩固了始于奥康姆脱离经典经院派之基本思想的运动，因而支持了一种新的自然科学的发展。宗教改革家在创造者和创造物之间——在上帝不可思议的意志和人类无限的智慧之间、在上帝的超越性和世界的偶然性之间——作出日益明确的划分，这便使得现代思想全新地感受到自然具有的纯粹尘世的特点，感受到自然自身有序的原则与人类逻辑地假设上帝的神圣统治并不存在直接对应，以这样的感受去研究自然。宗教改革家将人类思想限制在今世知识的范围之内正是开启这种知识所必不可少的先决条件。上帝仁慈地、自由地创造了这个世界，这个与他自身神圣的无限的神性毫无关系的世界。因此，可以不必用新柏拉图主义和经院派的方式，假定上帝通过静态的神圣形式参与这个世界，然后根据这个假设去理解和分析这个世界，倒是可以根据世界本身独特的动态的物质过程，并无上帝的干预及其超越的现实的假设去解释和分析这个世界。

通过解除世界固有的神性的魔咒、完成基督教摧毁异教的万物有灵论的过程，宗教改革已经为现代科学对它的重大改造做好了准备。扫清了通向关于宇宙日益增加的自然主义观点的道路，起先走向一个自然神论的遥远的理性主义的造物主，最后走向世俗主义的不可知论，从而消除了任何超自然的实体。甚至宗教改革之更新《创世纪》人类统治自然的圣经观点，也推动了这个过程，这种圣经观点激发人类认识到自己乃是与自然现象相对立的认知主体，认识到自己赋有神授的权力，可以凌驾于自然的——因而也是非精神的——世界之上。相对于上帝的创造物而言，上帝是崇高的，是与其判然有别的，同样，相对于自然的其余部分，人类也是崇高的，与之判然有别的。让自然服务人类的利益是一种宗教的义务，由于认识到自我的价值和自主性、统治权能而最终赋予人类自身一种世俗的重要性，这些思想在现代社会的发展过程中一直有增无减。

宗教改革对于现代人类思想还造成了一个类似的歧异后果，那就是对待真理的态度问题。天主教认为,最深刻的真理首先是载明于《圣经》中的上帝的启示,它们构成一切通过教会传统而继续发展的真理的基础——教会的每一代神学家在圣灵的感动之下,创造性地为该传统添砖加瓦,形成更为深刻的基督教教义。就像阿奎那的积极理智产生感性知觉,再从感性知觉形成理智概念一样,教会的积极理智形成了基本的传统,再从这个传统中形成更有说服力的属灵的真理形式。但是从新教观点看,真理最终客观地存在于启示的福音,只有忠诚于这些不可更改的真理才能形成神学的确定性。根据这个观点,罗马天主教传统长期以来就是一直错误地从主观上歪曲了这个最初的真理。天主教的"客观性"不是别的,只是将确立的教义迎合天主教思想的主观需要,不是福音所表述的外在的神圣真理。而天主教的思想尤其是因为它在神学上综合了希腊哲学这种本质上同圣经真理完全背道而驰的思想体系而被歪曲了。

新教重新宣称圣经中的福音不可更改,因而在现代思想里培养了一种观念,那就是强调需要我们毫无偏见地去发现客观真理,摒弃传统的偏见和歪曲。因此新教促进了科学心态的成长。要充满信心地对抗那些牢固树立的教条、要将一切信仰置于全新的批判和直接的检验,要面对客观现实,摈弃传统的先入为主的概念或者强加于人的权威的干扰——热情追求不带偏见的真理成为新教思想因而也是现代思想的特征。但是终有一天,福音本身也成为新批判精神的对象,而世俗主义大获全胜。

实际上,正是宗教改革家诉诸客观真理的基础招致了这个基础被辩证地破坏了。路德强调《圣经》的本意是关于上帝创造的知识的唯一可靠的基础,使得现代思想很快就自己出现了前所未有的紧张状态,因为它遭遇到了很快就要确立起来的世俗科学所产生的与圣经全然不同的启示。至少必须同时维护两个显然是矛盾的——或者至少是不协调的——真理,一个是宗教的,一个是科学的。基要派的圣经将加快西方思想在试图适应科学的过程中信仰与理性的日益分裂。基督教的信仰如此根深蒂固,以至于根本不能彻底抛弃,但是科学的发现也不能熟视无睹。最终还是后者在理智和实践方面的影响超过了前者。在这样的一个转变过程中,西方的"信仰"本身转到了胜利的一方,并且与之结盟。从长远看,路德狂热地重申基于圣经的宗教虔诚恰恰极大地促进了其世俗化的反面。

宗教改革对于不同于基督教正统思想的现代思想还产生了另外一个影响。路德强调个人宗教回应的重要性,逐渐地、然而不可避免地导致现代思想感到宗教现实的内在性、最终真理的个体性,以及个人的主观性决定真理的盛行。随着时间的推移,新教因个人对基督的信仰而称义的教义似乎更加强调个人的信仰而不是对基督的信仰——亦即对个人观念的关联性,而不是这些观念的外在有效性的信仰。自我日益成为不解自明、自我规定的事物的衡量标准。真理日益成为自我体验到的真理。于是路德开辟的道路就从虔敬派发展到了康德的批判哲学和浪漫主义的唯心主义,最终发展到现代后期的哲学实用主义和存在主义。

宗教改革因其强调个人的忠诚而变得世俗化了。过去,罗马天主教常常引起争议,但是大体上仍赢得了所有欧洲人的臣服。然而宗教改革之所以大获成功是因为它与世俗的民族主义和德意志反抗教皇制度和神圣罗马帝国遥相呼应,尤其是反抗后者企图获取对于整个欧洲的统治。由于宗教改革,普世的天主教帝国的野心和梦想最终幻灭了。各种分散的欧洲民族和国家获取权力,取代了西方基督教世界古老的理想化的统一性,而新秩序的特点则是激烈的竞争。如今再也不存在一个各国需要向其表示尊敬的更高的国际性的属灵的权力。此外,各民族语言曾因为文艺复兴文学而大行其道,现在由于新的圣经方言翻译尤其是路德的德语译本和英语的詹姆士王本,与从前受教育的人所使用的共同语言拉丁语的对抗进一步增强。个别的世俗国家如今变成了文化的以及政治的重要单元。中世纪欧洲统一的天主教基础土崩瓦解了。

宗教改革对于政治—宗教的发展,不论是在个人还是在国家的层面上造成的影响也是非常重大的。随着世俗的统治者规定其境内的宗教,宗教改革在不经意间将权力从教会转移到了国家,就像从教士转移到平信徒一样。许多重要王朝由于选择了天主教,继续试图保持中央化和绝对化的政治权力,这就使得新教与一些寻求维持或者推动各自的自由的抵抗团体——贵族、教士、大学、行省、城市——结盟。因此新教的动机就与政治自由的动机联系在一起了。宗教改革对于个人宗教的自我责任以及一切信徒都是教士的新观念也有助于政治的自由主义和个人权利的成长。与此同时,欧洲宗教的四分五裂推动了新的学术的和宗教的分裂。所有这些因素产生了一系列日益世俗化的政治和社会后果:首先是个别的国立教会建立,其次是教会与国家分离、宗教宽容以及最后世俗社会占据主导。宗教改革过分粗疏的教条主义的宗教思想终于孕育出了现代多元化的宽容的自由主义。

宗教改革还有一个预想不到的、反讽的世俗化后果。虽然宗教改革家像奥古斯丁派那样贬低人类内在的精神力量,但是他们还是在基督教的框架里赋予人类在今世以新的意义。当路德消灭了教士与平信徒之间传统的等级制度,大逆不道地违背了天主教的律法,决定娶一位从前的修女为妻而且还生下孩子的时候,他赋予日常生活的行为和关系以一种从前天主教会不甚强调的宗教意义。神圣的婚姻取代贞洁而成为基督教的理想。家庭生活、抚养后代、世俗工作以及日常生活的职责,如今被认为显然是精神得以成长和深化的更为重要的领域。如今各种手艺活而不仅仅是中世纪那样的修道生活才是神圣的天职。在加尔文看来,基督徒在人间的职业都值得用属灵和道德的热情去追求,以便在人间实现上帝之国。世界不仅仅被视为上帝意志无可替代的表现形式,只有以消极的虔敬之心接受之,而毋宁是人类以迫在眉睫的宗教职责拷问和改变生活的方方面面、每一种社会文化制度,以便实现上帝的意志,造就一个基督教的共同体。

不过,提升世俗社会的宗教意义迟早会呈现出一种自主的、非宗教的特征。例如婚姻,由于不再作为一种圣事而受到教会控制,而是由民法加以规范,终于基本上成为一种世俗的契约,容易缔结也容易解体,更容易丧失其神圣的特征。从更大的社会范围看,新教徒之提倡更为严肃地对待这个世界、改良社会并且拥护变革,有助于改变对今世和变革的传统的宗教的厌恶,由此赋予尚处萌芽状态的现代精神以宗教的约束以及内部的重建,从而推动从政治到科学的许多领域的现代事物和自由主义的进步。然而,这种改造世界的强烈冲动是自发的,不仅摆脱了其最初的宗教动机,而且最终将宗教堡垒本身当作另外一个而且是有待推翻的更为深重的压迫。

宗教改革的重大社会后果,在其与北欧各国的经济发展的复杂关系上也能够清楚地看到。新教之肯定道德操守和人类在今世工作的神圣尊严,似与加尔文派的前定论的特性有关,艰苦斗争的(和焦虑不安的)基督徒由于不再有天主教通过圣事的途径就能够称义,因此只要他能够富有成效地、保持不间断地投身于严格的工作和世俗的天职,就能发现他自己作为一个选民的迹象。物质生产经常就是这些努力的成果,再加上清教徒要求苦行,摒弃自私的享乐和挥霍,这样很快就获得了资本积累。

传统上追求商业成功被想像为是对宗教生活的直接威胁,而现在这两者被认为是相得益彰的。宗教教义本身多次有选择地加以改造或者增加以便迎合当时社会和经济的需要。在短短几代人中,新教的工作伦理以及不断涌现的坚定不移的、顺应形势的个人主义,在推动与资本主义的兴起密切相关的经济上富足的中产阶级的成长过程中起了重大作用。而在文艺复兴时期的意大利城邦就已经发展起来的资本主义,如今进一步被其他各种因素推向前进——在新大陆积累的财富、新市场的开辟、人口增长、新的金融策略、工业组织和技术的新发展。终于,新教诫律最初的属灵取向变得更加关注世俗内容,更加关注其生产的物质回报。于是宗教狂热屈从于自主发展的经济活力了。

><×

至于反宗教改革,同样也意想不到地向最初所设想的不同方向发展。天主教会自我改革的、抗击新教蔓延的改革运动采取了各种不同形式,从振兴宗教裁判所到符合实际的改革以及十字架的约翰和阿维拉的特雷萨的神秘主义著作等等,不一而足。但是反宗教改革打头阵的主要是耶稣会,一个罗马天主教的修会,它把自己规定为一个军事的、忠诚于教皇的修会,吸引了大量意志坚定、思想稳健的人。耶稣会士在世俗社会中采取各种不辱其天主教使命的行动,从崇高的海外传教到坚持不懈的审查制度和欧洲宫廷中的拜占庭式的政治阴谋,他们担负起教育青年人的责任,尤其是统治阶级的青年人,以形成一批新的天主教精英。耶稣会士很快成为欧洲大陆最著名的教师。然而他们的教育策略不仅包括讲授天主教信仰和神学,而且包括从文艺复兴和古典时期的所有人文主义课程——拉丁文学和希腊文学、修辞、逻辑和形而上学、伦理学、科学和数学、音乐,甚至绅士般的仪表和雄辩——所有这些都服务于发展学术上的"基督的斗士":道德严谨、受过人文教育、具有批判智慧的基督教人才,他们能够在智慧和才学上超过新教的持异端者,推进伟大的西方天主教学术传统。

耶稣会在整个欧洲建立了数以百计的教育机构,而新教领袖们同样也意识到需要教育有信仰的人,便很快大肆仿效。由此,基于希腊的教育(*paideia*)观念的古典人本主义传统在以后的两个世纪里被广泛地维持了下来,为欧洲日益增长的知识阶层提供了一种新的文化统一的源泉,就像基督教这一古老源泉所起到的作用一样,而这时基督教正处于分裂之中。但是,这种人文教育课程因向学生们展现了许多论述有力的观点——其中有基督教的也有异教的,因不遗余力地反复灌输批判理性而造成一个后果,所有受过教育的欧洲人对于思想多元论、怀疑论甚至革命,都必然抱有一种非正统立场。伽利略和笛卡尔、伏尔泰和狄德罗都接受过耶稣会教育就并非偶然了。

  在这里,宗教改革还有其决定性的也是最重大的世俗化的后果。随着路德的反叛,基督教的中世纪的母体一分为二,接着又分裂成许多派,随着新的分裂各派在整个欧洲点燃了满腔怒火而相互纷争不已,然后在外表上开始毁灭基督教自身。由此造成欧洲的思想和文化的混乱是极为深刻的。宗教战争便反映了不断地在增加的宗教派别之间为了他们的绝对真理概念将会流行而进行的激烈争斗。需要有一种清楚的统一的观点超越于不可解决的宗教冲突,大家对这种需要十分迫切,而且成为普遍的共识。正是在这种各派尖锐的理论上的混乱争斗状况中开始了科学革命,它不断地发展,最后在西方思想中高奏凯歌。

第五篇　现代世界观

科学革命

哥白尼

科学革命既是文艺复兴的最后表现,也是它对现代世界观的突出贡献。在波兰出生、在意大利接受教育的哥白尼恰好处在文艺复兴的巅峰时期。虽然他的主要观点注定要成为现代思想存在的公认的原则,但是却不能够被当时他那个时代的大多数欧洲人所接受。远非其他任何因素相比的是,正是哥白尼的洞见导致并象征着现代世界与古代和中世纪世界的重大的根本性决裂。

哥白尼试图解决由来已久的关于行星运动的难题：如何用一个简洁、清楚、精确的数学公式来解释行星显然不规则的运动。概括而言,托勒密及其后继者提出的解决方案是以亚里士多德的地心说宇宙观为基础的,它要求使用越来越多的数学设计——均轮、大小本轮、等距点、偏心圆——来解释观察到的行星位置,与此同时又要维系统一的圆周运动的古老规则。当行星没有按照一个完美的圆运行的时候,则要另外添加一个更小的圆,假设行星围绕着这个小圆运行,而实际上又继续围绕着那个大圆运行。而进一步出现的差异则通过将圆并列在一起、取代它们的中心、设定另外一个中心、使得运行继续保持统一等等方式加以解决。每一个新天文学家,面对新发现的与基本范式相矛盾的不规则运动,就依靠增加更多的精巧设计来应付它们——这里增加一个小本轮,那里增加一个偏心圆,等等。

到了文艺复兴时期,托勒密的策略,用哥白尼的话说,就产生了一个"怪物"——一个不精确的、载负沉重的概念,虽然有各种复杂的专门纠偏的设计,却仍然不能说明或者精确地预言所观察天体的运行位置。托勒密模式原创的简约概念已不复存在。此外,各式各样的希腊、阿拉伯以及欧洲的天文学家使用各不相同的方法和原理,本轮、偏心圆和等距点的不同组合,于是形成了基于托勒密思想的令人困惑的多种多样的体系。天文学这门科学因缺乏起码的理论的同一性而充满了不确定性。此外,托勒密时代以来累积下来的数世纪的观察揭示出与托勒密的预言大相径庭的诸多分歧,以致在哥白尼看来,使这一体系得以站住脚的任何新的修正的希望愈益渺茫。继续维持古老的假设使得天文学家不可能精确地计算真实的天体运动。哥白尼得出结论,古典天文学肯定包含某些根本错误,甚至就是建立在这些错误基础上的。

文艺复兴的欧洲迫切需要一个更好的历法,它对教会管理和礼拜仪式也是不可或缺的,于是教会便开始了历法改革。历法改革取决于天文学的精确性。罗马教廷曾就这个问题征询哥白尼的建议,哥白尼回答道,目前天文学的混乱状况妨碍任何直接有效的改革。哥白尼是一个技术熟练的天文学家和数学家,这使得他能够认识到现存宇宙论的各种弊病。但是仅靠这些还不能使他设计出一套新的体系。其他同样胜任的天文学家原本可以充分认识到行星运行的问题本质上是难以解决的,因为它对于任何数学体系而言都太复杂、太难以驾驭以至于不可理解。哥白尼尤其能够浸润于文艺复兴新柏拉图主义的学术环境——特别是他赞同毕达哥拉斯的信仰,即自然最终可以通过关于先验的、不变的本质的简洁而和谐的数学公式加以理解——这推动并引导着他的创新活动。神圣的造物主的工程,在任何地方都是完美的、秩序井然的,他对天界本身是不会随随便便、马马虎虎的。

在这些想法的激励之下,哥白尼全力以赴地考察他所能收集到的古代的科学文献,因为人文主义的复兴以及希腊语的各种抄本从君士坦丁堡被带到了西方,其中许多文献都唾手可得。他发现一些希腊哲学家、尤其是毕达哥拉斯派和有柏拉图派背景的哲学家都曾经提出过地动说,只不过没有将这个假说发展出充分的天文学和数学的结论。因此,亚里士多德的地心说概念在许多受人尊敬的希腊权威中并不是独家看法。哥白尼以这种与古代传统相类似的观念为指导,在新柏拉图派高度重视太阳的观念的启发下,进而在大学经院哲学家对亚里士多德物理学的种种批判的评价的支持下,提出了日心说宇宙假设——地球是一颗行星,并且从数学上得出了这一结论。

虽然这种创见貌似荒诞不经,但是它的实施应用却导致了一个哥白尼相信在性质上要比托勒密的体系要好得多的体系。日心说的模式很容易解释司空见惯的天体的每日运动,解释太阳因为每日地球的自转和围绕太阳公转而形成太阳每年的运行。运动的太阳和行星的表象可以看作是地球自身运动而造成的幻象。众多天体的运动无非是地球自身沿着相反方向运动的投影。传统的反对观点认为,一个运动的地球会破坏自己以及地球上的事物,对此哥白尼反驳道,地心说是以更为辽阔巨大的天穹甚至更快的运动为前提条件,这岂不会造成更大的破坏吗。

许多在托勒密传统中挥之不去的特有难题似乎被日心说更加精确地解决了。行星相对于恒星循环往复运动以及行星的明暗变化,这些天文学家曾经用数不清的数学设计加以解释的现象,现在因为我们是从一个运动的地球去观察这些行星,而能够比较简洁地得到理解了——这就会出现一种不必使用大本轮假说的逆行的现象。运动的地球会自动地使围绕太阳运动的规则的轨道,在地球上的观察者看来,似乎是围绕地球的不规则运动。等距点也不再有存在的必要了,托勒密的这个设计哥白尼认为尤其是要根据美学原则加以反对的,因为它违背了统一的圆周运动的规则。哥白尼从太阳向外排列各大行星——水星、金星、地球和月亮、火星、木星和土星——取代了传统以地球为中心的排列方式,以一种简洁的、协调的方式解决了从前一直未能正确解决的一个问题——为什么水星和金星总是更接近太阳。对于这些问题以及其他类似问题的解释有力地促使哥白尼想到,日心说比托勒密体系更加优越。现象得到了解释(尽管仍是近似地),而且概念更为精确。虽然司空见惯的常识与此截然相反,更不用说还有将近两千年的科学传统,但哥白尼深信地球真的是运动的。

在《概要》这部短篇手稿里,哥白尼初步提出了他的论点,而且早在1514年就在他的朋友中间散发。二十年后他来到罗马,当着教皇的面,就这个新体系的原理做了一次讲演,教皇表示了认可。接着,这本小册子被郑重其事地要求出版。但是哥白尼在他的大半生里都小心谨慎地未将其特立独行的观念全部刊行(后来在他题献给教皇的《天体运行论》的序言里,哥白尼坦陈,他之所以没有公布他关于自然秘密的观点,是因为担心遭到那些没有入门之人的奚落——这是延袭了毕达哥拉斯派不向外人揭示自然秘密的做法)。但是他的朋友尤其是其得意门生雷蒂库斯说服了他,最后雷蒂库斯带着他的全部手稿从波兰转到德意志去付印。在哥白尼生命的最后日子里,1543年,一部公开出版的著作被带到了他的身旁。

但是在那些日子里,甚至在以后的数十年间,毫无迹象表明在欧洲引起了西方世界观的史无前例的革命。因为对于大多数听说过这本书的人而言,新观念与日常经验实在是太矛盾了,实在是大错特错了,所以根本不值得加以认真地讨论。但是随着精通的天文学家发现哥白尼的论证颇具说服力,反对之声也随之出现了;正是这一新的宇宙观蕴含的宗教意义很快就引起了最激烈的攻击。

宗教界的反应

一开始,反对之声并非来自天主教会。哥白尼是一座大教堂的地位颇高的教士,并且是罗马教会的受人尊敬的顾问。敦促他出版作品的朋友中包括一位主教和一位枢机主教。他去世以后,天主教大学在天文学课上并没有避而不用《天体运行论》一书。此外,教会确定的新格利高里历就是建立在根据哥白尼的体系计算出来的结果之上的。这种表面上的弹性态度也并非异乎寻常,因为在整个中世纪鼎盛期和文艺复兴时期,罗马天主教对学术思想可以说是放任自流的。事实上,这种放任自流正是新教批判教会的主要根由。通过宽容甚至鼓励对希腊哲学、科学和世俗思想——包括希腊文化的对《圣经》的隐喻性解释——加以详审细察,在新教看来,天主教会使得原始的基督教教义和《圣经》的字面上的真理遭到了玷污。

最早并且最激烈地提出反对意见的正是新教改革家,这是不难理解的:哥白尼的假设与圣经的某些关于地球固定不动的经文相矛盾,而圣经则是新教唯一的绝对的权威。用人类的科学来质疑圣经的启示,这是一种希腊化的学术傲慢和诡辩解释,这也正是宗教改革家对天主教宽容精神最感厌恶的地方。新教徒因此很快认识到哥白尼天文学的威胁,就谴责其不敬神。甚至在《天体运行论》出版之前,路德就称哥白尼是一个"自命不凡的占星术士",愚蠢地想要推翻整个天文学而公然与圣经相违背。路德很快就与梅兰希顿和加尔文等宗教改革家联手,其中有的还提出要采取严厉措施镇压这个险恶的异端。加尔文从《诗篇》中引了一句经文,"世界就坚定,不得动摇",然后质问道,"有谁胆敢将哥白尼的根据置于圣灵之上呢?"雷蒂库斯把哥白尼手稿带到纽伦堡出版,因遭到宗教改革家的反对而被迫转移到其他地方。甚至在莱比锡,他将手稿留在新教徒奥西安德那里出版,后者居然在哥白尼毫不知情的情况下插入了一个匿名的前言,声称日心说只是一种权宜的计算方法,不能把它当真地看作是对天体的真实说明。

这也许是为了方便出版的策略,但是仔细阅读该书的正文,实际上哥白尼是认真对待自己的发现的。到 17 世纪早期的伽利略的时代,天主教会——现在重新感觉到需要有一种正统教义——方才认为必须对哥白尼假设采取坚定的立场。而在更早的世纪里,阿奎那或者古代教父能很容易地断定对有关圣经经文的隐喻性解释是成问题的,从而消除与科学之间显而易见的矛盾,可是路德及其追随者强调圣经字面含义的做法促使天主教会也采取了类似的态度。争论的双方如今都要对圣经的启示采取毫不妥协的坚定立场。

此外,由于受到神秘主义的新柏拉图派哲学家和天文学家布鲁诺案件的牵连,哥白尼学说的声誉受到了损害。布鲁诺广泛宣扬一种高级版本的日心说,作为其神秘论哲学的一部分,但是后来遭到宗教裁判所审判,并因其异端的神学观点被处死。他所公然宣布的信仰——应当遵循圣经的道德教训而不是它的天文学,所有宗教和哲学应当宽容共存相互理解,宗教裁判所对此根本不感兴趣。在狂热的反宗教改革氛围里,这些自由观点再可容忍也是不受欢迎的,布鲁诺本人而言,由于他桀骜不驯的性格,就像他的非正统思想一样,这些观点就更令人反感了。当然,这个在三位一体论和其他重要神学问题上持异端观点的人还曾经教授过哥白尼学说,这个事实显然对于后者也不是什么好兆头。就在布鲁诺于 1600 年被烧死在火刑柱上(尽管不是因为他的日心说教义)之后,哥白尼日心说似乎就成了一个更加危险的学说——对于宗教权威以及哲学家—天文学家而言都是如此,只是理由各不相同而已。

然而不仅是新理论与圣经文字有所不同,而今哥白尼学说显然还对整个基督教的宇宙观、神学以及道德思想都构成了威胁。自从经院派和但丁服膺希腊科学并赋予其宗教意义之后,基督教世界观就与亚里士多德—托勒密地心说的宇宙观密不可分了。天地本质上两相分别,天堂、地狱和炼狱的伟大宇宙结构,作圆周运动的行星有众天使围绕,上帝的宝座高高在上,在属灵的天堂和属肉的地球之间演绎着人类生命的道德戏剧——所有这一切皆因新的理论而遭到质疑或者被破坏殆尽。且不说精心构造的中世纪上层建筑,就是基督宗教的最基本原则也遭到了天文学创新的抨击。如果地球确实是运动的,那么它就再也不能固定在上帝的创造及其救赎计划的中央。人类也就不是处在宇宙的中央。基督干预人类历史的绝对独特性和意义似乎是需要地球的独特性和意义与之相对应的。救赎本身,这个人类历史也是宇宙历史的重大事件似乎也是危如累卵。哥白尼主义之学说,似乎就等于无神论。在教皇顾问的眼中,伽利略《关于两种世界体系的对话》在整个欧洲获得喝彩,这对基督教思想构成了威胁,会造成"比路德和加尔文加在一起"更为严重的后果。

由于宗教和科学处在如此显而易见的矛盾之中——一种突然冒出来的科学,而且只不过是一种新奇的理论——在教会权威看来哪个体系应当获胜,便不存在问题了。意识到哥白尼天文学危险的神学含义,在更大程度上则是在触及教义的不可改变问题上因数十年来宗教改革冲突和异端邪说而受到精神创伤,天主教会调集了其巨大的镇压力量,并且以毫不含糊的措词谴责了日心假说:《天体运行论》和《对话》被列入禁书目录;伽利略受到宗教裁判所的审问,被迫公开认错并遭到软禁;天主教内重要的哥白尼分子被撤销职务并受到处罚;所有支持地动说的学说和著作都遭到禁止。在哥白尼学说上,天主教长期以来在理性和信仰之间维持的紧张关系终于崩断了。

开普勒

但是到伽利略公开认错的时候,哥白尼学说在科学上的胜利已是凯旋在望了,宗教机构,不论是天主教还是新教,企图压制它都只会搬起石头砸自己的脚。尽管如此,最初时期日心说的胜利似乎还不甚明朗。地球是运动的,这个想法在哥白尼的同时代人中以及整个16世纪的其余时间里,即使受到什么关注,也是普遍遭到嘲笑。此外,《天体运行论》非常晦涩难懂(也许是有意为之),需要精通数学运算,以至于只有为数不多的天文学家才能够读懂它,认为这是一种重要假说的人就更是少之又少了。但是人们也不能忽视该书在技术上的精密复杂,因此很快就有人称誉作者是"托勒密第二"。在以后的数十年间,越来越多的天文学家和占星家发现,哥白尼的模型和计算是有用的,甚至是不可或缺的。公开出版的基于新近观察的新的星表就是用他的方法绘制的,随着这些星表的可测性胜过旧表,哥白尼天文学的声誉大振。不过仍然存在许多理论问题。

虽然哥白尼是一个革命者,但是他所坚持的许多传统假设阻碍了其学说获得直接成功。尤其是他继续相信托勒密的名言,行星必须作规则的圆周运动,这最终迫使他的体系也像托勒密一样在数学上变得十分复杂。哥白尼的理论若想与观察相符合,还是需要小本轮和偏心圆。它仍然保留了同心水晶球来推动行星和星体的运行,以及古老的托勒密体系中物理的、数学的其他各种基本成分。对于地球是运动的,人们在物理学上提出反对意见,比如为什么地球在空间掠过的时候地球上的物体并没有掉落下来,但是哥白尼并没有能够做出差强人意的回答。

虽然哥白尼假说就其性质来说是非常激进的,但是《天体运行论》中的唯一重要创新就是认为,地球是一颗行星,除此之外该书只是因循了古代和中世纪的天文学传统而已。哥白尼引起的与传统宇宙论的最初的决裂以及由此而产生的一系列问题,直到开普勒、伽利略、笛卡尔和牛顿才得以解决,他们建立了一个能够将地球是一颗行星的假说包含进去的综合的科学理论。哥白尼理论——宇宙中存在一个不为亚里士多德和托勒密假说所统治的运动的地球——留下了许多内在的矛盾。由于坚持行星按照规则的圆周运动,哥白尼体系最终并不比托勒密体系更加简洁,甚至也不比它更加精确。不过,尽管各种问题依然如故,但新理论却拥有某种和谐的对称性和连贯性,这在后世的一些天文学家,尤其是如开普勒和伽利略看来是最具有吸引力的。哥白尼的事业之所以赢得了这些重要的支持者,首要的一点并不是因为其可资利用的科学精确性,而是因为其美学上的优越性。如果没有新柏拉图主义所规定的审美判断形成的学术先入之见,科学革命也就不会发生了,至少不会以历史上的这样一种形式发生。

开普勒狂热地相信数字和几何形式具有一种超越力量,他认为太阳是上帝的重要形象,他对天界"球体的和谐"深信不疑,这更多的是受到新柏拉图主义的而不是哥白尼的影响。开普勒在写给伽利略的信中称颂"柏拉图和毕达哥拉斯,我们的前辈"。他相信哥白尼直觉地发现了某种比日心说所表达的更加伟大的东西,相信如果抛开《天体运行论》中依旧存在的托勒密假设,哥白尼假说就是一个通向直接显示上帝荣耀的全新的、秩序井然的、和谐的宇宙的科学认识。开普勒还从他的前辈、神圣罗马帝国御前数学家和天文学家第谷那里继承了一大堆前所未有的精确的天文学观测数据。[②]正是凭着他所掌握的这些数据以及他对哥白尼学说坚定的信念,他试图发现解决行星运行的简洁的数学规律。

大约在十年间,开普勒不辞辛劳地试图用第谷的观测数据验证每一个设计出来的圆周运动体系,尤其关注火星的运行。经过多次失败,他不得不得出结论,行星的真正运行轨道也许呈现为某种不同于圆形的几何图形。因为掌握了欧几里得和阿波罗尼奥斯阐述的古代圆锥曲线的理论,开普勒终于发现,观测数据与椭圆形轨道正好相一致,太阳居于椭圆两个焦点之一,每一颗行星根据其与太阳的距离而按照相应的不同速度围绕太阳运动——接近太阳时运动最快,远离太阳时运动最慢,在相等的时间内划出相等的面积。柏拉图关于运动统一性的著名论断通常是用沿着圆形轨道的弧度——弧度上等距离运动所花时间相同——测量办法加以解释的。这种解释最终失败了,尽管两千年以来天文学家作了精巧设计。然而,开普勒发现了一种新的更加精妙的而又与观测数据相符合的统一结构:如果在太阳与处在椭圆轨道上的行星之间画一条直线,那么这条直线在相等的时间内就会扫过相等的面积。随后,他设想并且确立了第三条定律,证明了不同的行星轨道由于数学比例而相互密切关联——行星公转周期的平方与它同太阳平均距离的立方成正比例。

开普勒终于解决了关于行星的古老问题,实现了柏拉图非凡的预言——行星具有唯一的、一成不变的、有数学秩序的运行轨道,这样也证明了哥白尼假说的正确性。以椭圆轨道定律取代托勒密的圆形轨道,以相等面积定律取代相等弧度,他就不再需要各种复杂的矫正设计,不需要本轮、偏心圆、等距点,等等。更有意义的是,他的几何图形非常简洁,他的数学的速度等式十分明了,运用它们得出的结果与最严格的天文学观测完全相符,这在以前托勒密所有解决方案,无论何种设计都无法做到这一点。开普勒将数世纪各不相同的、极其费解的天体观测数据集中起来,将它们概括成一些明确的、支配一切的原则,令人信服地证明了宇宙是按照数学的和谐而精确安排的。经验的观测数据与抽象的数学分析终于完美地融为一体。而且,就开普勒而言,尤其重要的是,最新颖的科学结论既肯定了哥白尼学说,也肯定了古代毕达哥拉斯派数学神秘主义和柏拉图派哲学家。

此外,首次用数学方案解决行星问题直接导致用似可作合理解释的物理运动对天体进行物理学的解释。因为开普勒的椭圆运动是按照一种形式作单一的连续而简单的运动。相反,由没有限定的圆的组合而成的繁复的托勒密体系在经验上与日常经验不相符合。正因为如此,托勒密传统的数学解决方案通常被认为只是一种工具主义的构造,并没有断定来描绘物质的真实性。然而,哥白尼却坚持认为其数学的构造具有物质的真实性。在《天体运行论》第一卷中,他提到古代天文学概念是"数学的完美体现"。不过最后,甚至哥白尼也只能提出一个由小本轮和偏心圆组成的难以置信的繁复体系来说明天体现象。

然而,到了开普勒那里,哥白尼的直觉和不甚完美的数学论证终于开花结果。在行星的天文学中,天体运动现象第一次"真正"地而不仅仅是人为手段地得到了拯救。事实上,开普勒不但在传统的意义上拯救了天体运动现象,而且通过证明数学与天空具有真正的物质关联而"拯救"了数学的天文学——它终于能够揭示天体的物理运动的真正本质了。数学如今不仅仅是一种天文预测的工具,而且是天文真实现象的内在因素。开普勒因而认为,毕达哥拉斯派关于数学是开启理解宇宙之门的钥匙的主张得到了成功的证明,可以通过它揭示从前隐而不显的上帝创造的世界的伟大。

伽利略

由于开普勒的惊人发现,哥白尼革命因其数学和预测方面的绝对优势,而在科学领域本该最终取得几乎确定无疑的成功。但是无独有偶,1609年,也就是开普勒在布拉格发表关于行星运动规律著作的同一年,伽利略在帕多瓦大学将一架刚刚造好的望远镜对准了天空,令人吃惊的观测使得天文学家首次能够获得亘古未知的全新的重要证据。而且伽利略的每一种观测资料——月球表面上的环形山和山脉、太阳上面移动的太阳黑子、围绕木星运行的四颗卫星、金星的盈亏以及银河中无数"难以置信的"恒星——都被他解释为对哥白尼日心说支持的强有力证明。

如果月亮的表面就像地球一样凹凸不平,如果太阳黑子时有时无,那么这些天体就不是亚里士多德—托勒密派宇宙观所认为的完美的、不朽的、永恒的星球。同样,如果木星是一颗运动的星体并且还有四颗卫星围绕它运动,而整个木星系统又在更大的轨道运行,那么地球同样也可以与月亮一起在各自的轨道上运行——这就反驳了传统认为地球不是围绕太阳运行的观点,要不然的话,月亮在很久以前就脱离了它的轨道。同样,如果金星的盈亏是明显可见的,那么金星必然围绕太阳运动。如果在肉眼观测下只是一条星云发光体的银河现在证明是由无数新的恒星组成的,那么哥白尼假设存在着更大的宇宙(以解释虽然地球围绕太阳运转为什么还是缺乏可见的恒星的周年视差)似乎是很有可能的。如果用望远镜观察,行星可能是有实质的物体,有广延表面而不只是一个发光的点,可是还有更多的恒星可以看见却没有任何明显的广延表面,那么这也论证了存在一个无可比拟的比传统宇宙观所假定的宇宙要更大的宇宙。在这些发现和结论得出数月之后,伽利略很快就写出了《星际使者》,公布了他的发现。这本书在欧洲知识界轰动一时。

有了伽利略的望远镜,日心说再也不能被视为仅仅是数学计算的方便法门。现在它得到了可见的物质实体的证实。此外,望远镜揭示了总体上是物质性的天界——不是玄奥的点点的发光天体,而是适合于进行经验考察的具体物质,就像地球上的自然现象一样。传统的学术研究活动,仅仅局限于亚里士多德思想范围内的论证和观察,现在开始让位于一种用批判的眼光对经验现象的新的考察。许多人从前并不从事科学研究,现在也拿起了望远镜亲眼去观察新的哥白尼宇宙的本质。由于望远镜和伽利略引人入胜的著作,天文学引起了专家圈子以外人们的极大兴趣。文艺复兴后期以及文艺复兴时期之后的许多代欧洲人,越来越喜欢怀疑古代和教会的传统教条的绝对权威,他们发现哥白尼理论不仅可能是正确的,而且能够解放思想。一个崭新的天上的世界的大门向西方思想打开了,就像一个崭新的地上的世界的大门正被那些在全球范围活动的探险者打开一样。虽然开普勒和伽利略的发现的文化影响是逐渐地、累积地产生的,但是中世纪的宇宙观实际上遭到了致命的打击。哥白尼革命在西方思想划时代的凯旋终于开始了。

或许教会本可对这个凯旋作出不同于它作出的其他反应。因与圣经相矛盾而如此僵硬地试图压制一种科学理论,这在基督宗教的历史上是很少有的。正如伽利略所指出的,每当圣经看来与科学根据发生相互冲突,教会一向习惯于认可对圣经的比喻的解释。他引用了早期教父那样意思的话,进一步指出,"如果人们发现自己深信有根有据的某种事物,然后被确定相信它是有罪的,这对于他们来说将是极大的伤害"。此外,许多教会的权威都承认伽利略的天才,其中包括梵蒂冈的耶稣会的天文学家。实际上,教皇本人也是伽利略的朋友,曾热情地接受了其《试金者》一书献给他的题辞。在这本书中,伽利略对新的科学方法作了概述。甚至教会的大神学家贝拉明枢机主教——就是他最后决定宣布哥白尼学说是"虚假和错误的"——此

第五篇　现代世界观

前也曾写道：

> 如果有确实根据证明太阳是宇宙的中心，地球位于第三层天，不是太阳围绕地球转，而是地球围绕太阳转，那么我们当务必小心翼翼地去解释看上去与之相反内容的圣经经文，我们应该坦承我们不理解它们，而不是宣布一个已经证明为正确的观点是错误的。③

但是，在当时特有的和强有力的时代态势共同推动下，却造成了另外一个结局。一方面，教会普遍意识到来自新教的威胁，另一方面，它又面临了无数新冒出来的和潜在的异端分子的挑战。由于对布鲁诺的异端邪说记忆犹新，教会权威迫切要求避免可能使被宗教改革分裂的基督教进一步分裂的新的辱教事件。使问题更具威胁性的是，印刷机的新生事物的出现以及伽利略使用生动流畅的意大利文写作，正在破坏教会控制信徒信仰的企图。令教会反应复杂化的还有教皇深陷其中的意大利错综复杂的政治冲突。亚里士多德派教授在各大学扮演重要角色，他们与反亚里士多德派的、深得人心的伽利略的猛烈对抗，从而促使一批原教旨主义的传道士行动起来，而这些传道士接着又促使宗教裁判所行动起来。伽利略本人好辩的甚至尖刻的性格在一定程度上使他的对手与他反目成仇，他的这种性格以及他对所发生的更大的宇宙论革命的深远意义的认识不够充分，这些都是导致如此结局的重要因素。贝拉明深信，数学假设只不过是学者的构思的结果，与物质实在没有最终关联；伽利略拥护原子论，而天主教关于圣餐的变体说教义似乎有赖于亚里士多德物理学；教皇感到人们在背叛他，这种感觉由于他的政治统治不牢靠而加深；教会内部不同教派之间的权力斗争；宗教裁判所广泛实施严厉的镇压——所有这些因素结合起来而达到高度一致，从而促使教会正式决定禁止哥白尼学说。

这个决定给教会学术的和精神的完整带来了无可挽回的损害。天主教正式赞同地球是静止的,大大削弱了其在欧洲知识界的地位和影响。虽然在以后的数世纪教会还会维持常久的权力和忠诚,但是它再也不能理直气壮地声称体现人类追求全部宇宙知识的志向。在宗教裁判所发布禁令之后,伽利略的著作被偷运到北方,此后西方知识分子的前驱对真理的寻求便在那里生根开花。④不论个别的因素——例如处于稳固地位的亚里士多德派知识分子的反对或者教皇的个人动机——比较而言究竟有多重要,伽利略冲突的最终的文化意义在于教会与科学相对抗,也就是宗教与科学相对抗。伽利略被迫公开承认错误的背后意味着教会的自身的失败和科学的胜利。

制度化的基督教从整体上遭受了哥白尼胜利所带来的痛苦,这胜利与宗教的基础——新教强调的字面上的圣经和天主教坚持的圣事的权威——相抵触。而在当时,大多数欧洲知识分子,包括那些科学的革命者仍然是虔诚的基督徒。但是科学与宗教——对宗教甚至可以说是在个人心灵内维系着的——的分裂已经充分显现出来。由于路德,西方知识分子的自立在宗教界显示出来了。由于伽利略,它迈出了完全脱离宗教的步伐,建立了新原则,开创了一片新领域。

牛顿宇宙观的形成

虽然开普勒的数学论证和伽利略的经验观察确保日心说在天文学中获得成功,但是此说仍然缺乏一个更加自成一体的概念框架,缺乏一个与日心说相宜的、一致的宇宙论。托勒密令人满意地被取代了,但是亚里士多德还没有。地球和其他行星围绕太阳作椭圆形轨道运行,这一点似乎是清楚了,但是,如果不存在旋转的透明的天球,那么行星包括地球究竟是怎样运动的呢?现在的问题是,是什么原因使得这些行星不至于飞离它们的轨道的呢?如果说地球是运动的,从而摧毁了亚里士多德物理学的基础,那么,为什么地球上的物体都往地球表面坠落呢？如果恒星数量繁多、相距遥远，那么宇宙究竟有多大呢？它的结构如何，它的中心何在，如果还有中心的话。如果地球只是一颗类似其他天体的行星，如果这些天体现在看来具有与地球相类似的性质，那么长期以来所认为的天地之分的说法是怎么一回事呢？上帝处在这个宇宙中的什么地方呢？在这些重要的问题得到解答之前，只能说哥白尼革命摧毁了旧的宇宙论，但是新的理论还没有建立起来。

开普勒和伽利略为解决这些问题提供了至关重要的观点和方法。两人都相信并且随后证明了宇宙是按照数学而构造的，而且都认为可以通过数学假设与经验观察的严格的比较而取得科学进步。哥白尼的工作已经为新的宇宙论提供了最丰富的见解；通过把地球当成一颗行星来解释太阳显而易见的运动，他暗示了不应或不能认为天、地是截然相区分的。但是开普勒更进一步，直接将地球上的力的概念运用到天体现象上。

托勒密（和哥白尼）的圆周轨道总是被看作是亚里士多德物理学概念中的"天然运动"：由于元素的性质，透明的天球作完美的圆周运动，就像重性的元素土和水向下运动而轻性的元素气和火向上运动一样。然而开普勒的椭圆轨道不是匀速圆周运动，而是使行星在其轨道的每一点上处于速度和方向的变化。在以太阳为中心的宇宙中的椭圆轨道运动，便需要一种完全不同于天然运动的新的解释。

开普勒另外提出了一种恒久施加的力的概念。由于一直受到新柏拉图主义颂扬太阳的思想影响，开普勒认为太阳是宇宙中运动的活源泉。因而他假定存在一种"生命动力"，一种类似于占星学上"星力"的推动力，这种推动力源自太阳，并且推动行星——对靠近太阳的行星的推动最强大，对远离太阳的行星的推动则较弱。但是，开普勒还必须解释为什么运行轨道是椭圆的。当时威廉·吉尔伯特刚出版的论磁的著作，其中提到了一个观点，地球本身便是一块大磁石，开普勒经过一番钻研，将这个原理沿用到所有天体，并且假设太阳的"生命动力"加上它本身的磁力以及其他行星的磁力造成了椭圆轨道。开普勒由此最早提出按椭圆轨道运行的行星是由机械力推动的,而不是亚里士多德—托勒密派天球的自动的圆周运动。基于地球上的动力的概念,开普勒认为太阳系是一架自控的机器。开普勒提出的这个思想,虽然在形式上比较原始,但是正确地预示了熹微初露的宇宙论。

与此同时,伽利略对地球这颗行星实施了机械—数学的分析方式的研究,他的这种研究是系统而严格的,取得的成功也是惊人的。就像其同时代的人——文艺复兴时期科学家开普勒和哥白尼一样,伽利略接受了新柏拉图派人文主义者的信念,认为物质世界可以用几何学和数学的方式加以认识。他怀着毕达哥拉斯的信念,宣称"大自然之书是用数学语言写成的"。但是他又具有更加务实的情感,他研究发展数学不是把它当成开启天空大门的神秘的钥匙,而是用作理解运动的物质、战胜他的亚里士多德派对手的简洁易懂的工具。虽然开普勒对天体运行的认识比伽利略(像哥白尼一样,伽利略仍然相信自续的圆周运动)的见解更超前,但是,正是伽利略关于地球上的动力的深刻见解,当这些见解被他的后继者们运用于天空研究时,便豁然而解哥白尼创新所产生的物理学难题。

亚里士多德的物理学,是建立在可感知的事物的性质和讲究措辞的、推理的基础之上的,它仍然控制着当时的科学思想,并且在大学里处于支配地位。但是伽利略服膺的是阿基米德这位数学物理学家(当时他的著作刚刚被一些人文主义者重新发现),而不是亚里士多德这位描述性的生物学家。为了与亚里士多德派展开论战,他研究发展了一种分析现象的新方法,以及一种检验理论的新准则。他坚决主张,为了得出关于自然的明确无误的看法,科学家应当注重只可精确测量的"客观的"性质(大小、形状、数量、重量、运动),而应当把仅可感知的性质(颜色、声音、味道、触觉和气味)当作主观的、暂时的东西而忽略不计。只有依靠专门的数量分析,科学家才能获得关于世界的确切知识。此外,亚里士多德的经验论主要是一种描述性的研究方法,尤其是经过后来的亚里士多德派的扩大,它主要是一种讲究措辞的、推理的研究方法,与此同时,伽利略却把量化实验确立为对假设所作的最终检验。最后,为了深入了解自然的数学规律和真实性质,伽利略运用、发展或发明了许多技术手段——透镜、望远镜、显微镜、圆规、磁铁、测温器、比重秤。这些仪器的使用为希腊人不了解的观察实验法提供了一个新的方面,这个新的方面削弱了亚里士多德派教授们的理论和实践。在伽利略看来,对自然的数学的宇宙的独立探索,就是要取代墨守成规的学院派传统关于亚里士多德有机论宇宙之正当的没完没了的演绎证明。

伽利略运用新的范畴和新的方法,力图推翻学院派物理学的虚妄教条。亚里士多德曾认为,较重的物体以比较轻的物体更快的速率下落,因为构成它的元素习性要求把地球的中心当作它的天然位置——物体越重,此种习性就越大。通过数学分析在物理实验中的反复不断的应用,伽利略首先驳斥了这种教条,以后形成了落体的匀加速运动定律——这种运动与物体的重量或性质无关。以亚里士多德经院派的批评家比里当和奥雷姆的冲力说为基础,伽利略分析了抛射体的运动,发展提出了重要的惯性概念。亚里士多德认为,所有物体均寻求其天然位置,并且还认为,如果没有外力不断地推动,物体就不会连续运动。相反,伽利略则认为,正如静止的物体如果没有外力推动就一直静止一样,运动的物体除非遭到外力阻止或改变就会一直运动下去。力要求来解释的并不是连续的运动状态,而只是运动状态的改变。在这个方面,伽利略面临了亚里士多德派反对地球是一颗行星的一条物理学的主要理由——运动的地球上的物体必定会分崩离析,从运动的地球上笔直向上抛物,抛物的落点与其抛点必定会有一段距离。既然这些现象都无法观测到,他们便得出结论认为地球必定是静止不动的。然而,通过惯性概念,伽利略证明了运动的地球自动将地球本身的运动赋予地球上一切物体和抛掷物,因此任何在地球上的人都感觉不到与地球一起在作惯性运动。

在毕生的工作中,伽利略有力地支持了哥白尼学说,开创了自然的完全数学化运动,把握了力是物理上的动因的观念,奠定了现代力学和实验物理学的基础,还发展了现代科学方法的工作原理。但是如何在物理上解释天体运动,包括地球本身运动的问题,仍然没有得到解决。因为伽利略忽略了开普勒发现的行星运动定律的重要意义,他继续坚持对天体运动的传统认识:天体作圆形轨道运动,只不过现在是围绕着太阳运动而已。他的惯性概念——他解释为只适用于地球的水平运动(重量可以忽略不计),因而也是一种围绕地球表面的圆周运动——相应地也被用于行星:行星持续围绕太阳在各自的轨道上运动,因为它们天然的惯性倾向是作圆周运动。然而伽利略的圆周惯性不能解释开普勒的椭圆运动。而且,如果说现在已经被推定为一颗行星的地球,作为亚里士多德宇宙论中唯一的宇宙中心,它规定周围的空间,赋予围绕它作圆周运动的天体以绝对推动力和参照点,那么更加是难以置信的。哥白尼宇宙产生了一个不解之谜,而且还要受到这个不解之谜的折腾。

但是,现在人们想起了古希腊哲学的另一流派:留基伯和德谟克利特的原子论,既表明可以解决天体运动的问题,又有助于决定西方科学发展的未来进程。原子论哲学,经过德谟克利特的后继者伊壁鸠鲁和卢克莱修的发展,到文艺复兴时期作为人文主义重新发现的古代文献一部分,尤其是通过卢克莱修的长诗《物性论》——对伊壁鸠鲁的理论体系作了概述——手稿的发现而重新露世。古希腊原子论最初发展起来是为了反驳巴门尼德提出的针对变化和运动的逻辑的反对理由,曾假设认为宇宙是由看不见的微小的、不可分的微粒所构成,微粒在无限的不确定的虚空中自由运动,由于它们的碰撞和结合而产生一切现象。在这个虚空中,没有绝对的上下和宇宙中心,空间中的每一个位置都是不确定的、都是互相相等的。既然整个宇宙是由基于同样原则的物质微粒组成的,地球本身不过就是以另外一种机缘聚合起来的微粒而已,既不是静止的,也不是宇宙中心。因此天和地没有本质区别。既然虚空的规模和微粒的数量都是无限的,则宇宙间就可能遍布着许多运动的地球和太阳,每个星球都是由于原子的随意运动而产生的。

哥白尼展开的宇宙同这个概念有若干明显的相似之处。使地球成为一颗行星,破坏了亚里士多德存在一个以静止的地球为中心的绝对(非中性)空间之观念的基础。运动的地球也要求一个更大的宇宙来达到说明可观察到的星球的视差的缺乏。由于地球不再是宇宙的中心,宇宙就不必一定是有限的(宇宙中心要求存在一个有限的宇宙,因为一个无限的空间是不会有中心的)。现在已不必要再用离中心最远的星球的观点来解释天界运动了,所以,无数的星星可以是广泛散布的,就像新柏拉图主义也曾主张的一样。而且,伽利略望远镜的发现既揭示了距离显然十分遥远的地方有许多新的星星,又进一步削弱了天地两分的基础。哥白尼宇宙的内涵——一个并非独一无二的运动的地球;一个不确定的、无中心的、遍布无数星球的、也许是无限的空间;以及不存在天地两分——都与原子论的宇宙观相契合。由于体系庞大的亚里士多德宇宙论的崩溃,以及没有其他行之有效而可以替代的体系取而代之,原子论的宇宙观就成为一种已经充分发展的、十分适合的体系,而新的哥白尼体系对此可以说是如鱼得水。神秘主义的哲学家—科学家布鲁诺最早发觉两个体系之间的和谐一致。通过他的著作,库萨的尼古拉斯所阐述的新柏拉图派关于宇宙无限的想像被创造一个无限扩大的哥白尼宇宙的原子论概念所强化。

但是,对于发展中的宇宙观,原子论必定还要为其作出其他的、同样重要的贡献。因为不仅原子论的宇宙观的结构与哥白尼学说相符,而且加之其物质由原子组成的概念本身也与新的自然科学家的工作原理十分相称。德谟克利特的原子论不同于他人的特点是强调量的因素——大小、形状、运动和数量,而不是任何可以感知的性质,如味觉、嗅觉、触觉或听觉等。现象中一切明显的质的变化是由不同数量的原子的不同排列的组合而产生的,因此原子论的宇宙原则上是可以进行数学分析的。物质的微粒既没有意图也没有智慧,仅仅按照机械原理运动。因此,古代原子论的宇宙逻辑的和物质的结构引起了为17世纪自然科学家所热衷和迅速发展的那种机械的、数学的分析方式。曾经影响伽利略把自然当成运动的物质进行研究的原子论,得到弗朗西斯·培根的赞扬,托马斯·霍布斯将其运用到他的机械唯物主义哲学,而与他们同时代的年轻人比埃尔·伽桑狄则将其普及到整个欧洲科学界。但最后是勒内·笛卡尔系统地进行了使原子论适合于为哥白尼宇宙提供物理学解释的研究工作。

笛卡尔把自然看作是一部严格由数学法则安排的精密复杂的、非人格的机器,而古代原子论的基本原则提供了与笛卡尔这种自然的图像许多相类似的东西。与德谟克利特一样,笛卡尔认为物质世界是由无数机械地碰撞和聚合的粒子或者"微粒"所组成。然而,作为一个基督徒,他认为这些微粒并非完全随意运动,而是遵循由上帝在创造时所施加于它们的一定的法则进行运动。笛卡尔面临的挑战就是要去发现这些法则,第一步就是要求弄明白既无绝对方向又无亚里士多德那种元素运动趋势的单个的微粒之所以在无限的宇宙中随意地运动的原因。通过学院派的冲力说在原子的空间的新背景之下的应用,他得出结论认为,静止的微粒往往保持静止状态,除非有一个外力推动它,而运动的微粒往往继续进行匀速的直线运动,除非受到外力改变。于是笛卡尔阐明了惯性原理的基本的、明确的主张——它包含了惯性的直线性这一重要因素(与伽利略不成熟的、经验主义的设想不同,伽利略认为惯性运动是沿着与地球运动相同的方向运动,其实意味着是一种圆周运动)。笛卡尔还推论,在微粒组成的宇宙中,既然所有的运动必然按照机械规律运动,那么任何对这些惯性倾向的偏离必然是由于微粒之间的碰撞而发生的。他通过直觉的推论试图建立支配微粒碰撞的基本原则。

由于粒子在无限的、不确定的空间中随意地运动,原子论便使人想到一种看待运动的新方式。笛卡尔关于微粒碰撞的概念让他的后继者能够进一步发展伽利略触及力和运动的本质的深刻观点。但是对哥白尼学说的直接的重要意义是,笛卡尔将其直线惯性运动和微粒碰撞的理论用于解决行星运动的难题,因而开始将亚里士多德物理学的最后残余影响从天界清除出去。因为哥白尼和伽利略仍然赞同的天体自动作圆周运动在粒子只能作直线运动或者保持静止状态的原子世界里就成了不可能的事。通过将惯性和微粒理论运用到天界,笛卡尔辨别了解释行星运动中缺失的重要因素:除非存在某种别的起约束作用的力,行星的惯性运动,包括地球在内都必然倾向于推动它们按照沿切线方向的直线脱离围绕太阳旋转的曲线轨道。然而,既然它们得以维持按照连续的封闭的曲线的运行轨道,而没有出现那种离心的脱离,那么显然,还有某些因素迫使它们朝向太阳运动——或者如笛卡尔本人及其后继者对此所作的颇具启发性的阐述,某种连续的力迫使行星向太阳"坠落"。发现究竟是什么力引起此种坠落,乃是新宇宙论解释天体运动所面临的一个根本困境。行星进行的这种运动的这种事实此时是全然可以用惯性来解释的。但是这种运动所采取的形式——行星恒久维持围绕太阳的椭圆轨道运行——仍然有待解释。

笛卡尔根据直觉推论出来的关于微粒组成的宇宙的许多假设——包括他的大多数微粒碰撞的法则以及他将运动微粒的旋涡分布宇宙各处(他试图以此解释行星被推回到它们轨道上去)的思想——并没有被他的继承者所保留。但是他的基本思想,物质的宇宙是由一些机械的法则所支配的原子体系,成为17世纪尽力解决哥白尼创新问题的科学家的指导模型。因为行星运动之谜对于那些努力建立一个前后一致的宇宙观的后哥白尼科学家而言依然是一个突出问题,笛卡尔提出的"坠落"的因素是必不可少的。由于笛卡尔的惯性概念运用于开普勒的椭圆,由于机械论解释的普遍原则均蕴含于他们关于行星运动的基本理论(开普勒的生命动力说和磁石说,笛卡尔的微粒旋涡说),这个问题就获得了一个解决的范围,以后的科学家——波雷利、胡克、惠更斯——都可以在这个范围内开展富有成效的研究。伽利略的地上的力学由于有效地否定了亚里士多德的物理学,由于对重性的物体坠地给出了精确的数学测量,从而进一步确定了这个问题。因此,仍然存在两个基本的问题,一个关于天体,一个关于地球:既然存在惯性,为什么地球和其他星球会持续向太阳坠落呢?既然地球是运动的,也不是中心,那么为什么地球上的物体非要落到地上呢?

随着开普勒、伽利略和笛卡尔的研究,这两方面的问题可能会有同一个答案的可能性与日俱增。各种物体之间存在引力的概念也在不断发展。在古希腊人中,恩培多克勒就曾经假设存在这样一种力。在学院派学者中,奥雷姆也曾推论说,如果亚里士多德主张地球是唯一的中心是错误的,那么物体落到地球上也许可以作另外一种解释,一个物体天然具有吸引另外一个物体的倾向。哥白尼和开普勒都曾诉诸上述这种可能性,以捍卫他们的地球是运动的思想。到17世纪50和70年代,胡克清晰地窥见到了两者之间的密切关联:支配行星的运动以及物体的坠落的乃是同一种引力。此外,他用一个以延长的环形路线摆动的摆,其直线的运动因向心引力而不断地发生偏离,由此他用机械手段证明了他的想法。这个证明有力地说明了地上的力学对于解释天体现象的重要意义。胡克关于摆的证明表明了科学研究已达到这样的程度,即科学的想像力已经将天界从具有其特殊规律的超验的领域极大地转变成为本质上毫无区别于地球上的世俗的领域。

完成哥白尼革命的任务最后落在伊萨克·牛顿身上,这位生于伽利略去世那一年的圣诞日的科学家完成了这一革命,在能量上将引力确立为万有之力——这个力可以同时既使陨石坠落于地球又使行星围绕太阳运行形成闭合的轨道。实际上,将笛卡尔的机械论哲学、开普勒的行星运动定律以及伽利略的地球上的运动法则综合为一个体系广博的理论,这是牛顿的惊人的成就。在前所未有的一系列数学发现和直觉知识中,牛顿确立了:行星要以开普勒第三定律所规定的相对速度和距离维持稳定的轨道,行星由于引力而必定被拉向太阳,而引力随着离开太阳的距离的平方而相反地减小;物体坠落到地球上——不论是附近的陨石还是遥远的月亮——都遵守这个相同的定律。而且,他根据这个平方反比定律从数学上得出了开普勒第一和第二定律所规定的行星运行的椭圆轨道和它们的速度变化(在相等的时间内划出相等的面积)。这样,哥白尼学说的信奉者面临的所有宇宙论的主要问题终于得到解决——推动行星的是什么、它们如何维持运行轨道、为什么重的物体落向地球、宇宙的基本结构、天与地的两分。哥白尼学说的假设引起了对一种全新的、综合的以及前后一致的宇宙论的需要,而现在这个宇宙论已经被发现了。

依靠一种将经验的和演绎的精确性完美的结合,牛顿形成了似乎支配整个宇宙的一些至关重要的定律。牛顿通过他的三大运动定律(惯性、作用力和反作用力)和万有引力理论,不仅为开普勒的所有定律确立了物理学基础,而且还能推导出潮汐运动、岁差、彗星轨道、炮弹飞行的轨迹以及其他抛射体运动——事实上,天上的和地球上的力学所有已知的现象如今都统一在一套完整的物理定律之下。宇宙中的每一个物质粒子都以与其质量相称的力吸引着另外每一个粒子,并且与它们之间距离的平方成反比。牛顿努力发现宇宙的宏伟结构,他大功告成了。笛卡尔将自然视为一部由数学法则支配并且通过人类的科学可加以理解的完美有序的机器,如今他的这种看法得到了应验。

虽然牛顿的引力在一定距离内发生作用的这个工作概念——这个概念是他从赫耳墨斯哲学和炼金术的同情和反感的研究改写过来的——在欧洲大陆机械论的哲学家看来是神秘莫测的并且是不充分的机械论,甚至牛顿本人也感到困惑,但是数学推导却是惊人地可以理解,不得不令人信服。通过在能量上加以确定的引力这个概念,他将17世纪科学的两大主题——机械论哲学和毕达哥拉斯传统——综合在一起了。他的方法和结论很快就被确认为科学实践的范式。1686—1687年,伦敦皇家学会出版了牛顿的《自然哲学的数学原理》。在之后的数十年里,他的成就被当作现代思想对古代和中世纪愚昧无知的胜利而大加颂扬。牛顿揭示出了实在的真实本质:伏尔泰盛赞他为古往今来的第一伟人。

牛顿—笛卡尔的宇宙论现在被确立为新世界观的基础。到18世纪初，西方受过教育的人士都知道上帝将宇宙创造成为一个复杂的机械系统，这个系统是按照一些基本原则，例如惯性和引力，由在无限的不确定的空间中运动的物质的粒子所组成，并且这个系统是可以通过数学来加以详审细察的。在这个宇宙里，地球围绕太阳运转，太阳是许许多多星星中的一颗星星，就像地球是许多行星中的一颗行星一样，太阳和地球都不是宇宙的中心。一整套物理定律支配着天上的和地上的领域，这两个领域因此不再具有根本的不同。因为正如天界是由物质的实体组成的，它们也是在自然的机械力推动下运行的。

似乎还可以合乎情理地假设，在这个复杂精细的、有序的宇宙创造以后，上帝就再也没有进一步积极涉足或者干预自然，任由其按照这些完美的、永恒的规律自己进行运行。造物主的新形象因而成为一个非凡的建筑师，一个数学大师和钟表匠，而宇宙则被视为具有统一规则的基本上不具人格的现象。可以这样的根据来最适当地判断人类在这个宇宙中的角色——他凭借自己的智慧已经洞察了宇宙的基本秩序，现在能够运用这种知识来为自己的利益和权力服务了。人类是天地万物的至尊，这大概不会有什么疑问吧。科学革命——以及现代的诞生——现在是大功告成了。

第五篇　现代世界观

哲 学 革 命

这几个关键的世纪里的哲学的进程与科学革命密切相关,它始终与科学革命相伴随,并且推动着科学革命,为科学革命提供基础并且通过科学革命而得到重新塑造。实际上,随着哲学进入其在西方思想史上的第三个重要时期,哲学现在需要获得一种全新的身份和结构。在古典时代的大部分时间里,哲学虽然同时受到宗教和科学的影响,但作为文人雅士有修养的世界观的规定者和评判者,在很大程度上拥有自主地位。随着中世纪的到来,基督宗教取得了极其优越的地位,哲学在将信仰和理性相结合的过程中所扮演的是一个次要角色。但是随着现代的来临,哲学在思想文化活动中开始确立自己比较充分独立的力量。更确切地说,哲学现在开始了其从效忠宗教到效忠科学的重大转变。

培　根

在17世纪初期同一数十年间,意大利的伽利略正在从事新的科学实践,而英国的弗朗西斯·培根则宣布一个新时代的到来,在这个新时代里,自然科学将带来与人类朝向基督教千年王国的精神进步相伴随的肉体的拯救。在培根看来,探险者在全球范围进行探险活动,新大陆的发现相应地要求发现一个新的精神世界。在这个精神世界里,陈旧的思维、传统的偏见、主观的歪曲、语词的含混以及普遍存在的理智的蒙蔽都将通过获取知识的新方法而得到克服。这种方法在本质上是经验的:通过对自然的仔细观察,通过在有组织的协同研究这种情况下进行的设计精巧的许多各式各样的实验,人类心灵可以逐步推导出那种法则和基本原理,而人类可以借助它们而得到出于控制自然需要的关于自然的认识。这样一种科学将给人类带来不可估量的利益,并且将重新确立人类由于亚当堕落而丧失掉的对于自然的统治。

苏格拉底认为知识即美德,而培根则认为知识就是力量。知识的实用就是衡量其价值的尺度。在培根看来,科学担当了新的角色——是与上帝的精神救赎计划相对应的角色,是实用的,理想的,承担了对人类肉体的拯救。上帝创造人,就是叫他解释并且统治自然。从事自然科学研究因而是他的宗教义务。人由于最初的堕落而有了这样的指定:从事自然科学研究是辛勤刻苦的,也是容易出错的,但是,如果他能够锻炼自己的才智,并且能够去除他对自然看法的由来已久的先入之见,人就会获得其神圣的权利。通过科学,现代的人类可以断言今人完全胜于古人。历史不是像古人所认为的那样循环往复,而是进步的,因为现在人类已处于一个新的、科学的文明的开端。

由于怀疑被普遍接受的教条,并且无法忍受亚里士多德派经院哲学家的演绎推理——培根认为对获取有用的知识来说,它们只不过是长期被遵守的障碍——,培根坚持认为,科学的进步需要对其基础进行彻底的重建。知识的真正的基础乃是自然界以及人类通过感官而获得的它提供的信息。用假定的最终因来看待世界,就像亚里士多德所做的那样,或者用纯概念性的神圣的本质来看待世界,就像柏拉图所做的那样,是难以使人类获得从自然本身出发的对自然的真实的认识的,而对自然的真实的认识是完全基于直接的经验上的接触以及根据特殊事物所作的归纳推理。知识的研究者再也不应当从抽象的定义和语词的辨析出发,然后进行演绎推理,将现象硬塞进预先安排的秩序。相反,他必须从对具体材料进行毫无偏见的分析出发,然后小心谨慎地进行归纳推理,从而获得普遍的、经验上得到证实的结论。

培根批评亚里士多德和经院哲学家的求知认识过分倚重演绎推理,因为他们据以进行的演绎推理的前提可能只是哲学家头脑的虚构,毫无自然的根据。根据培根的观点,在这种情况下得以作出的所有抽象的推论,不外乎是概念来概念去地编造抽象概念那种虚假的东西,不具有客观的依据。相反,真正的哲学家直接走近这个真实的世界,研究这个世界,没有虚假地预先确定和歪曲结论。他清除了出于看法的主观的歪曲。亚里士多德探求的形式因和最终因———一种认为自然具有目的论的意向和原型的本质的事先的看法——,就是这种主观的歪曲,对感情用事的知识分子具有容易使人上当的吸引力。对此,当弃之如敝屣,因为这种东西是结不出经验的果实的。传统哲学家的形式不过是虚构而已,他们的话语往往是晦涩难解的而不是清楚明白的。必须抛弃事先构成的看法和冗词赘语而直接关注事物及其观察到的秩序。不可轻率地得出"不容否定的"或者"终极的"真理。为了发现自然的真正秩序,认识的人必须排除所有个人主观看法的干扰,抛弃一切在经验研究之前产生的符合自己推理的或者想像的愿望那种个人固有的偏好。人心必须谦卑、自制。否则科学就是不可能的。

像古代和中世纪哲学家那样,假设世界是通过人心可以直接认知的方式神圣地充满并且组织起来,从而引导心灵直接走向上帝隐秘的目的,这会阻碍人类洞察到自然的实际形式。只有承认上帝和上帝的创造物、上帝的心智和人的心智之间是判然有别的,人类才能够在科学上获得真正的进步。因此培根表达了宗教改革和奥卡姆的精神。"自然神学",正如在传统的经院哲学那里,必须当成一个矛盾的术语、信仰问题与自然问题的混为一谈而予以抛弃。每一个领域都有其自身的规律可循,都有其自身适当的方法可依。神学属于信仰的领域,但是自然的领域必须通过一种自然科学的方法进行研究,不受来自宗教的想像的那些不相干的假设所牵掣。若能正确地做到区别对待,则神学和科学彼此都能够繁荣,也能够通过理解地上的国度真正的自然的原因而更好地侍奉其创造者——从而获得上帝意欲赋予人类的驾驭万物的力量。

因为所有以前自古希腊以来的哲学体系均缺乏严格缜密的以感觉为基础的经验论,因为它们依靠推理的和想像的建构,而这种建构未得到严谨的实验的支持,所以它们就像是宏伟壮观的戏剧作品,与被它们极大歪曲了的现实世界并没有真正的关系。情感需要和传统的思维风格不断地迫使人类错误地感知自然,将自然拟人化,使之成为人们所意想的那样,而不是其真实的现象。真正的哲学家并不是削足适履,使世界符合他的认识,而是努力扩展认识,使其认识符合世界。因此培根认为,哲学家的第一要务就是深入考察特殊事物。通过精到的实验,感觉的证据可以逐渐地得到纠正和增强,从而揭示隐藏在自然背后的真理。由此人类心智和自然宇宙才能够喜结良缘,培根预见到,这段姻缘的结果将是一系列解救人类痛苦的重大发明。科学的未来乃是学术的复兴、人类自身伟大的再现。

培根乃是哲学发展转向现代的转捩点。晚期经院哲学的唯名论和经验论以及它们对亚里士多德和思辨神学的日渐增强的批评,而今找到了无约束的、有影响的表达。培根固然思想敏锐,却极大地低估了数学在发展新的自然科学中的支配地位,他不能理解先于经验观察的理论猜想的必要性,并且他压根未理解新的日心说的重大意义。但是他竭力拥护经验,认为它是真正知识的唯一合理的源泉,这卓有成效地使欧洲人的思想转向经验世界,转向对自然现象进行有条理的考察,转向对传统假设——不论是神学的还是形而上学的——的拒斥。培根既不是一个系统的哲学家,也不是一个严格从事实践的科学家。他毋宁是一个强有力的中介,他的雄辩以及充满预见的设想令未来的好几代人心悦诚服,努力实行他的革命纲领:为了人类的幸福,为了上帝的荣耀而对自然从事科学的征服。

笛卡尔

如果说是英国的培根推动产生了新的科学的特殊性质、发展方向和强大力量,那么是欧洲大陆的笛卡尔奠定了科学的哲学基础,并且通过此举为现代的本质十分明确地作了划时代的规定。

面对正在崩溃的世界观,面对各种各样出人意料的、令人迷惘的发现,面对基本制度和文化传统的土崩瓦解,在这样一个时代,对确定的知识的可能性持怀疑态度的相对主义弥漫于欧洲知识界。人们不再天真地相信外部的权威,无论它是多么神圣庄严,可是又没有新的确定真理的标准来取而代之。这种日益增长的认识论的不确定,先前由于人文主义者为文艺复兴带来的过多相互竞争的古代哲学而加剧,更由于古希腊人的另外一种影响而得到进一步的促进——那就是塞克斯都·恩披里柯对怀疑论的经典捍卫的重获。法国散文家蒙田对这种新的思想倾向尤为敏感,并且他反过来对古代认识论的怀疑作了现代的表达。如果人类信仰是由文化习俗所决定的,如果感官可能是靠不住的,如果自然结构不必与思想方法相一致,如果理性的相对性和不可靠性排除了上帝的知识或者基本的道德规范,那么没有什么东西是确定的。

法国哲学的怀疑论的危机出现了,这种危机让曾沐浴于耶稣会学校教育的批判理性主义的年轻的笛卡尔敏锐地体验到了。在受教育时一直挥之不去的困惑、在不同哲学观点的矛盾冲突以及宗教启示对于理解经验世界的重要意义变得越来越小的促动下,笛卡尔开始去发现确定的知识的无可辩驳的基础。

从怀疑一切开始是必要的第一步,因为他希望扫除现在不断扰乱人类知识的过去所有的假定,并且区分出他本人能够清楚地直接地经验到的无可怀疑的最合适的那些事实。然而,与培根不同,笛卡尔是一个大数学家,而几何与数学具有严谨的方法论特点,只有几何和数学看来能为他在哲学问题上热切寻求的确定性带来希望。数学从简单的、自明的基本原理、根本原则的陈述开始,按照严格的理性方法通过这些基本原理、根本原则可以推演出更多的、更复杂的事实。通过将这种严谨的、精细的推理方法运用于一切哲学问题研究,通过确认真正最合适的那些观念——受到理性检验而确定是无疑的、明确的、没有内在矛盾的,笛卡尔确立了他获取不容置疑的确定性的方法。受过严格训练的批判的理性方法将会克服感官或者想像提供给我们的关于世界的不可靠的知识。笛卡尔运用这样一种方法,堪称为新的亚里士多德,将建立一种把人类带入一个实践的知识、智慧以及幸福的新时代的新的科学。

277　　怀疑论和数学便这样合在一起而产生笛卡尔的哲学革命。这场革命中的第三术语,它既是存心怀疑和自明推理背后的推动力,也是它们的结果,成为所有人类的知识的基础:这个术语就是个人自我意识的确定性。因为在有计划地怀疑一切,甚至怀疑明显的物质世界的实在性以及他的身体(可以说终究只是梦一般短暂的事物)的过程中,笛卡尔断定只存在不可怀疑的一样事实——那就是我在怀疑这个事实本身。至少意识到自己在怀疑的这个"我",即思维的主体是存在的。至少到这里为止是确定的:我思故我在。其他一切都可以怀疑,但是思考者的自我意识这个不可约的事实是不可以怀疑的。而且通过对这个确定的事实的承认,思考者能够感知那些成为确定性本身的特点的情况:确定的知识就是那些能够清楚明白地被体验到的东西。

我思因而是一切其他知识的基本原则和范式,既为随后开展的演绎奠定了基础,也为其他一切自明的理性直觉提供了一个模式。从怀疑的主体不容置疑的存在——根据这一事实本身,这是不完善的、有局限性的意识——出发,笛卡尔断定必然存在尽善尽美,即上帝。实有不可能来自乌有,不可能存在什么无因之果。上帝的思想之所以尽善尽美,是因为它必定

第五篇 现代世界观

自明地源自超越于有限的、偶然的思考者的实在;因此客观上存在的万能的上帝是确定的。只有以存在这样一个上帝为先决条件,人类理性的自然之光的可靠性或者现象世界的客观真实性才能够得到保证。因为,如果上帝是造物主,也就是说是完美的存在,那么他是不会欺骗人类和赋予人类自明真理的理性的。

同样,我思还揭示了这个世界的基本的等级制度和差别。理性的人知道他自己的意识是确定的,完全不同于物质的外部世界,后者在认识论上是不确定的,只是可感知的客体。因此思维世界(*res cogitans*)——思维实体、主观经验、精神、意识,即人类感知是思想上的那些东西——与外部世界——广延的实体、客观的世界、物质、物质的躯体、植物和动物、石头和星星、整个物质的宇宙,即人类感知是外在于其思想的一切东西——被认为具有本质上的不同和区别。只有在人类之中这两大实在才能达到汇合,即心灵和肉体的汇合。而且人类理性的认识能力和自然世界的客观的真实性和次序可在上帝那里找到它们共同的源泉。

因此,从笛卡尔的二元论的一方面来看,灵魂可以理解为思想,人类的意识与思考者的意识不同。感觉往往不断变化和犯错,想像容易受到想像出来的扭曲的损害,而情绪与确定的理性的理解毫无关系。从二元论的另一方面来看,与思想截然不同,外部世界的一切客体都没有主观意识、目的或者精神。物质的宇宙完全不具备人类的性质。确切点说,作为纯粹物质的对象,一切物质现象在本质上可以理解为机械——颇似活灵活现的自动装置和制作精巧的机器,例如17世纪欧洲人生产、修造并且享用的钟、磨粉机和人造喷泉。上帝创造宇宙并且确定了其机械的法则,但是从此之后,整个体系就完全靠自己运动了,这是一部由最聪颖的智慧所制造的最精湛的机器。

因此,宇宙不是一个活的有机体,就像亚里士多德和经院哲学假设的那样,认为它具有形式并且被给与有目的论意图的动机。如果抛弃这种事先构成的看法,如果只是由人类的分析理性凭直觉感知最简单、最自明的自然特征,那么很显然宇宙是由无生命的原子物质构成的。这种物质实体用力学术语可以得到最好的理解,深入到最简单的部分作还原的分析,并且根据这些部分的安排和运动加以确切地理解:"力学规律也就是自然规律。"对于人类而言,主张去发觉自然内在的形式和目的,就是坚持形而上学的不虔敬的言行,宣称可以直接接近上帝的思想。然而,由于物理世界是完全客观的,是实实在在物质的,它固有的特性就是可以度量的。因此人理解宇宙的最强大的工具是数学,它是人类理性可用的自然之光。

为了支持其形而上学和认识论,笛卡尔使用了伽利略将客观事物之第一性的、可以度量的属性与第二性的、比较主观的属性区分开来的办法。为了认识宇宙,科学家不应当把注意力集中于只是感官明显感知的那些性质,这些性质容易受到主观的错误判断以及人类的歪曲,而应当仅仅关注能够清楚明白感知的并且用定量手段加以分析的那些客观的性质——广延、形状、数量、绵延、特定的引力、相对的位置。以这些性质为基础,运用试验和假设的手段,就能够推进科学。在笛卡尔看来,力学是一种"普遍的数学",运用力学方法,就可以充分分析和有效控制物质的宇宙,为人类的健康和舒适服务。由于量化的力学支配着世界,所以对人类理性的绝对信任是完全有理由的。这就是实践哲学的基础所在——这种哲学不是学界的思辨哲学,而是一种给与人类对大自然的威力的直接明白认识的哲学,从而使大自然的威力得以服从人类自己的意志。

因此,人类的理性首先从经验的必然性中确立其自身存在,然后从逻辑的必然性中确立上帝的存在,因而也就确立了客观世界及其合理秩序之得到上帝保证的真实性。在知识问题上,笛卡尔赋予了人类理性以至高无上的权威,它能够区分某些形而上学的真理,并且获得关于物质世界的某种科学的认识。以前仅仅属于《圣经》或罗马教皇的永无谬误性,现在则转移到了人类理性自身。实际上,笛卡尔无意中开始了一场神学上的哥白尼革命,因为他的推理的方式表明上帝的存在是由人类的理性确立的而不是相反。虽然上帝存在的自明的确定性是由上帝用创造可信赖的人类的理性这种善意的真实性而得到保证的,但是这一结论只有在清楚明白的观念这种标准的基础上才能够得到确定,因此其权威是根深蒂固地建立在由个人的思维能力所作的判断之基础上的。在基本的宗教问题上,不是神圣的启示而是人类理性的自然之光拥有最后决定权。在笛卡尔之前,启示真理罔顾人类判断坚持客观的权威,而现在其有效性开始要受人类理性的确定的支配。路德在基督宗教范围内所要求的形而上学的独立性,笛卡尔则宣布是无一例外地适用的。因为路德的基本的确定性在于他确信,上帝救赎的恩典是在圣经中得到启示的,而笛卡尔的基本的确定性则在于他确信,适用于思维自身的不容置疑性的数学推理,其在程序上是清楚明白的。

此外,由于笛卡尔主张在思维的实体和广延的实体之间基本上是两分的,因而有助于将物质世界从它与宗教信仰长久的联系中解放出来,使科学摆脱束缚而推进它对这个世界明确的分析,不再受到精神的或者人类的特性的干扰,不再受到神学教条的约束。现在,人类思想和自然世界前所未有地获得了独立自主的地位,脱离了上帝,而且互相也脱离了。

这便是现代人自我的典型宣言,确立了其作为一个完全独立的、不解自明的实体,因为对它来说,它自己的理性的自我意识是绝对首要的——怀疑一切,除了不怀疑它自己,使它自己不仅与传统的权威相对立,而且与自然世界相对立,是与客体相对立的主体,是进行思维、进行观察、进行衡量、进行驾驭的存在,与客观的上帝和外部的自然在性质上截然不同。理性主体和物质世界的二元对立的结果便是科学,包括科学提供关于世界的确定知识的能力,以及使人类成为"自然的主人和所有者"的能力。在笛卡尔看来,科学、进步、理性、认识的确定性以及人类的同一性之间是相互密切关联的,而且与客观的、机械论的宇宙的概念也是相互密切关联的;现代思想的这类范式就是奠基于这种演绎推理之上的。

>※<

因此,培根和笛卡尔——科学文明的预言者、蒙昧的旧时代的叛逆者、热衷自然的研究者——表明了现代思想的两个密切相关的认识论的根据。在他们各自的经验主义和理性主义的宣言里,由古希腊人首倡、经院哲学家重获的自然世界和人类理性长久以来愈益增长的重要性,得到了至关重要的、现代的表达。在此二元的基础上,哲学开展了,科学凯旋了:牛顿对培根的归纳的经验主义和笛卡尔的演绎的数理的理性主义系统地作了切实可行的综合,从而取得最初由伽利略所形成的科学方法的丰硕成果,牛顿取得的成就决非偶然。

在牛顿之后,科学以其是宇宙的权威解释者而称王,哲学则确定了其自身与科学的关系——对科学主要是支持,偶尔也作一些批评,并与之展开争论,时而独立时而也关注不同的领域,但最终无法反对经验科学的宇宙论的发现和结论,如今经验科学逐步统治了西方世界观。牛顿的成就实际上既确立了对于物质世界的现代的理解——是机械论的、有数学那样秩序的、具体物质的,毫无人类或者精神的属性,尤其不是基督教性质的那种构造,也确立了对于人类的现代的理解,人类的理性智慧理解了世界的自然秩序,人类之所以是优秀高贵的存在,不是由于他是圣经启示的神圣计划的中心,而是由于凭借他自己的理性,也就是他已经掌握了自然背后的逻辑因而也拥有了驾驭自然的力量的那种理性。

新的哲学并非只是机械地反映人类的力量的新的认识。作为一种哲学,其重要性及其对西方思想产生的重大影响的原因,特别在于其科学的、然后是技术的证实。而前所未有的是,思维的方式惊人地结出了有形之果。在这样一个效用充分的体系里,进步似乎是不可避免的。人类的幸福的命运看来好像终于得到了确保,这显然是由于人类理性的力量和具体的成就所带来的后果。显然,对人类满足愿望的追求,将由这些因素来推进,这些因素就是日益深入细致的分析和对自然世界的不断的控制以及在每一个领域——物质的、社会的、政治的、宗教的、科学的、形而上学的——扩展人类知识的和存在的独立性的有计划有步骤的努力。在一个精心设计的环境里,对人类头脑的恰当教育将产生一个个理性的个人,他们能够理解世界以及他们自己,能够为了全体的利益以最聪明的方式去行动。由于从头脑中清除了传统的偏见和迷信,人类就能够把握自明的真理,并且因此为他自己确立一个一切得以兴旺发达的理性的世界。人类在此岸世界的自由之梦、满足自己愿望之梦想现在可以实现了。人类终于到达了文明的时代。

现代世界观的基础

所以,15—17世纪,是西方新的自我意识和人类自主观念的熹微初露的时期。这种新的意识和观念的表现是:对世界十分好奇、对自己的判断充满信心、怀疑正统观念、公开蔑视权威、为自己的信仰和行为负责、仰慕古典时代而尤其寄托于更美好的未来、为人类而感到骄傲、意识到自己与自然截然不同、意识到作为个体的创造者他自己的艺术的本领、确信自己认识和驾驭自然的才智和能力,并且基本上不那么需要依靠一个无所不能的上帝。这种现代思想的出现,其根源在于反抗中世纪的基督教教会和古代的权威,但又依赖于这两个母体,并且由这两个母体孕育而生长发展。现代思想的出现采取了文艺复兴、宗教改革和科学革命这三种相互区别的并且相互具有辩证关系的形式。它们共同结束了欧洲天主教会的文化统治,确立了现代世界更加个人主义的、怀疑的以及世俗的精神。科学从这一深刻的文化变革中兴起而成为西方的新的信仰。

因为当宗教的巨大纷争不能解决自身的问题时,由于一统的信仰体系不再有支配文明的力量,科学一跃而起,成为人类解放运动——经验的,理性的,诉诸常识、诉诸每一个人都能够接触和权衡的具体的实在。可以证实的事实和理论在同等的人中间进行检验和讨论,取代了由一个制度化的教会自上而下强加的教条主义的启示。如今是在国际合作的基础上探索真理,以严格的求知精神、志愿甚至是满腔热忱去超越以前的知识范围。由于提供新的认识上的确定性和客观一致性的新的可能,给予在实验基础上的预言、技术的发明以及控制自然的新的力量,科学便跃然而出,成为现代思想的救赎恩宠。科学使现代思想升华,表明它能够直接理解希腊人最早表明的自然的合理秩序,但是其水平要远远超过古人和中世纪经院哲学的成就。现在没有什么传统权威能够教条主义地规定文化观,而且也不需要这样的权威了,因为每一个人他自己就拥有获得可靠知识的工具——他自己的理性以及他对经验世界的观察。

因此,科学似乎使西方思想有了自主发展的成熟,摆脱了中世纪教会无所不包的结构,走出了古希腊和罗马的古典的荣耀。从文艺复兴开始,现代文化不断发展,逾越古代世界观和中世纪世界观,视之为原始的、迷信的、幼稚的、不科学的、压制人的。到科学革命结束的时候,西方思想已经获得了发现知识的新方法以及新宇宙论。由于人类依靠自己的智慧和力量的努力,世界本身极大地、前所未有地扩大了。现在的文化精神已经理解了最令人吃惊的天体的运动:地球是转动的。自然感觉的直接明了的证据、人类历史童年时期神学的和科学的确信无疑的事——太阳东升西落,人们脚下的地球是静止的,处在宇宙的中心——如今由于重要的根据、数学的计算以及技术高超的观察而被推翻了。实际上,不仅地球本身而且人类自身如今也前所未有地脱离了有限的、静止的、等级制的亚里士多德—基督教的世界,进入了新的、未知的世界。对西方人来说,实在的本质已经发生了根本的改变,他们如今身处和感知的宇宙,在范围、结构和存在意义上已焕然一新。

如今,想像并建立一个以个人自由和理性的自明原则为基础的新的社会形式的通衢已经打通。因为科学所表明的对于发现自然的真理十分有用的策略和原则显然也与社会领域密切相关。正如陈旧的托勒密的天空的结构,由于其复杂的、累赘的而且最终无法维持的本轮设计的体系,被基于理性的、简明易懂的牛顿的宇宙所取代一样,旧式的社会结构——绝对的君主的权力、贵族的特权、宗教的审查、压迫的和任意的法律、无效率的经济——也应当被新的政治形式所取代,它基于的不是君权神授和延续的传统规定,而是理性地确定的个人权利和相互有利的社会契约。将彻底的批判的思想运用到社会领域,势必提出社会改革的要求,正如现代的理性导致探索自然的科学革命,它必定导致改革社会的政治革命。洛克以及之后启蒙运动的法国启蒙思想家做的就是这样,那就是取法牛顿的做法,并将它们扩大运用到人类的领域。

至此,现代思想的基础和发展方向已经大体确立。就像前面我们对古希腊的和中世纪基督教的观点所做的那样,现在到了概括现代世界观一些主要原则的时候了。然而,要开展这一工作,我们还必须更加明确地确定我们关注的中心,并且向前扩展我们分析的范围。因为现代世界观,就像被其取代的以前的世界观一样,并不是一个固定不变的存在,而是一个获得存在的不断演变发展的进程,而且,这里与我们特别有关的是,牛顿、伽利略、笛卡尔、培根以及其他人的观点,基本上都是现代思想和中世纪思想的文艺复兴的综合体:即介乎中世纪基督教的造物主上帝和现代机械论的宇宙之间的、介乎作为精神本质的人类思想和作为客观实体的世界之间的折中之物,凡此等等。在笛卡尔—牛顿理论公式之后的两个世纪里,现代思想继续从其中世纪的母体中脱离出来。启蒙运动的作家和学者——洛克、莱布尼兹、斯宾诺莎、贝勒、伏尔泰、孟德斯鸠、狄德罗、达朗贝尔、霍尔巴赫、拉美特利、蒲伯、贝克莱、休谟、吉本、亚当·斯密、沃尔弗、康德——在哲学上阐述、广泛传播、在文化上确立新的世界观。到现代结束的时候,自主的人类理性已经完全取代了关于宇宙的传统的知识来源,并且转而确定它自身的范围,诸如经验科学的界限和方法。工业革命、民主主义革命,以及西方兴起而建立全球霸权,产生了此种世界观支配下的技术的、经济的、社会的以及政治的具体结果,此种世界观在其文化的霸权中因而进一步得到肯定和加强。而且在现代科学彻底战胜传统宗教中,达尔文的进化论使自然物种和人类自身的起源符合自然科学的界限和现代的观点。在这个时候,科学的理解世界的能力显然达到了不可逾越的程度,并且现代世界观可以有力维护其成熟的性质。

因此,以下对现代观点的概括反映的不仅是其早期的笛卡尔—牛顿的理论公式,而且是现代思想在 18 世纪和 19 世纪进程中更加充分实现自我其后期的类型。因为随着从笛卡尔—牛顿的结构中引申得出其逻辑结论,发端于文艺复兴和科学革命时期的新的感觉力和新的概念的意义逐渐变得明显了。我们可以按其特性称之为一种与其取代的前身截然不同的"现代"世界观,但我们注意到,实际上其前身(例如兼犹太教与基督教的观点)继续在文化的理解方面发挥重要的作用,即使通常采取的是一种潜在的方式,我们还注意到,在现代这个时代里,某一个人的观点可以在从坚定不移的童真般的宗教信仰,到毫不妥协的坚定的世俗的怀疑论这样一个广泛的范围内占有任何位置。

(1) 中世纪基督教的宇宙,不仅为具有人格的、无所不能的上帝所创造,而且一直是在上帝的直接统治之下,与此不同,现代的宇宙是不具人格的现象,受有规律的自然法则的支配,而且只有通过物理和数学的术语才能够认识。作为创造者和设计师的上帝,如今已远离物质的世界,与其说是爱的、奇迹的、救赎的或者干预历史的上帝,不如说是无上智慧的、第一因的上帝。上帝在确立了物质的世界及其永恒的法则之后,就不再"事必躬亲"了。中世纪的宇宙一直依靠上帝,而现代的宇宙更加依靠其自身,具有其自身更大程度的本体论的实在,而无论是超然的还是无所不在的神的实在则不断缩小。最终,那种残余的神的实在,由于得不到对物质世界的科学研究的支持而彻底消失了。在自然世界中发现的秩序,起初归结于上帝的意志并且由上帝的意志得到保证,而现在最终可以理解为由没有更高意志的自然所产生的固有的机械规律所致。中世纪的基督教的观点认为,人类心灵没有神圣启示的帮助就无法理解宇宙的秩序,这个秩序最终是超自然的,而现代的观点则认为,人类心灵凭借其自身的理性能力能够理解宇宙的秩序,这个秩序完全是自然的。

(2) 基督教的二元论强调精神的、超然的凌驾于物质的、具体的之上,现在则大多颠倒了过来,物质世界成为人类活动重要关注的中心。热衷于享受今生今世,认为今生今世是全部人生的戏剧舞台,这种信仰如今取代了传统的宗教信仰,它漠视尘世生活,认为尘世生活是作为永生的准备的不幸的、暂时的磨难。人类的追求现在越来越集中于获得现世的满足。基督教的精神和物质、上帝和世界的二元论逐渐转变成为现代的精神和物质、人类和宇宙的二元论:主观的、有人格的人类意识与客观的、不具人格的物质世界的对立。

(3) 科学取代宗教成为最为突出的理智的权威,成为文明的世界观的定义者、审判者和护卫者。人类理性和经验观察取代神学教条和圣经启示成为认识世界的主要工具。宗教和形而上学的领域逐渐区分开来,它们被视为个人的、主观的、思辨的领域,与经验世界的可感知的、客观的知识迥然不同。信仰和理性现在已截然区分开来。人们逐渐认为,包含超然的实在的概念是人类知识能力不及的;是缓和人类难以抑制的情绪的很有用的缓解剂;是在美感上满足想像力的产物;是可能具有价值的探索性的假设;是维持道德或者社会团结的擎天之柱;是政治的—经济的宣传;是有心理动机的投射;是使活力丧失殆尽的幻想;是迷信的、落后的、无价值的。替代宗教或者形而上学的总体观点的,乃是现代认识论的两大基础,理性主义和经验主义,它们最终产生了它们各自明显的、必要的形而上学的概念:即现代的理性主义提出、最终肯定并据以出发的,人是最高智慧或终极智慧的概念;现代的经验主义同样所做的,物质世界是基本的实在或者唯一的实在的概念——即,分别形成了世俗的人文主义和科学的唯物主义。

(4) 与古典的希腊思想相比较,现代的宇宙具有了内在的秩序,不过它不是源自人类心灵可以直接分享的宇宙智慧的一种秩序,而是依靠人类心灵自身的聪明才智,根据自然的物质构成形式从经验上推导出来的一种秩序。它也不是像古希腊人所理解的那样,是同时而且天生为自然和人类心灵所共同具有的一种秩序。现代的世界秩序也不是超然的、普遍的同时贯穿于内在的思想和外在的世界的统一秩序,在这种秩序中,对一方面的认识必定意味着对另一方面的认识。相反,这两个领域,主观的思想和客观的世界,现在是判若鸿沟,各自按照不同的原则运作。人们对于无论什么秩序的认识,现在仅仅是对自然的固有规律性的客观的认识(或者用康德的话说,是由心灵自身的范畴所构成的可以认识到的秩序)。人类心灵被认为是区别于自然、凌驾于自然的。⑤自然的秩序是完全无意识的、机械的。宇宙本身并不赋有有意识的理智或者目的;只有人才具有这些性质。以赋予的理性的能力控制自然中的非人格力量和物质对象,成为人类与世界关系的范式。

(5)与希腊人多少强调的各方面相互促进的认知方式的多样性截然不同,如今现代宇宙的秩序原则上只要凭借人类的理性和经验的能力就可以认识了,而人类本性的其他方面——感情的、审美的、伦理的、意志的、相关的、想像的、顿时领悟的——对于世界的客观认识,一般都被看作是风马牛不相及的或者是歪曲的。对世界的认识现在主要是冷静的、不为个人感情所左右的科学研究的问题,而且其获得成功的时候带来的并不是纯粹的精神解放的体验(例如导致毕达哥拉斯主义和柏拉图主义),而是智力的控制和物质的进步。

(6)古典时代的宇宙论是以地球为中心的、有限的、等级体系的,具有环绕的天,环绕的天是超然的、原型的力所在的场所,这种力规定和支配了人类按照天体的运动的生存,中世纪的宇宙论维持了这种相同的总体结构,按照基督教的符号象征对此重新作了解释,而现代的宇宙论则置作为行星的地球于不确定的无限的空间,完全排除了传统的天与地的两分。天体现在不仅是由与地球上发现的相同的自然力和机械力的作用而运动,而且是由与地球上发现的相同的物质所构成的。随着以地球为中心的宇宙体系的衰落和机械论的范式的兴起,天文学最终与占星术区别开来。与古代的和中世纪的世界观形成强烈对照,现代的宇宙的天体并不具有超自然的或象征的意义;它们不是为人类而存在的,不是为了指引人类的进程,或者赋予其生命以意义。它们确确实实地是物质实体,其性质和运动完全是机械原理的产物,与人类存在本身没有什么特别的关系,与什么神圣的实在也没有什么特别的关系。以前归于外在的物质世界的一切特指人类的或人格的性质,现在都被视为幼稚的人格化的投射,而且被从客观的科学的认识中清除了出去。一切神圣的属性同样被认为是原始迷信的影响和根据愿望的想法的结果,而且也被从严谨的科学的论述中清除了出去。宇宙是非人格的,不是有人格的;自然的法则是自然的,不是超自然的。物质的世界并不具有内在的更深一层的意义。它是充满难解之迷的物质,不是精神的实在的可见的表现。

（7）随着进化论与其在其他领域里的大量成果的整合,现在人们认识到,人类的本质与起源以及自然的变迁的起因完全是由于自然的原因,并且是从经验上观察得出的变化过程。牛顿在对物质的宇宙研究中所做到的,以发生于地质学和生物学的进展为基础(以后得到了孟德尔的遗传学研究的帮助),达尔文在对生物界的研究中也做到了。⑥牛顿学说确立了宇宙的空间方面的新的结构和范围,而达尔文学说则确立了自然的时间方面的新的结构和范围——自然界的极其漫长持续时间及其存在的质变的程度。由于牛顿,人们认识到,行星运动是由惯性保持的并且是由万有引力规定的,而由于达尔文,人们理解了,生物进化是由随机变异保持的并且是由自然选择规定的。如同地球被搬离宇宙的中心而成为另一颗行星,现在人类也被挪离天地万物的中心而成为另一种动物。

达尔文的进化论提供了科学革命确立的理智的推动作用的一部精彩的续篇,一个看来是决定性的、之所以正确的有力证明,但是它也导致了与科学革命的经典范式的意义重大的决裂。因为进化论引起了脱离后者的根本转变,它之所以脱离笛卡尔—牛顿式规则的、有秩序的、可预言的和谐世界,是因为承认自然的不间断的、不可预言的变化、竞争和进化。达尔文学说此举促进了科学革命的世俗化影响,造成了科学革命与传统的犹太教—基督教观点妥协的瓦解。因为物种易变性的科学发现驳斥了《圣经》中不变的,创造物的记述,在这之中,人类有意被安排在创造的神圣的顶点和天地万物的中心。现在,与其肯定人来自上帝,不如肯定人是从灵长目动物的较低级种类的演变而产生的。人类心灵不是上帝的赠与,而是生物的工具。自然的结构和运动不是上帝仁爱的设计和目的的结果,而是非道德的、随机的、严酷的生存竞争的结果,在生存竞争中,成功不是导致美德而是适应。自然变化的起因现在是由于自然本身而不是由于上帝或者超然的智慧。支配生物的变化过程的是自然选择和机缘,不是亚里士多德的目的论的形式或者《圣经》中所述的神的有目的的创造。现代早期的不具人格的造物主的自然神论的观念,认为造物主创始世界后,任由世界按照其完整的结构和不变的法则运动。这种观念是犹太教—基督教的启示与现代科学之间最后的妥协。现在,这种自然神论的观念在进化论面前变得苍白无力,因为进化论给予了物种的起源以及其他一切自然现象的不断变化的、根据自然的解释。人类、动物、植物、生物、岩石和山脉、行星和恒星、星系,乃至于整个宇宙现在都可以解释为完全是自然变化过程中逐步发展的结果。

在这种情况下,宇宙是由神的智慧有目的地设计并控制的信仰——这种信仰是古典时代的希腊的世界观和基督教的世界观的基础——看来是越来越靠不住了。基督对人类历史的神圣干预的基督教的信条——圣子的道成肉身、亚当第二、圣灵感孕、耶稣复活、基督再临——在广阔无垠的机械论的牛顿的宇宙中、在其他方面的明确以生存为中心的达尔文的进化论的语境中似乎是难以置信的。同样令人难以置信的,是柏拉图先验的理念这一永恒的形而上学王国的存在。实际上,经验世界中的所有事物无需求诸神圣的实在似乎就是可解释的。现代的宇宙现在完全是非宗教性的现象。而且,它是仍然在改变自身和创造自身的非宗教性的现象——不是由神创造的具有永恒不变结构的终结性事物,而是除物质实体及其变化外没有什么终极的目标和确定的根据的不断发展的过程。凭借进化的趋势这一唯独属于自然的根源,凭借天赋的理性这一唯独属于人类的理性意识,人类把握自己的未来已完全听命于他自己了。

(8)与中世纪的基督教的世界观截然不同,在现代,人的自主——思想的、心理的、精神的——得到了完全的肯定,而与此同时则是任何会阻碍人的天赋权利以及生存的自由意志和个人的自我表现的可能性的宗教信仰或制度结构越来越受到贬低。对于中世纪的基督教徒来说,知识的效用是更好地服从上帝的意志,而对于现代人来说,知识的效用则是更好地让自然服从人类的意志。以基督的历史上的显现和未来末世基督再临为根据的灵魂得救的基督教的信条,首先被再理解为与天道推动下人类文明的逐渐进步相一致,是人类凭借上帝给予的理性对邪恶的征服,然后由于这样一种信仰——认为人类凭借其天赋的理性和科学的成就将逐渐实现一个以和平、理性思想、物质丰富以及人类驾驭自然为标志的现世理想的时代——而逐渐地全部破灭。基督教原罪、人的堕落、共同的人类有罪的观念现在变得苍白无力而为人类的自我发展、理性与科学最终战胜人类的无知、痛苦和社会的罪恶的乐观主义信念所取代。

古典时代的希腊的世界观强调作为人类与宇宙及其神圣智慧的完美的统一(或重新统一)的人类思想和精神活动的目的,基督教的目的是要使人类和世界与上帝重新统一,而现代的目的则是要为人类创造最大可能的自由,以摆脱一切束缚——自然的束缚;不公正的政治结构、社会结构或者经济结构的束缚;约束性的形而上学的观念或者宗教的教义的束缚;基督教教会的束缚;兼犹太教与基督教的上帝的束缚;不变的、有限的亚里士多德—基督教的宇宙的束缚;中世纪经院哲学的束缚;古希腊权威的束缚;以及世界上一切陈旧观念的束缚。摆脱所有一切传统的束缚,凭借自主的人类理智的能力,现代的人独立自主地向前行进,下决心去发现他的新宇宙的工作原理,去探索并进一步扩展这一新宇宙的范围,实现他的现世的理想。

✥

当然,以上所述只是一个建设性的提要,因为不可忽略其他重要的思想倾向,它们不仅与形成于启蒙运动时期的现代思想的重要特征是并立的,而且常常是与其背道而驰的。而展现现代的感觉力的更完全、更复杂、更悖理的面貌,这将是本书以后各章的任务。但是,首先我们必须更准确地考察重大的辩证发展,这种重大的辩证发展是由于重要的现代世界观而发生的,就像我们先前所说的现代世界观脱胎于其重要的前身——古典时代的希腊的世界观和中世纪的基督教的世界观——一样。

古代和现代

古典的希腊思想为文艺复兴时期的欧洲提供了其产生科学革命所需要的大多数理论武器:希腊人关于宇宙具有一种理性秩序的最初直观、毕达哥拉斯的数学、柏拉图确定的行星问题、欧几里得的几何学、托勒密的天文学、古代各种主张地球运动的供选择的宇宙学说、新柏拉图主义对太阳的颂扬、原子论的机械唯物主义、赫耳墨斯的神秘思想,以及亚里士多德的和苏格拉底以前的经验论、自然论以及理性主义等根本基础。不过现代思想的特征和发展方向使之逐渐拒绝承认古人的科学和哲学权威,认为其世界观是原始的,不值得认真考虑。引起这种断裂的理智动力是复杂的,通常也是矛盾的。

推动16、17世纪欧洲科学家对自然现象进行缜密观察和测量的最活跃的动力之一来自于正统经院哲学的亚里士多德物理学,与非正统的毕达哥拉斯—柏拉图派复兴的数学神秘主义之间的激烈辩论。亚里士多德是古代最伟大的博物学家和以经验为根据的科学家,两千年以来,他的著作一直是西方科学的不竭动力,而今却被文艺复兴时期的想像的柏拉图主义推动下的新科学所丢弃——而这种柏拉图主义源自柏拉图,一位思辨的唯心论者,其最大的希望就是要彻底脱离理智世界——这真是一个莫大的讽刺。但是,随着当时大学中亚里士多德派蜕变成迂腐可笑的教条主义者,人文主义者的柏拉图主义成功地为理智历险活动的新认识展开科学的想像。然而,在更深的层面上,亚里士多德的经验论者注重今世的方向也得到推进,并且最终通过科学革命而实行;在这场革命中,虽然亚里士多德本人被打倒了,

第五篇 现代世界观

但可以说这不过是现代科学掀起的对其这位古代之父的俄狄浦斯式的反抗。

不过,同样具有重要意义的是,柏拉图也断然被打倒了。实际上,如果说亚里士多德的雕像被推倒了,而他的精神却被保留了下来,那么,柏拉图则是在理论上被证明为正确,而在精神上却被完全否定了。自哥白尼到牛顿的科学革命依靠并且得到推动是直接源自柏拉图、他的毕达哥拉斯的先驱及其新柏拉图派主义的后继者的一系列策略和假说:探求构成现象世界之基础的完美的、永恒的数学形式,认为行星按照连续的、有规则的几何图形运动的先验的看法,避免被得自观察的关于天空的明显的杂乱无章现象所蒙蔽的教导,用优美和精确的方式正确解决行星问题的方法的信心,对于太阳作为创造之神的象征的颂扬,各种非地心说的宇宙论的主张,认为宇宙完全贯穿了神圣的理性、神的荣耀尤其通过天而显示出来的信仰。欧几里得的几何学构成了笛卡尔理性主义哲学以及整个哥白尼—牛顿范式之基础,他本人是柏拉图主义者,他的全部工作都是根据柏拉图的原则构建的。在开普勒和伽利略的推动之下得到发展的现代科学方法本身则是建立在毕达哥拉斯的信念之上,即认为物质世界的语言是一种数学语言,它使人们有充分理由相信,对自然的经验观察以及对假说的检验应当完全集中在量化分析上。不仅如此,全部现代科学完全是从柏拉图关于实在的基本的等级结构出发的,在这个等级结构里,多样性的、永远变化着的物质的自然被视为最终要服从于某种统一的法则和原则,而这种法则和原则是超然存在于它们控制的现象之外的。尤其是,现代科学继承了柏拉图的基本信念,即信奉世界秩序是理性可以理解的以及发现这种秩序的人类探求的至关重要的崇高地位。但是,柏拉图的那些假说和策略最终创造出了一种范式,其彻头彻尾的自然主义没有给柏拉图形而上学的具有心灵意义的思路留下什么余地。毕达哥拉斯—柏拉图的传统所颂扬的数学模式的神秘性质现在已不复存在,事后回想起来时被看作是在经验上是无法证实的,是自然世界的简明易懂的科学认识的多余的附着物。

诚然,毕达哥拉斯—柏拉图的数学具有解释力量的主张,正不断地受到自然科学的确认,而且这种明显的反常现象——为什么在没有理性的物质现象的领域数学能如此始终如一地、精确地起作用呢?——在沉思的科学哲学家中产生了某种困惑。但是对于牛顿之后大多数从事实践的科学家而言,这种数学与自然的一致被认为代表某种朝向规则的范型的机械的倾向,它本身并没有什么更深奥的含义。它们绝少被视为启示的形式,人类的思想可以借助这些形式去理解上帝的思想。数学的范型只不过是"具有事物的性质",或者说具有人类思想的性质,并且也不可根据柏拉图的观点把它看作是存在永恒不变的纯粹精神的世界的证明。自然法则也许是永恒不变的,但是现在它们自立于物质基础之上,脱离了与任何神圣的原因的关系。

因此,除了多少令人费解的数学外,柏拉图的哲学倾向在现代语境中一般不再被视为切实可行的思维形式,科学的量化性质被赋予了彻底的世俗的意义。在机械论的自然科学无可争议的胜利和实证主义的经验论与哲学上的唯名论的支配地位面前,柏拉图的形而上学的唯心论者的主张——永恒的理念,真实的存在和意义之所在的超验的实在,天的神圣的性质,对世界的理智的统治,科学的宗教意义——现在都被当作原始想像力的矫揉造作的产物而遭到抛弃。充满悖论的是,柏拉图的哲学一直作为似乎直接对柏拉图假说提出质疑的世界观的先决条件。因此,"18 世纪的机械论哲学和 19 世纪的唯物主义哲学脱胎于 17 世纪的神秘主义的数学理论,这真是命运的讽刺"。[7]

进一步的讽刺在于现代凭借古代少数派的传统的力量战胜了古典时代的巨人——亚里士多德和柏拉图。在从古典时代后期到中世纪的发展过程中,留基伯和德谟克利特的机械论和唯物主义的原子论,菲洛劳斯、赫拉克利德斯和阿里斯塔克的非正统的(非地心说或者非地球不动说)宇宙论,皮浪和塞克斯都·恩披里柯的激进的怀疑论——所有这些学说由于文化上更加强大的哲学三巨擘苏格拉底、柏拉图和亚里士多德以及亚里士多德—托勒密居支配地位的宇宙论而黯然失色,几乎被踩在脚下,以致销声匿迹。⑧但是少数派观点通过文艺复兴时期的人文主义者而复得,最终被用来颠覆科学领域的等级制度,他们的许多原则在科学革命及其余波的理论结论和哲学潮流中得到了出乎意料的确认。相似的复现也发生于智者派,其世俗的人本主义和相对主义的怀疑论在启蒙运动和随后的现代思想的哲学氛围里得到了重新支持。

但是,一些思辨的理论家的孤立的并且看来是偶然提出的洞见,并不足以抵消现代科学对古代思想的批判性评价。来自柏拉图的和亚里士多德的传统思想的各种前提条件,其有用性也不足以弥补被看作是它们使人误入歧途的、不充分的经验的根据那种东西的危害。而当现代的人处处显示其实践的和思想的优越性时,中世纪和文艺复兴时期的思想家追怀古典黄金时代杰出人物的创造能力和成就而发出的惊叹,似乎不再是恰当的了。因此,从古典文化那里获取凡是符合现时需要的有用的东西,现代思想在其文学和人本主义的成就方面恭敬地重新服膺古典文化,而在总体上抛弃了古人的宇宙论、认识论和形而上学,认为它们都是幼稚的、在科学上是错误的。

至于曾经在科学革命的产生中起推动作用的古代传统的具有神秘教义的因素——占星术、炼金术和赫耳墨斯神智学——现在更是被扫地出门了。古代天文学和科学本身的起源曾经与原始的占星术密切相关,这种占星术认为天乃是具有神圣意义的超自然领域,由于行星的运行对人类事务具有象征的重要性而对其进行周密的观测。在以后的若干个世纪里,占星术和天文学的紧密联系对于后者在技术上的进步至关重要,因为正是占星术的预先推测赋予了天文学其社会的和心理上的意义,以及在国家事务中其政治的和军事上的功用。占星术的预言需要尽可能最精确的天文学的数据,所以占星术为天文学的同行提供了其试图解决行星的问题的具有最强烈吸引力的动机。在科学革命之前,天文学在希腊化时代、中世纪鼎盛期以及文艺复兴时期得到了最为迅速的发展,这绝不是偶然的,因为这些时期正是占星术得到最广泛接受的时期。

即使科学革命的主要人物也没有采取行动,切断这种古老的联系。哥白尼在其《天体运行论》中并没有在天文学和占星术之间作出区分,而是一并称它们是"文科七艺之首"。开普勒承认他是受到他探寻天上"星球的和谐悦耳之音"的激励而开展天文学研究的。虽然开普勒直言不讳地批评当时的占星术缺乏精确性,但他本人是他那个时代最杰出的占星家,他和第谷都曾经是神圣罗马帝国的御前占星家。甚至伽利略,就像大多数文艺复兴时期的天文学家一样,也按惯例推算占星本命星盘,1609年他就为其保护人托斯卡纳的大公推算过一次,而正是那一年他发明了望远镜。牛顿曾说到,正是他自己早期对于占星术的兴趣激励了他进行划时代的数学研究,并且他后来还相当深入地研究了炼金术。现在有时很难确定这些先驱者致力于占星术和炼金术研究实际达到的程度,但是现代科学史家在他们的观点中明显区分科学的看法和神秘主义的见解的努力是徒劳无功的。

因为科学与神秘主义的传统相互特殊的共同研究实际上是文艺复兴时期的一种规范,而且在现代科学的产生中发挥了必不可少的作用:除了普遍存在于所有哥白尼派的主要天文学家中的新柏拉图主义的和毕达哥拉斯的数学的神秘主义和对太阳的颂扬之外,人们还发现罗吉尔·培根这位实验科学的先驱者,他的研究工作中充满了炼金术的和占星术的原理;主张无限的哥白尼学说的宇宙的布鲁诺是一位详闻博识的神秘主义者;帕拉切尔苏斯,这位炼金术士为现代的化学和医学奠定了早期的基础;威廉·吉尔伯特,他的地球是块大磁石的理论是以他的关于万物之灵显示于那种磁石中的证明为依据的;威廉·哈维,他认为他发现的血液的循环表明人类身体是一个反映地球的循环系统和宇宙的行星运动的小宇宙;笛卡尔从属于神秘主义的玫瑰十字会;牛顿也从属于剑桥的柏拉图学派,他认为他的研究工作是在古代秘传知识的传统之内开展的,这个传统可以追溯到毕达哥拉斯及其之后的时代;实际上,万有引力定律本身也是以赫耳墨斯的哲学的共感说为模型的。科学革命的现代性在许多方面是不明确的。

但是科学革命中出现的新宇宙并非如此含糊不清,它似乎没有给占星术的或其他明确的神秘主义的原理的实在留下什么余地。虽然最初革命的本身并没有注意新的范式对占星术造成困难的种种问题,但是这些矛盾不久在其他人看来就变得十分明显了。因为地球是一颗行星的看法似乎削弱占星术的见解的那个基础,这是由于后者坚信地球是宇宙的绝对的中心,是命运星辰的星力的集中点。很难想像,如果没有作为固定的宇宙中心的这种特殊地位,地球如何能够一直值得这种特殊的宇宙论的关注。随着运动的地球侵入天界,即以前被认为是明确的命运星辰之神灵的专有领域,从亚里士多德一直到但丁描述的整个传统的宇宙结构被打破了。在伽利略和牛顿以后,天地两分的观点再也无法维系下去了,而没有这种基本的两分法,帮助支撑占星术的信仰体系的形而上学的和心理的前提开始崩溃。现在人们确知命运星辰是平平常常的由惯性和引力推动的物质的物体,而不是由宇宙的智慧推动的范型的象征。比较而言,在文艺复兴时期很少有思想家不相信占星术的基本有效性,而在牛顿之后的一代人几乎无人认为占星术值得深究细察了。占星术逐渐被忽略了,转入地下活动,仅仅继续存在于神秘主义的小团体和无鉴别能力的普通大众之中。⑨两千年的大部分时间里作为古典"学科之冠"和皇帝与国王的指导之后,占星术已不再可信了。

除浪漫主义作家外,现代思想也逐渐发展成熟而不再具有文艺复兴时期的对作为自主的存在的重要性的古代神话的强烈爱好。古代神话中的诸神完全是异教徒想像的绘影绘声的虚构,这一点自启蒙运动起已无需什么争论了。正如柏拉图的型(Forms)在哲学中逐渐消失,它们原来的位置被客观的经验的性质、主观的概念、认识的范畴或者语言的"语族相似"所取代一样,古代诸神担负文学的角色、艺术的想像、有用的比喻的任务而不再以为具有什么本体论的实在了。

因为现代科学已经荡涤了以前投射于宇宙的所有属于人类的、精神的性质的那些东西。现在这个世界是不确定的、意义不明的,是物质的,因此根本不可能与自然开展什么对话——不管是通过巫术、神秘主义还是神圣证明的权力,都是不可能的。只有人类客观地运用批判的、以经验为基础的理性的智慧才能够获得对自然的客观认识。虽然事实上引发科学革命的认识源泉具有惊人的多样性——极其富于想像力的(反经验的)飞跃而形成地球是一颗行星的概念⑩,毕达哥拉斯的和新柏拉图主义的审美的、神秘主义的教义,笛卡尔关于一种新的普遍科学以及他自己担负缔造这一科学之使命的启示性的幻想和想像,牛顿受到赫耳墨斯学说启发的引力概念,各种偶然发现的古代抄本(卢克莱修的、阿基米德的、塞克斯都·恩披里柯的、新柏拉图主义的),各种科学理论和解释本质上具有的比喻性质——但是所有这一切后来都被视为仅仅在科学发现的语境下才有意义。在科学论证、在确定任何假说的真理价值的语境中,只有经验证据和理性分析才能够被视为合理的认识论的根据,而作为科学革命的结果是,这些方法支配了科学的事业。古典时代过于灵活的、调和的以及神秘主义的认识论及其精心阐发的形而上学的结论,现在都被否定了。

古典文化将长久是经常引发西方的富于想像力的和审美的创造的地位崇高的领域。它将继续为现代思想家提供启发灵感的政治的、道德的观念和模式。希腊哲学、希腊人和拉丁人的语言和文学、古代历史上的事件和人物仍将在现代思想中引起浓厚的兴趣,博得学者的尊重,这种尊重通常已近于敬畏。但是人文主义者对古典文化的怀恋并不能掩盖后者对于现代思想来说越来越成为不相关的事物这一事实。因为在目前的问题是对实在进行严格的哲学的和科学的分析时,古典的世界观,不论其具有什么样的历史的重要性,不论其在审美的或者想像力的方面具有什么样的优点,完全不能与现代人可以有充分理由提出自己认识的那种思想的严密和效力相比。

尽管如此,古希腊思想仍普遍存在于现代。在科学家追求知识的那种近乎宗教的热情中,在其有关世界的那种理性的可理解性以及人类有揭示它的能力的常常无意识的假定中,在其批判性的独立判断及其以超越以往任何时候的更远的视野推动扩展人类知识的抱负中,古希腊思想繁衍生长,生生不息。

现世主义的胜利

科学和宗教：早期的协调

随着科学革命而造成的基督教的命运，并非不同于古典思想的命运，而实际上它也并非缺乏其自身的一部分似非而是的东西。如果说希腊人提供了科学革命所需要的大多数理论内容的话，那么天主教会，尽管其教义的限制，提供了西方思想在其中得以发育生长以及科学认识由此得以产生的必需的母体。教会的贡献的性质既是实际的，也是教义的。从中世纪开始，教会以其修道院提供了西方的唯一的避难所，在这些修道院里，古典文化的成就得以保存，其精神得以延续。而且，自第一千年之初开始，教会正式支持并且鼓励经院派大量的学术和教育的事业，没有这些事业，现代的知识分子说不定完全不会产生。

教会赞助科学活动的重大举措得到了诸多独特的神学立场的支持。从中世纪教会的发展观来看，要对基督教教义有明确而深刻的理解就必须相应具备逻辑上的清晰性和理智上的精确性。随着中世纪鼎盛时期对物理世界的认识逐渐增加，除了理性能力外还相应产生了另一种认识，即科学理解对于正确评价上帝的奇妙创造具有积极作用。虽然对世俗生活和"这个世界"抱有警惕的态度，犹太教—基督教总是非常强调今世的本体论实在，强调其与善的、公平的上帝之间的终极关系。基督教对于今世采取非常严谨的态度。其中便隐藏着一个对于科学探索而言至关重要的宗教动力：科学探索不仅有赖于意识到人类对于今世抱有积极的责任，而且有赖于信仰这个世界的真实性和秩序性，现代科学一开始就与无所不能的无限智慧的造物主有着内在的联系。

经院派的贡献并不仅仅局限于对希腊观念的不彻底的、基督教化的重新发现和延续。正是经院派对这些观念的彻底考察和批判，以及他们所创造出来新学说和概念——惯性和质量的基本结构、自由落体的加速度、假设地球运动的论证——使现代科学能够自哥白尼和伽利略以来开始形成其新的范式。也许其中意义最为重大的，不是经院派独具特点的理论创新，也不是他们复活的希腊思想，而是中世纪思想家留给其现代的继承者们某种更加无形的生存态度：以神学为基础，但坚定不移地相信上帝赋予人类的理性赋有能力、赋有宗教义务去认识自然世界。人类与创造性的逻各斯之间的理智关系、其特别赋有的能动的理智的神圣之光——阿奎那的*能动的理智之光*（*lumen intellectus agentis*）——从基督教的观点看，在人类理解宇宙过程中恰好直接起到中介的作用。笛卡尔的人类理性的自然之光便是这个中世纪概念的直接的、半世俗化的继承者。正是阿奎那本人在其《神学大全》中写道："权威是最脆弱的证明"，对于现代思想独立性捍卫者们而言，这是一条重要格言。现代理性主义、自然主义和经验主义无不具有经院派的根源。

但是16世纪和17世纪的自然哲学家所遭遇的经院派则是一个教书匠式的教条主义的陈腐结构，它已经再也不能吸引新的时代精神了。在其范围之内几乎产生不出任何新生事物了。它痴迷于亚里士多德、过分注重字面的差异和逻辑的诡辩，不能让自己的学说接受实验的系统检验，所有这些都标志着晚期经院派是一种落伍的、停滞的体制，其思想权威必须被打倒，以免灿烂如同赤子的科学被窒息而死。

尽管现代科学毫不含糊的世俗特点最终从科学革命中脱颖而出，但是最初的科学革命家们本身仍然在充满宗教启示的诡异氛围中活动、思考和讨论他们的工作。他们认为他们理智的突破乃是对一种神圣使命的基础性的贡献。他们的科学发现乃是对神所建筑的世界以及真正宇宙秩序的一种令人欢欣的精神觉醒。牛顿喜悦地欢呼:"上帝啊,我依照你思想你的思想!"这只不过是一系列标志着现代科学发现诞生里程碑的显现达到的一个顶峰而已。在《天体运行论》中,哥白尼高歌天文学是比"人类还要神圣的科学",它因其高贵的特征而最接近上帝,他坚称日心说揭示了上帝宇宙在结构上的宏伟和精确。开普勒的著作处处闪现出他的到神圣启示,在他的眼前宇宙的内在奥秘被展现出来。[11]他宣称天文学家"就自然之书而言乃是至高上帝的祭司",认为自己扮演的角色就是,"用我的发现守卫上帝圣殿大门的荣耀,而哥白尼则是在至高的祭坛旁侍奉上帝"。在《星际使者》中,伽利略谈到他在望远镜中的发现时说,正是上帝的荣耀启发了他的心灵。甚至世俗的培根也认为人类乃是通过宗教的、虔敬的手段取得科学的进步,人类的物质进步与基督徒精神上接近千年王国正好相互对应。笛卡尔将他关于新的普遍科学的异象以及此后科学象征性地向他显现的梦,解释为上帝对其一生工作的命令:上帝指引他一条通往确定知识的途径,确保他的科学探索终将获得成功。由于牛顿所取得的成就,神圣的诞生方才是完美无缺的。新的创世记已经书写了下来。正如亚历山大·蒲伯这样描绘启蒙运动:

> 自然和自然规律深藏在黑夜里面;
> 上帝说,"要有牛顿",于是一切就大放光明了。

科学革命迸发出来的发现自然规律的热情,还不完全起源于人们意识到他们正在发现在最初堕落时所丧失的神圣知识。人类的心智终将理解上帝的工作原理。如今科学揭示了那支配创造的永恒规律,上帝本身的工作。通过科学人类促进了上帝的更大荣耀,证明数学之美和复杂的精确性、统治天地的惊人秩序。发现者的全新宇宙辉煌灿烂的完美景象迫使他们在超越智慧的面前发出一声惊叹,他们把这超越智慧归于这个宇宙的**创造者**。

主要的科学先锋们的宗教性并不是一种与基督教没有什么关系的一般性的宗教感情。牛顿热衷于研究基督教神学以及圣经的预言,就像其热衷于研究物理学一样。伽利略致力于将教会从谬误中拯救出来,尽管面对宗教裁判所的审判,仍然坚持虔信天主教。笛卡尔不论生死都是一名虔诚的天主教徒。他们的基督教前提在理智上无处不在,深深镶嵌在他们的科学和哲学的构造里面。笛卡尔和牛顿的宇宙系统都是建立在上帝存在的假设之上。笛卡尔认为,客观世界作为固定实体而存在是因为它处在上帝的心智里面,人类理性在认识论上是可靠的是因为上帝固有的真实无欺的特点。牛顿也认为,物质不能根据其自身加以解释,必然与一个最初的推动者、创造者、至高无上的建筑家和统治者有关。上帝确立了物质世界及其规律,由此令世界持续存在并保持秩序。牛顿得出结论,上帝周期性的干预乃是维持该系统之规律性的必要条件。

妥协和冲突

但是现代科学和基督教之间早期的协调本身已经显示出了紧张和矛盾,因为除了创造论的本体论仍可为新的范式提供支撑之外,科学的宇宙概念——其机械作用力、物质的天体,以及行星般运动的地球——与传统基督教的宇宙概念并非明显一致。任何新宇宙的焦点仅仅是由宗教信仰,而不是科学证据加以维系的。地球和人类可以是上帝创造的形而上学的中心,但是这种地位得不到纯粹科学认识的支持,科学认为太阳和地球只不过是在无限的、不确定的空间运动的无数星体中的两颗而已。极其虔诚的数学家帕斯卡说:"无限的空间的永久的死寂令我不寒而栗。"敏于理智思考的基督徒企图重新解释和修正他们的宗教理解,以便适应一个与诞生基督教的古代和中世纪宇宙论截然不同的宇宙论,但是形而上学的裂痕依然在扩大。

在启蒙运动的牛顿力学的宇宙中,天堂和地狱丧失了其在物理学中的地位,自然现象丧失了其象征性质,奇迹和上帝任意干预人类事务似乎是越来越不可思议了,这与一个钟表匠的宇宙的至高无上的井然有序是相矛盾的。不过根深蒂固的基督教信仰原则几乎不能完全予以否定。

于是一个双重真理的宇宙便具有了心理上的必要性。理性和信仰开始被视为两个不同的领域,基督教的哲学家和科学家以及广大受过教育的基督教公众,感觉到在科学的实在和宗教的实在之间并没有真正的结合点。经院派将理性和信仰相结合在中世纪鼎盛期阿奎那里曾经达到顶峰,到中世纪晚期奥康姆和唯名论者又将两者割裂,于是信仰就从一个方向推动宗教改革、路德、圣经的字面意义、基要派的新教以及天主教的反宗教改革的发展,而理性则从另外一个方向推动培根、笛卡尔、洛克、休谟、经验科学、理性哲学以及启蒙运动的发展。一切试图将这两者连接起来的努力普遍未能保留这一方或那一方的特点,就像在康德那里将宗教经验限制在道德动机的范围那样。

由于科学和宗教同样必不可少但是又不相互协调,文化的世界观必然会发生分歧,反映在个人以及更大的社会内部存在一种形而上学的分裂。宗教不断遭到分割,日渐被视为只关系到内心世界而非外部世界,关系到受到尊敬的传统而不是现代思想,关系到来世而不是今生,关系到主日而不是日常生活。基督教的教义仍然为大多数人所信仰,实际上,仿佛是为了反对启蒙运动的物理学家和哲学家的机械论的宇宙,甚至许多狂热的带有感情色彩的宗教运动——德国的虔敬派、法国的詹森派、英国的贵格派和循道宗、北美的大觉醒运动——接踵而至并且在 17、18 世纪获得了大量支持。虔诚的传统基督教模式继续广为传播;正是在这些年里,西方宗教音乐在巴赫和亨德尔那里达到顶峰,这两位音乐家都是在牛顿的《原理》问世的时代出生的。然而,在科学和宗教的气质分道扬镳的多元文化背景下,文化的主要方向还是显而易见的:科学的理性主义必然有增无减,显示了其对人类经验的统治地位。

于是,在牛顿以后的两个世纪里,现代的世俗性本身充分地确立起来了。机械唯物主义已经极大证明了其解释力量和功利上的灵验。看上去藐视广为接受的科学原理的经验和事件——所谓的奇迹和信仰疗法、自我标榜的宗教启示以及灵魂的出神、预言、对自然现象的象征解释、与上帝或者魔鬼相遇——现在越来越被视为疯狂,或者庸医,或者两者兼而有之所造成的后果。关于上帝存在的问题或者超越实体的问题在科学的想像中不再具有决定性意义,科学成为并正且在成为有教养人士的共同信仰体系的主要内容。17世纪的帕斯卡就认为,面对他本人对宗教的怀疑以及哲学的怀疑论思想,基督教信仰所必不可少的信仰飞跃变成了一个赌注。而今,对于许多站在西方主流思想一边的大多数人而言,这个赌注看来是必输无疑的。

那么,究竟是什么使得16、17世纪科学革命显而易见的宗教虔诚,转变成为19、20世纪西方理性同样突出的世俗主义呢?当然这两种观念在形而上学上的不一致、由于企图将如此根本歧异的体系和感觉力结合在一起造成认知上的不协调,最终必然迫使问题朝向其中一个方面发展。基督教启示的特征和意义根本不能很好地与科学的启示相一致。对于基督教信仰而言,至关重要的是信仰基督的身体在死后复活,这个事件由于使徒的见证和解释构成了基督教的基础。但是随着对一切现象根据有规则的自然规律所作的科学解释广泛为人所接受,这种基本奇迹以及所有圣经叙述中的其他超自然现象,再也不能成为毫无疑问的信仰了。死中复活、奇迹治疗和赶鬼、救世主应同时具有神性和人性、贞女生子、天降吗哪、水变酒、岩石出水、分开大海——在现代人看来这一切似乎都是不可能的,与其他古老想像中的神话传说有着太多的相似之处。

对于基督教启示的绝对真理的毁灭性批判还来自圣经研究的新学科,它们证明圣经是变化的,显然是源于人类自身的创造。文艺复兴人文主义者和宗教改革的神学家热衷追寻最早的希腊文和希伯来文圣经的材料,导致对原典的更多批判性的解读,以及对原典的历史真实性和前后一致性的重新评估。随着几代人的学术发展,圣经开始丧失其圣灵感动的神圣光环。如今圣经被看作不是无可置疑的权威的、原原本本的福音,而是用不同的传统文学风格写成的参差不齐的作品集,在若干个世纪里经过多人创作、收集和编撰。不久,继圣经的校勘之后便是对基督教教义和教会的历史考证,以及对耶稣生平的历史研究。为分析世俗的历史和文献而发展起来的学术技能,如今被运用到了分析基督教的神圣基础,其后果便是对人们的信仰造成不安定的后果。

当这些研究与令人们不再相信创世记里面的创世故事的达尔文进化论结合在一起的时候,圣经启示的有效性就完全变得完全是疑难重重了。人类如果在生物学上是亚人类的灵长目动物的后代,那么就断然不是按照上帝的形象创造的。进化的动力不是灵魂趋于完美,而是生物学的适者生存。虽然直到牛顿时代,科学的砝码还是以宇宙设计者的证据为基础,往往支持上帝存在的论证,而达尔文以后科学的砝码则被用来反对那样的论证。自然史的证据似乎更加可能按照自然选择和任意突变的原则而不是根据一个超越设计者的原则加以理解。

当然,某些有着基督教信仰的科学家注意到,进化论与犹太教—基督教的上帝之进步的、预定的历史计划的概念密切相关。他们指出,进化论与《新约》中上帝在人和自然里面道成肉身的内在进化过程的概念有相通之处;并且企图用各种宗教的解释原理弥补达尔文学说之不足。不过,对于一个已经习惯于理解圣经文字价值的文化而言,在创世记中静态的、原初的物种的创造与达尔文在时间中物种突变的证据之间明显的不一致更加能够吸引人们的注意力,最终激发了不可知论对宗教信仰的反叛。因为,从根本上说,基督教信仰一个在启示和恩典中行动的上帝,这似乎与一切常识和科学完全不相一致,科学已经说明了世界实际运行的方式。由于路德,中世纪基

第五篇　现代世界观

督教教会的一元论结构被击碎了。由于哥白尼和伽利略,中世纪基督教的宇宙论本身也被击碎了。而由于达尔文,基督教世界观则出现了全面崩溃的迹象。

在一个被科学和理性前所未有地照亮了的时代,基督教的"福音"就蜕变成了一种越来越不能令人信服的形而上学结构,越来越不能充当人们生活所依托的基础,也就越来越丧失了心理上的必要性。基督教的整个事件都是极其不可能的,这一点令人痛苦地变得显而易见了——无限的、永恒的上帝居然能够突然在特定的历史时间和地点上变成了一个人,只是为了受尽耻辱而被处死。在难以想像的、巨大的物质的宇宙空间里,在某一颗围绕数百万颗恒星中的某一颗恒星运转的无足轻重的行星上,在两千年之前的一个无名的原始民族里面发生的一个转瞬即逝的生命——如此一个极其平常的事件居然能够拥有压倒一切的普遍的、永恒的意义,对于一个有理性的人而言,它再也不能被认为是一种具有说服力的信仰。全部无限的宇宙居然在这一小点上具有极大的意义——如果说它真的有任何意义的话——这是极其不可能的。在现代需要公开的、经验的、科学的证明一切信仰的聚光灯下,基督教信仰的本质开始衰退了。

在现代人的批判的理智看来,犹太教—基督教的上帝很可能是一厢情愿的狂想与人类形象之投射的一种长期的结合——以便通过人类的想像缓解人类的痛苦,纠正人类生存中一切不能忍受的错误。相反,如果不以感情用事的人类理性能够牢固坚持具体的证据,那么就没有必要主张这样一个上帝的存在,也就没有必要论证去反对这样一个上帝了。科学的材料表明,自然界及其历史乃是一个物质的过程。要确切地说究竟是什么造成了此种复杂的现象,既有秩序又有混沌的记号、动荡不安而且毫无目的性、由于缺乏神圣的统治而难以控制——要如此离题万里,提出并且确证在此经验现实的背后还存在什么东西,必然被认为在理智上是不健全的,是关于世界的梦呓。古代的宇宙设计和神圣目的、一切终极的形而上学的问题,以及对现象背后的"为什么"(why),如今的科学家再也不去注意这些东西了。显然,关注"怎么样"(how)、关注物质的力学的自然规律、可以测量和检验的具体材料,这会带来更多的成果。[12]

科学并非顽固地坚持明确的事实、坚持目光短浅的"狭隘"的观点。毋宁说,只有"怎么样"、经验的相互联系以及明确的原因才能够在实验的层面上得到证实。目的论的设计和精神的原因不能接受这样的检验,不能系统地被分离出来,因此根本不能被认为是存在着的。最好只是去处理那些在经验上能够得到证明的范畴,而不是让超验的原则侵入科学的讨论——不管这超验的原则本身有多么高贵,最终只能当作童话故事。上帝是一个根本无法检验的实体。无论如何,犹太教—基督教的神性特征和运作模式不能适用于科学所发现的现实世界。

有着启示的预言和神圣的仪式,有着被神化的人类英雄和世界救世主的主题,有着奇迹故事、道德说教和对圣徒、圣物的敬奉的基督教,似乎最好将其理解为一个特别成功的民间神话——在信徒中激发希望、赋予他们的生活以意义,但是却不能奠定他们的本体论基础。据此,基督徒可谓心地善良却容易受骗上当。随着达尔文思想(尤其是在1860年威尔伯福斯主教和赫胥黎在牛津大学的辩论之后)取得胜利,科学与神学就判然两分了。在达尔文之后,似乎在科学和神学之间再也没有任何进一步的关联,因为科学更为成功地关注客观世界,而主要关注内心关切的神学,实际上只是在较小的宗教思想圈子外已经没有什么市场了。由于科学的理智世界与古老的精神世界的最终分裂,现代神学与日俱增地采取了一种主观主义的立场。早期基督教信仰人类乃至于整个宇宙的堕落和拯救,这个教义在宗教改革之后就已经渐次衰退,如今则完全消失殆尽了:救赎的过程,如果有过任何意义的话,仅仅包含在上帝与人的个人关系里面。现在强调的是基督教信仰的内心的报偿,在基督经验和日常生活之间没有任何联系。上帝与人、与这个世界是完全没有关系的。构成了宗教信念的主要的基础的乃是"信仰的飞跃"，而不是被创造的世界的自我证明以及圣经的客观权威。

在这样范围内，现代基督教便承担起了一个崭新的、远非在理智上包罗万象的角色。就其长期以来肩负的可见世界的解释范式以及西方文化的普遍信仰体系的职能而言，它的启示已经丧失了其潜力。确实，基督教的伦理还未被新的世俗情感完全废除。对于许多非基督徒而言，甚至对于公开的怀疑论者和无神论者而言，耶稣的道德理想与其他道德体系一样值得赞许。但是基督教的整体启示——圣经的福音永无谬误、神圣的救赎计划、奇迹，等等——都不能当成是真实的。耶稣就是一个人而已，不过是一个令人感动的人，这似乎越来越成为一个不证自明的事实。对人类的同情仍然是社会和个人的理想，但是其基础如今是世俗的、人文主义的，而不是宗教的。由此，一种人文主义的自由主义继承了基督教的某种气质，但没有继承它的超自然的基础。正如现代思想赞美柏拉图哲学的精神和道德特征，同时否认它的形而上学和认识论一样，基督教以其道德教训而在策略上仍然备受尊敬，在现实中仍然为人们所奉行，而其大多数形而上学和宗教的主张则日益受到人们的怀疑。

确实，在为数不少的科学家和哲学家眼里，科学本身就包含有一种宗教的意义，或者也是容许对科学作出宗教的解释，或者可以导致对宇宙进行一种宗教的欣赏。自然的形式之美、其辉煌灿烂的多样性、人体构造的复杂功能、人类的眼睛或者心智的进化、宇宙的数学范型、天体空间的不可想像的巨大——在某些人看来，似乎需要存在一个神圣的智慧或者奇迹般的复杂的权能。但是很多人却论证说，这些现象乃是物理学、化学和生物学的自然规律所造成的直接的随意的结果。人类心智渴求普遍宿命所带来的安全感，容易将其自身的能力加以人格化并且将其投射到自然中去以便追求价值和目的，它当然希望在自然的设计中看到更多的东西，但是科学的理解则超出了这种一厢情愿的神人同形同性的范围：整个宇宙进化的场景似乎可以解释为自然规律任意交互作用的偶然性和必然性的直接后果。据此，任何表面的宗教意义都必须断定为对现有证据所作的诗性的、但是在科学上无法证明的解释。上帝是"一个不必要的假设"。[13]

哲学、政治学、心理学

这些世纪里哲学方面的相似发展也同样推进了世俗化进程。在科学革命和启蒙运动早期，宗教在哲学家中间仍然占有一席之地，但是已经被科学思想的特征所转变了。像伏尔泰这样的启蒙运动的自然神论者赞同一种"理性宗教"或"自然宗教"，胜过传统的圣经的基督教。这不仅和对自然秩序采取合乎理性的认识以及普遍的第一因的要求是相称的，而且也是和西方同其他文化的宗教和伦理体系之相遇——在许多人看来，这种相遇表明存在一种基于人类共同经验的普遍的宗教感——相称的。在这样一个背景下，基督教的绝对主张就没有什么特别的优势了。牛顿的宇宙建筑需要一个宇宙建筑师，但是这样一个上帝的属性只能来自对其创造物的经验检验，而不能来自启示夸张的宣示。早期宗教概念——原始的、圣经的、中世纪的——现在应当被视为幼童的学步，逐渐走向对一个监管有序世界的非人格的理性上帝这样一种比较成熟的理解。

尽管如此，理性主义的上帝也很快就失去了哲学家的支持。由于笛卡尔，上帝的存在已经不是通过信仰而是通过理性得到证实；不过，正如休谟和康德这两位启蒙运动巅峰时代的哲学家各自通过不同的方式所指出的那样，在这个基础上上帝的确切存在不能无条件得以维持。就像奥康姆在四个世纪之前就提醒人们的那样，理性哲学不得擅自对那些远远超出基于经验的理智范围之外的事物发表任何意见。在17世纪末的启蒙运动初期，洛克已经系统地追随培根的经验主义指导，将所有的世界知识植根于感官经验以及基于这种经验所作的反思。洛克本人倾向于自然神论，他并且和笛卡尔一样确信上帝的存在可以根据自明的直观进行合乎逻辑的证明。但是他所捍卫的经验论必然将人类理性所获得知识的能力局限在能够为具体的经验所验证的事物上面。随着以后的哲学家根据经验主义的基础而得出更为严格的结论,显然哲学再也不能够合理地为上帝、灵魂不死和自由或者其他任何超越具体经验之上的观点作任何的辩护了。

在18世纪,休谟和康德系统反驳传统哲学关于上帝存在的论证,指出不能运用因果推理从感性的事物中推论出非感性的事物。只有在适当的经验范围、显现在感官中的具体的、特定的事物,才能为有效的哲学结论提供证明。在彻底的世俗的思想家和毫不含糊的怀疑论者休谟看来,问题很简单:拿这个世界本来就成问题的证据去论证基督教的至善、全能上帝的确切存在,在哲学上是荒谬的。但是甚至康德——他本人虽然在宗教上极其虔诚,并有意保留基督教良心的道德命令——也承认笛卡尔值得称道的哲学怀疑论,彻底中断了从我思推论出来的关于上帝确切存在的独断论主张。在康德看来,上帝是一个不可知的先验存在——上帝不可认识,只有通过观照人类内在的道德责任感才能够思想上帝。人类的理性和经验世界都不能直接或明确地指向一个神圣实在。人可以信仰上帝,可以相信灵魂自由和灵魂不死,但是他不能宣称这些内在信念在理性上也是确定的。在一个严格的现代哲学家看来,关于上帝的形而上学的确定性,或者与此相似的东西都是虚假的,向来缺乏一个可以验证的健全的基础。经验论和批判哲学的不可避免的、恰当的后果就是把任何神学基础从现代哲学中清除出去。

与此同时,法国启蒙运动的大胆思想家们不仅日益倾向于怀疑论,而且倾向于无神论的唯物主义,认为它是科学发现在理智上所导致的最为合理的结果。启蒙运动的文化教育的宏伟计划《百科全书》的主编狄德罗,他的一生展示了一个颇具思辨精神的人的逐渐转变,从宗教信仰转到自然神论、再转到怀疑论,最后成为一个略带一些自然神论的道德家和唯物主义者。医生拉美特利则更加坚定不移地把人类描述为一个纯粹的物质实体,一台有机的机器,人之所以会产生错误的观念,以为拥有一个独立的灵魂或者精神,是由于他的物理的组成部分的相互作用所导致的。拉美特利为之辩护的这样一种哲学,其伦理结果就是享乐主义。物理学家霍尔巴赫男爵同样赞同物质是为唯一可以认识的实体这样一种决定论,他宣称信仰一旦直面于经验,就立刻会显示出其荒谬性:既然这个世界的邪恶是毫无疑问的,那么上帝不是力量软弱就是在公正和怜悯方面有所欠缺。另一方面,善恶随意出现,倒是正好与一个由没有思想的物质组成的、不存在一个前定的监管者的宇宙相一致的。无神论必然摧毁一切使人类陷于危险之境的宗教狂热的幻想。人类需要被带回到自然、经验和理性那里去。

正是到19世纪的孔德、穆勒、费尔巴哈、马克思、海克尔、斯宾塞、赫胥黎以及在精神上与前者多少有些不同的尼采一齐敲响传统宗教死亡的钟声的时候,启蒙运动的世俗化进程方才得出它的逻辑结论。犹太教—基督教的上帝乃是人类自己的创造,随着现代人类走向成熟,对于这种创造的需要也就必然衰退了。人类历史可以理解为从神话和神学的阶段,经过形而上学和抽象的阶段,最后走向以实证和具体事物为基础的科学之凯旋的进步。人类的世界、物质的世界显然是一个可以证明的实在。关于"高级的"精神实体的形而上学沉思无非是由无效的理智的狂想构造出来的,对人类及其当今的命运有百害而无一益。当今世界的职责就是将上帝人化,上帝无非就是人类自身本质的投射而已。人们也许可以谈论在世界现象背后存在的那个"不可认知者",但是那个范围不具任何合法性。对于现代世界观具有更加直接清楚、更加积极的贡献的地方在于,通过科学人们正在更好地认识世界的现象,并且获益匪浅,而且这种认识的术语在本质上是自然主义的。至于是谁或者是什么最初推动了整个宇宙的现象,这个问题仍然存在,但是理性的诚实拒绝对此作出任何肯定性结论,甚至拒绝推进这样的探索。关于这个问题的回答超越了人类的认识范围,面对更为直接的、更加容易获得的理智的对象,这种回答也愈发不能引起他的兴趣了。由于笛卡尔和康德,基督教信仰与人类理性之间的哲学联系甚至变得更加松散了。到19世纪末,除了若干例外,这种关系实际上已经不存在了。

还有许多非认识论的因素——政治的、社会的、经济的、心理的因素,对于现代思想的世俗化及其与传统宗教信仰相脱离的相同结局,也是推波助澜。甚至早在工业革命证明科学具有优越的实用价值之前,其他文化发展就已经使科学观点而非宗教深受欢迎。科学革命是宗教改革之后的宗教战争所带来的无穷动乱和破坏中诞生的,这些以各种歧异的基督教绝对预定论的名义发动的战争,给欧洲造成了长达一个多世纪的危机。在此种环境下,对于基督教认识的正直性,对于基督教是否有能力培育出一个相对和平与安全的世界,人们深感怀疑,更不要说基督教所鼓吹的普世的同情了。随着宗教改革的到来,尽管欧洲的民众确乎感受到了与日俱增的宗教狂热——不管是路德派的、茨温利派的、加尔文派的、再洗礼派的、安立甘派的、清教徒的,还是天主教的——但是,显然许多人心里都十分清楚,西方文化由于未能在一种普遍有效的宗教真理上达成一致,因而产生了对于另外一种类型的信仰体系的需要,它不那么容易引起争议、比较注重以理性说服人。因此世俗的、中立的、可以验证的科学世界观在受到教育的人群中很快得到广泛接受,它提供了一种大家都能接受的、超越一切政治和宗教界限的概念框架。就在宗教改革后的流血导致的最后的严重骚动已成强弩之末的时候,科学革命也已经接近大功告成了。三十年战争的最后十年,也就是在1638—1648年间,伽利略《两门新科学》以及笛卡尔的《哲学原理》先后出版,而牛顿也是在这些年里诞生的。

一种比较特殊的政治性质所形成的社会环境对于近代摆脱宗教也起到了作用。若干世纪以来,以上帝、教皇和国王等传统的权威人物为中心,在等级制的基督教世界观和封建欧洲既定的社会—政治结构之间存在一种生死攸关的联系。到 18 世纪,这种联系就变成了不利因素。前者显而易见的似是而非以及后者的不义行为的滋长蔓延,共同产生了一种想像,为了人类更大的利益而需要反抗现有的腐朽而压迫人的制度。法国启蒙思想家——

伏尔泰、狄德罗、孔多塞——以及他们在法国历次革命中的继承者们认为，教会本身因其财势而成为一个反动势力的堡垒，它和保守的旧制度已经结成了错综复杂的同盟。在这些启蒙思想家看来，组织化的教士的势力构成了文明的进步一个巨大的障碍。除了经济的、社会的剥削问题之外，启蒙思想家还发现当时的思想活动中的检查制度、不宽容以及思想僵化的令人憎恨的氛围，可以直接归咎于教义上的矫揉造作以及教会体制的既得利益。

伏尔泰亲眼目睹并且最早赞美英国宗教宽容的成就，这种宗教宽容经培根、洛克和牛顿的极富思想性的阐述，伏尔泰又热情洋溢地将它引介到欧洲大陆，以便普及。在科学、理性和经验事实的武装下，启蒙运动积极勇敢地投身到与拥有腐朽特权的落后的、僭越的政治组织相互勾结的令人压抑的教会教条和大众迷信的中世纪的黑暗开展高贵的斗争。[14]教条主义宗教的文化权威被是个人自由的天然敌人，阻碍理智的思辨和发现。这就含蓄地表明，宗教的感觉力本身——除了理性化的、自然神论的形式之外——完全可以视之为人类自由之敌。

不过有一位启蒙思想家、瑞士出生的让—雅克·卢梭却主张一种与之迥异的观点。如同他领导启蒙运动的同道一样，卢梭用批判理性的武器和改革家的热情投入论战。然而在卢梭看来，他们所赞美的文明进步似乎更是世界诸多罪恶的渊薮。人类饱受文明腐朽的矫揉造作之苦，这种矫揉造作使人类与其质朴、真诚、平等、善良以及真正的理解力的自然状态相异化。此外，卢梭相信，宗教内在于人类的环境。他坚持认为启蒙思想家高扬人的理性，忽略了实际上具有的本性——他的感情、他的深层次的冲动和直觉，以及超越一切抽象公式的灵性的饥渴。卢梭当然不相信有组织的教会和教士，他认为正统的基督教的信仰——即其崇拜形式是独一无二的、永远真实的——是荒诞不稽的，基督教是这个世界的创造者唯一悦纳的宗教，可是在这个世界上的大多数居民却从未听说过基督教。甚至基督教也由于在哪些崇拜仪式是唯一正确的问题上莫衷一是而臭名昭著。卢梭相信，不是通过神学教条、教士的等级制度以及敌对的教派的中介,而是最好转向大自然,人类才能够学会崇拜造物主,因为在大自然中存在着人们能够理解和感受的一种庄严。自然神论者的在理性上可以证明的上帝是不能令人满意的,因为爱上帝和道德意识主要是感性而不是理性。卢梭所承认的神性不是一种非人格的第一因,而是一个爱与美的上帝,人类的灵魂能够从内心认识的上帝。敬畏宇宙、享受孤独的沉思、对道德良心的直接直观、自然天成的人类悲天悯人的情感、内心的"有神论"——这些都构成了宗教的真正本性。

卢梭因而处在了一种影响极大的位置,既不同于正统教会,也不同于怀疑论的启蒙思想家,他将前者的宗教性以及后者的理性的改革思想结合在一起,然而又对两者予以批评:如果说前者拘泥于狭隘的教条主义,那么后者也同样拘泥于不结果实的抽象思维。在这里就埋下了矛盾的发展种子,因为卢梭一方面肯定人类具有宗教本性,但是另一方面他又鼓励现代感觉力逐渐摆脱正统的基督教。他以理性主义的宗教改革家支持现代思想中无法排遣的宗教冲动,但是又赋予这种冲动以新的维度,帮助启蒙运动进一步削弱基督教传统。卢梭所赞同的宗教,其本质是普遍的而不是排他的,其基础是自然以及人类自身的主观感情和神秘直观,而不是圣经的启示,由此推动了西方文化的一种精神思潮,它首先导致浪漫主义,最终又导致存在主义。

因此,不论是伏尔泰反教会的自然神论、狄德罗的理性主义的怀疑论、休谟的经验主义的不可知论、霍尔巴赫的唯物主义的无神论,还是卢梭的自然神秘主义和情感宗教性,18 世纪的进步使得传统基督教在进步的欧洲人眼里的地位愈加低下了。

到 19 世纪,有组织的宗教以及宗教冲动本身又遭到卡尔·马克思强有力的深刻的社会—政治批判——先知般地被用来引导人们去拥护革命的事业。在马克思的分析中,一切观念和文化形式都是物质的推动力,尤其是阶级斗争动力的反映,宗教也不例外。虽然有着崇高的教义,但是有组织的教会似乎很少关心工人和穷人的困境。马克思认为,这看上去是一种自相矛盾,但实际上正是教会的本质特点之所在,因为宗教的真正作用就是要让底层阶级保持良好的秩序。宗教作为一种社会鸦片,鼓励大众放弃改变现存世界的不公平和剥削的责任,以换取虚妄不实的神圣天命的保障以及同样虚妄不实的永生的应许,由此更加有效地帮助统治阶级从后者身上获取自身的利益。有组织的宗教成为资产阶级社会控制的基本因素,因为宗教信仰哄骗无产阶级,令其沉迷于自卫型的无所作为。奢谈上帝、将自己的生命建立在这种幻想之上,就是对人类的背叛。相反,真正的行动哲学必须从活生生的人以及他的真正的需要开始。要改造世界,要实现人类公正和共存的理想,人类自身就必须抛弃宗教的痴迷。

19世纪发达的西方社会所特有的自由主义的比较温和的声音也在论证削弱有组织的宗教在政治和思想活动中的影响,并且提出了一种尽最大可能地使信仰自由与社会秩序相协调的多元论的理想。有宗教观念的自由主义思想家不仅承认在一个民主国家里,宗教崇拜的自由或者不崇拜任何宗教的自由在政治上是必不可少的,而且承认这些自由在宗教上也是必不可少的。局限在宗教里面,更不要说局限在某一个特定的宗教里面,是几乎无法促进一种对待生活的真正的宗教态度的。

但是在这样一种自由的多元化的环境里面,最终的结果是逐渐形成了一种更加世俗化的感觉力,在多数人看来这也是一种理所当然的结果。宗教宽容逐渐蜕变成宗教冷漠。在西方社会里再也没有什么强迫命令,要求人们必须做一个基督徒,与这样一个逐渐增长的自由相对应的是,这个文化的成员中认为基督教信仰体系是有说服力的、令人满意的人越来越少。自由的功利主义和激进的社会主义哲学家似乎都为当时人类行动而不是传统宗教提供更加强有力的行动纲领。唯物主义的要义并非马克思主义所独有,因为资本主义虽受到新教的感觉力的某些因素所鼓励,但是资本主义社会日益增长的物质进步只会逐步削弱基督教的救赎的福音和属灵的事业。⑮虽然宗教的教规依然被当成社会团结和文明价值的支柱之一,但是难以分辨此种教规与维多利亚时代的道德规范之间有何差别。

此外,基督教会本身亦颇不明智地推进了其自身的衰落。罗马天主教会在回应新教异端的反宗教改革中,不论在教义上还是在体制上都强化了它的保守结构,因而面对现代发展所不可避免地带来的变迁毫无反应。天主教在大量信徒中间仍然可以维持着某种毫不动摇的强大力量,但是它所付出的代价却是对日益增长的现代感觉力无动于衷。相反,新教教会在针对天主教的宗教改革中确立了一种更为反权威主义的、非自我中心的结构,一举推翻了过去一元化的天主教形式,明确以圣经的文字本身为基础。但是在这样做的时候,新教便容易陷入不断分化的教派,使其成员在那些与圣经文字的解释相反的科学发现的影响下,更加容易接受现代世界的世俗化影响。这两种形式的基督教与当时人类的思想的关联性多已丧失。到20世纪,随着无数的人们悄然抛弃了自古相传的宗教,宗教就基本丧失了其在文化中的重要意义了。

基督教现在不仅体会到自己是一个分裂的教会,而且是一个畏缩不前的教会,在世俗化的广泛而深远的冲击面前不断衰落。基督宗教如今面临的情形与其期初创时期不无相似,当时它只是在一个巨大的、成熟的、都市化的环境中存在的无数宗教中的一种而已——一个世界对宗教普遍抱有一种摇摆不定的态度,尤其远离基督教的特殊启示的主张和关怀。天主教和基督教之间曾经存在的甚嚣尘上的敌意,以及基督教各教派之间的相互疏远便逐渐淡化,面对一个日益世俗化的世界,它们认识到了相互之间的密切关系。甚至一度为基督教所不齿的与犹太教的亲缘性也开始获得热情的承认。在现代世界,各种宗教似乎有着更多的共性而不是有着争议,它们都是一种正在消亡的宝贵真理。许多现代感觉力的评论者相信,宗教已是穷途末路,非理性的宗教之最终放弃对人类思想的钳制只是一个时间问题。

尽管如此,犹太教—基督教传统还是维持了下来。数以百万计的家庭依然用它们相沿成习的信仰之教义和想像来哺育他们的孩子。神学家继续发掘圣经和教会传统历史上更为微妙的理解,发掘宗教原则在当代世界的生活中更加灵活、更加富于想像力的运用。天主教会开始向现代性、多元化、普世化以及新型的信仰和崇拜自由开放自己。各类基督教会也普遍着手接纳会众,使其结构和教义能够更加关注来自现代社会的各方面的——思想的、心理的、社会的以及政治的——挑战,等等。人们付出各种努力,试图重建一个上帝的观念,与传统的观念相比,这个观念更加内在化、更加具有进步的特征,更加与当前宇宙论和思想潮流相协调。著名哲学家、科学家、作家以及艺术家继续主张,犹太教—基督教的结构对于个人的意义以及精神的慰藉作用。不过这个文化的思想精英以及整个现代感觉力——虔诚的孩提时代终于达到了怀疑论的、世俗的现代的成熟阶段——的普遍趋势却恰好与之相反。

除了制度上以及经典上的不合时宜不能推动基督教信仰普遍发展,在犹太教—基督教自我想像与现代人的自我想像之间也存在着心理上的不相一致的地方。早在18世纪和19世纪,那些出生在现代进步的光明世界里的人们,在他们的生活中,原罪的极大玷污就已经不再占有重要的地位了,原罪的教义不容易同人们的科学概念结合在一起。传统的闪米特人的—奥古斯丁的—清教徒的上帝——这个上帝创造了脆弱的、经不起邪恶诱惑的人类,并将大多数他所创造的人类置于永恒的诅咒之中,而置任何善功或道德上的诚实努力于不顾——对于现代文化中的许多有思想的成员而言是完全不能符合其胃口的,或者说是正确无误的了。从宗教的罪恶和恐惧感中获得内在的解放,乃是世俗化的世界观中一个颇具吸引力的因素,就像它早先吸引人们从压迫人的教会主导的政治和社会结构中获得外在的解放一样。越来越多的人认识到,人类精神只有在世俗生活中有所表现,舍此别无他途——任何精神与世俗的割裂乃是人为的,会使两者都变得枯萎。到另外一个不论是超越的还是来世的现实里面去寻找人类的精神只会将那个精神本身也破坏殆尽。

第五篇　现代世界观

正是弗雷德里希·尼采划时代的声明"上帝死了",令西方精神的漫长的演变发展达到了顶峰并且预示了20世纪人们的生存方式。他以敏锐的洞察力,高举起一面黑色的镜子照射在基督教的灵魂上面——基督教反复灌输的立场和价值,与人类当前的存在、肉体、大地、勇气和英雄主义、快乐和自由以及生命本身是相互对立的。"他们本来应该向我高唱更动听的歌,我就会相信他们的救世主:他的门徒就会看到更多被救赎的人!"许多人都赞同这样的批判。在尼采看来,上帝之死不仅是认识到宗教的虚妄,而且是认识到长期以来阻碍人们去勇敢地、自由地拥抱生命完整性的整个文明的世界观的死亡。

由于弗洛伊德,现代心理学对宗教的评价达到了一个全新的系统而深刻的理论分析的层次。无意识的发现、人类心灵有着将痛苦的记忆丛投射到后期经验的心理倾向的发现,为宗教信仰的批判认识开启了一个全新的、至关重要的维度。按照心理分析的观点,犹太教—基督教的上帝可以被视为一种具体化的心理投射,这种心理投射基于儿童对父母天生的观点,即父母压制他的性欲,并且似乎是无所不能的。以这种方式思考宗教,则宗教的行为和信仰在许多方面似乎可以理解为根深蒂固的文化上的强迫性神经官能症的神经机能性疾病。一个有着道德权威的、父亲般的神灵的投射可以被视为在人类发展的早期阶段上具有一定的社会必要性,满足了文化心理对于一个支持社会伦理的强大"外在"力量的需要。但是在将这些需要内化之后,心理成熟的个体就会认识到,这种投射究竟是什么,并且加以抛弃。

在传统宗教的贬值过程中,性经验的问题也起到了至关重要的作用。随着20世纪思想开放的世俗的以及心理学知识的视角的兴起,长期以来基督教无性欲或者反性欲的禁欲主义的表征似乎更像一种文化的和人格上的神经官能症,而不是永恒的精神律法。中世纪的实践,诸如禁止肉体的欲望被认为是病理学上的反常行为,而不是圣徒的修行。维多利亚时代的性观点被认为是目光短浅的压制行为。新教的禁欲传统以及天主教会在性方面连续不断设置限制,尤其是禁止避孕措施,使得成千上万的人脱离了牧会。人类情欲的需要和快乐使得传统的宗教立场似乎成为一种不健康的限制措施。随着弗洛伊德的洞见与日益高涨的现代个人解放和自我实现的运动的结合,强大的狄奥尼索斯冲动在西方兴起了。甚至那些比较严谨的感觉力也认为,人类系统地否定和压抑他们的存在的组成部分、他们的身体器官——这些不仅是其进化的遗传也是其存在的基础——是没有道理的。现代人自身已委身于这个世界,担当起由于这个选择所带来的一切。

最后,甚至西方思想接受的基督教价值体系的长期熏陶最终也削弱了基督教在现代社会的地位。自启蒙运动以来,西方思想社会良心连续不断地发展、其对无意识的偏见和不公正的日渐增长的认识,以及日渐增长的历史知识,都对数世纪以来基督宗教的现实生活有所启发。基督教对全人类的爱与服侍的教训,以及对个体灵魂的高度评价,与基督教的偏见和不宽容——强迫其他民族皈依教会、粗暴压迫不同的文化观点、迫害异端、对穆斯林的十字军东征、压迫犹太人、贬低妇女的灵性和排斥妇女担任宗教的权威职位、与奴隶制度和殖民主义者的剥削的联系,以及充斥着对宗教之外的一切抱有偏见和宗教傲慢的精神——的漫长历史形成了尖锐的对照。以其自身的标准衡量,基督教极度缺乏伦理的崇高,而许多其他的体系,从古代斯多葛派到现代的自由主义和社会主义似乎也同样能够为人类提供有所启示启发的行动纲领,而不必背上似是而非的超自然信仰的包袱。

现 代 的 性 质

因此基督教的世界观向世俗的世界观的运动乃是一个受到多种因素

决定的发展过程。实际上,世俗主义的全部驱动力并不在于某个特定因素或多个因素——科学与圣经启示之间的差异、经验论的形而上学结论、对组织化宗教的社会—政治批判以及逐渐增长的心理学上的敏锐性、逐渐变化的性道德等等——的总和,因为这些因素中的任何一个因素都是可以变通的,许多依然虔诚的基督徒就是这样认为的。世俗主义毋宁反映了西方精神性质上的一个更为普遍的转化,这个转化可以通过各种特定因素显现出来,但是又超越这些因素并且将它们归纳在其自身的完整逻辑里面。新的现代性质的心理在中世纪的鼎盛期开始形成,到文艺复兴时取得令人注目的发展,在科学革命中获得极大的澄清和强化,接着在启蒙运动的过程中得到拓展和巩固。到 19 世纪,随着民主革命和工业革命的到来,它取得了成熟的形式。这种性质的方向和特性表现为心理忠诚从上帝向人类、从依赖向独立、从彼岸向此世、从超验向经验、从神话和信仰向理性和事实、从普遍向特殊、从由超自然决定的静止的宇宙向由自然决定的旋转的宇宙,以及从堕落的人类向进步的人类的逐渐的然而最终是激进的转化。

基督教的教义不再适合于人类自我维系的进步以及掌握自己的世界这样一种流行的精神状况了。现代人类认识自然法则、利用自然法则为自己的利益服务的能力只会削弱以前迫切需要上帝的感受。只要运用其自身发乎天然的智慧,无需神圣经典的神圣启示的帮助,人类就能够深入自然的神秘、改造人类世界,无限地增强他的存在。这种对人类尊严和力量的全新感受,若与科学揭示出来的似乎是非基督教特征的自然法则相结合,必然推动人类走向世俗化的自我。今世的直接的真实性以及人类在其中发现他的意义、满足他的要求、在其中体验到进步的能力,使他能够从努力争取来世得救以及由此引发的焦虑中解脱出来。人类只需对其人间的命运负责。他自己的智慧和意志就能够改变他的世界。科学赋予了人类一种新的信仰——不仅信仰科学的知识,而且信仰其科学本身。正是这种脱颖而出的心理环境使得此后的一系列哲学和科学的进步——不管这些进步是由洛克、休谟和康德,还是达尔文、马克思和弗洛伊德所带来的——都极为有效地削弱了宗教在现代世界观中所起的作用。传统基督教的立场在心理上再也不能适合现代性质了。

现代性质的世俗化造成的一个特别重大的后果就是其在本质上对理性的忠诚。现代思想要求自己能够做出系统的批判的独立的判断,并且为此而欢欣鼓舞——这种生存状态与信仰神圣的启示或服从祭司阶层的训导的虔信臣服两者是不容易协调的。现代自主的个人判断——其原型最初体现在路德、伽利略和笛卡尔那里——使得中世纪在思想上真正普遍服从于获得传统强化的外在权威——例如教会和亚里士多德等——的状况愈发难以为继了。随着现代人不断迈向成熟,其为思想的独立的斗争也变得愈发彻底了。

因此,现代的进步导致公认的权威对心理上的影响发生重大转变。在西方历史的早期阶段,智慧和权威被定位在过去——圣经的先知、古代游吟诗人、古典哲学家、使徒和早期教父——而现代意识则将愈发此种权能定位在现在,定位在其自身取得的前所未有的成就上面、定位在作为推动的人类经验的领导者的自我意识上面。早先的时代是向后看,而现代则看到自己以及将来。现代文化的复杂性、生产能力以及成熟老练,显然将其自身置于一个前无古人的地位。过去的权威与超越的原则——上帝、神话人物、宇宙智慧——具有特殊的关系,而现代意识本身就变成了这个权威、包含有这种权能,使超越者内在于他自身。中世纪的有神论和古代的宇宙论已经让位于现代的人文主义了。

隐而不显的连续性

西方已经"丧失了它的信仰"——却在科学和人类中找到了一种新的信

仰。但是颇具讽刺意味的是,基督教的世界观在西方新的世俗化轮廓里延续了它的生命,尽管常采取隐而不显的方式。正如逐步发展的基督教的理解力并没有同其希腊先辈彻底分离,相反倒是利用并且综合了后者的许多基本要素,现代世俗的世界观,经常不太有意识地保留了许多基督教的基本要素。基督教的伦理价值和经院派独创的对人类理性的信念以及对经验世界的可知性的信念,便是其中非常令人瞩目的要素之一,不但如此,甚至基要派的犹太教—基督教的教义,如《创世记》中人要统治大自然的诫命,在科学技术的进步中,也得到了现代思想,例如在培根和笛卡尔所表达出来现代思想的首肯。⑯为基督教所高度重视、被赋予"神圣"不可剥夺的权利和固有尊严的个体灵魂,在现代自由主义的世俗的人道主义理想中得到继承——其他主题,例如个体的自我道德责任、伦理和政治之间的紧张关系、照顾无助和不幸的人们的义务、人类最终将获统一等等也得到了继承。西方相信自己是最具历史意义、最得上帝宠爱的文化,也是犹太教—基督教的上帝选民主题的回响。西方文化作为最优秀的、最适宜于全人类的文化在全球扩张,这正是天主教认为自己是全人类的至公的教会的自我概念的世俗化延续。现代文明如今取代了基督教成为文化的规范和理想,其他所有社会均应以它作为比较的范型,所有社会都必须以它作为皈依的对象。正如基督教在战胜并延续罗马帝国的过程中,在一个集权的、等级制的,以及颇具政治动机的罗马天主教会中把自己变成一个罗马帝国一样,世俗化的现代西方在战胜并继承基督教和天主教会的过程中吸收并无意识延续了后者对世界的许多特有看法。

但是也许被心照不宣地保留在现代世界观中的最具穿透力、最具特色的犹太教—基督教的组成部分,便是对于人类取得直线式历史进步直到最终圆满的信仰。现代人的自我认识具有坚定的目的论特征,人类自身被视为历史发展的原动力,人类从无知、原始、贫困、痛苦和压迫的黑暗过去走出来,进入一个理智的、成熟的、繁荣的、幸福和自由光明的理想未来。对于这种运动的信念主要基于坚信人类不断扩张的知识必然具有救赎的奇效:人类未来将在一个科学创造的世界中臻于圆满。原先的犹太教—基督教末世论期待变成了一种世俗的信仰。上帝终使人类得救的宗教信仰——无论是以色列人之到达应许之地、教会之接近千年王国、圣灵之逐步使人类臻于圆满,还是基督之复临——如今都成为一种对进化的信心或者革命性的信仰,坚信只要熟练地把人类理性运用于自然和社会就能够加快实现今世的乌托邦。

甚至在基督教自身对末世期待的发展过程中,等待和希望上帝的行为推动世界面貌的焕然一新,在现代早期就已经逐渐转变成为另外一种观念,即人类自身的行为和推动是为一种相当于基督复临的社会乌托邦所作的必要准备。早在文艺复兴时期,伊拉斯谟就曾提出一种对基督教末世论的全新理解,随着历史在今世一个和平的人间社会实现上帝之国的目标,人类便可以在今世获得圆满——不是通过末世的、上帝的干预以及隐退到另外一个世界,而是通过上帝在人类历史进化过程内部所作的工。在科学革命的时代,培根以类似的精神欢呼科学文明的到来,它是一场与基督教千年王国一样朝向物质世界之救赎的运动。随着世俗化在现代的发展,即将到来的乌托邦中的基督教成分和理由逐渐减少以至于消失,只有期待与奋斗依旧。终于,社会乌托邦变成了未来学,取代了更早时代的天国的异象和期望。作为人类理性的"计划"取代了"希望",而技术则证明它们奇迹般的灵验。

笃信人类的进步,与人类灵魂的进化并在未来达到顶峰的圣经信仰颇多相似,作为现代世界观的核心,它随着基督教的衰落而得到极大的增长。人类对于抵达一个完美境界的期待,甚至在进入最坚定的世俗化阶段的现代思想,例如孔多塞、孔德和马克思的思想中也能够找到活灵活现的表达。实际上,对于不断进化的人类逐渐达到神化的信仰甚至在反对基督教最为激烈的尼采那里也能够找到最终极的表达,尼采的超人将在上帝的死亡中

第五篇 现代世界观

诞生并且战胜老朽的有限的人类。

但是,不管对基督教抱有怎样的态度,相信人类必将坚定不移地进入一个更加完美的世界,人类正逐渐通过自身的努力而进步和完美,乃是现代感觉力最具特色的、深刻的和影响深远的原则。基督教似乎再也不是人类事业的推动力了。对于茁壮成长、如日中天的西方文明而言,正是科学和理性而不是宗教信仰推动着它的发展。人类的意志而不是上帝的意志被公认为更趋完美的世界以及人类一往无前的自由的源泉。

第六篇 现代的转变

- **变幻不定的人类形象——从哥白尼到弗洛伊德**/359
- **现代思想的自我批判**/367
  - 从洛克到休谟/367
  - 康德/375
  - 形而上学的衰落/386
- **现代科学的危机**/391
- **浪漫主义及其命运**/403
  - 两种文化/403
  - 分裂的世界观/412
  - 尝试综合：从歌德和黑格尔到荣格/415
  - 存在主义和虚无主义/426
- **后现代主义的思想**/433
- **世纪之交**/449

325　　现在西方进入了我们所述的最后若干阶段。我们现在要做的乃是描述现代思想从前述现代世界观的基础和前提出发的发展轨迹。因为现代的性质的最大悖论也许正是它奇特的进步方式，这种进步方式在科学革命以及启蒙运动以后的若干世纪中带给西方人前所未有的自由、权力、扩张、广泛的知识领域、深刻的见解以及具体的成功，然而这种进步方式同时在形而上学的和宇宙论的、认识论的、心理的甚至最后是生物方面等差不多每一个方面都起了削弱人类的存在状况的作用，起先隐而不显，以后则是到了十分严重的地步。一种无情的抵消因素、一种极为复杂的肯定和否定交织在一起，似乎成了现代发展的标志，在这里，我们的任务就是要试图理解这种错综复杂的辩证发展的本质。

第六篇　现代的转变

变幻不定的人类形象
——从哥白尼到弗洛伊德

同样的思想发展造成不同的矛盾结果,这种特有的现象从现代一开始哥白尼废黜作为创造中心的地球时就已经显而易见了。人类从以前身陷其中的地心说幻象中把自己解放出来的同时,其后果便是前所未有地改变了自己在宇宙中的基本位置。宇宙不再是以人类为中心了;他在宇宙中的位置既不是固定的也不是绝对的。科学革命及其结束后的一个时期的每一个成功的脚步都为哥白尼效应增加了一个新的维度,在进一步推动人类的解放的同时也强化了人类在宇宙中漂泊不定的状态。

由于伽利略、笛卡尔和牛顿,新的科学诞生了,新的宇宙论得以确立,一个新的世界向人类开放了,在这个世界里,人类强大的理智能够凭借全新的自由和有效性而行动。不过与此同时,这个新的世界摆脱了一切数千年来曾赋予人类对于宇宙的意义的认识的人格的、精神的性质。新的宇宙是一部机器,一部自身包含力和物质的机器,既没有目标也没有目的,既没有理智也没有意识,具有与人类迥然不同的性质。前现代的世界充满各种精神的、神话的、有神论的以及其他各种充满人性味的范畴,但是所有这些范畴在现代的认识看来,都是人类形象的投射。思想与物质、心灵与世界是两种不同的实在。因而在科学上,人类从神学的教义、泛灵论的迷信中获得解放,而如影随形的则是人类与这个世界的新的疏远感,这个世界不再回应人类的价值,也不再提供一种可以弥补欠缺的背景,人类可以在这个背景里面认识人类生存这样更加重要的问题。同样地,随着科学对世界的量化分析,在方法上,人类从主观扭曲中获得解放,与之相伴的乃是所有看来好像大多数构成人类经验的性质——情感的、审美的、道德的、感性的、想像的以及意向性的——在本体论上的消解。所有这些得与失虽然引起了人们的注意,但是,如果人类要忠诚于他自己的思想的严密,则这样的悖论似乎是不可避免的。科学也许可以揭示一个客观的、非人格的世界,但这个世界不过是一个确实的世界。虽然人们有些怀念那令人崇敬然而现在被推翻的宇宙的母体,但是人们再不能走回头路了。

由于达尔文,这些结果进一步获得肯定并且被发扬光大了。任何关于世界由上帝治理的、人类具有特殊的精神地位的神学的假设之残余遭到新的理论和证据的猛烈地批驳:人只是一头获得极大成功的动物而已。他不是上帝高贵的赋有神圣使命的创造物,而是大自然的一场具有难以预料的命运的实验。人们曾经相信,意识统治宇宙并且渗透在宇宙中间,如今则被理解为物质的进化过程中的偶然的产物,其存在的时间相当短暂,为宇宙有限的并且相对来说无足轻重的部分,也就是人类所特有,对于人类而言,没有什么东西能够确保其进化的最终命运一定与如今已经灭绝的其他许许多多的物种有何不同。

由于世界不再是神创造的,某种精神的高贵性似乎已离它而去,曾经是世界冠冕的人类必然感到一种荒凉感。基督教神学主张自然历史是为了人类历史而存在的,人类置身宇宙里面,就如同住在自己的家里面一样,因为这个宇宙就是为了他的精神发展而设计的,但是新的进化论认识驳斥这两种主张,认为这是人类中心论的幻想。一切都处于不断变化之中。人类并非绝对,他所珍视的价值除了他自己是没有基础的。人类的性质,其思想和意志,来自人间而不是来自天上。不仅宗教的结构而且社会的、文化的乃至于理性本身的结构,现在看来好像都是为了生物的兴旺而开展斗争的有些随心所欲的表现。因此,可以说达尔文既解放了人类又贬低了人类。人类现在可以认识到自己行进在进化的顶峰,达到了自然的最复杂、最耀眼的成

第六篇　现代的转变

就;但是他也只是一头并无"更高"目标的动物而已。宇宙绝没有为这个物种提供任何可以获得无限成功的保障,或者个体在肉体死亡的时候确保其获得个别赠与的担保。实际上,在更长时段的宏观的范围内,现代人日益强烈感受到的生命的偶然性由于 19 世纪的热力学第二定律的物理公式而得到加强,该公式将宇宙描述为自发地而且不可逆地从有序到无序运动,最终达到熵的最大值的或者所谓"热死亡"的状态。迄今为止人类历史的主要事实幸好有益于其生物物理环境以及无理性的生存,绝无什么明显更大的意义或者语境,绝无任何来自天上的前定设计提供的宇宙的保障。

弗洛伊德极大地推进了这些发展,因为他用达尔文的视角来探讨人类的心理,以有力的证据证明存在无意识的力量,它们决定了人类的行为和意识的觉醒。于是,他就似乎既将现代思想从其天真的无意识(或者毋宁说从对其无意识的完全无意识)中解放了出来,赋予其一种认识自我的新的深度,但是也让现代人的思想认识到自己黑暗的、令人泄气的真实特征。因为一方面,心理分析学给 20 世纪早期的思想带来了一种真正的顿悟,因为它显示了心理具有的考古学般的深度,揭示了梦、幻想以及精神病理学症状的可理解性,阐明了神经官能症的性病原学,证明了幼儿期的经验对于成人生活的影响作用巨大,发现了俄狄浦斯情结,透露了神话和符号与心理学的相关性,认识到自我、超我和本我的心理组成的结构,解释了阻抗、压抑和投射的机制,并且阐述了其他一些揭示心灵的特征与内在的动力的见解。弗洛伊德因而代表着启蒙运动计划的无与伦比的顶峰,他甚至使人类的无意识也展现在理性研究的光天化日之下了。

然而,在另一方面,弗洛伊德也极大地削弱了整个启蒙运动计划,因为他揭示了在理性的心灵之下或者之外还潜藏着一种巨大的、潜在的、非理性的力量,它既不接受理性的分析,也不服从意识的支配,相形之下人类的有意识的自我只是虚弱的、脆弱的副现象罢了。由此,在把现代理性的自我形象从基督教世界观那里保留下来的在宇宙中的特殊地位驱除出去的这样一个现代过程中,弗洛伊德更是向前推进了一大步。人类再也不能怀疑,不仅对于他的肉体而且对于他的心灵而言,强大的生物的本能——非道德的、攻击的、情欲的、"多形性反常的"——乃是最具推动力的因素,在面对这些因素的时候,傲慢的人类的理性、道德良心以及宗教情感等诸般优点,无非就是想像上有教养的自我概念的反应形成和幻觉而已。由于这些无意识的决定因素的存在,人类关于人格自由感大概完全是欺骗性的。心理上觉醒的个体如今知道自己就像现代文明的一切成员一样,遭到了内在的分裂、压抑、神经官能症以及异化的诅咒。

由于弗洛伊德,达尔文的与自然的斗争展现了新的维度,因为人类现在是限制在与他自己的本性开展无休止的斗争中生活。不仅上帝被揭示为原始的儿童期的投射,而且有意识的人类自我本身及其了不起的优点亦即人类的理性——人类与自然相区分的最后堡垒如今也陷落了,它也被认为只不过是颂扬为出自原始的本我的一种新近的、不牢靠的发展。人类动机的真正源泉只是一大锅沸腾的非理性的、兽性的冲动——同时代的历史事件则开始为这样的论点提供了令人悲哀的证据。不只是人类的神性而是他的人性成了问题。随着科学的思想将现代的人类从其幻觉中解放出来,人类似乎逐渐为自然所消解,丧失了其以往的高贵,露出了基本上本能的动物的真面目。

马克思的贡献早已表明了同样的令人泄气的情况,因为正如弗洛伊德揭示了人格的无意识,马克思揭示了社会的无意识。每一个时代的哲学的、宗教的以及道德的价值似都可以有理由理解为是由经济的和政治的可变因素决定的,而生产资料的控制权则是由最强大的阶级所保持的。整个人类信仰的上层建筑可以看作是争夺物质权力的更为根本的斗争的反映。西方文明的精英,尽管其文化的成就感,可能会承认他自己在马克思的阴暗描绘中是自欺欺人的资产阶级的帝国主义的压迫者。阶级斗争而不是文明进步,才是在可以预见的未来的计划,而且当时的历史发展似乎证实了这样一种分析。由于马克思和弗洛伊德——以达尔文作他们的后盾——的共同影响,现代知识分子不断把人类的文化的价值、心理的动机以及意识的觉醒看作是历史的相对的现象,它们源自无意识的冲动:无意识的政治的、经济的以及完全出于自然的本能的冲动。科学革命的原则和指导意义——探求一切现象的物质的、客观的、世俗的解释——在人类经验的心理和社会的层面上得到了全新的、给人以启发的具体运用。不过,在这个过程中,由于他自己不断拓展的思想的视野,现代人自启蒙运动以来的乐观主义的自我评价容易受到一而再再而三的否定和消解。

这些视野在科学发现的推动下得到了极大拓展,这些科学发现,就像达尔文、马克思和弗洛伊德的观点一样,将历史性的、革命性的变革模式运用到大量的不断增加的现象上面。当欧洲人把新近摆脱束缚的思想上的好奇心与新的、强大的进步观念结合在一起的时候,这种模式最早出现于文艺复兴和启蒙运动时期。从这些视野中又产生了对于古典时代和古代历史的极大兴趣,并且通过这些时期的历史发展和提高了学术和历史研究的标准。从瓦拉和马基雅维利到伏尔泰和吉本,从维柯和赫尔德到黑格尔和兰克,对于历史的关注得到了加强,对于历史变迁的意识以及据以理解历史变迁的发展原理的认识有所增强。全球探险同样扩大了欧洲人的地理知识,随之其他文化和其他历史被揭示了出来。随着关于这些地区的信息不断增加,愈益明显的是,人类历史比以前曾认为的时间远远往前延伸了更长的时间,过去和现在都存在着许多其他重要的文化,他们对于世界的观点与欧洲人大相径庭,关于现代西方人的现状和价值并不存在什么绝对的、古老的、可靠的东西。对于一个长期习惯于相对稳定的、短暂的以及以欧洲为中心的人类历史的——实际上是普遍史的(正如著名的厄舍尔大主教将《创世记》中创造天地的年份定在公元前4004年)——概念的文化而言,这种新的景象在范围和特征方面都使其感到迷惘。不过此后考古学家的工作将视野推向更远的过去,揭示了一些更加古老的文明,它们的整个兴衰过程早在古希腊和罗马诞生以前就已经发生了。无穷无尽的发展与变化、破坏与转型乃是历史发展的规律,人类历史的轨迹是如此漫长,也不免让人感到张皇失措。

当这种发展的和历史的观点被运用于自然界,就像赫顿和赖尔在地理学方面、拉马克和达尔文在生物学方面的运用,有机体生命和地球已知存在的时间跨度以指数增加的方式被扩大到数十亿年,人类历史的发生与之相比只是其中须臾的瞬间。不过一切还刚刚开始,因为接着天文学家凭借不断进步的技术工具所赋予的力量,运用类似的原则去认识宇宙本身,结果是宇宙的时间和空间前所未有地扩展。到 20 世纪,从而产生的宇宙学提出假设,太阳系只是包含有千亿颗其他像太阳这样的恒星所组成的巨大的银河系中一个微不足道的很小部分,而可观察到的宇宙则包含有千亿个其他星系,其中每一个星系都与银河系不相上下。这些一个个的星系依次是更大的星系团的成员,而这些星系团本身似乎是甚至更大的超星系团的一部分,太空的距离只有根据以光速按年跑的距离才能方便地计量,星系团之间的距离则以数亿光年计。所有这些恒星和星系据推测都经历着极其漫长的形成和毁灭的过程,而宇宙本身则大约是在 100 亿年或者 200 亿年前一次几乎不可想像的、更不用说可以解释的最早的大爆炸中诞生的。

这种整个宇宙的维度迫使人类对于其自身在时间和空间上的微不足道产生一种令人困惑的卑微感,使整个人类的事业、更不用说个体生命达到这种令人震惊的微不足道的程度。而被这种整个宇宙的浩瀚无际所取代的,由哥伦布、伽利略甚至达尔文完成的对人类的世界较早的扩展相对来说似乎是直接的。因此,探险家、地理学家、历史学家、人类学家、考古学家、古生物学家、地质学家、生物学家、物理学家以及天文学家,他们的协同努力起了拓展人类的知识并且贬低人类在宇宙中的高度的作用。人类起源于遥远的灵长目动物和原始人,但是相对于地球的年龄而言,他们之间则是比较接近的;而地球和太阳系固然庞大,可是相对于银河系而言,它们又是极其微不足道的;在广阔无垠的天宇,地球的最邻近的星系距离是如此难以想像的遥远,以至于在地球上能够看见它们的光亮已距离其光源达十万多年之久,而那时候人类还处在旧石器时代——面对如此一幅景观,敏于思考的人作这样的思考是有充分的理由的:在这样广阔的格局中,人类的存在是多么微不足道啊。

  不过,对现代人类的自我形象构成威胁的,并不只是由科学的发展所造成的人类生命在时间和空间上一落千丈而变得微不足道,而且是科学对人类的根本特性在性质上的贬低。因为,随着还原论成功运用于对自然的分析,接着又运用于对人类的本性的分析,人类自身也被还原了。随着科学越来越严密,似乎是很有可能的,也许甚至是必然的,物理规律在某种意义上成为一切事物的基础。化学现象可以还原为物理原理,生物现象可以还原为化学和物理原理,对于许多科学家而言,人类行为和意识可以还原为生物学原理和生物化学原理。因此,意识本身变成只是物质的副现象,大脑的分泌物,一种服务于生物指令的电化学的电路的功能。这种笛卡尔机械论分析的纲领因而开始克服甚至在 *res cogitans* 与 *res extensa*,亦即在思维主体与物质世界之间的区别,正如拉美特利、巴甫洛夫、沃森、斯金纳以及其他人所坚持主张的,宇宙从整体上最适当地可以理解为一台机器,人也可以作如是观。人类行为和精神作用也许只是一种基于刺激—反应的机械原理的本能反应活动,是由某些它们本身不断地容易受科学的控制的遗传因素所共同形成的。在统计学的决定论的统治下,人类是概率论研究领域的恰当的主体。人的未来,他的本质,似乎是偶然的、非神秘的,就像一个工程问题一样。虽然从严格意义上讲这仅是一种规定性的假设,但是一切人类经验乃至整个世界的复杂性根据日益增多的自然科学的原理最终是可解释的,这种普遍的假设,如果通常是无意识的,呈现了充分证实的科学原理本身的特征,具有根深蒂固的与形而上学一脉相承的特点。

  现代人越是通过认识自然的原理力求控制自然,努力摆脱自然的力量对自己的束缚,力争使自己脱离自然的必然性而完全不受其影响,他从事的科学就越是彻底使其在理论上浸没于自然,因此也浸没于机械论的、非人格的性质。因为,如果人类生活在非人格的世界里,如果他的存在完全以这个世界为基础并且这个世界把它包括在内,那么人类在本质上也是非人格的,他的做人的个人经验就是一种心理的虚构。根据这样的观点,人类也就成了为延续其物种的一种基因的重大适应性变化而已,随着 20 世纪的发展,这种重大适应性变化的成功变得年年更加不确定。因此,现代思想进步的绝大讽刺就在于,人类的天才人物所发现的依次相继的决定论的原理——笛卡尔的、牛顿的、达尔文的、马克思的、弗洛伊德的、行为主义的、遗传学的、神经生理学的、社会生物学的——持续不断地降低了人类对于自身理性的自由、行使意志的自由的信仰的价值,同时又消除了其他任何妄念,最后只能认为自己是一个无足轻重的转瞬即逝的物质进化的偶然事件。

现代思想的自我批判

与这些充满悖论的发展相伴随的乃是现代哲学的进步,因为它以日益提高的精确性、细腻性和洞察力分析人类知识的性质和范围。在现代人极大地拓展了他关于世界的有效知识的同时,他的批判的认识论则无情地揭示了人类的认识令人烦恼的范围,人类的知识不能宣称能够穿透到这些范围之外。

从洛克到休谟

由于牛顿的综合,启蒙运动一开始就对人类理性抱有一种前所未有的信心,而新科学在解释自然世界上的成功,从两个方面影响了哲学的成就:首先,确立了人类知识的基础在人类思想中的地位,以及人类思想与物理世界的相遇;其次,引导哲学注重对这种能获得如此成功认知的人类思想的进行分析。

首先是约翰·洛克,牛顿的同时代人和培根的继承者,他提出了经验论的基本原则,从而为启蒙运动定了调子:在理智中没有任何东西以前从未在感官中存在过(*Nihil est in intelectu quod non antea fuerit in sensu*)。洛克通过阅读笛卡尔而对哲学发生兴趣,不过也受到与他同时代的牛顿、波义耳和皇家学会的经验科学的影响,同时又受到伽桑狄原子论的经验论的影响,因而不接受笛卡尔的理性主义对内在观念的信仰。在洛克的分析中,一切关于世界的知识最终必须以人类的感觉经验为基础。通过将简单的感觉印象或者"观念"（定义为具有精神的内容）联合或者组合成为比较复杂的概念，通过在获得感觉之后的沉思，心灵就能够得出可靠的结论。感觉印象以及对于这些印象的内心的沉思："这两样东西乃是知识的基础，是我们所拥有的或者能够拥有观念的来源。"心灵首先是一块白板，经验在上面书写。它本质上是经验的消极的接收器，接收代表外在物质对象的原子论的感觉印象，正是这些物质产生了印象。从这些印象中，心灵能够依靠其自身的内省和组合的活动建立其概念性的认识。心灵具有某种先天的力量，但不是固有的观念。认识从感觉开始。

英国的经验论者主张，感觉经验是关于世界的知识的最终源泉，因而与大陆理性主义的取向相对立，大陆理性主义以笛卡尔最为典型，斯宾诺莎和莱布尼兹也曾各自加以阐述，他们主张心灵只要通过清晰的、与众不同的以及自明的真理的认识就能够获得确定的知识。在经验主义者看来，这些没有经验基础的理性主义正如培根所言，颇似一只蜘蛛用它自己的物质编织蛛网。启蒙运动特有的诫命（很快由伏尔泰从英国带到了大陆和法国百科全书派那里）主张，理性需要依靠感觉经验而不是任何关于其自身的胡编乱造去了解关于世界的任何事情。真理的最佳标准因而在于其生成的基础——感觉经验——而不只是其表面上的内在的理性有效性，这种有效性可能是欺骗性的。在之后的经验主义思想看来，理性主义逐渐被限制在一个合法的范围以内：没有感觉证据的思想不能拥有关于世界的知识，而只能沉思、规定条件或者进行数学和逻辑的运算。同样地，科学能够获得某种关于世界普遍真理的确定知识的理性主义信仰逐步被不甚具有绝对主义意义的立场所取代，科学并不能认识事物的真实结构，而是基于相关表象的假设去发现可能的真理。

这种由经验主义立场形成的新的怀疑论，在洛克的知识论所遭遇的一系列困难中就已经露出端倪了。因为洛克承认，没有任何事物能够确保所有人类关于事物的观念能够假定与它们所假设代表的外部对象真正相似。

第六篇　现代的转变

他也不能把一切复杂观念,诸如实体的观念还原为简单观念或者各种感觉。在人类认识过程中有三种因素:心灵、物理对象以及表现那个对象的心灵中的知觉或者观念。人只能直接地认识存在于心灵中的观念而不是对象。他只能通过观念而间接地认识对象。在人类的知觉之外的只是由运动中的实体所构成的世界;人类在认知过程中所经验到的关于外部世界的各种印象并不能被绝对证实属于这个世界本身。

然而,洛克试图(继伽利略和笛卡尔之后)通过区分第一性质和第二性质的方式——亦即区分本质上存在于客观的可以度量的一切外在事物中的性质,如重量、形状和运动,以及那些仅仅存在于主观的人类经验中的性质,如滋味、气味和颜色,从而部分解决这样的难题。虽然第一性质在心灵中产生的观念真正类似于外在的对象,而第二性质在心灵中产生的观念则仅仅是主体的感觉器官的结果。如果科学把注意力集中在可以度量的第一性质上,就能够获得关于物质世界的可靠知识。

但是,继洛克之后贝克莱主教指出,如果经验论对人类知识的分析严格付诸实施,人们就必须承认,人类心灵所获得的*所有*性质,无论是第一性质还是第二性质,最终都在人类心灵中被体验为观念,不能确切地推论说,这些性质中哪些是"真正"表现或者类似于外部对象。实际上,甚至也不能确切地推论说,在产生这些观念的心灵之外还存在一个由物质对象所组成的世界。因为并没有合理的手段,可以用来区分对象和感觉印象,因此心灵里面的观念绝不可以说"类似于"物质的东西,因而后者可以"表现"在心灵里面。既然人类根本不能从心灵之外获得任何东西用以比较观念和现实对象,因此全部表现论的想法都是毫无根据的。洛克用以反对第二性质具有精确的表现作用的论证,同样也可以用来反对第一性质,因为归根结底这两类性质都必须被视为心灵的经验。

因此,洛克的表现说是站不住脚的。在贝克莱的分析中,所有的人类经验都是现象,局限于人类心灵的表象。人类对自然的感知是他心灵对自然的经验,因而所有的感官材料最终必须被认为是"心灵的对象"而不是物质实体的表现。实质上,洛克将一切精神内容还原为一种感觉的终极基础,而贝克莱则进一步将一切感官材料还原为精神内容。

洛克区分属于心灵的性质和属于物质的性质是不可能维持的,随着这种观点的失势,贝克莱,基督教会的一位主教,则力图克服当时"无神论的唯物主义"倾向,他觉得此种倾向随着现代科学而兴起是毫无道理的。经验论者正确地肯定了一切知识依赖于经验。但是贝克莱指出,一切经验最终不过就是经验而已——凡是假定为物质实体的精神表现最终不过就是心灵里面的观念而已——因此在心灵之外还存在一个物质世界,这是一种无法证明为正当的假设。一切可以确切认识到其存在的,只有心灵及其观念,包括那些似乎表现物质世界的观念也是如此。从一种严格的哲学观点看,"存在"并不意味着"存在一个物质实体";毋宁说,"存在"意味着"被心灵所感知"(*esse est percipi*)。

不过贝克莱主张,个体心灵并不能从主观上规定其关于世界的经验,仿佛后者是一个非常容易受到个人此时此刻的奇思怪想的影响的幻想世界。客观性之所以存在、不同的个体之所以一再能够感受到相同的世界、可靠的秩序之所以存在于那个世界,其原因就在于世界及其秩序依赖于一个超越个体心灵的普遍心灵——亦即上帝的心灵。这个普遍的心灵按照某种规则在个体心灵中产生感觉的观念,对于这些规则的不断经验,人们就能够逐渐揭示"自然的规律"。正是这种情形使得科学具有可能性。科学并不停留在对感官材料的非物质基础的认知,因为它能够运用批判的知识就对象进行分析,这些对象乃是心灵的对象——它们不是外部物质的实体而是各种感官性质之组合的反复出现。哲学家完全不必担心洛克之关于一个无确切性的外在物质的实在的表现论所造成的困难,因为物质世界并不是像这样存在着的。心灵中的观念才是最终的真理。就这样,贝克莱苦心孤诣地保留了经验论的取向并且解决了洛克表现说的困难,同时也为人类的经验和自然科学保留了一个精神的基础。

但是继贝克莱之后又有大卫·休谟,他利用贝克莱的洞见,但是引导它向更加具有现代人思想特征的方向发展,从而将经验论的认识论的批判发挥到了极致——亦即对从蒙田经过贝勒到启蒙运动的世俗怀疑论作更进一步的思考。作为一个将一切人类知识建立在感觉经验基础之上的经验论者,休谟同意洛克的一般取向,也同意贝克莱对洛克表现说的批判;但是他不同意贝克莱唯心论的解决办法。人类经验实际上只是感觉印象的现象而已,但是绝对没有办法断定在这些感觉印象背后究竟有什么,是精神还是别的什么。与贝克莱相似,休谟不能接受洛克表现论的知觉的观点,但是他也不能接受贝克莱将外在对象等同于内在观念并将其根源最终追溯到上帝的心灵那里。

休谟的分析从一开始就将感觉印象和观念加以区分:感觉印象是一切知识的基础,它们随同使它们独一无二的力量和活力而来。观念则是感觉印象的苍白的摹本。人们通过感官可以经验到一种蓝颜色的**印象**,在有了这种印象的基础上,一旦它被唤起的时候就能够获得一个有关那种颜色的**观念**,通过这个观念也能够使人回想起那种颜色。因此,问题就产生了,究竟是什么**形成**了感觉印象呢?如果每一个有效的观念都以一个相对应的印象为基础,那么对于心灵中的因果联系的观念而言,心灵能够指向何种印象呢?什么也没有,休谟答道。如果心灵不依靠知觉就去分析它的经验,那么就必须承认,事实上心灵所假定的一切知识都建立在一种互不关联的感觉的连续的、混沌的迸发基础之上,而且心灵将其自身的秩序强加在这些感觉之上。心灵从其经验中获得一种解释,而这种解释事实上来自心灵本身而不是来自经验。心灵实际上不知道感觉形成的原因是什么,因为它根本没有把"原因"经验为一种感觉。他所经验到的只有简单的印象、分裂的现象,而因果关系本身并不是这些简单印象。毋宁说,通过观念的联想——这只是人类想像力的习惯——心灵假定存在一种因果关系,而这种因果关系事实上不是以感觉印象为基础的。一切人类知识的基础乃是心灵的印象,心灵不能假设自己知道存在于这些印象以外的事物。

因此,为一切人类知识而假设的基础、因果关系等是得不到人类经验的直接认可的。相反,心灵经验到某些印象,这些印象使人联想到它们是由一种连续存在并且独立于心灵之外的客观实体所导致的印象;但是心灵完全不能经验到这些实体,只能经验到暗示性的印象。与此相似,心灵可以感受到一个事件 A 之后反复出现另外一个事件 B,据此心灵可以推断 A 是 B 的原因。但是事实上我们所能够知道的一切只不过是我们感受到 A 和 B 经常在密切的联合中被感知而已。因果联系本身根本是感知不到的,也不可以说它存在于人类的心灵以及内在的习惯之外。原因必须被视为只不过是事件经常在心灵中重复关联在一起的偶然事件。它是一种心理期待的具体化,表面上可以得到经验的认可,但是绝不能真正实现。

甚至空间和时间的观念最终也不是独立的实在,正如牛顿所假定的那样,它们只不过是经验到特定的对象的共存或者前后相续的结果而已。从这一类的重复出现的经验中,心灵抽象出了时间和空间的观念,但是实际上时间和空间只是经验客观事物的方式而已。所有的普遍概念都是以这种方式形成的,心灵从某个特殊印象的经验发展到一个关于这些印象之间存在联系的观念,然后心灵又将这个观念分离出来并将它加以具体化。但是普遍概念、观念只是心灵的联想习惯的结果而已。说到底,心灵只能体验到特殊事物,而这些特殊事物之间的任何联系被心灵编织起来,成为一块经验的布料。世界的可理解性反映了心灵的习惯,而不是实在的本质。

休谟的意图一部分是要反驳哲学的理性主义及其演绎逻辑的形而上学主张。在休谟看来,有两种命题是可能的,一种纯粹基于感觉,而另一种则纯粹基于理智。一个基于感觉的命题显然与某些具体事实的问题有关(例如,"今天是个大晴天"),这些问题总是偶然的(它们本来可以不是这个样子的,不过事实上并非如此)。对比起来,一个基于纯粹理智的命题则与概念之间的关系有关(例如,"一切方形均有四个边"),这些命题总是必然的——也就是说,否定它们就会导致自相矛盾。但是纯粹理性的真理,例如数学,之所以是必然的,是因为它们存在于一个独立自足的体系里面,与外部世界没有必然的关系。它们的真实仅仅是根据逻辑的规定,用其自己的术语,把那些不甚明确的地方变得明确起来,而这些真理可以说与事物的性质毫无必然联系。因而,纯粹理性所能够把握的唯一真理是同语反复的。单凭理性不能断言关于事物终极性质的真理。

此外,纯粹理性不仅不能直接洞察形而上学问题,也不能宣称根据经验推导出事物的最终本质。人们不能通过分析感性的东西而认识超感性的事物,因为作出这样一种判断所能够依据的唯一原则——也就是因果关系——最终只能以对特定的在时间上前后相续的具体事件的观察为基础。没有时间性和具体性的因素,因果关系便是毫无意义的。因此,一切形而上学的论证,只要企图寻求对于时间中的具体经验以外的可能的实在作出确切的陈述在原则上都是无效的。所以在休谟看来,形而上学只不过是神话的一种崇高的形式,与现实世界毫无关联。

但是,对于现代思想而言,休谟的批判性分析造成的另外一个更加令人困惑的后果,乃是它明显削弱了经验科学本身,因为后者的逻辑基础,即归纳法,现在被认为是没有道理的。思想从许多特殊事物向一种普遍的确定性的逻辑发展是完全不合理的:不管多少次观察到一定的事件序列,也都不能肯定这个事件序列是一个具有因果关系的序列,在以后的一系列观察中将会重复发生。只是因为过去事件 B 总是被观察到在事件 A 之后出现,并不能确保在将来的一系列观察中它一定照样会发生。任何对那种"规律"的接受,任何相信那种前后相续就一定代表真正的因果关系的信仰,都只不过是一种彻头彻尾的心理上的信念而已,并不具有逻辑确定性。现象之表面上的因果必然性仅仅是主观信念的必然性,仅仅是人类的想像受到其观念之间的联想作用的制约而产生的必然性。它并没有客观的基础。人们可以设想事件具有规则性,但是不能设想事件具有必然性。后者不过是一种具有表面规则性的经验而引发的主观感受而已。在这样的背景下,科学是可能的,但是这是一种关于现象的科学,是一种在心灵中所留下的现象的科学,并且它的确定性是主观的,不是由自然而是由人类的心理所决定的。

充满悖论的是,休谟一开始是想将牛顿的"试验"原则严格运用到对人的研究上来,将自然科学成功的经验方法带给人类科学。但是最后他却质疑整个经验科学的客观确定性。如果全部人类知识都是基于经验论,而归纳法又不能在逻辑上得到证明是行得通的,那么人们就不能获得确定的知识。

由于休谟的缘故,有着长期发展历史的注重感官知觉的经验论,从亚里士多德和阿奎那到奥康姆、培根和洛克,现在被带到了一个终极地带,在这里只存在一些迸发的、混沌的知觉,而任何加诸这些知觉之上的秩序都是武断的、人为的,没有任何客观基础。就柏拉图(关于实在的)"知识"与(关于现象的)"意见"的基本区分来说,在休谟看来,一切人类的知识都必须看作是意见。柏拉图认为感觉印象是对理念(Ideas)的苍白模仿,而休谟则认为观念(ideas)是对感觉印象的苍白模仿。在西方思想从古代的唯心论到现代的经验论的长期发展过程中,实在的基础被完全颠倒了:感觉经验而非观念认识是真理的标准——而这种真理是完全成问题的。只有知觉对于心灵而言是真实的,而人们根本不能认识在它们以外的任何东西。

洛克还曾保留了某些信念,认为人类的心灵尽管不完美,还是有能力通过它的联系作用,把握外在世界的大致轮廓。但是,在休谟看来,人类心灵不仅不够完美,而且根本不能宣称掌握了关于世界的秩序,根本不可以说这种世界的秩序存在于心灵之外。这种秩序并不是为自然所固有,而是人心自身联想倾向所致。如果心灵中的一切最终无不源自感觉,如果一切有效的复杂观念都是基于来自感觉印象的简单观念,那么因果观念本身,以及因而关于世界的确定知识,都必须进行批判的重新考察,因为原因绝不像这样被认识到。它根本不能从简单的直接印象中推导出来。甚至对于连续存在实体的经验也只是一种信念,许多印象有规则地重复产生,因而产生了一种持久的实体的想像。

休谟在对人类经验作了更进一步的心理的分析之后还得出结论,心灵本身只不过是一堆毫无关联的知觉而已,并不能有效地宣称拥有实体性的统一、连续的存在,或者内在的一致性,更不用说客观的知识了。包括产生关于人类自身的观念在内的一切秩序和一致性都可以理解为心灵编造的虚构。人类生存有赖于这样的虚构,但是哲学家不能证明它们是有根据的。由于贝克莱不存在什么经验之必然的物质基础,不过心灵从上帝的心灵那里获得了某种独立的精神力量,心灵所经验到的世界也从这同样的源泉中获得秩序。但是,由于更加世俗的休谟的怀疑论,没有什么可以说是客观必然的——没有上帝,没有秩序,没有因果性,没有实体的存在,没有个人的同一性,也没有真正的知识。一切都是偶然的。人认识到的只有现象、混沌的印象;他在其中所认识到的秩序是出于心理习惯和直觉需要而想像出来的,投射出来的。因此,休谟详细阐述了哲学的范式的怀疑论的理由,这种理由接着又促使伊曼努尔·康德发展了现代哲学的核心立场。

康 德

18世纪下半叶,康德面对的思想挑战似乎是难以应对的一种挑战:一方面,要将这两种主张协调起来:科学可以获得关于世界的可靠的和真正的知识,而哲学认为经验根本产生不了这样的知识;另一方面,又要将宗教认为人在道德上是自由的主张,同科学认为自然完全受到必然规律支配的主张协调起来。由于这些主张存在错综复杂的和尖锐的冲突,便产生了深刻复杂的思想危机。面对这种危机,康德提出的解决方案其结果同样是复杂的、卓越的和权威性的。

康德深谙牛顿的科学及其杰出成就,毫不怀疑人类已有方法接近可靠的知识。不过,他同样也感受到了休谟对人类心灵的无情分析的冲击力。他开始怀疑关于世界本质的绝对命题,而纯粹理性的思辨的形而上学貌似有能力提出这样的命题并且陷于有关这些命题的无穷无尽的似乎永无止息的争论和冲突。康德认为,阅读休谟的著作使他从"独断论的睡梦"——也就是受到将莱布尼兹思想系统化的哲学家沃尔夫在德国占统治地位的理性主义学派的长期熏陶的绪余——中惊醒过来。他现在认识到人只能理解现象,任何游离于经验的关于宇宙本质的形而上学的结论都是毫无根基的。康德证明,这样的纯粹理性的命题,逻辑论证可以提出反对它们,也可以给予支持。任何时候只要心灵试图确定在感觉经验以外的事物之存在——比如上帝、灵魂不死或者宇宙永恒——就不可避免陷入矛盾或者虚幻。因而一部形而上学的历史就是争辩和迷惑的记载,全然不是什么渐进式的进步。心灵需要得到经验证据才能够获取知识,但是上帝存在、灵魂不死,以及其他这类形而上学的东西根本不会变成现象;它们不是经验的。所以,形而上学乃为人类理性能力所不逮。

但是休谟对因果概念的分解似乎也削弱了自然科学必然能够获得关于世界的普遍真理的主张,因为牛顿的科学乃是基于一个如今已成不确定的因果原则这一假设的实在之上的。如果人类的一切知识必须来自对具体事例的观察,那么这些事例是绝不能合法地普遍化为确定的规律的,因为我们只能认识到一个一个的孤立事件,而决不是它们之间的因果联系。尽管如此,康德无疑相信牛顿借助实验确实掌握了绝对可靠而普遍的真知。谁是正确的,休谟还是牛顿?如果牛顿得到了确定的知识,而休谟证明这样的知识是不可能的,那么为什么牛顿可以获得成功呢?在一个现象世界里,确定的知识如何可能?这就是康德《纯粹理性批判》要完成的一个艰巨任务,他的解决方案就是要同时满足休谟和牛顿的主张、同时满足怀疑论和科学的主张——由此解决横亘于经验主义和理性主义之间的认识论的根本困境。

第六篇　现代的转变

数学真理清晰而严格的必然性长期以来为理性主义者——尤其是笛卡尔、斯宾诺莎和莱布尼兹——提供了一种担保,那就是在现代充满怀疑的世界里,人类心灵至少有一个获得确定的知识的牢固基础。康德本人长期以来一直相信,自然科学是科学的,正是因为在确定的范围里它接近于数学的理想。实际上,正是站在这个基础上,康德本人为牛顿的宇宙论做出了一项重大的贡献,他证明,通过严格的必然的可测量的物理引力,太阳和行星联系在了一起,并按照哥白尼和开普勒所确定的运行轨迹运动。诚然,在尝试把推理的数学模式沿用到形而上学的时候,康德确信纯粹理性在这些问题上是无能为力的。但是在感觉经验的范围内,如同在自然科学的范围内,数学真理显然是成功的。

不过,自然科学所关注的乃是通过感官而被给予的外部世界,因此它本身就要面对休谟的批判——所有自然科学的知识都是偶然的、其表面的必然性仅仅是心理上的。按照休谟的推理——这个推理显然康德是不得不同意的——某些欧几里得几何学定理不能从经验观察中推导出来。可是牛顿的科学显然是以欧几里得几何学为基础的。如果数学规律和逻辑似乎源自人类的心灵,那么它们如何能够维系对于世界的确定性呢?像笛卡尔这样的理性主义者多少有点简单化地假设心—物之间存在一种对应关系,但是休谟已经对此种假设作了致命的批判。尽管如此,心—物的对应关系显然是牛顿所取得之成就的一个前提,而且似乎是令人信服的,此种对应康德认为是确定无疑的。

康德与众不同的解决方案提出,心—物的对应关系实际上在自然科学中是成立的,不过不应在从前简单的意义上,而应在批判的意义上去认识,也就是说,科学所解释的"世界"已经是经过人心自身的认知机制所规范的世界。因为在康德看来,人心的本质是这样的,它并不只是消极接受感官材料。相反,它主动整理并构建材料,因此人类能够认识的客观的实在,乃是与人心的基本结构相符合的那种客观的实在。科学处理的世界与心灵的原则之所以相互对应,乃是因为心灵所能得到的世界已经是心灵加以组织过的了,与人类心灵自身的过程相适应。人类对世界的一切认知都要经过人类心灵中的范畴加以传递。科学知识的必然性和确定性均源自心灵,并且,镶嵌在心灵对世界的认知和理解里面。它们并不是源自独立于人类心灵的大自然,事实上根本无法认识大自然本身。人类所能认识的乃是他的知识所能够渗透进去的世界,而科学的因果性和必然性的规律乃是建构在其认知框架中的。仅凭观察并不能给人以确定的规律;相反,这些规律反映着人类精神组织的规律。在人类的认知活动中,心灵不是要与事物相符合;相反,事物倒是要与心灵相符合。

康德是如何作出这样一个划时代结论的呢?他一开始就注意到,即使可以从数学判断中把一切源自经验的内容抽走,空间和时间的观念仍然存在。从这点出发,他推导出结论,任何为感官所经验到的事件都可自动在一个时间和空间关系的结构中找到自己的位置。时间和空间是"人类感觉力的先天形式":它们规定了一切通过感官获得的事物。数学之所以能够精确地描述经验世界,是因为数学原理必然包含时间和空间的背景,所有事件都可以通过这个背景被观察到,而空间和时间构成了一切感觉经验的基础:它们构造并且规范了任何经验观察。因此空间和时间不是从经验中引导出来的,而是经验的前提条件。它们不能被观察到,但是它们构成了一切被观察到的事件的背景。不可认为它们独立存在于心灵以外的自然界,但是没有它们,心灵就不能认识世界。

因此,空间和时间不能说是世界本身的特征,因为它们是在人类的观察行为中发生作用。它们在认识论上为心灵的本质、而非在本体论上为事物的本质奠定了基础。由于数学命题是基于对空间关系的直接直观,所以它们是"先天的"——亦即由心灵构造的,而不是源自经验的——不过它们对经验也是有效的,因为经验必须与此先天的空间形式相符合。确实,纯粹理性如果试图将这些观念运用到整个世界——也就是试图确定在所有可能经验之外的真实性——则不可避免会陷入矛盾，企图确定宇宙在时间和空间上是有限的还是无限的，也同样会陷入矛盾。但是就人们确实经验到的现象世界而言，时间和空间并不仅仅是可用的概念，它们是一切人类关于那个世界的经验的固有组成部分，是人类认知的必不可少的参照框架。

此外，进一步的分析表明，心灵的特征和结构是这样的，它在时间和空间中所感知到的事件必然从属于其他一些先天原则——即认识的范畴，例如因果律等等。这些范畴反过来将必然性赋予科学的知识。我们不能肯定一切在心灵之外的世界中的事件之间是否都存在有因果联系，但是，由于人类所经验到的世界必然受到他的心灵的禀性的影响，我们可以肯定地说，在现象世界里面的事件都是有因果联系的，科学也可以如此继续发展下去。心灵并不是从观察中引出原因和结果，而是已经在一个原因和结果作为预先假定的实在的背景中去经验所观察到的事物：人类认知中的因果关系，不是从经验中来的，而是被带到经验中去的。

因果范畴如此，其他认识范畴如实体、数量和关系等也是如此。没有这些基本的参照框架，没有这些先天的解释原则，人类的心灵是没有能力理解其世界的。人类的感觉力和理解力正是通过其自身的特性使纷繁复杂的人类经验转变形成为统一的知觉，将它置于时间和空间的框架里面，使之受到有秩序的因果关系、实体以及其他范畴的制约，否则人类的经验只是一种不可能的混沌、纯粹无形式的、零碎的多样性。经验是心灵加诸感觉的一种构造。

先天的形式和范畴充当了经验的绝对条件。它们不是从经验中辨别出来的，而是植入到经验里面去的。它们是先天的，不过可以用之于经验——而且只能用之于经验，而不能用之于形而上学。因为人类所能认识的唯一世界是经验的现象世界、"表象"世界，这个世界仅仅存在于人类参与其中并加以构建的范围以内。我们只能认识与我们有关系的事物。知识局限于事物施之于我们的感官效果，而这些表象或现象在某种程度上则是经过我们预先的取舍。与通常的假设不同,心灵根本经验不到在心灵之外的某种"外物",以澄明、有序的方式反映客观的"实在"。相反,"实在"对于人类而言必然就是他自己的造作,世界本身依然必定是人们只可思考而不可认识的东西。

人在他的世界中感知到的秩序因而不是基于世界而是基于心灵:心灵可以说是强使世界服从其自身的结构。所有感觉经验都要通过人类的先天结构的过滤。人能够获得关于世界的确定的知识,不是因为他有能力洞察并把握世界本身,而是因为他所感知、所理解的世界是一个已经贯穿了他自身精神结构的原则的世界。这种结构是绝对的事物,不是那个最终在人们认知范围之外的世界本身。但是,因为人的精神结构是绝对的,所以康德假定,人的认识是可以具有真正的确定性的——也就是说认识他能够唯一经验到的世界,即现象世界。

因此,人并不是接受所有来自经验的知识,从某种意义上说,他的知识在认知过程中已经将自身纳入他的经验。虽然康德批评莱布尼兹和理性主义者相信理性本身不需要感觉经验也能够推测宇宙(因为,康德认为知识需要熟悉一些特殊事物),他也批评洛克和经验主义者相信只凭感觉印象,而不需要认识的先天概念就能够获得知识(因为特殊事物没有用以解释它们的普遍概念就是没有意义的)。洛克在精神是对物质的实在表现的意义上否认先天观念是正确的,但是进而否认先天形式的知识则是错误的。正如没有感性材料的思想是无意义的,没有思想的感性材料是难以理解的。只有将两者相结合,认识和感觉力才能提供关于事物的客观有效的知识。

在康德看来,休谟将命题分为两类,一类是基于纯粹理智(它们是必然的然而是同语反复的),一类是基于纯粹感性(它们是事实的然而不是必然的),还需要第三种并且是更加重要的范畴,将两者的功能的运转紧密地结合在一起。没有这样一种结合,确定的知识是不可能的。单凭思想无法认识世界,单凭感觉,甚至先感觉然后思考这些感觉也是无法认识世界的。这两种方式必须相互渗透、同时发生作用才行。

休谟的分析证明,人类的心灵不能获得关于世界的确定的知识,因为一切过去的经验的表面秩序不能确保任何未来的经验的秩序。在这个世界里,原因是无法直接感知的,心灵不能穿透孤立的特殊事物的现象经验的帷幕。因而康德明确认识到,如果我们仅仅从感觉接受所有我们关于事物的知识,那么就根本不存在确定性。但是康德接着超越了休谟,因为他认识到,科学史发展的程度只是以概念的倾向为基础,这种概念倾向并不是源自经验,而是已经编织成科学观察的织物了。他知道牛顿和伽利略的学说是不能只从观察得来的,因为未经人类的设计和假设预先安排好的纯粹偶然的观察是完全不能获得普遍规律的。人能够从自然得出普遍规律,不是在自然面前白白等待,就像学生等待老师给出答案似的,而是像一个任命的法官,用尖锐的问题考问自然,只有这样,自然才会审慎地、明确地给予回答。科学的答案与其问题一样来自同一个源头。一方面,科学家需要进行试验,以便断定他的假说是有效的,因而是真正的自然规律;只有通过检验,他才能够确定它的假说没有例外,他的概念是真正认识的而不只是想像的概念。另一方面,科学家还需要凭借先天的假设去接近世界,富有成效地观察它、检验它。而且科学的状态接着反映了所有人类经验的性质。心灵能够确定认识的只是在某种程度上已经置放进人类的经验的东西。

于是,人类的知识并不要与对象相符合,而是对象要符合于人类的知识。确定的知识在一个现象的宇宙中之所以可能,乃是因为人类心灵给予了那个宇宙以其自身的绝对秩序。因此,康德宣布了被称之为他的"哥白尼式的革命":正如哥白尼按照观察者的实际的运动解释了天被感知的运动,康德则根据观察者的实际的秩序解释了被感知的世界的秩序。①

康德勇于面对休谟的怀疑论和牛顿的科学之间看似无法解决的对立,从而证明人类不是以一种中立的立场观察世界,此种观察摆脱不了先天的强加的概念判断。培根那种完全摆脱"预知"的经验论的理想是完全不可能

347

381

的。它在科学中是不起作用的,甚至在经验上也是不可能的,因为没有一种经验的观察和人类的经验是纯粹的、中立的,没有无意识的假设或者先天的秩序关系。就科学知识而言,不可以说世界本身完全以一种理智的形式而独立存在在那里,人类只要清除掉心中事先构成的看法,只需通过实验提高他的认识就可以从经验上揭示这些理智的形式。相反,人类所感知到并加以判断的世界正是通过他的知觉和判断的行动过程而形成的。心灵不是消极的而是创造性的,它会主动地进行构造。物质的特殊性不可能简单地被确定,然后通过概念范畴而使它们相互关联。相反,这种特殊性终究需要经过某种先天的分门别类才能够被确定。要使知识成为可能,心灵必须将其自身的认知特性加诸经验的材料上,如此则人类的知识不是对外部实在本身的一种描述,但是,在至关重要的程度上,它是主观的认知机制的产物。自然过程的规律乃是观察者内在组织与它们本身不能被认识的外部事件相互作用的产物。因此,(没有先天结构的)纯粹的经验主义和(没有感觉证据的)纯粹的理性主义均构成不了有效的认识的策略。

哲学家的任务因而需要重新作出重要的界定。他的目标再也不是去决定传统意义上的形而上学的世界的概念,而是应该分析人类理性的性质和限度。因为,虽然理性不能先天决定超越经验的范围的事物,但是能够决定哪些认知因素是一切人类经验固有的并且以它的秩序赋予一切的经验。因此,哲学真正的任务就是要考察心灵的形式结构,因为只有在那里才能够发现关于世界的确定知识的真正起源和基础。

※※※

康德的哥白尼式的革命造成的认识论的后果也并不是没有令人困惑的特征。康德将认识者和所知重新接合在一起,但不是把认识者与任何客观的实在、与对象自身重新接合在一起。认识者和所知可以说是在一座唯我论的牢狱重逢了。就像阿奎那和亚里士多德早就说过的那样,人类能够认

第六篇 现代的转变

识是因为他通过先天原则这一工具判断事物；但是，人类不能认识到这些内在的原则是否与现实世界具有任何根本的关联，与任何绝对真理和人类心灵之外的存在具有关联。现在心灵的认知范畴不再有诸如阿奎那能动的理智之光(*lumen intellectus agentis*)那样的神圣保证了。人不能肯定他的知识是否与一个普遍实在具有某种基本的联系，抑或它是否只是人类的实在。只有这些知识的主观必然性才是确定的。对于现代思想而言，批判的理性主义和批判的经验主义不可避免的产物就是康德的局限于现象世界的主观主义：人对超验的事物以及世界本身没有必然的洞察力。人只能认识到显现在他们面前的事物，而不是事物本身。回想起来，哥白尼的革命和康德的革命所造成的具有长远影响的后果基本上是难以区分的，既是解放性的也是消解性的。这两种革命使人认识到一种全新的、更加充满危险的实在，不过又都彻底地更替了人的位置——前者更替了人的宇宙的中心地位，而后者更替了人对于这样的宇宙的真正认识。宇宙论的异化与认识论的异化由此便结合在了一起。

从某种意义上可以说康德颠覆了哥白尼的革命，因为他借助人心在确立宇宙秩序中所起的核心作用将人再一次置于他的宇宙的中心。但是宣称人类是其认识世界的中心只是与他的认识相对应，他再也不能想当然地假定在人的心灵和宇宙的内在秩序之间存在着任何直接的关联。康德使科学"人格化"了，但是在这样做的时候，取消了科学独立于人类心灵以外的任何确定的基础，而这种确定的基础正是诸如笛卡尔和培根的科学——现代科学早期纲领——早期所拥有或假设的。虽然尝试将知识建立在一种新的绝对——人心——的牢固基础上，虽然，从某一种角度看，这抬高了人心作为新认识论中心的地位，但是显然人类知识是主观构建的，因此相对于其他时代的思想的确定性，相对于世界本身而言，它基本上变位了。人类再一次处在了他的宇宙的中心，但是现在这个宇宙仅仅是*他的*宇宙，而不是*唯一的*宇宙。

不过,康德把这看作是人类理性之有限的必然的认识,这种认识会充满悖论地开启关于人的更重要的真理。因为康德革命对此是两方面的,一方面是集中于科学,另一方面是集中于宗教:他希望拯救确定的知识,又希望拯救道德的自由,他既相信牛顿也相信上帝。一方面,康德通过证明人类心灵的先天形式和范畴的必然性,寻求证明科学的有效性。另一方面,通过证明人只能够认识现象而不是事物本身,他又为宗教信仰和道德教诲的真理留出地盘。

在康德看来,哲学家和神学家企图通过纯粹理性给信仰上帝的信条提供一个基础,从而使宗教合乎理性,这样做只是产生了冲突、曲解和怀疑宗教等有辱宗教的事。康德将理性的权威限制在现象世界,由此把宗教从理性的面子不好看的侵犯中解放出来。不仅如此,通过这种限制,科学再也不会与宗教发生冲突了。既然科学的机械论的世界图景中的因果决定论否认灵魂的意志自由,而任何真正的道德行为又都是以这种自由为先决条件的,那么康德则论证说,他把科学的能力限制在现象范围内以及承认人对事物本身的无知,便开启了信仰的可能性。科学可以主张对现象形成确定的知识,但是不再可以自高自大地主张对实在的全部形成确定的知识,这就使得康德能够将科学的决定论与宗教信仰和道德协调起来。因为科学不能合理地排除这样的可能性,即宗教的真理同样也是有效的。

康德因此认为,虽然人们不能知道上帝存在,但是必须相信他存在,以便使行为合乎道德。因此,信仰上帝在道德上和实践上是合理的,即使这个信仰不是可证明的。这是信仰问题而不是知识问题。上帝的存在、灵魂的不灭以及意志的自由的观念,不能用像牛顿所确立的认识自然规律那样的方式去认识它们。不过,如果上帝不存在,或者如果,自由意志不存在,或者如果人们的灵魂在死去的时候消灭了,那么人们就不能证明其履行自己责任是有充分理由的。这些观念因而是必须信以为真的。它们是要求道德存在所必需的。随着科学和哲学认识的发展,现代思想再也不能把宗教建立在宇宙论或形而上学的基础之上了,但是,它转而可以把宗教奠基在人类状况本身的结构里面——正是通过这种决定性的洞见,康德追随其前驱卢梭和路德的精神,规定了现代宗教思想的方向。人类摆脱了外在的、客观的事物,以对生活作出宗教的回应。内在的、个人的经验,而不是客观的证明或者教条主义的信仰,才是宗教意义的真正基础。

用康德的话来说,人可以从两种不同的甚至是矛盾的方面去看待他自己——在科学上,把他自己看作是一种"现象",服从自然规律;在道德上,把他自己看作是自在之物,即"本体"(noumenon),可以认为(但是不可以知道)它是自由的、不死的、服从上帝的。在这里,休谟和牛顿对康德哲学发展的影响遭到了卢梭的普遍的人道主义的道德观念的抵抗,卢梭强调在宗教经验中情感超过理性,他的著作给康德留下了十分深刻的印象,增强了康德来自其严格的虔敬派教徒的童年时代的道德责任感更深的根源。那种责任的内在经验,那种无私的伦理美德的冲动,让康德超越了现代思想关于世界图景其他方面令人气馁的局限,这一世界图景将可知的世界降格为表象以及机械的必然性的世界。康德因此而能够把宗教从科学的决定论中拯救出来,就像他把科学从极端的怀疑论中拯救出来一样。

但是,他的这些拯救所要付出的很高的代价就是将两者分离,将人类的知识局限在现象世界和主观确定性上面。显而易见,在康德的内心深处,他相信推动行星和恒星运动的规律最终与他在内心经验到的道德动机根本是协调一致的:"此两物也,充盈我心,历久弥新,敬畏赞美,常有增益:灿烂星空,在我之上,道德律令,在我心中。"但是,康德也知道他不能证明两者的那种联系,而且,由于他将人类的知识限制在现象范围内,笛卡尔的人类的心灵和物质的宇宙之间的分裂以一种新的和强烈的形式延续了下来。

在随后的西方思想的发展过程中,康德的命运就在于——就宗教和科学而言,他对认识论的批判力度往往会超过他的积极肯定的一面。一方面,他为宗教信仰保留的地盘开始出现类似于一种真空,因为宗教信仰现在已经失去了任何来自经验世界和纯粹理性的外部支持,而且对于世俗的现代的人的心理特征而言,似乎愈发缺乏内在的貌似真实性和恰当性。另一方面,科学知识的确定性,自休谟和康德之后也已不再受到任何外在的独立于心灵的必然性的支持,随着因康德认为是绝对的牛顿和欧几里得的范畴的20世纪物理学而引起的激烈争论,科学知识也得不到任何内在的认知的必然性的支持了。

康德的鞭辟入里的批判卓有成效地使人类心灵可以获得事物本身的确定知识的自称毫无立足之地,原则上排除了任何人类对世界的根由的认识能力。西方思想以后的发展——不仅由爱因斯坦、玻尔和海森伯,而且由达尔文、马克思和弗洛伊德;由尼采、狄尔泰、韦伯、海德格尔和维特根斯坦;由索绪尔、列维—斯特劳斯和福科;由哥德尔、波普尔、奎因、库恩以及其他许多人导致了愈陷愈深的相对主义——极大地扩大了这种结果,完全排除了康德还相信的主观的确定性的理由。所有的人类经验实际上是主要按照未意识到的原则构造起来的,但是这些原则不是绝对的、永恒的。相反,它们在不同的时代、不同的文化、不同的阶级、不同的语言、不同的人、不同的存在背景中都有极大的差别。康德的哥白尼式的革命造成的结果是,科学、宗教和哲学都不得不设法获得它们自身证实的基础,因为它们都不能宣称能够先天地获得宇宙的内在本质。

形而上学的衰落

现代哲学的进程在康德的划时代区分的影响下展开。首先,德国的康德的继承者在料想不到的唯心主义的方向上推进他的思想。在18世纪末、19世纪初欧洲文化的浪漫主义思潮中,费希特、谢林和黑格尔提出人类思想的认知范畴在某种意义上是宇宙的本体论范畴——即人类知识并不表明神圣实在,而是这种实在本身——在此基础上构造了一个具有通过人而显示其本身的绝对的上帝的形而上学体系。在这些唯心主义者看来,"超越的自我"(康德的人类自我的概念,它将范畴和启发式的统一性原则加诸经验从而形成知识),可以极大地扩展,而且可以确认是构成一切实在的绝对精神的一个方面。康德认为心灵提供了经验所采取的形式,但是经验的内容则是由外部世界以经验的方式给与的。然而,在他的唯心主义的继承者看来,似乎在哲学上更讲得通的是,内容和形式都是由无所不包的上帝所决定,所以自然在某种意义上与其说是完全独立的存在,不如说是自我的象征或者符号。

但是,在最具科学倾向的现代思想家中间,唯心主义的形而上学的思考在哲学上未能博得广泛接受,尤其是 19 世纪以后,因为它们并不是在经验上可检验的,对许多人来说它们似乎也不能恰当地代表科学知识的基本原则或者现代对于客观的和本体论上明显的物质宇宙的体验。唯物主义,一种与唯心主义对立的形而上学的选择似乎能够更好地反映当代科学的证明的性质。可是它也假设了最终不可检验的实体——物质而不是精神——而且似乎也未能说明人类意识的主观现象,未能说明人作为有人格的、有意志的存在而在性质上与无意识的、不具人格的外部世界大不相同的人的意识。但是,因为唯物主义或者至少是自然主义——亦即一种认为一切现象最终都可用自然本身的原因加以解释的立场——与对世界的科学的说明似乎是最为协调的,因此它构成了一个比唯心主义更令人信服的概念结构。但是,无论是因为对科学认识的完整性和确定性的怀疑,抑或是因为科学证明本身的歧义性,还是因为大量相互冲突的宗教和心理因素,在这样的概念里还存在许多对于现代的感觉力来说完全不能接受的东西。

其他相宜的形而上学的选择因而是反映笛卡尔和康德立场的某种形式的二元论,它比较恰当地表现了对客观的物质世界和主观的人类意识之间的分裂这一现代的共同经验。但是,由于现代思想日益不愿假定任何先验的方面的存在,笛卡尔—康德立场的性质达到如此程度,以致阻碍了任何协调的形而上学的概念,即使以最乐观的看法,也使得它们是非常成问题的。由于现代经验的中断(人类与世界、心灵和物质的二元性)以及由于这种中断所导致的认识论的困境(人如何可以擅自说认识那本质上与其意识相分离的、不同的东西呢?),形而上学必然失去其在哲学伟业中的传统的卓越地位。人们可以作为科学家研究世界,或者作为内省的分析者研究人的经验;或者人们可以通过承认人类世界的不能解释的歧义性和偶然性,并且转而坚决主张凭借意志行为实现其生存的或实践的转变而避免这种困境。但是,那种思辨的观察者在理性上可理解的普遍秩序,现在基本上被排除了。

由此,根据笛卡尔和洛克确立的原则发展起来的现代哲学最终推翻了其自身传统的存在的理由。从一种观点看,对于现代人类来说,颇成问题的实质在于外在的物质世界处在非人化的客观化状态,而从另外一种观点看,人类心灵本身及其不可思议的认知机制现在的情形是不能博得充分信任和支持了。因为人再也不能假定他的心灵对世界的解释就像镜子一样反映世界的本来面目。心灵本身可能就是一种疏远的原则。此外,弗洛伊德和深蕴心理学家的洞察极大地增强了这样一种认识,即人类关于世界的思考受到他既不能控制也不能充分意识到的非理性因素的制约。从休谟和康德经过达尔文、马克思、弗洛伊德以及其后等人,一种令人不安的结论已成为不可避免的了:人类思想是为大量相互重叠的因素——固有的但并非绝对的精神范畴,习惯,历史,文化,社会阶级,生物,语言,想像,情绪,个人无意识,集体无意识——所决定和构造的,而且非常可能是为这些因素所扭曲的。总之,人心是不能当作对实在的准确判断而加以信赖的。起初笛卡尔的确定性,也就是现代人用以信任理性的基础已不再是正当有理的了。

从此以后,哲学本身主要关注的是澄清认识论问题、语言分析、科学哲学,或者对人类经验进行现象学和存在主义的分析。尽管20世纪的各派哲学在目标和倾向上不一致,但是在一个基本问题上达成了普遍的意见的一致：人类理智要理解客观的宇宙秩序是不可能的。许多互不相同的哲学家——如罗素、海德格尔和维特根斯坦等——从不同立场达成了这样一个意见一致的观点：因为仅凭经验科学就能提供可证实的或者至少暂时证实的知识，而这种知识只与感性经验的偶然的自然世界有关，因此关于整个世界的不可证实的、不可检验的形而上学命题是没有真实意义的（逻辑实证主义的观点）。因为人类的经验——有限的、有条件的、成问题的、个别的——就是人类所能认识的一切，所以人类的主观性而且正是人类的本性必然贯穿了、抹煞了或采取了获得不偏不倚的客观世界概念任何不可信的企图（存在主义和现象学的观点）。因为任何术语只有在其特定的运用和背景下才能发现其意义，因为人类经验基本上是由语言构造的，而又不能假定在语言和世界的独立的深层结构之间存在什么直接关系，所以哲学本身应当只是关注对于许多具体运用的语言作诊治性的澄清工作，而不能信奉某个特定的抽象的实在的概念（语言学分析的观点）。

根据这些殊途同归的洞见，人心能够获得或者应试图获得一种传统意义上的客观的形而上学的总体看法的信念实际上已被放弃了。除了个别的例外，哲学工作已经重新定位为语言问题、科学和逻辑命题或者人类经验的原材料等分析，而全然放弃了传统意义上的形而上学的担当。如果说除了充当科学的宇宙论的侍女之外"形而上学"还有什么切实可行的作用的话，那便是去分析各种构成人类认知的因素了——例如继续康德的工作，但同时采取更加相对主义、更加感性的手段去研究多种多样能够影响并且渗透在人类经验里面的因素：历史的、社会的、文化的、语言的、存在的、心理学的。但是再也不必将大而无当的综合当一回事了。

随着哲学变得更加技术化，更加注重方法论和更加学院化，随着哲学家越来越不是为了公众而是为了同仁著述，哲学这门学科对于学术门外汉而言在很大程度上失去了其以前的实用性和重要性，因此也在很大程度上失去了其以前的文化力量。语义学现在更加关涉哲学的澄明，而不是普遍的沉思，但是大多数非专业人士对语义学几乎没有什么兴趣。无论如何，哲学的传统使命和地位由于它自身的发展而已经成为不必要的了：根本不存在什么人类心灵理所当然地自以为具有的那种无所不包的、先验的或者内在的"更深一层"的宇宙的秩序。

第六篇 现代的转变

现代科学的危机

随着哲学和宗教陷入如此问题重重的境地,看来只有科学才能够将现代思想从四处弥漫的不确定性中拯救出来。科学在19世纪和20世纪早期达到其黄金时代,它的各主要分支发展迅猛,学术和研究机构到处设立,以科学与技术的系统联系为基础的实际运用也日新月异。时代的乐观主义与对科学的信心、对科学无限地提高人类知识、健康和普遍福利的状况的力量的信心有着直接关系。

宗教和形而上学处在漫长的、缓慢的持续衰落之中,但是科学的不断发展——实际上是快速发展——乃是毫无疑问的。它声称拥有关于世界的有效知识,即使受到了后康德哲学的批判,却似乎依旧貌似有理而且也是几乎不成什么问题的。面对科学在认知过程中的极度的有效性以及其在解释结构上的严格而客观的明确性,宗教和哲学被迫确立它们与科学的关系的立场,正如在中世纪科学和哲学同样被迫确定与在文化上更加强大的宗教概念的关系的立场一样。就现代思想而言,正是科学描绘了最现实和最可靠的世界图景——即使这种图景限定于自然现象的"技术层面的"知识,尽管其在存在上含有分裂的意味。但是,20世纪的两大发展极大地改变了科学在认知和文化上的地位,一个是对科学的理论性的、本质的发展,另一个是对科学的实际的、非本质的发展。

就前者而言,在物理学上若干惊人发展日增月累地影响下,古典的笛卡尔—牛顿宇宙论先是缓慢地而后迅速地被打破了。起初是19世纪晚期麦克斯韦的电磁场研究、迈克尔逊—莫雷实验以及贝克勒尔发现放射性,然后是 20 世纪初普朗克的量子论和爱因斯坦的狭义和广义相对论,以及 20 年代达到顶峰的玻尔、海森伯及其同事们的量子力学的方程,因此,经典的现代科学长久确立的确定性遭到了极大的削弱。到 20 世纪 30 年代,早期科学概念的每一种主要的假设——原子是构造自然的坚固的、不毁的、独立的砌块,空间和时间是独立的绝对,一切现象具有严格的机械的因果关系,对自然进行客观的观察是可能的——实际上都遭到了反驳。科学的世界图景这种根本变迁令人震惊,对此没有什么人比物理学家他们自己的感受更为深切。面对观察到的亚原子现象的矛盾,爱因斯坦写道:"我试图用物理学的理论基础去适应这种知识的所有努力都彻底失败了。这就好像是人们脚下的地基被抽掉了,人们在任何地方都找不到原本可以建筑东西的坚实的基础。"海森伯也同样认识到"物理学的基础开始动摇……(而且)这种动摇造成了一种感觉,好像科学将会失去其基础"。

对从前科学的假设的挑战是深刻而多样化的:牢不可破的牛顿力学的原子现在被发现原来大多都是空虚的。坚固的物质不再是构成自然的基本的物质。物质和能量是可以相互转换的。三维空间和一维时间变成了四维空—时连续统的相对的方面。对于以不同速度运动的观察者而言,时间会以不同的速率流动。时间在重性物体附近流动慢下来,在某些条件下则会完全停止。欧几里得几何学定律不再可以提供普遍而必然的自然的结构了。行星以自身的轨道运动,不是因为它们被在有相当距离起作用的引力拉向太阳,而是因为它们运动的空间被弯曲了。亚原子现象表现了基本上不明确的性质,既可以当作粒子也可以当作波去观察它。粒子的位置和动量不可能同时准确测量。测不准原理极大地削弱了牛顿的严格决定论。科学观察和解释如果没有影响观察对象的性质就不能进行。实体的概念变成了概率和"存在的趋向"。粒子之间的非局部联系与机械论的因果关系相悖。形式的联系和力的过程取代了完全不相关联的物体。用金斯爵士的话来说,20 世纪物理学的物质世界与其说像一台十足的机器,不如说像一种伟大的思想。

然而,这种极其重大的革命的结果仍不明确。思想的进步,抛弃从前时代的愚昧无知和错误想法并收获新技术成就的丰硕果实,现代一直有的这些感受再一次得到了强化。甚至牛顿也被永远进步、不断成熟的现代思想所修正和改进。不仅如此,在许多认为机械论和唯物主义的决定论的科学宇宙与人类价值是相互对立的人们看来,量子的、相对论的革命典型地反映了新的思想意想不到的和大受提倡的发展前途。从前物质的那种坚固实体,让位于一种也许更加适合于从精神上加以解释的实在。如果亚原子粒子是不确定的,人类的意志自由似乎获得了一种新的立足点。支配波、粒的互补性原理表明可以广泛运用到原本相互排斥的知识方面,比如宗教和科学的互补性上面。由于对被观察的客体受观察者主体的影响有了一种全新的理解,人类意识,或至少是人类的观察和解释,在更大的格局中似乎可以发挥更重要的作用。现象之间深刻的相互联系促使人们以一种新的整体论的方式去思考世界,思考其中所蕴含的诸多社会的、道德的和宗教的意义。越来越多的科学家开始质疑——即使经常是无意识的——现代科学的普遍的假设,即理智的努力只要将一切实在还原到物质世界可以测量的最小的组成部分,最终就能够揭示宇宙中最根本的东西。自从笛卡尔以来一直占主导地位的还原论纲领,现在对很多人来说似乎是缺乏远见的选择,并且很可能未注意到事物的性质中最有意义的东西。

不过,这种推论并不是普遍的看法,即使在正从事实际工作的物理学家中间也不是普遍的意见。现代物理学也许乐于接受精神的解释,但并不必然是要强迫这样做。许许多多人并不熟悉新物理学所导致的这种深奥难解的概念的变化。此外,数十年以来,物理学革命并没有在其他自然科学和社会科学领域导致类似的理论的变化,尽管这些领域的理论纲领主要基于经典物理学的机械论原理。然而,许多人觉得,传统的唯物主义的世界观不可避免地受到了挑战,而且新的科学关于实在的模式提供了与人类的人文主义的抱负的基本的和睦关系的可能的机会。

358　　不过,这些不明确的可能性受到了另外一种更加令人不安的因素的抵消。首先,现在不存在什么可与牛顿《自然哲学的数学原理》相提并论的一致的世界概念,可以把复杂多样的新的材料在理论上综合起来。在解释实在的根本的性质方面,物理学家对于目前的根据应当怎样解释没有达成任何一致意见。到处都是概念的矛盾、割裂和悖论,而且是难以克服解决的。②人们已认识到的人类心理中某种不能还原的非理性因素,现在竟然出现在物质世界的结构本身之中。在不一致的同时又加上了不可理解,从新物理学产生的概念外行人不仅难以理解,呈现了对人类通常的直觉知识在外观上不可逾越的障碍:弯曲的空间,有限然而是无边际的;四维空—时连续统;同一个亚原子实体,却具有相互排斥的属性;物体,竟然不是真正的事物,而是过程或联系的形式;现象,直到被观察到才明确成形;粒子,似乎在很远的距离相互影响,却没有已知的因果联系;在完全真空中存在着基本的能量波动。

　　此外,尽管科学的认识显然拉开了一种较少唯物主义的和机械论的概念的开场,但在基本的现代困境中并不存在什么真正的变化:宇宙仍然是一个客观的广阔无垠的空间,其中具有特殊意识能力的人类仍然是一个转瞬即逝的、十分费解的、随机产生的微不足道的东西。对于什么高于或支撑宇宙的"创世大爆炸"诞生的本体论条件这一面临的问题并没有任何令人信服的答案。也没有一流的物理学家相信量子理论的方程是对实际世界的描述。科学知识被限定在抽象的、数学符号的、"幻影"的范围内。这样的知识并非关于世界本身的知识,而今这个世界似乎比以往任何时候更超越人类认知的范围。

　　因此,在某些方面,新物理学的这种思想的矛盾和费解只是强化了自哥白尼革命以来就有增无减的人类认识的相对性和异化。现代人被迫怀疑他所继承的古希腊信仰,即认为世界是以人类智慧可以清楚明白地认识的方式而被安排的。用物理学家布里奇曼的话来说,"自然的结构最终可能是这样的,我们的思维过程并不能与之完全相符,以致使我们根本不能够去思考它——世界渐渐隐去而使我们茫然以对……我们所面对的乃是不可言喻的东西。我们已经达到了伟大的科学先锋的视野所能达到的极限,这种视野就是,我们生活在一个和应的世界,在此意义上这个世界是我们的心灵可以理解的。"[3]哲学的结论同样也变成了科学的结论:实在也许不是以人心能够客观地认识的任何方式而构建的。因此,无条理、不可理解性和把握不定的相对主义一起形成了早期现代在不具人格的宇宙中人的异化的困境。

当相对论和量子力学取消牛顿力学范式的绝对确定性时,科学以一种笃信牛顿学说的康德根本始料未及的方式,证明了他有关于人类心灵能够获得关于世界本身的确定的知识的怀疑论之有效性。由于康德肯定牛顿科学的真理性,所以他论证了与牛顿科学相一致的人类的认知范畴本身是不容置疑的,而且只有这些范畴才能为牛顿的成就以及人类的普遍认识能力提供基础。但是,由于20世纪的物理学,康德的最后的确定性的基础塌陷了。康德的基本的先天范畴——空间、时间、实体、因果关系——再也不能用于所有现象了。自牛顿以来看似普遍绝对的科学知识在爱因斯坦、玻尔和海森伯之后就不得不被看作是有限的和暂时性的。量子力学也以一种意想不到的方式揭示了康德的命题——物理学描述的自然并不是自然本身而是人与自然的关系(也就是说,自然就是那个在人类的提问方式中所展现的自然)——的极大的有效性。

康德的批判中所蕴含的、但是为牛顿力学表面上的确定性所掩盖的东西,现在变得显然可见的了:因为归纳法完全不能提出某些普遍规律,因为科学知识是人类解释结构的产物,而这种解释结构本身是相对的、可变的和建设性地应用的,最后还因为在某种意义上观察活动创造了科学试图解释的客观的实在,所以,科学真理既不是绝对的,也不是完全客观的。作为18世纪的哲学和19世纪的科学协同造成的结果,现代思想摆脱了绝对事物的束缚,但是也令人窘困地脱离了任何坚实的基础。

新近的对科学哲学和科学史的批判方法巩固了这种有争议的结论,这种批判方法特别受到卡尔·波普尔和托马斯·库恩的研究的影响。凭借休谟和康德的洞见,波普尔指出,科学根本不能产生确定的知识,甚至也不能产生或然性的知识。人观察宇宙就像一个陌生人,对其结构和运行进行充满想像力的猜测。没有背地下这种大胆的猜想,他就无法探讨这个世界,因为每一个被观察到的事实都是以解释性的宗旨为先决条件的。在科学里,这些猜想必须不断地、有系统地接受检验;然而不管经过多少成功的检验,任何理论都只能被视为一个没有得到完全证实的猜想。任何时候,新的检验都可能证伪它。没有什么科学真理可以避免这种可能性。甚至基本事实也是相对的,始终可能需要在新的框架里作出彻底的重新解释。人完全不能声称认识事物的真正本质。在世界现象的事实上的无穷无尽面前,人类的不知本身就是无限的。最聪明的策略就是接受人们不可避免的错误的教训。

但是,波普尔通过主张对理论进行严格检验的根本要求以及在探求真理的过程中勇敢地坚持中立性,维持了科学的理性信仰,而库恩对科学史的分析往往会削弱科学的这种可靠性。库恩同意,所有科学的知识需要一种基于基本范式或概念模式的解释性结构,从而使得研究者能够分析材料、阐述理论并且解决问题。但是,他援引科学史上的许多事例,指出科学家的现行的实践过程很少与波普尔通过试图对现有理论进行证伪的方式进行系统的自我批判的理想相符。相反,科学通常是通过寻求对通行的范式的证明而开展的——根据这种理论收集材料,以其为基础开展实验,拓展它的应用范围,进而阐述其结构、试图澄清剩余的难题。常态的科学不是让范式本身不断受到检验,而是为避免与其发生矛盾,以有利于这种范式的方式按照常规重新解释冲突的材料,或者对那些令人尴尬的材料完全熟视无睹。科学家在某种程度上还从来没有认识到,科学实践的性质使得其居支配地位的范式自行生效。范式起到一个透镜的作用,每个观察都要经过这个透镜的过滤,并且范式由共同的惯例维持作为权威性的堡垒。通过教师和课本,科学的教学体系维持着沿用的范式,认同其可信性,从而有助于产生与成体系的神学的教育并无二致的牢固的信念和理论的恪守。

库恩进一步论证道,当相互抵牾的材料逐步积累到一定程度,最终产生范式危机,一种新的富于想像力的综合最终赢得了科学的支持,但这种革命的发生绝非一个理性的过程。就像它取决于令人不感兴趣的检验和论证一样,它取决于科学界已确立的惯例,取决于审美的、心理的以及社会的因素,取决于现时的基本的隐喻以及流行的类比的存在,取决于不可预测的想像的飞跃以及"格式塔转换",甚至还取决于保守的科学家的衰老和逝去。因为在这些相互竞争的范式之间实际上很少有真正的可比性;它们有选择性地以不同的解释模式因而也是以不同的材料组合作为各自的基础。每一个范式都产生了其自身的格式塔,它们极为复杂,以至于在不同的范式里面工作的科学家就好像在不同的世界里面生活一样。况且也不存在所有科学家都同意用作比较之标准的任何共同尺度,诸如解决难题的能力或者理论上的连贯性或者对证伪的抗拒。对于这一类科学家而言至关重要的问题在另一类科学家看来却未必如此。因此,科学史并不是迈向更为精确和完美的客观真理的知识的直线性的理性进步,而是一种看法的剧烈转变,其中许多非理性和非经验的因素起到了至关重要的作用。波普尔通过证明选择经过最严格检验的猜想的合理性,试图缓和休谟的怀疑论,而库恩的分析则有助于恢复那种怀疑论。④

由于这些哲学的和历史的批判,以及物理学革命,一种认为科学更像是暂时性的观点在思想领域广为流行。科学在其认识中显然还是有效的、强有力的,但是科学知识现在在若干种意义上被看作是一种相对的东西。科学所提供的知识随观察者、他的物质的条件、他的流行的科学范式以及他自己的理论假设为转移。它随他的文化之流行的信仰体系、他的社会背景以及心理倾向为转移，随他的观察活动为转移。而且，面对新的证据，科学的基本原理任何时候都可能被推翻。此外，到20世纪晚期，包括达尔文进化论在内的以前的科学之传统的范式结构日益受到相互冲突的材料和他择性的理论的压力。尤其是笛卡尔—牛顿的世界观——数个世纪以来世所公认的人类知识的典范和模式并且仍然在文化心理范围内发挥无所不在的影响——如今其基本的确定性已经发生了动摇。而且，后牛顿世界的秩序，既不是直觉上可理解的，也不是本质上一致的——实际上，简直没有什么秩序可言。

※※※

尽管如此，科学的认识能力在现代思想中仍然保持了无可置疑的卓越地位。科学的真理可能越来越晦涩难懂，而且可能只是暂时性的，但它是可验证的真理，是正在不断地加以改进的、阐述得更加精确的真理，并且以技术的进步——在工业、农业、医学、能源生产、通讯和交通运输——的方式产生实践效果，为科学声称可提供关于世界的切实可行的知识提供了确凿的众所周知的证据。但是，颇具悖论意味的是，正是同样这些确凿的证据也证明了科学对于一种反向发展也起到了十分重要的作用；因为正是在科学知识的实际后果再也不能被判定为仅具积极性的时候，现代思想被迫重新考虑先前其对科学的那种全心全意的信任了。

早在19世纪，爱默生就曾告诫世人，人类的技术成就未必一定就是其自身的最大的利益："这些东西将会主宰、统治人类。"到了世纪之交的时候，就在技术正在制造比如汽车等新奇事物以及电能广泛应用的时候，一些观察家开始感受到这些发展可能是人类价值观念的倒转的不祥之兆。到20世纪中叶，现代科学的灿烂新世界开始遭到广泛和严厉的批判：技术掌控人类,使之变得非人化,使人类处于奇计淫巧的环境而非活生生的自然之中,处于毫无美感的标准化的环境,在这种环境里,手段包括了目的,工业劳动的需要把人变成机器,一切问题都被认为可以通过技术开发得到解决,而未能回应真正的人类生存的需要。技术功能的自力推进的、自行提高的规则,把人与大地的根本联系中剥离出来,并且将此种联系一刀两断。人的个性似乎不断地变得模糊,逐渐在大众产品、大众传媒的影响下以及在单调乏味的、问题重重的都市化的扩展中消失了。传统的结构和价值观念正在崩溃。由于技术革新无穷无尽,连续不断,现代生活备受前所未有地令人茫然失措的急遽变革的折磨。巨型和喧嚣、超量的噪音、高速和繁杂支配着人类的环境。人类居住的世界正变得像其科学的宇宙那样充满物质性。由于无所不在的千篇一律、空洞浮泛以及现代生活的物质至上主义,人类在一个被技术统治的环境里保持其人的属性的能力似乎是愈益可疑的。在许多人眼里,人类自由、人类驾驭其创造物的能力的问题现在变得越来越尖锐了。

但是,更加需要这些人文主义的批判的,是科学所造成的事与愿违的后果的更加令人不安的种种迹象。地球的水、空气和土壤的严重污染,多种多样的对动物和植物生命的有害影响,无数物种的灭绝,全球范围的森林滥伐,表土的侵蚀,地下水的枯竭,有毒废物的大量积聚,温室效应的明显加剧,大气臭氧层的破损,地球的整个生态系统的根本的混乱——所有这些可怕的严重问题变得日益复杂,影响与日俱增。即使从人类的短期观点来看,不可替代的自然资源的加速耗尽已成为一种令人忧虑的现象。重要资源依赖外国供应,给全球的政治和经济生活带来了一种新的危险。对社会机体的新的祸害和重压不断地出现——都市的过度发展和过度拥挤,文化和社会的无根性,令人麻木的机械劳动,日益增多的灾难性的工业事故,汽车和飞机旅行的死亡事故,癌症和心脏病,酗酒和毒瘾,促发思想迟钝和文化贫乏的电视,犯罪级别的不断提高,暴力,心理疾病——直接或间接地与科技文明的发展捆绑在一起。甚至最令人欢欣鼓舞的科学成就也颇具悖论意味地带来新的和紧迫的问题,医学解除了人类的病痛,降低了人类的死亡率,兼之食品生产和运输环节中的技术极大发展,反过来加剧了全球人口过剩的威胁。在其他地方,科学的发展呈现了一种新的浮士德似的困境,比如那些围绕遗传工程的无法预料的未来运用的科学发展。在更为普遍的意义上,在科学上尚未了解的所有相关的可变因素的复杂性——无论是在全球的环境中,还是在地区的环境中,无论是在社会体系中,还是在人类身体中——使得那些可变性的技术控制的后果无法预料,通常这种后果是致命的。

当自然科学和政治重大行动共同密谋生产原子弹的时候,所有这些发展达到了早期的、不祥预期的顶点。爱因斯坦发现了质量和能量的等价原理,按照这一原理,一种物质粒子可以转化成巨大的能量——一个热诚的和平主义者的发现,反映了人类思想的光辉和创造性所达到某种程度上的顶峰——在人类历史上首次使人类一下子面临了自我灭绝的前景,这如果不是可叹的,似乎也是极大的讽刺。随着原子弹落到广岛和长崎平民百姓头上,对于科学固有的道德中立性,更不要说对其美好进步的无限力量的信仰,再也得不到认可了。在此后全球冷战的漫长而紧张的分裂期间,前所未有的破坏性的核导弹的数量无由抑制地增加,一直达到全球可以被毁灭多次的地步。文明本身现在由于其自己的创造能力而被带入了险境。曾经极大减少人类生存的危险和负担的同样的科学,现在则呈现了其对人类生存的巨大威胁。

科学的一系列的杰出成就和日积月累的进步现在也被对科学的局限、危险和罪恶的新认识所遮蔽。现代科学思想发现自己同时受到来自几个方面的围攻:认识论的批判,在越来越多的领域中产生的其自身的理论问题,将现代世界的人—物分离的观点整合起来的与日俱增的迫切的心理需要,尤其是科学造成的有害的后果和深刻的全球范围的危机。科学研究与政治、军事和社团机构的密切联系,不断地显示科学的传统的完全中立的自我形象是虚假的。正是这种"纯科学"的概念现在遭到了批判,被认为是完全虚假的概念。科学思想是唯一获得世界的真理的途径;科学能够揭示自然,就像一面不折不扣地反映历史之外的、普遍的客观的实在的镜子一样,这些信念现在不仅被认为是幼稚的认识,而且是有意无意服务于特定的政治的和经济的议项,以此调动大量资源和智力,实现对社会和生态的统治。对自然环境的危害性开发、核武器的扩散、全球性灾难的威胁——所有这一切都把矛头指向对科学、对人类理性的谴责,科学如今似乎已受人类自己的自我毁灭的非理性的摆布了。

如果所有科学假设都要经受严格地、客观公正地检验,那么"科学的世界观"本身,这个在现代占统治地位的元假设,看来可以通过它在经验世界中造成的有害的、相反的结果而被确定无疑地证伪。在最初阶段导致了文化的困境——哲学的、宗教的和心理学的困境——的科学事业,如今引起了生物学的紧急情况。乐观主义的信仰,即认为世界的困境只要通过科学发展和社会工程就可以得到解决,现在已经遭到了驳斥。西方正再度失去其信仰,这一回不是对宗教的信仰,而是对科学的信仰,对自主的人类理性的信仰。

科学仍然受到重视,在许多方面仍然受到尊敬。但是它已经失去了其作为人类解放者的纯洁形象。它也失去了其长期坚称具有的几乎绝对的认知的可靠性。由于它的产物不再纯粹是有益无害的,由于它对自然环境的还原论的认识的明显缺陷,由于它明显易受政治的和经济的倾向的影响,科学的知识从前那种绝对的可信性不再得以确认了。在这些相互作用的因素的基础上,某种像休谟这样彻底的认识论的怀疑论——与一种被相对化的康德先天认识结构的观念相混合——似乎得到了公认。在现代哲学尖锐的认识论批判之后,理性有效性的重要的维持基础在其经验上得到了科学的支撑。仅仅哲学批判实际上一直是一种抽象的学术辩论,对更广大的文化或科学没有明显的影响,要是科学事业在其实践和认知中使其本身继续这样明确的积极的进步的话,这种状况原本会继续维持下去。但是,由于科学的具体的后果问题重重,理性的最后的基础现在是不稳固的。

许多思想深刻的观察家,不仅仅是专业的哲学家,不得不重新评估人类知识的状况。人可以认为他通过科学或通过别的途径认识事物,但对此不存在什么确定无疑的保证:他并没有获得普遍真理的先天的理性;经验材料总是浸透了理论,而且总是随观察者为转移的;以前可信赖的科学的世界观现在受到了根本的怀疑,因为科学的概念框架正在全球范围明显地产生和加剧与人性相悖的种种问题。科学知识是惊人地起作用的,但是这些作用表明,从一个有限的视角获得的众多知识可能是一件十分危险的事情。

第六篇　现代的转变

浪漫主义及其命运

两 种 文 化

从文艺复兴的复杂的母体中产生了两种不同的文化潮流,两种不同的西方思想特有的对待人类生存的气质或基本态度。一种在科学革命和启蒙运动中显露出来,强调理性、经验的科学和怀疑宗教的世俗主义。另一种则是前者的正好相反的补充,在古典的希腊—罗马文化和文艺复兴(以及宗教改革)中具有共同的根基,但是往往体现那些为启蒙运动压倒一切的理性主义精神所抑制的各种人类经验。最早引人注目地出现在卢梭那里,然后出现在歌德、席勒、赫尔德和德国浪漫主义那里,西方在这方面的感觉力在18世纪末和19世纪初充分地显露出来了,以后便一发而不可收,终于成为西方文化和意识中的一股强有力的力量——从布莱克、华兹华斯、柯勒律治、荷尔德林、谢林、施莱尔马赫、施莱格尔兄弟、德·斯塔尔夫人、雪莱、济慈、拜伦、雨果、普希金、卡莱尔、爱默生、梭罗、惠特曼和其多种多样的形式的发展,以及到我们这个时代的众多后继者,不管是反正统文化的还是别的什么类型的人物。

确实,浪漫主义的气质与其截然相反的启蒙运动有许多共同点,两者之间复杂的相互影响可以说构成了现代的感觉力。两者往往都是"人文主义者",因为他们都高度评价人类的力量并且关注人类关于世界的看法。两者都把这个世界和自然看作是人类戏剧的舞台布景和人类活动的中心。两者都十分关注人类意识现象及其隐秘结构的本质。两者都在古典文化中发现了思想见解和价值观念的丰富源泉。两者都有着深深的普罗米修斯似的精神——在他们对压迫的传统的结构的反抗之中,在他们对个人的天才的颂扬之中,在他们对人类的自由不懈地追求之中,在他们对新生事物的执着和大胆探索之中。

但是,在所有的每一种共性中也存在着深刻的差异。与启蒙运动的精神截然不同,浪漫主义的观点把世界看作是统一的机体而不是原子的机械装置,颂扬不可言喻的灵感而不是启蒙的理性至上,肯定人生无穷无尽的戏剧性而不是静态抽象的冷静的可预言性。启蒙运动的气质高度评价人类,是以人类无与伦比的理性智慧及其理解和探索自然规律的能力为基础的,而浪漫主义的气质高度评价人类,是因为其想像力和心灵的灵感、深深的情感、艺术的创造性以及个体自我表现和自我创造的能力。启蒙运动的气质颂扬的天才是牛顿、富兰克林或者爱因斯坦,而浪漫主义的气质颂扬的天才则是歌德、贝多芬或者尼采。对于双方而言,现代人类的自主的改造世界的意志和思想被神圣化了,产生了英雄崇拜、伟大人物及其杰出成就的历史故事。实际上,西方的自我在许多方面同时获得了内容和动力,无论是在法国大革命和拿破仑的强横的独断专行、卢梭和拜伦的新的自我意识、拉瓦锡和拉普拉斯推进科学的明确性、沃斯通克拉夫特和乔治桑的早期争取女权运动的自信之中,还是在歌德认识到的人类经验和创造力的多才多艺的丰富多样性之中。但是对于这两种气质,亦即启蒙运动的气质和浪漫主义的气质而言,那个自主的自我的特征和目标是大相径庭的。培根的乌托邦不是布莱克的乌托邦。

在启蒙运动—科学的思想看来,自然乃是观察和实验、理论解释和技术控制的对象,而相比之下,浪漫主义则认为自然是精神的鲜活的容器,是神秘的事物和启示的清楚易懂的缘由。科学家的愿望太急迫,以致不能洞察自然并且揭示其奥秘;但是这种洞察的方法和目标,以及这种揭示的特征与浪漫主义的观点不同。在浪漫主义者看来,自然不是那种完全不同而要对它进行冷静分析的对象,而是人类灵魂努力进入并且与之相融的对象,以克服生存的二元分化,而他所寻求的启示不是机械论的规律而是精神的实质。科学家寻求可检验的和实实在在有效的真理,而浪漫主义者寻求精神上完美化的和崇高的真理。因此,华兹华斯认为自然是深入灵魂的,充满精神意义和美,席勒也认为,科学的客观的机械论是那些曾经为古人赋予自然以生命的古希腊诸神的拙劣的替代物。这两种现代的气质,即科学的气质和浪漫主义的气质,都期待表现人类经验和自然世界的实现,但是浪漫主义在这些领域探求和发现的东西反映了根本不同于科学家的那种世界。

同样值得注意的是两者对人类意识的现象的看法的不同。启蒙运动—科学对心灵的考察是经验的和认识论的,逐渐集中于感性知觉、认知发展和量化的行为研究。相比之下,自卢梭的《忏悔录》——现代浪漫主义对古代天主教奥古斯丁《忏悔录》的续篇和回应——开始,浪漫主义对人类意识的兴趣受到一种全新的强烈的自我意识、一种对人类自我的复杂性质的关注的刺激,而且相对不那么受科学观点的限制。情感和想像而不是理性和知觉,是至关重要的。浪漫主义关注的新的重点,不仅涉及人类灵魂中的尊贵和崇高,而且涉及其中的反面和阴暗,还涉及邪恶、死亡、魔鬼性和非理性。在理性科学的乐观的、明确的眼光中,这些主题普遍受到了忽视,现在却给布莱克和诺瓦利斯、叔本华和克尔凯戈尔、霍桑和梅尔维尔、爱伦·坡和波德莱尔、陀思妥也夫斯基和尼采的著作以灵感。由于浪漫主义,现代的注意力较以往更转向内心,去分辨生存的阴影。探索所有这些奥秘:内心、情绪和动机、爱情和欲望、恐惧和忧虑、内心的冲突和矛盾、记忆和梦幻,体验极端和无法表达的意识状态,从内心去理解顿悟的狂喜,洞察人类灵魂的深处,使无意识转为意识,认识无限——这些都是浪漫主义的内省必须要做的事情。

与科学家探索规定个别的客观的实在的一般规律截然不同,浪漫主义者以影响其主观意识的实在的无限多样性,以呈现于其心灵的每一个对象、事件和经验的难懂的独特性而自豪。从不同观点发现的真理比经验科学大一统的、单义的设想更受到重视。在浪漫主义者看来,实在完全是由符号组成的共鸣音(symbolically resonant),因此基本上是多义的,是由多重意义甚至对立面组成的变化多端的综合体。相反,在启蒙运动—科学的思想看来,实在是具体的、如实的和单一的。与此观点相反,浪漫主义者指出,甚至科学思想所构造和认为的实在实质上也是由符号组成的,但它是特别种类的专门的符号——机械论的、物质的、非人格的——而且被科学家解释为唯一有效的。从浪漫主义的观点看,传统的科学关于实在的观点本质上是一种披着新衣的要求绝对忠实的"一神教",不想在它面前还有其他神的存在。现代科学思想的直写主义是一种偶像崇拜——缺乏远见地把一种难理解的对象当作唯一的实在加以崇拜,而不是将这种对象看作是一种奥秘、一种更深层次实在的容器。

探寻一种统一的秩序和意义乃是浪漫主义的核心,但是在执行这项使命的时候,人类知识的范围被极大地扩大,超出了启蒙运动所强加的那些内容,人类的诸多才能都被认为是获得真正认识所必不可少的。想像力和情感,现在与感性、理性一起给予关于世界的深刻认识。歌德在其形态学研究中,通过使客观的知觉充满他自己想像的内容,寻求体验每一种植物和动物的范型的形式或本质。谢林则公开表明,"对自然进行哲学家似地思考意味着去创造自然",因为自然的真实意义只有从人的"理智的想像力"中才得以产生。历史学家维柯和赫尔德非常注重比如充满想像之类的认知方式,它们能够告诉我们以前时代的意识,而且他们还认为,历史学家的任务就是要通过一种感通的"历史感"去亲身深入感受以前时代的精神,以深有同感的这种想像的方式去加以理解。黑格尔用一种"合乎逻辑的热情"在大量的历史材料中分辨出了支配一切的理性的和精神的意义。柯勒律治写道:"深刻的思想只有通过人类深深的情感才能够获得",艺术家的"想像的融合力"赋予人的心灵一种把握事物整体的能力,从毫无关联的因素中创造和形成协调的整体事物的能力。华兹华斯认识到,私生子的不可思议的看法具有一种比循规蹈矩的成年人愚钝的、不抱幻想的观点更加深刻的了解现实的洞察力。布莱克认为"想像力"是无限的神圣器皿,是受束缚的人的心灵的解放者,是永恒的实在据以被表达和意识的工具。实际上,在许多浪漫主义者看来,想像力在某种程度上是存在的全部,存在的真正基础,一切实在的媒介。它既渗透在意识里面,又构成了世界。

就像想像力一样,意志也被认为是人类获取知识的一个必不可少的因素,是一种先于认识的以及自由地推动人与世界走向新层次的创造性和意识的力量。在这里,正是尼采通过独一无二的力量将巨大的浪漫主义精神的激情同最彻底的启蒙运动的怀疑论的倾向综合起来,阐明了有关于意志与真理、知识的关系的一种范式的浪漫主义的立场:理性的智慧不能获得客观的真理;脱离某种解释也不能获得任何观点。"对在现象面前止步不前的实证主义——'只有事实是存在的'——我要说:不,事实就是没有事实,只有解释"。不仅道德问题如此,就是物理学问题也是如此,物理学只不过是为了适合特殊的需要和愿望的特定的观点和解释而已。每一种看待世界的方式都是隐藏的冲动的产物。每一种哲学所揭示的不是非人格的思想体系,而是一种不由自主的自白。无意识的直观、心理的动机、语言的曲解、文化的偏见——这些都影响和规定了每一个人的观点。与长期以来主张只有一个反映真理的概念和信仰体系——不管是宗教的、科学的,还是哲学的——是唯一有效的,西方传统不同,尼采提出了一种激进的远近法学说:存在着世界据以可以得到解释的多种多样的观点,不存在什么可据以裁定一个体系比另外一个体系更为有效的权威的独立的标准。

但是,如果世界基本上是不确定的,那么肯定生命并且使其得到胜利的实现,这样一种英雄意志的行为就能够塑造世界:尼采预言,至高无上的真理是在人的内心通过自我创造的意志力而产生的。人类获得知识和力量的一切努力将在一种将体现宇宙生命意义的新人中完全实现自己的抱负。但是为了这新人的诞生,人就必须成长,根本性地超越自己,从而消除现在有限的自我:"人的伟大在于他是一座桥梁而不是一个目标……人是某种需要克服的事物。"因为人是一条通往超越当今时代范围的新的黎明和新的地平线的道路。这种新人的诞生并不是教会教令所要信仰的枯槁般的生命的来世幻想,而是有待创造的今世活生生的、有形的实在,通过伟大个体的英雄般的自我克服而得以实现。这种个体必须将生命改造成为艺术作品,在这之中他可以养成自己的性格、迎接自己的命运、把自己重新创造成为世界史诗中英雄的主人公。他必须重新创造自己、想像自己成为那样的人。他必须用意志力创造出一种可以进入并且生活其间的虚构戏剧,把一种救赎的秩序强加于没有上帝的无意义的混沌宇宙。于是长期被投射于彼岸世界的上帝就可以在人类的灵魂中诞生了。于是人就能够像上帝一样在永恒的流动中翩翩起舞,摆脱一切基础和一切束缚,超越形而上学的限制。真理不是某种人们证明或者反驳的东西;它是某种人们创造的东西。在尼采身上,正如在浪漫主义的总体精神上,哲学家变成了诗人:判断一个世界的概念,不是根据抽象的理性或者事实的证明,而是一种勇气、美和想像力的表达。

因此,浪漫主义的感觉力为人类的知识提出了一套全新的标准和社会准则。通过想像和意志的自我创造力量,人类能够给未诞生的实在以实在形体,洞察看不见的但却完全真实的存在的层面,理解自然和历史,以及宇宙的发展——实际上,参与创造的这个过程。一种新的认识论被认为不仅是可能的,而且是必要的。因此,由洛克、休谟和康德的实证主义方面的所确立的知识的范围遭到了唯心主义者和启蒙运动之后的浪漫主义猛烈的反抗。

对西方文化传统的两大支柱,希腊—罗马的古典主义和犹太教—基督教的宗教,这两种气质同样持不同的看法。启蒙运动—科学的思想随着其在现代的发展,越来越只是在古典思想能够提供其进一步探讨和构建理论的有用出发点的范围内对它加以利用,除此之外古代形而上学的和科学的框架一般被认为是有缺陷的,主要是具有历史的重要性。相反,古典文化在浪漫主义看来仍然是奥林匹亚的形象和人物的有生命力的领域,从荷马和埃斯库罗斯以来其艺术创造仍然是崇高的典范,其想像的和理智的深刻见解仍然充满了新的可发现的意义。这两种看法都鼓励重新发现古典的过去,但是动机各不相同——一个是为了获得准确的历史知识,另一个是为了复活那个时代的过去,为了能使这种过去在现代人的创造性精神中再次活起来。

  正是沿着这种思路,双方对古典传统的看法基本上也是各不相同的。理性的科学的思想带着比较怀疑的态度看待传统,在其能够为知识的增长提供连续性和结构的范围内承认其价值,而浪漫主义,尽管与其特性相符的反叛精神一点也不少,而且通常还相当强烈,但却在传统中找到了某种更神秘的东西——集体智慧的宝库、人的心灵形成的洞察力、一种具有其自身意志自由的、逐步发展的物力论的充满活力的、变革的力量。这种智慧不仅仅是科学的思想的经验的、技术的知识,而且显示了隐藏在常识和机械的实验背后更深一层的实在。因此,新出现的风气,不仅赏识古典的希腊—罗马的过去,而且赏识精神上引起共鸣的中世纪、哥特式建筑和民间文学、古人和原始人、东方的和异国情调的事物、形形色色的秘教的传统、日耳曼民族和其他各民族的民族精神以及狄俄尼索斯的文化源泉。一种文艺复兴的新的意识出现之后的若干年,又出现了一种浪漫主义本身时代的新意识。对比起来,这些事物之所以引起科学的思想的关注,不是出于同感的赏识和灵感,而是由于它们的历史的和人类学的重要性。从启蒙运动—科学的观点看,现代文明及其价值观念毫无疑问地高于所有被其取代的先前的文明,而浪漫主义对现代性中的诸多表现,保持了非常矛盾的态度。随着时间的推移,由于浪漫主义根本质疑西方对于其自身的"进步"的信念、其文明的固有的优越性的信念,以及理性的人必臻圆满的信念,这种矛盾态度转变成为对抗态度。

  宗教问题造成了同样的差异。这两种思潮都使它们部分依据于宗教改革,因为个人主义和信仰的个人自由是两者共有的,但两者各自发展了宗教改革不同方面的遗产。启蒙运动的精神反对神学教条所强加的无知和迷信的束缚以及对超自然事物的信仰,支持直接的经验知识和理性知识,支持解放思想的对世俗的信奉。宗教不是完全被摈弃,就是仅仅以理性主义的自然神论或自然的道德律的形式加以维持。浪漫主义对宗教的看法则比较复杂一些。它也反对传统宗教的教会体制和机构,反对强迫的信仰、道德说教的约束以及空洞的仪式。不过,在浪漫主义的精神中,宗教本身是核心的、恒久的要素,无论它采取的形式是先验的唯心论、新柏拉图主义、诺斯替教、泛神论、神秘宗教、自然崇拜、基督教的神秘主义、印度教—佛教的神秘主义、斯维登堡教、神智学、神秘教、宗教的存在主义、新异教、萨满教、大母神崇拜、进化的人类神化论,还是这些宗教的某种融合。在这里,"神圣"依然是一个切实可行的范畴,而在科学中它在很久以前就不复存在了。上帝在浪漫主义中得到重新发现——不是正统的或者自然神论的上帝,而是神秘主义的、泛神论的和上帝无所不在的宇宙变化过程中的上帝;不是一神教的审判的家长,而是更为不可言喻的神秘的、多元论的、无所不包的、中立的甚至是女性的神;不是不在场的创造者,而是在自然之内和在人类精神之内的不可思议的创造性的力量。

此外,艺术本身——音乐、文学、戏剧、绘画——现在都获得了浪漫主义的感觉力的一种近乎宗教的地位。在一个由科学所造成的机械的、没有灵魂的世界中,对美的追求由于其本身的缘故具有了特别的精神的重要性。艺术提供了自然和精神之间连接的唯一的结合点,而且对许多对正统的宗教不再抱幻想的现代知识分子来说,艺术已成为精神的主要发泄途径和表现方式。圣灵感动之谜的恩宠问题,现在则集中表现得似乎更加与画家、作曲家和作家而不是与神学家相关。艺术事业上升到起一种崇高的精神的作用,它可以是诗性的顿悟或者审美的痴迷、如神的神感或者永恒实在的启示、创造性的追求、想像力的训练、对缪斯女神的献身精神、生存的规则或者从世界的痛苦中解放出来的超越。现代最世俗的人也可以崇拜艺术的想像,将人文主义的艺术和文化的传统奉为神圣。过去富有创造力的大师成了这种文化的圣徒和先知,评论家和随笔散文作家成了大祭司。在艺术中,不再抱有幻想的现代的心灵还能够发现一个意义和价值的领域,一种满足其精神渴望的神圣的背景,一个通往深邃和神秘的世界。

艺术和文学文化也为现代的心灵提供了实际上取代科学的世界图景的另一种世界图景,尽管它更加复杂多变。比如,反映和体现人类经验的小说的文化力量——从拉伯雷、塞万提斯和菲尔丁,经过雨果、司汤达、福楼拜、梅尔维尔、陀思妥也夫斯基和托尔斯泰,到托马斯·曼、黑塞、劳伦斯、吴尔夫、乔伊斯、普鲁斯特和卡夫卡——与占统治地位的科学的世界概念之力量形成了一种持续不断的、通常是水火不相容的相互抗衡。由于对早期神学的和神话的主要情节已经失去了信仰,现代西方的文学文化将其出于天性的对表现宇宙的一致性和生存的秩序的渴望转到了虚构小说的故事情节。通过艺术家的才能,赋予经验以一种全新的结构和意义,在审美的美化的神秘熔炉里,就可以创造一种新的实在——用亨利·詹姆斯的话来说就是"冲突的创造"。在这里,正如在戏剧和诗歌以及其他艺术里一样,小说体现了一种对于意识现象本身的关注,以及对外部世界的实质细节的关注,因此艺术的真实性可以(还是用詹姆斯的话来说)"审视整个领域"。在这里,艺术和文学的领域以具有穿透力的精确与细腻依照广泛的人类经验的现象学而开展,而这种现象学是经由威廉·詹姆士和伯格森、胡塞尔和海德格尔形成的正式哲学本身的一部分。这种传统不是对客观化的世界进行实验分析,而是把注意力集中在"存在"本身、集中在人类经验的生活世界、集中在这个世界永无止息的含糊性、自发性和自主性、其压抑不住的方面、其永远不断深化的复杂性上面。

在这层意义上,浪漫主义的推动作用延续并且拓展了现代思想的朝向真实性的总体的运动。它的目标就是要刻画存在的方方面面,而不仅仅是习惯上可接受的以及一致证实的东西。随着现代进程中浪漫主义范围的拓展,随着其关注点的转移,浪漫主义寻求反映现代生活在其生活的现实情况上的真实特征,而不是将自身局限于理想的或者贵族的,或者来自古典的、神话的或者圣经的源头的传统主题。其使命就是要将世俗凡庸和寻常事物变成艺术,在日常经验甚至在低级丑陋的最具体的细节里察觉诗意和神异。它的寻求就是要表现"现代生活的英雄行为"(波德莱尔语)及其反英雄行为。通过对形形色色的人类经验的特性无与伦比的精确地表达,浪漫主义也表达了其困惑,其摇摆不定,其主观性。通过比以往更深入的对人类知觉和创造性的性质的把握,现代的艺术家开始超越传统的模仿的、具象派的艺术观,以及构成其基础的"旁观者"的实在的理论。这样的艺术家试图不仅仅是成为形状的复制器,甚至不仅仅是成为它们的发现者,而是成为它们的创造者。实在并不是被复制出来的,而是被创造出来的。

然而,这些极大地加以扩展的实在的概念不大容易能同现代思想比较实证主义的一面结合起来。浪漫主义所特有的对于经验的先验方面所呈现的开放状态以及同科学的所谓理性主义的还原论和自称的客观确定性的对抗,也与科学的气质渐行渐远。随着时间的推移,中世纪的理性和信仰的二分,接着是现代早期世俗的科学和基督宗教的二分的这种情况,现在变成了科学的理性主义为一方,多样化的浪漫主义的人文主义的文化为另一方的更普遍的分裂,后者现在包含一种与文学和艺术传统具有松散联系的宗教的、哲学视角的多样性。

分裂的世界观

由于上述两种气质深刻地并且同时表示了西方的看法,而它们的看法大部分是互不相容的,造成了西方的看法一种复杂的分叉。由于现代精神受到浪漫主义感觉力的影响,并且在某种程度上认同它的同时又极大地认同科学的真理主张,现代的人实际上经验到了一种他的思想与其灵魂之间难处理的分裂。比如,同一个人可以同时欣赏布莱克和洛克,但不是用前后一致的方式。叶芝的深奥的历史观是决不能与在现代大学中所教的历史相结合的。里尔克的唯心主义的本体论("我们是看不见的蜜蜂")是不容易与传统科学的假设相协调的。像 T. S. 埃略特这样与众不同的现代的、影响甚大的感觉力,更加接近于但丁而不是达尔文。

浪漫主义的诗人、宗教的神秘主义者、唯心主义的哲学家和反正统文化的提倡迷幻体验者声称(并且常常详细描述)物质之外的别的实在的存在,主张一种与传统经验主义的本体论截然不同的人类意识的本体论。但是,当世俗的科学思想涉及确定一种基本宇宙论的时候,世俗的科学思想继续确定现代世界观的引力中心。因为没有双方的确认,浪漫主义启示就不能克服其与通常公认的科学观察的真理——现代信仰的底线——显而易见的不一致之处。做梦的人拿着没有芳香的玫瑰,非想像的和可感知的,可以用来证明他的梦的所有的真实性。

因此,浪漫主义在最广泛的意义上继续激发西方的"精神的"文化——这种文化的艺术和文学,其宗教的和形而上学的看法,其道德的理念——而科学则强制规定"物质的"宇宙论:自然的性质,人的在宇宙中的地位以及他的真正的知识的范围。因为科学统治着客观世界,浪漫主义的知觉势必局限在主观领域里面。浪漫主义对生活的反映,其音乐和诗歌和宗教的热望引人入胜、在文化上意义奥博,最终仍不得不被当作只是现代宇宙的一个部分。精神的、想像的、情绪的以及审美的关注自有其地位,但是不能声称在其特征基本上是不具人格的、晦涩难解的客观世界中具有极大的本体论的重要意义。中世纪的信仰—理性的对立和现代早期的宗教—科学的对立已经变成了主观—客观、精神—物质、人—世界、人文学科—科学的对立。一种新形式的双重真理的世界如今已经确立了。

由于这种二元论,现代的人对自然世界的经验以及他与自然世界的关系随着现代世界的发展经历了一种吊诡的颠倒,浪漫主义的和科学的潮流差不多相反地反映着彼此。首先,显然双方都要将人逐步浸没于自然。在浪漫主义一方,比如在卢梭、歌德或者华兹华斯那里,作出了充满激情的努力要将诗性的意识和本能的意识与自然统一起来。而在科学的一方,人的浸没于自然是用逐渐地、然后完全是根据自然的用语对人所作的科学的描述而实现的。但是,与浪漫主义的人与自然和谐的抱负相反,人与自然的统一在这里被置于达尔文—弗洛伊德的人与粗野的无意识本性进行斗争——为了生存、自我完善、文明而进行的斗争——的背景之中。而在科学的观点中,人反抗自然——因而自然的物质的开发和内心的压抑就成为了必要——乃是人的生物进化和脱离自然的状况这一过程的必然结果。

然而,从更加长远的观点看,随着现代进入成熟时期,早期浪漫主义的人与自然的和谐的认识经历了一个与众不同的转型。在这里,浪漫主义的气质受到其自身的内在发展、现代工业文明与现代历史分离的后果以及自然是不具人格的、非人类中心说的和随机的这种科学的自然观的错综复杂的影响。多因素决定的后果是自然的经验几乎与最初的浪漫主义的理想完全相反:现代的人现在越来越感觉到他同自然这一母体的疏远、他脱离整体的存在的跌落以及他不能摆脱偶然和必然的荒诞世界的局限。现代后期的人不再有早期浪漫主义的精神上的自然之子的荣耀感,乖谬地成了游荡于一片无情的毫无意义的荒漠的多愁善感的异乡人。华兹华斯的观点被弗罗斯特所取代:

377   太空使我们这些现代人苦恼,我们厌恶太空。
       太空的注视令我们变得渺小。
       如同转瞬即逝的微生物的传播,
       在精良的显微镜下,可以看到
       在这颗最小的星球表面蠕动。

相比之下,由于各种不同的原因,与科学和技术进步相关联的气质则赞美人与自然的分离。人类摆脱自然的限制而获得的自由,人的控制其环境的能力,以及观察和理解自然而不是按人类标准判断宇宙万物的投射的理智的能力,对于科学的思想而言有着不可或缺的意义。不过,这种同样的策略却吊诡地使得科学形成人的与自然内在统一的深层意识:他的对于自然环境的不可避免的依赖和生态的密切关联,他的与这个他不能彻底使之客观化的自然的认识论上的相互关联性,而现代人企图进行割裂和客观化是相当危险的。因此,科学开始朝着另一种立场转变,这种立场与最初的浪漫主义的立场并无二致,也就是其赞赏人与自然的统一——尽管大体不具有精神的或者先验的方面,也没有在理论和实践上有效地解决人类—世界仍然根本分裂的问题。

与此同时,浪漫主义的立场已屈服于这种分裂所必然导致的异化。自然仍然是不具人格的、非人类中心说的,而且现代心灵的对人与宇宙相疏远的敏锐的意识几乎没有受到刚开始的、部分的与科学的修好的削弱。毫无疑问,在20世纪,科学家和艺术家同时经验到了时间、空间、因果性和实体等旧的范畴的崩溃和瓦解。但是,科学的世界和人类的渴望之间的更深层的断裂仍然没有得到解决。现代的经验仍然受到一种深层的不连贯性的折磨,浪漫主义的气质和科学气质的分叉,反映出西方世界观的人类意识和无意识的宇宙之间似乎是无法弥合的分裂。从某种意义上说,在每一个敏于思考的现代西方人中这两种文化和两种感觉力都不同程度存在。而且,随着科学的世界观的全部特征和意义变得日渐分明,这种内在的分裂被体验为这样一种状态:敏感的人的心灵处在一个与人的意义不相容的世界里面。现代的人是一种分裂的动物,不能理解地自我意识到自己处在一个冷漠的宇宙中。

尝试综合:从歌德和黑格尔到荣格

也有一些人在科学的和人文主义的两大需要之间试图从方法上和理论

上架设一道桥梁,力求总括这种分裂。歌德领导了一种**自然哲学**运动,这个运动努力将经验的观察和心灵的直觉联结起来构成为一种比牛顿的科学更加具有启迪作用的自然的科学,一种能够把握自然的有机原型的科学。在歌德看来,科学家把自己同自然分开并且运用苍白的抽象概念来认识自然,诠释物质的世界就像诠释一台机器那样,这样做是达不到关于自然的更深层的真理的。这种策略使这种情况成为不可避免的事情,即人们所观察到的实在乃是一种不完全的假象,深层次的图景经过无意识的过滤而被消除殆尽。只有将观察和想像的直觉连接起来,紧密互动,人们才能洞察自然的现象,发现其本质。然后才能得出每一个现象的原型;然后才能够在特殊性中认识到普遍性,并且以此达成重新统一。

歌德用一种与比其年长的同时代人康德迥然有异的哲学态度为这种研究方法进行了辩护。一方面,和康德一样,他承认人的心灵在认知过程中具有构造性的作用,但是他把人与自然的真正关系看作是对康德的二元论的克服。在歌德看来,自然弥漫于包括人的心灵和想像在内的每一种事物。因此,自然的真理并不是作为某种独立和客观的东西存在的,而是在人的认知这种行为中被显示出来的。人类精神并非像康德所认为的那样,只是简单地将其秩序加诸自然。相反,自然的精神通过人而产生其自身的秩序,人是自然的自我揭示的工具。因为自然并非与精神根本不同,它本身就是精神,不仅与人类而且与上帝不可分离。上帝并不是作为控制自然的遥远的统治者而存在的,而是"紧紧贴住其胸怀而拥抱自然",因而自然的变化过程吐纳着上帝自己的精神和力量。因此,歌德通过分析他那反映其独特的引起美感的宗教情怀的自然,将诗人和科学家联合为一体了。

以同样的精神,康德之后的德国唯心主义者的形而上学思考在黑格尔不同寻常的哲学成就中达到了顶峰。黑格尔依靠古希腊哲学、基督教神秘主义和德国浪漫主义构建其无所不包的哲学体系,他所阐明的关于实在的概念试图使人类和自然、精神和物质、人和神、时间和永恒互相关联并成为一体。黑格尔思想的基础就是他对辩证法的理解,根据辩证法,一切事物都是在连续不断发展的过程中展现的,在这个过程中存在的每一种状况都不可避免地产生其对立面。这些对立面之间的相互作用于是就产生第三个阶段,在这第三个阶段中,对立面成为一体——对立双方同时得到克服和满足——形成一种更加丰富的、更加高级的合题,它反过来又成为另外一个对立统一的辩证过程的基础。[5]黑格尔宣称,通过对这种基本过程的哲学的理解,实在的每一个方面——人类的思想、历史、自然、神圣实在本身——都可以做到是可理解的。

黑格尔的首要的推动作用就是把存在的所有方面理解为一个辩证地综合起来的统一整体。在黑格尔看来,一切人类思想和一切实在都是充满矛盾的,本身就有可能发展成为更高级的观念的状况和更高级的存在的状况。存在的每一个阶段本身包含着一种自我矛盾,正是这种矛盾起到了其向更高、更完整阶段发展的原动力的作用。通过连续不断的对立统一的辩证过程,世界便总是处在不断自我完善的过程中。然而,对自亚里士多德以来西方哲学的大部分历史来说,对立面的明确的本质就在于它们在逻辑上是矛盾的和相互排斥的,而在黑格尔看来,一切对立面在逻辑上都是必然的,而且相互包含更高的真理的因素。因此,真理本质上是自相矛盾的。

不过,在黑格尔看来,人的心灵在其最高的发展阶段是完全能够理解这种真理的。与康德有限理性的观点不同,黑格尔对人类理性有一种深刻的信念,相信它最终是以神的理性本身为基础的。康德论证理性不能穿透现象的帷幕达到终极的实在,因为人的有限理性每当企图这样做的时候不可避免地陷入矛盾,而黑格尔则认为人类理性本质上是世界精神的或者心灵的一种表现,通过它的力量,比如爱情,一切对立面都能够在更高的综合中被超越。

黑格尔进一步论证,康德的哲学革命并没有确立人类认识的最终的范围或必然的基础,它毋宁是一长串这样的概念的革命的一个阶段,通过这样的革命,作为主体的人一再认识到,他所思考的东西实际上就是通过主体赋予其形式而获得内容的自在物自体。人类思想的历史不断地反复上演这出戏剧:主体意识到自我,然后就破坏以前未受批判的观念的形式。人类认识的结构并非像康德所言是固定和永恒的,而是为历史进程所决定的以连续不断的辩证法展开的直到观念获得其自我的绝对的认识的各个阶段。在任何时刻被认为是一成不变的、确定的认识不断地被不断展开的思想所克服,从而展开新的可能性和更大的自由。自苏格拉底前古希腊哲学以来的每一个哲学发展的阶段,人类历史上的每一种思想的形式在这种伟大的理智的进步中既是一个不完整的观点,也是一个必要的步骤。每一个时代的世界观就其本身而言,既是有效真理,也是绝对真理的自我展开这个更大过程中的一个不完整的阶段。

同样这种辩证过程也成为黑格尔形而上学的和宗教的认识的特征。黑格尔把世界的根本的存在——世界精神——设想为通过其创造而展开其自我,在人类精神中得到其最终的实现。根据黑格尔的理解,绝对首先在其自身内在的观念的直觉性中假设自己,然后在空间和时间的有限世界的特殊性中通过表达自己来否定这种最初的状况,最终通过"否定之否定",在其无限的本质里重新发现自己。心灵由此克服了其与世界的疏远,这个世界就是心灵自身构造的世界。因此,认识活动是从客体与主体相分离的观念到绝对的认识而展开的,在这种绝对的认识中,认知者和所知变成为一体。

但是,只有通过这种自我否定的辩证过程,绝对才能够获得其实现。然而,对柏拉图来说,内在的和世俗的东西在本体论上遭到了否弃而赞成先验的和精神的东西,而在黑格尔看来,这种世界正是绝对的自我实现的状况。在黑格尔的概念里,自然和历史是朝向绝对不断进步的:世界精神在空间中作为自然,在时间中作为历史而表现自我。一切自然的过程和一切历史的过程,包括人类理智的、文化的和宗教的发展在内都构成了绝对寻求自我揭示的目的论的计划。正如只有通过与上帝相异化的经验,人才能经验到重新发现自己的神性的快乐和狂喜一样,也只有通过上帝在自然和人里面变得有限的过程,上帝的无限的本质才能够得到表现。正是因为这个原因,黑格尔宣称其哲学概念的本质在上帝道成肉身的这一宗教真理之顶峰的基督教启示里面得到了表现。

世界是神性的不断展现的历史,是一个不断生成的过程,是一幕世界揭示自我到自我本身并获得其自由的波澜壮阔的戏剧。一切斗争和发展在世界的*目的*即其目标和目的的实现中得到解决。在这种伟大的辩证法中,一切可能性都通过不断增加的复杂性的形式得到具体表现,一切其原初状况不明确的存在都会逐渐变得明确起来。人——其思想、文化和历史——是这种展现过程的中枢,是上帝荣耀的接纳者。因此,在黑格尔看来,神学已为历史的理解所取代:上帝不是超脱于创造,而是创造过程本身。人不是实在的消极的旁观者,而是其积极的共同创造者,他的历史是其获得实现的母体。构成和贯穿于一切事物的世界的本质,最终在人那里达到自我的观念。在其漫长发展的顶峰,人获得了绝对真理的所有权,认识到他与在其内心得到自我实现的神圣精神的统一。

所有这些思想在19世纪初提出之时以及之后的数十年里,许多人都把黑格尔的伟大思想体系看作是西方思想史上最令人满意的甚至是终极的哲学概念、自古希腊以来哲学漫长发展的顶峰。存在和人类文化的每一个方面在这种世界概念里都找到了位置,都为其无所不包的整体所包容。黑格尔的影响是巨大的,起先在德国然后在说英语国家,推动促进了唯心主义观点的古典文化研究和历史研究的复兴,为那些与世俗的唯物主义势力进行斗争的有唯心主义倾向的知识分子提供一座形而上学的堡垒。由此产生了一种对历史、观念发展的全新关注,认为历史最终推动的力量不仅是政治的或经济的或生物的——亦即物质的——因素,尽管这些因素都发挥了作用,而是观念本身,是精神或者心灵,是思想的自我展现和观念的力量。

不过黑格尔也招致许多批评。有些人认为,其思想体系的绝对主义的闭合似乎限制了世界不可预见的可能性以及个体人格的自主性。他强调绝对精神的理性的决定论,强调最终消除一切对立,似乎削弱或然性的偶然性和生命的无理性,似乎无视人类经验的具体的情感的和生存的现实性。他那抽象的形而上学的确定性似乎逃避精神空虚的可怕的现实,而且似乎漠视人类对上帝遥不可及和不可思议的经验。宗教批评家们也反对他,认为对上帝的信仰并不仅仅是寻找解决哲学问题的答案,而是需要在蒙昧无知的不确定中找到一种自由的、英勇的信仰的飞跃。其他人则把他的哲学解释为一种对现状作形而上学的辩护,因而批判他背离了人类为政治的改善和物质的提高而进行的努力奋斗。后来又有批评家指出,他过分夸大西方文化在世界历史范围中的意义、理性的文明凌驾于自然的偶然性的观点,可以解释为对现代人类出于统治和榨取之目的的傲慢冲动的辩护。实际上,黑格尔关于上帝、精神、理性、历史和自由的本质等基本概念似乎完全可以进行相反的解释。

通常的情况是,黑格尔对历史的看法似乎是独断的,他的政治和宗教的推断是模棱两可的,他的语言和文风是令人费解的。此外,他的科学观虽然蔚为大观,却是非正统的。不管怎样,黑格尔的唯心主义难以同获得科学支持的自然主义的世界观相协调。在达尔文以后,进化过程似乎不再有赖于无所不包的世界精神,通常有科学的根据的观点也并不表明这样一种精神。最后,以后发生的一系列历史事件也不能为西方人必能通过历史而达到精神完美的自信提供理由。

黑格尔曾经论及一个人若是经验到一种实在的看法,而这种实在的绝对真理超越了怀疑论,超越了其他体系可能必需的详细的经验检验的要求,他就不免会产生一种独断的自信。在黑格尔的批评者看来,黑格尔的哲学是无事实根据的,是想像出来的。现代的思想确实吸收了许多黑格尔的思想,尤其是他对辩证法的理解、对进化的普遍性和历史力量的认识。但是,从整体上看,黑格尔的综合并没有为现代思想所保持。在某种程度上,在其自身理论的实行中,黑格尔哲学最终为其容易挑起的反对派——非理性主义和存在主义(叔本华和克尔恺郭尔)、辩证唯物主义(马克思和恩格斯)、多元论的实用主义(詹姆士和杜威)、逻辑实证主义(罗素和卡尔纳普)以及语言学分析(摩尔和维特根斯坦)所淹没,所有这些运动都对现代经验的一般趋向作了越来越深刻的思考。随着黑格尔哲学的衰落,最后一个在文化上具有强大影响的主张存在人类意识可以理解的普遍秩序的形而上学体系从现代思想活动的舞台上消失了。

在20世纪,倾向于形而上学的科学家,例如昂利·柏格森、阿尔弗雷德·诺斯·怀特海和德日进沿着与黑格尔的相似的思路,寻求将进化的科学图景同根本的精神的实在这样一种哲学和宗教的概念结合起来。然而,他们最终的命运也都是相同的,虽然不少人认为,他们对通常的科学的观点提出了鲜明的、全面的挑战,但是其他人却认为他们这些思考并没有充足的可证明的经验的根据。以大自然为例,似乎并没有证明他们提出的概念的明确手段,例如柏格森提出的在进化的过程中起作用的创造性的生命力,怀特海提出的与自然及其生成过程相互依存的进化的上帝,德日进提出的人类和世界的进化在统一的基督意识这个"欧米茄点"得到圆满实现的"宇宙生成说"。虽然这些进化过程充满灵性的进化理论得到了普遍的响应,并且开始经常极其微妙地影响以后的现代思想,但是明显的文化潮流,尤其是在学术界则完全不是那样的情况。

思辨的形而上学的总体看法的衰落同样也表明了思辨的历史的总体看法的衰落,诸如奥斯瓦尔德·斯宾格勒和阿诺德·汤因比的史诗般的成就,虽然不无许多赞赏者,但最终还是像之前的黑格尔的体系一样受到贬低。如今学术性的历史研究不再汲汲于认识历史的包罗万象的模式和无所不包的统一性。黑格尔发现历史的"意义"和文化进化的"目的"的哲学纲领现在被认为是不可能的、误导的。相反,专业的历史学家认为,他们的能力应更恰当地限制在经过仔细规定的专业研究、来自社会科学的方法论问题研究、可计量因素的统计分析,诸如人口水平和收入统计数字等。历史学家的注意力更使人满意的转向了人们生活的具体细节,尤其是他们的经济的和社会的环境——亦即"底层的历史"——而不是通过创造世界历史的伟大个人起作用的普遍原则的唯心主义的图景。学院的历史学家沿着启蒙运动的方向,认为需要把历史完全从其长期以来被置于其中的神学的、神话的和形而上学的背景中分离出来。就像自然一样,历史也是唯名论的现象,可以做经验的考察而不需要任何灵性的观念预设。

不过,随着现代向晚近阶段的发展,浪漫主义又完全从另外一个领域重新吸引现代的思想。黑格尔以及形而上学的和历史的总体看法的衰落是在这样一个思想环境里面形成的,即在确定对实在的文化的理解中物理科学占据主导作用。但是,随着科学本身在认识和实践层面上都被揭示出来,实际上它只是一种相对的、容易出错的认识的方式,由于哲学和宗教早已失去其以前的文化的优势地位,许多敏于思考的个人开始转向内心,把意识本身当作在一个其他方面缺乏确定价值标准的世界中的潜在的意义和自我认同的源泉来加以考察。这种对心灵的内在活动的新聚焦,也反映了人们对决定客体的外部自然的主体的心灵之中的那些无意识结构日益精通的关注——因而在一个更加综合的层面上延续了康德的研究计划。因此,在受到浪漫主义影响的科学的所有事例中(即使对于在自然和历史中的生物进化的、实在是一个不断生成的过程的浪漫主义观念曾多方惠及现代进化论我们不予考虑),最持久的、最具重大影响的得到证明是弗洛伊德和荣格的深蕴心理学,它们都受到了从歌德到尼采的德国浪漫主义思潮的深刻影响。

在其对强烈的感情和无意识的力量——想像、情绪、记忆、谎言和梦幻——的研究中,在其对内省、精神机能障碍、隐藏的动机因素以及矛盾情绪的研究中,心理分析把浪漫主义的预设观念带到了一种全新的系统分析和文化意义的层面上。由于弗洛伊德——他作为学生在聆听歌德的《自然抒情诗》之后最先转向医学,并且终其一生醉心收集原始的宗教的和神话的

第六篇　现代的转变

雕像——,浪漫主义的影响经常被贯穿于其科学的看法的启蒙运动—理性主义的假设所掩盖或颠倒。但是,由于荣格,随着弗洛伊德的发现和概念得到扩大和深化,浪漫主义的遗产变得更加显而易见了。在分析大量心理的和文化的现象过程中,荣格发现了人类共有的集体无意识的证据,并且按照颇具说服力的原型的原理加以构造。虽然人类经验显然局部地受到诸多具体生物的、文化的和历史的因素限制,但是把所有这些因素包括在内在一个更深的层面上似乎是某种普遍模式或者经验模式,也就是不断将人类经验的因素排列组合成为一种特殊结构并且赋予集体的人类心理以持续不断的动力的原型形式。这些原型作为基本的先天符号形式而持续存在,同时又披上每一个个体生命和文化时代此刻当下的装束,贯穿于每一种经验、每一种认识以及每一种世界观。

　　集体无意识及其原型的发现极大地拓展了心理学关注和察见的范围。宗教的经验、艺术的创造力、秘教的体系以及神话的想像如今都可以用令人强烈联想到新柏拉图主义的文艺复兴和浪漫主义的非还原论的方式加以分析。随着荣格洞察到集体心理的倾向,也就是在走向更高层次的综合之前使原型的过去的对立面形成情意丛的这种倾向,一种黑格尔对历史辩证法的认识的新的维度出现了。许多以前为科学和心理学所忽视的因素,如今被确认对于心理治疗的计划是异常重要的,并且给予了生动的概念的公式化的表述:集体无意识的创造性和连贯性,无意识产生的象征的形式和自主的神话人物的心理的实在和潜能,阴影的本质和力量,寻求意义的心理的中心性,心理变化过程中目的论的和自我调节的因素的重要性,同时发生的现象,等等。弗洛伊德和荣格的深蕴心理学因而提供了介乎科学与人文学科之间的一种富有成效的中间的领域——对人类经验之多重维度的敏感,关注艺术和宗教信仰以及心灵的实在,关注定性的条件和具有主观意义的现象,不过在集体的科学的研究的背景中也力求经验的准确性、理性的说服力,以及追求具有实践和诊疗效果的知识。

然而,正是因为深蕴心理学最初是以比较宽泛的科学世界观为基础的,其更重大的哲学影响最初受到了限制。此种限制的存在并不完全是因为深蕴心理学易受批评,人们批评它,与比如说行为主义心理学或统计力学相比(有时人们认为,其临床效果并不能形成心理分析理论的客观的单纯的根据)其"科学性"不够充分。这样的批评是偶尔由那些比较保守的科学家作出的,但是不会严重影响深蕴心理学的在文化上的欢迎,因为大多数使他们自己熟悉这门学科深刻见解的人发现,它们确实拥有某种内在的自明性和有说服力的逻辑,通常具有启发的特性。但是,更大地限制深蕴心理学的影响的正是其研究本身的性质:由于现代思想的基本的主体—客体两分,深蕴心理学的深刻见解不得不被认为只是与心灵、事物的主观的方面相关,而不是与世界本身的问题相关。即使"在客观上"是真实的,它们也只是在与主观实在的关系上是客观上真实的。它们没有也不能改变人类在其中寻求心理的健全的宇宙的背景。

现代对人类一切知识的认识论的批判进一步强化了这种限制。荣格虽然在形而上学上比弗洛伊德更加灵活,但在认识论上却更加小心谨慎,在其一生中的大部分时间里他不断地申明自己的学说在认识论上是有着根本的局限的(尽管他也提醒比较因循守旧的科学家,他们在认识论上的情况并无二致)。由于他的哲学基础是康德的批判传统,而不是弗洛伊德比较传统的理性主义的唯物主义,荣格不得不同意他的心理学并非必然具有形而上学的意义。确实,荣格承认心理的实在作为经验现象的地位,其本身就是超过康德的重要的一步,因为他由此赋予实体"主观的"经验,就像康德赋予实体"客观的"经验:真正无所不包的经验主义必须将**一切**人类经验而不仅仅是感官印象都包括在内。不过,荣格本着康德的精神提出,不管心理治疗的研究提供了怎样的材料,它们绝不能提供关于世界或实在本身的命题的充足的理由。心理学的发现并不能确切地揭示世界的真实的构成,不论关于神话的维度、世界灵魂或者至上的神的证明在主观上多么令人信服。人类心灵所产生的一切,只能被视为人类心灵及其内在的结构的产物,没有什么必然的客观的或普遍的联系。深蕴心理学的认识论的价值就在于其揭示那些无意识的结构性因素、原型的能力,而这些因素、原型似乎支配一切精神的机能活动因而也支配一切人类对于世界的看法。

因此,荣格的研究领域和种种概念的性质似乎是要求对其发现作出专门的心理学的解释。它们实际上是经验的,但它们只是心理学上的经验。深蕴心理学也许为现代的人展现了更深层的内心世界,但是自然科学所认识的客观世界势必仍然是难理解的,没有先验的方面。确实,在荣格的原型和柏拉图的原型之间有许多明显的相似之处;但是对于古代的思想来说,柏拉图的原型是宇宙的,而对于现代的思想来说,荣格的原型则仅仅是心理的。因此,古希腊人与现代浪漫主义者之间存在着根本的差别:笛卡尔、牛顿、洛克和康德则介于中间。由于现代思想的分叉,一方面是浪漫主义和深蕴心理学的内心世界,一方面是自然科学的根据自然的宇宙论,似乎不可能在主观和客观、心灵和世界之间形成真正的综合。不过,弗洛伊德—荣格的传统在心理治疗和思想方面对20世纪文化的贡献却很多,在短短的几十年里,其重要性可谓与日俱增。

实际上,随着对精神错乱以及其他社会的和心理的痛苦的诸般病症变得日益普遍的深刻认识,现代心灵看来愈发迫切需要深蕴心理学的帮助。由于传统的宗教观点不再能够提供有效的慰藉,深蕴心理学本身及其大量的产物便具备了宗教的特点——现代的人的一种新的信仰,一条通向治疗灵魂,使之重生和新生、顿悟的突现和精神的皈依(以及宗教的其他方面特点:对心理学创始的先知及其最初启示的纪念、教义的发展、祭司的精英、仪式、宗派、异端、改革以及新教派和诺斯替教派的激增)的路径。不过,文化的心灵的救赎似乎并没有得到广泛的实现——似乎深蕴心理学的工具正被用于充斥了包括更多的病症的范围,而不是可望治愈病人的主观主义的心理疗法。

存在主义和虚无主义

随着20世纪的发展,现代意识发现自身深陷于一个同时扩张和收缩的极大的矛盾的过程之中。理智和心理的极大成熟伴随着失范和抑郁的颓废感。眼界的前所未有的扩大和对于别人的经验的揭示,与极不相称的个人的异化相一致。涉及生活的方方面面的数量大得惊人的信息变得唾手可得——当代的世界、历史的往事、其他的文化、其他的生活方式、亚原子的世界、大宇宙、人类的心智和心理——可是条理清晰的思想、连贯性和综合性、确定性却越来越少。自文艺复兴以来确定西方人特点的那种压倒一切的推动力——追求独立、自主和个人主义——实际上在许多人的一生中已经把那些理想变成了现实;不过结果却造成了这样一个世界,在这个世界里,不仅在理论上还原论的科学观而且在实践上大众社会的普遍存在的集体性和墨守成规,日益抑制了个人的自发行为和自由。现代的伟大的革命性政治计划——宣告个人的和社会的解放——逐渐导致了一种社会状况,现代个人的命运日益被商品化的和政治的科层制的上层建筑所主宰。正如人在现代的宇宙中变成了一粒毫无意义的微粒,个人在现代的国家中也变成了一件毫无价值的东西,受到大众的操纵或压制。

现代生活的性质也是有歧义的。巨大的权限被一种普遍的无依无靠的焦虑感所抵消。深刻的道德的和审美的敏感性与可怕的冷酷无情和荒唐颓废相对。技术日新月异的发展所付出代价也是水涨船高。在每一份快乐和每一种成就的背景中隐约地呈现出人性的前所未有的脆弱。在西方的引导和推动下,现代的人以极大的离心力、复杂性、多样性和速度向前面和外面猛冲。似乎他迫使自己进入了一场人间的噩梦、一片精神的荒漠、一种极大的束缚、一种似乎难以摆脱的困境。

问题重重的现代的状况,没有什么地方比在存在主义的现象中得到更

第六篇 现代的转变

明确的体现了,这种思潮和哲学特别在海德格尔、萨特和加缪的著作中得到表达,但最终反映了现代文化中普遍的精神危机。由于存在主义者直面人类生存的最根本、最直接的情况——痛苦和死亡,孤独和忧虑,罪恶,冲突,精神空虚和本体论的不牢靠,绝对的价值观念或普遍的人存在于其中的各种有关情况的缺失,极度的荒谬感,人类理性的脆弱,人类环境的悲剧性的绝境——,20世纪生活的精神上的极度痛苦和异化得到了最充分的表达。人被迫处于自由的状态。他面临了选择的必要性,因此他深知错误的持续重轭。他在永远不知道其未来的状况下生活,处于一个在各个方面受到虚无的限制的有限制的存在之中。人的无限的强烈的愿望在人的有限的可能性面前成为泡影。人并不具有什么决定性的本质:只有他的得到的存在,这是一种深陷于必死性、危险、恐惧、厌倦、矛盾、无常之中的存在。并不存在什么超然的绝对确保人类活动或历史的实现。并不存在什么永恒的设计或者上帝的目的。事物存在仅仅是因为它们存在,而不是出于某种"更高的"或者"更深的"原因。上帝死了,宇宙对人类的事情无知无觉,其本身也是毫无意义或目的。人被抛弃了,只有依靠自己。一切都是偶然的。人必须真实地承认、自愿地选择面对生命的毫无意义这种严酷的实在。只有奋斗才有意义。

浪漫主义追求精神的狂喜、与自然融为一体以及自我和社会的完满,以前得到了18—19世纪的人类进步的乐观主义的支持,但是却遭遇到了20世纪的阴暗的现实,这个文化中的许多人都感受到存在主义的困境。甚至神学家——也许尤其是神学家——对于存在主义的精神甚为敏感。在一个被两次世界大战、极权主义、大屠杀以及原子弹所破坏的世界里,对于一个智慧的全能的、为了全人类的利益而支配历史的上帝的信仰似乎已经失去了任何值得辩护的基础。由于当代重大历史事件的前所未有的悲剧性的这些方面,由于作为信仰不可动摇的基础的圣经的式微,由于任何令人信服的证明上帝存在的哲学的理由的阙如,特别是由于在一个世俗时代宗教的信仰遭遇到的几乎是普遍的危机,神学家们再也不可能用一种对于现代的感觉力来说具有意义的方式谈论上帝了:于是便出现了似乎是自相矛盾,但是又颇具代表性的"上帝已死"的神学。

当代叙事的笔下,个人日益被描述为深陷于一种使人困惑的问题重重的环境,枉费心机地试图在一个没有意义的世界里杜撰意义和价值。面对现代世界无情的非人格性——无论是机械化的大众社会,还是没有灵魂的宇宙——浪漫主义仅剩的回应似乎就是绝望或者自我虚无化的蔑视。多重变调的虚无主义现在似乎坚定不移地渗透到文化生活。早期浪漫主义那种与无限融为一体的激情如今开始反对自己,颠倒、转变成为一种要去否定那种激情的强迫行为。浪漫主义的清醒的灵魂日益用崩溃、漂泊以及自我嘲弄方式表现自己,通过反讽和晦涩的悖论那些东西来表现其唯一可能的真理。有些人提出整个文化因其迷失方向而变得精神错乱,而所谓疯狂的东西实际上更加接近于真正的健康精神。对传统的实在的反抗开始采取全新的、更为极端的形式。现代早期对于现实主义和自然主义的回应让位于荒诞和超现实主义,让位于对一切现存基础和固定范畴的消解。对自由的追求变得更加激进了,其代价就是破坏一切标准或稳定性。随着自然科学也摧毁了长期维持的确定性和结构,艺术在20世纪的认识论上的相对主义的苦苦挣扎中与科学不期而遇了。

早在20世纪初,植根于古希腊和文艺复兴的形式和理想的西方传统的艺术准则就已经开始受到消解和破坏。18世纪和19世纪小说中反映的人类同一性的本质,表达了人类自我的意识,这个自我从直线型的叙述逻辑和历史序列的广阔一致的背景中完全地显示出来,而典型的20世纪的小说的值得注意之处,则在于不断质疑其自身的前提、不断地中断叙述和历史的连贯性、搅混不同的视角、老于世故的和错综复杂的自我怀疑,使人物、作者和读者处于一种不能克服的焦急不安状态。真实性和同一性,正如两个世纪之前休谟超前认识到的那样,既非根据人类的经验可以确定的,也没有本体论上的绝对。它们是关于小说创作的心理的和讲究实际的方便的习惯,而且在现代西方思想的深刻内省的、小心谨慎的、相对主义的意识中,它们不再能得到人们的肯定无疑的相信了。在许多人看来,它们也是虚假的牢狱,是可以被识破并且被超越的:因为哪里有不确定性,哪里也就有了自由。

半是通过反思,半是通过预言,20世纪的不协调和分裂、彻底的自由和彻底的不确定性在艺术领域得到了充分的、准确的表达。所有不断的变动和混乱的可感知的生活取代了早期时代注重形式的传统模式。通过侥幸、不由自主、偶然事件去追求艺术的奇妙。无论是在绘画还是在诗歌中,无论是在音乐还是在戏剧中,引人注意的混乱性和不确定支配着艺术家的表现方式。无条理和令人困扰的并列构成了新的审美的逻辑。反常变成了规范:不协调、断裂、程式化、琐碎、引喻的晦涩。对无理性的和主观性的关注,结合一种要从行为准则和期待中解脱出来的压倒一切的冲动,经常使得艺术只能为小圈子里的人所理解——或者晦涩难解而根本无法交流。每一个艺术家都变成了其自身的新秩序和天命的先知,无畏地打破传统的律法并且形成新的圣约。

艺术的任务就是要"让世界变得陌生"、冲击麻木的感觉力、通过打碎旧的实在而铸造新的实在。艺术就像社会实践,反抗束缚人的、精神荒原的社会需要对传统的价值观念和义务承担表示决绝的甚至是彻底的蔑视。被若干世纪以来的笃信的行为准则搞得平淡无奇和毫无意义的神圣,通过世俗的和渎神的方式似乎得到了更好的表达。从强烈的激情和感情中可以充分得到创造精神的原创的源泉。在毕加索那里,正如在他所反映的这个世纪中,产生了一种由无拘无束的性欲、侵犯、肢解、死亡和诞生所组成的酒神狄俄尼索斯的复合体。要不是这样,艺术家的反抗便采取了模仿了生硬乏味的现代世界的形式,那就是极简抽象派艺术家模仿科学的实证主义者,力求达到一种没有表现的艺术——一种不具人格的去掉解释的客观主义,单调地描述的没有主观性或意义的姿态、表现形式和格调,在许多艺术家看来,不仅可理解性和意义要彻底抛弃,甚至连美本身也要彻底抛弃,因为美也可能是苛刻的事物,一种应当打破的传统手法。

这并不纯粹是传统的表达方式已经枯竭,也不纯粹是艺术家不惜任何代价猎奇求新,而是当代人的经验的本质需要破坏传统的结构和主题,创造新的结构和主题,或者抛弃任何可分辨的形式或内容。艺术家已经变成了新实在——日趋多样化的实在——的现实主义艺术家,这是没有任何先例的。因此,他们的艺术任务与他们的前人截然不同:急剧的变化,在艺术中就像在社会中一样,是这个世纪压倒一切的主题,是其当务之急和不可回避的事实。

不过也付出了代价。"创造一个新世界吧",庞德曾经如此晓谕天下,但是他后来经深思后认识到,"我不能使这个世界前后一致"。急剧的变化和无尽的创新催生了没有美感的混乱、不可理解性以及不结果实的异化。现代后期的实验可能蜕变为毫无意义的唯我论。不断地追求新奇的结果是建设性的,但很少是持久的。支离破碎是真实的,但很少是令人满意的。主观主义也许是有极大吸引力的,但往往是无关宏旨的。坚持抬高抽象派,贬低具象派,有时看来无非是反映了现代艺术家越来越没有能力把握与自然的关系。由于既定的审美形式或者文化上持久不变的视觉模式的缺乏,20世纪的艺术以某种不优美的飘忽不定的性质、对其自身倏忽即逝的本质和风格毫不掩饰的自我意识而引人注目。

对比之下,20世纪艺术的持久不变和日积月累的东西,却是越来越苦行主义般努力追求一种坚定不移的艺术本质,这种艺术本质逐渐排除每一种可以被视为无关紧要的或者非本质的艺术要素——表现、叙事、人物、调子、色调、结构的连贯性、主题的叙述、形式、内容、意义、目的——从而不可避免地走向了一种终点,在这个终点遗留下来的只是空白的画布、空空的舞台、沉寂。回归遥远的过去或者外来的形式和标准似乎提供了唯一的突破方式,但是这些也证明是短命的策略,不能在焦躁不安的现代人心灵中深深扎下根来。就像哲学家和神学家一样,艺术家随着他们的创造过程和形式上的做法,最终遗留下的只是反思的和极度麻木不仁的先入之见——而且他们造成的破坏性后果也是屡见不鲜的。早期的现代主义对于伟大的艺术家是在一个其他方面毫无意义的世界中的唯一主宰的信仰,如今已经让位于后现代主义对于艺术家的超凡卓绝的信仰的丧失。

> 当代作家……被迫开始从头做起:实在并不存在,时间并不存在,人格并不存在。上帝是无所不知的作者,可是他死了;现在谁也不知道情节,因为我们的实在并不认可一位创造者,所以就是已经为大家所接受的版本,其真实性也无从得到保证。时间还原为现在、由一系列断断续续的瞬间组成的内容。时间再也不是有目的的,所以不存在什么命运,只有偶然。实在是也仅仅是我们的经验,客观性当然也就成了一种幻觉。人格在经过一个危险的自我意识的阶段之后,已经变成了……不过是我们经验的发生地。由于这样一种虚无,无怪乎文学也不复存在了——它还怎么能存在呢?只有阅读和写作……这些在深渊面前维持一种深思熟虑的无聊的方式。⑥

个人在现代生活中根本的无能为力,令许多艺术家和知识分子摆脱世务、脱离公共领域。很少人觉得自己除了直接面对自我和个人的物质追求之外能够从事其他活动,更不用说献身于似乎不再站得住脚的普遍的道德观了。人类的活动——艺术的、思想的、道德的——被迫在一个没有标准的真空里面去寻找自己的基础。意义似乎只不过是随意的概念,真理也只是约定俗成的,实在是无法发现的。人们开始认为,人是庸庸碌碌的。

在一种经常是发狂似的和高度亢奋的日常生存的表面的喧嚣之下,一种预示大变动的调子开始弥漫于文化生活的许多方面,随着 20 世纪的发展,可以越来越频繁地、越来越强烈地听到丧钟鸣响,宣布西方伟大的思想和文化事业几乎每一个领域的衰落和灭亡、解构和崩溃:神学的终结、哲学的终结、科学的终结、文学的终结、艺术的终结、文化本身的终结。正如现代思想的启蒙运动—科学的方面发现自己在这个世界上被其思想的发展所逐渐削弱并且面临其技术和政治的后果所带来的严重挑战一样,在浪漫主义——以一种与众不同的并且通常更具先知般的感觉力面对类似环境作出反应——方面也是如此,发现自己既在内心世界面临了理想的破灭,又在外部世界遭到了挫败,表面上看来命中注定要在没有先验的意义的宇宙和历史的背景中抱持超越的愿望。

因此,在现代的进程中,西方人展现了重大的两种力量的对立发展——从一种对其自身的力量、精神的潜在能力、获得确定的知识的能力、驾驭自然的能力以及对不断进步的命运的把握的近乎无限的自信,走向经常似乎是一种截然相反的状况:形而上学的无意义和个人的庸庸碌碌、精神上信仰的缺失、知识的不确定性、与自然的相互毁灭的关系、对于人类未来的极大的不安全感等江河日下的感觉。在现代人生存的四百年里,培根和笛卡尔变成了卡夫卡和贝克特。

有些事物实际上正在终结。就这样,作为对错综复杂地交织在一起的那些发展的反应,西方思想遵循了这样一条发展轨迹,到20世纪末已大部分破坏了现代世界观的基础,令当代的思想日益丧失既有的确定性,不过也从根本上开启了各种其以前从未涉足的道路。如今,那反映并表达这种前所未有的处境、现代思想的逐渐成熟和自我毁灭这样一种不同寻常的发展的多因素决定的后果的思想的感觉力,便是后现代主义的思想。

第六篇　现代的转变

后现代主义的思想

西方思想史的每一次重大的划时代转变似乎都是从一种原型的献祭开始的。仿佛是为了奉献给一种新的重要文化观点的诞生,每一次其主要的先知都遭受了某种具有象征意义的反响强烈的审判和殉难:例如苏格拉底在古典希腊思想诞生之际受审并被处死,耶稣在基督教诞生之际受审并被钉死于十字架,伽利略在现代科学诞生之际受审并被定罪。根据各种流传的说法,后现代主义的思想的主要先知是尼采,这是由于他的激进的权力意志说,他的杰出的批判的感觉力,以及他对西方文化中刚出现的虚无主义强有力的、深刻的、内心充满矛盾的预言。我们看到,原型的献祭与殉道的这一主题在后现代主义的奇特的、也许是贴切的类似情况,其不同寻常的内心的受审和囚禁——强烈的理智的折磨、极端的心理的孤独以及最终是变得麻木的疯狂——在后现代主义的诞生之际,尼采全都曾经遭受过,他最后几封信的签名是"被钉在十字架上处死的人",他在20世纪的黎明曙光中死去。

就像尼采一样,后现代主义的知识分子的状况是极其复杂和模糊不清的——也许这正是其本质所在。凡被称作后现代主义的事物,其背景差异甚大,但是就其最普遍、最广泛的形式而言,后现代主义的思想可以被视为由千差万别的思想和文化思潮所形成的一系列不确定的、不明确的看法;它们范围甚广,从实用主义、存在主义、马克思主义和心理分析到女权主义、解释学、解构和后经验主义的科学哲学,我们在此只是略举其中比较突出的例子。从高度发展的、通常差别甚大的推动作用和倾向的这种思想上的极度混乱中,出现了若干被广泛接受的工作原理。领会实在和知识的可塑性和不断变化,强调具体经验高于不变的抽象的原则,坚信没有什么单一的先天的思想体系可以支配信仰或者调查研究。认识到人类知识是在主观上为多种因素所决定的;客观的本质或者本体是既不可认识也不可断定的;一切真理和假设的重要性必须不断地经受直接的检验。批判性地追求真理是限制在对于不明确和多元论的容忍上的,其结果也必定是相对的、容易出错的而不是绝对的或确定的知识。

因此,对知识的追求必须不断地进行自我修正。人们必须尝试新生事物、试验和探索、检验主客观的结果、接受自己的错误的教训、认为没有什么东西是理所当然的、把一切都看作是暂时性的、决不想当然地认为存在什么绝对事物。实在不是一个有实体的、独立自足的已知事物,而是一个易变的、不断展开的过程,是一个"开放的世界",不断地受到人们的行为和信仰的影响与模塑。它是可能的情况而不是事实。人们不能把实在看作是一个对不变的物体无关的旁观者;相反,人们无例外地并且必然地参与实在,从而在改造实在的同时自己也受到改造。虽然实在在许多方面是毫不妥协并且惹人恼火的,但是实在在某种意义上必须依靠人类的思想和意志而被开辟出来,思想和意志本身已经卷入人们寻求认识并影响的东西之中。人的主体是一种具体化的动因,以不能完全被掌握和控制的方向和动机,在一种根本不能完全被客观化的背景下行动和判断。认识主体根本不能与肉体或世界相脱离,这个世界构成了每一个认知行为的背景和条件。

人类构建概念和符号的内在的能力被认为是人类对实在的认识、预感和创造中的一个基本的和必要的因素。心灵不是一架外部世界及其固有秩序的被动的反射器,在感知和认知过程中它是积极的、富有创造性的。实在在某种意义上说是由心灵所构造的,而不仅仅是为心灵所感知的,许多这样的构造是可能的,但是没有一个是必然有效的。虽然人类知识可能一定要同某种内在的主观结构相符合,但是在这些主观结构中具有某种程度的不确定性,再加上人类的意志和想像,就会在认知中出现一种自由的因素。在这里,显然是一种相对化的批判的经验主义和一种相对化的批判的理性主义——认识到具体的研究和严密的论证、批评与理论构建两者都是不可或缺的,不过也认识到这两种研究手段都不能声称拥有任何绝对的基础:没有一种经验的"事实"不是已经存在于理论的框架中,也没有一种逻辑的论证或者形式的原则具有先天的确定性。一切人类的认识就是解释,没有一种解释是最后的解释。

库恩的"范式"概念在当前论谈中的盛行,正是后现代主义的思想的典型特征,反映出对心灵的基本上的解释特性的一种批判意识。这种意识不仅影响了后现代主义的对以往文化的世界观的研究,对不断变化的科学理论的历史的研究,而且也影响了后现代主义的自我理解本身,从而激发起对于被抑制的或非正统的观点一种较为同情的态度,以及对于当前已确立的观点一种要求进一步自我批判的看法。人类学、社会学、历史学和语言学的不断发展强调了人类知识的相对性,使人们逐渐认识到西方思想中的"欧洲中心论"的特征,以及由阶级、种族和种族地位等因素所产生的认知偏见。尤其在最近几年,对于性这个在确定和限定那些称作真理的东西中的重要因素所作的分析,可以说是非常透彻的。各种形式的心理分析——既有文化上的,也有个体上的——进一步揭示了人类经验和知识的无意识的决定因素。

对于这些发展进行深思并且给予支持的乃是存在于后现代主义的感觉力的内心深处的激进的远近法学说:它植根于由休谟、康德、黑格尔(其历史主义)和尼采推动发展的认识论,以后又在实用主义、解释学和后结构主义中得到清楚地表达。以这种理解看来,世界不能说原则上先于解释具有任何特征。世界并不是作为独立于解释以外的自在之物而存在的;相反,世界只有在解释之中并通过解释而得到存在。知识的主体已经嵌入到知识的客体里:人类思想根本不能站在这个世界之外,根据外部世界的观点去判断它。每一个认识的对象已经是一种有待解释的情况的一个组成部分,而且除了这种情况之外也只是其他各种有待解释的情况。人类的一切知识都是通过来源不确定的符号和象征传播的,都是由在历史上和文化上的易变的倾向所构成的,都是受通常未意识到的人类利益的影响的。因此,在科学中,与在哲学、宗教或艺术中一样,真理和实在的本质都是极其不明确的。主体根本不能擅自超越他的或她的主观的各种各样的倾向。人们至多能够试图贯通各种视角,在主体和客体之间建立一种不能达到完满的和睦关系而已。比较不那么乐观地说,人们必须承认,人类意识的不能克服的唯我论违抗了世界的根本的不可辨识。

因此,后现代主义的思想之开放性和不确定性的另一面就在于缺乏任何一种世界观的坚实基础。精神的实在和物质的实在已经变得难以解释的歧义纷呈的、多方面的、可变的以及无边际的——由此激发了勇气和创造性,但是面对永无止境的相对主义和存在的有限,也产生了一种潜在的令人消沉的焦虑。主观的检验和客观的检验的冲突、对文化上的目光短浅和一切知识的历史的相对性的敏锐的意识、对根本的不确定性和移位的普遍的感觉以及近似于令人苦恼的支离破碎的多元主义,这一切造成了后现代主义的状况。甚至说明主体和客体是可区分的实体也认为是实在不能确知的。随着后现代主义的思想取得支配地位,人类寻求宇宙的意义便依解释的工作而定,而这种解释的工作是茫然而毫无头绪的:后现代的人类生存于一个其意义既是彻底开放的,同时却没有可靠的基础的世界中。

在诸多结合在一起产生这种思想状况的因素中,正是语言分析在后现代主义的思想中产生了最为激进的怀疑的认识论的思潮,正是这些思潮最明确地、自觉地自称是"后现代主义的"。另一方面,造成这种发展的也包括许多首创者研究——尼采对语言与实在之间悬而未决的关系的分析;皮尔斯的符号论,假设认为人类的一切思想都是以符号发生的;索绪尔的语言学,指出语词和对象、符号和所指之间的随意关系;维特根斯坦对人类经验的语言学结构的分析;海德格尔对形而上学的存在主义—语言学的批判;萨丕尔和沃尔夫的语言学假说,认为语言形成对实在的感知,一如实在形成语言;福科对知识的社会结构的谱系研究;以及德里达的解构主义,挑战在任何文本中确立一种确定无疑的意义的企图。尤其是在当代学术界,这些影响的结果是有力地传播了一种关于人类的论述和知识的观点,这种观点把人类拥有一种不折不扣的或永久的真理的主张极大地加以相对化,并且因此支持对理智分析的特征和目标坚决加以修正。

这种观点有一个基本的论点,人类的一切思想是最终为生活的极具特色的文化—语言的形式所产生和限制的。人类知识是由某些解释者所组成的特定地方社团的语言和社会实践的历史上的偶然的产物,与独立的非历史的实在并没有什么确定的"持久紧密"的联系。因为人类经验是为语言上所预先构造的,不过各种语言结构并不具有与独立的实在的明显的联系,人类思想除了受到其地方生活的形式限制的实在之外,根本不能声称有接近任何实在的机会。语言是一个"笼子"(维特根斯坦语)。不仅如此,语言学的意义本身可以证明是基本上多变的,因为那决定意义的语境是永不确定的,在每一个表面看上去有条理的文本背后都可以发现许多不协调的意义。没有一个文本的解释可以声称具有决定性的权威,因为凡是被解释的都不可避免地包含有潜在的矛盾,这种矛盾削弱了它的条理性。因此,所有意义最终都是可变的,并不存在什么"真正的"意义。没有什么基本的主要的实在可以说提供了人类试图反映真理的基础。在无限倒推的过程中,文本仅仅与另一个文本相关,在语言以外并没有什么可靠的基础。人们绝不能逃脱"能指的游戏"。无共同尺度衡量的人类真理的多样性暴露并且挫败了传统的假设,这种假设认为思想能够不断进步,直到对实在的更相近的理解。关于真理的本质,可以说什么也说不准,恐怕除了这种情况之外,就像理查德·罗蒂指出的,"我们瞧见的东西将让我们大放厥词"。[7]

在这里,笛卡尔的批判的理智从某种意义上说已经达到了其发展的最高点,将一种彻底的怀疑论运用到每一个可能的意义上而怀疑一切。由于并没有任何证明福音的神圣的基础,语言并不拥有特权而与真理相联系。人类意识的命运必然是游牧式的,在错误之中自觉地游荡。人类思想的历史是一种特有的隐喻性计划的历史,除了充满自身的隐喻的和解释性的范畴之外,含糊的解释性语汇并没有其他任何基础。后现代主义的哲学家能够比较和对照、分析和讨论许多人类已经表达的多种观点、各种符号系统、各种使事物形成一体的方式,但是他们不能声称拥有超越历史的阿基米德点,并且借助它来判断一个假设的观点是否有效地反映了"真理"。既然并不存在人类知识的任何不容置疑的基础,任何观点的最大价值是其所具备的暂时有用的或者启发作用的、解放的或者有创造力的功用——尽管人们认识到最终这些价值本身并不是由任何超越个人和文化的经验的东西可证明为正当的。因为证明为正当本身也只是另外一种社会实践,在社会实践之外并无任何依据。

由若干思潮汇合而成的后现代主义的思想的最突出的哲学成果是对自柏拉图以来西方的主要哲学传统展开多方面的重大的抨击。该传统的整体计划是理解和阐述基本的实在,如今它被指责为一场徒劳无益的语言游戏、一种持久的却注定要失败的逾越其自身创造的精心的虚构的努力。更尖锐地说,人们指责这样的计划是内在异化的和等级压迫的——思想上的专横的做法,这种做法造成了存在的和文化的贫乏,并且最终导致对自然的技术专家政治论的统治以及对他人的社会—政治的统治。西方思想的把完整地表述的理性的某些形式——神学的、科学的、经济的——强加于生活的每个方面的压倒一切的强制力被指责为不仅是用于自欺欺人的而且是破坏性的。

在这样或那样一些相关因素的鼓动下,后现代主义的批判的思想促进了对长期以来多少仅为男性、白人和欧洲的精英所规定并且独擅的整个西方思想"正典"的有力摈弃。被普遍接受的有关"人类"、"理性"、"文明"和

"进步"的真理,被谴责为思想上和道德上的沦丧。打着西方的价值观念的幌子,犯下了无数的罪行。醒悟的眼光现在转而关注西方漫长历史上野蛮的扩张和剥削——其自古至今的精英的贪婪、其全面繁荣背后他人付出的代价、其殖民主义和帝国主义、其奴隶制度和种族灭绝、其反犹主义、其对妇女、有色人种、少数民族、同性恋者、工人阶级、穷人的压迫、其对全世界的本土社会的破坏、其对其他文化的传统和价值观念的傲慢的冷漠、其对其他生活方式的刻毒辱骂、其对几乎整个地球的胡乱劫掠。

在这种彻底转变的文化的背景中,当代的学术界日益注重通过若干复合的分析方式——社会学的和政治的、历史的和心理学的、语言学的和文学的——对传统的假设进行批判性的解构。人们以一种敏锐的感受去分析每一种类型的文本所使用的修辞的策略和它们所起的政治的作用。基本的学术精神就是分解现存结构、去除矫饰、戳穿信仰、揭露现象——一种体现马克思、尼采和弗洛伊德的精神的"怀疑的解释"。从这种意义上说,后现代主义是"一场反律法主义的运动,即对西方思想采取一次重大的废黜……解构、去中心、消失、传播、非神秘化、非连续性、差别、分散,等等。这些术语……表达了在认识论上对于碎屑或者破裂的着迷,以及相应的在思想上对政治的、性别的和语言的少数的支持。根据这种废黜的认识,恰当地思考,恰当地感受,恰当地行动,恰当地阅读,就是要拒绝服从整体的暴虐;任何人类活动的整体化便是潜在的集权主义者"。⑧任何无所不知的形式的自命——哲学的、宗教的、科学的——都必须予以抛弃。宏大的理论和普遍的总体看法一经证明准会产生经验的证伪和思想的权威主义。主张普遍的真理就是要将一种欺骗性的教义强加于混沌的现象。对偶然性和非连续性的注重将知识限制在局部的和特殊的范围之内。任何所谓综合的、协调的观点往最好的地方说不过是掩盖混沌的暂时有用的虚构,往最坏的地方说是掩饰权力、暴力和依附关系的压迫性的虚构。

因此,准确地说,不存在什么"后现代主义的世界观",也不可能形成什么后现代主义的世界观。后现代主义的范式其本质就是对一切范式的根本的颠覆,因为后现代主义的核心就是认为实在既是多种多样的、局部的,又是暂时性的,没有什么明确的基础。早在20世纪初约翰·杜威就已经认识到这种状况,亦即"对任何整体的观点和看法感到绝望(乃是)当今时代主要的思想特征",已经被尊奉为关于后现代主义的见解的精髓,就像让-弗朗索瓦·利奥塔对后现代主义的"对元叙事的怀疑"的定义一样。

在这里,颇具悖论意味的是,我们可以看出现代思想对其自身的视角具有某种优越性这样一种以往的自信。只是现代思想对这种优越性的深信源自它意识到不容置疑地拥有比前人更多的知识,而后现代主义的思想的优越感则来自其特别意识到,任何心灵,包括它本身所能够声称拥有的知识是何其可怜。不过,正是由于这种自我相对化的批判意识,人们认识到,对于任何以及所有形式的"整体化"和"元叙事"——任何对于思想的统一体、整体性或者综合的条理性的抱负——的类似虚无主义的摈弃本身也不是一种毫无问题的立场,根据其自身的原则,就像后现代主义的思想与之对立而确定其自身的特点的各种形而上学的总体看法一样,最终也不能证明自己是正确的。这种立场也是以其自身的一种元叙事为先决条件的,也许这种元叙事比其他元叙事更深奥难解,但是最终仍旧要接受解构性的批判。按照它自己的主张,它对历史的相对性和一切真理和知识受文化的—语言的影响的论断本身必须被看作是反映了只不过是另外一种局部的和暂时性的观点,而决不具有必然的普遍的、超历史的价值。明天一切都会改变。显然,后现代主义的绝对便是批判意识,这种意识通过解构一切,似乎因其自身的逻辑而被迫对其自身也作这样的解构。这是遍布于后现代主义的思想中的一个不稳定的悖论。

※

但是,即使后现代主义思想有时倾向于一种武断的相对主义和一种强

第六篇　现代的转变

制性的使一切支离破碎的怀疑论,即使与之相伴随的文化的时代精神特质有时会变质为玩世不恭的冷漠和无生命的模仿,显然整个后现代主义的思想状况的最重要特征——它的多元文化、复杂性及其不明确——正是一种本质上焕然一新的思想见解即将出现的必要特征,这种见解可能既维持又超越当前特别区分的状况。在当代世界观的政治见解中,没有一种观点——不论是宗教的、科学的还是哲学的——占上风,不过这种状况也促进了几乎前所未有的思想的弹性和互相得益的交流,并且反映了在不同认识、不同用语、不同文化的范式之间展开"对话"的广泛要求和实践。

　　从整体上看,当代思想领域的极大的可变性和多样性决不可加以夸大。不仅是后现代主义的思想本身的众说纷争的极度混乱,而且西方思想过去的差不多每一种重要因素在当今仍以这样或那样的方式存在并且发挥作用,造成了当代充满活力和混乱的时代精神。虽然对于无数先前确立的假设提出了疑问,但仍有(若有的话)个别的先天约束是可以接受的,而且过去的许多观点以一种新的相关性而重新出现。因此,任何对后现代主义的思想的概括都必须根据这种情况加以斟酌,即看到本书以前全部章节的主题中所论及的大多数其主要的前身的持续不断的存在或者新近的波澜再起。现代感觉力的、科学思想的、浪漫主义和启蒙运动的、文艺复兴时期诸说混合的、新教、天主教和犹太教的各种仍然充满活力的形式——所有这些都处在不同的发展阶段并且普遍地互相渗透,如今它们仍然是有影响的因素。甚至上溯至希腊化时代和古典希腊的西方文化传统的因素——柏拉图的和苏格拉底前古希腊哲学家的哲学、赫耳墨斯神智学、神话、秘传的宗教——也在当前思想舞台上扮演新的角色而重新登场。不仅如此,这些因素反过来又为大量来自西方以外的文化的观点,诸如佛教和印度教的神秘传统;为西方本身之内的秘密的文化潮流,诸如诺斯替教和主要的神秘教义的传统;为早于整个西方文明的本土的和古老的观点,诸如新石器时代欧洲和印第安人的精神传统所结合和影响——现在所有这些都聚集在思想的舞台上,似乎形成了某种登峰造极的综合。

宗教的文化和思想的作用当然也受到了现代的世俗化和多元文化的发展的极大影响,但是在有组织的宗教的影响在许多方面继续减弱的同时,宗教的感觉力本身似乎为后现代主义的时代新的不明确的思想环境所激活。当代宗教也为其自身的多种多样性所激活,去寻找各种新的表达形式和新的灵感与启示的源泉,范围广泛,从东方的神秘主义和服用迷幻药的自我探测,到解放神学和生态女权运动的精神。虽然世俗的个人主义的优势与传统宗教信仰的衰落可能促发普遍的精神失范,但是在许多人看来,显然,同样这些发展最终也会激发宗教取向的新形式和更大的宗教的自主。越来越多的个人觉得应当自由地为他们自己确定他们与人类生存的终极条件的关系,更加广泛地汲取各种精神源泉,而不仅仅是被迫去这样做。后现代主义的意义崩溃因而遭遇到一种正在浮现的意识的对抗,这种意识强调作为对生命的他的或她的生存的和精神的回应,个人应当对自己负责,应当具备创造革新和自我转变的能力。遵循尼采所内含的意见,"上帝之死"开始被吸收、重新设想为一种积极的宗教的发展,使对神既敬畏又向往的感情交织的更加真实的经验、对神的更加广泛的意识的出现成为可能。在思想的层面上,宗教不再容易被以还原论的方式理解为在心理方面或在文化方面坚定的对于不存在的实在的信仰,或者被说得通地解释为一种生物的偶然因素,而是被确认为基本的人类活动,通过这种活动,每一个社会和个人都象征性地理解和占有存在的最终的本质。

科学也是如此,虽然已不再享有它在现代所拥有的同样程度的统治地位,但是仍以其概念的无比的重实效的力量及其方法的鞭辟入里的严密而继续获得人们对它的热爱。因为早期现代科学的认识主张被科学哲学和科学技术发展的具体后果相对化了,所以这样一种热爱就不再是不加批判的热爱,不过在这些新环境里,科学本身似乎受到解放以探索新的和较少受约束的理解世界的新途径。确实,那些赞同一种所谓统一和自明的现代类型

第六篇 现代的转变

的"科学世界观"的个人被认为无法迎接这个时代更重大的思想挑战——因此在后现代主义时代他们要接受同样的审判,就像那些真诚的宗教人士在现代受到科学的审判一样。人们认识到,在差不多所有当代的学科中,实在的惊人的复杂、微妙和多义远远超越了任何一种思想方法所能把握的范围,而且只有使许多观点的相互影响处于开放状态,才能够应对后现代主义时代的巨大的挑战。但是当代科学本身也变得越来越自知的和自我批判的,更少具有天真的唯科学主义的倾向,而更多具有对其认识论的和基于经验的局限的意识。当代科学也不是单一的,它导致了一系列极为迥异的关于世界的解释,其中有不少同从前传统的科学的看法已是大相径庭了。

这些新观点的共同之处就在于,具有一种去重新思考和重新系统地阐述人与自然的关系的必须履行的责任,而履行这种责任是由这种日益增强的认识所推动的,亦即现代科学关于自然的机械论的、客观主义的概念不仅是有局限性的,而且在本质上是有缺点的。诸如巴特森的"心灵生态学"、伯姆的包含的秩序论、谢尔德雷克的形成因果论、麦克林托克的基因转移论、洛夫洛克的盖亚假说、普里高津的耗散结构和起伏导致有序的理论、洛伦兹和费根包姆的混沌理论以及贝尔的非定域性的定理等重大的理论的介入,已经表明较少具有还原论的科学的世界概念的新的可能性。埃弗伦·福克斯·凯勒关于科学家能够与他或她寻求理解的对象感通的息息相关之感的方法论建议,也反映了科学思想的类似的重新定向。此外,科学界之内许多这样的发展之所以得到加强和经常的促进,是因为各种古代的和神秘的自然概念的重新出现和广泛受到关注,这些概念给人以深刻印象的深奥微妙越来越受到青睐。

促进后现代主义的思想环境中的这些综合的趋势的进一步的至关重要的发展是对想像的自然的认识论的反思,许多前沿研究的领域——科学哲学、社会学、人类学、宗教研究——都进行了这种反思,而且这种反思也许首先是受荣格的研究和后荣格的深蕴心理学的认识论的深刻见解推动的。人们不再十分简单化地以为想像是与知觉和理性对立的;相反,知觉和理性被认为总是为想像所贯穿的。由于认识到想像在人类经验中具有这样一种至关重要的中介作用,人们对无意识的力量和复杂性作了更多的评价,对原型和意义的本质也有了新的深入了解。后现代主义的哲学家关于哲学和科学的陈述所具有的使用隐喻的性质的认识(费耶阿本德、巴伯、罗蒂),随着后现代主义的心理学家对决定和构造人类经验和认识的原型范畴的深入了解(荣格和希尔曼)而得到肯定和更为明确的阐明。长期以来有关普遍的哲学问题,通过维特根斯坦的"同族相似"的概念而曾在一定程度上得到阐明——他的命题就是,那看上去是一种明确的共性的东西,为一个概括性语词涵摄的一切情况所共同分有,实际上经常包含了不确定的整个范围、部分相同的类似性和关联——现在可以通过深蕴心理学对原型的认识而获得一种全新的理解。在这个概念里,原型被认为是永久的范型或原则,本身就是不明确的和多义的、动态的、可变的、易受不同文化和个体的影响的,然而却具有一种明确的基本的形式上的一致性和普遍性。

在现代和后现代主义的发展过程中,一种极其典型的、颇具挑战性的思想立场显现了出来,这种思想立场既承认人类的基本的自主性,又承认实在的性质的极大的可塑性,这种立场是从坚持这种意见出发的,即认为作为对每一个个体和每一个社会所使用的特定的符号结构和一系列假设的反应实在本身往往会展现出来。人类心灵可利用的材料的蕴藏是如此具有内在的复杂性和多样性,以致为许多不同的实在的终极性质的概念提供了似乎可能的帮助。人类因而必须在有可能是切实可行的多种多样的选择中选择,而被选择的无论什么选择将反过来影响实在的性质和进行选择的主体。从这个观点看,虽然在以各种方式抗拒或逼迫人类的思想和活动的世界和心灵中存在许多确定的结构,但是在基本的层面上,世界往往会认可那种针对它的看法的性质,并且根据这种看法的性质展现出来。人类试图认识和改造的世界在某种意义上就是被人们用以探讨它的那种理论所投射性地推导出来的。

第六篇　现代的转变

这种立场强调了人类处境所具有的巨大的责任以及巨大的潜能。既然可以引证和解释迹象来证实实际上无限的一系列的世界观,则人类所面临的挑战就是从事于能够带来最宝贵的、最充实人生之结果的世界观或一系列观点。"人类的处境"在这里被看作是人类的冒险活动:是潜在的、完全不解自明的存在的挑战——不是处于世俗的存在主义的没有出路的困境的这种情况之中,这种存在主义无意识地明确假定了先天的形而上学的范围,而是处于一个真正开放的世界之中。因为人类的认识并非毫不含糊地受材料的驱使而采取一个又一个的形而上学的立场,其中往往伴随着人类的选择这样一个不可削弱的因素。因此,除了思想的严密和社会—文化的背景之外,其他的更加广泛的因素,如意志、想像、信仰、希望和同情等,是认识论的整体的综合因素的组成部分。个人或社会的意识越是复杂,思想上越是不受约束,则对世界的选择就越是自由,则他们参与创造的实在就越深刻。对于此种人类不解自明的自主性和认识自由的肯定具有历史的背景,至少可以追溯到文艺复兴时期和皮科的《论人的尊严的演说》,以后以不同形式出现在尤其是爱默生和尼采、威廉·詹姆士和鲁道夫·斯坦纳的思想中,但是从科学哲学到宗教社会学的当代思想的广泛发展也给予了其全新的支持和多维度的推进。

概而言之,不管在哲学、宗教还是在科学中,那种有助于描绘现代思想的单义的拘泥字义倾向写实主义越来越遭到批判和摈弃,取而代之的是对多维度的实在性质、多方面的人类精神以及人类认识和经验的多义的、通过符号中介的性质作更充分的重视。随同这种重视而来的是一种不断增强的意识,即后现代主义的对过去的假设和范畴的分解能够产生概念的和生存的重新整合的全新的前景,有可能产生更为丰富的解释性语汇、形成更为深刻的叙事的条理性。在差不多每一种当代的思想方法中发生的引人注目的变化和自我修正的共同影响下,现代的科学和宗教之间根本的分裂逐渐地被削弱了。作为这种发展的结果,浪漫主义的最初计划——主观和客观、人类和自然、精神和物质、意识和潜意识、理智和心灵的协调一致——以一种新的活力重新出现了。

因此,在当代思想局面中可以分辨出两种相互对立的推动力量,一种是竭力主张对知识、信仰和世界观进行彻底的解构和揭露,另一种是竭力推行彻底的整合和协调。这两种推动力量非常明显地针锋相对,不过更加微妙的是,可以认为它们是对立的然而互为补充的倾向的共同合作。这种在解构和整合之间的充满活力的紧张关系和相互作用,没有什么地方比在那些充满女权主义特征的妇女出版的数量迅速增加的大部分著作这里更引人瞩目了。卡罗琳·墨钦特(Carolyn Merchant)、伊夫林·福克斯·凯勒(Evelyn For Keller)和其他科学史家分析了由于带性别偏见的做法和支持一种父权制的自然概念的隐喻——即把自然看作是没头脑的、被动的、女性的那种对象,是可以贯穿、控制、支配和利用的——而对现代科学认识所施加的影响。

保拉·特莱歇勒(Paula Treichler)、弗朗西娜·沃特曼·富兰克(Fracine Wattman Frank)、苏珊·沃尔夫(Susan Wolfe)和其他语言学家十分细致地探讨了语言、性和社会之间复杂的关系,通过语言习惯的内在的规则阐明妇女受到排斥或轻视的多种多样的方式。罗丝玛丽·鲁特(Rosemary Ruether)、玛丽·达丽(Mary Daly)、贝特丽丝·布鲁图(Beatrice Bruteau)、朱安·张伯伦·恩格丝曼(Joan Chamberlain Engelsman)和伊兰·帕杰尔斯(Elaine Pagels)在宗教研究方面、玛丽亚·吉布塔斯(Marija Gimbutas)在考古学方面、卡罗·基里甘(Carol Gilligan)在道德心理学和发展心理学方面、杨·贝克·米勒(Jean Baker Miller)和南希·切多罗(Nancy Chodorow)在心理分析方面、丝苔芬妮·德·弗格德(Stephanie de Voogd)和芭芭拉·艾克曼(Barbara Eckman)在认识论方面,还有其他许多女权主义的学者在历史学、人类学、社会学、法学、经济学、生态学、伦理学、美学、文学理论、文化批评等方面的著作都提出了新颖独到的深刻见解。

从整体上看,女权主义的观点和推动力量也许导致了对一切当代学术领域里的传统的思想的和文化的假设的最有力的、最细致的、最激进的批判分析。女权主义对一切都进行了重新审视：意义是怎样创造的和保持的、证据是怎样有选择地解释的、理论是怎样用相互强化的循环论证而构筑的、讲究的修辞策略和行为方式是怎样维持男性的支配权的、女性的声音是怎样在数世纪的社会的和思想的男性统治中遭排斥的、问题重重的后果是怎样由男性关于实在、认识、自然、社会、神的假设所产生的，没有什么学科或人类经验的领域是不受这种女权主义的重新审视的影响的。这些分析反过来有助于阐明标志其他被压迫群体的经验和生活方式的类似的统治模式和结构。由于女权主义产生的这种背景，女权主义的思想的推动力量不得不以一种强有力的批判精神迫使人们承认自己的权利，这种批判精神通常是对抗的和极端化的，而这与其自身特性相符；不过正是由于这种批判，长期确立的维系传统的对立和二元性的范畴——男性和女性、主观和客观、人类和自然、肉体和精神、自我和他人——已经被解构和重新构想，这就使得当代思想可以考虑较少具有二元区分的各种供选择的观点，而这种观点，在以前的解释体系中是原本不能想像的。在某些方面，女权主义的分析在思想和社会方面的意义是如此重要，以至于当代思想对于它们的重要性的认识还只是开了一个头。

　　在许多前沿领域里，后现代主义的思想坚持真理的多元化，克服过去的结构和基础，开始为长期以来困扰现代思想的思想和精神问题的研究开辟了出人意料的发展前景的广泛范围。后现代主义的时代是一个对实在的本质没有一致意见的时代，但是后现代主义的时代幸而具有前所未有的大量观点，可以用以探讨它所面临的重大的问题。

　　尽管如此，当代的思想环境充满了紧张、犹疑和困惑。其多元化的实际帮助不断地为难以对付的概念的分离所削弱。尽管目的经常是一致的，但是没有多少有力的内聚力,没有什么明确的手段据以能够形成共同的文化的见解,没有什么非常有说服力的或很全面的一定可以满足迅速增长的多样化的思想的需要和渴望的观点。"在20世纪,没有与别的事物相一致的一样事物"(格特鲁德·斯泰因语)。有价值的但看上去互不相容的解释所造成的混乱到处都是,看不到任何问题解决的迹象。当然,这样的背景提供了思想创造力自由活动的空间,没有大一统的文化范型常有的那么具有阻碍。不过,这种支离破碎和散乱无序状况并不是没有其自身的起抑制作用的后果。文化因哲学中普遍存在的哲学的失范而在精神上和实效上受到损害。由于缺乏任何切实可行的、令人信奉的文化观,旧的假设仍然在兴妖作怪,以提供人类思想和活动的越来越行不通的、危险的蓝图。

面对这种迥然不同的、问题重重的思想状况,一些沉思之士投身于这样一种工作,就是逐步形成一系列灵活的假设和观点,它们不会减少或者压制人的实在的复杂性和多样性,然而可以起到调解、综合和澄清的作用。许多人都感受到的一种辩证的挑战,就是要逐步形成具有某种内在的深刻性或普遍性的文化观,它不将任何先天的范围强加于合理的解释的可能的广泛性,同时又可以某种方式从现在的支离破碎中揭示出一种可信的和富有成效的一致性,并且为将来产生出人意料的新的观点和发展前景提供一个持久的深厚的基础。然而,鉴于目前状况的特性,这样一种思想任务似乎是极其艰巨的——不亚于拉开对手的伟大的奥德修斯之弓,然后一箭穿过看来是不可能的各种各样的目标。

笼罩着我们这个时代的思想的问题乃是,当前深刻的形而上学的和认识论的游移不定的状况是否是采取以往多年和数十年的也许更加切实可行的或更加令人困惑的形式而将无限期地延续的什么情况;它是否是事实上某种预示大动乱的历史结局的混乱序幕;或者它是否代表了转向另一个新时代的划时代的转变,产生一种新的文明形式和一种新的世界观,其原则和理想与在其激动人心的发展轨迹中推动现代世界发展的那些原则和理想截然不同。

第六篇　现代的转变

世纪之交

旋转，旋转在这巨大漩涡里
猎鹰不闻驯养人的呼唤；
分崩离析；中心不存；
只有混乱充斥世间……

当然启示即将来临。

威廉·巴特勒·叶芝
"基督复临"

随着20世纪即将接近尾声，从多种角度都可以感觉到一种普遍的紧迫感，仿佛一个永远的世代的终结确实即将到来。这是一个充满期盼、斗争、希望和不确定的时代。许多人认识到我们的实在的重大的决定性力量是历史本身的神秘过程，在我们这个世纪，历史似乎正在隆隆地急速行进，走向一切结构和基础的大规模的崩溃，走向赫拉克利特的河流的凯旋。在接近其人生终点的时候，汤因比写道：

> 当今人类近来已经意识到，历史正处于加速之中——而且其速率也在递增。当前这一代人在其一生中已经意识到了这种递增；人类关于其过去的知识的进展已经揭示，回顾既往，此种加速大约始于30 000年之前……而且随着农业的发明、文明的起始以

及最近两百年内人类对无生命的自然的巨大的物质力量逐渐的利用,呈现了连续的"大跃进"。先知们以前凭借直觉预见到的事件的高潮的即将到来,作为一个临近的事件,人们正真切地感受到,并且感到畏惧。而今,其迫近的危险不是信仰的问题,而是观察和经验的事实。⑨

从西方一些伟大的思想家和预言家提出的一系列引人注目的关于即将发生的时代转变的看法中我们可以感受到强大的高潮的到来。尼采,"那个最早意识到虚无主义的人"(加缪),预见到20世纪将有一场大灾难降临欧洲的文明,他在其思想上认识到在现代思想意识到其形而上学的世界的毁灭,也就是"上帝之死"的时候,这场前所未有的危机最终就会降临:

当我们解开太阳对地球的束缚时,我们正在做什么?它现在正往何处去?我们正往何处去?远离一切太阳吗?难道我们不是在前后左右横冲直撞吗?还会有上下之分吗?穿越无限的虚无之境难道不会迷路吗?我们不会感到呼吸虚空吗?不会变得更寒冷吗?黑夜不会逼近我们吗?⑩

提出这种看法的还有伟大的社会学家马克斯·韦伯,他看到了现代思想对世界的祛魅所带来的不可避免的后果,看到了现代性的对传统世界观的消解所导致的相对主义的裂开大口的空隙,看到了现代理性——启蒙运动将其对人类自由和进步的全部希望寄予这种理性,然而它却不能按照自己的主张证明指导人类生活的普遍的价值观念是正确的——实际上制造了专横的理性信仰的铁笼,笼罩着现代生活的每一个方面:

谁也不知道将来会是谁在这铁笼里生活;谁也不知道在这惊

人的大发展的终点会不会又有全新的先知出现;谁也不知道会不会有一次古老的观念和理想的伟大再生;如果不会,那么会不会在某种骤发的妄自尊大的情绪的掩饰之下产生一种机械的麻木僵化呢,谁也不知道。对于这个文化发展的最后阶段,确实完全可以这样来评说:"没有精神的专家,没有灵魂的感觉论者;这个废物幻想着它自己已达到了前所未有的文明程度。"⑪

"只有神能够拯救我们",海德格尔在生命快要结束的时候曾经说。荣格在临死之前将我们的时代与两千年前的基督教时代的开始做了一番比较,他写道:

> 普遍的毁灭和再生的思想倾向……在我们的时代打上了其印记。这种思想倾向体现在所有地方,无论是政治、社会方面,还是哲学方面。我们生活在希腊人称之为时机——恰当的时刻——的时刻,"诸神的彻底变化"的时刻,一个基本原则和象征彻底转变的时刻。我们的时代这种特性,当然不是我们自己有意识选择的,乃是在我们当中那个正在发生变化的无意识的人的表现。下几代人将不得不注意到这种重大的转变,如果人类不想在自身的科学和技术中自我毁灭的话……如此程度处于危急关头、如此程度取决于现代的人的心理素质……个人知道他是可以使局势发生变化的一分子吗?⑫

实际上,我们处在历史上一个重要的时刻。作为一种文明和一种物种,我们已处于一个真理的重要转折关头,人类精神的前景,地球的前景,正处在风雨飘摇之中。要是需要大胆的、深刻的和明确的观点,并且是由于许许多多的人的需要的话,那么就是在现在。然而,也许正是这种迫切需要可以鼓起和激发我们现在需要的勇气和想像力。让我们把这篇未完成的史诗中最后的话献给尼采的查拉图斯特拉吧：

  我如何能够受得了做一个人，假如人也不是富有想像力的人和解谜人……通向新的开端的道路。

第七篇

尾声

- 哥白尼之后的双重束缚／455
- 认识与无意识／461
- 世界观的演变／473
- 万物归元／481

7

415 　　我们也许可以察觉我们文化的重整的萌芽阶段、一种意识统一的新的可能性。如果是这样的话,它将不会建立在任何一种宗教的或者科学的新正统的基础上。这样一种新的重整将在这种基础上展开,即拒斥一切对实在的单一认识,拒斥一切将实在的概念和实在本身等同起来的做法。它将承认人类精神的多样性,承认在不同的科学和想像的语汇之间不断地用另一方式表达的必要性。它将承认人类容易沾染的对世界的某种单一的字面上的解释的癖好,以及因而不断地易受新天新地重生影响的必要性。它将承认我们所拥有的科学和宗教的文化最终不过是符号而已,但是在死的字和活的词之间具有天壤之别。

罗伯特·贝拉
《超越信仰》

第七篇　尾　声

在本书最后的篇章里,我想提出一种跨学科的框架,也许有助于加深理解刚才叙述的这段不同寻常的西方思想史。关于西方的文化将走向何处的问题,我还想把若干最后的想法告诉读者。我们还是从考察我们当前的思想状况的背景开始吧。

哥白尼之后的双重束缚

从狭义的角度看,哥白尼革命可以理解为不过是现代天文学和宇宙论中特有的范式的转变而已,这个转变是为哥白尼所创始、为开普勒和伽利略所确立、为牛顿所完成的。不过哥白尼革命也可以从一个更广泛、更有意义的角度加以理解。因为当哥白尼认识到地球不是宇宙绝对的固定的中心,而且同样重要的是,当他认识到天的运动可以根据观察者的运动而加以解释的时候,他提出了在现代思想中也许是起关键作用的深刻见解。哥白尼视角的转变可以视为整个现代思想世界观的基本的隐喻:对素朴认识的意义深远的解构;批判的认识,即客观世界的表面上的状况是无意识地为主体的状况所决定的;继而脱离古代和中世纪的宇宙的母体的解放;人类地位的根本的改变,人类被置于广阔无垠和不具人格的宇宙中一个相对的、边缘的位置;接着发生的对自然世界的祛魅。在这种最宽泛的意义上——作为不仅发生在天文学和科学领域而且发生在哲学和宗教和集体人类心理领域里的一个事件——哥白尼革命可以视为构成现代的最典型的划时代的转变。

这是一个根本的事件,一个摧毁世界并且构造世界的事件。

在哲学和认识论方面,这种更加巨大的哥白尼革命是在以笛卡尔为起始到康德达到顶峰的一系列引人注目的思想发展中发生的。有人说,笛卡尔和康德在现代思想的发展中都是不可回避的,我认为这种说法是正确的。因为正是笛卡尔第一次充分把握并且阐述了正在浮现中的自主的现代自我的经验,这种自我与它所寻求理解和主宰的客观的外部世界截然不同。笛卡尔"是在哥白尼的宇宙中逐步建立自己的事业的"[①]:在哥白尼之后,人类在宇宙中就只有依靠自己了,其在宇宙中的地位不可挽回地被相对化了。笛卡尔接着用哲学的术语描绘并且表达了这种新的宇宙论的背景中的经验后果,从对世界的抱根本怀疑的态度开始,到我思故我在终结。在这样做的时候,他推动了一系列的哲学事件的发生——从洛克通向贝克莱和休谟并在康德那里达到顶峰——最终产生了重大的认识论的危机。在这种意义上,笛卡尔处在介于哥白尼和康德、宇宙论的哥白尼革命和认识论的哥白尼革命之间的至关重要的中间点上。

因为,如果人类心灵在某种意义上与外部世界是有根本差别的,如果人类心灵所能直接接近的唯一的实在仅仅是其自己的经验,那么心灵所认识的世界最终也只是心灵对世界的解释而已。人类关于实在的认识必定是与其目标永远不相称的,因为不能确保人类心灵始终能够准确地反映一个它与之仅仅具有间接的、中介的联系的世界。相反,这个心灵所能够感知和判断的一切事物只能在某种不确定的范围内为其自身的特征,即其自身的主观的结构所决定。心灵能够经验到的只是现象,而不是自在之物;是表象,而不是独立的实在。在现代的宇宙里,人类心灵所能依靠的惟有它自己。

因此,康德在其经验主义的前辈的基础上,从笛卡尔的我思概念得出其认识论的推论。当然,康德本人阐明了认识的原则,也就是主观的结构,他认为这种结构是绝对的——是先天的形式和范畴——这是建立在牛顿的物理学的明显的确定性这一基础上的。然而,随着时间的推移,从康德那里持续下来的不是他解决问题的具体方案而是他阐述的深刻问题。因为康德引起了人们对这一至关重要的事实的注意,即一切人类知识都是解释性的。人类心灵决不可以声称获得关于客观世界的直接的、如镜子反映般的知识,因为它所经验到的对象是先经由主观自身的内在结构而构建的。人类认识的不是世界本身而是人类心灵所表述的那个世界。因此,康德的认识论的分裂不仅使笛卡尔的本体论的分裂变得更为绝对,而且取代了后者。主体和客体之间的分裂不能得到确证地弥合。从笛卡尔的那种假设变成了康德的那种结果。

在现代思想以后的发展中,每次重大的转变,我在这里把这些转变象征性地与哥白尼、笛卡尔和康德这些人物联系在一起,无不得到加强、扩大并且被推向其极端。因此,哥白尼对人类的宇宙中心的地位所作的根本移动,到了达尔文那里进一步得到了加强和强化,达尔文把人类在进化的不断变化中作为相对物来处理——人类的命运不再是由上帝注定的,不再是绝对的、安全的,人类不再是万物的灵长,不再是天地万物的宠儿,而只不过是一个转瞬即逝的物种。处于现代天文学的无穷无尽扩大了的宇宙之中,人类现在循环往复、漫无目的地飘荡着,从前是宇宙的崇高的中心,现在则是在无关的、因而最终也是敌意的宇宙中,围绕着处在无数星系中的一个星系之边缘的一颗普通的恒星运转的一颗很小的行星———一种惯常的冗长的表述——上面的无足轻重的栖居者。

同样,笛卡尔关于有人格、有意识的人类主体与不具人格、无意识的物质世界之间的分裂彻底得到了自牛顿物理学以来直到当代的创世大爆炸宇宙论、黑洞、夸克、W 和 Z 粒子和大统一超力理论这样一系列科学的长期发展的确定和加强。现代科学所揭示的世界是一个没有精神目的的、难理解的、受偶然性和必然性支配的、没有内在意义的世界。人类心灵在现代宇宙中并不觉得舒适自在:心灵能够珍视其音乐和诗歌、其非普遍有效的形而上学和宗教,但是它们在经验世界里并没有确定的基础。

而且,通过现代异化的这种三位一体的第三种异化,即由康德所确立的严重分裂——我们在此看到从现代向后现代主义转变的中心点。因为康德认识到人类心灵对实在作了主观的安排,并且因此最终形成了人类知识的相对性和无根性的本质,这种认识被以后一系列的发展所扩大和深化——从人类学、语言学、知识社会学和量子物理学,到认知心理学、神经生理学、符号论以及科学哲学;从马克思、尼采、韦伯和弗洛伊德到海森伯、维特根斯坦、库恩和福科。他们的一致意见是明确的:世界在某种本质意义上是构造起来的。人类知识根本就是解释性的。没有独立于人类观点的事实。每一种感知和认知行为都是偶然的、通过中介得出的、有具体情况的、有背景的、渗透理论的。人类的语言不能在独立的实在中确立其根据。意义是由人类的心灵所给予的,不能想当然地认为它本质上即属于客体、心灵之外的世界,因为那个世界如果没有先被人类心灵自身的性质所浸透就根本无法得以建立联系。甚至那个世界也不能被无可非议地假定是真的。到处存在着根本的不确定性,因为人们所认识和经验的东西在不确定的程度上最终只是一种投射而已。

因此,哥白尼挑起的现代意识的宇宙论的疏远和笛卡尔挑起的本体论的疏远为康德挑起的认识论的疏远所完成:一种三重的相互促进的现代异化的牢笼。

在这里我要指出的是,这种现状与乔治·巴特森(Gregory Bateson)所描绘的著名的"双重束缚"的状况十分相像:在十分令人困惑的处境中,相互矛盾的要求最终导致一个人成为神经分裂症患者。[②]在巴特森的理论说明中,具有四个形成孩子和"患有精神分裂症"的母亲之间双重束缚处境所必需的基本前提:(1)孩子与母亲的关系是极度依赖性的,因而使孩子准确地评价来自母亲的信息显得十分重要。(2)孩子从母亲那里得到不同程度的矛盾的或互不相容的信息,由此,例如,她的明确的言语的信息基本上为"元信息传递"所否认,这种明确的信息在非言语的情景中得到表达(例如,母

第七篇 尾 声

亲用敌意的眼光和僵直的躯体动作对她的孩子说:"宝宝,你知道我是多么喜欢你")。这两种表示不能得到一致的理解。(3) 孩子没有被给予任何询问母亲可以弄明白信息或解决矛盾的问题的机会。而且(4) 孩子不能离开这个场景,即脱离这种关系。在这样的情况下,巴特森发现,孩子不得不歪曲他或者她对物质的和精神的实在的感知,造成严重的精神机能障碍的后果。

现在,如果我们在这四个前提中用**世界**代替母亲,用**人类**代替孩子,我们便简括地得到一种现代的双重束缚:(1) 人类与世界的关系是极度依赖性的,因而使人类准确地评价这个世界的性质显得十分重要。(2) 人类的心灵得到有关这个世界的处境的矛盾的或互不相容的信息,由此他对于事物的内在的心理和精神的感觉与科学的元信息传递是不一致的。(3) 在认识论上,人类心灵不能做到与世界直接交流。(4) 从存在来说,人类不能离开这个场景。

巴特森的精神病的双重束缚与现代的存在的状况之间的差别只是程度上的而不是本质上的:现代的状况是一种非同寻常的统括的和根本的双重束缚,只是因为十分普遍而不那么直接惹人注意而已。我们遭遇了哥白尼之后作为广阔无垠的宇宙的无关紧要的、微不足道的居民的困境,遭遇了笛卡尔之后作为与无意识的、漫无目的的、不具人格的宇宙直接面对的有意识的、有目的的、人的主体的困境,而这种困境又为康德之后遭遇的没有什么人的主体据以能够在本质上认识宇宙的合适的方法这种困境所加剧。我们是从与我们自身根本不相容的实在进化而来的,是嵌于这种实在里面的,是由这种实在规定的,而且根本不能通过认识而直接与之建立联系。

这种现代意识的双重束缚至少自从帕斯卡以来就以这种或那种方式被认识到了:"无限的空间的永久的死寂令我不寒而栗。"我们心理的、精神的倾向与我们的科学方法所揭示的世界荒谬地不相符合。我们似乎得到两种存在处境的信息:一方面,努力使自己致力于寻求意义和精神的满足;但是另一方面又认识到宇宙,我们自此而来的其实体,对于此种寻求完全是漠不关心的,其特性是没有灵魂的,其结果是无意义的。我们既受到激励又受到压制。因为宇宙是非人类的,而我们却不是,多么费解,多么荒诞啊。这种情况是极其难以理解的。

如果我们采用巴特森的诊断结论并且将它运用到更大范围的现代状况,那么当现代心灵试图避免这种双重束缚的内在矛盾时对这种处境所作出的无论什么样的回答都不会让人觉得是出人意外的。或者精神的实在,或者物质的实在,往往是被歪曲的:内心的情感受到抑制和否认,如同处于情感淡漠和精神麻痹之中,或者它们作为补偿而受到骄纵,如同处于孤芳自赏和自我中心之中;或者奴隶般地屈服于物质世界,以为它是唯一的实在,或者它受到过分的体现和开发利用。还有就是通过各种各样逃避现实的方式采取的逃逸策略:强迫性的经济消费,热衷于大众传播媒介,趋附时尚,狂热崇拜,空想,民族主义狂热,酗酒,吸毒成瘾。一旦回避反应的心理机制不能得以维持,便出现了焦虑,偏执狂,根深蒂固的敌意,任凭处置的牺牲感,怀疑一切意义的倾向,自我否定的突发念头,漫无目的感和荒谬感,不能解决的内在的矛盾感,意识的错乱。发展到极端,便出现了具有精神分裂症患者一应特征的精神机能障碍的反应:自毁的激烈行为,妄想状态,严重的遗忘症,紧张症,自动症,癫狂,恐怖行为。现代世界经历了各种各样的混合和折中的形式的所有各种反应,其社会和政治生活也臭名昭著地受到左右。

同样也不会让人觉得是出人意外的是,20世纪的哲学发觉自己处在我们现在所面临的状况。当然现代哲学对哥白尼之后的处境产生了一些充满勇气的思想的反应,但总体上说在我们这个世纪和大学占首要地位的哲学与这样一种状况并无二致:一个患有严重的强迫性神经官能症的人,坐在床头反复不断地系紧和解开其鞋带,因为他根本就没有正确理解——而与此同时苏格拉底和黑格尔和阿奎那在他们的徒步旅行中早已登上了山顶,呼吸着使人心旷神怡的高山的空气,欣赏着新的预料不到的景色。

然而,还存在一种至关重要的方面,在这个方面,现代处境同精神病的

第七篇 尾　声

双重束缚并不完全一样,而且这是客观事实,即现代人类一直以来并非只不过是无助的小孩,而是积极地与这个世界斗争,并且实行了一种明确的策略和活动方式——一种使自己摆脱自然的束缚并且控制自然的普罗米修斯的计划。现代心灵需要一种特定的解释世界的类型:其科学方法要求对于可具体预料的,因而也是不具人格的、机械论的和结构性的现象作出解释。为了实现他们的目的,这些对世界的解释一切精神的和人文的特性受到了彻底地"净化"。当然我们不能确定,这个世界事实上就是我们这些解释所表明的那个样子。我们所能够确定的只是,这个世界在不肯定的程度上可作这种方式的解释。康德的观点是一把双刃剑。虽然,一方面它似乎断定这个世界是人类心灵不能理解的,另一方面它认识到现代科学认识的这个不具人格的、没有灵魂的世界未必是故事的全部。但毋宁说,这个世界是过去三百年西方思想认为在理智上可证明为正当的唯一一种故事。用恩斯特·盖尔纳的话说,"康德的功劳在于看到了这种强迫行为(即寻求机械论的不具人格的解释)乃是出自我们人类,而不是出自事物"。而"韦伯的功劳在于看到正是历史上的特定的心灵而不是人类心灵本身受这种强迫性行为的支配"。③

因此,现代的双重束缚的一个至关重要的部分并不是无懈可击的。在巴特森的患精神分裂症的母亲和孩子的例子中,母亲多少把握了全局,因为她单方面控制了交流。但是,康德的告诫是,首先必须认为,那个交流问题——即人类关于世界的认识的问题——的中心应集中于人类的心灵,而不是集中于世界本身。因此,人类心灵比以前更有成功的把握,这在理论上是有可能做到的。现代的困境的关键是认识论的问题,而正是从这里我们可以寻找到一条通路。

认识与无意识

当尼采在19世纪说没有事实只有解释时,他既是对18世纪的主要哲学遗产的总结,同时也指明20世纪深蕴心理学的任务和希望。心理的无意识的作用对人类的知觉、认识和行为产生了决定性的影响,这个观念在西方思想中有着漫长的发展过程,但正是沸洛伊德有力地使它处于现代思想所关注的最突出的地位。弗洛伊德在这场更伟大的哥白尼革命的开展过程中起了使人神魂颠倒的多种多样的作用。一方面,正如他在《精神分析引论》的第十八篇演讲结尾的著名一段中所言,心理分析代表着对人类自以为是的自大和自负的第三次使人遭受重创的打击,第一次是哥白尼的日心说,第二次是达尔文的进化论。因为心理分析揭示出不仅地球不是宇宙的中心,不仅人类不是天地万物得天独厚的中心,而且甚至人类的理智和自我,人类那种作为有意识的有理性的自我的最可贵的意识,只是来自原始的本我的新近的、靠不住的产物,也绝不是其自己屋子的主人。由于弗洛伊德对人类经验的无意识的决定因素的划时代的深入了解,他地道地成为逐渐地使人类的地位相对化的现代思想的哥白尼的嫡系。而且,就像哥白尼和康德一样,但是在一个全新的层面上,弗洛伊德带来了一个极其重要的认识,即客观世界的显而易见的实在是由主观状况无意识地决定的。

但是,弗洛伊德的深刻见解也是一把双刃剑,在非常重要的意义上,弗洛伊德代表着现代思想发展变化的一个关系重大的转折点。因为无意识的发现彻底打破了旧的解释范围。正如笛卡尔和笛卡尔之后的英国经验主义者所强调的,人类经验的原始材料最终是人类的经验本身——不是物质世界,也不是对那个世界的感觉的变化形式;通过心理分析,从而开始了对一切人类的经验和认识之所在,也就是人类的心理的系统探索。从笛卡尔到洛克、贝克莱和休谟,然后再到康德,现代认识论的进步取决于对人类心灵在认知行为中所起的作用的越来越深刻的分析。由于这种背景,由于叔本华、尼采以及其他人的进一步的推动,弗洛伊德所确立的分析工作在一定程度上是势所必然的。现代心理学的必要工作,即恢复无意识与现代认识论的必要工作,即发现精神结构的基本原则恰好相一致了。

第七篇 尾　声

但是,弗洛伊德捅穿了帷幕,而荣格则把握了深蕴心理学的发现的重大哲学结论。这在一定程度上是因为荣格在认识论上比弗洛伊德更加精通,他从青年时代开始便埋头于康德和批判哲学(甚至在 1930 年代,荣格就是卡尔·波普尔的博学多识的读者——这出乎许多荣格精神分析法的信奉者的意料)。④ 在一定程度上这也是因为荣格的思想气质使他比弗洛伊德更少受到 19 世纪的科学信念的束缚。但最主要的是,荣格具有可以利用的更为深刻的经验,而且能够看到深蕴心理学可以在更大的范围内起作用。正如约瑟夫·坎贝尔经常所说的,弗洛伊德坐在一条鲸鱼的背上钓鱼——他并没有认识到他眼前得到的东西。但我们自然是谁人不知,我们都依靠我们的后继者超越我们自己的局限性。

因此,正是荣格认识到批判哲学,正如他所指出的,乃是"现代心理学之母"。⑤ 康德正确地看到人类经验并不像休谟所认为的那样是原子论的,而是相反为先天的结构所渗透的;不过,康德对于这些结构的阐述,反映出他对牛顿物理学的全盘信仰,但是不可避免地过于狭窄和简单化了。从某种意义上说,就像弗洛伊德对心灵的认识受到其达尔文的前提的限制一样,康德的认识也受到了其牛顿的前提的限制。荣格在对人类心理更充分有力、更广泛的经验的影响下,其中包括他本人以及其他人的经验,将康德和弗洛伊德的观点远远向前推进,直到他达到内心探险的长期追求的目标:发现作为根本决定人类经验的结构的具有全面支配作用的和丰富的复杂性的普遍原型。

弗洛伊德发现了俄狄浦斯情结和本我和超我和性爱本能和死的本能;他基本上是从原型方面去认识这些本能的。但是在至关重要的关键之处,他的还原论的前提使他的观点受到了极大的限制。然而,由于荣格原型的充满象征性的多种价值得到了揭示,弗洛伊德的个人的无意识——主要由于个人生活经历中的创伤以及自我对本能的厌恶而形成的受压抑的那些内容所构成——被发展成为广泛的原型范型的集体无意识,它并不完全是压抑的结果，因为它是心理本身的原始的基础。由于无意识本身被不断地揭示出来，深蕴心理学极大地重新解释了康德最初提出的认识论的难题——弗洛伊德可以说是较为勉强的和无意中这样做的，而荣格随后则是从进一步理解的和自觉的角度这样做的。

然而，这些原型的真正的本质是什么？这种集体无意识是什么？它们是如何影响现代科学的世界观的呢？虽然荣格的原型的观点极大地丰富和深化了对心理的现代认识，但是在某些方面也可以认为它只是加强了康德的认识论的异化。正如荣格多年以来不断强调他忠实于康德的方法，原型的发现是对心理现象的经验研究的结果，因而没有必然的形而上学的意义。对心灵的研究反映了关于心灵的知识，而不是关于心灵之外世界的知识。如此设想的原型乃是心理的，因而在某种程度上是主观的。就像康德的先天形式和范畴一样，它们组织安排人类的经验，并没有给予人类心灵关于心灵本身之外的实在的任何直接知识；它们是遗传的结构或配置，这种结构或配置是先于人类经验并且决定其性质的；但是不可以说它们超越了人类的心理的范围。它们也许只是隔开人类心灵对这个世界的真正认识的许多使事物变形失真的透镜的最基本的原理。它们也许只是人类投射的最深奥难解的原型。

但是，荣格的思想自然是极其复杂的，在他漫长的学术活动生涯中，他的原型的概念经历了重要的演变。通常的、仍然最广为人知的荣格的原型的观点，就是我们刚才所叙述的，乃是基于荣格的中期著作，当时他的思想仍然主要受笛卡尔—康德哲学关于心理的本质以及心理与外部世界相分离的假设的影响。然而，在以后的研究工作尤其是关于同步性的研究中，荣格开始转向另外一个概念，即认为原型乃是关于意义的自发的范型，它似乎构成精神和物质并且生来即存在于这两者之中，从而解决了现代的主体—客体的两分问题。由此看来，原型比先天范畴还要神秘——其本体论状况更加含糊不清，更不容易受限制于特定的方面，更像最初的柏拉图的和新柏拉

第七篇 尾 声

图派的原型的概念。荣格后期的发展阶段的某些方面受到詹姆士·希尔曼（James Hillman）以及原型心理学学派出色的、然而不无争议地进一步的推动，由此发展了一种"后现代主义的"荣格的观点：承认精神和想像是第一位的，以及不可还原的精神的实在和原型的力量，但是与荣格后期不同，基本上避免形而上学的或者神学的说法，而赞同对整个说来其无限的和内容丰富的含糊性的精神的完全接受。

但是，最近深蕴心理学在认识论上最重要的发展，实际上总的来说这个领域自弗洛伊德和荣格以来最重要的进步，乃是斯塔尼斯拉夫·格罗夫（Stanislav Grof）的研究。在过去三十年里，不仅使心理动力学理论发生突破性进展，而且对许多其他领域产生了重要的影响，其中包括哲学。许多读者已经熟悉格罗夫的研究工作，尤其是在欧洲和加利福尼亚的读者，但是对于那些还不大熟悉其研究工作的读者，我在这里将做一个扼要介绍。[⑥]格罗夫起初是一位从事精神分析的精神病专家，其最初的思想背景是弗洛伊德的思想而不是荣格的思想；不过其研究工作的一个未曾预料的结果却是在一个新的层面上认可了荣格的原型的观点，使它与弗洛伊德的生物的和个人生活经历的观点成为协调一致的综合体，尽管是在比弗洛伊德所认识到的更为深刻的心理层上。

格罗夫发现的基础乃是他对从事数千次精神分析疗程所作的观察，起先在布拉格，以后在马里兰的全国精神健康研究所，观察对象使用了非常有效力的影响心理状态的物质，尤其是 LSD 致幻药，以后还使用了各种强有力的非药物治疗手段，用以刺激无意识过程。格罗夫发现参与这些疗程的对象往往会循序渐进地经历对无意识的更深入的探索，在这个过程中常常显露一系列重要的极其复杂的和强烈的经验。在疗程一开始的时候，对象常常返回经历更早时期的生活经历的经验和心理上的创伤——俄狄浦斯情结、大小便训练、养育、早期的幼儿的经验——这些根据弗洛伊德的心理分析原理一般都可以理解，并且似乎意味着某种实验证据，证明弗洛伊德理论的基本正确。但是在重新体验和综合各种记忆情结之后,对象通常往往会进一步返回而强烈地体验生命诞生的过程。

虽然这个过程是以最明晰、最详细的方式在生物学层面上经验到的过程,但是它充满或者浸润了一个具有巨大的神秘力量的明显的原型序列。对象报告说,在这个层面上的经验所具有的强烈程度和普遍性远远超过了它们以往所认为的人类个体经验的限度。这些经验存在于高度可变的次序中,并且以一种非常复杂的方式互相搭接,但是从这种复杂性中格罗夫抽象出一个明显的序列——从最初与母亲子宫无差别的统一的状态,到一种突然坠落并同这种原初的机体的统一体相分离的经验,到与正在收缩的子宫和产道的异常紧张激烈的生死斗争,并且在一种彻底的湮灭的经验中达到高潮。几乎紧接着的是一种迅速的突如其来的完整的解放的经验,这不仅典型地被看作是肉体的诞生,而且被看作是精神的重生,两者神秘地混合在一起。

这里应提一笔,我曾经在加利福尼亚州大苏尔的伊萨冷研究所工作十多年,是那里的项目主管,在那些年里我在伊萨冷经历了大大小小的差不多一切能想到的心理疗法形式和个人的转变。在治疗的效果方面,格罗夫的心理疗法显然是最有效的;也是无可比拟的。不过,代价也是高的——从某种意义上说这代价是绝对的:对人的诞生的重新体验是在深刻的存在和精神危机的处境中体验到的,带有极度的肉体痛苦、难以忍受的约束和压力、思想上的见识的过于变得狭隘、令人绝望的异化感和生命最终的无意义感、不可挽回地变得精神错乱的感觉,以及最后毁灭性的来自经验的与死亡的遭遇——伴随着一切的丧失,肉体的、心理的、理智的、精神的等等。不过,在把这一长串的经验序列整合起来之后,治疗对象经常报告说,他们体验到视阈的惊人的扩展、关于实在的本质的观点的极大改变、突然觉醒的意识、同宇宙在根本上重新建立联系的感觉,这一切同时伴随有对心理的治疗和精神的解放的一种深刻认识。在这些治疗过程的后期以及后来的治疗中,

第七篇 尾　　声

治疗对象报告说,他们获得了产前在子宫中的存在的记忆,这种记忆典型地显露出与对天堂的原型的体验、与自然或者神或者大母神的神秘结合、同宇宙令人狂喜的融合中自我的消失、与超然的**太一**融为一体以及其他形形色色的神秘联合的体验的联系。弗洛伊德把他观察到的这一经验层的暗示称之为"海洋般的感觉",不过在弗洛伊德看来,这最多只是返回到哺乳期婴儿与母亲结为一体的最初养育的体验——对处于子宫内状态的原初无差别的意识的一种不那么深刻的描述。

从心理治疗方面来说,格罗夫发现心理症状和苦恼的最深刻根源往前远远越过儿童时期心理上的创伤和个人生活的经历,可以回溯到对诞生本身的体验,这种体验又与遭遇死亡紧密交织在一起。一旦得到成功化解,这种经验往往会导致长期存在的精神机能障碍问题的戏剧性的消失,包括证明是以前治疗项目完全难以对付的其他状况和症状。在这里我要强调这种"围产期的"(出生前后)体验的后果同时典型地发生在若干层面,但实质上总是存在强烈的肉体的成分。在诞生痛苦的重新体验中所包含的肉体的宣泄是非常强烈的,并且清楚地表明大多数心理分析的治疗的形式比较而言无效的理由,因为它们主要是基于口头交流,相形之下简直是隔靴搔痒。格罗夫的研究工作中出现的围产期的体验是获得语言能力前的、细胞的、原始的。它们只有在自我的通常的控制能力受到压制时才发生,而这种压制不是通过使用起刺激作用的影响心理状态的物质或心理治疗的技术,就是借助无意识的东西的不由自主的力量。

然而,这些经验也具有极为深刻的原型的特性。实际上,遭遇这种围产期的后果不断地使治疗对象深切体会到这样的认识,即自然本身包括人的身体是原型的储藏室或容器,自然的过程是原型的过程——这是弗洛伊德和荣格都着手研究的,不过是从相互对立的角度得出的深刻见解。从某种意义上说,格罗夫的研究工作为荣格的原型提供了更为明确的生物的基础,而为弗洛伊德的本能提供了更为明确的原型的基础。遭遇这种围产期后果的生生死死,似乎意味着不同维度之间的转导点,一个将生物的和原型的、弗洛伊德的和荣格的、个人生活经历的和集体生命的、个人的和超越个人的、肉体的和精神的两者联系起来的中枢。回想起来,心理分析的发展可以看作是将弗洛伊德的个人生活经历的—生物的观点向前逐渐推行到个体生命的一个又一个的更早阶段,直到与诞生本身遭遇,这个行动计划以对正统的弗洛伊德的还原论的坚决否定告终,从而使心理分析的概念得以通往本质上更复杂、更广泛的人类经验的本体论。结果便是认识到精神,就像围产期后果本身的体验一样,它是不可还原的多维的。

格罗夫研究工作的诸多意义可以在这里开展讨论——关于这些问题的深刻见解:男性的性别歧视根源于对女性有生育能力身体的无意识的恐惧;俄狄浦斯情结根源于同似乎惩罚性的子宫的收缩和收紧的产道进行更为重要的、更基本的斗争,以便重新获得与滋养的子宫合为一体;遭遇死亡在心理治疗上的重要性的观点;精神机能障碍的特定症状的根源,例如抑郁症、恐惧症、引起困扰的—强迫的神经官能症、性失常、施虐受虐狂、狂躁、自杀、毒瘾、各种精神错乱的症状,以及集体的心理的失常,例如战争冲动和极权主义。人们也可以讨论格罗夫的研究工作在心理动力的理论方面所取得的非常令人清楚明白的综合,不仅将弗洛伊德和荣格,而且将赖希、兰克、阿德勒、费伦奇、克莱因、费尔贝恩、温尼克特、埃里克森、马斯洛、佩尔斯、莱恩都整合在一起。然而,我在这里所关注的不是心理治疗而是哲学,这种围产期领域的研究构成了心理治疗转变的至关重要的开端,同时也证明它是重大的哲学和学术问题的关键领域。因此,我将这种讨论局限在格罗夫的研究工作对于我们认识论现状所具有的特别的重要性和意义上面。

在这方面,对临床证据的一些重要的概括是密切相关的:

第一,这种说明从子宫经产道到诞生的围产期现象的原型的序列,得到体验的首先是强有力的辩证发展——从最初的无差别的统一状态转向收缩、冲突和对立的捉摸不定的状态,带有同时伴随的分离、二元性和异化的感觉；最终从彻底的毁灭阶段走向突如其来的救赎性的解放,这种解放既克服又实现了发生于其间的排斥的状态——恢复最初的统一,不过是在一个保留了整个发展轨迹中所取得的成就的新的层面上恢复的。

第二,这种原型的辩证发展经常可以同时在个体的层面上和经常更加强有力地在集体的层面上得到体验,因此从原初的统一经过异化到获得解放的解决这个发展过程可以从比如说整个文化或整个人类的进化方面得到体验——人类从自然中诞生无异于个体的婴儿从母体中诞生。在这里,个人的和超越个人的体验是同样存在的,是难解难分地混合在一起的,因此个体发育不仅重演了系统发育,而且从某种意义上说完整地展现了系统发育。

第三,这种原型的辩证发展可在若干方面得到体验或得到显示——肉体的、心理的、理智的、精神的——通常同时不止是在一个方面,而且有时同时是在复杂地结合在一起的所有这些方面。正如格罗夫所强调的,临床证据并不表明,这种围产期的序列应看作是对诞生痛苦的简单还原；相反,似乎诞生这一生物的过程本身是可以在许多方面显露的更重大的根本的原型过程的体现。例如:

・在**肉体**方面,围产期的序列得到体验的是与生命过程有关的妊娠和生产,从与包孕一切的滋养的子宫的共生的结合,经过在子宫内的复合和个性形成的逐渐成长,到遭遇不断紧缩的子宫、产道,最后是分娩。

・在**心理**方面,这种体验是经历了这样一种发展过程,即从最初的无差别的前自我的意识的状况到这种状态:个性的日益形成并且自我与世界相分离、日益增强的存在的异化,以及最终随着精神的重生自我死亡的体验；这个发展过程通常是与关于生命过程的体验复杂地联系在一起的,即从怀胎经过阵痛期和分娩时的子宫收缩到与死亡的遭遇的过程。

・从**宗教**的角度来看,这种经验的序列具有许许多多不同的形式,但是常见的主要是兼犹太教与基督教的象征性的发展过程:从原初的伊甸园到堕落、被逐出而与上帝相分离,进入苦难和人类的世界,此后就是救赎的钉死于十字架和复活,再到上帝与人类的复合。从个人的角度来看,这种围产期序列的体验非常类似于——其实本质上是完全等同于——古代秘教的死亡—再生的入会仪式。

- 最后,从**哲学**的角度来看,这种体验用新柏拉图主义的—黑格尔的—尼采的术语来说可以理解为一种辩证的发展:从在原型上构成的原初**统一**开始,经过流溢出越来越复杂、多样化和个体化的实体,经过一种绝对的异化的状态——即黑格尔和尼采所指的上帝之死——紧随着重大的**扬弃**之后是与既消灭又实现个体的发展轨迹的自立的**存在**的综合和重新统一。

这个多层面的经验的序列对许许多多重要问题都具有重要意义,但正是我想在这里提出来的它的认识论的意义对于我们当前的思想状况来说显得尤其重要。⑦因为从由此提出的观点来看,支配和规定现代意识的根本的主体—客体两分——**构成**了现代意识,被普遍想当然地认为是绝对的,被理所当然地认为是任何"现实的"观点和世界的经验的基础——似乎根源在于一种与未解决的人类诞生的痛苦相关的特有的原型的状况,在这种状况下,一种与母亲的机体的统一的原初意识,即与自然分有神秘性的原初意识已被发展得不再需要了、被中断了、被丧失了。在这里,不论是从个人的角度还是从集体的角度,都可以看到现代思想在人与自然、心与物、自我与他者、经验与实在之间深刻的二元性——一种关于独立的自我不可改变地与囊括一切的世界相分离的普遍的观念——的根源。这是与永恒的包罗万象的自然这一孕育处的令人痛苦的分离;这是人类自我意识的发展;这是与存在的母体的联系的丧失;这是被从伊甸园中逐出;这是时间和历史和有形物的开场;这是对宇宙的祛魅;这是一种完全陷入自然力量这一对立的世界的感觉。这是一种最终是与人类无关的、充满敌意的、不可理解的宇宙的经验。这是一种把自己从自然的力量中解放出来的、控制和支配自然的力量的甚至报复自然的强迫性的抗争。这是一种对失去控制和支配的根本的恐惧,这种恐惧根源在于一切走向毁灭的意识和对死亡的恐惧——这种情况是个

第七篇 尾　声

体的自我脱离共同的母体必然产生的。但最重要的,这是一种本体论和认识论的自我与世界相分离的根深蒂固的认识。

这种关于分离的根本的认识于是被构建成现代思想的合理的解释原则。因此,系统论述这种分离的现代理性的自我的第一人,笛卡尔,同时也是系统阐述由于哥白尼革命而产生的机械论的宇宙的第一人,这决非偶然。现代科学的基本的先天范畴和前提,连同其对必须通过自发的人类理性加以研究的独立的外部世界的假设、其对世界的客观的机械论的解释的坚决主张、其对宇宙的精神的性质的拒斥、其对自然的任何本身意义或目的的否定摒弃、其对铁的事实这一世界作单义的、如实的解释的要求——所有这些都确保形成一种袪魅的和陌生化的世界观。正如希尔曼所强调的:"我们为支持假设而收集的证据,我们用来证明这种假设的辩驳,已经是我们所囿于的原型丛的一部分……我们在材料的范型中发现的'客观的'观念,也是我们用以理解材料的'主观的'观点。"[8]

从这个视角看,那支配着现代思想的以及贯穿于现代科学成就并推动其发展的笛卡尔—康德的哲学假设,反映出一种强有力的原型的格式塔的主宰作用,反映出一种经验的模板,它通过把实在设想为一种难理解的、确确实实的、客观的以及性质不同的事物,有选择性地过滤并且形成人类的意识。笛卡尔—康德的范式表达并且认可一种意识状态,在这种状态下实在的统一的精神上的深奥的经验被系统地消灭掉了,只剩下一个祛魅的、与人类自我分离的世界。这种世界观可以说是一种形而上学的、认识论的困境,一种反映原型的诞生过程中收缩的包围的密封的封闭系统。这是一种精心构造的特殊的原型领域,人类意识就被包围并且局限在这个领域里面,仿佛存在于一个唯我论的妄想之中。

自然这里使人想到,具有极大讽刺意味的事情是,正是在现代思想相信它已使其自身完全去除净尽一切拟人化的投射的时候,正是在它积极地把世界解释为无意识的、机械的和不具人格的时候,也是世界完完全全是人类心灵的选择性的构成物的时候。人类心灵从整体中抽象出所有有意识的理智、目的和意义,声称这些属性都是唯独它自己才拥有的,然后将世界设想为一台机器。正如鲁珀特·谢尔德雷克(Rupert Sheldrake)所指出的,这是终极的拟人化的投射:一台人造的机器,一台事实上在大自然里根本找不到的机器。从这个视角看,正是现代思想的本身的不具人格的灵魂缺失从内心被投射到世界——或者更准确地说,这种灵魂缺失从那个世界被投射性地推导出来。

但是,弗洛伊德和荣格所创立的惊人的有重大影响的传统,也就是深蕴心理学,其宿命和要旨就是要调解解决现代思想通往把个体的自我与世界重新连接起来的原型的力量和实在,消除二元论的世界观。实际上,回想起来,似乎看起来也必须是深蕴心理学才能产生现代思想的这些实在的意识:如果原型的王国不能在哲学、宗教和科学这些高级文化中被认识到,那么就必须在心灵的世界中重新出现。正如 L. L. 怀特(Whyte)所强调的,无意识的观念在西方思想史上首次出现并且发挥越来越重要的作用,正是从笛卡尔时代开始,而在弗洛伊德时代达到高潮。并且在 20 世纪初,弗洛伊德在《释梦》一书中向世界介绍其研究工作的时候,他以维吉尔的一段著名诗歌作为开场白:"如果我没法使天上的上帝屈服,那么我将使冥府动摇。"补偿是必然的——如果不是得自天上,就是得自地下。

因此,现代的状况始于一场普罗米修斯式的运动,人类走向自由、走向摆脱自然的无所不包的母体而获得自主性、走向摆脱共同的状况的个体化,然而逐渐地并且不可避免地从笛卡尔—康德的状况逐步发展成为卡夫卡—贝克特式的生存的孤独和荒诞的状态——一种不可忍受的双重束缚导致一种破坏性的狂乱。而且,生存的双重束缚准确地反映了婴儿在生产的母体里面的状况:与养育子宫的共生统一、在子宫里逐步发育和成长、处于无所不包的支持的世界的所钟爱的中心,不过现在却与那个世界相疏远、受到子宫的压缩、遭遗弃、受挤压、被窒息和被排斥在一种极端的困惑和焦虑的状态——一种极度令人痛苦而难忘的紧张的不可言喻的支离破碎的状态。

第七篇 尾　声

不过对于这种双重束缚,对于一方面原初的同一性与另一方面分娩和主体—客体两分的辩证发展的充分经验,出乎意料地带来了第三种状况:个体的自我与宇宙母体的救赎的重新统一。例如,孩子降生并且回到母亲的怀抱,被解放的英雄从冥界返回,经历遥远漫长的行程之后回到自己的家里。个人和宇宙重新合为一体。痛苦、异化以及死亡现在都被理解为诞生、自我的产生的必要条件:啊,这是多么幸运的错误(*O Felix Culpa*)。一个原先根本无法理解的状况如今被认识到乃是在对深刻的可理解性的更重大的条件中的必要因素。辩证发展得到了实现,异化得到了克服。与本体的分裂得到了弥合。世界在其原初的魅力中得到了重新发现。自主的个体的自我得到了塑造,而且现在与其存在的基础得到了重新结合。

世界观的演变

所有这些都表明,人们要求另外一种更加深奥微妙的、更加综合全面的认识论的观点。虽然笛卡尔—康德的认识论立场一直是现代思想的占据主导地位的范式,但并不是唯一的范式,因为几乎与启蒙运动在康德那里达到其哲学顶峰的同时,一种极为不同的认识论的观点就开始出现了——首先出现在歌德对自然形式的研究中,随后得到了席勒、谢林、黑格尔、柯勒律治和爱默生在新的方向的发展,在即将过去一个世纪里又经鲁道夫·斯坦纳加以阐述。每一位思想家对于这种不断发展的观点虽各有侧重,但是他们都毫无例外地深信人类心灵与世界的关系最终不是二元的而是参与性的。

就本质而言,这种不同的概念并不与康德的认识论相对,而是超越了它,将其纳入对人类认识的更加重要的、更加深奥微妙的理解里面。这种新概念充分承认康德批判性深刻见解的正确性,这就是人类一切关于世界的知识在某种意义上取决于主观原则;但是与这种观点相反,即认为这些原则最终属于独立的人类主体,因此没有以独立于人类认知的世界为其可靠基础,这种参与性的概念认为,这些主观原则事实上是世界的自身存在的体现,人类心灵最终是这个世界自身自我揭示的过程的工具。从这种观点看,自然的本质的实在并不是独立的、自给自足的、自我完善的,因此人类心灵能够对它进行"客观的"考察,能够从外部去表达它。相反,自然揭示其真理只有人类心灵的主动参与才会显现出来。自然的实在并不仅仅是现象的,也不是独立的、客观的;相反,它是恰恰通过人类认知的活动而成为存在的事物。自然是通过人类心灵使其本身变得可以理解的。

从这种观点看,自然渗透于一切事物,成熟的人类心灵本身就是自然本质存在的体现。而且,只有当人类心灵从内部自身的角度积极地发挥受过训练的充分的想像力并且将一种原型的洞察力贯穿于其经验的观察的时候,世界的更为深刻的实在才能够出现。因此,发达的精神生活对于认知而言是必不可少的。在其最深刻、最真实的表现中,理智的想像并不仅仅是从其单独的头脑隐秘处设想其观念处于自然的情况。相反,想像正是从其深处直接与自然内部的创造性的过程相联系,在其自身内部实现这一过程,使自然的实在得到有意识的体现。因此,想像的直觉不是主观的歪曲而是人类对实在的本质的整体性的实现,这种整体性也就是为二元论的观念所撕裂的整体性。人类的想像本身就是世界内在的真理的一部分;没有它世界从某种意义上说就是不完整的。认识论的二元论的两种主要形式——对人类认识的通常的前批判概念和康德之后的批判概念——在这里得到抵消和综合。一方面,人类心灵并不只是产生与外部的实在"相符合"的概念。不过另一方面,人类心灵也不是将其自身的规则简单地"强加于"世界。相反,世界的真理本身是在思想上并且通过人类心灵而实现的。

这种参与性的认识论,歌德、黑格尔、斯坦纳和其他人都从不同的途径对它有所推动,可以理解为不是退回到天真的*神秘参与*,而是从最初无差别的意识经二元论的异化的长期演变的一种辩证综合。它体现了对认识的后现代主义的理解,但是又超越了这种理解。人类认知的解释性和构建性的

第七篇 尾 声

特征得到充分的承认,但是自然与人类和人类心灵休戚与共、水乳交融和相互渗透的关系使得康德的认识论异化的后果完全得以克服。人类精神并不只是规定自然现象的规律;相反,当人类心灵施展其全部能力——理智的、意志的、情感的、感官的、想像的、审美的、顿悟的——时,自然的精神通过人类心灵产生其*自身*的规律。在这种认识中,人类心灵"生活"在自然的富有创造力的活动之中。那么世界通过人类的意识显示其意义。那么人类语言本身可以确认为是扎根于更深层的实在,是对世界的不断展开的意义的反映。通过人类的理智,在所有其个人的个体性、偶然性和斗争中,不断展开思想内容的世界得到了有意识的表达。而且,对世界的认识是由人类心灵主观的努力而构建的;但是这种努力是由世界为其自身的自我揭示有目的地引起的。人类思想并不也不能反映世界的现成的客观的真理;相反,世界的真理在人类心灵中产生的时候它才获得其存在。正如植物在某个生长阶段开花一样,世界产生人类知识的新阶段也是这样。而且,正如黑格尔所强调的,人类知识的发展就是世界自我揭示的发展。

这种观点自然表明,笛卡尔—康德的范式,因而也是认识论上所强调的现代意识的双重束缚并不是绝对的。但是,如果我们采纳此种参与性的认识论,如果我们将它与格罗夫对围产期序列及其根本的原型的两种力量的对立的发现结合起来,那么就会得出一种更为令人吃惊的结论:也就是说,笛卡尔—康德的范式,以及实际上由现代思想所形成的异化的整个发展轨迹并不仅仅是一种错误、一种不幸的人类的精神失常、一种人类的迷惘的十足表现,而是反映了受到完全是人类之外的各种力量的推动的一种更为深刻的原型发展过程。因为从这个观点看,现代思想所体验到的视野的极大收缩,其本身就是自然之展开的一种真实表现,一个通过日益自主的人类理智而展现的过程,而这个过程如今已经达到极其关键的改观阶段。从这种观点看,源自康德和启蒙运动的二元论的认识论并不只是源自歌德和浪漫主义的参与性的认识论的对立面,而是它的一个重要的子集,是人类思想的发展中的必不可少的一个阶段。如果情况确实如此,若干长期存在的哲学悖论现在可以迎刃而解了。

在这里,我将着重讨论一个特别重要的领域。当代认识论的许多最激动人心的研究工作乃是来自科学哲学,尤其是波普尔、库恩和费耶阿本德。不过,尽管这种研究工作,确切点说,由于这种研究工作,即它从许多方面揭示了科学知识的相对性和本质上的解释性的性质,科学哲学家仍然留下了两个众所周知的根本的困境——一个是波普尔留下的,一个是库恩和费耶阿本德留下的。

由于波普尔,休谟和康德留下的科学知识的问题得到了杰出的阐述。对波普尔来说,同样对现代思想来说,人类就像一个陌生人一样接近世界——但是这个陌生人渴求解释,他有虚构理论神话、故事、学说的能力并且愿意对它们进行检验。有时候,由于幸运、刻苦努力和许多错误,发现了一种起作用的理论神话。这种理论保全了现象;那是一次幸运的猜想。科学的伟大之处就在于,通过准确性和独创性的一次偶然的幸运结合,那种纯粹的人类的概念可以发觉在经验世界里有效,至少是暂时有效。不过波普尔也留下了一个令人烦恼的问题:归根结底,富有成效的猜想、富有成效的理论神话究竟是如何可能的呢?人类心灵究竟怎样获得真正的知识,如果这种知识只不过是受检验的投射的理论神话的话?究竟为什么这些理论神话有效呢?如果人类心灵无法取得先天确定的真理,如果所有的观察总是已经为有关世界的未经确证的假设所贯穿,那么人类心灵如何能够设想出一种真正富有成效的理论呢?波普尔是这样回答这个问题的,他说,最终那是"幸运"——但是这个回答是完全不能令人满意的。作为局外人的想像力究竟为什么可以仅仅只从其自身内心出发设想出在经验世界里如此了不起地起作用的以至于整个文明可以建筑在上面的理论神话呢(就像牛顿所做的那样)?实有之物何以能够从乌有中产生呢?

我相信这个难题只有一个看似有理的答案,它便是由前述参与性认识

第七篇 尾　声

论框架所给出的答案：亦即，人类心灵在其对知识的探求中产生的这种大胆的猜想和理论神话最终来自某种比纯粹人类自身的原因远为深刻的东西。它们源自自然本身的源头，来自普遍的无意识，这种普遍的无意识通过人类心灵和人类的想像产生其自身逐渐展现的实在。从这种观点来看，哥白尼的学说、牛顿的学说或者爱因斯坦的学说并不仅仅是由于局外人的幸运；相反，它反映了人类心灵同宇宙之间存在根本的亲缘关系。它反映了人类心灵作为宇宙展现自我意义的一种工具的关键的作用。从这种观点来看，后现代主义的怀疑论的哲学家也好，永远主义的(perennialist)哲学家也好，他们都认为现代科学的范式最终是没有任何宇宙的基础的，而在这一点上他们是对的。因为这种范式本身是更大的进化过程的一部分。

我们现在可以提出解决库恩留下的基本问题了——这个问题就是解释为什么在科学史上一个范式被认为比另一个范式更合适，即使这些范式最终是不能按同一标准衡量的，即使它们根本不能加以严格比较。正如库恩所指出的，每一个范式通过这样一种方式往往会产生其自身的材料及其自身的解释这些材料的方法，这种方式是如此全面完整和可靠本身证实的，以至于在不同的范式中活动的科学家似乎生存于完全不同的世界之中。虽然在特定的科学的解释者群体看来，一个范式似乎比另一个范式更加优越，但是，即使每一个范式都掌握并且贯穿了其自身的材料根据，并不存在证明此种优越性的方法。而在可以用来作为比较的普遍标准的共同的衡量尺度或者标准——例如概念的明确性，或者连贯性，或者广泛性，或者简单性，或者对证伪的抵抗性，或者与其他专业中使用的理论的一致性，或者在新的研究成果中的成效上——等等方面，科学家也无法达成一致。哪一种标准被认为是最重要的，在不同的科学时代、不同的学科，甚至不同的研究团体之间是不尽相同的。于是，如果每一个范式最终都是有选择性地以不同的解释模式、不同的一系列材料以及不同的科学标准作为根据，那么还有什么可以解释科学知识的进步呢？

库恩总是用这样的说法回答这个问题,他说最终的决定在于不断前进的科学界,它提供了正当理由的最后根据。不过,正如许多科学家所抱怨的,这个回答似乎削弱了科学事业的真正的基础,听任科学由主观上歪曲科学判断的社会的、个人的因素的摆布。而且,实际上,正如库恩本人所证明的,科学家在实践中一般不会从根本上对占统治地位的范式提出质疑,也不会去检验它来反对其他供选择的范式,之所以这样,是因为许多的原因——教学的、社会经济的、文化的以及心理的理由——其中大多数都是无意识的。科学家与其他每一个人一样服膺于他们的信仰。那么,最终如何解释科学从一个范式向另一个范式的发展呢?科学知识的进步与"真理"到底有没有关系呢,或者它只是社会学的人为现象吗?而且,更为极端地说,正如保罗·费耶阿本德的名言所说的,在各种范式的较量中"随便什么都行":如果随便什么都行的话,那么为什么最终是这一个范式而不是另一个范式呢?为什么随便什么科学范式被断定为更加优越呢?如果随便什么范式都行的话,那么随便什么范式究竟为什么都行呢?

我在这里要提出的答案是,科学史上出现的范式,正是在那个范式与当前逐步形成的集体心理的原型的状况产生共鸣的时候,它便被确认为优越、真实而且有效。一个范式似乎能够说明更多的材料、更重要的材料,那么看上去就更加具有重要性、更加有说服力、更加有吸引力,这主要是因为它在原型上变得与处在当时那个发展阶段上的文化或者个体相称了。而且,这种原型的发展动力似乎本质上与围产期的过程的动力是一样的。库恩对常态的科学和重大的范式革命之间的这种不断发展的辩证发展的描述,与格罗夫对围产期的动力的描述十分相似:对知识的追求总是在一定的范式、在概念的母体——也就是提供思想上富于营养的结构,促进生长和培育逐渐增长的复杂性和成熟性的子宫——里面发生的,直到人们逐渐体验到这个结构在不断收缩,成为一种局限、一座牢狱,进而产生不可解决的矛盾的紧张关系,最后达到一种危机状况。然后某个获得灵感的普罗米修斯式的

第七篇 尾　　声

天才出现,他具有能力在内心发生重大突破,形成一种新的观点,赋予科学的思想以一种与世界在认识上发生关联——重新发生关联——新的认识:一场思想革命发生了,一种新的范式诞生了。在这里,我们看到为什么这些天才经常体验到他们的思想上的突破正如一种深刻的精神启示,一种神圣创造原则本身的启示,就像牛顿这样对上帝发出感叹:"上帝啊,我依照你思想你的思想!"因为人类的思想是沿着在自身内部展开的一条神秘的原型的道路行进的。

在这里我们可以看到,为什么相同的范式,如亚里士多德的或牛顿的范式,在某个时期被认为是一种解放,而在另一个时期则被认为是一种收缩、一座牢狱。因为每一种新的范式的**诞生**同时也是新的概念的母体的**胚胎**(*conception*),它再一次开始孕育、生长、危机和革命的过程。各个范式是正在展开的进化序列的一个阶段,当那个范式实现了自己的目的时,当它的内涵得到最充分的开发和利用时,之后它便失去了其神圣性,它不再是内涵丰富、激情洋溢的了,人们开始觉得它是压迫性的、限制性的、不明确的,是某种需要被克服的东西——而正在浮现的新范式则被认为是解放性地产生一个新的、清楚明白可以理解的宇宙。因此,亚里士多德、托勒密以及但丁旧式的在象征意义上引起共鸣的地心说宇宙逐渐丧失了它们的神圣性,开始被看作是充满诸多矛盾的问题,而由于哥白尼和开普勒,这种神圣性完全转移到日心说宇宙。而且,由于范式转变的发展过程是一个**原型**过程,而不只是一个理性—经验的或社会的过程,这种发展过程在历史上既发生在内部也发生在外部,既是"主观地"发生,也是"客观地"发生。由于文化思想的精神的格式塔转变,新的经验证据恰到好处地出现了,过去的相关的著作突然被发现了,相应的认识论的充分理由得到了系统地阐述,起支持作用的社会的变革巧合地发生了,新的技术成为可获得的了,望远镜发明了,而且正好落到了伽利略的手中。随着新的心理的倾向和形而上学的假设从集体心灵里面出现,同时也从许多个体的心灵里面出现,它们得到了实现不断显现的原型的格式塔的同时出现的新的材料、新的社会背景、新的方法论和新的工具的匹配和促进。

科学范式的演变发展如此,各种形式的人类思想的演变发展莫不如此。一种新的哲学的范式的出现,不管是柏拉图的还是阿奎那的,不管是康德的还是海德格尔的,绝非仅仅是对所观察到的材料的已改进的逻辑推理的结果。相反,每一种哲学、每一种形而上学的观点和认识论,都反映了一种总括的经验的格式塔的出现,这种格式塔贯穿于那个哲学家的见解,支配他或者她的推理和观察,最终影响这个哲学家的见解正在从中形成的整个文化的和社会的背景。

因为一种新的世界观的出现的真正的可能性有赖于更重大的文化的根本的原型的动力。例如文艺复兴和宗教改革时代出现的哥白尼革命完美地反映了现代人类从古代——中世纪的宇宙的——教会的子宫中诞生的原型的重要时刻。而且,另一方面,20世纪的诸多结构——文化的、哲学的、科学的、宗教的、道德的、艺术的、社会的、经济的、政治的、原子的、生态的——大规模的、彻底的崩溃,所有这些无不表明在一次新的诞生之前的必要的解构。为什么现在存在明显的有力地表达整体论的、参与性的世界观——差不多在每一个领域都是显而易见的——的西方思想的这种普遍的、不断增长的集体的推动力?集体的精神似乎是处于一种强大的原型的动力支配之下,长期异化的现代思想在这种强大的动力中正在进行突破,摆脱其诞生过程的矛盾、摆脱布莱克所称的"心智打造的桎梏",以便重新发现其与自然的和更大的宇宙的亲密关系。

所以,我们通过每一次科学革命、每一次世界观的变化可以认识到这些原型的结果的多样性;不过,也许我们还可以认识到包含所有这些更小的结果的人类意识的演变发展中某种总体的原型的两种力量的对立,可以认识到某种漫长的元轨迹,它始于原初的*神秘参与*,从某种意义上说,在我们眼前达到顶峰。从这种角度来看,我们可以更好地理解从哲学脱离古希腊的

第七篇　尾　声

神话意识而诞生,经过古典时代、中世纪和现代,直到我们自己的后现代主义时代的西方思想的伟大的认识论之旅:世界观的重大的更替,人类心灵对于实在的理解的转变的引人注目的结果,术语的神秘的演变发展,普遍与特殊、超越与内在、概念与感知、意识与无意识、主体与客体、自我与世界之间转变中的关系——朝向区分的不断的运动,自主的人类理智的力量逐渐的行使,主观的自我的缓慢形成,与之相伴随的对客观世界的祛魅,原型的压抑和退缩,人类无意识的形成情意丛,最终发生的全面的异化,彻底的解构,最后也许是一种与世界重新连接的辩证的浑然一体的、参与性的意识的出现。

　　但是要对这种复杂的认识论的发展和与之相似的——宇宙论的、心理的、宗教的、关于存在的——西方思想和精神的历史的其他重要的辩证的发展轨迹作出充分恰当地评析,完全需要另外再写一本书。不过,在这里我想在宏大的范围运用前面论述中阐明的那些见解和观点,对这个漫长的历史发展过程、这种原型的元叙事作一个简短的、非常宽泛的概述,以此作为本书的终篇。

万 物 归 元

　　人们可以对西方思想的历史作出许多种概括,但是我们现在所作的概括也许最直接明显的就是它从开始到结束男性在其中占压倒地位的现象:苏格拉底、柏拉图、亚里士多德、保罗、奥古斯丁、阿奎那、路德、哥白尼、伽利略、培根、笛卡尔、牛顿、洛克、休谟、康德、达尔文、马克思、尼采、弗洛伊德……西方思想的传统几乎完全是由男性创造和加以典范化的,主要为男性的观点所贯穿。西方思想史的男性的主宰现象并不是必定存在的,因为妇女的智慧并非不如男子。但是,是否可以仅仅将此现象归因于社会的限制呢?我认为不可以。我相信在这里还有某种更为深刻的东西在起作用:

那就是某种原型的东西。西方思想的男性主宰一直以来是无处不在的、根深蒂固的,在男性那里如此,在女性那里也是如此,影响到西方思想的每一个方面,确定了其关于人类与人类在世界中的角色的最基本的概念。西方传统在其中产生的所有主要的语言,从希腊语到拉丁语,都倾向于用阳性的词语来指称人类:anthrōpos, homo, l'homme, el hombre, l'uomo, chelovek, der Mensch, man。正如本书的历史叙述所忠实地反映的那样,总是说"人"(man)这样、"人"(man)那样的——"人(man)之上升"、"人(man)的尊严"、"人(man)与上帝的关系"、"人(man)在宇宙中的地位"、"人(man)与自然的斗争"、"现代人(man)的伟大成就",等等。西方传统的"人"一直是一个上下求索的男性英雄,一个普罗米修斯式的生物的、形而上学的反叛者,他不断追求他自己的自由和进步,因而他不断努力去区别他自己和他由此产生的母体,并且控制这一母体。西方思想的演变发展中的这种男性的倾向,虽然在很大程度上是无意识的,但不仅是西方思想演变发展的基本特征,而且是其本质。[①]

因为,西方思想的演变发展是受到这样一种巨大的推动力推动的,这种推动力就是通过把他自己与自然的原初的统一脱离开来而铸造独立自主的理性的人类自我的一种推动力。西方文化极其重要的宗教的、科学的和哲学的观点一直受到这种决定性的男性主宰的影响——始于四千年前重大的父权制的游牧民族之征服希腊和黎凡特地区的古代的母权制文化,并且在源自犹太民族的西方的父权制的宗教、源自希腊的其理性主义的哲学、源自现代欧洲的其客观主义的科学中是显而易见的。所有这些都促进了逐步发展独立自主的人类意志和理智的奋斗目标:超越的自我、独立自主的个体的自我、人类在其独特性、独立性和自由中的自主。但是为了达到这样的目标,男性的思想压制了女性的思想。在希腊以前的母权的神话的古代希腊的征服中,在犹太教—基督教对大母的否认中,或者在启蒙运动对与祛魅的外部的自然分离开来的冷静的自我意识的理性的自我的颂扬中,不管人们

第七篇 尾 声

是否意识到这种目标,西方思想的演变发展一直是建立在对女性的压制上的——也就是建立在对无差别的统一的意识、对自然的神秘参与的压制上的:亦即对世界灵魂(anima mundi)、世界的灵魂、存在的共同性、无处不在的渗透、神秘和含糊、想像、情感、本能、肉体、自然、妇女的逐渐否定——男性把所有这一切都投射性地确认为"他者"。

但是这种分离必然引发一种要与已经丧失的事物重新联合的渴望——在男性的极大的追求在晚期现代思想的意识中被竭力推行到其极度单方面的极端之后尤其如此,在晚期现代思想中,处于其这种绝对的分离状态,人类以自己是宇宙中唯一有意识的智慧自居(只有人才是有意识的有智慧的生命,宇宙是盲目的、机械的,上帝死了)。作为孤独的、终有一死的有意识的自我,深深陷于最终毫无意义的、不可认知的宇宙,人类便面临着这种存在的危机。而且他还面临了心理的和生物的危机,这是因为他生活在以与其世界观完全相称这种方式而逐渐得到体现的世界——亦即处于日益机械的、原子化的、没有灵魂的和自我毁灭的人造环境。**现代人的危机本质上是男性的危机**,我认为这种危机的解除现在正出现于我们的文化中女性的粉墨登场中:这不仅在女权主义的兴起中,在妇女力量不断增强的行使中,在对女性的价值观念的男男女女的普遍接受中,不仅在几乎每一门知识的学科中妇女的有学养的见识及其女性意识的观点的如雨后春笋般兴起中,而且在对与地球以及地球上所有各种自然的形式的统一的不断增进的认识中,在主张生态保护的不断增强的意识中,在反对支持对环境的支配和不当利用的政治和公司的政策的日趋强烈的态度中,在对人类一体、天下一家的观念的不断增强的信奉中,在长期存在的分隔世界各族人民的政治和意识形态的壁垒的不断加速的崩溃中,在对建立伙伴合作关系、多元化世界的重要性和必要性的不断加深的认识中,以及在许许多多、各种各样的观点的相互影响中,都是显而易见的。同样,在对与肉体、情感、无意识、想像和直觉重新连通的普遍的迫切要求中,在对分娩之谜和母亲的尊严的新的关注中,在对自然的内在的灵性的不断增进的认识中,在盖亚(大地女神)假说的广泛流行中,也都是显而易见的。这在对比如说印第安人、非洲人和古代欧洲人的本土的和原始文化的观点的日渐重视中,在对神的女性的观点的新的意识中,在女神精神的当代的复现和女神传统的考古的重新发现中,在宣布圣母蒙召升天为信理的教皇的公告和神智派的犹太—基督神学的兴起中,在个人梦境和心理疗法中出现的女性的原型现象的广为人知的无意识的高潮中,可以说都是十分了然的。而且,这在对神话的观点,秘传的教规,东方的神秘主义,萨满教,原型和超个人心理学,解释学和其他非客观主义的认识论,整体论宇宙、形态场、耗散结构、混沌理论、系统论、心灵生态学、参与性的宇宙——诸如此类,可以罗列一长串——等科学理论的兴趣高涨的热浪中也都是十分明显的。正如荣格所预言的,当代的精神正在发生划时代的转变,完全不同的两极之间产生调和,对立面形成统一:亦即长期主宰的但现在已异化的男性与长期受压制的但现在地位正在上升的女性之间缔结神圣的婚姻(hieros gamos)。

而且,这种引人注目的发展并不只是对受压制者的补偿,也并不只是受压制者的重起,因为我认为这种发展始终是西方思想和精神的演变发展的根本目标。因为西方思想最强烈的激情一直是与其自身的存在的基础的重新联合。西方的男性意识的强有力的推动力一直是其辩证的追求,这种追求不仅是实现其自我,形成其自身的自主,而且最终是与生命中重大的女性原则取得调和,因而重新恢复其与整体的联系:先是把自身与女性原则,生命、自然和心灵的神秘性区分开来,但随后便重新发现它们,并且与它们重新结合。而且,这种重新结合现在可以在新的、根本不同于原初的无意识的这种统一的程度上产生,因为人类意识的长期的演变发展已使之作好准备终于能够自愿地、有意识地接受其自身的根基和母体。西方思想的目的,其精神的倾向和目标,一直是与发达完全的神秘参与的宇宙的重新连通,一直是使自己屈服于自愿地、有意识地接受更重大的既维护人类的自主同时又

第七篇 尾 声

超越人类的异化的统一。

但是,为了达到与受压制的女性原则的这种重新统一,男性原则必须经受一次祭礼、一次自我的死亡。西方思想必须是心甘情愿地使自己接受可能削弱其关于自身和世界的几乎全部的已确立的信仰这样一种性质的实在。这将是真正的英雄行为的所在。现在必须跨越一道门槛,一道需要对更重大的、更复杂的实在的信仰、想像和信赖的英勇行为的门槛;一道需要无所畏惧的自我剖析的行为的门槛。而且,这是我们的时代的重大的挑战,是男性原则明了和克服其傲慢自大和单方强大、控制其无意识的幽灵、选择建立与所有各种形式的女性原则的焕然一新的相互关系的逐步展开的必须做的事。而女性原则不会再是注定要受支配、遭否定和被利用,而是相反必定会充分得到承认、尊重以及与其本身作用相符合的地位。人们认识到女性原则不是客体化的"他者",而是根源、目标和无所不在的存在。

这是一次重大的挑战,然而我认为这是一种西方思想正在逐渐使自己作好准备去面对其整个生存的挑战。我认为,西方这种永不安宁的精神的发展,西方这种实在的一刻不停地革新的男性主宰的次序,在极其漫长的辩证发展的运动中,正逐渐走向与失去的女性原则的统一的重新调和,走向男性原则与女性原则的深刻的、多层面的紧密结合,走向成功的、康复健全的重新统一。而且,我认为我们身处的这个时代的种种冲突和混乱状态反映了这样一种事实,那就是这种逐渐展开的戏剧现在也许正达到其高潮阶段。[10]因为我们的时代正在奋力拼争,以产生人类历史上焕然一新的事物:我们似乎是正在见证、经历新的实在的诞生,人类存在的新的存在形式的出现,可能是这种重大的原型的紧密结合的结果的、可能在新的形式里面包含其整个前身的这种"婴儿"的诞生。所以我肯定由女权主义的、主张生态保护的、古老文化价值的以及其他反正统文化的、多元文化的观点的支持者所表达的那些重要的理想。但是,我同样也要肯定那些珍视和维护主要的西方传统的人们,因为我认为这种西方传统——自古希腊史诗诗人和希伯来先知开始,从苏格拉底和柏拉图、保罗和奥古斯丁到伽利略、笛卡尔、康德和弗洛伊德的漫长的思想和精神奋斗的整个发展轨迹——即这种宏伟壮观的西方工程应当看作是重大的辩证发展的必要的和重要的一部分,不应把它作为扩张主义的—沙文主义的谋划而简单地加以排斥。这种西方传统不仅实现了人类与自然的根本的区分和人类的自主——只有这样才可实现这种更重大的综合的可能性——而且费尽心力地开辟了其自身的自我超越的道路。而且,这种西方传统具有发展的力量,这种力量为其自身的普罗米修斯式的进步所舍弃和阻断,以至于我们几乎还没有开始对此加以整合——充满悖论的是,只有女性真正开始登场才能够使我们对此加以整合。每一种观点,无论是男性的还是女性的,在这里都得到了肯定和超越,都被认为是更重大的整体的一部分;因为每种对立都需要其实现的对立面。而且,它们的综合导致了某种超越自身的事物:它导致了更重大的实在的出人意料的诞生,这种实在在其产生之前是无法把握的,因为这种新的实在本身就是创造性的行为。

但是,为什么西方思想和精神传统的无所不在的男性原则如今赫然在目而以前几乎每一代人都浑然不觉呢?我认为这种情况之所以在今天发生,正如黑格尔所表明的,是因为一种文明直到其瓜熟蒂落时才能意识到其本身,才能认识到其本身的意义。

目前我们正体验到某种在很大程度上好像现代人之死,实际上在很大程度上好像西方人之死的情形。也许"人"(man)的他自己的终结即将出现。但是,人(man)并不是目标。人是某种需要克服的事物——而且人是在对女性原则的接受中必定会得到实现的某种事物。

大事年表
（古代事件的发生时间取近似值）

公元前 2000 年	操希腊语的印欧民族开始迁移至爱琴海地区
公元前 1950 年	希伯来先祖从美索不达米亚迁移至迦南（圣经传说的时间）
公元前 1800 年	早期美索不达米亚的天文观测有了记载
公元前 1700 年	克里特岛的米诺斯文化在此往后两百年里达到鼎盛，影响了希腊大陆。
公元前 1600 年	印欧宗教和前希腊的地中海宗教逐渐融合
公元前 1450 年	克里特岛的米诺斯文化在外族入侵和火山爆发之后衰落
公元前 1400 年	迈锡尼文明在希腊大陆的支配地位
公元前 1250 年	希伯来人在摩西的领导下出埃及
公元前 1200 年	与迈锡尼希腊人发生的特洛伊战争
公元前 1100 年	多利安人入侵，迈锡尼人的统治结束
公元前 1000 年	大卫统一以色列，定都耶路撒冷
公元前 950 年	所罗门在位，营造圣殿
公元前 900—700 年	早期希伯来圣经诸卷开始创作 荷马创作史诗《伊利亚特》和《奥德赛》
公元前 776 年	最早的泛希腊奥林匹克运动会在奥林匹亚举行
公元前 750 年	希腊在地中海殖民扩张

公元前 740 年	以色列的第一以赛亚的鼎盛期
公元前 700 年	赫西奥德的《神谱》、《工作与时日》
公元前 600 年	米利都的泰勒斯的鼎盛期,哲学诞生
公元前 594 年	梭伦改革雅典政府,规定公开朗诵荷马史诗的条文
公元前 590 年	以色列的耶利米鼎盛期
公元前 586—538 年	犹太人的巴比伦之囚
	以西结和第二以赛亚的鼎盛期,预言历史的拯救
	希伯来圣经开始编纂
公元前 580 年	萨福鼎盛期,希腊抒情诗繁荣一时
公元前 570 年	阿那克西曼德的鼎盛期,系统的宇宙论的形成
公元前 545 年	阿那克西米尼的鼎盛期,提出根本的物质的变化
公元前 525 年	毕达哥拉斯创办哲学—宗教兄弟会,首倡科学和神秘主义的综合
公元前 520 年	色诺芬尼的鼎盛期,人类进步的概念、哲学的一神论、对神人同形同性的怀疑
公元前 508 年	克里斯提尼在雅典开始实施民主改革
公元前 500 年	赫拉克利特的鼎盛期,万物皆流,宇宙逻各斯的哲学
公元前 499 年	希腊、波斯战争开始
公元前 490 年	雅典在马拉松打败波斯军队
公元前 480 年	希腊人在萨拉米斯打败波斯舰队
公元前 478 年	雅典领导希腊各国建立提洛同盟
	雅典开始处于上升时期
公元前 472 年	埃斯库罗斯的《波斯人》,希腊悲剧始盛
公元前 470 年	品达的鼎盛期,希腊抒情诗达到顶点
	巴门尼德的鼎盛期,提出在现象和不变的统一的实

	在之间存在的逻辑的对立
公元前 469 年	苏格拉底诞生
公元前 465 年	埃斯库罗斯的《被缚的普罗米修斯》
公元前 460 年	阿那克萨戈拉的鼎盛期,提出宇宙的心(努斯)的概念
公元前 458—429 年	伯里克利时代
公元前 450 年	智者派始兴
公元前 447 年	建筑帕特农神庙(公元前 432 年建成)
公元前 446 年	希罗多德写作《历史》
公元前 441 年	索福勒克斯的《安提戈涅》
公元前 431 年	欧里庇得斯的《美狄亚》
公元前 431—404 年	雅典和斯巴达之间爆发伯罗奔尼撒战争
公元前 430 年	德谟克利特的鼎盛期,提出原子论
公元前 429 年	索福克勒斯的《俄狄浦斯王》
公元前 427 年	柏拉图诞生
公元前 423 年	阿里斯托芬的《云》
公元前 420 年	修昔底德写作《伯罗奔尼撒战争史》
公元前 415 年	欧里庇得斯的《特洛伊妇女》
公元前 410 年	希波克拉底的鼎盛期,确立了古代医学的基础
公元前 404 年	雅典被斯巴达击败
公元前 399 年	苏格拉底受审、被处死
公元前 399—347 年	柏拉图《对话录》成书
公元前 387 年	柏拉图在雅典开设学园
公元前 367 年	亚里士多德在柏拉图学园开始长达 20 年的研究
公元前 360 年	欧多克索斯提出最早的行星运动的理论
公元前 347 年	柏拉图去世

公元前 342 年	亚里士多德在马其顿作亚历山大的老师
公元前 338 年	马其顿的腓力二世征服希腊
公元前 336 年	马其顿的腓力二世死,亚历山大继位
公元前 336—323 年	亚历山大大帝的征服
公元前 335 年	亚里士多德在雅典设立吕克昂学院
公元前 331 年	埃及亚历山大城始建
公元前 323 年	亚历山大去世
	希腊化时代开始(公元 312 年止)
公元前 322 年	亚里士多德去世
公元前 320 年	埃利斯的皮浪的鼎盛期,创立怀疑论
公元前 306 年	伊壁鸠鲁在雅典创立伊壁鸠鲁派
公元前 300 年	基提翁的芝诺在雅典创立斯多葛派
公元前 300—100 年	亚历山大城作为希腊化时代的文化中心的极盛时期,人文学科研究、科学、占星术的发展
公元前 295 年	欧几里得的《几何原本》,整理总结古典几何学
公元前 280 年	亚历山大城博物馆始建
公元前 270 年	阿里斯塔克斯提出日心说
公元前 260 年	怀疑论在柏拉图学园讲授将近两个世纪
公元前 250 年	亚历山大学派将希伯来文圣经翻译为希腊文
公元前 240 年	阿基米德的鼎盛期,古典力学和数学形成
公元前 220 年	佩尔格的阿波罗尼奥斯的鼎盛期,他推进了天文学和几何学
公元前 146 年	希腊被罗马征服
公元前 130 年	喜帕恰斯的鼎盛期,他编制第一幅星图,发展了古典的地心说宇宙论
公元前 63 年	尤利乌·凯撒改革历法

	西塞罗镇压喀提林暴乱
公元前 60 年	卢克莱修的《物性论》,提出伊壁鸠鲁的宇宙的原子论
公元前 58—48 年	凯撒征服高卢,打败庞贝
公元前 45—44 年	西塞罗的哲学著作
公元前 44 年	凯撒被谋杀
公元前 31 年	屋大维(奥古斯都)打败安东尼和克娄巴特拉 罗马帝国形成
公元前 29 年	李维开始写罗马史
公元前 23 年	贺拉斯的《歌集》
公元前 19 年	维吉尔的《埃涅阿德》
公元前 8—4 年	拿撒勒的耶稣诞生
公元 8 年	奥维德的《变形记》
公元 14 年	奥古斯都死
公元 15 年	马尼吕斯的《天文学》
公元 23 年	斯特拉波的《地理学》
公元 29—30 年	耶稣死
公元 35 年	保罗在去大马士革路上转而信奉耶稣基督
公元 40 年	亚历山大城的斐洛的鼎盛期,他把犹太教和柏拉图哲学结合起来
公元 48 年	耶路撒冷使徒会议认可保罗在外邦人中间传教
公元 50—60 年	《保罗书信》创作
公元 64—68 年	使徒彼得和保罗在尼禄统治下的罗马殉难 对基督徒的第一次重大的迫害
公元 64—70 年	马可福音创作
公元 70 年	罗马人毁坏耶路撒冷圣殿

公元 70—80 年	马太和路加福音创作
公元 90—100 年	约翰福音创作
公元 95 年	昆体良的《雄辩术原理》,整理总结古罗马的人文学科的教育
公元 96 年	"基督教教育"一语首次出现,预示着古典的人文学科研究和基督教教义体系的综合
公元 100 年	尼科马科斯(杰拉什的)的《算术引论》
公元 100—200 年	诺斯替派鼎盛期
公元 109 年	塔西佗的《历史》
公元 110 年	普鲁塔克的鼎盛期,所著《传记集》,是对希腊名人和罗马名人两两比较的传记集
公元 120 年	斯多葛派伦理学家爱比克泰德的鼎盛期
公元 140 年	托勒密的《天文学大成》和《地理学指南》,对古典的天文学和占星术作了整理总结
公元 150 年	查斯丁(殉教士)对基督教和柏拉图哲学的早期综合
公元 161 年	马可·奥勒利乌斯登基
公元 170 年	盖仑的鼎盛期,推进医学发展
公元 175 年	现存最早的《新约》权威正典问世
公元 180 年	伊里奈乌斯的《反异端论》,反对诺斯替派 克雷芒任亚历山大教理学校校长
公元 190 年	塞克斯都·恩披里柯的鼎盛期,总结古典怀疑论
公元 200 年	《赫耳墨斯文集》在亚历山大城编纂(近似年份)
公元 203 年	奥利金继克雷芒之后任基督教教理学校的校长
公元 232 年	柏罗丁在亚历山大城开始跟随阿摩尼奥斯·萨卡斯学习,长达 11 年

大事年表

公元 235—285 年	蛮族入侵罗马帝国
	严重通货膨胀、瘟疫流行、人口下降
公元 248 年	奥利金的《驳塞尔索》，捍卫基督教，反对异教知识分子
公元 250—260 年	罗马皇帝德西乌斯和瓦莱里安迫害基督教徒
公元 265 年	柏罗丁在罗马写作和授课，新柏拉图主义的出现
公元 301 年	波菲利编成柏罗丁所著的《九章集》
公元 303 年	戴克里先统治下开始对基督教徒进行最后也是最严厉的迫害
公元 312 年	君士坦丁皈依基督教
公元 313 年	米兰敕令确立在罗马帝国对基督教的宽容
公元 324 年	攸西比厄斯的《教会史》，第一部记述基督教会历史的史书
公元 325 年	君士坦丁主持尼西亚会议，确定基督教正统教义
公元 330 年	君士坦丁迁都君士坦丁堡（拜占庭）
公元 354 年	奥古斯丁诞生
公元 362—363 年	皇帝尤里安在罗马帝国短暂恢复异教文化
公元 370 年	匈人开始大规模入侵欧洲（直到公元 453 年）
公元 374 年	安布罗斯任米兰的主教
公元 382 年	哲罗姆开始把《圣经》翻译为拉丁文
公元 386 年	奥古斯丁皈依基督教
公元 391 年	狄奥多西一世禁止在罗马帝国一切异教崇拜
	亚历山大城的萨拉贝姆神庙被毁
公元 400 年	奥古斯丁的《忏悔录》
公元 410 年	西哥特人洗劫罗马
公元 413—427 年	奥古斯丁的《上帝之城》

公元 415 年	希帕蒂娅死于亚历山大城
公元 430 年	奥古斯丁去世
公元 439 年	迦太基为旺达尔人攻陷,西方遭蛮族侵犯
公元 476 年	西罗马帝国灭亡
公元 485 年	最后一位主要的异教徒希腊哲学家普罗克洛斯去世
公元 498 年	法兰克人在克洛维统治下皈依基督教
公元 500 年	基督教新柏拉图主义者亚略巴古的丢尼修的活跃期(大约此时)
公元 524 年	波伊提乌的《哲学的慰藉》
公元 529 年	查士丁尼下令封闭雅典的柏拉图学园 本尼狄克在意大利卡西诺山创办最早的隐修院
公元 590—604 年	教皇格列高利一世在位
公元 622 年	伊斯兰教兴起
公元 731 年	伯德的《英格兰人教会史》,推广以基督的生年作为纪元的确立历史事件日期的方法
公元 732 年	穆斯林军队在欧洲的普瓦第埃为查理·马特所阻
公元 781 年	阿尔昆开创加洛林的文艺复兴,规定学习文科七艺为中世纪的基本课程
公元 800 年	查理曼加冕,为西方的皇帝
公元 866 年	约翰·司各特·埃里金纳的《论自然的区分》,综合基督教和新柏拉图主义
公元 1000 年	欧洲大部为基督教所影响
公元 1054 年	东西教会的大分裂
公元 1077 年	安瑟伦的《独白》
公元 1090 年	洛色林讲授唯名论
公元 1095 年	乌尔班二世发起第一次十字军

公元1117年	阿伯拉尔的《是与否》	452
公元1130年	圣维克托隐修院的于格著中世纪的早期百科全书《学问之阶》	
公元1150年	亚里士多德著作在拉丁语的西方开始被重新发现	
公元1170年	巴黎大学创建	
	牛津和剑桥逐渐发展成为思想中心	
	阿基坦的阿莉埃诺在布瓦迪埃的宫廷成为游吟诗人的中心和宫廷生活的典范	
公元1185年	安德烈勒夏普兰的《怎样施行崇高之爱而摈弃不光荣的爱》	
公元1190年	菲奥雷的约阿基姆的鼎盛期,三位一体的历史哲学	
公元1194年	沙特尔大教堂开始兴建	
公元1209年	阿西西的方济各创建方济各会	
公元1210年	沃尔夫拉姆·封·埃申巴赫的《帕尔齐法尔》	
	戈特夫里德·封·斯特拉斯堡的《特里斯丹和绮瑟》	
公元1215年	《大宪章》的签订	
公元1216年	多明我建立多明我会	
公元1225年	托马斯·阿奎那诞生	
公元1245年	托马斯·阿奎那在巴黎大学师从大阿尔伯特	
公元1247年	罗吉尔·培根在牛津大学开始进行实验研究	
公元1260年	沙特尔大教堂落成	
公元1266年	布拉班特的西格尔在巴黎大学显露峥嵘	
公元1266—1273年	托马斯·阿奎那的《神学大全》	
公元1274年	托马斯·阿奎那去世	
公元1280年	让·德·默恩的《玫瑰传奇》	

公元 1300—1330 年	莱茵兰神秘主义的传播,爱克哈特的活跃时期
公元 1304 年	彼特拉克诞生
公元 1305 年	邓斯·司各脱在巴黎大学讲授
公元 1309 年	罗马教廷迁至阿维尼翁("巴比伦囚房")
公元 1310—1314 年	但丁的《神曲》
公元 1319 年	奥康姆在牛津大学讲授
公元 1323 年	托马斯·阿奎那被谥为圣徒
公元 1330—1350 年	奥康姆的思想(唯名论)在牛津大学和巴黎大学传播
公元 1335 年	第一座公共报时钟在米兰竖立
公元 1337 年	英法之间百年战争开始
公元 1340 年	比里当任巴黎大学校长
公元 1341 年	彼特拉克在罗马的卡皮托利尼山被授予桂冠诗人的称号
公元 1347—1351 年	瘟疫(黑死病)横扫欧洲
公元 1353 年	薄迦丘的《十日谈》
公元 1377 年	奥雷姆的《天空与世界之书》,为地动说的可能性辩护
公元 1378 年	教会的大分裂,对立的教皇之间的冲突(直至 1417 年)
公元 1380 年	威克里夫攻击教会滥用权力和正统教义
公元 1400 年	乔叟的《坎特伯雷故事集》
公元 1404 年	韦尔杰里奥的《论人文学科教育》,人文主义者最早的论教育的文章
公元 1415 年	宗教改革家胡斯被处火刑
公元 1429 年	圣女贞德领导法国抗英

	布鲁尼的《佛罗伦萨史》,开创文艺复兴史学
公元 1434 年	科西莫·梅迪契执掌佛罗伦萨政权
公元 1435 年	阿尔贝蒂的《绘画》系统阐述透视原理
公元 1440 年	库萨的尼古拉的《论有学识的无知》
	瓦拉的《论真正的善》
公元 1452 年	利奥纳多·达·芬奇诞生
公元 1453 年	君士坦丁堡陷于奥斯曼土耳其人之手,拜占庭帝国灭亡
公元 1455 年	谷登堡圣经问世,印刷革命开始
公元 1462 年	菲奇诺任佛罗伦萨柏拉图学园主持人
公元 1469 年	"豪华者"洛伦佐·梅迪契在佛罗伦萨即位
公元 1470 年	菲奇诺完成最早的柏拉图《对话录》的拉丁文译本
公元 1473 年	哥白尼诞生
公元 1482 年	菲奇诺的《柏拉图的神学》
公元 1483 年	路德诞生
	达·芬奇的《岩间圣母》
公元 1485 年	波提切利的《维纳斯的诞生》
公元 1486 年	皮科的《论人的尊严的演说》
公元 1492 年	哥伦布到达美洲
公元 1497 年	瓦斯科·达·伽马到达印度
	哥白尼在意大利从事研究,开始天文观测
公元 1498 年	达·芬奇的《最后的晚餐》
公元 1504 年	米开朗琪罗的雕塑作品《大卫》
公元 1506 年	圣彼得大教堂在布拉曼特的指导下兴建
公元 1508 年	伊拉斯谟的《愚人颂》
公元 1508—1511 年	拉斐尔的《雅典学派》、《帕纳索斯山》、《教会的

凯旋》

公元 1508—1512 年	米开朗琪罗的西斯廷教堂的天顶画
公元 1512—1514 年	哥白尼的《概要》,首次论述日心说
公元 1513 年	马基雅维里的《君主论》
公元 1513—1514 年	丢勒的铜版画《骑士、死神和魔鬼》、《在书斋中的圣哲罗姆》、《忧郁》
公元 1516 年	托马斯·莫尔的《乌托邦》
	伊拉斯谟校订出版拉丁文本《新约》
公元 1517 年	路德在维滕贝格张贴《九十五条论纲》
	宗教改革开始
公元 1519 年	路德的《论基督徒的自由》
公元 1521 年	路德遭绝罚,在沃尔姆斯帝国议会上反抗
公元 1524 年	伊拉斯谟就意志自由问题反对路德
公元 1527 年	帕拉切尔苏斯在巴塞尔讲演
公元 1528 年	卡斯蒂利奥内的《侍臣论》
公元 1530 年	梅兰希顿阐明路德宗教会立场的《奥格斯堡信纲》
公元 1532 年	拉伯雷的《巨人传》
公元 1534 年	亨利八世颁布《至尊法》,拒不服从教皇的控制
	路德完成《圣经》的德文译本
公元 1535 年	伊纳爵·罗耀拉的《神操》
公元 1536 年	加尔文的《基督教原理》
公元 1540 年	罗耀拉创立耶稣会
	雷蒂库斯的《哥白尼崭新著作初释》,第一部出版的叙述哥白尼学说的著作
公元 1541 年	米开朗琪罗的壁画《最后的审判》
公元 1542 年	罗马异端裁判所建立

公元 1543 年	哥白尼的《天体运行论》
	维萨里的《人体结构》
公元 1545—1563 年	特兰托公会议，反宗教改革开始
公元 1550 年	瓦萨里的《意大利艺苑名人传》
公元 1554 年	帕莱斯特里那出版呈献教皇的第一集弥撒
公元 1564 年	伽利略、莎士比亚诞生
公元 1567 年	阿维拉的特雷萨和十字架的约翰推行圣衣会的改革
公元 1572 年	第谷观测到超新星
公元 1580 年	蒙田的《随笔》
公元 1582 年	格列高利历改革开始实施
公元 1584 年	布鲁诺的《论无限的宇宙和诸世界》
公元 1590 年	莎士比亚的《亨利六世》
公元 1596 年	笛卡尔诞生
	开普勒的《宇宙的神秘》
	斯宾塞的《仙后》
公元 1597 年	培根的《论说文集》
公元 1600 年	莎士比亚的《哈姆雷特》
	乔丹诺·布鲁诺因宣扬异端学说而被宗教裁判处死刑
	吉尔伯特的《论磁》
公元 1602 年	开普勒的《占星术的可信基础》
公元 1605 年	培根的《学术的发展》
	塞万提斯的《堂吉诃德》
公元 1607 年	蒙特威尔地的歌剧《奥菲欧》
公元 1609 年	开普勒的《新天文学》，提出最先的行星运动的第一

	定律和第二定律
公元1610年	伽利略在《星际使者》中述说他用望远镜观察到的新天象
公元1611年	詹姆士国王钦定《圣经》英文译本出版
	莎士比亚的《暴风雨》
公元1616年	天主教会宣布哥白尼学说是"虚假和错误的"
公元1618—1648年	三十年战争
公元1619年	开普勒的《宇宙和谐论》,提出行星运动的第三定律
	笛卡尔获得一种新科学的启示
公元1620年	培根的《新工具》
公元1623年	伽利略的《试金者》
	伯麦的《伟大的奥秘》
公元1628年	哈维的《动物心血运动的解剖研究》
公元1632年	伽利略的《关于两种世界体系的对话》
公元1635年	法兰西学院建立
公元1636年	哈佛大学创建
公元1637年	笛卡尔的《方法谈》
	高乃依的《熙德》
公元1638年	伽利略的《两门新科学》
公元1640年	詹森的《奥古斯丁论》,法国詹森派始兴
公元1642—1648年	英国内战
公元1644年	笛卡尔的《哲学原理》
	弥尔顿的《论出版自由》
公元1647年	利黎的《基督教占星术》
公元1648年	结束三十年战争的《威斯特伐利亚和约》
公元1651年	霍布斯的《利维坦》

公元 1660 年	英国皇家学会创建
	波义耳的《物理—机械新实验》
公元 1664 年	莫里哀的《伪君子》
公元 1665—1666 年	牛顿的早期的科学的发现和对微积分的发展
公元 1666 年	胡克证明行星运动的力学原理
	巴黎科学院成立
公元 1667 年	弥尔顿的《失乐园》
公元 1670 年	帕斯卡的《思想录》
公元 1675 年	德意志的福音派虔敬主义的传播
公元 1677 年	斯宾诺莎的《伦理学》
	拉辛的《费德尔》
	列文虎克发现微生物
公元 1678 年	班扬的《天路历程》
	西门的《〈旧约〉校勘史》,开创对《圣经》的校勘
	惠更斯创立光的波动说
公元 1687 年	牛顿的《自然哲学的数学原理》
	法兰西学院掀起古今之争
公元 1688—1689 年	英国光荣革命
公元 1690 年	洛克的《人类理解论》、《政府论》
公元 1697 年	培尔的《历史和批判词典》
公元 1704 年	牛顿的《光学》
公元 1710 年	贝克莱的《人类知识原理》
公元 1714 年	莱布尼兹的《单子论》
公元 1719 年	笛福的《鲁滨孙漂流记》
公元 1721 年	孟德斯鸠的《波斯人信札》
公元 1724 年	巴赫作《圣约翰受难曲》

公元 1725 年	维柯的《新科学》
公元 1726 年	斯威夫特的《格列佛游记》
公元 1734 年	伏尔泰的《哲学通信》
	蒲柏的《人论》
	乔纳森·爱德华兹活跃时期,北美殖民地"大觉醒"运动开始
公元 1735 年	林耐的《自然系统》
公元 1738 年	卫斯理在英国开始循道派的重振
公元 1740 年	理查逊的《帕美拉》
公元 1741 年	亨德尔的《弥赛亚》
公元 1747 年	拉美特利的《人是机器》
公元 1748 年	休谟的《人类理智研究》
	孟德斯鸠的《论法的精神》
公元 1749 年	歌德诞生
	菲尔丁的《汤姆·琼斯》
公元 1750 年	卢梭的《论科学和艺术》
公元 1751 年	《百科全书》在狄德罗和达朗贝的主持下开始刊行
	富兰克林的《电的观察和试验》
公元 1755 年	约翰逊的《英语词典》
公元 1756 年	伏尔泰的《风俗论》
公元 1759 年	斯特恩的《项狄传》
	伏尔泰的《老实人》
公元 1762 年	卢梭的《爱弥儿》《社会契约论》
公元 1764 年	温克尔曼的《古代艺术史》,重新唤起欧洲对古希腊艺术和文化的欣赏
公元 1769—1770 年	贝多芬、黑格尔、拿破仑、荷尔德林、华兹华兹诞生

公元 1770 年	霍尔巴赫的《自然体系》
公元 1771 年	斯维登堡的《真正的基督教》
公元 1774 年	歌德的《少年维特之烦恼》
公元 1775 年	美国革命爆发
公元 1776 年	杰斐逊等起草《独立宣言》
	亚当·斯密的《国富论》
	吉本的《罗马帝国衰亡史》
公元 1778 年	布封的《自然史》
公元 1779 年	休谟的《自然宗教对话》
公元 1780 年	莱辛的《论人类的教育》
公元 1781 年	康德的《纯粹理性批判》
	赫歇尔发现天王星,这是人类自有史以来第一次发现新的行星
公元 1784 年	赫尔德的《关于人类历史哲学的观念》
公元 1787 年	莫扎特的《唐·乔万尼》
公元 1787—1788 年	麦迪逊、汉密尔顿和杰伊的《联邦党人文集》
公元 1788 年	康德的《实践理性批判》
	莫扎特的《朱庇特交响曲》
公元 1789 年	法国大革命爆发
	《人权和公民权利宣言》
	布莱克的《天真之歌》
	拉瓦锡的《化学基本教程》
	边沁的《道德和立法原则概述》
公元 1790 年	歌德的《植物形态学》
	康德的《判断力批判》
	伯克的《法国革命感想录》

公元1792年	沃斯通克拉夫特的《女权辩护》
公元1793年	布莱克的《天堂与地狱的婚姻》
公元1795年	席勒的《审美教育书简》
	孔多塞的《人类精神进步史纲》
	赫顿的《地球的理论》
公元1796年	拉普拉斯的《宇宙体系论》
公元1797年	荷尔德林发表《许佩里昂》
公元1798年	华兹华斯和柯勒律治的《抒情歌谣集》
	施莱格尔兄弟创办浪漫主义的期刊《雅典娜神殿》
	马尔萨斯的《人口论》
公元1799年	拿破仑成为法兰西第一执政
	施莱尔马赫的《论宗教——致蔑视宗教的知识界人士》
公元1800年	费希特的《人的使命》
	谢林的《先验唯心论体系》
公元1802年	诺瓦利斯的《海因里希·冯·奥夫特丁根》
公元1803年	道尔顿提出物质的原子论
公元1803—1804年	贝多芬创作《英雄交响曲》
公元1807年	黑格尔的《精神现象学》
	华兹华斯的《不朽颂》
公元1808年	歌德发表《浮士德》（第一卷）
公元1809年	拉马克的《动物学哲学》
公元1810年	斯塔尔夫人的《论德意志》
公元1813年	奥斯丁的《傲慢与偏见》
公元1814年	司各特的《威弗利》
公元1815年	滑铁卢之战，维也纳会议

公元 1817 年	济慈的《睡眠与诗》
	柯勒律治的《文学传记》
	李嘉图的《政治经济学及赋税原理》
	黑格尔的《哲学全书》
公元 1819 年	叔本华的《作为意志和表象的世界》
公元 1820 年	雪莱的《解放了的普罗米修斯》
公元 1822 年	司汤达的《论爱情》
	傅里叶的《热的解析理论》
公元 1824 年	贝多芬的《第九交响曲》
	拜伦的《唐璜》
	高斯提出非欧几里得几何学
公元 1829 年	巴尔扎克的《人间喜剧》创作开始
公元 1830 年	司汤达的《红与黑》
	孔德的《实证哲学教程》
	柏辽兹创作《幻想交响曲》
公元 1831 年	普希金的《叶甫盖尼·奥涅金》
	雨果的《巴黎圣母院》、《秋叶集》
	法拉第发现电磁感应现象
	达尔文开始历时五年的贝格尔号的环球航行
公元 1832 年	歌德的《浮士德》(第二卷)
	乔治桑的《印第安娜》
公元 1833 年	赖尔的《地质学原理》
	爱默生游历欧洲,拜访柯勒律治和卡莱尔
公元 1834 年	卡莱尔的《旧衣新裁》
公元 1835 年	施特劳斯的《耶稣传》
	托克维尔的《美国的民主》

	巴贝奇提出数字计算机的设想
公元1836年	爱默生的《论自然》,开创超验主义
公元1837年	爱默生作题为《美国学者》的演讲
	狄更斯的《匹克威克外传》
公元1841年	费尔巴哈的《基督教的本质》
公元1843年	克尔凯戈尔的《非此即彼》、《恐惧与战栗》
	穆勒的《逻辑体系》
	罗斯金的《现代画家》
公元1844年	尼采诞生
	爱默生的《论文集》
公元1845年	富勒的《十九世纪的妇女》
	爱伦·坡的《乌鸦》
	马克思和恩格斯的《神圣家族》
公元1848年	马克思和恩格斯的《共产党宣言》
	欧洲革命
	美国妇女争取选举权运动兴起
公元1850年	克劳修斯提出熵的概念,热力学第二定律
	霍桑的《红字》
公元1851年	梅尔维尔的《白鲸》
	伦敦世界博览会
公元1854年	梭罗的《瓦尔登湖》
公元1855年	惠特曼的《草叶集》
公元1857年	福楼拜的《包法利夫人》
	波德莱尔的《恶之花》
公元1858年	达尔文和华莱士提出自然选择的理论
公元1859年	达尔文的《物种起源》

	穆勒的《论自由》
	瓦格纳的《特里斯坦与伊索尔》
公元1860年	布克哈特的《意大利文艺复兴时期的文化》
	威尔伯福斯与赫胥黎在牛津大学展开进化论的辩论
公元1861年	巴霍芬的《母权论》
公元1861—1865年	美国内战
公元1862年	雨果的《悲惨世界》
公元1863年	《解放黑奴宣言》，林肯的葛底斯堡演讲
公元1865年	孟德尔提出遗传学理论
公元1866年	海克尔的《有机体的普通形态学》
	陀斯妥也夫斯基的《罪与罚》
公元1867年	马克思的《资本论》
公元1869年	托尔斯泰的《战争与和平》
	阿诺德的《文化与无政府状态》
公元1871年	达尔文的《人类的起源》
公元1872年	尼采的《悲剧的诞生》
	莫奈的《印象：日出》
	G.爱略特的《米德尔马契》
公元1873年	麦克斯韦的《电学和磁学论》
公元1875年	布拉瓦茨基创立神智学会
公元1877年	皮尔斯最初发表关于实用主义的连载文章
公元1878年	冯特建立第一个实验心理学的实验室
公元1879年	爱迪生发明碳丝灯泡
	弗雷格的《概念演算》，开创现代逻辑学
	易卜生的《玩偶之家》

公元 1880 年	陀思妥也夫斯基的《卡拉马佐夫兄弟》
公元 1881 年	兰克的《世界史》
公元 1883 年	狄尔泰的《精神科学引论》
公元 1883—1884 年	尼采的《查拉图斯特拉如是说》
公元 1884 年	马克·吐温的《哈克贝利·费恩历险记》
公元 1886 年	兰波的《灵光集》
	尼采的《善恶的彼岸》
	马赫的《感觉的分析》
公元 1887 年	迈克尔逊—莫雷实验
公元 1889 年	凡高的《星月夜》
公元 1890 年	威廉·詹姆士的《心理学原理》
	弗雷泽的《金枝》
公元 1893 年	布拉德雷的《现象与实在》
公元 1894 年	斯坦纳的《自由哲学》
	托尔斯泰的《上帝的国在你心中》
	赫兹的《力学原理》
公元 1895 年	王尔德的《认真的重要》
	涂尔干的《社会学方法的准则》
公元 1896 年	贝克勒尔发现铀的放射性
	雅里的《乌布王》
	契诃夫的《海鸥》
公元 1897 年	詹姆士的《信仰的意志》
公元 1898 年	塞尚的绘画作品《圣维克多山》
公元 1900 年	尼采去世
	弗洛伊德的《释梦》
	普朗克开创量子物理学

	胡塞尔的《逻辑研究》,现象学始兴
	孟德尔的遗传学被重新发现
公元1901年	亨利·詹姆斯的《使节》
公元1902年	威廉·詹姆士的《宗教经验的类型》
公元1903年	摩尔的《反驳唯心主义》和《伦理学原理》
	萧伯纳的《人与超人》
	莱特兄弟进行第一架动力飞行器飞行
公元1905年	爱因斯坦发表论狭义相对论、光电效应、布朗运动的论文
	弗洛伊德的《关于性欲理论的三篇论文》
	韦伯的《新教伦理与资本主义精神》
公元1906年	迪昂的《物质的理论,它的对象和结构》
	甘地提出非暴力抵抗口号
公元1907年	威廉·詹姆士的《实用主义》
	柏格森的《创造进化论》
	毕加索的《阿维尼翁的少女》
	铃木大拙的《大乘佛教纲要》,向西方介绍佛教
公元1909年	勋伯格的第一首无调性的音乐作品
公元1910—1913年	罗素和怀特海的《数学原理》
公元1912年	荣格的《无意识的心理学》,因书中发表同弗洛伊德相对立的概念而彼此断交
	魏格纳提出大陆漂移说
公元1913年	斯坦纳创立人智学
	斯特拉文斯基的《春之祭》
	普鲁斯特的《追忆逝水年华》
	劳伦斯的《儿子与情人》

	乌纳穆诺的《人生的悲惨感》
	罗伊斯的《基督教问题》
	福特汽车公司开始大批生产小汽车
公元1914年	乔伊斯的《青年艺术家的画像》
	卡夫卡的《审判》
公元1914—1918年	第一次世界大战
公元1915年	索绪尔的《普通语言学教程》
公元1916年	爱因斯坦提出广义相对论
公元1917年	奥托的《论神圣》
	俄国革命
公元1918年	斯宾格勒的《西方的没落》
公元1919年	广义相对论得到实验证实
	沃森的《从行为主义者的观点看心理学》
	卡尔·巴特的《〈罗马书〉评注》
公元1920年	叶芝的"基督复临"
	弗洛伊德的《在快乐原则之外》
	第一次公共无线电广播
公元1921年	罗素的《心的分析》
	维特根斯坦的《逻辑—哲学论》
公元1922年	T. S. 艾略特的《荒原》
	乔伊斯的《尤利西斯》
	韦伯的《经济与社会》
公元1923年	里尔克的《杜伊诺哀歌》
	华莱士·史蒂文斯的《风琴》
	弗洛伊德的《自我和本我》
	布贝尔的《我和你》

	桑塔亚那的《怀疑论和动物式信仰》
	巴甫洛夫的《条件反射》
公元1924年	皮亚杰的《儿童的判断和推理》
	兰克的《出生时创伤》
	托马斯·曼的《魔山》
公元1925年	叶芝的《幻景》
	杜威的《经验与自然》
	怀特海的《科学与现代世界》
公元1926年	薛定谔建立量子力学的波动方程
公元1927年	海森伯提出测不准原理
	玻尔提出互补原理
	勒梅特提出大爆炸宇宙理论
	海德格尔的《存在与时间》
	弗洛伊德的《幻想的未来》
	赖希的《性欲高潮的功能》
	黑塞的《荒原狼》
公元1928年	叶芝的《钟楼》
	卡尔那普的《世界的逻辑结构》
	荣格的《现代人的精神问题》
公元1929年	怀特海的《过程与实在》
	维也纳学派宣言：《维也纳学派的科学世界观》
	福克纳的《喧哗与骚动》
	吴尔夫的《一间自己的房间》
公元1930年	弗洛伊德的《文明及其不满》
	奥尔特加-加塞特的《群众的反抗》
	布尔特曼的《人和信仰的历史真实性》

公元 1931 年	哥德尔证明形式数论系统不完全性定理
	卡西尔的《符号形式的哲学》
公元 1932 年	雅斯贝斯的《哲学》
	克莱因的《儿童的心理分析》
公元 1933 年	希特勒在德国上台执政
公元 1934 年	汤因比的《历史研究》
	波普尔的《科学发现的逻辑》
	荣格的《集体无意识的原型》
	芒福德的《技艺与文明》
公元 1936 年	洛夫乔伊的《存在的巨大链条：观念史研究》
	艾耶尔的《语言、真理和逻辑》
	凯恩斯的《就业、利息和货币通论》
公元 1937 年	安娜·弗洛伊德的《自我与防御机制》
	图灵的《论可计算数及其在判定问题上的运用》
公元 1938 年	布莱希特的《伽利略传》
	核裂变的发现
	萨特的《恶心》
公元 1939 年	弗洛伊德去世
公元 1939—1945 年	第二次世界大战,大屠杀
公元 1940 年	科林武德的《形而上学论》
公元 1941 年	尼布尔的《人的天性与命运》
	弗洛姆的《逃避自由》
	博尔赫斯的《伪装》
公元 1942 年	加缪的《局外人》、《西西弗斯的神话》
公元 1943 年	萨特的《存在和虚无》
	艾略特的《四个四重奏》

公元 1945 年	梅洛-庞蒂的《知觉现象学》
	薛定谔的《生命是什么?》
	在广岛和长崎投下原子弹
	联合国成立
公元 1946—1948 年	冷战开始
	公共电视广播的兴起
	第一台电子计算机研制成功
公元 1947 年	波洛克首次作抽象的滴溅画
公元 1948 年	维纳的《控制论》
	哈茨霍恩的《神学相对论》
	葛瑞夫斯的《白色女神》
	默顿的《七重山》
公元 1949 年	奥威尔的《一九八四》
	伊利亚德的《永恒回归的神话》
	坎贝尔的《千面英雄》
	德·波伏瓦的《第二性》
公元 1950 年	教皇宣布圣母灵魂肉身蒙召升天为天主教信理
公元 1951 年	蒂利希的《系统神学》
	朋谔斐尔的《狱中书信文集》
	奎因的《经验主义的两个教条》
公元 1952 年	贝克特的《等待戈多》
	荣格的《答约伯》、《论同时性》
公元 1953 年	维特根斯坦的《哲学研究》
	海德格尔的《形而上学导论》
	斯金纳的《科学和人类行为》
	沃森和克里克发现 DNA 双螺旋结构

公元 1954 年	赫胥黎的《知觉之门》
	拉纳的《神学研究》
	李约瑟的《中国科技史》
公元 1955 年	德日进的《人的现象》
	马尔库塞的《爱欲与文明》
	金斯堡的《嚎叫》
公元 1956 年	巴特森等阐述双重束缚的理论
公元 1957 年	乔姆斯基的《句法结构》
	巴菲尔德的《拯救现象》
	瓦兹的《禅宗之道》
	苏联人造地球卫星发射上天
公元 1958 年	列维·斯特劳斯的《结构人类学》
	波兰尼的《个人知识》
公元 1959 年	布朗的《对抗死亡的生命》
	斯诺的《两种文化与科学革命》
公元 1960 年	加达默尔的《真理与方法》
	奎因的《语词与对象》
公元 1960—1972 年	民权运动、学生运动、女权主义、环境保护主义、反正统文化的兴起
公元 1961 年	第一次空间飞行
	瓦兹的《东西方心理疗法》
	福科的《古典时代癫狂的历史》
	法农的《大地的不幸者》
公元 1962 年	库恩的《科学革命的结构》
	波普尔的《猜想与反驳》
	荣格的《记忆、梦幻、反思》

　　　　　　　　　马斯洛的《存在心理学》

　　　　　　　　　卡森的《寂静的春天》

　　　　　　　　　麦克卢汉的《谷登堡星系》

　　　　　　　　　赫斯提出海底扩张假说

　　　　　　　　　第二次梵蒂冈公会议开始

　　　　　　　　　伊萨冷研究所成立,对人类潜能活动的研究的兴起

　　　　　　　　　利里和阿尔佩特在哈佛大学开始迷幻药试验

　　　　　　　　　迪伦、披头士乐队、滚石乐队异军突起

　　　　　　　　　学生争取民主社会组织发表《休伦港声明》

公元1963年　　　　向华盛顿进军的民权运动的游行集会,马丁·路
　　　　　　　　　　德·金作《我有一个梦想》演讲

　　　　　　　　　弗里丹的《女性的神秘》

　　　　　　　　　E. N. 洛伦兹发表第一篇论述混沌的论文

公元1964年　　　　始于加利福尼亚大学伯克利分校的言论自由运动

　　　　　　　　　彭齐亚斯和威尔逊发现证实"大爆炸"论的宇宙微
　　　　　　　　　　波背景辐射

　　　　　　　　　盖尔曼和兹维格证明了夸克的存在

　　　　　　　　　贝拉的《宗教的演变》

　　　　　　　　　罗兰·巴特的《批评文集》

　　　　　　　　　《马尔科姆·艾克斯自传》

公元1965年　　　　美国在越南的战争逐步升级

　　　　　　　　　考克斯的《世俗之城》

　　　　　　　　　海德格尔在《精神》上的最后的访谈

公元1966年　　　　阿尔蒂泽和哈密尔顿的《激进神学和上帝之死》

　　　　　　　　　康芒纳的《科学与生存》

　　　　　　　　　拉康的《论文集》

	贝尔非定域性的定理
公元1967年	莱恩的《经验的政治学》
	德里达的《书写与差异》
	怀特的《我们的生态危机的历史根源》
公元1968年	哈贝马斯的《知识与人类利益》
	拉卡托斯的《批判与科学研究纲领方法论》
	冯·贝塔朗菲的《一般系统论》
	卡斯塔内达的《唐璜的说教》
	布兰德的《地球全纪录》
	埃尔里希的《人口炸弹》
公元1968—1970年	学生造反、反战运动、反正统文化达到高潮
公元1969年	宇航员登月
	洛夫洛克提出盖亚假说
	罗斯萨克《反正统文化的形成》
	米莱特的《性政治》
	埃比的《荒漠隐士》
	佩尔斯的《格式塔疗法原义》
	克里斯蒂娃的《符号论》
	利科的《解释的冲突》
公元1970年	第一个地球日
	贝拉的《超越信仰》
公元1971年	古铁雷斯的《解放神学》
	波士顿妇女健康图书团体的《我们的身体，我们自己》
	普里布兰姆的《大脑的语言》
	汤普森的《在历史的边缘》

公元 1972 年	巴特森的《心灵生态学的方法》	
	米多斯的《增长的极限》	
公元 1973 年	舒马赫的《小的是美的》	
	格尔兹的《文化的阐释》	
	戴利的《超越圣父》	
	纳西斯的《肤浅的和深刻的生态保护运动》	
公元 1974 年	罗特尔的《宗教和性别歧视》	
	吉布塔斯的《古代欧洲的女神和神》	
公元 1975 年	格罗夫的《人类潜意识的王国》	
	希尔曼的《重现心理学》	
	卡普拉的《物理学之道》	
	威尔逊的《社会生物学》	
	辛格的《动物的解放》	
	费耶阿本德的《反对方法》	
公元 1978 年	古德曼的《世界构成的方式》	
	乔多罗的《育儿技巧的模拟》	
公元 1979 年	罗蒂的《哲学和自然之镜》	
公元 1980 年	个人计算机的出现	
	生物工艺学的发展	
	伯姆的《整体性和隐卷序》	
	普里高津的《从存在到生成》	
	墨钦特的《自然之死》	
公元 1981 年	谢尔德雷克的《新生命科学》	
公元 1982 年	基里甘的《一种不同的声音》	
	证明贝尔定理方面的实验	
	切尔的《地球的命运》	

公元 1983 年	W 和 Z 亚原子粒子的发现
公元 1984 年	利奥塔的《后现代的条件》
公元 1985 年	凯勒的《性别与科学的反思》
	戈尔巴乔夫在苏联开始实施改革
公元 1985—1990 年	公众的全球生态危机的意识迅速提高
公元 1989—1990 年	冷战结束、东欧共产主义垮台

注 释

引 言

由于性别问题在今天特别重要,且直接影响到眼下的叙述用语,所以,写一篇导引性的说明乃理所当然。在这种按年代顺序的叙述中,作者的观点和他或她正在叙述的各种观点之间的区别有时并不分明,所以,先作一个消除疑问的注释会极为有用。同其他许多人一样,我也认为,今天,一个作者在直接提到人类或人类中一般的个人(如在"the destiny of man"[人类的命运]中,或在"man's relationship to his environment"[人与周围环境的关系]中,或在其他类似的词语中)时,使用单词"man"[男人,人,人类]或"mankind"[人类,男子]或传统的阳性总称代词"he"[他]和"his"[他的],并不是无可非议的。我承认许多有责任感的作者和学者——主要为男人,可也有部分女人——仍在以这种方式使用此类词语,我也意识到彻底改变根深蒂固的习惯这一难题,但是,从长远来讲,我认为,这类惯用法不会因为主要归结为文体的种种缘由(简洁、典雅、修辞的活力、传统)而受到成功的保护。这类缘由虽然就其本身而言是值得重视的,但并不足以证明对整个人类中女性这一半加以含蓄的排斥是正当的。

不过,如果面对的任务给确定为阐明从希腊人时代直到最近为止西方思想的大部分主要人物所表达的思维方式、世界观及人的形象,那么,这类惯用法是恰当的——更确切地说,就语义的精确性和历史的准确性而言也是必要的。西方的理性传统,就其大部分存在而言,乃一种明确无误的父系传统。这种传统带有一种我们今天几乎没能意识到的始终如一的连贯性,是由为其他男人写作的男人们树立起来的,也是他们几乎一味地加以推崇的,以至于一种以男性为中心的观点给默认为是"合乎常情的"观点。也许并非巧合的是,用一些词性为阳性且在不同程度上暗指男性的词(例如:希腊语中的anthropos,拉丁语中的homo,意大利语中的l'uomo,法语中的l'homme,西班牙语中的el hombre,俄语中的chelovek,德语中的der Mensch,英语中的man)来表示人类和一般的人,已成为古代的和近代的西方理性传统所借以发展的所有主要语言的特点。此外,在对人类的经验作概括时,通常使用在其他上下文中仅明确表示男性成员的词(例如,希腊语中的 aner, andres；英语中的 man, men）。对这些倾向作分析会涉及许多复杂情况：每一种语言都有它自己的关于性别的语法惯例，都有它自己的语义特性、精妙含义和含蓄之意；不同上下文中的不同词语表示不同程度和不同形式的内包语意或倾向；而且所有这些可变性都会因作者的不同而不同，因时代的相异而相异。但是，显然贯穿于所有这些复杂情况中的是一种基本的、男性的语言倾向，这种倾向已深入本书所探讨的整整一连串的世界观中，实际上也是这些世界观所固有的。我们无法在不歪曲那些文化观点的基本意义和基本结构的情况下除去这种倾向。这种倾向并非只代表一种孤立的语言特性；相反，它乃扮演西方思想角色的一种虽普遍未意识到、然而却是根深蒂固的、系统的男性意向的语言表现。

以往较重要的思想家和作家常用"man"这个词或其他男性通称来表示人类——举例说吧，如在《The Descent of Man》（《人类的起源》，达尔文，1871年）中，或者在《De hominis dignitate oratio》（《论人的尊严的演说》，皮科·德拉·米兰多拉，1486年）中，或者在《Das Seelenproblem des modernen Menschen》（《现代人的精神问题》，荣格，1928年）中——每逢此时，所用的那个词的意义就会从根本上变得含糊不清。通常，很明显的是，一位作者在这类上下文中使用此种表达法，其目的是要把整个人类——而不仅仅是男性成员——人格化。不过，从该词所在的那个更大的理解结构看，同样很明显的是，使用这种词语通常是为了用作者认为是人的本性和人类进取心的东西来表示和暗示一种不容置疑的男性轮廓。如果人们要理解西方文化思想史的特殊性质，那么，既包含一切性别又重视男性的措词的那种老在变动却又反复出现的含糊不清，就必须予以准确的传达。这类措辞其含蓄的男性含义并非偶然发生，尽管在很大程度上乃是无意的。如果现在的叙述试图通过系统而又经久不变地使用诸如"humankind"[人类]、"humanity"[人类]、"people"[人，人们]、"persons"[人]、"women and man"[男女]及"the human being"[人]（连同"she or he"[她或他]和"his or her"[他的或她的]）之类的中性词语，而不是实际上本已使用的词语——man、anthropos[人]、andres[人们]、homines[人]、der Mensch[人]，等等，来表达西方主流传统中人类进取心的形象，那么，其结果大体上会犹如中世纪一个历史学家的做法，在写古希腊人的神学观点时，每逢希腊人原本会说"the gods"[诸神]的地方，他总是小心谨慎地用"God"[神]这个词来代替，从而纠正了一个在中世纪人听来不但是不正确的而且是无礼的惯用法。

我作这种按年代顺序叙述的目的，就是要像西方的主流理性传统本身所显露的那样，说明西方世界观的演变，我已试图从这一传统本身的正在展现的角度尽可能地作好这种说明。通过在叙述的连续统一体内仔细选择和变动一些特定的词语和措辞，利用独一无二的一种语言即现代英语的一些惯用语，我力图抓住从这一传统中显露出来的每一种重要观点的精神。因此，为了历史的精确无误，只要英语中的某些词语和措辞如"man"、"mankind"、"modern man"[现代人]、"man and God"[人与上帝]、"man's place in

注　释

the cosmos"［人在宇宙中的位置］、"man's emergence from nature"［人类脱离原始状态］,等等,能反映关于正在受到讨论的个人或时代的谈话之精神及独特风格,这种叙述便在适当的地方使用它们。如果在上下文中避免这类惯用语,就会删改西方思想史,就会歪曲西方思想史的基本性质,从而使这部历史的许多方面难以理解。

要理解一种人文世界观的性质,弄清性别思想的问题、亦即更深一层的男性和女性之间原型对立的问题,是极为重要而非无关紧要的;语言文字生动地反映了那些基本动力。在紧随这种叙述之后的回溯分析中,我将更充分地论述这一关键性问题,并为探讨这一问题提出一个新的概念模式。

第一篇　希腊人的世界观

① 约翰·H.芬利:《希腊思想的四个阶段》(斯坦福:斯坦福大学出版社,1966年版),第95—96页。与关于神与相的这一讨论密切相关的是一个颇重要的观点,原先由德国学者维拉莫维茨默伦多夫提出,后又由W. K. C.格思里作了说明:"……theos［神］亦即我们在提到柏拉图的神时会想到的那个希腊单词,首先有一种表示肯定的力量。那就是说,希腊人并不像基督徒或犹太教徒那样,先坚称上帝的存在,然后开始列举上帝的种种品性,说'上帝是慈善的','上帝是慈爱的',如此等等。确切点说,希腊人对日常生活或大自然中的异常事物,要么因为欢欣,要么出于恐惧,不是印象那么深刻就是如此敬畏,以至于竟说'此乃一神也'或者'彼乃一神也'。基督徒说'上帝是慈爱的',希腊人则说'爱就是 theos',即'一位神'。正如另一位作家所解释的:'说爱,或者说胜利,是神,或者更准确点说,是一位神,首先意味着它胜过人,不会死亡,乃永恒的……我们在这世界上看到的任何在起作用的能力、任何在起作用的力量,并不是和我们一起坠世的,在我们死后还会继续存在下去,因而皆可以称之为神,而且它们中的大部分已被称为神'［乔治·M. A.格鲁贝:《柏拉图的思想》(波士顿:比肯出版社,1958年版),第150页］。

"由于这种心态,由于对我们遇到的许多事物(它们或许会使我们感受到自己所不理解的、突如其来的一阵阵欢乐或痛苦)的神奇性质的敏感,一位希腊诗人可能会写出如下诗行:'令朋友之间心心相印的,是神啊。'这是一种与在柏拉图那里讨论过多次的一神教或多神教问题多少有点关系的心态,如果这种心态的确没有完全剥夺该问题的意义的话"(W. K. C.格思里:《希腊哲学家:从泰利斯到亚里士多德》［纽约:哈珀·托尔布克出版社,1960年版］,第10—11页)。

② 到荷马的时候,希腊人的神话感觉力已发生非常重要的变化,因为更为泛灵论的、神秘主义的、重视大自然的母权神话——天生的、遍及各方面的、不可分割的、非英雄的——已服从于奥林匹亚的父权神话,而这种父权神话的特征则是更为客体化的、超

验的、相互连贯的、英雄的、支持自治的。例如,见简·埃伦·哈里森的《希腊宗教研究的若干前言》(剑桥:剑桥大学出版社,1922年版)和查伦·施普雷特纳克的《早期希腊诸消失了的女神》(波士顿:烽火出版社,1984年版)。不过,正如约瑟夫·坎贝尔在《神的种种面具:西方的神话》(纽约:海盗出版社,1964年版)中所指出的,希腊人双重神话遗产的种种富于暗示的标记,甚至在荷马准则自身内,在从《伊利亚特》的世界到《奥德赛》的世界的惊人转变中,也可以见到。

《伊利亚特》是一部描述历史事件的史诗,也是一曲曲合唱,歌颂那些伟大的父权主题:阿喀琉斯的愤怒,高贵武士的勇敢、骄傲和优秀,男子的长处、力量和兵法。如今,这部史诗在公众活动的白日世界里上演,在那里,英勇的男子在人生的战场上奋斗。然而,那种人生虽是壮丽的,却又是短暂的,最终悲剧地归于死亡,没有什么有价值的东西能超越死亡。《伊利亚特》的伟大,主要靠的是,它史诗般地表现了那种悲剧性的紧张状况。对比之下,《奥德赛》与其说是一个有代表性的历史事件的一种纪念物,不如说是描述一次具有明显的想像性的个人游历的一部史诗;它自始至终涉及种种神秘的、离奇的现象,通篇弥漫着一种不同的死亡观,而且更关心女性。奥德修斯这位在特洛伊的希腊英雄中最有智慧的主人公,经历了一系列能使人发生很大变化的奇遇和磨难——一连碰到好几个女巫和女神,下地狱,告知种种隐秘的神秘事物,连续好几次体验死亡与重生——从而终于得以在重生后凯旋回家,与佩内洛普这位所钟爱的女性团聚。按这种阐释,从《伊利亚特》到《奥德赛》的转变,反映了希腊文化精神在其父权根基和母权根基之间、在奥林匹亚公共宗教和古代种种神秘事物之间的一种持续的辩证逻辑(见坎贝尔著的《神的种种面具:西方的神话》,第157—176页)。

《奥德赛》还显示了《伊利亚特》对个人和英雄行为的欣赏,这种欣赏扎根在那古代印欧语人对个人英勇善战的赞赏中,这种赞赏会极其深刻地影响西方的性质和历史;但是,如今,那种英雄行为已呈现出一种显然是新的、更为复杂的形态。对这同样的辩证逻辑的一种重要的、晚些时候的表述,可以在柏拉图的《会饮篇》中找到;在那篇对话中,正是迪奥蒂玛这位聪明的女子,在苏格拉底开始涉足关于美的超验的知识方面起了关键的作用。正如荷马的奥德修斯那里一样,个人英勇的成分也明显存在于柏拉图的苏格拉底身上,但是,还存在于一种进一步的变形——更理智的、精神的、内心的、自我克制的——中。

③ 泰勒斯在米利都的两个后继者阿那克西曼德和阿那克西米尼(两人活动时期约公元前6世纪),为后来的西方思想作出了重大贡献。阿那克西曼德提出,宇宙的原始物质或基本性质(本原)是他称之为阿派朗[apeiron(the "boundless",无限)]的一种没有任何规定性的、无明显特征的东西。从阿派朗中分离出热和冷这些对立物,它们之间的斗争又转而产生世界上的各种现象。阿那克西曼德由此推出这样一个概念,即存在超出可察觉的种种现象(比如水)而为一种更基本的、不可察觉的、其性质较物质世界种

注　释

种熟悉的物质更原始、更不确定的东西;这一概念对后来的哲学和科学是绝对必要的。阿那克西曼德还得出生命起源于海洋的一种进化论,而且,似乎还是第一个试图为整个有人居住的地球画一幅地图的人。

阿那克西曼德的后继者阿那克西米尼反过来又假定气为原始物质,并试图证明那种单一的物质在通过稀散或凝聚过程而使自己变成其他各种形式的物质时所用的方式。阿那克西米尼提出,一种特定的物质即气,而非一种无明显特征的物质如阿派朗,乃万物的起源;这一提议可以视为不如阿那克西曼德的说法先进的一种理论——朝泰勒斯提出的水倒退了一步。但是,阿那克西米尼通过对一种基本元素如何仍保持其基本性质、同时却又起变化成为其他各种类型的物质这一情况进行分析,提出了一种本体在经历许多变形的同时仍保持自身不变这一至关重要的思想。因此,本原这一概念以前是表示万物的起因或始因,这时却获得"原则"——把自身变成物质世界许多转瞬即逝、不断变化的现象、同时却又永远保持其自身性质的东西——这另外一种意义。后来关于第一原理、关于种种现象对一种持续的、基本的原始实体的相依性以及关于物理学方面各种守恒定律的种种哲学发展和科学发展,多少都应归功于阿那克西曼德和阿那克西米尼提出的一些基本概念。这两人也都为早期的希腊天文学作出了关键性的贡献。

④ 关于色诺芬尼谈话中的这一重要片断,W. K. C. 格思里说:"这种对个人探索以及对需要时间这一点的强调,表明这一片段是现存希腊文献中对艺术与科学方面的进步(一种依靠人的努力而非依赖——或者起码不主要依赖——神示的进步)观所作的首次陈述。"(《希腊哲学史》,第一卷,"较早的苏格拉底前的古希腊哲学家和毕达哥拉斯的追随者"[剑桥:剑桥大学出版社,1962年版],第399—400页)

⑤ 从神话中普罗米修斯的不断改变的类型和地位,可觉察出希腊人对人类历史的看法的演变以及人与神的关系的演变。赫西奥德较早时候把普罗米修斯描绘成违背宙斯的意愿、盗取天火予人的恶作剧精灵,而埃斯库罗斯则在《被缚的普罗米修斯》这一剧本中大大扩充了前者的描绘;该剧本中那个强大的主角把文明的一切技艺都给了人类,从而将人类从原始的未开化状态带入凭智力控制自然且支配自然的状态。赫西奥德笔下那个既严肃又诙谐的精灵,在埃斯库罗斯那里,成为具有宇宙水平的悲剧性神人;因此,虽然赫西奥德先前已将人类历史视作脱离原始黄金时代的一种不可避免的倒退,但埃斯库罗斯笔下的普罗米修斯却颂扬了人类走向文明的进步。不过,与这同一个神话更晚的一些构想截然不同,埃斯库罗斯改编的那个剧本把如神一般的普罗米修斯,而不是人,看作人类进步之根源,从而默认了万物安排中神的先在性。尽管现在还难以弄清埃斯库罗斯对这个神话其本体论上的意义的确切看法,但似乎他已用基本上是创作神话的措辞把普罗米修斯和人设想为一种象征性的统一体。

不过,在埃斯库罗斯之后公元前5世纪的希腊人看来,普罗米修斯这一形象变成仅仅是人类自身的才智与奋斗不息的进取的一种直接的比喻表述。在剧名为《智者派》的一出喜剧的残存片段中,普罗米修斯只是同人的头脑等同起来;在另一部作品中,普罗米修斯给用作解释人类向文明进步的"经验"的一种隐喻。柏拉图的《普罗塔哥拉篇》中智者普罗塔哥拉对这一神话所作的描述(见上文"相与神"一节),也反映了普罗米修斯被去除神话色彩,当作一种讽喻。由于希腊思想从古代诗歌发展到人本主义哲学,而古典悲剧则标志这一发展的一个中点,所以,希腊人的历史观也从倒退转向进步,而人类的成就的根源则由神转向人。见 E. R. 多兹的《古典古代的进步》,载于菲利普·P. 韦纳编辑的《思想史词典》(纽约:查尔斯·斯克里布纳的子孙出版公司,1973 年版)第 3 卷:第 623—626 页。

⑥ R. 哈克福思的"不被注意的知识的一个典范"这一词语(引自格思里的《希腊哲学家》,第 75 页),很好地表明了苏格拉底其理智上的谦逊与相信一种可知的秩序的结合。

⑦ 柏拉图将非理性的东西和物质的东西跟女性连在一起,而将理性的东西和精神性的东西跟男性连在一起,此外,柏拉图的认识论与希腊的同性恋也有重要关系。这两方面的内容,见伊夫林·福克斯·凯勒的《柏拉图认识论中的爱与性》,载于《对性与科学的想法》(纽黑文:耶鲁大学出版社,1985 年版),第 21—32 页;也见格雷戈里·弗拉斯托斯在载于《柏拉图研究》(普林斯顿:普林斯顿大学出版社,1973 年版,第 3—42 页)的论文《作为柏拉图方面爱的对象的个体》中对柏拉图的同性恋所作的颇有价值的讨论。不过,弗拉斯托斯指出,柏拉图在《会饮篇》中所述的臻于高潮的论辩,在狄奥提玛把厄洛斯的最高实现说成是哲学家同美的相的和睦婚姻,并认为这种和睦婚姻又使智慧得以诞生时,突然从同性恋的范例变换到有生殖力的异性恋的范例上。在这同一篇论文中,弗拉斯托斯还令人颇有启发地分析了柏拉图联系个人交往背景对普遍的美的相所作的提升,如何往往会导致把具体个人的爱人当作仅仅是为了他或她自己而很可能值得爱的评价对象而加以轻视——正如柏拉图鉴于政治理论而对理想共和国所作的提升,往往会导致仅仅因各位公民终一死而予以蔑视,并在这样做时剥夺他们的公民自由。

⑧ "靠细致的天文观察为宇宙论的思想提供主要线索这一传统,就其本质性要素而言,原属于西方文明。它似乎是我们从古希腊文明中继承的最重要、最独特的新奇事物之一"。(托马斯·S. 库恩,《哥白尼的革命:行星天文学与西方思想的发展》[坎布里奇:哈佛大学出版社,1957 年版],第 26 页)

⑨ 引自托马斯·H. 希思爵士的《萨摩斯的阿里斯塔克斯:古代的哥白尼》(牛津:克拉伦登出版社,1913 年版),第 140 页。也见柏拉图的《法篇》,第七卷,第 821—822 页。

⑩ 芬利,《希腊思想的四个阶段》,第 2 页。欧文·巴菲尔德在谈到柯勒律治的哲学史讲稿时,以类似的措辞描述了这一希腊现象:"自我意识、个性……正随着希腊文明的起始而诞生。……整个事情就像一种觉醒。人们早晨刚醒来时,会非常清醒地意识到

注 释

周围的世界,而白天习惯于这一世界时,就不会有这样的意识了。"(欧文·巴菲尔德,《柯勒律治的哲学讲稿》,约第3章,第2节[1989年版],第29页)。

第二篇 古典时代的转变

① 已有人根据《法篇》和《伊庇诺米篇》中的若干段落提出:柏拉图本人也许已含蓄地支持地球转动这一假说,将此假说看作是从数学上维护各种现象并揭示各种单一的、不变的行星轨道的方法;在《蒂迈欧篇》(第40页第2—4段)中,他也许已描述了一种以太阳为中心的体系。见R.凯茨比·托利弗所翻译的托勒密的《大综合论》的附录3,载于《西方世界伟大著作集》,第16卷(芝加哥:不列颠百科全书出版社,1952年版),第477—478页。

② 这位卓绝的希腊化的最高的神乃希腊和埃及的萨拉匹斯[促进生产,护佑亡灵,颁赐神谕之神],亦即奥西里斯[古埃及的冥神和鬼判]、宙斯、狄俄尼索斯[酒神]、普路托[冥王]、阿斯克勒庇俄斯[医药神]、马杜克[古代巴比伦人的主神,原为巴比伦的太阳神]、赫利俄斯[太阳神]和耶和华的一个综合体。虽然萨拉匹斯是由托勒密一世(公元前323—285年居统治地位)确立为亚历山大城主要的城市之神,并最终为整个地中海世界所信奉,但它表明了神学上的宗教信仰同化和单一主神教(承认众神的存在,但只崇拜其中一个主神)的希腊化趋势。

③ 较早时候的观点往往会使人想到基督教胜利的不可避免,但最近的学术成就却与此不同,强调了古典时代末期异教传统的持久活力(尤见罗宾·莱恩·福克斯著《异教徒和基督教徒》[纽约:艾尔弗雷德·A.克诺夫出版社,1987年版])。对为数众多的异教徒来说,古代的男女诸神依然具有意义,因此,广大异教徒以充满活力的虔诚来参加异教的典礼和仪式。希腊化时期作为一个整体来考虑,乃一个以多种形式、热烈地笃信宗教的时期,基督教便是这种笃信宗教的一个独特表现。基督教在城市居民中渐渐地传播开来,传播的方式是建立一个个小教堂,由主教主持,并以严格的道德准则和教义准则来加强管理,不过,在公元4世纪初之前,基督教并没有渗入大部分农村地区,而且,对许多异教知识分子来说,基督教的主张似乎依然是古怪的、难以置信的。正是君士坦丁的皈依(公元312年前后),标志着基督教命运的巨大转变,可即便那时,基督教的统治地位还是在下一代人中受到了皇帝尤里安的重大挑战,尤里安以草率却又勇敢的方式试图恢复异教文化(361—363年)。

④ 也有人说,希腊和罗马的文化被嫁接到那种兼犹太教与基督教的宗教上,或者,希腊和罗马的文化和兼犹太教与基督教的宗教,皆被嫁接到日耳曼诸蛮族那里,因为现在所认为的西方基本的或主要的遗产,当时正在上述每种情况下起变化。所有这三种观点均有理由来支持自己,因此,事实真相同西方本身一样,或许最好能理解为这三者

复杂的综合体。

第三篇 基督教的世界观

① 对"Yahweh"[耶和华](原先为"YHWH"[雅赫维])一词,现已予以不同的表达:例如,"I Am Who Am"[吾主];"He Brings Into Existence Whatever Exists"[万有之主];以及"I Am / Shall Be Who I Am / Shall Be"[主/未来之主],在这里,现在时和将来时之间那种复杂的模棱两可尚未得到解决。此词的含意依然是有争议的。

② 历史上的耶稣是否明确地称自己是弥赛亚本人,即所预言的"人子",至今尚不清楚。不管他私下的自我理解是什么,似乎他不大会公开地称自己是上帝的儿子。关于耶稣是否打算提出一种新宗教,确切点说,提出对犹太教的一种彻底的有关世界末日的改革,目前也存有类似的含糊不清之处。见雷蒙德·E.布朗著:《"人们说我是谁了吗?"——关于福音基督学的现代学术成就概论》,载于《圣经中对全体基督教徒所面临的各种危机的思考》(纽约:保禄会出版社,1975年版),第20—37页。

③ (基督教比较起来就在它所发源的这一民族当中如此不成功)这一犹太基督徒的似乎矛盾而实际有理的说法的另一面是,基督徒们在随后数世纪中如此普遍地远离、贬低、毁谤和迫害跟他们同时代的犹太人,而同时又接受犹太教的圣经和历史作为他们自己宗教的必不可少的基础。

④ 古希腊文化和犹太教在哲学上的结合,是亚历山大城的斐洛(生于约公元前15—10年)创始的;他用柏拉图的语言,将逻各斯确认为相中之相,确认为所有相的总合,确认为世界可理解性的源头,又用犹太教的语言,将逻各斯确认为上帝对宇宙所作的幸运安排,确认为上帝和人联系的中介。因此,逻各斯既是天地万物的中介,又是人用以体验并理解上帝的中介。斐洛教导说,诸相乃上帝永远不变的一些想法,上帝先将这些想法创造成真实的存在之物,然后再创造世界。后来的基督徒们因斐洛关于逻各斯的这些观点而对他极为敬重,他称逻各斯为上帝的头生子、神人、上帝的映象。现在,斐洛似乎已成为试图将启示和哲学结合起来、将信仰和理性结合起来的第一人——对经院哲学起了基本的推动作用。虽然他在犹太思想中未得到什么承认,但他对新柏拉图主义和中世纪基督教神学却有着明显的影响。

⑤ 在"希腊人的启蒙"这一分节中(第25—31页),还有在关于普罗米修斯这一人物的第一篇注释⑤中,讨论了希腊人进步的经历和他们对进步的看法;这些讨论可以弥补对希腊人的历史循环观念的这一概括。

⑥ 奥古斯丁与柏罗丁的区别在于:他不但假设了上帝和个体精神之间一种更为个人的关系,而且也假设了造物主和创世之间一种已增大的差别;他强调了上帝在创世过程中的自由和有目的的做法;他赞同人对神恩和启示的需要;尤其是他信奉道成肉身的

教义。

⑦《指南》,载于奥古斯丁的《作品集》,第9卷,由M.多兹编辑(爱丁堡,克拉克出版社,第1871—1877年版),第180—181页。

⑧ 颇具讽刺意味的是,柏拉图本人在诸如《国家篇》和《法篇》之类的对话中,预示了基督教其武断地不容异说的精神。同样地,考虑到保护年轻人不受诱惑和引人入歧途的思想的影响,而且同样地,由于确信自己拥有关于绝对真理和善的知识,柏拉图为自己的理想国概括了范围很广的种种禁律与限制,而他的理想国,与后来基督教建立的国家并没有什么不同。

⑨ 从古典时代到中古时代这一过渡时期的若干相关的日期和事件:386年夏末,奥古斯丁在米兰从内心深处皈依了基督教。391年,狄奥菲鲁斯教长及其追随者捣毁萨拉贝姆,即奉祀希腊—埃及大神萨拉匹斯的亚历山大神庙,标志着基督教在埃及和整个帝国境内对异教的胜利。415年,也就是西哥特人蹂躏罗马而奥古斯丁正在撰写《上帝之城》的10年间的一年,一群狂热基督教暴徒残杀了希帕蒂娅——亚历山大城公认的新柏拉图主义哲学学派领袖,博物院最后一个有名的成员的女儿,异教学术的个人象征。随着她的死去,许多学者离开亚历山大,标志着这座城市其文化衰落的开始。485年,普罗克洛斯,最后的古典新柏拉图主义的最伟大的、系统的阐述者和古代最后一位主要的希腊哲学家,在雅典去世。529年,基督教皇帝查士丁尼关闭了雅典的柏拉图学园,即异教学术的最后一个自然科学机构。那一年,如今常被用作表示古典时期结束和中世纪开始的一个合适日期,因为也正是在529年,努尔西亚的本尼狄克,即西方基督教隐修制度的创始人,在意大利的卡西诺山创办了第一个本笃会隐修院(差不多恰好七百年后,还是孩子的托马斯·阿奎那被送到这同一个隐修院受教育)。

⑩ 关于这一态度的一种有影响的说法,乃亚历山大的基督教新柏拉图主义者奥利金(约185—约254年)的说法;在他看来,人不一定入地狱,因为极其仁慈的上帝绝不可能最后放弃自己的任何创造物。罚入地狱的经验,是建立在一种个人的自己强加的谴责的基础上,这种谴责,亦即对上帝的一种故意回避,有效地使个体精神与上帝的爱隔绝;这样,入地狱意味着上帝完全不存在。但是,对奥利金来说,这种疏远上帝的经验,最终乃一个更大的教育过程中的一种暂时状况;通过这一教育过程,每个灵魂会与上帝重新合为一体,上帝的爱是征服一切的。就人类天赋的自由而言,上帝的救赎过程也许必然是长期的,但是,在普遍的救赎发生以前,基督的使命尚未完成。同样地,奥利金不是将有关人类存在的一些反面事件视作天罚,而是视作精神形成的种种手段。虽然民众也许会因自己的虔诚而把这些反面事件看作是报复心强的上帝的惩罚性行动,但是,这类观点是建立在对上帝的活动的一种给歪曲了的理解的基础上,因为无限的仁慈最终体现在上帝的活动中。正如入地狱一样,人也未必上天堂,因为被救赎的灵魂能按照自己持久不衰的自由意志,在救赎过程结束时,再一次上演整个剧本。奥利金的神学,

自始至终以对上帝的仁慈和灵魂的自由的同时确认为依据;在他看来,灵魂会升华至以一个等级系统为标志的神性,这一等级系统分为若干层,最终导致与逻各斯的神秘结合:灵魂从物质到精神、从影像到实在的恢复。

虽然许多人已将奥利金看作是继使徒之后早期基督教会的最伟大的导师,但是,也有一些人就各种问题对他的正统观念提出了尖锐的质疑,他的受到质疑的学说涉及普遍的拯救,个体精神的先存在,新柏拉图主义将圣子贬为低于太一[与上帝等同]的一个位格的做法,他按精神上的意义对肉体的复活所作的解释,他运用比喻、把救赎的历史说成不受时间影响的原型过程的做法,以及他关于世界循环的种种推测。见亨利·查德威克著的《早期基督教思想与古典传统:对查士丁、克雷芒和奥利金的研究》(牛津:牛津大学出版社,1966年版)。

⑪ 学者们时常注意到《圣经》中的《约伯记》(约公元前600—300年)和埃斯库罗斯的大约同时代的悲剧《被缚的普罗米修斯》之间许多惊人的主题上的相似之处。人们在较早时候《圣经》中的"摩西五经"和荷马的史诗之间已认出类似的历史与文学上的一些相似之处。

⑫ 保罗渴望建立一个世界性的基督教会,从而使基督教福音对那些有不同文化背景的人来说是可理解的;由于这一渴望,他相应地调整了自己的教义,"就像一个犹太人对那些犹太人那样"演讲,"就像一个希腊人对那些希腊人那样"致辞。罗马的教会社区有着其巨大的犹太教影响,他向该社区强调了关于正义的教义,但是,在致具有更为希腊化背景的各地教徒的一些信中,他用可使人联想起希腊诸神秘宗教的语言——新人,在上帝看来的儿子身份,上帝的变形过程,等等——描述了灵魂的得救。

⑬ 教皇格列高利一世在位期间(590—604年)确立了中世纪西方基督教世界的许多最独特的特点。格列高利出生于罗马,深受奥古斯丁学说的影响,所以,他在教廷实行权力集中并对教廷的管理加以改革,提高牧师们的地位,拓展基督教会对穷人和内心痛苦的人的关心范围,并敦促确认教皇为基督教世界中凌驾于拜占庭牧首的要求之上的世界范围的领袖。他还巩固后来在意大利成为教皇国的教会辖地,而其更为通常的做法是,还通过行使教会的权力来努力影响和强迫世俗当局,从而帮助确立罗马教廷的现世的权威。他的理想是要建立一个为仁慈之心与服务于他人的精神所渗透的普遍的基督教社会。正是格列高利,特别认识到为西方基督教的未来而迁移诸蛮族的重要性,所以,他在欧洲强有力地进行传教活动(包括派一批修士到英格兰去进行具有重大历史意义的传教)。虽然他有时建议要心领神会地尊重当地人的观点和习俗,如在英格兰一样,但在另外一些时候,他却主张在努力使当地人皈依基督教的过程中使用武力。格列高利是一位非常得人心的教皇,在他自己的一生中受到普遍的崇敬,他试图通过改革弥撒、宣传各种奇迹和涤罪说,来使大多数未接受过教育的欧洲人能更好地理解基督教信仰。他支持隐修院制度的发展,并为教牧人员的生活确立了教规。格列高利圣咏,即天

注 释

主教会的礼仪音乐,就是以他的名字命名的,已于他在位期间给编集成典。

⑭ 东派教会与西派教会于5世纪开始互相分离,于1054年宣告彼此间正式分裂。虽然天主教会强调要充分尊重罗马与教皇(是在它对《马太福音》16:18中基督向彼得说的话加以解释的基础上强调的),可是东正教却随着俗人在宗教事务中起更大作用,而在更大程度上保持因共有的信仰而结合在一起的诸教会的一种普遍的联系。另一方面,东正教会没有采用西方的国教辩证法(这种辩证法在很大程度上是由蛮族入侵与随后在政治和文化上同古老的西罗马帝国的决裂引起的),而是与拜占庭帝国持久不衰的政治系统保持密切的联系。君士坦丁堡的牧首往往顺从东罗马皇帝,东罗马皇帝经常在教会问题上行使自己的权力。

一般说来,并不是在东方,更多的倒是在西方,宣布了这样一种观念,认为有必要专断地规定并谨慎地阐明教义上的正统观念,因此,是主教特别会议而不是教皇,乃教义问题上的最高权威。基督教真理被视作基督教会内部体验到的一种有生命力的实体,而不是如在西方一样,被视作一种试图按照正义的特定标准来包含基督教真理、已给完全阐明了的教义系统。虽然在拉丁西方,奥古斯丁的影响乃主要影响,可是东方神学却扎根在希腊教父的头脑中。它的教义倾向更为神秘,通过基督教会予以强调的不是人们的个别正义(如在西方一样),而是人们在基督教会内部的共同的神化,以及人们通过敛心默祷的苦行者生涯而达到的个人的神化。为西方基督教特有的上帝与人类之间的审判关系在东方是不存在的;在东方,最重大的主题乃上帝的化身、人类的神化和宇宙的神圣变形。一般说来,东方基督教始终更接近于使徒约翰按照基督教信仰所施予的能促成团结的神秘推动力,而西方基督教则继续朝着更为二元论的奥古斯丁的方向前进。

⑮ 用基督教会的措辞去重新构想天国,反映了基督教信仰的一种根本性的自我转变;这种转变作为对基督复临给耽搁的一种反应,始于基督教兴起时的头几代人。早期基督徒们期待即将到来的基督复临,因为在天国到来之前是一段反叛与邪恶的时间,在这段时间中,假先知和假救星会出现,而且会凭借种种征兆和奇迹把许多人引入歧途;接着会发生一场全球性的大动乱,之后是天空戏剧般地打开,展现出踌躇满志的上帝,而基督则从天空中降临下来,去拥抱和解放虔诚徒众。先前在《圣经·新约》中,尤其在《约翰福音》中,似乎已存在对基督复临之耽搁的一种逐步的觉察——虽然这种觉察仍被认为与实际情况是十分相似的——而且似乎还存在对那种耽搁的一种明显的补偿,这种补偿是通过对耶稣的生与死、圣灵的降临和新建立的基督教会社区的意义的一种愈来愈典雅的解释表示出来的。耶稣在历史上的存在,被认为已开创了拯救的转变。基督的复活包含了人类的复活,即人类的新生。基督凭借其神灵的存在,已升向虔诚徒众新社区的生活,即其神秘躯体的生活,亦即充满生气的、日益发展的基督教会的生活。因此,基督复临为何给耽搁,已暂时得到解答:基督复临的到来已重新安排到更为遥

529

远的将来,所以,基督的精神力量已在基督教虔诚徒众的持续不断的生活中得到宣称,得到体验。

不过,与预期的相反,世界依然在持续,因此,基督教会虽然最初被认为在最后时刻到来以前拥有一种短暂的过渡性存在,可后来却受到鼓励去扮演一种更为实在的角色,随之,它的自我解释也起了相应的变化:基督教会此时并非确认自己为会在即将到来的大动乱中存在并得救的一小群蒙上帝挑选者,而是确认自己为一个继续存在、不断扩展的圣事机构——施浸礼、讲课、训导、救助。基督教会就是在这样一个基础上发展起来,从其更早时候形式灵活的诸虔诚徒众社区越来越发展成一种具有严格规定的等级权力结构和教义传统的复杂的社会公共机构,从而,将教会上层人士与基督教会所领导的非神职的教堂会众从本质上区别了开来。

这一过程的最终结果出现在古典时代的最后数世纪中。随着君士坦丁大帝的皈依,随着罗马国后来与基督教的紧密结合,一种新的情绪开始出现在基督教会中:早期基督教社区的末世论的期望,此时为关于一个强有力的尘世间的基督教会的新观念所湮没,这一新观念眼下的胜利使对世界末日启示变化的要求黯然失色,使世界末日启示变化的可能性显得无足轻重。若没有迫害,基督教会社区对直接的大动乱的心理需求就不会那么强烈,因此,在此时的基督教看来,受到优待的帝国宗教,即罗马先前作为世界末日启示以前反对基督者所扮演的角色,不再是合乎时宜的。

同时,在新柏拉图主义寓言思想和希腊古典寓言思想的影响下,奥利金和奥古斯丁以不那么呆板、不那么不偏不倚,而是更为理智、更为个人的措辞,再次系统地阐述天国。在奥利金看来,真正的宗教探求就是要通过一个人自己的灵魂——一种形而上学的而非历史的转变来体验天国。奥古斯丁的观点同样是新柏拉图主义的,但是,对今世与基督教会之间的关系却抱着一种更为决定性地两极化的态度。奥古斯丁生活在古典文明的临终痛苦期间,所以,将现实世界视作一个生来就易受邪恶影响的王国,就像更早时候期待启示的那些人一样;而且,他也看见人类在审判上被分成蒙上帝挑选者和罚入地狱的灵魂。不过,他所承认的救世解决办法,并非今世的一种启示更新的解决办法,而是灵魂通过基督教会而实行的一种圣事革新的解决办法。今世并不注定会获救;那种状况只是一种精神上的状况,已可通过基督教会去获得。

因此,基督教对一种即将到来的最后时刻的期待,实质上给减弱了,而且作为宗教中一种起支配作用的动力,开始消失了。制度化的基督教会由此得到巩固,并被重新认为是天国在人世间的永久的历史代表。在耶稣复活和基督复临之间是基督教会的统治时期,所以,基督教会的圣事已成为基督徒们开始自身的"复活"并使自己进入天国的手段。对个别基督徒同上帝的关系及其内心精神状态的关心,取代了更早时候对集体、共相和客观历史的强调。早期基督教末世论的总的历史含义,此时包含在基督教会中,基督教会通过它在保护并传播宗教信仰方面所负的公共责任,通过向信教者社区提供施

注 释

与神恩的圣事,规定了自己的历史需要。由于基督教从奥古斯丁时候起的已确立的形式,人们对末世论的认识为象征性的,末世论的讲求实际的历史期望被看作是原始神话对《圣经》中的启示的一种误解,与人类现下的精神状态并不真正相关。

不过,原先的末世论的推动力从未完全消失过。一方面,这种推动力就如潜流一般继续存在,而历史在这样一种潜流中仍被含蓄地认为是在目的论上朝一种精神上的顶点推进,但随之发生的是,基督在最后时刻的返回虽然是不可避免的,却被延迟到悬而未决的未来。另一方面,对即将发生的大动乱和基督复临的新的期待,定期出现在一些特定的个人身上,出现在一些特定的社区中,伴随而来的乃宗教热情的明显增强,因此,新的期待是建立在对《圣经》中的预言的新的解释的基础上,或者是建立在对同一时代的邪恶且混乱的性质的新的确认的基础上。但是,这类期待通常是在国教的外围受到鼓励,尤其是在遭受迫害的诸异端教派那里受到鼓励。基督教会阻止了对末世论的种种字面上的解释,提议将宗教信仰置于基督教会的圣事中,通过这种方式,这类令人焦虑的事便有可能得到解决。基督教会教导说,计算最后时刻是无效的,因为在上帝看来,一千年也许等于一天,或者反之,一天也许等于一千年。

最后,随着近代人文主义的兴起,随着近代思想对历史与演变的更多的觉察,基督教关于千禧年转变的观念获得了一种更为进步的、内在的性质,人类的道德、智力和精神的发展导致了某种形式的人类或宇宙的神化——一种从伊拉斯谟和弗朗西斯·培根时候起可看见的概念的转变,因而,在后来的思想家如黑格尔和德日进那里(而且,在另一人物即在尼采那里)得到了更为详尽的系统阐述。与《圣经》的若干预言中,尤其是《启示录》中所包含的某种不明确的象征相关,而且是作为对各种历史发展(例如,欧洲人对美洲的发现和殖民,教皇对圣母升天的教义所作的宣布,行星灾难的核威胁和生态威胁)的反应,经常有人提出基督复临会在两千年的基督教极漫长时期的末期即20世纪末叶发生(例如,见卡尔·G. 荣格在《答约伯》一文中所作的异乎寻常的讨论,载于《卡尔·古斯塔夫·荣格全集》,第11卷,由R. F. C. 赫尔翻译,由H. 里德及其他人编辑[普林斯顿:普林斯顿大学出版社,1969年版])。

⑯ 圣母马利亚作为圣子之母,呈现了索菲娅即智慧——在《箴言》和《德训篇》中被说成是上帝的永恒创造物,即代表上帝的智慧并传播人类关于上帝的知识的一位天国女神——这一犹太教《圣经》中人物的一些特性。在天主教神学中,圣母马利亚显然被认为等同于索菲娅。因而,《圣经·旧约》中的索菲娅与《圣经·新约》中的圣子皆代表了上帝的创造性的、天启的智慧,索菲娅与圣子的关系间接地反映在圣母马利亚与基督的关系中。圣母这一形象也吸收了圣灵的一些原有的含义和功能——作为神存在于基督教会中的本源,作为智慧和神的诞生的斡旋者,亦作为基督进入尘世的工具。

更一般地说,由于天主教的教义将上帝部分地改变成一个提供庇护且宽容厚道的像母亲样的人物,埃里希·弗罗姆发表评论说,"天主教的教义表明早先已被耶和华击败的大母亲神经伪装以后回到了宗教中"(《基督的教义及有关宗教、心理学和文化的其他论文》[纽约:霍尔特、莱因哈特和温斯顿出版社,1963年版],第90—91页)。在基督教圣徒(例如,亚历山大的克雷芒,十字架的约翰)的神秘主义的著述中,一些明显的母亲的特性,如喂养婴儿的乳房,被认为源自上帝和基督。关于涉及基督教神学与崇拜中女性的存在及对女性的压制的讨论,见琼·张伯伦·恩格斯曼著的《神的女性特点》(伊利诺伊州,威尔梅特:客戎出版社,1987年版)。

⑰ 尽管有关母教和圣母马利亚的主题表明了女性地位的提高,但是,时常因提到说明夏娃在亚当堕落中所起作用的《创世记》而被证明在神学上是有道理的一种家长专制主义,继续通过基督教会对妇女、对妇女的灵性和维持宗教权威的能力(依照夏娃的罪孽和圣母马利亚的理想化)、对人的性欲的系统贬低,来表达自己的意思。

不但在基督教会的组织中,而且在基督教会的自我形象中,皆有性别相关的两个正好相反的方面给表露出来。若将基督教会作为教会等级系统来予以考虑,它扮演了《圣经·旧约》中耶和华的角色,即上帝的男性神圣权威,因为它具有司法统治权、教义确定性、父亲般的爱护与关怀的相应特征。相形之下,若将基督教会作为虔诚徒众的社团来予以考虑,它则扮演了《圣经·旧约》中以色列的角色,即上帝的女性情人(后来体现在圣母马利亚身上),因为基督相应地反复灌输诸如同情、纯洁、谦逊和顺从之类的"女性"美德。教皇、主教和牧师代表了上帝在人世间的权威,而俗人则代表了需要受到指导、被证明无罪和得到拯救的那些人。这种截然对立给表述为基督教会的"头部"和基督教会的"躯体"。在神学上,这种截然对立得到了克服,因为在教义中把基督解释为基督教会的这两个方面的完成与结合(正如基督被看作是耶和华与以色列完美结合的结果一样)。

⑱ 基督教会是通过它的礼仪历书、按照原型的循环来维持诸事件的古老安排,基督教的礼仪历书提供了基督教的奥秘在自然的年度循环的背景下经历的一种仪式:基督在冬季黑暗中的降临,基督在圣诞节的诞生(与冬至和太阳的起源相一致),晚冬大斋节期间迎接圣星期四最后晚餐的斋戒准备期,受难节的耶稣之钉死于十字架,最后,春季再临期间复活节星期日的耶稣复活。用于基督教历书的许多先例可以在古典时期异教的一些神秘宗教中见到。

⑲ 在这里,若不但考虑到犹太教、诺斯替教、千禧年主义、巫术、伊斯兰教影响、各种秘传传统和其他与基督教正统观念无关的或抵制基督教正统观念的少数地下文化势力的存在,而且还考虑到大部分通俗文化中的异教神话与泛灵论的继续存在的遗迹,那么对于基督教在中世纪欧洲的普遍性,我们应该加以一个重要的限定性的说明。

第四篇 中世纪时代的转变

① 波伊提乌(约480—524年)乃古典时代和中世纪时代之间的一位关键人物——

注 释

一位罗马政治家,古代最后几个罗马哲学家中的一位,"第一位基督教神学家",几乎持续了一千年的基督教哲学中的最后一位平信徒。他出生于罗马一个已信仰基督达一个世纪的古老贵族家庭,曾在雅典受教育,并成为罗马政府中的一名执政官和大臣。波伊提乌的未实现的目标是翻译并注释柏拉图和亚里士多德的全部著作,在"恢复他们思想"的过程中缔造一种独一无二的和谐一致。他的已完成的著作——尤其是那些关于亚里士多德的逻辑学的著作、少数篇幅不长的神学论文和他的柏拉图主义宣言《哲学的慰藉》——对中世纪思想有相当大的影响。波伊提乌被蛮族国王狄奥多里克错误地指控为叛国通敌,被判入狱(在狱中他写下了《哲学的慰藉》),后被处死。当波伊提乌的参议院同事卡西奥多鲁斯后来决定退出罗马政治生活、回到他所创办的隐修院时,他随身带去了自己在罗马的藏书,并为了教育手下的修道士而将波伊提乌的著作列入必读书目。因此,古典时代末期的学术思想,特别是有知识的罗马贵族的学术思想,被传入基督教隐修院的传统思想中。正是波伊提乌首先系统地阐述了非常重要的经院哲学的原则:"尽可能地使信仰与理性结合。"因此,正是他对波菲利的《入门》(亚里士多德逻辑学的一篇希腊语导论)的一段注释,引起了中世纪唯名论和唯实论之间关于一般概念的性质的长期辩论。

② 认为人类历史是具有内在意义的一种非永恒的发展,乃中世纪的一种新意识;圣维克托隐修院的于格(1096—1141年)对这种新意识的形成也起了促进作用。例如,他强调了人类文明从东方日益向西方发展的独特倾向——这一事实在他看来表明了最终时刻的即将到来,因为抵达大西洋海岸显然就是到了西方的尽头。奥古斯丁曾将《创世记》解释成是不受时间影响的隐喻,于格也据理反对这种解释,断言世上有过一系列真正的、短暂的创造性的行为,所以,在有人强加对救世历史的比喻的解释以前,他确认了救世历史的有形的现实存在的价值。见 M. D. 舍尼著的《神学和历史的新意识》,载于《12 世纪的自然、人类和社会:论述拉丁西方的新的神学观点的文章》,由 J. 泰勒和 L. K. 利特尔编辑和翻译(芝加哥:芝加哥大学出版社,1983 年版),第 162—201 页。

③ 多明我托钵修会和方济各托钵修会也代表了中世纪全盛时期中社会革命的一种力量。他们对贫穷和谦恭的支持,既是对原始基督教会的使徒生活的一种回报,又是对封建制度及其有产的教会等级系统的一种突破。在后一方面,遵循四《福音书》的托钵修会修士们颇类似于由先前也已脱离了封建经济的商人和工匠们组成的新的城市阶层,而且,主要是从这一阶层中,多明我会和方济各会吸引了其中的多数人。在从多明我会和方济各会的神学家们中间发生的思想革命中,亦存在类似的情况。正如福音运动在《圣经》的原义中找到了用以反对传统神学家们所支持的寓言化的注释的灵感的新源泉一样,这同一种倾向也反映在经院哲学家们的反对奥古斯丁和柏拉图哲学传统的脱离实际的唯心主义、在哲学上越来越注重具体的经验世界的做法上。见舍尼著的《福音的觉醒》,出处同上,第 239—269 页。

④ 在某种意义上,阿奎那在积极评介肉体方面胜过了亚里士多德。阿奎那关于耶稣复活的学说认为,完美的人乃灵魂和肉体的一个完整的合成物,随着灵魂的净化而来的是与肉体的团圆和对肉体的赞美。虽然对亚里士多德学派的人来说,灵魂与肉体的这种亲密关系意味着灵魂之总有一死,但是对阿奎那来说,这同一种亲密关系则支持了得到救赎的肉体的不朽。

⑤ 阿奎那和奥古斯丁(以及他们分别对亚里士多德和柏拉图的强烈喜爱)所代表的那种对立关系,在某种程度上可以理解成是源于他们个人对各自所处的历史时期的根本不同的文化倾向的理性反应。如果奥古斯丁所主张的柏拉图哲学的关注理想世界和对超感觉的知识的强调可以被看作是对古典时代末期的异教感觉论和倾向于怀疑的现世主义的一种反应,而且被认为是摆脱这种异教感觉论和倾向于怀疑的现世主义的一种发展结果,那么,阿奎那所主张的亚里士多德哲学对经验主义和物质性的接受则可以被看作是对中世纪时代初期基督教的反世俗倾向和信仰主义者的反理智主义的一种反应,而且可以被认为是摆脱这种基督教的反世俗倾向和信仰主义者的反理智主义的一种发展结果。奥古斯丁关于人性和自然的悲观主义与阿奎那的更为乐观主义的观点的这种对照,也显示了一些文化反映。奥古斯丁生活在古典时代的最后年代中,所以遇到了罗马文明在蛮族频频入侵过程中的衰落与崩溃。不过,阿奎那则生活在中世纪全盛时期欧洲文明正在经历稳定与迅速发展的一个新时代之际;其时,自然的种种力量越来越人类智力所控制,而且欧洲大陆相对地没有外来威胁。在奥古斯丁看来,由于当时人类的积极自决的能力降到了最低限度,他周围的世俗世界的精神一定似乎充满了腐朽、苦难和邪恶;而阿奎那的周围环境则明显地是更为进步的。

⑥ 阿奎那的理性主义总是与显示了丢尼修大法官的影响的一种超理性的神秘主义处于紧张状态中。丢尼修很可能是5世纪期间采用了保罗在雅典的新约皈依者的名字的一位叙利亚僧侣,他阐明了强调上帝其最终的不可知性的一种新柏拉图主义的基督教神秘主义:人类心智归之于上帝的无论什么品质,最终都不能被认为是有根据的,因为如果这些品质是依靠人力所能理解的,那么它们必定会限制在人类认识的有限性中,因此,不能说人类心智可以领悟到上帝的无限本质。甚至"存在"和"实在"这类概念也不可能起因于上帝,因为这类概念只能来源于上帝所已创造的事物,而且,造物主的本质必然会具有一种与其创造物的本质截然不同的特性。因此,对上帝的本质的任何肯定必定会用对上帝的本质的否定作补充,而且,不但是肯定,还有否定,最终皆为上帝所超越,因为上帝胜过人类心智所能想像的任何事物。这些需要考虑的问题(乃否定之路即主要反映了东方基督教特点的否定神学的基础)或许有助于说明阿奎那在他死前不久主持弥撒期间遭遇一次神秘主义的经历之后所说的那句话:"……展现在我面前的这些事物使我所写的所有东西在我看来似乎是毫无价值的。"

⑦ 按亚里士多德的看法,除了由不同元素的天然趋势引起的运动外,任何运动都一

定是由一种不断的作用力引起的。处于停止状态的石头会继续处于停止状态,不然就会以适合于所有重物的天然运动的方式,直接朝地球的中心运动。不过,在抛体运动中,被抛掷的石头在离开投掷者的手之后,会在没有任何明显的不断的外加推力的情况下继续长久地运动;为了解释抛体运动的这种复杂情况,亚里士多德提出,被石头的运动扰乱的空气会在石头离开手之后继续推动石头。后来,亚里士多德学派由于这一理论的各种缺点而批评了该理论,但是,正是14世纪的比里当提出了一种易懂的解释:当一个投掷物被投掷时,该投掷物便受到一种冲力即与其速度和质量成正比的冲力的推动,这种冲力在投掷物已离开其原先的投射器之后继续推动该投掷物。此外,比里当还概略地提出这样一种观念:一个自由落体的重量会在同样的时间间隔中传送同等增加的冲力。

比里当还提出,上帝创造天空时,也许已在诸天体中传送了一种冲力;诸天体后来依靠那种冲力(在上帝于一周的第七天休息时)继续不断地运动,因为它们的运动没遇到任何阻力。通过采用这种方法,比里当就不用再依据假说将天使的智慧当作诸天体的冲力,因为这类冲力既没有在《圣经》中被提到,也不是按自然规律解释诸天体的运动所必需的。这也许是地球物理学的一个原则在天文现象上的首次重大应用。接下来,比里当的后继者奥雷姆又把这样一个宇宙想像为颇像上帝建造并使之运转的一个机械钟。

在其他的贡献中,奥雷姆提出凭借等价制图来运用数学制表,为笛卡尔的解析几何学的发展奠定了基础。但是,关于天体运动的问题,奥雷姆认为整个天空的明显转动可以同样轻而易举地用地球的自转来解释——与所有天体一天内在广阔空间的这种无限地更大、更迅速的运动(奥雷姆认为这种运动是"难以置信、不能想像的")比较起来,地球的自转不过是一个物体的更貌似真实的较小的运动。倘若在每个夜晚察看星星或在每个白昼察看太阳,那么观察者所能肯定的只是运动这一事实;这一运动究竟是由天空引起的还是由地球引起的,并不能靠感官来确定,感官只是记录这两种情况中的同一现象。

奥雷姆还据理反对亚里士多德,说物体之所以会落到地球上,并不是因为地球乃宇宙的中心,而是因为诸物体彼此自然地朝对方运动。无论地球处在宇宙的什么地方,被投掷的石头都会落回到地球上,因为地球就在被投掷的石头的附近,且拥有它自己的有吸引力的中心,而别处的另一个地球也会迎候附近松开的石头落向自己的中心。因此,物质可以自然地被吸引到其他物质上。亚里士多德是按照位于中心的地球来解释自由落体的,而供替代亚里士多德的解释的那种理论上的解决办法,则是后来的日心假说的先决条件。此外,奥雷姆还采用了比里当的冲力说,认为一个垂直下降的物体会笔直地向下落到地球上,即便地球正在转动,就像正在行进的船上的一个人,可以将自己的手顺着船桅成直线向下移动而不会察觉到任何偏差一样。这艘船会保持和维持这只手相对于船本身的直线,就像地球会保持和维持一块落下的石头相对于地球本身的直线一样。不过,奥雷姆在提出这些不同的反对亚里士多德的精妙论点,并宣称人们只有凭借信仰——而不是凭借理性或观察或《圣经》——才能断言地球静止不动之后,又抛弃了他认为地球在旋转的一些论点。在后来的一个不同的科学背景下,哥白尼和伽利略没有抛弃这些论点。

14世纪时比里当和奥雷姆所做的工作,就这样为一个行星式地球、惯性定律、动量概念、自由落体的匀加速运动定律、解析几何学、地球与天空之间的区分的消除以及一个有着钟表制造者——上帝——的机械论的宇宙打下了强制性基础。见托马斯·S.库恩著的《哥白尼革命:行星天文学与西方思想的发展》(坎布里奇:哈佛大学出版社,1957年版),第115—123页。

⑧ 奥康姆本人运用了一些公式化的表述,有点不同于现在称为"奥康姆剃刀"的公式化表述,例如,"没有必要就不应当假设多重性"和"能用较少[假定]解释的就无须更多的[假定]"。

⑨ 由玛丽·马丁·麦克劳克林译自 J. B. 罗斯和 M. M. 麦克劳克林编辑的《便携式文艺复兴课本》(纽约:企鹅出版社,1977年版),第478页。

第五篇 现代世界观

① 布拉曼特(Donato Bramante,1444—1514),著名建筑师,主持圣彼得大教堂的工程。——译者注

② 第谷还提出了一个兼有哥白尼和托勒密体系的混合体系,所有行星除地球外都围绕太阳旋转,而整个以太阳为中心的体系则围绕地球旋转。这大致是对古代赫拉克利特体系的修正,前半部分保留了许多哥白尼独到的观点,而后半部分则保留了亚里士多德物理学——地球是静止不动的中心——以及圣经的字面解释。第谷体系解释了哥白尼思想的某些优点和问题,由此推动了它的发展,但是由于太阳和行星某些新轨道路径相互贯穿,这便使得传统地认为各个行星嵌入在上面的透明天球的真实存在成了问题。此外,第谷对出现于1572年的新星的观测,还有他对彗星——那时据测算远在月球距离以外——的观测,开始让天文学家们相信,天空并不是完美不变的,这个看法随后为伽利略望远镜的发现所证实。就像第谷对行星轨道的折中排列一样,他所观测到的彗星的运行情况,也使得所谓透明天球——亚里士多德认为它是看不见的但却是实在的透明物质所构成的——的存在愈发难以自圆其说。传统观点认为彗星附着于实在的透明天球之上,而此时它则被看作是在穿越空间而运行,从而使透明天球的真实存在受到进一步的质疑。而开普勒的椭圆轨道定律则使得所谓作圆周运动的天球全部化为乌有。参见托马斯·库恩:《哥白尼革命:行星天文学与西方思想的发展》(坎布里奇:

注 释

哈佛大学出版社,1957年版),第200—209页。

③ 詹姆士·布罗德里克(James Brodrick)翻译并引用,《耶稣会士真福罗伯特·方济·贝拉明枢机主教的生平和著作》,第2卷(伦敦:朗文,格林,1950年版),第359页。

④ 伽利略的最后的著作,也是他对物理学最重要的贡献,《两门新科学》于1634年写成,那时他已经70岁了。这本书的手稿被偷带出意大利(显然得到梵蒂冈的法国公使、伽利略从前的学生诺阿耶公爵的帮助)之后四年方才得以在荷兰出版。同年,也就是1638年,约翰·弥尔顿从英国赶到意大利拜会伽利略,这件事后来记载于《论出版自由》(1644),弥尔顿书中有一段关于出版自由的一针见血的论述:"我坐在他们的饱学之士中间,因为我赢得过荣誉,他们都认为我有幸出生在他们心目中有哲学自由的英国,而他们只是哀叹他们的学术所处的奴婢地位;正是这使得意大利智慧的荣光黯然失色;这许多年里,除了谄媚和夸夸其谈之外,什么也写不出来。我到那里去,正是为了寻访著名的伽利略,他已经垂垂老矣,由于他的天文学思想与方济各会和多明我会的审判员有所不同而成为阶下囚。"(约翰·弥尔顿,《论出版自由及其他诗作》,W. Haller编,《纽约:美国图书联盟》,1929年版,第41页)

⑤ 在这种人类思想与物质世界的区别之下隐含着一种刚刚形成的怀疑论,亦即怀疑人类思想是否能够透过现象而真正渗透到世界固有的秩序里面去——换言之,主体是否具有架设通往客体的桥梁的能力。不过这种最初由洛克提出,休谟加以论述,康德又重新进行了批判性的阐述的怀疑主义并没有对18、19世纪以及20世纪的科学认识产生普遍的影响。

⑥ 还应当提到阿尔弗雷德·罗塞尔·华莱士于1858年独立论述的进化论思想,它促使达尔文公开出版他的作品,否则的话该书的出版还要推迟20年。在达尔文和华莱士之前的重要先驱人物还有布丰、拉马克和达尔文的祖父爱拉斯谟·达尔文,地质学的赖尔也是其中之一。此外,狄德罗、拉美特利、康德、歌德和黑格尔对于进化论的世界观念也都有所推动。

⑦ W. 卡尔·鲁夫斯(Carl Rufus),"作为天文学家的开普勒",载于科学史学会,《约翰内斯·开普勒:生平和著作300年纪念》(巴尔的摩:威廉和威金斯,1931年版),第36页。

⑧ 有一个事实可以对这句话加以限定,那就是,各种非地心说宇宙观一般都是亚里士多德—托勒密传统的旁系,它们遭受来自亚里士多德—托勒密传统的反对,胜过来自柏拉图派的反对。亦可参见本书第2部,注①,关于柏拉图派的日心说。

⑨ 最近的历史分析表明,文艺复兴神秘主义文化在英国复辟时期的迅速衰落,乃是受到17世纪英国历史上的充满火药味的社会政治环境的影响。在英国内战以及两次内战之间(1642—1669年)风起云涌的革命时代,诸如占星术与赫耳墨斯派的神秘派哲学流行一时,人们普遍认为,它们与激进的政治和宗教运动的密切联系,是对现有教会

和有产阶级的威胁。在这段出版检查制度中断的时期,星象年历卖得比圣经还好,而有影响力的占星术家,如威廉·黎莉(William Lilly)则支持起义的军队。在概念的层面上,神秘哲学支持一种与反对权威的诉诸激进运动的政治和宗教行动主义高度一致的世界观,每一个不同阶层不同性别的人都能够接受直接的精神启示,而自然是有生命的,神的力量渗透到了自然的每一个层面,并且处在永恒转变之中。在1660年的复辟之后,主要的哲学家、医生和教士都强调一种严谨的自然哲学的重要性,当时出版的机械论哲学都强调迟钝的物质粒子是为永恒不变的规律所制约,以便消除受到神秘世界观及其激进派别支持的热情高涨的"狂热"。

由于此前数十年的动乱背景的幽灵,赫耳墨斯教的观念不断遭到攻击,占星术不再受到上层社会保护人的宠爱,大学里也不再讲授占星术,在(建立于1660年的)皇家学会中大为发展的科学主张一种机械论观点,认为自然是物质构成的非精神世界。皇家学会的奠基人物如罗伯特·波义耳和克里斯托弗·伍伦(Christopher Wren)至少在私底下继续认为占星术是有效的(就像培根一样,相信占星术可以加以科学改革而不是彻底抛弃),但是政治空气变得不那么友好了;例如波义耳不准许在其生前公开出版他为占星术所作的辩护。同样的环境似乎也影响了牛顿,而他的出版商也隐藏了牛顿科学观念中的神秘的赫耳墨斯派的背景。参见大卫·库布林(David Kubrin),"揭秘牛顿:巫术、阶级斗争和西方机械论的兴起,"载于 H. 沃尔夫(Woolf)主编《分析家的精神》(旖色佳:康奈尔大学出版社,1980年版);帕特里克·库里(Patrick Curry),《预言和权力:英国早期现代的占星术》(普林斯顿:普林斯顿大学出版社,1989年版);克里斯托弗·希尔(Christopher Hill),《颠倒乾坤:英国革命时期的激进思想》(纽约:维京出版社,1972年版);以及 P. M. 拉坦西(Rattansi),"皇家学会的学术起源",载于《伦敦皇家学会的礼记和记录》23(1968年),第29—143页。

关于这场革命在两性问题上的两种不同观点在认识论上的冲突的进一步分析(赫耳墨斯派认为知识是将男性和女性结合起来,反映了其认为世界也是由一种宇宙的婚姻构成的,而不是培根派所认为的那样宇宙是以男性为主导的),参见艾夫林·福克斯·凯勒(Evelyn Fox Keller),"现代科学诞生过程中的精神和理性",载于《性别与科学》(纽黑文:耶鲁大学出版社,1985年版),第43—65页;以及卡罗琳·墨钦特(Carolyn Merchant),《自然之死:妇女,生态学和科学革命》(旧金山:哈珀和罗,1980年版)。

⑩ 伽利略,《关于两种世界体系的对话》,第328页:"你奇怪为什么信奉毕达哥拉斯观点(即地球运动)的人为什么会那么少,而我则很惊奇,居然直到今天还有人会拥护和追随这种观点。我更加不能赞赏如今那些主张这种观点并且认为它是正确的人的极端聪明:他们花费了那么大的理智力量粗暴对待自己的感官而去迎合理性所告诉他们的与他们感官经验截然相反的东西。因为我们刚才考察过的反对(地球自转)的观点,正如我们所见,似乎都是有道理的;托勒密和亚里士多德派,以及他们的所有门徒认为

注 释

它们是定论的事实实际上成为这些观点之为有效的证明。但是,与每年(地球围绕太阳运转的)运动明显相矛盾的经验实际上要比它们看上去要强有力得多,我再说一遍,以至于每当我想到阿里斯塔克斯和哥白尼竟然能够用理性征服感官,以至于对后者视而不见,倒让前者成为信仰的女仆,我就更加惊叹莫名了。"

⑪ 开普勒,《宇宙和谐论》第 5 卷,"现在,自从 8 个月之前的那个黎明,自从 3 个月之前的那个明亮的白昼,自从几天之前,当浑圆的太阳照亮我的奇妙的沉思的时候,什么也不能阻挡我前进。我情愿折服于神圣的疯狂;我敢坦率地承认,我已经窃得了埃及人的黄金器皿,在远离埃及的地方为我的上帝建造一座圣幕。如你允许,我就喜悦;如你弃我,我将隐忍。木已成舟,我就在写这本书——不论现在还是将来是否有人去读它,这都没有关系。不能为了有读者而再等上一百年,就像上帝为了得到一个见证而等上六千年。"

⑫ 这也许是古典科学和现代科学之间最根本的差别:亚里士多德提出四因说的假设——质料因、动力因、形式因和目的因——而现代科学则认为只有前两个原因在经验上是可以证明的。例如培根赞扬德谟克利特将神和心灵从自然世界中驱逐出去,相反柏拉图和亚里士多德将目的因引入科学的解释。亦可参见生物学家雅各·莫诺(Jacques Monod)的声明:"科学方法的基石就是……系统地否认'真正的'知识可以用最终因,也就是'目的因'加以解释。"(雅各·莫诺,《偶然性和必然性:论自然哲学》,A. 韦恩豪斯 <A. Wainhouse> 翻译)(纽约:兰登书屋,1972 年版,第 21 页)

⑬ 这是法国天文学家和数学家比埃尔·西蒙·拉普拉斯对拿破仑的一个著名回答,当时拿破仑问他,在他使得牛顿的综合更趋完善的有关太阳系的新论中为何没有上帝。由于某种显而易见的行星运动的不规则性,牛顿相信太阳系偶尔需要神圣的调节以便维持其稳定性。拉普拉斯的回答说明他成功地证明了每一种世俗的变化(例如金星和水星运行速度的变化)都是周而复始的,因而太阳系自身完全是稳定的,不需要神圣的干预。

⑭ 法国教会的教士的特点和组成在这些发展的过程中起到了复杂的作用。上等教士的位置多为贵族的次子所占据,他们以此为领取薪水的差事,他们的生活方式与不充当教士的贵族一般没有什么区别。在这一层面的宗教狂热是极为鲜见的,而且得不到其他的人信任。体制化教会的利益似乎不在于宗教救赎的牧者的使命,而是在于强化正统的教义和保留政治特权。使得这个问题进一步复杂化的,乃是贵族教士阶层本身日渐拥护启蒙运动的理想主义,因而在教会结构的内部强化了世俗的因素。参见雅各·巴尔尊(Jacques Barzun),"社会和政治",载于《哥伦比亚世界史》,约翰·A. 贾拉提(John A. Garraty)和彼得·盖伊(Peter Gay)主编(纽约:哈珀和罗,1972 年版),第 694—700 页。

⑮ "那些又侍奉上帝又侍奉玛门的,很快就会发现上帝是不存在的"。(洛根·皮萨尔·史密斯 <Logan Pearsall Smith> 语)

⑯ 这个观点基督教徒是反对的,他们解释说,这条诫命表示"管理"而不是榨取,对于自然的榨取代表着堕落的异化。

第六篇　现代的转变

① 根据康德《纯粹理性批判》第二版的序言,人们常说康德把他的洞见称之为"哥白尼式的革命"(例如尤其是卡尔·波普尔、伯特兰·罗素、约翰·杜威以及《不列颠百科全书》第15版)。I. B. 科恩(Cohen)指出(《科学革命》<坎布里奇:哈佛大学出版社,1985年版>,第237—243页),似乎康德并没有作出这样的陈述。不过,康德明确将其新的哲学策略比喻为哥白尼的天文学理论,虽然严格来讲"哥白尼式的革命"这个术语可能发生在哥白尼和康德之后,但是这个术语和这个类比却是准确的、给人启发的。

② "我能保证,谁也不能理解量子力学"(理查德·费曼语)。

③ 转引自豪斯顿·史密斯(Huston Smith),《超越后现代心灵》,修订版(惠顿,伊利诺伊:奎斯特,1989年版),第8页。

④ 库恩的观念最早在《科学革命的结构》(1962年)一书中加以阐述,该观念乃是前一代人,尤其是亚历山大·克列尔(Alexander Koyré)和A. O. 洛夫乔伊(Lovejoy)在科学史的研究上所作重要进展的延续。还有一些学院派哲学——诸如与晚期维特根斯坦、从鲁道夫·卡尔那普到W. V. O. 奎因(Quine)的逻辑实证主义的论证有关——所取得的重大进步也是非常重要。这个论证得出的广为接受的结论乃是一种相对化的康德的立场:亦即从根本上讲,一个人不能从基于感官的简单因素逻辑地计算出复杂真理,因为所有这些简单的感性的因素最终是由一种特定的语言本体论所决定的,并且存在着一种语言的多元化因素,每种语言各有其特定的解释现实的模式,每种语言都有选择性地推导或者认同它所描述的客体。语言所运用的选择最终依赖于人的目的,而不是客观的"事实",其本身是由同样的去判断这些事实的理论的和语言的系统所构成的。所有的"原材料"本已充满了理论。参见W. V. O. 奎因,《经验主义的两大教条》,转引自《从逻辑的观点看》,第2版(纽约:哈珀和罗,1961年版),第20—46页。

⑤ 黑格尔用来表达其辩证概念的用语"扬弃",同时有"取消"和"提高"的意思。在综合的阶段,反题同时得到保留并且被超越、被否定和实现。

⑥ 罗纳德·苏克尼柯(Ronald Sukenick),《小说之死》,载于《小说之死和其他故事》(纽约:代尔,1969年版),第41页。同样值得注意的是,行动者也许可以说体现了后现代的艺术的气质,并且代表着后现代的普遍身份,因为他或她的实在仍然是深思熟虑的和不可还原的不明确的。出乎意料的事情普遍存在于行动;表现就是一切。行动者从来没有被无歧义地赋予唯一的意义,被赋予一种切实的实在。一切都是"仿佛"而已。

⑦ 理查德·罗蒂,《哲学和自然之镜》(普林斯顿:普林斯顿大学出版社,1979年

版),第176页。

⑧ 伊哈布·哈桑(Ihab Hassan)语,转引自阿尔布雷希特·威尔墨(Albrecht Wellmer),"论现代和后现代的辩证法",载于《国际实践》第4卷(1985年),第338页。亦可参见理查德·J.伯恩斯坦在美国形而上学研究会1988年年会的主席致词上对于这段文字的讨论("形而上学、批判、乌托邦",载于《形而上学评论》第42卷<1988年>,第259—260页),他把后现代知识分子的特征描述为有点类似于黑格尔之描述抽象怀疑论的自我实现,"在结果中只看见纯粹的虚无……(并且)再也不能从那里获得任何其他东西了,但是又要苦苦等待,看是否还有别的什么新的东西会出现,那东西究竟是什么,然后再将它抛入同样虚无的深渊"。(G. W. F. 黑格尔,《精神现象学》,A. V. 米勒翻译,<牛津:牛津大学出版社,1977年版>,第51页。)

⑨ 阿诺德·汤因比,载于《不列颠百科全书》,第15版,"时间"条。

⑩ 弗雷德里希·尼采,《快乐的科学》,W.考夫曼翻译(纽约:兰登书屋,1974年版),第181页。

⑪ 马克斯·韦伯,《新教伦理与资本主义精神》,塔尔科特·帕森斯翻译(纽约:查尔斯·斯科波那之子,1958年版),第182页。

⑫ 卡尔·G.荣格,"未发现的自我",载于《卡尔·古斯塔夫·荣格选集》,第10卷,R. F. C.胡尔(Hull)翻译,H.里德(Read)等主编(普林斯顿:普林斯顿大学出版社,1970年版),第585—586页。

第七篇 尾　　声

① 约翰·J.德莫特(John J. Dermott),"修正哲学"会议,以萨冷学会,大苏尔,加利福尼亚,1987年6月。

② 双重束缚论是将伯特兰·罗素逻辑类型论(从罗素和阿尔弗雷德·诺斯·怀特海的《数学原理》)具体运用到精神分裂症的交流分析。参见乔治·巴特森,《心灵生态学的方法》(纽约:巴兰亭,1972年版),第201—227页。

③ 恩斯特·盖尔纳,《信仰的合法性》(剑桥:剑桥大学出版社,1975年版),第206—207页。

④ 文森特·布洛姆(Vincent Brome),《荣格:人和神话》(纽约:亚森努姆,1978年版),第14页。

⑤ 荣格,《"西藏大解脱书"的心理学评论》,载于《卡尔·古斯塔夫·荣格选集》,第11卷,R. F. C. 胡尔(Hull)翻译,H.理德(Read)等主编(普林斯顿:普林斯顿大学出版社,1969年版),尤其是第759页。

⑥ 格罗夫的临床证据及其理论意义的最全面描述可以在以下几本著作中找到:《人

类潜意识的王国:LSD致幻药研究的观察》(纽约:维京出版社,1975年版)和《LSD致幻药心理疗法》(博蒙娜,加利福尼亚:猎人书屋,1980年版)。最近的通俗的著作是其《大脑之外:心理治疗中的诞生、死亡和超越》(阿尔巴尼:纽约州立大学出版社,1985年版)。

⑦ 格罗夫关于围产期经验研究的临床证据不应该被误解为是提倡弗洛伊德的、直线的机械论的因果关系,这理论认为个人的诞生痛苦是由于特殊的心理的和理智的综合症机械性地产生的,其方式多少有点像"水压机",传统的心理分析家认为一个婴儿的俄狄浦斯痛苦产生了特定的病理症状。相反,临床证据表明,被称之为因果关系的原型形式——在此形式中,个人再度体验到诞生的过程——似乎中介性地参与了一个更大的、超个人的、原型的死亡—再生的过程,在这个过程中,个人和集体的心理层面相互渗透。围产期序列似乎并不是最终以个人最初生物学意义的诞生为基础的,或者可以还原到这个生物学意义的诞生;相反,生物学意义的诞生本身似乎反映了一种更加具有包容性的原型的实在,那些或者在宗教仪式(例如个人对"灵魂的黑夜"的个人经验)、或者在经验型的心理治疗中自发地直接获得的围产期过程。诞生的经验在这里不是被视为一种终极的根源,一种封闭的系统中的还原论的因果关系,而是在个人的和超个人的实在之间的一个放大的轴心,一种经验的超越的临界点。

因此,格罗夫的证据表明,存在一种对因果性的理解,它比现代科学所能提供的直线的机械论的理解更为复杂,而且,与最近若干其他领域中的材料和理论相一致,它指向一种包含参与性的、结构性的,以及目的论的因果关系的概念——其特点更加接近于经典的柏拉图和亚里士多德的原型的、形式因和终极因的概念,以及晚期的荣格对原型的认识。这种认识论的组织原则具有符号论的、非文字的,因而也是多义的特征,是一种可以隐喻为"彻底的"非二元论本体论——这是像欧文·巴菲尔德(Owen Barfield)、诺尔曼·O. 布朗(Norman O. Brown)、詹姆士·希尔曼和罗伯特·贝拉这些各不相同思想家在最近数十年里发展的一种思想。

⑧ 詹姆士·希尔曼,《重现心理学》(纽约:哈珀和罗,1975年版),第126页。

⑨ 如今的作者和编者在修订许多使用传统的全称性的"人(man)"的句子时,他们想用一个不带性别偏见的字来取代它,这时他们就遇到了许多困难。部分的困难是由于没有其他的术语同时可以指称人类(亦即全部人类)以及一个个体的。也就是说,"人"(man)是唯一一个可以比喻性地指称一个有人格的实体,它同时又内在具有集体的特征的字:"(男)人"既指一个普遍的个体,一个原型的人,如"人"(human beings)、"人类"(humankind)、"人们",以及"男人和女人"。但是我相信在修订这些句子时遇到的困难,其更为深刻的原因还在于,人们最初设想这些文字所包含的全部意义都是围绕着这个特殊的男性的原型的人而构造起来的。正如仔细阅读有关文献——古希腊—罗马的、犹太教—基督教的,以及现代的科学的—人文主义的文献时所清楚表明的那样,大多数西方主要思想家用来表达人类的状况和人类的事业,包括戏剧、怜悯以及傲慢,

注 释

其句法结构和基本意义显然都与这个原型的形象,"(男)人"有关。在一个层面上,西方思想传统中的"(男)人"可以简单地视之为一个由人类社会构造起来的"虚假的宇宙",使用这个字既反映、又有助于形成一个男性主宰的社会。然而在更深刻的层面上,"(男)人"也代表着一种活生生的原型,包括两性的参与,不管愿意还是不愿意。整个文明和世界分布着积极的、创造性的、前途未卜的人的存在。本书实际上讲述的就是"西方(男)人"的历史,他的全部悲剧性荣耀、盲目,我认为还包括他向自我超越的发展。

在未来的某些关键点上,不加思考地用男人的统称人类很可能会消失。如果从这个背景中去阅读本书,那么由于统称性的"(男)人"所指称的人类特殊构造在叙事中所扮演的角色将会更加引人注目地凸显出来,这种历史用法的许多分支——心理的、社会的、文化的、思想的、精神的、生态的、宇宙论的——都将会变得非常明显。当带有性别偏见的语言不再是一个既定规范,整个文化的世界观就将进入一个新时代。陈旧的句子和短语、人类自我想像的特点、人类在宇宙和自然中的地位、人类戏剧的本质,这一切都会发生极大的转变。语言如此,世界观也会如此——反过来也是如此。

⑩ 在这种支配一切的辩证发展中有两个重要的复杂因素在此值得一提。第一,正如正文和各种注解所表明的那样,西方思想的发展可以在每一个发展阶段上都根据女性原则和男性原则的复杂的交互作用来描绘其特征,其间与女性原则若干次部分的重大结合,同自古希腊文明诞生以来的西方文明的若干重大的创造性的分水岭正相符合。每一次综合和诞生都构成了我认为理解整个西方思想史的一个更重大的女性和男性原则的支配一切的辩证发展的阶段。

不过与这种展开的女性—男性发展相互交织的乃是一种次要的辩证过程,在历史的叙事中起到更为明确的作用,而且在自然的男性原则本身中间包含有一个基本的原型。一方面,(在男女中都存在的)男性原则可以根据所谓的普罗米修斯冲动加以理解:永不止息、英雄式的、反叛的和革命的、个人主义的和创新的、永远追求自由、自主、变化和新生事物。另一方面,还有对此原则的补充和对立面,可以称之为萨杜恩冲动:保守的、稳定的、自制的、宰制的,寻求持续、秩序、包容和压抑——亦即,在父权制中表现出来的男性原则的法律的—结构的—等级制度的一面。

这两种男性原则——普罗米修斯式的和萨杜恩式的,儿子与父亲——相互蕴含着对方。它们都需要、产生并且发展成为其对立面。从一个更广阔的范围来看,这两个原则之间充满动力的紧张关系可以视为构成了推动(政治的、思想的以及精神的)"历史"的辩证发展过程。正是这种辩证发展推动着整个西方思想的激情的一系列内在事件:秩序和变化、权威和反叛、控制和自由、传统和创新、结构和革命之间永不止息的相互作用。然而,我不揣冒昧地,认为这种强有力的辩证发展最终将推动一种包含女性原则或者"生命"在内的更重大的支配一切的辩证发展,并且也被它所推动,或者说一如既往地得到它的帮助。

参考书目

Aeschylus. The extant plays in 2 vols. of *The Complete Greek Tragedies*. Edited by D. Grene and R. Lattimore. Chicago: University of Chicago Press, 1953 – 56.

Aquinas, Thomas. *An Aquinas Reader*. Edited, with an introduction by Mary T. Clark. Garden City, N. Y.: Doubleday, 1972.

——. *Basic Writings of St. Thomas Aquinas*. Edited by A. C. Pegis. 2 vols. New York: Random House, 1945.

——. *Summa Theologica*. Translated by the English Dominican Fathers. 3 vols. New York: Benziger, 1947 – 48.

Aristotle. *The Complete Works of Aristotle: The Revised Oxford Translation*. Edited by J. Barnes. 2 vols. Princeton: Princeton University Press, 1984.

Armitage, Angus. *Copernicus, The Founder of Modern Astronomy*. New York: Thomas Yoseloff, 1957.

Armstrong, A. H., ed. *The Cambridge History of Later Greek and Early Medieval Philosophy*. Cambridge: Cambridge University Press, 1967.

Augustine. *An Augustine Reader*. Edited, with an introduction by J. J. O'Meara. Garden City, N. Y.: Doubleday, 1973.

——. *Basic Writings of Saint Augustine*. Edited by W. J. Oates. 2 vols. New York: Random House, 1948.

——. *The City of God*. Translated by M. Dods. New York: Modern Library, 1950.

——. *The Confessions*. Translated by J. K. Ryan. Garden City, N. Y.: Doubleday, 1960.

——. *Works*. Edited by M. Dods. Edinburgh: Clark, 1871 – 77.

Bacon, Francis. *Advancement of Learning; Novum Organum; The New Atlantis*. In *Great Books of the Western World*, Vol. 30. Chicago: Encyclopaedia Britannica, 1952.

Bainton, Roland. *The Reformation of the Sixteenth Century*. Boston: Beacon Press, 1985.

Barbour, Ian. *Myths, Models, and Paradigms: A Comparative Study in Science and Religion*. New York: Harper & Row, 1974.

参考书目

Barfield, Owen. "Coleridge's Philosophical Lectures." *Towards* 3, 2 (1989): 27-30.

——. *Saving the Appearances: A Study in Idolatry.* 2nd ed. Middletown, Conn.: Wesleyan University Press, 1988.

Barnett, Lincoln. *The Universe and Dr. Einstein.* Rev. ed. New York: William Morrow, 1972.

Barnhart, Bruno. "Monastic Wisdom and the World of Today." *Monastic Studies* 16 (1985): 111-138.

——. "The Sophia Hypothesis." Paper presented at symposium, The Feminine Wisdom Traditions and Creation Spirituality in Christianity; at conference, Gaia Consciousness: The Goddess and the Living Earth, California Institute of Integral Studies, San Francisco, April 1988.

Barzun, Jacques. *Classic, Romantic, and Modern.* Chicago: University of Chicago Press, 1975.

——. *Darwin, Marx, Wagner: Critique of a Heritage.* 2nd ed. Chicago: University of Chicago Press, 1981.

Bate, William Jackson. "The Crisis in English Studies." *Harvard Magazine*, Sept.-Oct. 1982: 46-53.

Bateson, Gregory. *Mind and Nature: A Necessary Unity.* New York: Dutton, 1979.

——. *Steps to an Ecology of Mind.* New York: Ballantine, 1972.

Baudelaire, Charles. *Les Fleurs du Mal.* Translated by F. Duke. Charlottesville: University Press of Virginia, 1961.

Baynes, Kenneth, James Bohman, Thomas McCarthy, eds. *After Philosophy: End or Transformation?* Cambridge: MIT Press, 1987.

Beauvoir, Simone de. *The Second Sex.* Translated and edited by H. M. Parshley. New York: Alfred A. Knopf, 1953.

Beckett, Samuel. *Endgame.* New York: Grove Press, 1958.

——. *Waiting for Godot.* New York: Grove Press, 1954.

Bellah, Robert N. *Beyond Belief: Essays on Religion in a Post-Traditional World.* New York: Harper & Row, 1970.

Benz, Ernst Wilhelm. *The Eastern Orthodox Church: Its Thought and Life.* Translated by R. Winston and C. Winston. Garden City, N. Y.: Doubleday, 1963.

——. *Evolution and Christian Hope: Man's Concept of the Future from the Early Fathers to Teilhard de Chardin.* Translated by H. G. Frank. Garden City, N. Y.: Doubleday, 1968.

Bergson, Henri. *Creative Evolution.* Translated by A. Mitchell. New York: Modern Library, 1944.

Berkeley, George. *The Principles of Human Knowledge.* In *Great Books of the Western World*, Vol. 35. Chicago: Encyclopaedia Britannica, 1952.

Bernstein, Richard J. , ed. *Habermas and Modernity*. Cambridge: MIT Press, 1985.

———. "Metaphysics, Critique, Utopia." *Review of Metaphysics* 42 (1988): 255-273.

Bible. *Authorized King James Version*. Wheaton, Ill. : Tyndale House, 1981.

Bible. *The New Oxford Annotated Bible with the Apocrypha*. Expanded ed. Revised Standard Version. Edited by H. G. May and B. M. Metzger. New York: Oxford University Press, 1977.

Blake, William. *The Poetry and Prose of William Blake*. Edited by D. V. Erdman. Commentary by H. Bloom. Garden City, N. Y. : Doubleday, 1970.

Boas, George. *Dominant Themes of Modern Philosophy: A History*. New York: Ronald, 1957.

Boethius. *The Consolation of Philosophy*. Translated by R. Green. Indianapolis: Bobbs-Merrill, 1962.

Bohm, David. *Wholeness and the Implicate Order*. London: Routledge & Kegan Paul, 1980.

Bohr, Niels. *Atomic Physics and the Description of Nature*. Cambridge: Cambridge University Press, 1934.

Bonner, Gerald. "The Spirituality of St. Augustine and Its Influence on Western Mysticism." *Sobornost* 4, 2 (1982): 143-162.

Bornkamm, Gunther. *Jesus of Nazareth*. Translated by I. McLuskey and F. McLuskey with J. M. Robinson. New York: Harper & Row, 1975.

Bouyer, Louis. *The Spirituality of the New Testament and the Fathers*. Translated by M. P. Ryan. New York: Seabury, 1982.

Bridgman, P. W. *The Logic of Modern Physics*. New York: Macmillan, 1946.

Brodrick, James. *The Life and Work of Blessed Robert Francis Cardinal Bellarmine, S. J.* 2 vols. London: Longmans, Green, 1950.

Brome, Vincent. *Jung: Man and Myth*. New York: Atheneum, 1978.

Bronowski, Jacob, and Bruce Mazlish. *The Western Intellectual Tradition: From Leonardo to Hegel*. New York: Harper & Row, 1960.

Brown, Norman O. *Love's Body*. New York: Random House, 1968.

Brown, Raymond E. *Biblical Reflections on Crises Facing the Church*. New York: Paulist Press, 1975.

Burckhardt, Jacob. *The Civilization of the Renaissance in Italy*. Translated by S. G. C. Middlemore. New York: Harper Torchbook, 1958.

Burnaby, J. *Amor Dei: A Study of the Religion of Saint Augustine*. London: Hodder & Stoughton, 1938.

Butterfield, Herbert. *The Origins of Modern Science, 1300-1800*. Rev. ed. New York: Free Press, 1965.

———. *Writings on Christianity and History*. Edited by C. T. McIntyre. Oxford: Oxford University Press, 1979.

参 考 书 目

Byron, George Gordon. *Lord Byron: Selected Letters and Journals.* Edited by L. A. Marchand. Cambridge: Harvard University Press, 1982.

Campbell, Joseph. *The Hero with a Thousand Faces.* 2nd ed. Princeton: Princeton University Press, 1968.

——. *The Masks of God.* Vol. 3, *Occidental Mythology.* New York: Viking, 1964.

Camus, Albert. *The Myth of Sisyphus and Other Essays.* Translated by J. O'Brien. New York: Random House, 1959.

——. *The Stranger.* Translated by S. Gilbert. New York: Random House, 1954.

Capra, Fritjof. *The Tao of Physics: An Exploration of the Parallels Between Modern Physics and Eastern Mysticism.* Berkeley: Shambhala, 1975.

——. *The Turning Point: Science, Society, and the Rising Culture.* New York: Simon and Schuster, 1982.

Carnap, Rudolf. "The Rejection of Metaphysics." In *20th Century Philosophy: The Analytic Tradition*, edited by M. Weitz. New York: Free Press, 1966.

Caspar, Max. *Kepler.* Translated and edited by C. D. Hellman. London: Abelard-Schuman, 1959.

Cassirer, Ernst. *The Philosophy of Symbolic Forms.* Translated by R. Manheim. 3 vols. New Haven: Yale University Press, 1955–57.

Castiglione, Baldesar. *The Book of the Courtier.* Translated by G. Bull. Baltimore: Penguin, 1976.

Cellini, Benvenuto. *The Autobiography of Benvenuto Cellini.* Translated by J. A. Symonds. New York: Modern Library, 1985.

Chadwick, Henry. *Early Christian Thought and the Classical Tradition: Studies in Justin, Clement and Origen.* Oxford: Oxford University Press, 1966.

Chenu, M. D. *Nature, Man and Society in the Twelfth Century: Essays on New Theological Perspectives in the Latin West.* Edited and translated by J. Taylor and L. K. Little. Chicago: University of Chicago Press, 1983.

——. *Toward Understanding Saint Thomas.* Translated by A. M. Landry and D. Hughes. Chicago: University of Chicago Press, 1964.

Chodorow, Nancy J. *Feminism and Psychoanalytic Theory.* New Haven: Yale University Press, 1989.

——. *The Reproduction of Mothering: Psychoanalysis and the Sociology of Gender.* Berkeley: University of California Press, 1978.

Chroust, Anton-Hermann. *Aristotle: New Light on His Life and on Some of His Lost Works.* 2 vols. Notre Dame: University of Notre Dame Press, 1973.

Cicero, Marcus Tullius. *The Basic Works of Cicero.* Edited by M. Hadas. New York: Modern Library, 1951.

——. *De Natura Deorum; Academica.* With an English translation by H. Rackham. Cambridge: Harvard University Press, 1972.

Clement of Alexandria. *The Exhortation to the Heathen.* In *The Ante-Nicene Fathers*, edited by A. Roberts and J. Donaldson, Vol. 2. Grand Rapids, Mich.: Wm. B. Eerdmans, 1967.

Cohen, I. B. *Revolution in Science*. Cambridge: Harvard University Press, 1985.

Coleridge, Samuel Taylor. *The Portable Coleridge*. Edited by I. A. Richards. New York: Viking, 1950.

Colorado, Pam. "Bridging Native and Western Science." *Convergence* 21, 2/3 (1988): 49-68.

Comte, Auguste. *Introduction to Positive Philosophy*. Edited by F. Ferre. Indianapolis: Bobbs-Merrill, 1970.

Condorcet, Antoine-Nicolas, Marquis de. *Sketch for a Historical Picture of the Progress of the Human Mind*. Translated by J. Barraclough. Westport, Conn.: Hyperion, 1979.

Copernicus, Nicolaus. *On the Revolutions of the Heavenly Spheres*. Translated by C. G. Wallis. In *Great Books of the Western World*, Vol. 16. Chicago: Encyclopaedia Britannica, 1952.

——. *Three Copernican Treatises: The Commentariolus of Copernicus, the Letter against Werner, the Narratio Prima of Rheticus*. Translated, with an introduction by E. Rosen. New York: Columbia University Press, 1939.

Cornford, F. M. *Plato's Cosmology*. London: Routledge, 1966.

Curry, Patrick. *Prophecy and Power: Astrology in Early Modern England*. Princeton: Princeton University Press, 1989.

Cutler, Donald R., ed. *The Religious Situation: 1968*. Boston: Beacon Press, 1968.

Dante. *The Banquet*. Translated by K. Hillard. London: Routledge & Kegan Paul, 1889.

——. *The Divine Comedy*. Translated by C. S. Singleton. 3 vols. Princeton: Princeton University Press, 1973-75.

Danto, Arthur C. *The Philosophical Disenfranchisement of Art*. New York: Columbia University Press, 1986.

Darwin, Charles. *The Descent of Man and Selection in Relation to Sex*. Princeton: Princeton University Press, 1981.

——. *The Origin of Species*. New York: Dutton, Everyman's University Library edition of the 6th ed. (1882), 1971.

de Beer, Sir Gavin. *Charles Darwin: A Scientific Biography*. Garden City, N. Y.: Doubleday, 1965.

Derrida, Jacques. *Margins of Philosophy*. Translated by A. Bass. Chicago: University of Chicago Press, 1982.

——. *Writing and Difference*. Translated by A. Bass. Chicago: University of Chicago Press, 1978.

Descartes, René. *The Philosophical Works of Descartes*. Translated by E. S. Haldane and G. R. T. Ross. 2 vols. New York: Dover, 1955.

Dewey, John. *Experience and Nature*. Rev. ed. La Salle, Ill.: Open Court, 1971.

———. *The Quest for Certainty: A Study of the Relation of Knowledge and Action*. New York: Minton, Balch, 1929.

Dijksterhuis, E. J. *The Mechanization of the World Picture: Pythagoras to Newton*. Translated by C. Dikshoorn. Princeton: Princeton University Press, 1986.

Dodds, E. R. *The Ancient Concept of Progress*. Oxford: Clarendon Press, 1973.

———. *The Greeks and the Irrational*. Berkeley: University of California Press, 1951.

———. *Pagan and Christian in an Age of Anxiety: Some Aspects of Religious Experience from Marcus Aurelius to Constantine*. New York: Norton, 1970.

Dostoevsky, Fyodor. *The Brothers Karamazov*. Translated by C. Garnett. New York: Modern Library, 1933.

———. *Crime and Punishment*. Translated by C. Garnett. New York: Modern Library, 1950.

———. *Notes from Underground*. Edited and translated by M. Katz. New York: Norton, 1989.

Dreyer, J. L. E. *A History of Astronomy from Thales to Kepler*. 2nd ed. New York: Dover, 1953.

Duhem, Pierre. *To Save the Phenomena: An Essay on the Idea of Physical Theory from Plato to Galileo*. Translated by E. Doland and C. Maschler. Chicago: University of Chicago Press, 1969.

Eckhart, Meister. *The Essential Sermons, Commentaries, Treatises, and Defense*. Translated, with an introduction by E. Colledge and B. McGinn. New York: Paulist Press, 1981.

Eckman, Barbara. "Jung, Hegel, and the Subjective Universe." *Spring 1986* (Dallas: Spring Publications, 1986): 88–89.

Edinger, Edward F. *Ego and Archetype: Individuation and the Religious Function of the Psyche*. Baltimore: Penguin, 1973.

Edwards, Jonathan. *Apocalyptic Writings*. In *The Works of Jonathan Edwards*, Vol. 5, edited by S. J. Stein. New Haven: Yale University Press, 1977.

Einstein, Albert. *The Meaning of Relativity*. 5th ed. Princeton: Princeton University Press, 1956.

———. *Relativity: The Special and the General Theory*. Translated by R. W. Lawson. New York: Crown, 1961.

Eliade, Mircea. *Cosmos and History: The Myth of the Eternal Return*. Translated by W. R. Trask. New York: Harper & Row, 1954.

Eliot, T. S. *Complete Poems and Plays*. New York: Harcourt, Brace & World, 1971.

Emerson, Ralph Waldo. *The Collected Works*. 4 vols. Edited by A. R. Ferguson et al. Cambridge: Harvard University Press, 1979–87.

Engelsman, Joan Chamberlain. *The Feminine Dimension of the Divine*. Wilmette,

Ill. : Chiron, 1987.

Erasmus. *The Epistles of Erasmus.* Translated by F. M. Nichols. London: Longmans, Green, 1901.

Erikson, Erik. *Childhood and Society.* 2nd ed. New York: Norton, 1950.

Euripides. The extant plays in 5 vols. of *The Complete Greek Tragedies.* Edited by D. Grene and R. Lattimore. Chicago: University of Chicago Press, 1955 – 59.

Evans, Donald. "Can We Know Spiritual Reality?" *Commonweal*, 13 July 1984.

Fairbairn, W. R. D. *An Object-Relations Theory of the Personality.* New York: Basic Books, 1952.

Fenichel, Otto. *The Psychoanalytic Theory of Neurosis.* New York: Norton, 1945.

Ferenczi, Sandor. *Thalassa: A Theory of Genitality.* Translated by H. A. Bunker. New York: Norton, 1968.

Ferguson, W. K., et al. *Renaissance: Six Essays.* New York: Harper Torchbook, 1962.

Feyerabend, Paul. *Against Method: Outline of an Anarchistic Theory of Knowledge.* Rev. ed. London: Verso, 1988.

——. *Science in a Free Society.* London: Verso, 1978.

Ficino, Marsilio. *The Book of Life.* Translated by C. Boer. Irving, Tex.: Spring Publications, 1980.

——. *The Letters of Marsilio Ficino.* Translated by members of the Language Department of the School of Economic Science, London. 2 vols. Preface by P. O. Kristeller. London: Shepheard-Walwyn, 1975.

——. *Platonic Theology.* Selected passages translated by J. L. Burroughs. *Journal of the History of Ideas*, 5, 2(1944): 227 – 239.

Findlay, J. N. *Ascent to the Absolute.* London: Allen and Unwin, 1970.

——. *Hegel: A Re-examination.* New York: Humanities Press, 1958.

Finley, John H. *Four Stages of Greek Thought.* Stanford: Stanford University Press, 1966.

Foucault, Michel. *The Archaeology of Knowledge.* Translated by A. M. Sheridan Smith. London: Tavistock, 1972.

——. *Power/Knowledge: Selected Interviews and Other Writings.* Edited by C. Gordon. New York: Pantheon, 1980.

Fox, Robin Lane. *Pagans and Christians.* New York: Alfred A. Knopf, 1987.

Frank, Francine Wattman, and Paula A. Treichler. *Language, Gender, and Professional Writing.* New York: Modern Language Association, 1989.

Freeman, Kathleen, ed. and trans. *Ancilla to the Pre-Socratic Philosophers: A Complete Translation of the Fragments.* Cambridge: Harvard University Press, 1983.

Freud, Anna. *The Ego and the Mechanisms of Defense.* Rev. ed. New York:

International Universities Press, 1966.

Freud, Sigmund. *The Standard Edition of the Complete Works of Sigmund Freud.* Edited by J. Strachey. 21 vols. New York: Hogarth, 1955-61.

Fromm, Erich. *The Dogma of Christ and Other Essays on Religion, Psychology, and Culture.* New York: Holt, Rinehart & Winston, 1963.

Gadamer, Hans-Georg. *Truth and Method.* Translated by G. Barden and J. Cumming. New York: Seabury, 1970.

Galbraith, John Kenneth. *The New Industrial State.* 4th ed. Boston: Houghton Mifflin, 1985.

Galilei, Galileo. *Dialogue Concerning the Two Chief World Systems — Ptolemaic and Copernican.* Translated by S. Drake. Berkeley: University of California Press, 1953.

———. *Discoveries and Opinions of Galileo.* Translated by S. Drake. New York: Doubleday, 1957.

———. *Sidereus Nuncius, or, The Sidereal Messenger.* Translated, with an introduction by A. van Helden. Chicago: University of Chicago Press, 1989.

———. *Two New Sciences.* Translated by S. Drake. Madison: University of Wisconsin Press, 1974.

Garin, Eugenio. *Italian Humanism.* Translated by P. Munz. Oxford: Blackwell, 1965.

Garraty, John A., and Peter Gay, eds. *The Columbia History of the World.* New York: Harper & Row, 1972.

Geertz, Clifford. "From the Native's Point of View: On the Nature of Anthropological Understanding." In *Interpretive Social Science: A Reader*, edited by P. Rabinow and W. M. Sullivan. Berkeley: University of California Press, 1979.

Gellner, Ernest. *The Legitimation of Belief.* Cambridge: Cambridge University Press, 1975.

Geymonat, Ludovico. *Galileo Galilei: A Biography and Inquiry into His Philosophy of Science.* Translated by S. Drake. New York: McGraw-Hill, 1965.

Gibbon, Edward. *The Decline and Fall of the Roman Empire.* 3 vols. New York: Modern Library, 1977.

Gilkey, Langdon. *Religion and the Scientific Future: Reflections on Myth, Science, and Theology.* New York: Harper & Row, 1970.

Gilligan, Carol. *In a Different Voice: Psychological Theory and Women's Development.* Cambridge: Harvard University Press, 1982.

Gilson, Etienne. *The Christian Philosophy of St. Thomas Aquinas.* Translated by L. K. Shook. New York: Random House, 1956.

———. *History of Christian Philosophy in the Middle Ages.* New York: Random House, 1955.

Gimbutas, Marija. *The Goddesses and Gods of Old Europe, 6500-3500 B. C.: Myths and Cult Images.* Rev. ed. Berkeley: University of California Press, 1982.

——. *The Language of the Goddess: Unearthing the Hidden Symbols of Western Civilization*. San Francisco: Harper & Row, 1989.

Gingerich, Owen. "From Copernicus to Kepler: Heliocentrism as Model and as Reality." *Proceedings of the American Philosophical Society* 117 (1973): 513–522.

——. "Johannes Kepler and the New Astronomy." *Quarterly Journal of the Royal Astronomical Society* 13(1972): 346–373.

Gleick, James. *Chaos: Making a New Science*. New York: Viking, 1988.

Goethe, Johann Wolfgang von. *Faust Parts One and Two*. Translated by G. M. Priest. In *Great Books of the Western World*. Vol. 47. Chicago: Encyclopaedia Britannica, 1952.

Gombrich, E. H. *Art and Illusion: A Study in the Psychology of Pictorial Representation*. 2nd ed., rev. Princeton: Princeton University Press, 1961.

Graves, Robert. *The Greek Myths*. 2 vols. Rev. ed. New York: Penguin, 1960.

Grenet, Paul. *Thomism*. Translated by J. F. Ross. New York: Harper & Row, 1967.

Grof, Stanislav. *Beyond the Brain: Birth, Death, and Transcendence in Psychotherapy*. Albany: State University of New York Press, 1985.

——. *LSD Psychotherapy*. Pomona, Calif.: Hunter House, 1980.

——. *Realms of the Human Unconscious: Observations from LSD Research*. New York: Viking, 1975.

Grube, Georges M. A. *Plato's Thought*. Boston: Beacon Press, 1958.

Gusdorf, Georges. *Speaking*. Translated, with an introduction by P. T. Brockelman. Evanston, Ill.: Northwestern University Press, 1965.

Guthrie, W. K. C. *The Greek Philosophers: From Thales to Aristotle*. New York: Harper Torchbook, 1960.

——. *A History of Greek Philosophy*. 6 vols. Cambridge: Cambridge University Press, 1962–81.

Habermas, Jurgen. *Knowledge and Human Interests*. Translated by J. J. Shapiro. Boston: Beacon Press, 1971.

Hall, Nor. *The Moon and the Virgin: Reflections on the Archetypal Feminine*. New York: Harper & Row, 1980.

Hanson, N. R. *Patterns of Discovery: An Inquiry into the Conceptual Foundations of Science*. Cambridge: Cambridge University Press, 1958.

Harding, Sandra. "Is Gender a Variable in Conceptions of Rationality?" *Dialectica* 36(1982): 225–242.

Harrison, Jane Ellen. *Prolegomena to the Study of Greek Religion*. 3rd ed. Cambridge: Cambridge University Press, 1922.

Hayman, Ronald. *Nietzsche: A Critical Life*. New York: Oxford University Press, 1980.

Heath, Sir Thomas L. *Aristarchus of Samos: The Ancient Copernicus*. Oxford: Clarendon Press, 1913.

Hegel, G. W. F. *Early Theological Writings*. Translated by T. M. Knox, with an introduction and fragments translated by R. Kroner. Philadelphia: University of Pennsylvania Press, 1971.

———. *The Essential Writings*. Edited by F. G. Weiss. New York: Harper & Row, 1974.

———. *Introduction to the Lectures on the History of Philosophy*. Translated by T. M. Knox and A. V. Miller. Oxford: Oxford University Press, 1987.

———. *The Phenomenology of Spirit*. Translated by A. V. Miller. Oxford: Oxford University Press, 1977.

———. *Philosophy of Mind*. Translated by W. Wallace, with the Zusätze in Boumann's text translated by A. V. Miller. Oxford: Clarendon Press, 1971.

———. *Reason in History*. Translated by R. S. Hartman. Indianapolis: Bobbs-Merrill, 1953.

Heidegger, Martin. *Being and Time*. Translated by J. Macquarrie and E. Robinson. New York: Harper & Row, 1962.

———. "'Only a God Can Save Us': The *Spiegel* Interview (1966)." Translated by W. J. Richardson. In *Heidegger: The Man and the Thinker*, edited by T. Sheehan. Chicago: Precedent, 1981.

Heilbroner, Robert. *The Worldly Philosophers*. New York: Simon and Schuster, 1980.

Heisenberg, Werner. *Physics and Philosophy: The Revolution in Modern Physics*. New York: Harper & Row, 1962.

Herbert, Nick. *Quantum Reality: Beyond the New Physics*. Garden City, N. Y.: Doubleday, 1985.

Herder, Johann Gottfried. *Reflections on the Philosophy of the History of Mankind*. Abridged, with introduction by F. E. Manuel. Chicago: University of Chicago Press, 1968.

Hesiod. *The Works and Days; Theogony; The Shield of Heracles*. Translated by R. Lattimore. Ann Arbor: University of Michigan Press, 1959.

Hesse, Mary. *Revolutions and Reconstructions in the Philosophy of Science*. Bloomington: Indiana University Press, 1980.

Hill, Christopher. *The World Turned Upside Down: Radical Ideas During the English Revolution*. New York: Viking, 1972.

Hillman, James. "*Anima Mundi*: The Return of the Soul to the World." *Spring 1982* (Dallas: Spring Publications, 1982): 71–93.

———. *Re-Visioning Psychology*. New York: Harper & Row, 1975.

Hollingdale, R. J. *Nietzsche: The Man and His Philosophy*. Baton Rouge: Louisiana State University Press, 1965.

Homer. *The Iliad*. Translated by Robert Fitzgerald. Garden City, N. Y.:

Doubleday, 1974.

——. *The Odyssey*. Translated by Robert Fitzgerald. Garden City, N. Y.: Doubleday, 1961.

Hugh of Saint-Victor. *Didascalicon: A Medieval Guide to the Arts*. Translated, with an introduction by J. Taylor. New York: Columbia University Press, 1961.

Hume, David. *An Enquiry Concerning Human Understanding*. In *Great Books of the Western World*, Vol. 35. Chicago: Encyclopaedia Britannica, 1952.

——. *A Treatise of Human Nature*. Edited by L. A. Selby-Bigge. Oxford: Clarendon, 1967.

Huxley, Aldous. *The Doors of Perception*. New York: Harper & Row, 1970.

Irenaeus. *Against Heresies*. In *The Ante-Nicene Fathers*, edited by A. Roberts and J. Donaldson, Vol. 1. Grand Rapids, Mich.: Wm. B. Eerdmans, 1967.

Jackson, Timothy. "The Theory and Practice of Discomfort: Richard Rorty and Pragmatism." *The Thomist* 51, 2(1987): 270-298.

Jaeger, Werner. *Aristotle: Fundamentals of the History of His Development*. Translated by R. Robinson. New York: Oxford University Press, 1948.

James, Henry. *The Art of Criticism: Henry James on the Theory and Practice of Fiction*. Edited by W. Veeder and S. Griffin. Chicago: University of Chicago Press, 1986.

James, William. *A Pluralistic Universe*. Cambridge: Harvard University Press, 1977.

——. *Pragmatism and the Meaning of Truth*. Cambridge: Harvard University Press, 1978.

——. *The Principles of Psychology*. 2 vols. Cambridge: Harvard University Press, 1981.

——. *Varieties of Religious Experience*. Cambridge: Harvard University Press, 1985.

——. *The Will to Believe*. Cambridge: Harvard University Press, 1979.

Janson, H. W. *History of Art*. 3rd ed. New York: Abrams, 1986.

Jeans, Sir James. *Physics and Philosophy*. New York: Macmillan, 1943.

John of the Cross, Saint. *Dark Night of the Soul*. Translated and edited by E. Allison Peers. Garden City, N. Y.: Image Books, 1959.

Jones, Ernest. *The Life and Work of Sigmund Freud*. 3 vols. New York: Basic Books, 1953-57.

Jung, Carl G. *Collected Works of Carl Gustav Jung*. 20 vols. Translated by R. F. C. Hull; edited by H. Read, M. Fordham, G. Adler, and W. McGuire. Bollingen Series XX. Princeton: Princeton University Press, 1953-79.

——. *Memories, Dreams, Reflections*. Rev. ed. Recorded and edited by A. Jaffe, translated by R. Winston and C. Winston. New York: Pantheon, 1973.

Kafka, Franz. *The Complete Stories*. Edited by N. N. Glatzer. New York: Schocken, 1971.

——. *The Trial*. Translated by W. Muir and E. Muir, revised by E. M. Butler. New York: Modern Library, 1964.

Kant, Immanuel. *Critique of Practical Reason*. Translated by L. W. Beck. New York: Bobbs-Merrill, 1956.

——. *Critique of Pure Reason*. Translated by N. K. Smith. London: Macmillan, 1968.

——. *Religion Within the Limits of Reason Alone*. 2nd ed. Translated by T. M. Greene and H. H. Hudson. La Salle, Ill.: Open Court, 1960.

Keats, John. *Poems*. 5th ed. Edited, with an introduction by E. De Selincourt. London: Methuen, 1961.

Keepin, William. *Some Deeper Implications of Chaos Theory*. Draft. San Francisco: California Institute of Integral Studies, 1990.

Keller, Evelyn Fox. *A Feeling for the Organism: The Life and Work of Barbara McClintock*. San Francisco: Freeman, 1983.

——. *Reflections on Gender and Science*. New Haven: Yale University Press, 1985.

Kempis, Thomas à. *The Imitation of Christ*. Translated by L. Sherley-Price. Harmondsworth, England: Penguin, 1952.

Kepler, Johannes. *The Harmonies of the World* (V), and *Epitome of Copernican Astronomy* (IV and V). Translated by C. G. Wallis. In *Great Books of the Western World*, Vol. 16. Chicago: Encyclopaedia Britannica, 1952.

——. "On the More Certain Fundamentals of Astrology." Foreword and notes by J. B. Brackenridge, translated by M. A. Rossi. *Proceedings of the American Philosophical Society* 123, 2 (1979): 85–116.

Kirk, Geoffrey S. *The Songs of Homer*. Cambridge: Cambridge University Press, 1962.

Kirk, G. S., and J. E. Raven, eds. *The Presocratic Philosophers: A Critical History with a Selection of Texts*. Cambridge: Cambridge University Press, 1957.

Koyré, Alexandre. *The Astronomical Revolution: Copernicus, Kepler, Borelli*. Translated by R. E. W. Maddison. Ithaca: Cornell University Press, 1973.

——. *From the Closed World to the Infinite Universe*. Baltimore: Johns Hopkins University Press, 1968.

Kubrin, David. "Newton's Inside Out: Magic, Class Struggle, and the Rise of Mechanism in the West." In *The Analytic Spirit*, edited by H. Woolf. Ithaca: Cornell University Press, 1980.

Kuhn, Thomas S. *The Copernican Revolution: Planetary Astronomy and the Development of Western Thought*. Cambridge: Harvard University Press, 1957.

——. *The Structure of Scientific Revolutions*. 2nd ed. Chicago: University of Chicago Press, 1970.

Laing, R. D. *The Divided Self*. New York: Penguin, 1965.

——. *The Politics of Experience*. Harmondsworth, England: Penguin, 1967.

Lakatos, Imre, and Alan Musgrave, eds. *Criticism and the Growth of Knowledge.* Cambridge: Cambridge University Press, 1974.

Landes, David S. *A Revolution in Time: Clocks and the Making of the Modern World.* Cambridge: Harvard University Press, 1983.

Lasch, Christopher. *The Culture of Narcissism: American Life in an Age of Diminishing Expectations.* New York: Norton, 1979.

Leff, Gordon. *The Dissolution of the Medieval Outlook: An Essay on Intellectual and Spiritual Change in the Fourteenth Century.* New York: Harper & Row, 1976.

Leonardo da Vinci. *Leonardo da Vinci.* Edited by G. Nicodemi et al. New York: Reynal, in association with William Morrow, 1956.

Letwin, Shirley R. *Pursuit of Certainty.* Cambridge: Cambridge University Press, 1965.

Levi, Albert William. *Philosophy and the Modern World.* Chicago: University of Chicago Press, 1977.

Lévi-Strauss, Claude. *Structural Anthropology.* Translated by C. Jacobson and B. G. Schoepf. New York: Doubleday, 1967.

Locke, John. *An Essay Concerning Human Understanding.* In *Great Books of the Western World*, Vol. 35. Chicago: Encyclopaedia Britannica, 1952.

Lovejoy, Arthur O. *The Great Chain of Being: A Study of the History of an Idea.* Cambridge: Harvard University Press, 1936.

Lovelock, J. E. *Gaia: A New Look at Life on Earth.* Oxford: Oxford University Press, 1979.

Lucretius. *De Rerum Natura.* Edited by C. Bailey. 3 vols. Oxford: Oxford University Press, 1979.

Luther, Martin. *The Bondage of the Will.* Translated by H. Cole, with corrections by H. Atherton. Grand Rapids, Mich.: Wm. B. Eerdmans, 1931.

———. *Martin Luther's Basic Theological Writings.* Edited by T. F. Lull. Minneapolis: Fortress Press, 1989.

Lyotard, Jean-François. *The Postmodern Condition: A Report on Knowledge.* Translated by G. Bennington and B. Massumi. Minneapolis: University of Minnesota Press, 1984.

Machiavelli, Niccolò. *The Prince.* Translated by H. C. Mansfield, Jr. Chicago: University of Chicago Press, 1985.

Magee, Bryan. *Karl Popper.* New York: Viking, 1973.

Marcuse, Herbert. *Eros and Civilization: A Philosophical Inquiry into Freud.* Boston: Beacon, 1974.

Marx, Karl. *Capital.* Translated by S. Moore and E. Aveling. 3 vols. Moscow: Foreign Languages Publishing House, 1954–62.

———. *The Communist Manifesto.* Edited by A. J. Taylor. Baltimore: Penguin, 1968.

——. *Economic and Philosophical Manuscripts*. In *The Marx-Engels Reader*, edited by R. C. Tucker. New York: Norton, 1972.

McDermott, John J. *The Culture of Experience: Essays in the American Grain*. New York: New York University Press, 1976.

McDermott, Robert A. "Toward a Modern Spiritual Cognition." *Revision* 12 (Summer 1989): 29-33.

McInerny, Ralph. *St. Thomas Aquinas*. Notre Dame: Notre Dame University Press, 1982.

McKibben, Bill. *The End of Nature*. New York: Random House, 1989.

McNeill, William H. *The Rise of the West: A History of the Human Community*. Chicago: University of Chicago Press, 1963.

Melville, Herman. *Moby-Dick, or the Whale*. Berkeley: University of California Press, 1981.

Merchant, Carolyn. *The Death of Nature: Women, Ecology, and the Scientific Revolution*. San Francisco: Harper & Row, 1980.

Merton, Thomas. "The Self of Modern Man and the New Christian Consciousness." In *Zen and the Birds of Appetite*, 15-32. New York: New Directions, 1968.

Michelangelo. *The Complete Works of Michelangelo*. Edited by M. Salmi et al. New York: Reynal, in association with William Morrow, 1965.

Miller, David L. *The New Polytheism*. 2nd ed. Dallas: Spring Publications, 1981.

Miller, Jean Baker, ed. *Psychoanalysis and Women*. New York: Penguin, 1973.

Milton, John. *Areopagitica and Other Prose Writings*. Edited by W. Haller. New York: Book League of America, 1929.

Moltman, Jürgen D. *The Theology of Hope: On the Ground and the Implications of a Christian Eschatology*. Translated by J. W. Leitch. New York: Harper & Row, 1976.

Monod, Jacques. *Chance and Necessity An Essay on the Natural Philosophy of Modern Biology*. Translated by A. Wainhouse. New York: Random House, 1972.

Montaigne, Michel de. *The Complete Essays*. Translated by D. M. Frame. Stanford: Stanford University Press, 1958.

Morgan, Elaine. *The Descent of Woman*. London: Souvenir, 1972.

Mumford, Lewis. *The Myth of the Machine*. 2 vols. New York: Harcourt, Brace & World, 1967-70.

Nehamas, Alexander. *Nietzsche: Life as Literature*. Cambridge: Harvard University Press, 1985.

Neugebauer, O. *The Exact Sciences in Antiquity*. 2nd ed. Providence: Brown University Press, 1957.

Newton, Isaac. *Philosophiae Naturalis Principia Mathematica*. 3rd ed. (1726), with variant readings, assembled by A. Koyré, I. B. Cohen, and A. Whitman. 2 vols. Cambridge: Harvard University Press, 1972.

——. *The Opticks*. 4th ed. New York: Dover, 1952.

Nietzsche, Friedrich. *Basic Writings of Nietzsche*. Edited and translated by W. Kaufman. New York: Modern Library, 1968.

——. *The Gay Science*. Translated by W. Kaufman. New York: Random House, 1974.

——. *Thus Spoke Zarathustra*. Translated, with an introduction by R. J. Hollingdale. New York: Penguin, 1969.

Ockham, William of. *Ockham's Theory of Propositions*. Part II of the *Summa Logicae*. Translated by A. J. Freddoso and H. Schuurman, with an introduction by A. J. Freddoso. Notre Dame: University of Notre Dame, 1980.

——. *Ockham's Theory of Terms*. Part I of the *Summa Logicae*. Translated, with an introduction by M. J. Loux. Notre Dame: University of Notre Dame Press, 1975.

O'Meara, John J. *The Young Augustine*. New York: Alba House, 1965.

Origen. *Contra Celsum*. Translated by H. Chadwick. Cambridge: Cambridge University Press, 1980.

Ovid. *Metamorphoses*. Edited by E. J. Kenney. Oxford: Oxford University Press, 1986.

Pagels, Elaine. *The Gnostic Gospels*. New York: Random House, 1979.

Pagels, Heinz R. *The Cosmic Code: Quantum Physics as the Language of Nature*. New York: Simon & Schuster, 1982.

Palmer, R. R., and Joel Colton. *A History of the Modern World*. 5th ed. New York: Alfred A. Knopf, 1978.

Panofsky, Erwin. *Renaissance and Renascences in Western Art*. New York: Harper & Row, 1969.

Pascal, Blaise. *Pensées*. Translated, with an introduction by A. J. Krailsheimer. Harmondsworth, England: Penguin, 1966.

Pauli, Wolfgang. "The Influence of Archetypal Ideas on the Scientific Theories of Kepler." Translated by P. Silz. In C. G. Jung and W. Pauli, *The Interpretation of Nature and the Psyche*. New York: Pantheon, 1955.

Pelikan, Jaroslav. *The Christian Tradition: A History of the Development of Doctrine*. 5 vols. Chicago: University of Chicago Press, 1971–89.

Perls, Fritz. *Gestalt Therapy Verbatim*. New York: Bantam, 1976.

Petrarch, Francesco. *Petrarch, the First Modern Scholar and Man of Letters: A Selection From His Correspondence*. 2nd ed., rev. and enlarged. Translated by J. H. Robinson and H. W. Rolfe. New York: Greenwood, 1969.

Piaget, Jean. *The Child's Conception of the World*. Translated by J. Tomlinson and A. Tomlinson. London: Routledge & Kegan Paul, 1960.

Pico della Mirandola, Giovanni. "The Dignity of Man." In *The Portable Renaissance Reader*, edited by J. B. Ross and M. M. McLaughlin. New York: Penguin, 1977.

参 考 书 目

Pieper, Josef. *St. Thomas Aquinas.* Translated by D. MacLaren. New York: Sheed & Ward, 1948.

——. *Scholasticism: Personalities and Problems of Medieval Philosophy.* Translated by R. Winston and C. Winston. New York: Pantheon, 1960.

Pindar. *The Odes of Pindar.* Translated by R. Lattimore. Chicago: University of Chicago Press, 1976.

Plato. *The Collected Dialogues.* Edited by E. Hamilton and H. Cairns. Princeton: Princeton University Press, 1961.

——. *Philebus and Epinomis.* Translated by A. E. Taylor, with an introduction by R. Klibansky. London: Thomas Nelson, 1956.

Plotinus. *The Enneads.* Translated by S. MacKenna. 3rd rev. ed., by B. S. Page. Introduction by P. Henry. London: Faber and Faber, 1962.

Plutarch. *Lives.* Translated by J. Dryden. New York: Modern Library, 1967.

Polanyi, Michael. *Personal Knowledge.* New York: Harper & Row, 1964.

Pope, Alexander. *The Poetical Works of Alexander Pope.* Edited by A. W. Ward. London: Macmillan, 1924.

Popper, Karl R. *Conjectures and Refutations: The Growth of Scientific Knowledge.* New York: Harper Torchbook, 1968.

——. *The Logic of Scientific Discovery.* Rev. ed. New York: Harper & Row, 1968.

Prabhu, Joseph. "Blessing the Bathwater." In "On Deconstructing Theology: A Symposium." *Journal of the American Academy of Religion* 54, 3 (1987): 534–543.

Prigogine, Ilya. *From Being to Becoming: Time and Complexity in the Physical Sciences.* San Francisco: Freeman, 1980.

Ptolemy. *The Almagest.* Translated by R. C. Taliaferro. In *Great Books of the Western World,* Vol. 16. Chicago: Encyclopaedia Britannica, 1952.

——. *The Tetrabiblos.* Translated by J. M. Ashmand. North Hollywood, Calif.: Symbols and Signs, 1976.

Quine, W. V. *From a Logical Point of View.* 2nd ed. New York: Harper & Row, 1961.

Rahner, Karl. *Hearers of the Word.* Translated by M. Richards. Montreal: Palm, 1969.

——. *Theological Investigations.* Vol. 13, *Theology, Anthropology, Christology.* Translated by D. Bourke. New York: Seabury, 1975.

Raine, Kathleen. *Blake and Tradition.* Princeton: Princeton University Press, 1968.

Randall, John Herman. *The Making of the Modern Mind.* New York: Columbia University Press, 1976.

Rank, Otto. *The Trauma of Birth.* New York: Harcourt Brace, 1929.

Raphael. *The Complete Work of Raphael.* Edited by M. Salmi et al. New York: Harrison House, 1969.

Rattansi, P. M. "The Intellectual Origins of the Royal Society." *Notes and Records of the Royal Society of London* 23 (1968): 129–143.

Ravetz, Jerome R. *Scientific Knowledge and Its Social Problems.* London: Oxford University Press, 1971.

Redondi, Pietro. *Galileo: Heretic.* Translated by R. Rosenthal. Princeton: Princeton University Press, 1987.

Reich, Wilhelm. *Character Analysis.* New York: Noonday, 1949.

Rilke, Rainer Maria. *Duino Elegies.* Translated by C. F. MacIntyre. Berkeley: University of California Press, 1961.

Ronan, Colin A. *Galileo.* New York: G. P. Putnam's Sons, 1974.

Rorty, Richard. *Philosophy and the Mirror of Nature.* Princeton: Princeton University Press, 1979.

Rosen, Edward. *Copernicus and the Scientific Revolution.* Malabar, Fla.: Krieger Publications, 1984.

Ross, J. B., and M. M. McLaughlin, eds. *The Portable Renaissance Reader.* Rev. ed. New York: Penguin, 1977.

Ross, Sir William David. *Aristotle.* 5th ed. New York: Methuen, 1964.

——. *Plato's Theory of Ideas.* London: Oxford University Press, 1971.

Roszak, Theodore. *The Making of a Counter Culture.* New York: Doubleday, 1969.

Rothberg, Donald. "Philosophical Foundations of Transpersonal Psychology." *Journal of Transpersonal Psychology* 18, 1(1986): 1–34.

Rouner, Leroy S., ed. *On Nature.* Notre Dame: University of Notre Dame Press, 1984.

Rousseau, Jean-Jacques. *Confessions.* Translated by J. M. Cohen. Baltimore: Penguin, 1953.

——. *Émile, or Treatise of Education.* Translated by B. Foxley. New York: Dutton, 1955.

Ruether, Rosemary Radford, ed. *Religion and Sexism: Images of Woman in the Jewish and Christian Traditions.* New York: Simon & Schuster, 1974.

——. *Sexism and God-Talk: Toward a Feminist Theology.* Boston: Beacon, 1983.

Rufus, W. Carl. "Kepler as an Astronomer." In The History of Science Society, *Johannes Kepler: A Tercentenary Commemoration of His Life and Work.* Baltimore: Williams and Wilkins, 1931.

Rupp, E. Gordon. *Luther's Progress to the Diet of Worms, 1521.* New York: Harper & Row, 1964.

Russell, Bertrand. *The Basic Writings of Bertrand Russell.* Edited by R. E. Egner and L. E. Dennon. New York: Simon and Schuster, 1967.

——. *A History of Western Philosophy.* New York: Simon and Schuster, 1945.

——. *Why I Am Not a Christian and Other Essays on Religion and Related Subjects.* New York: Simon and Schuster, 1967.

Salinger, J. D. *Franny and Zooey*. Boston: Little, Brown, 1961.

Samuels, Andrew. *Jung and the Post-Jungians*. London: Routledge & Kegan Paul, 1985.

Santillana, Giorgio de. *The Crime of Galileo*. Chicago: University of Chicago Press, 1955.

Sarton, George. *Introduction to the History of Science*. 5 vols. Huntington, New York: Krieger, 1975.

Sartre, Jean-Paul. *Being and Nothingness: A Phenomenological Essay on Ontology*. Translated, with an introduction by H. E. Barnes. New York: Citadel Press, 1956.

——. *Existentialism and Humanism*. Translated by P. Mairet. London: Methuen, 1948.

——. *Nausea*. Translated by Lloyd Alexander. New York: New Directions, 1959.

——. *No Exit & The Flies*. Translated by S. Gilbert. New York: Alfred A. Knopf, 1946.

Schilpp, P. A., ed. *Albert Einstein: Philosopher-Scientist*. New York: Tudor, 1951.

——, ed. *The Philosophy of Karl Popper*. 2 vols. La Salle, Ill.: Open Court, 1974.

Scott, Joan Wallach. *Gender and the Politics of History*. New York: Columbia University Press, 1988.

Sextus Empiricus. *Scepticism, Man and God: Selections from the Major Writings*. Translated by S. Etheridge, edited by P. P. Hallie. Middletown, Conn.: Wesleyan University Press, 1964.

Shakespeare, William. *The Complete Works of Shakespeare*. The Cambridge Edition Text, edited by W. A. Wright. Garden City, N. Y.: Doubleday, 1936.

Sheehan, Thomas, ed. *Heidegger: The Man and the Thinker*. Chicago: Precedent, 1981.

Sheldrake, Rupert. *A New Science of Life: The Hypothesis of Formative Causation*. Los Angeles: Tarcher, 1981.

Shelley, Percy Bysshe. *Prometheus Unbound*. Edited by L. J. Zillman. New Haven: Yale University Press, 1968.

Sherrard, Philip. "The Christian Understanding of Man." *Sobornost* 7, 5 (1977): 329–343.

Skinner, B. F. *Beyond Freedom and Dignity*. New York: Bantam, 1972.

Skinner, Quentin, ed. *The Return of Grand Theory in the Human Sciences*. Cambridge: Cambridge University Press, 1985.

Smith, Adam. *An Inquiry into the Nature and Causes of the Wealth of Nations*. Edited, with an introduction by E. Cannan. New York: Modern Library, 1937.

Smith, Huston. *Beyond the Post-Modern Mind*. Rev. ed. Wheaton, Ill.: Quest, 1989.

Snow, C. P. *Two Cultures and the Scientific Revolution*. Cambridge: Cambridge

University Press, 1959.

Sophocles. The extant plays in 2 vols. of *The Complete Greek Tragedies*. Edited by D. Grene and R. Lattimore. Chicago: University of Chicago Press, 1954-57.

Spengler, Oswald. *The Decline of the West*. Translated by C. F. Atkinson. 2 vols. New York: Alfred A. Knopf, 1945.

Spretnak, Charlene. *Lost Goddesses of Early Greece*. Boston: Beacon Press, 1984.

Squire, Aelred. "The Doctrine of the Image in the *De Veritate* of St. Thomas." *Dominican Studies* 4(1951): 164-177.

Stein, Murray, and Robert L. Moore, eds. *Jung's Challenge to Contemporary Religion*. Wilmette, Ill.: Chiron, 1987.

Steiner, Rudolf. *The Essential Steiner*. Edited, with an introduction by Robert A. McDermott. San Francisco: Harper & Row, 1984.

——. *The Riddles of Philosophy*. Spring Valley, N. Y.: Anthroposophic Press, 1973.

——. *A Theory of Knowledge Based on Goethe's World Conception*. Translated by O. Wannamaker. Spring Valley, N. Y.: Anthroposophic Press, 1968.

Stendahl, Kristen. *Meanings: The Bible as Document and Guide*. Philadelphia: Fortress Press, 1984.

Sukenick, Ronald. *The Death of the Novel and Other Stories*. New York: Dial, 1969.

Taylor, A. E. *Socrates: The Man and His Thought*. Garden City, N. Y.: Doubleday, 1954.

Teilhard de Chardin, Pierre. *The Phenomenon of Man*. Translated by B. Wall, with an introduction by Julian Huxley. New York: Harper & Row, 1959.

Tester, S. J. *A History of Western Astrology*. Woodbridge, Suffolk: Boydell, 1987.

Thomas, Keith. *Religion and the Decline of Magic*. New York: Scribner, 1986.

Thorndike, Lynn. *A History of Magic and Experimental Science*. 8 vols. New York: Columbia University Press, 1923-58.

Tolstoy, Leo. *Anna Karenina*. Translated by C. Garnett. New York: Modern Library, 1935.

——. *The Death of Ivan Ilyich*. Translated by L. Solotaroff. New York: Bantam, 1981.

——. *The Kingdom of God Is Within You*. Translated by C. Garnett. Lincoln: University of Nebraska Press, 1984.

——. *War and Peace*. Translated by C. Garnett. New York: Modern Library, 1931.

Tomlin, E. W. F. *The Western Philosophers*. New York: Harper & Row, 1957.

Torrance, Thomas F. *Theological Science*. London: Oxford University Press, 1978.

Toulmin, Stephen. *Human Understanding: The Collective Use and Evolution of*

Concepts. Princeton: Princeton University Press, 1972.

Toynbee, Arnold J. *A Study of History*. Abridgement of vols. I – VI, by D. C. Somervell. New York: Oxford University Press, 1947.

Vasari, Giorgio. *Lives of the Most Eminent Painters, Sculptors, and Architects*. Translated by J. Foster. London: George Bell's Sons, 1890.

Virgil. *The Aeneid*. Translated by Robert Fitzgerald. New York: Random House, 1983.

Vlastos, Gregory. *Platonic Studies*. Princeton: Princeton University Press, 1973.

Voltaire. *Philosophical Letters*. Translated by E. Dilworth. Indianapolis: Bobbs-Merrill, 1961.

Voogd, Stephanie de. "C. G. Jung: Psychologist of the Future, 'Philosopher' of the Past." *Spring 1977* (New York and Zurich: Spring Publications, 1977): 175 – 182.

Vrooman, J. R. *René Descartes: A Biography*. New York: G. P. Putnam's Sons, 1970.

Walsh, William H. *Metaphysics*. New York: Harcourt, Brace & World, 1966.

Watts, Alan. *Beyond Theology*. New York: Pantheon, 1964.

——. *Psychotherapy East and West*. New York: Pantheon, 1961.

Weber, Max. *The Protestant Ethic and the Spirit of Capitalism*. Translated by Talcott Parsons. New York: Charles Scribner's Sons, 1958.

Weinberg, Steven. *The First Three Minutes: A Modern View of the Origin of the Universe*. New York: Basic Books, 1988.

Weinstein, Donald, and Rudolph M. Bell. *Saints and Society: The Two Worlds of Western Christendom, 1,000 to 1,700*. Chicago: University of Chicago Press, 1986.

Wellmer, Albrecht. "On the Dialectic of Modernism and Postmodernism." *Praxis International* 4 (1985): 337 – 362.

Westfall, Richard S. *Force in Newton's Physics: The Science of Dynamics in the Seventeenth Century*. New York: American Elsevier, 1971.

White, Lynn. "The Historical Roots of Our Ecologic Crisis." *Science* 155 (1967): 1203 – 1207.

Whitehead, Alfred North. *Process and Reality*. Corrected ed. Edited by D. R. Griffin and D. W. Sherburne. New York: Free Press, 1978.

——. *Science and the Modern World*. New York: Macmillan, 1925.

Whitehead, Alfred North, and Bertrand Russell. *Principia Mathematica*. 3 vols. Cambridge: Cambridge University Press, 1927.

Whitfield, J. H. *Petrarch and the Renascence*. New York: Haskell House, 1969 (reprint of 1943 edition).

Whorf, Benjamin Lee. *Language, Thought, and Reality: Selected Writings of Benjamin Lee Whorf*. Edited by J. B. Carroll. Cambridge: MIT Press, 1956.

Whyte, Lancelot Law. *The Unconscious Before Freud.* New York: Basic Books, 1960.

Wilkinson, Elizabeth M., and Leonard A. Willoughby. *Goethe, Poet and Thinker.* New York: Barnes & Noble, 1962.

Wind, Edgar. *Pagan Mysteries in the Renaissance.* Rev. and enlarged ed. New York: Norton, 1968.

Wittgenstein, Ludwig. *Philosophical Investigations.* Translated by G. E. M. Anscombe. 3rd ed. New York: Macmillan, 1968.

——. *Tractatus Logico-Philosophicus.* Translated by D. F. Pears and B. F. McGuinness, with an introduction by Bertrand Russell. London: Routledge & Kegan Paul, 1961.

Wollstonecraft, Mary. *Vindication of the Rights of Woman.* Edited by M. Kramick. New York: Viking Penguin, 1978.

Wordsworth, William. *Poetical Works.* Rev. ed. Edited by T. Hutchinson and E. De Selincourt. Oxford: Oxford University Press, 1950.

Wordsworth, William, and Samuel Taylor Coleridge. *Lyrical Ballads, 1798.* 2nd ed. Edited by W. J. Owen. Oxford: Oxford University Press, 1969.

Yates, Frances A. *Giordano Bruno and the Hermetic Tradition.* London: Routledge, 1964.

Yeats, William Butler. *The Collected Poems.* London: Macmillan, 1952.

——. *A Vision.* New York: Macmillan, 1956.

Reference Works

Bullock, Alan, and R. B. Woodings, eds. *20th Century Culture: A Biographical Companion.* New York: Harper & Row, 1983.

Edwards, Paul, ed. *The Encyclopedia of Philosophy.* 8 vols. New York: Macmillan, 1967.

Encyclopaedia Britannica. 15th ed. 30 vols. Chicago: Encyclopaedia Britannica, 1977.

Flew, Antony, ed. *A Dictionary of Philosophy.* 2nd ed. New York: St. Martin's, 1984.

Gillispie, C. C., ed. *Dictionary of Scientific Biography.* 16 vols. New York: Charles Scribner's Sons, 1970.

Harvey, Sir Paul, ed. *The Oxford Companion to Classical Literature.* Oxford: Clarendon Press, 1974.

Kinder, Hermann, and Werner Hilgemann. *The Anchor Atlas of World History.* Translated by E. A. Menze. 2 vols. Garden City, N. Y.: Doubleday, 1974.

Liddell, H. G., and R. Scott. *A Greek-English Lexicon.* 9th ed. Oxford: Clarendon Press, 1968.

Oxford English Dictionary. Compact ed. 2 vols. Oxford: Oxford University Press, 1971.

Rahner, Karl, et al., eds. *Sacramentum Mundi: An Encyclopedia of Theology.* 6 vols. New York: Herder and Herder, 1968.

Trager, James, ed. *The People's Chronology.* New York: Holt, Rinehart and Winston, 1979.

Wiener, Philip P., ed. *Dictionary of the History of Ideas.* 5 vols. New York: Charles Scribner's Sons, 1973.

志　谢

本书的写作经历了一个漫长的过程,我深感亏欠的人比我希望给予适当感谢的人要多得多。我很感谢以下诸位先生和女士,他们阅读了我的全部手稿,有的读了不止一遍,他们给了我许多宝贵的评论和支持:斯塔尼拉夫·格罗夫、布鲁诺·巴恩哈特(Bruno Barnhart)、罗伯特·麦克德尔默特(Robert McDermott)、约瑟夫·坎贝尔、哈得孙·史密斯(Hudson Smith)、大卫·L. 米勒(David L. Miller)、卡锡·布列特施奈德(Cathie Brettschneider)、迪恩·朱函(Deane Juhan)、查尔斯·哈维(Charles Harvey)、仁·巴特勒(Renn Butler)、布鲁斯·纽威尔(Bruce Newell)、威廉·吉平(William Keepin)和玛格丽特·加里甘(Margaret Garigan)。我还要感谢许多在我写作的不同阶段阅读和回应部分章节的人士,其中包括詹姆士·希尔曼、罗伯特·贝拉、弗里焦夫·卡普拉(Fritjof Kapra)、弗兰克·巴尔(Frank Barr)、威廉·韦布(William Webb)、戈尔顿·塔潘(Gordon Tappan)、埃尔烈德·斯奎尔(Aelred Squire)、威廉·伯明翰、罗杰·沃尔什、约翰·马克(John Mack)和约瑟夫·普拉布(Josephy Brabhu)。本书在创作过程中还有一位特别重要的读者,那就是我的妻子海瑟·马尔科姆·塔纳斯(Heather Malcolm Tarnas),她细致的编辑一样的眼睛、深刻的问题以及敏感的判断深刻影响了最后的定稿。

本书可能还有一些主张,我不能一一作出注解,以说明我对某种思想的理解和表达受到了某本书、某个演讲、书信或者对话的影响。参考书目仅列

志 谢

出了一部分我受益的著作,但是只是简短引用一些文字并不能公正表达以下各位学者对本书的贡献:W. K. C. 古特利(Guthrie)、M. D. 切努(Chenu)、约瑟夫·比普(Joseph Peiper)、恩斯特·威廉·本茨(Ernst William Benz)、赫伯特·巴特菲尔德(Herbert Butterfield)、威廉·麦克尼尔(William McNeill)、罗伯特·贝拉和托马斯·库恩,这些还只是对本书影响甚大的一部分学者。此外,还有一些学者对我形成本书的整个历史性概念给予了直接帮助,尤其是与斯塔尼斯拉夫·格罗夫、布鲁诺·巴恩哈特、詹姆士·希尔曼、罗伯特·麦克德尔默特、迪恩·朱函、哈得逊·史密斯、约瑟夫·坎贝尔和乔治·巴特森的无数次的令人感奋的讨论,在这里我要特别向他们表示感谢。

对于本书得以付梓,我非常感谢我的经纪人弗雷德里克·希尔(Frederick Hill)和他的助手波尼·纳德尔(Bonnie Nadell)、巴兰亭(Ballatine)出版社的罗伯特·维耶特(Robert Wyatt)和特里·亨利(Teri Henry)、哈默尼出版社的彼得·古扎尔蒂(Peter Guzzardi)、玛格丽特·加里甘(Magret Garigan)、詹姆士·沃尔什和约翰·米歇尔,以及波克拉·列德金(Bokara Legendre)最早发起全部写作计划。我还非常感谢约安·列德熙(Joan Reddish)、亚瑟·扬(Auther Yong)、波克拉·列德金、克里斯托弗·伯德(Christopher Bird)以及菲利普·德勒维特(Philip Delevett),以及塔纳斯和马尔科姆的家庭成员,他们使得我能够有充裕的时间进行写作和研究。我在这本书的写作过程中也得到意识研究所和普林斯顿大学出版社的米歇尔·默菲(Michael Murphy)、理查德·普莱斯(Richard Price)、阿尔伯特·霍夫曼(Albert Hofmann)、安妮·阿姆斯特朗(Anne Armstrong)、罗杰·纽威尔(Roger Newell)、杰伊·奥杰维(Jay Ogilvy)的大力帮助。劳伦斯·S. 洛克菲勒基金会的研究基金使我能够参与伊萨冷研究所的重审哲学的研究项目,一个有著名哲学家、神学家和科学家参加的三年的系列的讨论会。在这些聚会期间发生的重要讨论起了很大的作用,促使我阐述西方思想和精神发展史的逐步发展的概念,它就是在本书的尾声的概括,也是在1989年8月在剑桥大学该项目的最后一次系列会议上我所做的一个总结发言:"哲学与人类的未来。"

如果不提到我对在我一生中对我成长发展起推动作用的伊萨冷研究所(1974—1984年我在该所度过了十年)、哈佛大学(我1968—1972年在那里读书)以及我青年时代的耶稣会士老师的衷心感谢,那么我的致谢之辞就是不完全的。从某种意义上说,本书可以看作是我在刚才提到的那些独特的学术机构中受到培养的并且是融合了它们对我的多种多样的思想影响的自然而然的结果。我希望本书可以看作是我对上述各个学术机构、对许许多多与我分享他们的知识和深刻见解的热诚的先生和女士表达我的感恩图报之心的行为。

我还要表达对大西洋岸边大苏尔的土地和灵气的感激之情,在撰写这本书的那些年月里,它们养育我、激励我并且赋予我灵感。

最后我要感谢我的父母、我的妻儿。没有他们的信心和爱的支持,本书是不可能写成的。在这里谨表示我对他们的由衷的感激。

索　引

Abel, 94
Abelard, Peter (1079 – c. 1142), 176 –77, 186, 188, 452
Abraham, 93 – 94, 237
Absolute(s), in Greek thought, 3 – 4; of Hegel, 380 – 82; Plato on, 7 – 12, 37 – 39, 104; postmodern view of, 396, 402; Sophists on, 28 – 30
Absolutism, 244; Christian, 311
Academy, Platonic, 43, 54, 68, 76, 77, 79, 448, 451; in Florence, 213, 216, 232, 453
Achilles, 470n2
Acropolis, 31
Adam, 94, 108, 124 – 26, 129, 144, 150, 163, 214, 272
Adler, Alfred (1870 – 1937), 428
Adonis, 110
Adoration of the Magi (Leonardo), 232
Aeschines (*fl. c.* 400 B.C.), 31
Aeschylus (*c.* 525 – 456 B.C.), 3, 18, 26, 371, 447, 472n5, 476n11
Aesthetics: Greek, 4, 40; of Plato, 41; Romantic, 373; of Scientific Revolution, 255; twentieth-century, 391 – 92
Agnosticism, 241, 305, 307, 313; of Sophists, 29
Alberti, Leon Battista (1404 – 1472), 224, 453
Albertus Magnus (*c.* 1200 – 1280), 178 – 79, 187, 193, 452
Alchemy, 200, 270, 294, 295
Alcuin (*c.* 735 – 804), 451
Alembert, Jean le Rond d' (1717 – 1783), 284, 457
Alexander the Great (356 – 323 B.C.), 73 – 75, 448
Alexandria, 73, 78 – 79, 83, 102, 103, 108, 194, 448; biblical scholarship of, 106; Christian Platonist school in, 152
Alienation, 326 – 27, 388, 440, 488n15; depth psychology and, 387; dualistic, 435; epistemological, 348, 424; existentialism and, 389; Hegel on, 381; physics and, 358 – 59; in post-Copernican double bind, 418 – 19; psychoanalysis and, 329; in Romanticism, 376 – 78
Alpert, Richard (1931 –   ), 465
Altizer, Thomas J. (1927 –   ), 466
Ambrose of Milan (*c.* 340 – 397), 143, 451
America: European discovery of, 453, 480n15; Great Awakening in, 302, 457. *See also* New World
Ammonius Saccas (*d. after* 242), 103, 450
Anabaptists, 311
Analysis: Aristotelian instruments of, 60, 62; of Christian truths, 177; feminist, 407 – 8; linguistic, 353, 354, 383, 398 – 99, 407 – 8; quantitative, 263, 278 – 79
Anankē (necessity), 22, 45, 65, 106
Anaxagoras (*c.* 500 – 428 B.C.), 21, 24, 26, 45, 447
Anaximander (*c.* 611 – *c.* 547 B.C.), 19, 23, 447, 471n3
Anaximenes (*c.* 586 – *c.* 525 B.C.),

569

19, 447, 471*n*3
André le Chapelain (*fl.* 12th cent.), 452
Angels, 110, 114, 216
Anglicans, 311
Anomie, 388, 409
Anselm of Canterbury (*c.* 1033 – 1109), 176–77, 186, 451
Anthropology, 331, 397, 408, 418
Anthrōpos, 4, 441, 468
Antichrist, 234, 478*n*15
Antony, Marc (*c.* 83–30 B.C.), 449
Aphrodite, 4, 6, 9, 13–15, 110, 117
Apocalypticism, 95, 123, 131, 133, 134, 137, 142, 165, 225, 290, 306, 393, 478–80*n*15
Apollo, 13–15, 23, 25, 32, 110
Apollonius (*c.* 262 – *c.* 190 B.C.), 79–80, 256, 448
Aquinas, Thomas (1225–1274), 178–90, 195, 200, 201, 220, 237–38, 242, 252, 421, 439, 441, 452, 476*n*9, 482*nn*4, 5, 483*n*6; astrology and, 193–94; empiricism of, 188, 339; epistemology of, 182, 185–88, 348; mysticism and, 197, 483*n*6; naturalism of, 180–81, 183–85; Ockham and, 203–8; ontology of, 182–83, 218; rationalism of, 188–89; Scholasticism and, 212, 299, 302; secularists and, 191–93
Aragon, 232
Arcesilaus (*c.* 316 – *c.* 241 B.C.), 77
Archaeology, 408
Archē (fundamental principle), 3, 19, 471*n*3
Archetype(s), 3–4, 38, 54, 66, 71, 104, 107, 165; Aquinas on, 185; Aristotle and, 61; in astrology, 82; biblical, 108; Christ as, 101, 102, 106, 108; cosmic order of, 42; in depth psychology, 432; feminine, 443; gods and, 13; Goethe's use of, 378; in Humanism, 215, 216; Jungian, 385, 387, 424–25, 428; masculine, 441–45, 491*n*9,

492*n*10; Neoplatonic, 85, 140; paradigm shifts and, 439, 440; in participatory perspective, 434; of perinatal sequence, 426–30, 491*n*7; Platonic, 6–12; postmodern, 405–6; Romantic, 369; sacrificial, 395; of Socrates, 37; Socrates as, 40; transcendent source of, 47
Archimedes (*c.* 287–212 B.C.), 79, 263, 297, 448
Architecture, Gothic, 164, 169, 220
Ares, 13
Arianism, 153
Aristarchus (*c.* 310 – *c.* 230 B.C.), 80, 293, 448, 487*n*9
Aristophanes (*c.* 448 – *c.* 388 B.C.), 24, 31, 447
Aristotle (384–322 B.C.) and Aristotelianism, 3–4, 55–69, 75, 112, 193, 208, 211, 219, 293, 320, 379, 441, 448, 452, 481*n*1, 482*nn*4, 5, 485*n*1, 488*n*11; Alexander and, 73; Aquinas and, 181, 183–87, 189, 191, 192; astrology and, 82, 83; Bacon and, 273–75; on causation, 60–62, 488*n*11; cosmology of, 64–65, 77, 194, 195, 261, 296, 439; Descartes and, 276; doctrine of categories of, 56–57; empiricism of, 55–56, 59–60, 62, 66, 339; epistemology of, 348; ethics of, 66–67; logic of, 62–63; and modern world view, 290, 291, 293, 294; Neoplatonism and, 84; Ockham and, 202–5; physics of, 263, 264, 483–84*n*7; in Plato's Academy, 54, 448; on potentiality, 59; Renaissance and, 229; Scholasticism and, 176–78, 200–201, 209, 212, 269, 273, 275–278, 291, 299; science and, 76, 78; Scientific Revolution and, 248–50, 253, 255, 258–69; secularists and, 191; Socrates and, 31; teleology of, 45, 58, 59, 62, 67, 181, 184, 274, 278, 289, 491*n*7

索 引

Arithmetic, 4, 175
Arnold, Matthew (1822-1888), 460
Ars Amatoria (Ovid), 173
Art: collective unconscious and, 385; religious, 169; Renaissance, 217, 224, 228-30; Romantic, 373-74; twentieth-century, 391-93, 489-90n6
Artemis, 15, 110
Arthurian knights, 168
Asceticism: in art, 392; of Augustine, 144; Christian, 140, 141, 143, 317; Puritan, 246
Asclepius, 473n2
Assumptio Mariae, papal declaration of, 443, 464, 480n15
Astrology, 287, 294-95; Christianity and, 114; Hellenistic, 81-84, 86; Humanism and, 215-16; in Middle Ages, 193-94, 200; Scientific Revolution and, 254, 256, 262, 486-87n8
Astronomy, 48-54, 175, 291-96; ancient, 48-49, 472n3; Aristotle and, 64-65; astrology and, 81-83, 294-95; Christianity and, 114; of Hellenistic era, 79-81; in Middle Ages, 193-96; modern, 287, 330-31, 418; Plato and, 48-54; Renaissance, 218, 226-27, 230; of Scientific Revolution, 248-71, 294, 300, 416
Athanasius (297-373), 129
Atheism, 307, 309, 310, 313, 336; of Sophists, 29
Athena, 15, 25
Athens, 3, 18, 25, 30, 32, 35, 39, 67, 76, 79, 108, 168; Periclean, 44, 45
Atlas, 110
Atomic bomb, 364, 389, 464
Atomism, 21-22, 27, 38, 45, 50, 61, 62, 447, 449; Descartes and, 278; Epicureanism and, 77; Locke and, 333; Romantic rejection of, 366-67; Scientific Revolution and, 260, 265-68, 291, 293
Attis, 110

Augustine (354-430), 90, 100, 114-15, 121, 123, 133, 137, 143, 191, 207, 368, 441, 450-51, 475nn6, 9, 478-79n15, 482nn2, 5; Aquinas and, 179, 180, 182, 183; conversion of, 112, 143, 144; on Holy Spirit, 157; Petrarch and, 210; Platonism of, 102, 103, 106-7, 112, 176, 189, 211, 212; Protestantism and, 238, 244
Augustus (63 B.C.-A.D. 14), 87, 449
Austen, Jane (1775-1817), 459
Authoritarianism of Church, 158, 159, 164, 166, 167, 480-81n17
Authority, modern attitude toward, 320
Averroës (1126-1198), 191
Avignon, papacy in, 197, 206
Ayer, A. J. (1910-), 464

Babbage, Charles (1792-1871), 459
Babylonia, 48, 49, 51, 80, 82, 213
Babylonian captivity, 95, 197, 446, 452
Bach, Johann Sebastian (1685-1750), 303, 457
Bachofen, J. J. (1815-1887), 460
Bacon, Francis (1561-1626), 224, 229, 266, 272-76, 280, 299, 302, 309, 321, 333-34, 339, 340, 367, 394, 441, 455, 480n15, 487n8, 488n11
Bacon, Roger (c. 1220-1292), 200, 220, 295, 452
Balzac, Honoré de (1799-1850), 459
Baptism of Christ (Verrocchio), 232
Barbarian invasions, 89-90, 146, 160, 171, 450-51
Barbour, Ian (1923-), 405
Barfield, Owen, 465, 473n10, 491n7
Barth, Karl (1886-1968), 462
Barthes, Roland (1915-1980), 466
Barzun, Jacques (1907-), 488n13
Bateson, Gregory (1904-1980), 405, 419-20, 422, 465-66, 490n2
Baudelaire, Charles (1821-1861), 368, 374, 460
Bayle, Pierre (1647-1706), 336, 456

571

Beauty: archetype of, 6–7, 9, 10, 14, 37, 41, 471n2, 473n7; Aristotle, on, 56; in Humanism, 212, 216; Romantic pursuit of, 373; Rousseau on, 313; twentieth-century art and, 391
Beauvoir, Simone de (1908–1986), 464
Beckett, Samuel (1906–1990), 394, 432, 464
Becquerel, Antoine Henri (1852–1908), 355, 461
Bede (c. 673–735), 451
Beethoven, Ludwig van (1770–1827), 367, 457–59
Behaviorism, 332
Being: and becoming, 9, 58–59; hierarchy of, 107; phenomenological attention to, 374; reunion with, 430, 433; theory of, *see* Ontology
Bell, John S. (1928–), 405, 466
Bellah, Robert N., 415, 466, 491n7
Bellarmine, Cardinal Robert (1542–1621), 260
Belles lettres, 208
Benedict of Nursia (c. 480–c. 547), 451, 476n9
Bentham, Jeremy (1748–1832), 458
Bergson, Henri (1859–1941), 374, 383, 462
Berkeley, Bishop George (1685–1753), 284, 335–37, 417, 423, 456
Berlioz, Louis-Hector (1803–1869), 459
Bernstein, Richard J. (1932–), 490n8
Bertalanffy, Ludwig von (1901–1972), 466
Beyond Belief (Bellah), 415, 466
Bible, 92, 97, 115, 118, 120, 123, 129, 141, 143, 155–57, 162, 198, 233, 234, 236, 237, 239, 242–44, 252–53, 261, 279, 289, 303–5, 307, 315, 476n11, 486n8; Acts of the Apostles, 121, 155; Epistles, 132; Genesis, 141, 191, 228, 304, 305, 321, 330, 482n2; Gospels, 92, 121, 123, 125, 131–32, 141, 148–50, 162–63 (*see also individual Gospels*); Hebrew, 92, 95–97, 124, 125, 136; Isaiah, 136; Psalms, 136; Revelation to John, 137, 480n15; Song of Songs, 136; textual criticism of, 304, 456; translations of, 244, 448, 451, 454, 455. *See also* New Testament, Old Testament
Big bang theory, 358, 418, 463, 466
Biology, 325; Aristotle on, 57–58, 66; Darwin and, 288, 304, 330; modern, 332, 448n11; psychology and, 328
Birth of Venus, The (Botticelli), 232, 453
Birth trauma, 426–27, 491n7
Black holes, 418
Black plague, 225, 453
Blake, William (1757–1827), 366–69, 375, 440, 458
Blavatsky, Helena Petrovna (1831–1891), 461
Boccaccio, Giovanni (1313–1375), 224, 453
Boehme, Jakob (1575–1624), 455
Boethius (c. 475–525), 172, 177, 183, 186, 211, 451, 481n1
Bohm, David (1917–1992), 405, 467
Bohr, Niels (1885–1962), 351, 355, 359, 463
Bonhoeffer, Dietrich (1906–1945), 464
Borelli, Giovanni Alfonso (1608–1679), 268
Borges, Jorge Luis (1899–1986), 464
Borgia, Cesare (1476–1507), 229, 232
Botticelli, Sandro (c. 1444–1510), 232, 453
Boyle, Robert (1627–1691), 333, 456, 487n8
Bradley, F. H. (1846–1924), 461
Brahe, Tycho de (1546–1601), 256, 295, 455, 485n1
Bramante, Donato (1444–1514), 228, 454
Brand, Stewart (1938–), 466

索 引

Brecht, Bertolt (1898 – 1956), 464
Bridgman, Percy W. (1882 – 1961), 358
Brome, Vincent, 490n4
Brown, Norman O., 465, 491n7
Brown, Raymond E., 465, 474n2
Bruni, Leonardo (c. 1370 – 1444), 224, 453
Bruno, Giordano (1548 – 1600), 253, 260, 266, 295, 455
Bruteau, Beatrice (1930 –), 408
Buber, Martin (1878 – 1965), 463
Buddhism, 372, 403, 462
Buffon, Georges-Louis Leclerc, Comte de (1707 – 1788), 457, 486n5
Bultmann, Rudolf Karl (1884 – 1976), 463
Bunyan, John (1628 – 1688), 456
Burckhardt, Jacob (1818 – 1897), 460
Buridan, Jean (c. 1295 – 1356), 201, 207, 213, 220, 263, 452, 483n7
Burke, Edmund (1729 – 1797), 458
Byron, George Gordon, Lord (1788 – 1824), 366 – 67, 459
Byzantine empire, 90, 160, 173, 175, 176, 211, 453

Cain, 94
Calendar: astronomy and, 49, 249; Gregorian, 251, 455; Julian, 448
Callippus (fl. 4th cent. B.C.), 65
Calvin, John (1509 – 1564), 237 – 38, 245, 252, 254, 311, 454
Cambridge, 452
Cambridge Platonists, 295
Campbell, Joseph (1904 – 1987), 423, 464, 470 – 71n2
Camus, Albert (1913 – 1960), 389, 411, 464
Capitalism: materialism and, 314 – 15; Reformation and, 246
Capra, Fritjof (1939 –), 467
Carlyle, Thomas (1795 – 1881), 366, 459
Carnap, Rudolf (1891 – 1970), 383, 463, 489n4
Carson, Rachel (1907 – 1964), 465
Carthage, 143
Cassiodorus (c. 490 – 585), 481n1
Cassirer, Ernst (1874 – 1945), 463

Castaneda, Carlos (1931 –), 466
Castiglione, Baldassare (1478 – 1529), 229, 232, 454
Castille, 232
Categories: Aristotelian doctrine of, 56, 57; Kantian, 343 – 47, 349, 351, 417, 424 – 25; of modern science, 431
Catholicism. See Roman Catholic Church
Causation: archetypal, 491n7; Aristotle on, 60 – 62, 488n11; astrology and, 83; breakdown of category of, 377; formative, 405; Hume on, 337 – 39, 341, 346; Kant on, 344; modern scientific view of, 306, 488n11
Cellini, Benvenuto (1500 – 1571), 229
Cervantes, Miguel de (1547 – 1616), 224, 373, 455
Cézanne, Paul (1839 – 1906), 461
Chadwick, Henry, 476n10
Chaos theory, 405, 443, 465
Charismatic phenomena, 139, 155 – 57; in Protestantism, 240
Charlemagne (c. 742 – 814), 172, 451
Charles V, Holy Roman Emperor (1500 –1558), 235
Charles Martel (c. 688 – 741), 451
Chaucer, Geoffrey (c. 1340 – 1400), 453
Chemistry, modern, 332
Chekhov, Anton (1860 – 1904), 461
Chenu, M. D., 482nn2, 3
Chodorow, Nancy (1944 –), 408
Chomsky, Noam (1928 –), 465
Chosen People, 94, 95, 136, 165, 321
Christ, 89, 101, 107, 117, 118, 130, 148, 162, 185, 307; as archetype, 101, 102, 106, 108; Augustine and, 144 –47; body of, 142, 153, 164, 198; Church as living body of, 120; divine light of, 103, 109, 213; as heavenly bridegroom, 128 – 29, 164; the Judge, 124; Mary and, 162 – 64; pagan deities subsumed in, 110, 111; passion of, 108, 121 – 22,

573

129, 155; presence in world of, 97; in Protestantism, 234 – 37, 243; redemptive act of, 102, 114 – 16, 120 – 23, 125 – 26, 137, 139, 149, 152, 155, 156, 168; resurrection of, 96, 127, 131, 138, 150, 303; Scientific Revolution and, 253; Second Coming of, 114, 120, 123, 127, 128, 131 – 34, 141 – 42, 165, 289, 290, 322, 478 – 80n15; as source of truth, 113; in Trinity, 155 – 57; uniting of divine and human in, 135, 138, 139. *See also* Jesus of Nazareth

Christianity, 91 – 170, 395; Aquinas and, 179, 183 – 85, 187 – 90; astrology and, 193 – 94; Augustinian legacy in, 143 – 48; contraries within, 120 – 24; conversion of pagan mind to, 106 – 19; cosmology of, 117, 194 – 96, 253, 285, 287, 301, 305; cult of Mary in, 162 – 64; dualistic, 120, 130 – 38; emergence of, 89 – 90; exultant, 125 – 29; Greek influences on, 98 – 105; Holy Spirit in, 155 – 57; Humanism and, 210, 213, 214, 216 – 19, 229; Judaic influences on, 94 – 97; Judaic versus Hellenic trends in, 151 – 54; law in, 118, 124, 148 – 51; matter and spirit in, 138 –43; medieval, 166 – 74, 220; of mendicant orders, 179; mysticism in, 152, 175, 183, 187 – 88, 379; and modern world view, 284 – 87, 289, 290; Ockham and, 201, 204 – 6; philosophy and, 272; Reformation and, 233 – 45, 247; Renaissance and, 227, 229, 233; Romanticism and, 372; Scholastic awakening and, 175 – 78; Scientific Revolution and, 252, 259, 261, 267, 281; and secularized Church, 196 – 98; secularistic thought and, 191 – 93; and triumph of secularism, 289 – 309, 311, 313 – 24

Christopher, Saint, 110
Chrysippus (*c.* 280 – *c.* 206 B.C.), 76
Church. *See* Roman Catholic Church
Cicero (106 –43 B.C.), 32, 76, 87, 143, 209, 211 – 13, 448 – 49
Circulatory system, 295
Classicism, Romantic fascination with, 371 – 72
Class struggle, 314, 329
Clausius, Rudolf (1822 –1888), 460
Cleisthenes (*fl.* 510 B.C.), 447
Clement of Alexandria (*c.* 150 – *c.* 215), 102 – 4, 108 – 9, 111, 152, 450, 480n16
Cleopatra (69 –30 B.C.), 449
Clock, invention of, 225, 226
Clovis (*c.* 466 –511), 451
Cognitive dissonance, 303
Cognitive psychology, 418
Cohen, I. Bernard (1914 –   ), 489n1
Cold War, 364
Coleridge, Samuel Taylor (1772 – 1834), 366, 369, 433, 458 –59, 473n10
Collective unconscious, 385, 424
Collingwood, R. G. (1889 – 1943), 464
Colonialism, 318
Columbus, Christopher (1451 –1506), 224, 232, 331, 453
Commentariolus (Copernicus), 251, 454
Commoner, Barry (1917 –   ), 466
Complementarity, principle of, 357, 463
Comte, Auguste (1798 – 1857), 310, 322, 459
Condorcet (1743 – 1794), 312, 322, 458
Confessions (Augustine), 368, 451
Confessions (Rousseau), 368
Constantine (*c.* 288 – 337), 159, 450, 474n3, 478n15
Constantinople, 160, 211, 450; fall of, 232
Contract law, 87
Copernicus, Nicolaus (1473 – 1543), 48, 201, 224, 227, 232, 248 – 51, 292, 299, 300, 305, 326,

574

索 引

358, 416 – 19, 422, 437, 441, 453 – 54, 484n7, 485n1, 487n9, 489n1; astrology and, 294, 295; Descartes and, 267 – 69, 279; Galileo and, 258 – 67; Kant and, 346, 489n1; Kepler and, 254 – 57, 262, 263, 342, 439; Newton and, 269 – 70; Ptolemaic model rejected by, 248 – 50; Pythagorean theory and, 218, 230, 249; religious reaction to, 251 – 54
Corneille, Pierre (1606 – 1684), 456
Corpuscular collision, 267, 268
Cosmic opposites, 4, 46
Cosmogenesis, 383
Cosmology, 40, 48, 325; Aristotelian, 55, 61, 64, 67, 80, 81, 191, 193, 194, 248, 265, 266; big bang, 358, 418; Christian, 117, 194 – 96, 253, 285, 287, 301, 305; of Dante, 194 – 96; of Enlightenment, 302; of Epicureans, 77; Greek, 50, 69 – 70; Kant and, 342; modern, 287 – 88, 316, 326, 331; Neoplatonic, 84 – 85; of Plato, 50; Scholasticism and, 176; scientific, 354, 355, 375, 387; of Scientific Revolution, 249, 253, 255, 260 – 71, 280, 283, 291 – 94, 301, 416
Cosmopolis, 76, 99
Counterculture, 366, 375, 444, 465, 466
Counter-Reformation, 238, 246 – 47, 253, 302, 315, 454
Cox, Harvey (1929 –), 466
Creation: Humanist view of, 214 – 15; in Judaeo-Christian tradition, 94, 138, 191, 288, 289, 304 – 5, 330
Crick, Francis (1916 –), 465
Critias (c. 480 – 403 B.C.), 28
Critical philosophy, 309
Critical thought: of Greeks, 69, 71; in Hellenistic era, 78; postmodern, 400
Critique of Pure Reason (Kant), 342, 458, 489n1
Croton, 23

Crucifixion, 96, 124, 125, 135, 138, 235, 430, 481n18
Curry, Patrick, 487n8
Curved space, 358
Cusa, Nicholas of (1401 – 1464), 219, 266, 453

Dalton, John (1766 – 1844), 458
Daly, Mary (1928 –), 408, 467
Dante (1265 – 1321), 194 – 96, 199, 208, 210, 220, 253, 296, 375, 439, 452
Darwin, Charles (1809 – 1882), 284, 288, 304, 319, 327 – 32, 351, 353, 361, 375, 376, 382, 418, 422, 423, 441, 459, 460, 486n5
Darwin, Erasmus (1731 – 1802), 486n5
David (*fl. c.* 1012 – 972 B.C.), 163, 446
De Anima (*On the Soul*) (Aristotle), 176
Death: of God, 317, 322, 389, 404, 430, 442; existentialism and, 389; psychological encounter with, 426 – 30; as spiritual liberation, 140
Decius, Gaius (c. 201 – 251), 450
Deconstruction, 395, 398, 400 – 402, 407; Copernican, 416; feminist, 408
Deduction, 60
Deferents, 81
Defoe, Daniel (c. 1660 – 1731), 456
Dehumanization, 362
Deism, 241, 289, 308 – 10, 312, 313
Deities. *See* Gods
Delphic oracle, 33
Demeter, 109 – 10
Demiurge, 50, 104, 106
Democratic revolutions, 319
Democritus (c. 460 – c. 370 B.C.), 21 – 24, 26, 61, 71, 77, 265 – 67, 293, 447, 488n11
De Philosophia (Aristotle), 66
Depth psychology, 353, 384 – 87, 422 – 25, 432; post-Jungian, 405
De Rerum Natura (*On the Nature of Things*) (Lucretius), 265
De Revolutionibus (Copernicus), 252,

575

254-57, 294, 300
Derrida, Jacques (1930-), 398, 466
Descartes, René (1596-1650), and Cartesianism, 255, 267-70, 275-80, 284, 285, 288, 297, 326, 355, 361, 387, 394, 399, 431-32, 441, 444, 454, 456, 484n7; atomism and, 267-68; corpuscular universe of, 267-68; epistemology of, 276-80, 423; Jesuit education of, 247, 276; Kant and, 348, 350, 352, 416-19; Locke and, 333-35, 353; mechanistic philosophy of, 269, 270, 332; rationalism of, 292, 334, 342; reductionism of, 357; Rosicrucianism of, 295; secularism and, 299-302, 308-9, 311, 320, 321
Determinism, 341, 349, 350; astrology and, 83-84, 114, 193; Hegelian, 382; materialist, 310, 357; Ockham on, 204; principles of, 332; of Stoics, 78; uncertainty principle and, 356; of universals, 202-3
Dewey, John (1859-1952), 383, 401, 463, 489n1
Dialectic, 69, 175; archetypal, 429, 430, 433, 440-45, 469, 492-93n10; Christian, 170, 219; Hegelian, 379-82, 385, 489n5; Judaic, 137, 149; in Middle Ages, 176; of modern age, 325, 393; and modern world view, 290; of participatory epistemology, 434-35; Platonic thought and, 4, 12-14, 42, 54; postmodern, 409; Protestantism and, 242; Renaissance, 229; Scholastic, 178, 188; of Socrates, 34, 36, 39, 40
Dialectical materialism, 383
Dialogue Concerning the Two Chief World Systems (Galileo), 254
Dialogue Concerning Two New Sciences (Galileo), 311
Dialogues (Plato), 31, 37, 211, 448. *See also specific titles*

Dickens, Charles (1812-1870), 459
Diderot, Denis (1713-1784), 247, 284, 310, 312-13, 457, 486n5
Diet, imperial, 235, 239, 454
Dietrich of Niem (c. 1340-c. 1418), 199
Dilthey, Wilhelm (1833-1911), 351, 461
Diocletian (245-313), 450
Dionysian mystery religion, 16, 18
Dionysius the Areopagite (*fl. c.* 500), 183, 211, 451, 483n6
Dionysus, 14-15, 109-11, 473n2
Diotima, 216, 471n2, 473n7
Disputa del Sacramento, La (Raphael), 228
Dissipative structures, 405, 443
Divina Commedia, La (Dante), 194-95, 208
Divine: Aquinas on, 184; Aristotle on, 61, 63, 64; in Christianity, 102, 109, 115, 121-22, 127, 130, 134, 150, 156, 158, 165, 172; heavens as embodiment of, 49; Hegel on, 381; history and, 94-97, 101, 102, 104, 105, 113; in Humanism, 212, 214, 217; in Judaism, 137; lay mysticism and, 197; in modern world view, 285; in Neoplatonism, 84-86; Ockham on, 206; Plato on, 41, 43, 44, 51-53, 65; Pythagoreans and, 44, 46
Dodds, E. R., 472n5
Dominic (c. 1170-1221), 179, 452
Dominican order, 178, 179, 482n3, 485n3
Donatism, 153
Dostoevsky, Fyodor (1821-1881), 368, 373, 460-61
Double bind: Bateson's theory of, 419, 465; post-Copernican, 416-22
Double-truth universe, 302, 376
Drama: Greek, 18, 19, 24; Romantic, 373
Dualism: of Augustine, 144, 145, 148; Cartesian, 278, 280; in Christianity, 120, 130-38, 140-41, 143, 165, 285-86; epistemological, 430, 433-36;

Gnostic, 143; Judaic, 136 – 37, 141; Kantian, 378; modern, 286, 352; of Platonic values, 44, 61; in religion, 111; Romantic-scientific, 376
Duhem, Pierre (1861 – 1916), 462
Duns Scotus, John (c. 1266 – 1308), 202 – 3, 207, 452
Dürer, Albrecht (1471 – 1528), 232, 454
Durkheim, Emile (1858 – 1917), 461
Dylan, Bob (1941 –), 465
Dynamics, terrestrial, 263, 268, 483 – 84n7

Earth: in astrology, 295 – 96; as center of universe, see Geocentric universe; gravity of, 269; magnetism of, 262, 295; in modern cosmology, 331; moving, 79 – 80, 201, 218 – 19, 249 – 51, 253 – 55, 258, 260, 261, 264 – 68, 271, 283, 291, 296, 483 – 84n7, 487n9
Easter liturgy, 126, 481n18
Eastern Christianity, 160, 477 – 78n14
Eccentrics, 81, 193, 248, 249, 255, 257
Eckhart, Meister (c. 1260 – 1328), 197, 211, 452
Eckman, Barbara, 408
Ecofeminism, 403
Ecology of mind, 405, 443
Economics: Marx on, 329; Reformation and, 246; science and, 364; secularism and, 311, 312
Edict of Milan, 450
Edison, Thomas (1847 – 1931), 461
Education, 281; Christian, 152; Enlightenment, 310; Hellenistic, 79; Humanist, 209 – 10, 221; Jesuits and, 246 – 47, 276; medieval, 175, 298; Plato on, 43, 51; Protestant, 247; Roman, 87; Sophist view of, 29 – 30, 32
Edwards, Jonathan (1703 – 1758), 457
Ego, 328, 329, 422; transcendental, 351
Egypt, 23, 213; Alexander the Great in, 73; Exodus of Jews from, 94; mystery religions of, 78
Eidos (intelligible form), 57
Einstein, Albert (1879 – 1955), 351, 355 – 56, 359, 364, 367, 437, 462
Elan vital, 383
Eleanor of Aquitaine (1122 – 1204), 452
Eleatic rationalism, 20 – 23, 38
Electromagnetic fields, 355
Elements, Aristotle's theory of, 64
Eleusinian mystery religion, 16
Eliade, Mircea (1907 –), 464
Eliot, George (1819 – 1880), 460, 464
Eliot, T. S. (1888 – 1965), 375, 463
Emerson, Ralph Waldo (1803 – 1882), 362, 366, 407, 433, 459 – 60
Empedocles (c. 495 – c. 435 B.C.), 21, 64, 108, 269
Empiricism, 207, 208; of Aquinas, 182, 184, 185, 188; of Aristotle, 55 – 57, 60, 61, 66 – 68; of Bacon, 272 – 75, 280; of Berkeley, 335 – 36; British, 423; Christianity and, 113, 166; and decline of metaphysics, 353 – 54; of Descartes, 276; Goethe's attempt to unite imagination and, 378; in Greek philosophy, 20, 38; of Hume, 336, 339; of Jung, 424; of Kant, 342 – 45, 347, 417; in legacy of Greek thought, 69 – 72; of Locke, 333 – 34; and modern world view, 282 – 84, 286 – 89, 291, 299; of Ockham, 204 – 6, 208; Plato's depreciation of, 52 – 54, 59; postmodern, 396, 489n4; psychology and, 385 – 87; Renaissance art and, 230; Romantic rejection of, 368, 375; of Scholastics, 178, 201, 215, 218; of Scientific Revolution, 257, 259, 262, 263, 267, 270, 292 – 94, 296, 297; secularism and, 305, 306, 308 – 9, 311, 313, 319, 321; of Sophists, 29
Encyclopédie, 310, 457

Encyclopedists, 334
Energeia (activity), 63
Engels, Friedrich (1820 - 1895), 383, 460
Engelsman, Joan Chamberlain (1932-), 408, 480*n*16
England: Enlightenment in, 334; in Hundred Years' War, 225, 232; intellectual freedom in, 485*n*3; lay mysticism in, 198; missionary activity in, 477*n*13; philosophy in, 272, 275; religious movements in, 302; religious toleration in, 312; Scholasticism in, 200; taxation of Church property in, 206; Tudor reign in, 232
English Civil War, 456, 486*n*8
Enlightenment, the, 208, 296, 325, 328 - 30, 412, 442; atheism during, 309 - 10; Christianity and, 91, 318; clergy's role in, 488*n*13; cosmology of, 302; epistemology of, 433, 436; empiricism of, 334, 336; Newtonian physics and, 284, 300, 333; postmodern mind and, 403; psychology in, 319; religion in, 308, 312 - 13; Romanticism and, 366 - 72, 384; Sophists and, 294
Enneads (Plotinus), 211, 450
Entropy, 327, 460
Environmental devastation, 363 - 65
Epictetus (*c.* 50 - *c.* 138), 76, 450
Epicureanism, 75, 77, 78, 265
Epicurus (341 - 270 B.C.), 77, 265, 448 - 49
Epicycles, 81, 193, 248 - 50, 255, 257
Epistemology, 40, 325, 333, 353, 365; of Aquinas, 182, 185, 187; Cartesian, 276 - 78, 280; Christianity and, 106, 107; depth psychology and, 386 - 87, 491*n*7; dualistic, 352, 430, 433 - 36; empiricist, 334 - 40; feminist, 408; of Hegel, 379 - 80; Humanist, 215; Kantian, 341 - 51, 419, 422; modern, 286, 294, 296 - 97; nature and, 377; nonobjectivist, 443; of Ockham, 203, 204, 208; participatory, 433 - 40; Platonic, 4, 8, 10, 12, 41, 54; and post-Copernican double bind, 416 - 17, 420, 422; postmodern, 397 - 99, 401, 404 - 7, 410; relativistic, 390; Romantic, 368, 371, 433 - 36; Scholastic, 299; science and, 282, 384; secular, 311; of Socrates, 36; unconscious and, 422 - 33
Equants, 81, 193, 249, 250, 257
Erasmus, Desiderius (*c.* 1466 - 1536), 213, 224, 229, 232, 234, 237, 322, 454, 480*n*15
Erikson, Erik (1902 -), 428
Eros, 4, 13 - 14, 41, 110, 117, 424, 473*n*7
Esalen Institute, 426, 465
Eschatology, 96, 131, 474*n*2, 478 - 80*n*15
Esotericism, 83, 372, 443, 481*n*19; collective unconscious and, 385; decline of in seventeenth-century England, 486*n*8; revival of in postmodern era, 403
Essenes, 141
Eternal, Platonic vision of, 43
Ethics, 7, 40; Aristotle on, 66 - 67; Christian, 101 - 2, 117, 118, 142, 149, 159, 307, 321; deistic, 310; in Plato, 41, 52; secular, 321; Socrates on, 32; Sophists on, 28 - 30
Ethos: Judaic, 137, 148; Christian, 163; postmodern, 401, 402, 489 - 90*n*6; Renaissance, 226; Roman, 87, 88
Euclid (*fl.* 300 B.C.), 79, 256, 291, 292, 342, 351, 356, 448
Eudoxus (*c.* 400 - *c.* 350 B.C.), 64 - 65, 79 - 80, 448
Euripides (*c.* 484 - 406 B.C.), 18, 24, 31, 71, 447
Eusebius (*fl.* 4th cent.), 450
Evangelicals, 179, 216, 482*n*3
Eve, 94, 480*n*17
Evil: Augustine on, 145; Christian view of, 111; good and, 122 - 23, 131, 136, 137, 147, 165;

索 引

impotence of human will against, 135; medieval view of, 167; Neoplatonic concern with, 84, 85; in Protestantism, 238; secular view of, 310; of sexuality, 145; struggle against, 133; triumph of God over, 96
Evolution, theory of, 284, 288, 304, 327, 330, 332, 361, 382, 418, 422, 471n3, 486n5; metaphysics and, 383
Existentialism, 243, 313, 317, 353, 354, 383, 388 – 95, 406; religious, 372
Exodus, 94, 97
Exploration, 225 – 27, 330
Ezekiel (*fl.* 592 – 570 B.C.), 446

Fairbairn, W. R. D., 428
Faith, 382, 406, 444; Bacon on, 274; Christian, 112 – 16, 118, 123, 130, 137, 139, 148, 159, 166, 169, 172, 176 – 79, 188, 192, 303, 307; contradiction of reason and, 191, 192, 206 – 7, 220, 243, 254, 302; in human reason, 279, 321; Ockham on, 204; in Protestantism, 235, 236, 238, 240, 243; in science, 282, 320; secular, 321 – 22
Fall, the, 126, 128, 138, 139, 144, 165, 189, 217, 231, 273, 290, 306, 430, 488n15
Falling bodies, physics of, 80, 201, 264, 268 – 70, 299, 484n7
Family resemblances, 405
Fanon, Frantz (1925 – 1961), 465
Faraday, Michael (1791 – 1867), 459
Fatalism, 76; astrology and, 84
Faulkner, William (1897 – 1962), 463
Feigenbaum, Mitchell, 405
Feminine (principle), 442 – 45, 492 – 93n10
Feminism, 367, 395, 407 – 8, 442, 465
Ferenczi, Sandor (1873 – 1933), 428
Feudalism, 173, 220, 225, 226, 311 – 12
Feuerbach, Ludwig Andreas (1804 – 1872), 310, 459

Feyerabend, Paul K., 405, 436, 438, 467
Feynman, Richard (1918 – 1988), 489n2
Fichte, Johann Gottlieb (1762 – 1814), 351, 458
Ficino, Marsilio (1433 – 1499), 212 – 14, 217 – 18, 221, 229, 232, 453
Fielding, Henry (1707 – 1754), 373, 457
Finley, John H., 15, 72, 470n1, 473n10
Flaubert, Gustave (1821 – 1880), 373, 460
Flood, the, 94
Florence, 227; Platonic Academy in, 213, 216, 232, 453
Fluctuation, order by, 405
Ford, Henry (1863 – 1947), 462
Formative causation, 405
Forms, 293; Aquinas on, 183; Aristotelian, 55, 57 – 58, 61 – 65, 67, 181; Bacon on, 274; Christianity and, 165; in Humanism, 215; Neoplatonic, 84 –86; Platonic, 4, 6 – 12, 37, 41, 44, 51, 53, 57 – 59, 61 – 62, 65, 103, 104, 202, 203, 296; Pythagorean, 46; in Scholasticism, 202, 203, 205. *See also* Ideas
Foucault, Michel (1926 – 1984), 351, 398, 418, 465
Fourier, Jean Baptiste Joseph, Baron (1768 – 1830), 459
Fox, Robin Lane, 474n3
France: Enlightenment in, 309 – 10, 312, 334, 488n13; in Hundred Years' War, 225, 232; Jansenism in, 302; in Middle Ages, 197; philosophy in, 276, 284
Franciscan order, 179, 206, 482n3, 485n3
Francis of Assisi (*c.* 1182 – 1226), 179, 206, 452
Frank, Francine Wattman (1931 –), 407
Franklin, Benjamin (1706 – 1790), 367, 457

579

Frazer, James George (1854–1941), 461
Free will, 18, 145–46, 237, 332
Frege, Gottlob (1848–1925), 461
French Revolution, 312, 367, 458
Freud, Sigmund (1856–1939), 318–19, 328–30, 332, 351, 353, 376, 384–86, 401, 418, 422–28, 432, 441, 444, 461–64
Friedan, Betty (1921–), 465
Fromm, Erich (1900–1980), 464, 480n16
Frost, Robert (1874–1963), 376–77
Fuller, Margaret (1810–1850), 460
Fundamentalism, 243, 260
Futurology, 322

Gadamer, Hans-Georg (1900–), 465
Gaia, 4, 110
Gaia hypothesis, 405, 443, 466
Galen (c. 130–c. 200), 79, 88, 450
Galilee, 89, 96, 98
Galilei, Galileo (1564–1642), 201, 224, 252, 255, 258–69, 284, 299, 301, 305, 311, 320, 326, 331, 416, 441, 444, 455–56, 484n7, 485nn1, 3, 487n9; astrology and, 295, 296; atomism and, 261, 266; Descartes and, 278, 280; on inertia, 264–65, 267; Jesuit education of, 247; Kant and, 346; Locke and, 335; methodology of, 263–64, 272, 280; Pythagorean theory and, 218, 263, 292; telescopic observations by, 258–59, 261, 266, 439; trial and condemnation of, 254, 261, 395
Gama, Vasco da (c. 1469–1524), 453
Gandhi, Mohandas K. (1869–1948), 462
Garden of Eden, 94, 231, 430; expulsion from, *see* Fall, the
Gassendi, Pierre (1592–1655), 267, 333
Gauss, Carl Friedrich (1777–1855), 459
Geertz, Clifford (1926–), 467

Geist (Mind or Spirit), 379
Gell-Mann, Murray (1929–), 466
Gellner, Ernest (1925–), 421, 490n3
Gender, 397, 407, 441–42, 468–69, 470–71n2, 472–73n7, 480–81n17, 486–87n8, 491–92n9
Genetics, 288, 332, 460, 461
Genetic transposition, theory of, 405
Geocentric universe, 51, 64–65, 80, 81, 193, 195, 249–50, 253, 283, 287, 326, 439, 485n1
Geography, 79; exploration and, 226, 330
Geology, 288, 330, 486n5
Geometry, 4, 10, 175, 484n7; astronomy and, 80–81; divinity and, 53, 54, 65; Euclidean, 79, 291, 292, 342, 356; of Galileo, 263; of Kepler, 255–56; non-Euclidean, 459
Germanic peoples, 89, 90
Germany, 251; Idealism in, 351–52, 379, 381; Pietism in, 302; rationalism in, 341; Reformation in, 233–35, 238, 243; Romanticism in, 366, 384
Gibbon, Edward (1737–1794), 90, 284, 330, 457
Gilbert, William (1544–1603), 295, 455
Gilligan, Carol, 408, 467
Gimbutas, Marija (1921–), 408, 467
Ginsberg, Allen (1926–), 465
Giorgione (1478–1510), 232
Gnosticism, 92, 118, 130–32, 141, 143, 153, 163, 165, 449–50, 481n19; postmodern mind and, 403; Romanticism and, 372
God: alienation of man from, 120–21, 123–24, 144; Aquinas's notion of, 180–89, 483n6; Aristotelian concept of, 63–67; astrology and, 84; authentic revelation of, 92; Bacon on, 274, 275; black plague and, 225; children of, 99, 116, 164, 169; and Church authority, 158, 159; creation of heavens by, 50, 53, 483n7;

Dante on, 194, 195; death of, 317, 322, 389, 404, 430, 442; Descartes on, 277–80; dualism of Satan and, 111; evolutionary theory and, 288–89, 304, 327; evolving, 383; in feudalism, 312; Forms and, 103; Freud on, 329; fulfillment of man in, 129; Goethe on, 378; grace of, 112, 113, 116, 126, 144, 148–51; heavens as abode of, 114; Hebrew, 94–95, 97, 98, 102, 136–37, 163; Hegel on, 381–82; history and, 147, 148, 165; humanism and, 210, 214–17; humanization of, 310; Ideas and, 107; indulgences and, 233; and institutional Church, 133–36; Jesus as Son of, 92, 96, 101, 104, 125, 132, 135, 162, 163, 474*n*2; just, 109, 147; Kant on, 349–50; Kingdom of, 91, 95–97, 127, 134, 245, 322; light of, 213; love for, humanity of, 116, 117, 120, 122, 125, 137; Mammon and, 488*n*14; mind of, 336, 337; modern idea of, 316; in modern world view, 285, 286, 290, 305–10; Ockham on, 203–8; omnipotence of, 131, 137, 146, 150, 180, 181, 204–6, 282, 285; and original sin, 145; philosophical arguments for existence of, 309; progressive assimilation to, 102; in Protestantism, 234–39, 241–43; rationalist, 308, 309; rebellion of Prometheus against, 111; in Romanticism, 373; in Scholasticism, 202–3; Scientific Revolution and, 256, 258, 262, 267, 270, 292, 293, 298, 300–301; Stoic view of, 76; in Trinity, 108, 118, 155–57; and triumph of secularism, 303, 319, 323; unknowability of, 483; as unnecessary hypothesis, 308; will of, 115, 166, 167; Word of, 102, 106, 112, 153, 157, 179, 198, 206, 236, 239, 242, 304, 307; Xenophanes on, 45

Goddess worship, 443. *See also* Great Mother Goddess

Gödel, Kurt (1906–1978), 351, 463

Gods: absorbed into Christian hierarchy, 110–11; anthropomorphic, 45; in celestial realm, 49, 53, 54, 65, 81–84; in Epicureanism, 77; Greek, 13–18, 24, 26, 470*n*1; modern view of, 296; pagan, 108, 109; Renaissance humanism and, 215–16; Roman, 87; Sophists on, 28

Goethe, Johann Wolfgang von (1749–1832), 366–67, 369, 376, 378, 384, 433–34, 436, 457–59, 486*n*5

Golgotha, 217

Good: absolute, 66; archetype of, 9, 41; and evil, 122–23, 131, 136, 137, 147, 165; Form of, 104; God as sole source of, 150; Idea of, 42, 45, 67, 219; planets and, 84; secular view of, 310. *See also* One, the

Goodman, Nelson (1906–), 467

Goodness: Socrates and, 33–34, 37, 40, 57; universal concept of, 7; of universal mind, 45

Gorbachev, Mikhail (1931–), 467

Gorgias (Plato), 14

Gothic architecture, 169, 220, 372

Gottfried von Strassburg (*fl.* 1210), 452

Grammar, 175, 208; Ockham on, 203

Grand unified superforce theory, 418

Graves, Robert (1895–1986), 464

Gravity, 269–71, 288, 295, 297, 484*n*7

Great Awakening, 302

Great Mother Goddess, 162, 163, 166, 427, 442, 480*n*16; Romanticism and, 372

Great Schism, 197, 453

Greek philosophy, 3–68, 168–70, 171, 280, 282–83, 286, 287, 440, 441; Alexander the Great and, 73–75; appreciation for human body in, 66; archetypal principles of, 3–4, 6–12,

581

491n7; astronomy and, 49 – 54; Augustine and, 112 – 14; birth of, 19 – 25; Bacon on, 274; Dante and, 195; decline and preservation of, 75 – 79; and emergence of Christianity, 89, 90, 92, 98 – 106, 151 – 54, 165; ethics in, 117; gods and, 13 – 15; of Greek Enlightenment, 25 – 31; Hegel and, 379, 381; heroism and, 115, 116, 135; Humanism and, 209 – 11, 215; legacy of, 69 – 72; and modern world view, 289 – 98; monotheism and, 111; mythology and, 4, 5, 13 – 19, 23 – 26, 38; Ockham and, 204; postmodernism and, 403; Reformation and, 234, 238, 241, 242; Renaissance and, 228, 229, 231; Romans and, 87 – 88; Scholasticism and, 175 – 78, 220; Scientific Revolution and, 249 – 50, 252, 265, 269. *See also specific philosophers and schools of philosophy*

Gregorian calendar, 251, 455

Gregorian chant, 169, 477n13

Gregory the Great, Pope (*c.* 540 – 604), 153, 159, 451, 477n13

Grof, Stanislav (1931 –), 425, 427 – 29, 435, 438, 467, 491nn6, 7

Grosseteste, Robert (*c.* 1175 – 1253), 200, 220

Grube, Georges M. A. (1899 –), 470n1

Guilt, 125, 143; Christian, 124, 134, 137, 150, 165, 290; in Judaism, 136; secular liberation from, 316

Gunpowder, 225

Gutenberg, Johann (*c.* 1397 – 1468), 232, 453

Guthrie, W. K. C. (1906 – 1981), 470n1, 472n4

Gutiérrez, Gustavo (1928 –), 466

Habermas, Jürgen (1929 –), 466

Habsburgs, 234, 235

Hackforth, R., 472n6

Hades, 66, 104, 110

Haeckel, Ernst von (1834 – 1919), 310, 460

Hamilton, Alexander (1755 – 1804), 458

Hamilton, William (1924 –), 466

Handel, George Frideric (1685 – 1759), 303, 457

Happiness: Aristotle on, 61, 67; in Christianity, 126, 135; in Epicureanism, 77; Socrates on, 33, 34; Stoics on, 76

Harmony: Heraclitean, 46; Platonic, 50; Pythagorean, 46; of the spheres, 255

Harrison, Jane Ellen (1850 – 1928), 470n2

Hartshorne, Charles (1897 –), 464

Harvey, William (1578 – 1657), 295, 455

Hassan, Ihab (1925 –), 490n8

Hawthorne, Nathaniel (1804 – 1864), 368, 460

Healing: charismatic, 139, 155, 157. *See also* Medicine

Heath, Sir Thomas L., 473n9

Hebrew Bible, 92, 95 – 97, 124, 125, 136, 446; Greek translation of, 78, 106, 448. *See also* Old Testament

Hebrews, 94 – 95, 446. *See also* Judaism

Hedonism, 310

Hegel, Georg Wilhelm Friedrich (1770 – 1831), 330, 351, 369, 379 – 85, 397, 421, 430, 433 – 35, 445, 457 – 59, 480n15, 486n5, 489n5, 490n8

Heidegger, Martin (1889 – 1976), 351, 353, 374, 389, 398; 412, 439, 463, 465 – 66

Heisenberg, Werner (1901 – 1976), 351, 355 – 56, 359, 418, 463

Heliocentric theory, 201, 230 – 31, 250 – 56, 258 – 62, 265, 275, 300, 439, 448, 454, 483 – 84n7, 486n7, 487n9

Helios, 24, 473n2

Hellenic philosophy. *See* Greek philosophy

Hellenistic era, 73 – 89, 98 – 102, 106, 109 – 10, 114, 165, 194,

252, 294, 448, 473n2, 474n3
Henry VIII, King of England (1491–1547), 454
Hera, 13, 15–16, 110
Heraclides (c. 390–c. 322 B.C.), 79, 293
Heraclitus (c. 535–475 B.C.), 24, 40, 45–46, 58, 76, 411, 447
Hercules, 110
Herder, Johann Gottfried von (1744–1803), 330, 366, 369, 458
Heresies, 146, 153, 156, 167, 235, 247; medieval, 199; Scientific Revolution and, 252, 253, 260
Hermeneutics, 395, 397, 398, 443; of suspicion, 401
Hermeticism, 85, 194, 213, 270, 291, 294, 295, 297, 486–87n8; postmodern mind and, 403
Herodotus (c. 484–c. 425 B.C.), 26, 31, 447
Herschel, William (1738–1822), 458
Hertz, Heinrich (1857–1894), 461
Hesiod (*fl. c.* 700 B.C.), 3, 17–18, 44, 51, 446, 472n5
Hess, Harry H. (1906–1969), 465
Hesse, Hermann (1877–1962), 373, 463
Hill, Christopher, 487n8
Hillman, James (1926–   ), 405, 425, 431, 467, 491n7
Hinduism, 372, 403
Hipparchus (*fl.* 146–127 B.C.), 79–80, 448
Hippocrates (c. 460–c. 370 B.C.), 26, 448
Hiroshima, 364, 464
History: academic, 383–84; acceleration of, 411; apocalyptic end of, 131, 133, 478–80n15; archetypal dialectic in, 492–93n10; Augustinian view of, 143, 146–48; Bacon's view of, 273; Christian view of, 92; divinization of, 94–97, 101, 102, 104, 105, 113, 122, 127–28, 158, 165, 169; evolution and, 327, 330; Greek view of, 26, 104, 472n5; Hegel on, 381, 382; Hugh of Saint-Victor on, 482n2; Humanism and, 209, 214; Judaic, 136, 137; mystical vision of, 198; Renaissance view of, 231; Romantic view of, 369; of science, 360–61; Scientific Revolution and, 253–54; secular view of, 321–22
History of the Decline and Fall of the Roman Empire (Gibbon), 90, 457
Hitler, Adolf (1889–1945), 463
Hobbes, Thomas (1588–1679), 266, 456
Holbach, Baron d' (1723–1789), 284, 310, 313, 457
Hölderlin, Friedrich (1770–1843), 366, 457, 458
Holism, 357, 440
Holocaust, 389, 464
Holonomic universe, 443, 464
Holy Grail, 168
Holy Roman Empire, 227, 234, 235, 243, 256, 295
Holy Scripture, 92, 153, 166, 172, 188, 235–43, 252, 279, 281, 302, 304, 307, 316, 319. *See also* Bible
Holy See, 177
Holy Spirit, 103, 110, 111, 120, 126, 131, 155–57, 242, 322, 478n15, 480n16; Aquinas on, 188; body as temple of, 142; in Humanism, 216; Protestantism and, 236, 239
Homer, 3, 17–19, 38, 42, 51, 71, 78, 152, 166, 209, 371, 446, 470–71n2, 476n11
Hooke, Robert (1635–1703), 268, 456
Horace (65–8 B.C.), 74, 87, 209, 449
Hortensius (Cicero), 143
Hugh of Saint-Victor (1096–1141), 175, 452, 482n2
Hugo, Victor (1802–1885), 366, 373, 459–60
Human genius, cult of, 219
Humanism, 2, 69, 208–19, 221, 227–29, 232, 234, 276, 304, 320; attempted synthesis of

583

science and, 378 – 88; classicism and, 297; in education, 246 –47; in Greek tragedies, 18, 19; in Hellenistic era, 78; liberal, 321; physics and, 357; Romanticism and, 366, 373; Scientific Revolution and, 249, 263, 265, 291, 293; secular, 25, 26, 30, 38, 286, 294, 307

Humanitas (Roman system of education), 87

Hume, David (1711 – 1776), 284, 302, 308 – 9, 319, 336 – 42, 345 –46, 350, 351, 353, 360 – 61, 365, 371, 390, 397, 417, 423, 436, 441, 457 –58, 486n4

Hundred Years' War, 225, 232, 452

Huns, 451

Hus, Jan (c. 1369 –1415), 199, 453

Husserl, Edmund (1859 – 1938), 374, 461

Hutton, James (1726 – 1797), 330, 458

Huxley, Aldous (1894 –1963), 465

Huxley, T. H. (1825 – 1895), 306, 310, 460, 465

Huygens, Christiaan (1629 – 1695), 268, 456

Hypatia (c. 370 –415), 451, 475n9

Ibsen, Henrik (1828 –1906), 461

Id, 328, 329, 422, 424

Idealism: of Aristotle, 65; of Berkeley, 337; German, 351 – 52, 379, 381; history in, 384; in legacy of Greek thought, 70, 71; Neoplatonism and, 86; of Plato, 55 – 57, 65, 66, 293; post-Enlightenment, 371; Renaissance, 291; Romantic, 243, 372, 375

Ideas: Aquinas on, 182, 184 – 87; Aristotle on, 56 – 57, 66; Augustine on, 106 – 7; Berkeley on, 335 – 36; in Christianity, 106 –8, 111, 207; gods and, 13 – 15; Hume on, 337 – 40; Locke on, 333 –335; mathematical, 50; Neoplatonic, 85, 86, 107; Ockham on, 203; Philo on, 475n4; Platonic, 6 –12, 37, 39, 41 – 45, 53 – 57, 60, 61, 102, 182, 184, 219, 289, 293, 340, 491n7. See also Forms

Iliad (Homer), 16, 446, 470 –71n2

Imagination, 215, 217, 413, 414, 434 –35; in postmodern mind, 405 – 6; in Romanticism, 369, 373, 378

Immortality in mystery religions, 43

Impetus theory, 201, 264, 267, 483 – 84n7

Implicate order, theory of, 405

Index of forbidden books, 254

India, Alexander the Great in, 73

Individualism, 283, 388; Christian depreciation of, 116, 167; and decline of Greek social order, 73, 75; in Reformation, 234, 238 – 39, 243, 244, 246; in Renaissance, 226 – 28, 233; in Romanticism, 372, secular, 321, 403; of Sophists, 28

Individuation, Scotus's principle of, 202

Induction, 60, 273, 280, 339, 359

Indulgences, sale of, 233 –35

Industrial Revolution, 311, 319

Inertia, 264, 265, 267 – 68, 270, 271, 288, 299, 483 –84n7

Inquisition, 225, 246, 253, 254, 260 –61, 300, 454, 455

Interpretation of Dreams, The (Freud), 432, 461

Ionian philosophers, 19 – 21, 23, 38, 50, 62, 64, 66

Irenaeus (c. 120/140 –c. 203), 128, 148, 450

Irrationalism, 383

Isaac, 94

Isaiah (*fl. c.* 740 B. C.), 136, 446

Isis, 110

Islam, 90, 171, 173, 175, 451, 481n19

Israelites. See Judaism

Italy: in Middle Ages, 196; Renaissance, 225, 227 –28, 232, 246, 248, 260, 272

Jacob, 94

索　引

James, Henry (1843 – 1916), 374 – 75, 461
James, William (1842 – 1910), 374, 383, 407, 461 – 62
James the Apostle (*fl.* 1st cent.), 98
Jansen, Cornelis (1585 – 1638), 456
Jansenism, 302, 456
Janus, 111
Jarry, Alfred (1873 – 1907), 461
Jaspers, Karl (1883 – 1969), 463
Jay, John (1745 – 1829), 458
Jeans, James (1887 – 1946), 356
Jefferson, Thomas (1743 – 1826), 457
Jeremiah (*fl. c.* 628 – 586 B. C.), 446
Jerome (*c.* 347 – *c.* 420), 451
Jerusalem, 99
Jesuits (Society of Jesus), 246 – 47, 259, 276, 454
Jesus of Nazareth (*c.* 6 B. C. – A. D. *c.* 30), 89, 91 – 92, 101, 156, 206, 395, 449, 474n2, 478n15; historical investigations into life of, 304; the Law and, 150; Mary and, 162 – 63; ministry of, 95 – 96; Paul and, 98, 99. *See also* Christ
Jews. *See* Judaism
Joachim of Fiore (*c.* 1130 – *c.* 1201), 198, 452
Joan of Arc (*c.* 1412 – 1431), 453
John, Gospel according to, 101, 121, 123, 125, 131, 132, 137, 141, 148, 149, 163, 449, 478
John the Baptist (*d.* A. D. 28 – 30), 96, 156, 478n15
John of the Cross (1542 – 1591), 229, 246, 455, 480n16
John Scotus Erigena (*c.* 810 – *c.* 877), 211, 451
Johnson, Samuel (1709 – 1784), 457
Joseph (husband of Mary), 161
Joyce, James (1882 – 1941), 373, 462 – 63
Judaeo-Christian tradition, 97, 102, 106, 107, 109, 138, 140, 152, 316, 442; Enlightenment and, 310; evolutionary theory and, 304; history in, 214; Humanism and, 216 – 18; and modern world view, 285, 288 – 90; ontology in, 298; perinatal sequence and, 430; in Protestantism, 238; psychoanalysis and, 317; Romanticism and, 371; secularism and, 305, 306, 321
Judaism, 94 – 95, 111, 118, 125, 132, 134, 163, 315, 318, 322, 441, 474n3, 481n19; alienation of man from God in, 121, 123, 124; astrology and, 114; Augustine and, 143; collective spirituality in, 147; dualism in, 136 – 37; and emergence of Christianity, 89, 91, 92, 95 – 102, 104, 109, 148, 151 – 54, 158, 165; Hellenic influences on, 106; Law in, 99, 104, 107, 123, 137, 148 – 51, 155; matter and spirit in, 138, 139, 141; in postmodern era, 403; Renaissance and, 229
Judea, 89
Julian the Apostate (*c.* 331 – 363), 450, 474n3
Julius Caesar (*c.* 102 – 44 B. C.), 87, 448 – 49
Julius II, Pope (1443 – 1513), 228
Jung, Carl Gustav (1875 – 1961), 384 – 86, 405, 412, 423 – 25, 428, 432, 443, 462 – 65, 480n15, 491n7
Jupiter, 52, 194, 250, 258, 488n12
Justice, universal concept of, 7
Justification, doctrine of, 158, 235, 236, 243, 245, 476n12, 477n14
Justinian (483 – 565), 451, 475n9
Justin Martyr (*c.* 100 – *c.* 165), 102 – 3, 152, 450

Kaballah, 213
Kafka, Franz (1883 – 1924), 373, 394, 432, 462
Kant, Immanuel (1724 – 1804), 243, 284, 287, 311, 319, 340 – 54, 439, 441, 444, 458, 486nn4, 5, 489n1; epistemology of, 341 – 51, 359, 397, 419, 422 – 24, 433 – 36; on God, 308, 349 – 50; Goethe and, 378; Hegel and,

585

379, 380; Jung and, 386, 387, 423; morality and, 302, 309, 349, 350; Popper and, 360, 423; positivism of, 371, and post-Copernican double bind, 416 – 19, 421, 422

Keats, John (1795 – 1821), 459

Keller, Evelyn Fox (1936 –), 405, 467, 472n7, 487n8

Kepler, Johannes (1571 – 1630), 48, 218, 230, 255 – 59, 261 – 65, 268 – 70, 292, 294 – 95, 300, 342, 416, 439, 455, 485n1, 487n10

Keynes, John Maynard (1883 – 1946), 464

Kierkegaard, Søren (1813 – 1855), 368, 383, 459

Kinesis (process of moving), 63

King, Martin Luther, Jr. (1929 – 1968), 465

Kingdom of Heaven, 121, 122, 131, 142, 149, 161, 164, 169, 322, 478 – 79n15

King James Bible, 244

Klein, Melanie (1882 – 1960), 428, 463

Knowledge: sociology of, 418; theory of, *see* Epistemology

Kosmos, 46 – 47, 82

Koyré, Alexandre (1892 – 1964), 489n4

Kristeva, Julia (1941 –), 466

Kronos, 14, 110

Kubrin, David, 487n8

Kuhn, Thomas (1922 –), 351, 360 – 61, 397, 418, 436 – 38, 465, 473n8, 484n7, 485n1, 489n4

Lacan, Jacques (1901 – 1981), 466

Laing, Ronald D. (1927 – 1989), 428, 466

Lakatos, Imre (1922 – 1974), 466

Lamarck, Jean-Baptiste de Monet, chevalier de (1744 – 1829), 330, 459, 486n5

La Mettrie, Julien Offroy de (1709 – 1751), 284, 310, 332, 457, 486n5

Language: Aquinas on, 181; Aristotle on, 55, 60; masculine bias in, 407 – 8, 441, 468 – 69, 491 – 92n9; nationalism and, 244; participatory epistemology and, 435; postmodern view of, 398 – 99, 401, 419. *See also* Linguistic analysis

Laplace, Pierre-Simon (1749 – 1827), 367, 458, 488n12

Last Judgment, 137, 148

Last Supper (Leonardo), 230

Latin language, 87, 88, 244, 297; in Christian liturgy and scholarship, 169, 172

Lavoisier, Antoine-Laurent (1743 – 1794), 367, 458

Law: Christian, 118, 124, 148 – 51, 158; Judaic, 99, 104, 107, 123, 137, 148 – 51, 155; medieval, 173; Roman, 74, 87, 99, 158

Lawrence, D. H. (1885 – 1930), 373, 462

Laws (Plato), 13 – 14, 52, 473nn9, 1, 475n8

Leary, Timothy (1920 –), 465

Leeuwenhoek, Antony van (1632 – 1723), 456

Leibniz, Gottfried Wilhelm (1646 – 1716), 284, 334, 341 – 42, 345, 456

Lemaître, Georges (1894 – 1966), 463

Leo X, Pope (1475 – 1521), 233, 235

Leonardo da Vinci (1452 – 1519), 224, 230, 232, 453

Lessing, Gotthold Ephraim (1729 – 1781), 458

Leucippus (*fl.* 5th cent. B. C.), 21, 23, 262, 293

Lévi-Strauss, Claude (1908 –), 351, 465

Liberal arts, 175, 451

Liberalism, 318; Counter-Reformation and, 253; humanist, 321; humanitarian, 307; Protestantism and, 244, 245; secularism and, 314

Liberation theology, 403

Light: archetypal, 42; of Christ, 103, 109; versus darkness, 131; divine, 186, 204; in Humanism,

213; of reason, 187, 299; and truth, in Platonism, 42
Lilly, William (1602 – 1681), 456, 486n8
Lincoln, Abraham (1809 – 1865), 460
Linguistic analysis, 353, 354, 383, 398 – 99, 418, 489n4; feminist, 407 – 8
Linnaeus, Carolus (1707 – 1778), 457
Literature: classical, 209, 297; humanist, 210; Renaissance, 244; Romantic, 373 – 74; twentieth-century, 390
Livy (59 B.C. – A.D. 17), 87, 209, 449
Locke, John (1632 – 1704), 284, 302, 309, 312, 319, 333 – 37, 339 – 40, 345, 353, 371, 375, 387, 417, 423, 441, 456, 486n4
Logic, 40; Aristotelian, 55 – 57, 60, 62, 67, 177, 263; in Christianity, 115, 177; deductive, 338; medieval, 176, 208; of Ockham, 203, 205 – 7; Parmenidean, 20, 27; Platonic, 42, 54; of Skeptics, 77; of Socrates, 32, 36; of Sophists, 29. *See also* Induction
Logical positivism, 354, 383
Logos: Christian, 99, 101 – 8, 112, 113, 120, 124, 126, 127, 129, 132, 138 – 39, 152, 153, 156, 163, 167, 185, 299, 476n10, 480n16; of Heraclitus, 45 – 47; Humanist, 213; of Philo, 101, 474 – 75n4; Romans and, 87; of Stoics, 76, 77
Lorenz, Edward, 405, 465
Love: Christian, 117, 141, 150, 156, 169, 189, 197; is God, 470n1; of God, 144; in Judaism, 137; primary force of, 21; romantic, 173, 211; Rousseau on, 313. *See also* Eros
Lovejoy, Arthur O. (1873 – 1962), 464, 489n4
Lovelock, James E. (1919 –), 405, 466
Low Countries, lay mysticism in, 198

Loyola, Ignatius of (1491 – 1556), 229, 454
Lucifer, 111
Lucretius (99 – 55 B.C.), 265, 297, 449
Luke, Gospel according to, 121, 123, 131, 162, 163, 449
Luther, Martin (1483 – 1546), 229, 232 – 35, 237 – 40, 242 – 44, 252, 254, 261, 279, 302, 305, 311, 320, 350, 441, 453 – 54
Lyceum, 67, 448
Lyell, Charles (1797 – 1875), 330, 459, 486n5
Lyotard, Jean-François, 401, 467

Macedonia, 73, 75, 448
Mach, Ernst (1838 – 1916), 461
Machiavelli, Niccolò (1469 – 1527), 224, 229, 232, 330, 454
Madison, James (1751 – 1836), 458
Magellan, Ferdinand (c. 1480 – 1521), 232
Magna Graecia, 20
Magna Mater, 110
Magnetic compass, 225 – 27
Magnetism, 262, 295
Malthus, Thomas (1766 – 1834), 458
Manichaeism, 140, 143 – 45, 147, 166
Manilius, Marcus (*fl.* early 1st cent.), 449
Mann, Thomas (1875 – 1955), 373, 463
Marcus Aurelius (121 – 180), 76, 450
Marcuse, Herbert (1898 – 1979), 465
Marduk, 473n2
Mark, Gospel according to, 121, 123, 131, 162, 163, 449
Mars (god), 110
Mars (planet), 52, 194, 250, 256
Marsilius of Padua (c. 1280 – c. 1343), 199
Martyrdom, 115, 135, 142, 395
Marx, Karl (1818 – 1883), 310, 313 – 14, 319, 322, 329 – 30, 332, 351, 353, 355, 383, 401, 418, 441, 460
Marxism, 395
Mary, mother of Jesus, 110, 155, 162 – 64, 166, 169, 216, 230,

236, 480nn16, 17
Masculine: bias, 1, 407 – 8, 441, 468 – 69, 491 – 92n9; principle, 441 – 45, 492 – 93n10. See also Patriarchy
Maslow, Abraham (1908 – 1970), 428, 465
Mass society, 388, 390
Materialism, 352, 357, 381; of Anaxagoras, 45; of Aristotle, 57, 58; atheistic, 309 – 10, 313, 336; of atomists, 21 – 22, 38, 61; capitalism and, 314 – 15; Christianity and, 108 – 9, 138 – 43; determinist, 310; dialectical, 383; of Freud, 386; mechanistic, 266, 291, 293, 303; in Presocratic tradition, 71; scientific, 286
Mathematics: astrology and, 82, 83; astronomy and, 48, 50, 52 – 53, 64; Cartesian, 276, 278 – 80; Christianity and, 114; Greek, 4, 10 – 12, 23, 29, 40, 46, 54, 62, 64, 65, 69; of Hellenistic era, 79; Humanist, 213; Hume on, 338; Kant on, 342 – 44; Plato on, 10 – 12; Pythagorean theory of, 218; Scholasticism and, 200, 483 – 84n7; of Scientific Revolution, 230, 248 – 50, 254 – 58, 260 – 64, 266 – 71, 275, 291 –93, 295
Matthew, Gospel according to, 121, 123, 131, 150, 163, 449, 477
Maxwell, James Clerk (1831 – 1879), 460
McClintock, Barbara (1902 – 1984), 405
McDermott, John J. (1932 –   ), 490n1
McLuhan, Marshall (1911 – 1980), 465
Mechanics: Cartesian, 278, 279; of Galileo, 201, 263 –64; medieval, 201, 483 – 84n7; quantum, see Quantum theory; Renaissance, 230; of Scientific Revolution, 264, 266 –71
Mechanistic materialism, 266, 291, 293, 303

Medici, Cosimo de' (1389 – 1464), 213, 453
Medici, Lorenzo de' (the Magnificent) (1449 – 1492), 232, 453
Medicine: astrology and, 83; of Hellenistic era, 79, 450; Hippocrates and, 26, 448; medieval, 193; modern, 362, 363; Renaissance, 230
Medieval period. See Middle Ages
Melanchthon, Philip (1497 – 1560), 454
Melville, Herman (1819 – 1891), 368, 373, 460
Mendel, Gregor (1822 – 1884), 288, 460
Mendicant orders, 179
Merchant, Carolyn (1936 –   ), 407, 467, 487n8
Mercury, 52, 79, 194, 250
Merleau-Ponty, Maurice (1908 – 1961), 464
Merton, Thomas (1915 – 1968), 464
Mesopotamia, 23, 48, 82, 446
Messiah, 96, 125, 474n2
Metanarratives, 401, 402
Metaphysics, 69, 325; Bacon and, 275; Cartesian, 278, 279; Christianity and, 100, 102, 104, 106, 117 – 18, 140, 142, 165, 169, 177, 188; decline of, 351 – 54; existentialist, 406; Hegelian, 380 – 83; Heidegger's existential critique of, 353 – 54, 398; Humanist, 215; Hume's critique of, 338 – 39; idealist, 352; Kantian critique of, 345, 347; linguistic analysis and, 354; logical positivist critique of, 353 – 54; medieval, 207 – 8; modern, 332; and modern world view, 286, 289, 294, 297, 302, 305, 307, 309; mysticism and, 197; Neoplatonic, 86; Ockham on, 202 –5, 207; of Plato, 4, 66, 84, 293; postmodern, 402, 406, 410; rational, 341; Scholastic, 299; science and, 355; secularism and, 303, 307, 310, 319; Skeptics' rejection of, 77; of Socrates, 36;

588

Sophists and, 29; speculative, decline of, 383-84
Metaphysics (Aristotle), 176
Methodists, 302, 457
Meton (*fl. c.* 430 B.C.), 26
Meun, Jean de (*fl. c.* 1280), 173, 452
Michael the Archangel, 110
Michelangelo (1475-1564), 217, 224, 229, 232, 454
Michelson-Morley experiment, 355, 461
Middle Ages, 151, 159-60, 164, 165, 167-221, 231, 245, 251, 285, 298, 302, 319, 475*n*9; astronomy in, 193-96, 294; Augustinian legacy in, 143, 144; black plague in, 225; Humanism in, 208-19; Romanticism and, 372; Scholastic awakening in, 175-78; secular thought in, 191-93; theology of, 166-67
Milan, 227
Miletus, 19
Milky Way, 258
Mill, John Stuart (1806-1873), 310, 459-60
Miller, Jean Baker (1927-), 408
Millett, Kate (1934-), 466
Milton, John (1608-1674), 456, 485*n*3
Mind, 45, 65; Berkeley on, 335-36; biological, 289; Cartesian, 278; ecology of, 443; God as, 63, 104, 112; Hegelian view of, 379-80; Hume on, 337-38, 340, 341; Kant on, 342-48; Locke on, 333-34; in Neoplatonism, 85; postmodern, 395-410; primordial, 21; in Protestantism, 241; universal, 44-47, 351-52; universals as product of, 202, 203
Minimalism, 391
Minoan civilization, 16, 446
Mithra, 110
Moira (fate), 17
Molière, Jean Baptiste Poquelin (1622-1673), 456
Monarchies, Reformation and, 234, 244

Monasticism, 171-72, 175, 245, 298, 477*n*13
Monet, Claude (1840-1926), 460
Monism, 21
Monod, Jacques (1910-1976), 488*n*11
Monotheism: Christian, 107, 108, 111, 165, 185; Greek, 45, 111, 447, 470*n*1; Judaic, 94-97, 100, 104, 114; patriarchal, 162, 164; Protestant, 237
Montaigne, Michel de (1533-1592), 224, 229, 276, 455
Montanism, 153
Montesquieu, Baron de (1689-1755), 244, 457
Monteverdi, Claudio (1567-1643), 455
Moon, 51, 52, 64, 80-81, 194, 250, 258, 269, 466
Moore, G. E. (1873-1958), 383, 462
Morality: Christian, 151; Greek, 4; Kantian, 302, 309, 349, 350; Rousseau on, 313; Scientific Revolution and, 253; Victorian, 315, 317-18. *See also* Ethics
More, Thomas (1477-1535), 224, 229, 232, 454
Morphogenetic fields, 443
Morphology, 369
Mosaic Law. *See* Law, Judaic
Moses (*fl. c.* 13th cent. B.C.), 93-94, 104, 149, 237, 446
Moslems, 90, 160, 176, 318. *See also* Islam
Motion: in Aristotelianism, 62-63; Descartes's theory of, 267; Galileo's theory of, 264; Newton's laws of, 201, 270; in Scholasticism, 201, 483-84*n*7
Mozart, Wolfgang Amadeus (1756-1791), 458
Mumford, Lewis (1895-1990), 463
Museum of Alexandria, 79, 448, 475
Music, 175; mathematics and, 46; Pythagorean study of, 23, 46; religious, 303; Romantic, 373; of the spheres, 295
Mystery religions, 16, 23, 43, 66, 69,

78, 89; astrology and, 83; Christianity and, 100, 109 – 10, 476n12; Neoplatonism and, 84; perinatal sequence and, 430; and postmodern mind, 403; Romanticism and, 372

Mysticism: Christian, 152, 175, 183, 187 – 88, 379, 452, 478n14; Eastern, 14, 372, 403, 443; lay, 196 – 99, 211, 216, 220; mathematical, 257, 291, 295; Neoplatonic, 84, 86; of Plato, 43, 44; Romanticism and, 372, 373; of Rousseau, 313

Mythology: celestial realm in, 49, 65; Christianity and, 109, 111, 118, 194, 306; collective unconscious and, 385; contemporary interest in, 443; cosmology and, 50; Greek, 4, 5, 13 – 19, 23 – 26, 38, 69, 169 – 70, 442, 470 – 71n2, 472n5; Humanism and, 215 – 17; masculine-feminine polarity in, 442, 470 – 71n2; in modern world view, 296; pagan, 162, 166, 481n19; postmodern mind and, 403; psychological relevance of, 328; Renaissance interest in, 229, 296; Roman, 87; Romanticism and, 369; Sophist rejection of, 29

Naess, Arne (1912 –), 467
Nagasaki, 364, 464
Napoleon Bonaparte (1769 – 1821), 367, 457, 488n12
Nationalism: Jewish, 99; Reformation and, 234, 243 – 44; during Renaissance, 225, 226
National Institute of Mental Health, 425
Native American spiritual traditions, 403, 443
Naturalism, 70, 71, 352; of Aquinas, 180 – 85, 189; of Aristotle, 57 – 59, 61, 65 – 67, 191; astronomy and, 49, 50; of Greeks, 21 – 24, 38, 69; medieval, 176; and modern world view, 288 – 89, 291, 299, 308; of Scholastics, 201, 220; of Scientific Revolution, 249, 285, 292, 300; secularism and, 192, 193, 310; of Sophists, 27, 28

Natural law: Christian rejection of, 115; in Roman thought, 87
Natural rights, 289 – 90
Natural selection, 289, 304, 460. See also Evolution, theory of
Nature: Bacon on, 272 – 74; Cartesian view of, 267, 270; Christian view of, 138 – 41, 143, 165, 166; esoteric view of, 486 – 87n8; Goethe on, 378, 433; Great Mother Goddess and, 163; Humanist view of, 213 – 14; mathematization of, 264; medieval view of, 166, 173, 175; participatory view of, 434 – 35; patriarchal conception of, 407; postmodern relationship to, 404 – 5; Protestant view of, 241 – 42; in Romanticism, 366, 367, 369, 371, 376 – 77. See also Naturalism
Nature worship, 372
Naturphilosophie movement, 378
Navigation, 225 – 27
Necessity, 22, 29, 45
Needham, Joseph (1900 –), 465
Neolithic Europe, 403
Neopaganism, 372
Neoplatonism, 84 – 87, 104, 191, 385, 450, 451, 475n4; Aquinas and, 181, 183, 184, 189; archetypes in, 425; Christianity and, 102, 107, 111, 131 – 32, 140, 143 – 45, 147, 164; Humanism and, 213 – 15, 217 – 19; Protestantism and, 238, 241; Renaissance and, 230, 232; Romanticism and, 372; Scientific Revolution and, 249, 250, 253, 255, 262, 263, 266, 291, 292, 295 – 97
Neopythagoreanism, 140
Nero (37 – 68), 449
Neurophysiology, 332, 418
New Testament, 92, 97, 101, 118, 120, 123, 125, 129, 132, 141, 143, 149 – 50, 155 – 57, 162, 236, 304, 450, 454, 478n15

Newton, Isaac (1642 – 1727), 218, 284, 285, 296, 303, 304, 311, 312, 326, 367, 387, 437, 441, 456, 487*n*8, 488*n*12; God and, 300, 308, 438, 488*n*12; Goethe and, 378; gravity defined by, 269 – 70, 288, 295, 297; Hume and, 338; Kant and, 342, 346, 347, 349 – 51; Locke and, 333; methodology of, 280; physics of, 201, 270 – 71, 359, 417, 418, 423; Popper on, 436; Pythagorean-Platonic tradition and, 292, 293; religion and, 231, 301, 302; Scholasticism and, 299; twentieth-century science and, 355 – 58, 361 – 62

New World: accumulation of wealth from, 246; discovery of, 272. *See also* America

Nicaea, Council of, 450

Nicomachus of Gerasa (*fl. c.* 100), 449

Niebuhr, Reinhold (1892 – 1971), 464

Nietzsche, Friedrich (1844 – 1900), 310, 317, 322, 351, 367 – 68, 370 – 71, 384, 395 – 98, 401, 404, 407, 411 – 13, 418, 422 – 23, 430, 441, 460 – 61, 480*n*15, 490*n*10

Nihilism, 388 – 94; of Nietzsche, 395, 411

Noah, 94

Noailles, Duke of, 485*n*3

Nominalism, 187, 202, 206, 207, 216, 220, 240, 275, 293, 302, 384, 451, 452, 481*n*1

Nonlocality, Bell's theorem of, 405, 466

Nous (mind), 45, 47, 60, 63, 85, 103, 140, 186

Novalis (1772 – 1801), 368, 458

Nuclear weapons, 364

Oceanic feeling, 427

Ockham, William of (*c.* 1285 – 1349), 201 – 8, 213, 220, 237 – 38, 274, 302, 308, 339, 452, 484*n*8

Octavian. *See* Augustus

Ode to Nature (Goethe), 384

Odysseus, 18, 152, 166, 471*n*2

Odyssey (Homer), 16, 152, 446, 470 – 71*n*2

Oedipus complex, 328, 424, 425, 428

Old Stone Age, 331

Old Testament, 97, 118, 120, 124, 125, 132, 136, 141, 162, 480*nn*16, 17. *See also* Hebrew Bible

Olympic games, 26, 446

Omega point, 383

One, the, 84 – 86, 102 – 4, 107, 181, 184 – 85, 213, 427

Ontology, 40; of Aquinas, 182 – 83, 185, 220; of Aristotle, 56, 57; big bang and, 358; Cartesian, 417, 419; Christian, 120, 131, 132, 298; Judaic, 137; modern, 285, 296, 326; Neoplatonic, 85; of Ockham, 202, 203, 205; perinatal sequence and, 428, 431, 491*n*7; Platonic, 10, 13, 14, 57, 61; Romanticism and, 351, 375 – 76; secular, 306

Opposites, cosmic, 4, 46

Oration on the Dignity of Man (Pico della Mirandola), 124, 232

Oresme, Nicole d' (*c.* 1325 – 1382), 199, 207, 231, 216, 220, 264, 269, 484*n*7

Origen (*c.* 185 – *c.* 254), 102 – 3, 450, 476*n*10, 478*n*15

Original Sin, 126, 144 – 46, 165, 215, 290, 316

Orpheus, 14, 109 – 10

Orphism, 16, 23

Ortega y Gasset, José (1883 – 1955), 463

Orwell, George (1903 – 1950), 464

Osiander, Andreas (1498 – 1552), 252

Osiris, 110, 473*n*2

Otto, Rudolph (1869 – 1937), 462

Ouranos, 4, 110

Ovid (43 B.C. – A.D. 18), 87, 173, 449

Oxford University, 306, 452

Padua, 258
Pagels, Elaine (1943–), 408
Paideia (classical Greek system of education), 29, 43, 79, 87, 152, 175, 247
Palestine, 99
Palestrina, Giovanni Pierluigi da (c. 1525–1594), 454
Pan, 110
Pandora, 192
Pantheism, 372, 373
Papal States, 196, 477n13
Paracelsus (c. 1493–1541), 295, 454
Paraclete, 155
Paradigm: Kuhnian concept of, 360–61, 397, 437; postmodern, 401, 402; shifts of, 416, 438–39
Paris, University of, 175, 177, 178, 191, 452
Parmenides (b. c. 515 B.C.), 11, 20–22, 40, 58–59, 71, 265, 447
Parnassus (Raphael), 228, 454
Parousia, 128, 132, 153. See also Christ, Second Coming of
Parthenon, 25, 31, 447
Pascal, Blaise (1623–1662), 301, 303, 420, 456
Patriarchy, 441–42, 492–93n10; conception of nature in, 407; monotheism and, 162; of Roman Catholic Church, 164, 480n17
Paul the Apostle (d. c. 64–67), 89, 98–99, 101, 106, 115, 121, 125, 128, 130–32, 137, 142–43, 147–49, 151–53, 229, 441, 444, 449, 476n12; Letter to the Romans, 129, 139
Pavlov, Ivan Petrovich (1849–1936), 332, 463
Pax Romana, 87, 100, 160
Peirce, Charles Sanders (1839–1914), 398, 461
Pelagianism, 153
Peloponnesian War, 35, 447
Penelope, 471n2
Pentecost, 155
Pergamum, 79
Pericles (c. 495–429 B.C.), 25–26, 31, 447

Perinatal sequence, 426–31, 435, 438, 491n7
Perls, Fritz (1893–1970), 428, 466
Persephone, 110
Perseus, 110
Persia, 73
Persians, 25
Perspectivism, 397
Peter the Apostle (d. c. 62), 99, 157, 449, 477n14
Petrarch, Francesco (1304–1374), 209–13, 220, 224, 452–53
Phaedo (Plato), 11, 13
Phaedrus (Plato), 11, 14
Pharisees, 148, 149
Phenomenology, 353, 354, 374, 461
Phideas (c. 500–c. 432 B.C.), 25
Philebus (Plato), 14
Philip II of Macedon (382–336 B.C.), 448
Philo of Alexandria (c. 15 B.C.-after A.D. 40), 106, 449, 474n4
Philolaus (fl. c. 475 B.C.), 293
Philosophes, 284, 312, 313
Physics: Aristotelian, 80–82, 250, 260, 263, 267, 291; Galilean, 264; Hellenistic, 79; Ionian, 19–21, 23, 38, 50; medieval, 201, 483–84n7; Newtonian, 201, 270–71, 359, 417, 418, 423; nineteenth-century, 327; twentieth-century, 331–32, 351, 355–59, 361
Physics (Aristotle), 176
Piaget, Jean (1896–1980), 463
Picasso, Pablo (1881–1973), 391, 462
Pico della Mirandola (1463–1494), 212, 214–15, 217, 221, 224, 232, 407, 453
Pietism, 243, 300, 302, 350, 456
Piety, learned, 210
Pindar (c. 518–c. 438 B.C.), 26, 447
Pizarro, Francisco (1476–1507), 232
Planck, Max (1858–1947), 355, 461
Planetary motion, 48–53, 64–65, 79–81, 193, 292, 488n12; Aristotle on, 64–65; astrology and, 83, 84, 249, 296; Brahe

on, 485n1; Copernicus on, 248 – 50; Dante on, 194 – 96; Descartes on, 267 – 68; Eudoxus on, 64, 448; Kant on, 342; Kepler on, 256 – 57, 262, 264, 269, 455; Newton on, 270 – 71, 288; Plato on, 48, 51 – 53, 291 – 93, 473n1, 486n7; Ptolemy on, 80 – 81; in relativity theory, 356

Plato (c. 427 – 347 B.C.) and Platonism, 3 – 15, 31, 47, 69, 75, 78 – 79, 84, 173, 287, 425, 439, 441, 444, 447 – 48, 453, 470n1, 471n2, 472nn5, 7, 473n1, 475n8, 481n1, 482n5, 488n11; Aquinas and, 182 – 85, 187; Aristotle and, 55 – 62, 64 – 68; astrology and, 82 – 84; astronomy and, 48, 50 – 53; Augustine and, 102, 103, 106 – 7, 112, 176, 189, 211, 212; Bacon and, 273; Christianity and, 101 – 4, 106 – 8, 111, 117, 140, 143, 144, 151 – 53, 175; Dante and, 194; epistemology of, 4, 8, 10, 12, 41, 54; Forms of, 4, 6 – 12, 37, 41, 44, 45, 53, 57 – 59, 61 – 62, 65, 103, 104, 202, 203, 296; Hegel and, 380; Humanism and, 209 – 14, 216, 219, 221; idealism of, 55 – 57, 65, 66, 293; Ideas of, 6 – 12, 37, 39, 41 – 45, 53 – 57, 60, 61, 102, 182, 184, 219, 289, 293, 339, 491n7; Kepler and, 255, 257; and modern world view, 289, 291 – 96, 307; Ockham and, 205; postmodern mind and, 400, 403; Renaissance and, 229, 232; Scholasticism and, 200, 207, 208; Scientific Revolution and, 231, 249, 256, 257; Skepticism and, 77; Socrates and, 31, 35 – 40; Stoicism and, 76; synthesis of religion and rationalism in, 71. *See also* Neoplatonism

Pleasure, Epicurean emphasis on, 77
Plotinus (205 – 270), 3, 84 – 86, 103 – 4, 112, 117, 185, 211, 213, 450, 475n6
Pluralism, postmodern, 398, 402, 409
Pluralistic pragmatism, 383
Plutarch (c. 46 – 120), 450
Pluto, 473n2
Poe, Edgar Allen (1809 – 1849), 368, 460
Poland, 248, 251
Polanyi, Michael (1891 – 1976), 465
Polis, Greek, 19, 27, 29, 75, 77
Politics, 40; of Aristotle, 67; Church, 159, 167; of Hegel, 382; of Marx, 329; of mass societies, 388; medieval, 173, 196, 220; messianic, 99; in modern world view, 283 – 84; Plato on, 51, 52; postmodern, 402; Reformation and, 234, 244, 245; Renaissance, 227; revolutionary, 314; Roman, 74, 75, 87, 88; science and, 363, 364; of Scientific Revolution, 260; secularism and, 311 – 12, 321
Pollock, Jackson (1912 – 1956), 464
Polyclitus (*fl.* 450 – 420 B.C.), 25
Polytheism, 14, 94, 100, 110, 165, 470n1; in astrology, 114; in Humanism, 217
Pompey (106 – 48 B.C.), 449
Pontius Pilate (*d.* after A.D. 36), 91, 121
Pope, Alexander (1688 – 1744), 284, 300, 457
Popper, Karl (1902 –   ), 351, 360 – 61, 423, 436, 463, 465, 489n1
Porphyry (c. 234 – c. 305), 450, 481n1
Positivism: of Kant, 371; logical, 383
Postempiricist philosophy of science, 395
Postmodern mind, 392 – 410, 440, 489 – 90n6, 490n8; Hillman and, 425; Kant and, 418; participatory epistemology and, 435
Poststructuralism, 397
Potentiality: Aristotle on, 59, 62, 63; Hegel on, 381
Pound, Ezra (1885 – 1972), 392
Pragmatism, 243, 461; pluralistic, 383; of postmodern era, 395,

593

397; of Sophists, 27
Prague, 258
Predestination, 146; in Protestantism, 237, 245
Presocratic tradition, 5, 40, 45, 71; Christianity and, 108; Hegel on, 380; and modern world view, 291; postmodern mind and, 403
Prigogine, Ilya (1917–), 405, 467
Primavera (Botticelli), 232
Principia Mathematica Philosophiae Naturalis (Newton), 270, 303, 358, 456
Principles of Philosophy (Descartes), 311, 456
Printing press, 225–26, 260
Probability theory, 332
Proclus (c. 410–485), 451, 475n9
Progress, 281, 330, 393; capitalist preoccupation with, 315; Greek view of, 44, 472n4; postmodern view of, 400; Roman attitude toward, 88; Romantic attitude toward, 372; secular view of, 321–22
Projectile motion, theory of, 201, 483n7
Prometheus, 4, 14, 110, 215, 217, 240, 438, 441, 472n5, 492–93n10
Property in Roman law, 87
Protagoras (c. 490–421 B.C.), 27–28, 31
Protagoras (Plato), 14
Protestantism: capitalism and, 315; Humanism and, 218; postmodern mind and, 403; Scientific Revolution and, 252, 254, 260, 261; sectarian, 315; sexuality and, 318. *See also* Reformation
Protestant work ethic, 246
Proust, Marcel (1871–1922), 373, 462
Psychedelic: ontology, 375; selfexploration, 403; therapy, 425–30, 491n6
Psychoanalysis, 317, 328–29, 386, 395, 422–23, 425–28; feminist, 408; Romanticism and, 384

Psychology, 40; cognitive, 418; double bind in, 419–22; feminist, 408; of Hume, 339, 340, 342; mechanistic view of, 332; medieval versus classical, 168; modern, 317, 328–29, 353, 422–23; postmodern, 397, 405; of Renaissance, 227–28; Romantic influences in, 384–87; secularism and, 311, 316–17, 319–20; transpersonal, 443. *See also* Depth psychology
Ptolemy (*fl.* 127–151) and Ptolemaic thought, 79–84, 88, 176, 193–94, 226, 248–58, 261, 262, 291, 293, 439, 450, 473n1, 485n1
Ptolemy I (c. 366–c. 282 B.C.), 473n2
Puritanism, 245–46, 311
Pushkin, Aleksandr (1799–1837), 366, 459
Pyrrho of Elis (c. 360–c. 272 B.C.), 77, 293, 448
Pythagoras (c. 582–c. 507 B.C.) and Pythagoreanism, 3, 22–24, 46–47, 69, 78, 287, 291, 447; Aristotle and, 62; astrology and, 82; astronomy of, 50, 51, 79, 230, 487n9; Copernicus and, 249, 251; Galileo and, 263; Humanism and, 213, 218; Kepler and, 255, 257–58; Newton and, 270, 295; Plato and, 10–11, 40, 43–44, 66; Scientific Revolution and, 292, 296

Quakers, 302
Qualities, primary versus secondary, 335
Quantitative analysis, 263, 278–79
Quantum theory, 355–59, 418, 461, 463, 489n2
Quarks, 418, 466
Quine, Willard V. O. (1908–), 351, 364–65, 489n4
Quintilian (c. 35–c. 95), 449

Rabelais, François (c. 1490–1553), 373, 454
Racine, Jean (1639–1699), 456

Radioactivity, 355, 461
Rahner, Karl (1904-1984), 465
Rank, Otto (1884-1937), 428, 463
Ranke, Leopold von (1795-1886), 330, 461
Raphael (1483-1520), 68, 224, 228, 232, 454
Rationalism, 282, 366; 441; of Aquinas, 180, 188; Cartesian, 276, 280, 292, 333, 334, 342; Christianity and, 100, 113, 166; Deism and, 241, 308, 312, 313; Freud and, 328, 386; of Greeks, 14, 19, 21-23, 25-28, 38; of Hellenistic era, 78; Hume's critique of, 338; Kant and, 341, 342, 345, 347, 348; medieval, 176, 177, 218; and modern world view, 286, 287, 291, 299; Neoplatonism and, 84, 86; of Ockham, 201, 205; of Plato, 44; postmodern, 396; in Presocratic tradition, 71; of Renaissance, 231; Roman, 87; schism between Romanticism and, 375; of Scholastics, 205, 218, 220; secular, 192, 193, 303; synthesis of religion and, 69-70
Rattansi, P. M., 487n8
Realism: Medieval, 186, 481n1; in Renaissance art, 230; and Romanticism, 374
Reality: Aquinas's view of, 181-86, 189; Aristotelian view of, 55-57, 61; in atomism, 22; Cartesian, 277-78; Christian view of, 101, 114, 122, 127, 140, 147; classical Greek conception of, 69-70, 72; Hegelian concept of, 379, 382; idealist view of, 351-52; Kantian, 345, 347, 348, 418; medieval experience of, 169, 175; modern experience of, 170; modern view of, 285; in Neoplatonism, 84, 85; Ockham's view of, 202-4, 206, 208; Parmenides on, 20-21, 40; participatory view of, 434; Platonic view of, 6-10, 12, 37, 38, 39, 41-42, 54, 59, 66, 292, 293; postmodern view of, 395-400, 404, 406, 407, 409, 489n4; psychoanalytic view of, 422; psychological, 386; Pythagorean view of, 46; revolt against, 390; Romantic view of, 368-69, 374; Skeptics' view of, 77-78; Sophists on, 27-28
Reason, 69; allegiance of modern character to, 320; archetypal, 47; in Christianity, 112, 113; contradiction of faith and, 191, 192, 206-7, 220, 243, 254, 302; divine, 44-45, 50, 99; faith in, 279, 321; Jesus as personification of, 102; light of, 299; Luther on, 240-41; medieval attitudes toward, 166, 172, 176-78; Ockham on, 204, 206; pure, 338, 341, 344, 349, 350; Stoics on, 76; universal, 153; Weber on, 411
Reductionism, 331, 357, 388; of Freud, 424, 428
Reformation, 208, 223, 224, 233-47, 274, 282, 304, 306, 439, 454; Counter-Reformation and, 246-47; Humanism and, 218, 219; individualism in, 234, 238-39, 243, 244, 246; printing press and, 226; Romanticism and, 366, 372; Scientific Revolution and, 254, 260, 302; secularizing effects of, 240-46, 315; wars of religion resulting from, 311
Reich, Wilhelm (1897-1957), 428, 463
Relativism, 351, 412; epistemological, 390; postmodern, 398, 402; of Sophists, 27-30
Relativity theory, 355, 357, 359, 462
Religion: collective unconscious and, 385; depth psychology and, 387; feminist studies of, 408; of Goethe, 378; Greek, 16, 22-23, 26, 27, 43, 69-70, 78; Hegel on, 380-82; Kant and, 341, 349-50; liberal view of,

595

314; Marx's critique of, 313 – 14; and modern world view, 286, 298 –323; pagan, 163, 165, 166; perinatal sequence and, 430; in Platonism, 41; postmodern, 403 – 4, 407; psychological evaluation of, 317; Romanticism and, 372 – 73; Rousseau on, 312 – 13; science and, 53, 298 – 308, 355, 357; sociology of, 407; wars of, 247, 311. *See also specific religions*

Renaissance, 211, 224 – 32, 282 –85, 319, 322, 330, 439; astrology in, 82, 294 – 96; astronomy of, 80; capitalism during, 246; Christianity in, 91; Greek influence in, 68, 69; Humanism of, 217 – 19, 227 – 29, 232, 276, 293, 304; Jesuits and, 246; postmodern mind and, 403, 407; Reformation and, 233, 234, 238 – 40, 244; Romanticism and, 366, 372, 385; Scientific Revolution and, 248, 249, 251, 259, 265, 291

Representation, doctrine of, 335 – 37

Republic (Plato), 11, 14, 41 – 42, 219, 475n8

Resurrection, 96, 97, 101, 130, 131, 138, 150, 303, 430, 478 – 79n15, 481n18; of body, 142, 145, 476n10, 482n4; of mankind, 139

Revelation, 107, 112, 113, 117 – 18, 122, 126, 129, 133, 147, 165, 167, 191, 201, 242, 304, 307, 308, 315, 319; Aquinas on, 189; of Christ, 127, 138; Descartes on, 279; Hegel on, 381; Holy Spirit and, 155 – 57; medieval belief in, 179; Ockham on, 204 – 7; in Protestantism, 236, 237, 252; Renaissance and, 229; Romantic, 375; scientific, 243, 303

Rhea, 110

Rheticus (1514 – 1576), 251 – 52, 454

Rhetoric, 175; of Sophists, 29, 32

Rhineland, lay mysticism in, 197, 198, 216

Ricardo, David (1772 – 1823), 459

Richardson, Samuel (1689 – 1761), 457

Ricouer, Paul (1913 –), 466

Rilke, Rainer Maria (1875 – 1926), 375, 463

Rimbaud, Arthur (1854 – 1891), 461

Roman Catholic Church, 90, 107, 152, 167 – 69, 171, 188, 210, 282, 283; astrology condemned by, 114; Augustinian legacy in, 143, 146 – 48; authority of, 320; as bride of Christ, 164; conformity to doctrine of, 100, 153, 159, 166; contrary vision within, 120 – 21, 123 – 24; Counter-Reformation in, 238, 246 – 47, 302, 311, 315; doctrine of Holy Spirit of, 155 – 57; early, 92, 97, 99, 130, 139, 141, 172, 478 – 79n15; Enlightenment opposition to, 312; feudalism and, 173; Humanism and, 217 – 19; institutional, 118, 120, 124, 132 – 36, 156 – 61, 165; intellectual freedom curtailed by, 117; laws of, 150 – 51; masculine-feminine polarity in, 480 – 81n17; modern, 316; Ockham and, 206, 208; political power of, 312; in postmodern era, 403; Reformation and, 224, 233 – 47; during Renaissance, 225 – 29; Scholasticism and, 175 – 77, 200, 201; Scientific Revolution and, 249, 251 – 54, 259 – 61, 298, 301, 455; scriptural canon and, 92 – 93, 113, 114; secularization of, 196 – 99, 488n13; secular thought and, 192 – 93; sexual repressiveness of, 318; universalism of, 108, 321; Virgin Mary and, 162 – 64, 166, 480nn 16, 17

Roman de la Rose (Meun), 173, 452

Romans, 74, 75, 87 – 88, 171, 283, 448 – 51; Christianity and, 89 – 91, 97 – 101, 146; conquest of

索 引

Greeks by, 87; law of, 74, 87, 99, 158; science of, 114; Stoicism and, 76, 83
Romanticism, 243, 296, 313, 351, 366 – 94; attempted synthesis of science and, 378 – 88; and divided world view, 375 – 78; existentialism and, 389, 390; German, 366; participatory epistemology and, 436; of Plato, 41; postmodern mind and, 403, 407
Romantic love, 173, 211
Rorty, Richard (1931 –), 399, 405, 467, 490n7
Roscellinus (c. 1050 – c. 1125), 202
Rosicrucianism, 295
Roszak, Theodore (1933 –), 466
Rousseau, Jean-Jacques (1712 – 1778), 321 – 23, 350, 366 – 68, 376, 457
Royal Society of London, 270, 333, 456, 486 – 87n8
Royce, Josiah (1855 – 1916), 462
Ruether, Rosemary Radford (1936 –), 408, 467
Rufus, W. Carl, 486n6
Ruskin, John (1819 – 1900), 459
Russell, Bertrand (1872 – 1970), 353, 383, 462, 489n1, 490n2

Saint Peter's Basilica, 228, 233, 454
Saints, 110, 114; and sale of indulgences, 233, 235
Saint-Victor, Abbey of, 175
Salvation: Christian, 110, 113, 115 – 19, 123, 126, 131 – 35, 139, 146, 148, 150, 169, 476n12; in Judaism, 137, 149; Ockham on, 206; in Protestantism, 234, 235, 237, 238, 241; psychological, 387; Scientific Revolution and, 253; secularism and, 307, 319, 321 – 22
Sand, George (1804 – 1876), 367, 459
Santayana, George (1863 – 1952), 463
Sapir, Edward (1881 – 1939), 398
Sappho (*fl.* early 6th cent. B. C.), 447

Sarapis, 110, 473n2, 475n9
Sartre, Jean-Paul (1905 – 1980), 389, 464
Satan, 110 – 11, 122, 131, 141, 147, 166, 169, 193, 303
Saturn (god), 492 – 93n10
Saturn (planet), 52, 65, 83, 194, 250, 488n 12
Saussure, Ferdinand de (1857 – 1913), 351, 398, 462
Savonarola, Girolamo (1452 – 1498), 229
Schelling, Friedrich W. J. von (1775 – 1854), 351, 366, 369, 433
Schiller, Friedrich von (1759 – 1805), 366 – 67, 433, 458
Schlegel, August Wilhelm von (1767 – 1845), 366, 458
Schlegel, Friedrich von (1772 – 1829), 458
Schleiermacher, Friedrich D. E. (1768 – 1834), 458
Schoenberg, Arnold (1874 – 1951), 462
Scholasticism, 175 – 78, 198, 207, 208, 229, 253, 282, 290, 298 – 99, 321, 475n4; Aquinas and, 186, 188, 192, 211, 302; Aristotelianism and, 176 – 78, 194, 200 – 201, 209, 212, 269, 273, 275, 278, 291, 299, 483 – 84n7; Bacon and, 273 – 75, 280; Boethius and, 481n1; Copernicus and, 250; Descartes and, 267, 280; evangelical movements and, 482n3; Galileo and, 264; Humanism and, 209 – 13, 215, 216; Ideas in, 108; moving Earth in, 201, 484n7; naturalism in, 201, 220; Ockham and, 202, 203, 205; physics in, 201, 483 – 84n7; rationalism in, 205, 218, 220; Reformation as reaction against, 234, 236, 238, 240 – 41
School of Athens, The (Raphael), 68, 228, 454
Schopenhauer, Arthur (1788 – 1860), 368, 383, 423, 459
Schrödinger, Erwin (1887 – 1961), 463 – 64

597

Schumacher, Ernst (1911 – 1977), 467
Science, 48; alienating effect of, 326 – 27, 331 – 32; Aquinas and, 180, 189 – 90; Arabic, 193; Aristotle's influence on, 55, 57, 62, 67, 68, 76; astrology and, 83; attempted synthesis of humanism and, 378 – 88; Berkeley on, 336; Christianity and, 106, 114, 282 – 90, 298 – 323; classical vs. modern, 488n11; faith in, 282, 320; Greek, 19 – 29, 32, 36, 46 – 47, 48 – 54, 69, 78; Hellenistic, 79; history of, 360 – 61, 407; Humanism and, 218; Kant and, 341 – 44, 346 – 51; medieval, 172, 175 – 78, 180, 189 – 90, 191 – 96, 200 – 1, 205 – 8, 483 – 84n7; metaphysics and, 383; modern, crisis of, 355 – 65; and modern world view, 282 – 84, 286; negative consequences of, 362 – 65; Ockham and, 200 – 1, 205 – 7; of phenomenal, 339; philosophy of, 353, 360 – 61, 395, 404, 407, 436 – 40, 488n11; postmodern, 404 – 5; reductionist, 331, 357, 388; Reformation and, 241 – 43, 245; religion and, 53, 282 – 90, 298 – 323; Renaissance, 226, 229, 230 (see also Scientific Revolution); Roman, 88; Romanticism and, 377; Scholasticism and, see Science, medieval; secularism and, 192, 301 – 8, 311, 321; utilitarian value of, 311
Scientific Revolution, 48, 223, 224, 247 – 71, 282, 283, 285, 325, 326, 329, 366; Darwinism and, 288; Greek philosophy and, 69, 291 – 97; Humanism and, 218, 219; mathematization of physical world in, 230; philosophical revolution resulting from, 272 – 81; printing press and, 226; religious motivation in, 231; Scholasticism and, 178, 208, 218, 483 – 84n7; secularism and, 298 – 301, 308, 311, 319, 322
Scotism, 212
Scott, Walter (1771 – 1832), 459
Scripture. *See* Holy Scripture
Second Coming of Christ. *See* Christ
"Second Coming, The" (Yeats), 411, 462
Secular humanism, 25, 26, 30, 38, 286, 294, 307
Secularism, 366; Augustine's reaction against, 482 – 83n5; in Middle Ages, 191 – 93; postmodern mind and, 403; triumph of, 298 – 323
Semantics, 354
Semele, 110
Semiotics, 398, 418
Seneca (c. 3 B.C. – A.D. c. 65), 76
Sense perceptions: Aquinas on, 182, 185, 186, 242; Aristotle on, 59 – 61; Bacon on, 273 – 75; Berkeley on, 335; Descartes on, 276; Hume on, 336 – 37, 339 – 40; Kant on, 342, 343, 345, 346; Locke on, 309, 333 – 34; Ockham on, 204; Plato on, 6, 8, 107
Septuagint, 78, 106
Seventh Letter (Plato), 11, 42
Sextus Empiricus (*fl.* early 3rd cent. B.C.), 77, 276, 293, 297, 450
Sexuality: Christian view of, 138, 141, 144 – 45, 480n17; secularism and, 317 – 19
Shakespeare, William (1564 – 1616), 224, 455
Shamanism, 372, 443
Shaw, George Bernard (1856 – 1950), 462
Sheldrake, Rupert (1942 –   ), 404, 432, 467
Shelley, Percy Bysshe (1792 – 1822), 366, 459
Sic et Non (Abelard), 177, 452
Sidereus Nuncius (*The Messenger of the Stars*) (Galileo), 259, 300, 455
Siger of Brabant (*c.* 1240 – *c.* 1284), 191, 452
Signs, 398
Simon, Richard (1638 – 1712), 456
Sin, 124, 135, 138, 151, 169; of Adam, 125, 126, 144, 150 (*see*

also Original Sin); in Judaism, 127; legalistic view of, 158; physical body and, 140, 142; in Protestantism, 235, 238; remission of punishment for, 233 – 34
Sinai, Mount, 217
Sistine Chapel, 228, 454
Skepticism, 69, 77 – 78, 276, 293, 294, 350, 448, 486n4; of Augustine, 112; of Descartes, 276 – 77; empiricism and, 334, 336; in French Enlightenment, 309 – 10, 313; of Hume, 309, 340, 347, 361, 365; of Kant, 359; of Nietzsche, 370; of Ockham, 204; of Pascal, 303; postmodern, 399, 490n8; Reformation and, 240; Renaissance and, 227; of Scholastics, 200; of Sophists, 30, 71
Skinner, B. F. (1904 – 1990), 332, 465
Slavery, 318, 400
Smith, Adam (1723 – 1790), 284, 457
Smith, Huston (1919 –), 489n3
Smith, Logan Pearsall (1865 – 1946), 488n14
Snow, C. P. (1905 – 1980), 465
Socialism, 314, 318
Sociobiology, 332
Sociology, 397; of knowledge, 418; of religion, 407
Socrates (469 – 399 B.C.), 3, 24, 31 – 40, 45, 71, 91, 167, 216, 273, 293, 421, 441, 444, 447 – 48, 472n6; Aristotle and, 57, 60, 62, 67; Christianity and, 101, 103, 140; death of, 43, 168, 395; ethics of, 7; Humanist reverence for, 213; in Platonic dialogues, 13, 14, 32, 36 – 40, 43; Stoicism and, 76
Sol, 110
Solomon (*fl.* mid 10th cent. B.C.), 446
Solon (*c.* 630 – 560 B.C.), 446
Sophia, 480n16

Sophianic Judaeo-Christian theology, 443
Sophist (Plato), 12
Sophists, 14, 26 – 36, 38, 43, 294
Sophocles (496 – 406 B.C.), 3, 18 – 19, 26, 71, 447
Soul: in atomism, 23; Augustine on, 144, 147; Aquinas on, 182, 185 – 87, 482n4; Aristotle on, 60 – 61, 191, 482n4; in Christianity, 101 – 3, 107, 113, 116, 120 – 21, 126, 127, 133, 134, 138 – 40, 142, 151; classical Greek conception of, 70; Descartes on, 278; Enlightenment view of, 310; in Epicureanism, 77; in Humanism, 214; in Judaism, 139; lay mysticism and, 198; in Neoplatonism, 84 – 86; Paul on, 149; Plato on, 14, 41 – 43, 52, 54, 66; preordained fate of, 166; in Protestantism, 235; Pythagoreans on, 23, 46; in Romanticism, 367, 368; Rousseau on, 313; secularism and, 321; Socrates on, 33, 38
Space: breakdown of category of, 377; continuum of time and, 356, 358; curved, 358; notion of, 338, 343 – 44
Spain, Renaissance, 232
Spencer, Herbert (1820 – 1903), 310
Spengler, Oswald (1880 – 1936), 383, 462
Spenser, Edmund (*c.* 1552 – 1599), 455
Spinoza, Benedict de (1632 – 1677), 284, 334, 342, 456
Spretnak, Charlene, 470n2
Staël, Germaine de (1766 – 1817), 366, 459
Stanza della Segnatura, 228
Stein, Gertrude (1874 – 1946), 409
Steiner, Rudolf (1861 – 1925), 407, 433 – 34, 461 – 62
Stendhal (1783 – 1842), 373, 459
Sterne, Laurence (1713 – 1768), 457
Stevens, Wallace (1879 – 1955), 463
Stoicism, 47, 75 – 78, 99, 117, 140, 318, 448; astrology and, 83;

Christianity and, 151–52
Strabo (*c*. 63–after *c*. 23 B.C.), 79, 449
Strauss, David Friedrich (1808–1874), 459
Stravinsky, Igor (1882–1971), 462
Strife, primary force of, 21
Subatomic phenomena, 356–58
Sukenick, Ronald (1932–), 489*n*6
Summae, 175, 190, 201, 220, 452
Summa Theologica (Aquinas), 193, 201, 220, 299, 452
Sun, 42, 51, 52, 64, 80–81, 194; Apollo as god of, 110; as center of universe, *see* Heliocentric universe; of divine Logos, 113; Kepler on, 255, 256; light of, 213; in Neoplatonism, 250, 291, 292, 295; observations of, 258; revolution of planets around, 79–80; sacralization of, 218–19
Superego, 328, 424
Superman, Nietzschean, 322
Suso, Heinrich (*c*. 1295–1366), 197
Suzuki, D. T. (1870–1966), 462
Swedenborg, Emanuel (1688–1772), 457
Swedenborgianism, 372
Swift, Jonathan (1667–1745), 457
Syllogism, 60, 212, 273
Symbol formation, 396, 406
Symposium (Plato), 11, 13, 41–42, 216, 473*n*7
Synchronicities, 385, 425
Syncretism, 214, 216, 219, 233, 297; postmodern mind and, 403; Romantic, 372

Tacitus (*c*. 55–*c*. 117), 449
Taliaferro, R. Catesby, 473*n*1
Tauler, Johann (*c*. 1300–1361), 197
Technology, 388; medieval, 173, 220; philosophy and, 281; postmodern mind and, 404; Renaissance, 225–27; science and, 355, 357, 362–64, 377; secularism and, 321, 322
Teilhard de Chardin, Pierre (1881–1955), 383, 465, 480*n*15

Teleology; 45, 306; Aristotelian, 45, 58, 59, 62, 67, 181, 184, 274, 278, 289; Hegelian, 381; Neoplatonic, 86; and participatory epistemology, 435; psychology and, 385,491*n*7; secular, 321
Telescope, 358–59, 366, 439, 455
Telos, 61, 443
Teresa of Avila (1515–1582), 229, 246, 455
Terrestrial dynamics, 263, 268, 483–84*n*7
Tertullian (*c*. 160–*c*. 230), 153
Tetzel, 233
Thales (*c*. 636–*c*. 546 B.C.), 19–20, 23, 27, 51, 62, 71, 108, 446, 471*n*3
Theaetetus (Plato), 12
Theodoric (454–526), 481*n*1
Theodosius (*c*. 346–395), 451
Theogony (Hesiod), 17, 446
Theologica Platonica (Ficino), 214, 232
Theology: of Aquinas, 179–82, 187–90; archetypes in, 107; Aristotle's influence on, 55; astrology and, 193, 196; Augustinian, 144, 145; dualism in, 121, 141; existentialism and, 389; faith as basis of, 113; Greek influences on, 101, 102, 105, 140, 152; Hegel and, 381; Holy Spirit in, 157; Johannine, 131; liberation, 403; medieval, 166–67, 172, 173, 176–78, 185; modern, 316; natural, 274; Ockham on, 204, 206; of Paul, 89, 101, 143; philosophy and, 309; pre-Christian, 216; Protestant, 233, 235–37, 240–43, 304; puritanism and, 119; redemptive, 92; Renaissance, 228; revelation in, 100; Scholastic, 178, 236, 238, 241; science and, 298, 299, 301, 306, 327; Scientific Revolution and, 253, 254, 260; secular thought and, 191, 192; Sophianic, 443; speculative, 275; Virgin Mary in, 163, 166
Theophilus (*fl. c*. 385–403), 475*n*9

索 引

Theosophy, 372
Thermodynamics, second law of, 327, 460
Thirty Years' War, 311, 455–56
Thoreau, Henry David (1817–1862), 366, 460
Thucydides (c. 460–c. 400 B.C.), 26, 447
Tillich, Paul (1886–1965), 464
Timaeus (Plato), 11, 14, 50, 173, 214
Time: breakdown of category of, 377; clock and relationship to, 225; continuum of space and, 356, 358; end of, 133; notion of, 338, 343–44; patterns of, 50
Tiresias, 109
Tocqueville, Alexis de (1805–1859), 459
Tolstoy, Leo (1828–1910), 313, 460–61
Totalitarianism, 389
Totalization, 401, 402
Tower of Babel, 94
Toynbee, Arnold J. (1889–1975), 383, 411, 463, 490n9
Tragedy, Greek, 18, 19, 24, 472n5
Transubstantiation, doctrine of, 236, 260
Treichler, Paula, 407
Trent, Council of, 238, 454
Trinity, 92, 108, 110, 118, 155; heresies and, 253
Triumph of the Church, The (Raphael), 228, 454
Truth: Aquinas on, 179–80, 185–88; archetype of, 41; Aristotle on, 61; in Christianity, 102, 103, 107, 111–15, 117–19, 152, 159, 166, 167, 172, 177, 191, 192, 304; Descartes on, 277; in education, 43; Enlightenment view of, 334; in Hegelian dialectic, 379, 380, 382; in Humanism, 215, 216; humanly accessible, 70, 71; mathematical, 342; Ockham on, 205, 206, 208; in participatory perspective, 435; postmodern view of, 396, 397, 399, 402, 409; in Protestantism, 238, 240, 242–43; of pure reason, 338; received, 400; in Romanticism, 367, 368, 370, 371, 375; scientific, 282, 283, 360, 362; self-evident, 281; Skeptics' view of, 77; Socratic pursuit of, 32–40; Sophist view of, 27–29
Tudors, 232
Turing, Alan (1912–1954), 464
Turks, 225; invasion of Constantinople by, 211
Twain, Mark (1835–1910), 461

Unamuno, Miguel de (1864–1936), 462
Uncertainty principle, 356, 463
Unconscious, 317, 328–29, 387, 405; collective, 385, 424; knowledge and, 422–33; Romanticism and, 384
Unity of cosmic opposites, 46
Universalism: Christian, 99, 100, 110, 118, 307; secular, 321
Universal mind, 44–47, 351–52
Universals: Aquinas on, 182, 185–87; Aristotle on, 56–57; in Greek mythology, 17, 18; medieval controversy about, 186–87, 481n1; Ockham on, 202–4, 207; in Platonism, 7–8 38; in postmodern mind, 405; Scotus on, 202–3; Socratic, 37, 39; Wittgenstein on, 405
Universal sympathy, doctrine of, 82, 83
Universitas, 173
Universities: medieval, 175–78, 191, 193, 200, 207, 213, 218, 220, 452; Renaissance, 225; Scientific Revolution and, 251, 260, 263, 291; twentieth-century philosophy in, 421
Unmoved Mover, 63, 65
Urban II, Pope (c. 1035–1099), 451
Urbanization, 362
Urbino, 227
Ussher, Archbishop James (1581–1656), 330

601

Utilitarianism, 314
Utopia, 322

Valerian (*fl. c.* 230−260), 450
Valla, Lorenzo (1407−1457), 330
Values: Christian, 146, 168, 318; Greek, 4, 7, 17, 31; Platonic, 44; postmodern, 400; Sophist skepticism toward, 30, 31
Van Gogh, Vincent (1853−1890), 461
Vasari, Giorgio (1511−1574), 454
Vatican, 228, 230, 239, 259
Venice, 227
Venus (goddess), 214
Venus (planet), 52, 79, 194, 250, 258
Vergerio, Pier Paolo, 453
Verrocchio, Andrea del (1435−1488), 232
Vesalius, Andreas (1514−1564), 454
Vico, Giambattista (1668−1744), 330, 369, 457
Victorian morality, 315, 317−18
Virgil (70−19 B.C.), 87, 209, 210, 432, 449
Virgin Mary, *see* Mary, mother of Jesus
Virgin of the Rocks, The (Leonardo), 230
Virtue, 7; Aristotle on, 67; Christian, 115, 163; Plato on, 42, 66; Socrates on, 34, 37; Stoic devotion to, 76, 77
Vlastos, Gregory (1907−   ), 473n7
Voltaire (1694−1778), 247, 270, 308, 312−13, 330, 334, 457
Voogd, Stephanie de, 408

Wagner, Richard (1813−1883), 460
Wallace, Alfred Russel (1823−1913), 460, 486n5
Wars of religion, 247, 311
Watson, James D. (1928−   ), 332, 465
Watson, John B. (1878−1958), 328, 462
Watts, Alan (1915−1973), 465
Wave-particle duality, 356, 357
Weber, Max (1864−1920), 351, 412, 418, 422, 462−63, 490n11

Wegener, Alfred (1880−1930), 462
Weltanschauung, 375, 377, 385, 402
Wesley, John (1703−1791), 457
White, Lynn, Jr. (1907−1987), 466
Whitehead, Alfred North (1861−1947), 383, 462, 463, 490n2
Whitman, Walt (1819−1892), 366, 460
Whorf, Benjamin Lee (1897−1941), 398
Whyte, Lancelot Law (1896−1972), 432
Wiener, Norbert (1894−1964), 464
Wilamowitz-Moellendorff, Ulrich von, (1848−1931), 470n1
Wilberforce, Bishop Samuel (1805−1873), 306, 460
Wilde, Oscar (1854−1900), 461
Will, Romantic notion of, 369−71
Wilson, Edward O. (1929−   ), 467
Winckelmann, Johann (1717−1768), 457
Winnicott, D. W. (1896−1971), 428
Wisdom books, 106
Wittgenstein, Ludwig (1889−1951), 351, 353, 383, 398−99, 418, 462, 465, 489n4
Wolfe, Susan J., 407
Wolff, Christian (1679−1754), 341
Wolfram von Eschenbach (*c.* 1170−*c.* 1220), 452
Wollstonecraft, Mary (1759−1797), 367, 458
Women: depreciation and oppression of, 30, 318, 400, 407−8; empowerment of, 442. *See also* Feminism, Gender
Woolf, Virginia (1882−1941), 284, 373, 463
Wordsworth, William (1770−1850), 366−67, 369, 376, 457−58
World Soul, 85, 102, 213, 442
W particles, 418
Wren, Christopher (1632−1723), 487n8
Wright, Orville (1871−1948), 462
Wright, Wilbur (1867−1912), 462
Wundt, Wilhelm (1832−1920), 461
Wycliffe, John (*c.* 1328−1384), 199, 453

602

索　引

Xenophanes (*c.* 560 – *c.* 478 B.C.), 24 – 25, 45, 447, 472*n*4
Xenophon (*c.* 430 – 355 B.C.), 31

Yahweh, 94, 125, 136, 137, 141, 473*n*2, 474*n*1, 480*nn*16, 17
Yeats, William Butler (1865 – 1939), 375, 411, 462, 463

Zarathustra, 413
Zealots, 99
Zeitgeist, 240, 402

Zeno of Citium (*c.* 335 – *c.* 263 B.C.), 75, 448
Zeno of Elea (*c.* 490 – *c.* 430 B.C.), 24
Zeus, 4, 13 – 17, 25, 109 – 10, 472*n*5, 473*n*2
Zoroastrianism, 111, 136, 141, 213
Z particles, 418
Zweig, George (1937 –   ), 466
Zwingli, Ulrich (1484 – 1531), 232, 237, 311

译 后 记

我与广勇先生的相识和合作始于《全球通史》。没有料到的是,《全球通史》出版后,竟一印再印,行销二十多年。于是,我对广勇先生的眼光大为佩服。因此,三年前,当广勇先生来电邀我翻译理查德·塔纳斯的《西方思想史》一书时,我虽还没见到此书,却一口答应下来了。因为我深信,广勇先生的选题不会错。

本书在西方获得了广泛的好评,著名学者约瑟夫·坎贝尔认为此书是一部气势磅礴的杰作,休斯顿·史密斯认为此书是他有生以来所见到的最佳的一卷本的西方思想史,等等,这里就不多说了。确实,就像《全球通史》一样,本书不仅具有非常强烈的现实感,而且充满了思想的激情,尤其是作者对纷繁复杂的西方观念的简洁明了而引人入胜的叙述,让人不忍释卷。举个小小的例子说吧,在国内哲学界某些学者看来,西方本体论哲学中的基本范畴 being 支配了西方人上下几千年思想,是我们了解西方哲学的关键所在,为此,他们曾围绕 being 这个范畴的理解和翻译问题讨论和争辩了好多年,而理查德·塔纳斯仅用两句话就归纳了 being 这个词的两种重要的不同含义:"……一方面人们可以在某事物存在的意义上说该事物'存在'[is],另一方面人们又可以在一种可断定的属性的意义上说某东西'是[is]热的'或者'是一个人'。"作者对西方思想史的考察是为了回答西方思想和文化走向何处的问题,西方的世界观为何崩溃,西方新的世界观怎样形成,作者的见解新意迭出,启人心智,这里恕不赘言,由读者自己去品读吧。

译后记

这里须说明的是,由于本人杂务缠身,此书的翻译断断续续,拖了很久,幸得到晏可佳先生和广勇先生的鼎力相助,才得以完成。本书的第一篇、第二篇、第三篇、第四篇为吴象婴所译,第五篇、第六篇、第七篇、大事年表为晏可佳先生、广勇先生所译。

这里,谨向中央党校政法部副主任、博导张恒山先生表示衷心的感谢,在本书的翻译过程中,他多次为我析疑解惑。

由于水平有限,译文难免有舛误之处,敬请读者批评指正。

吴象婴
2007 年 5 月 23 日于北京

图书在版编目(CIP)数据

西方思想史 / (美)理查德·塔纳斯
(Richard Tarnas)著；吴象婴，晏可佳，张广勇译 .—
上海：上海社会科学院出版社，2016
书名原文：The Passion of the Western Mind
ISBN 978-7-5520-1580-5

Ⅰ. ①西… Ⅱ. ①理… ②吴… ③晏… ④张… Ⅲ.
①思想史—西方国家 Ⅳ. ①B5

中国版本图书馆 CIP 数据核字(2016)第 234062 号

THE PASSION OF THE WESTERN MIND：
UNDERSTANDING THE IDEAS THAT HAVE SHAPED OUR WORLD VIEW
by RICHARD TARNAS
Copyright：© 1991 by RICHARD TARNAS
This edition arranged with BALLANTINE PUBLISHING, a division of RANDOM HOUSE
through Big Apple Agency, Inc., Labuan, Malaysia.
Simplified Chinese edition copyright：
2017 SHANGHAI ACADEMY OF SOCIAL SCIENCES PRESS
All rights reserved

上海市版权局著作权合同登记号图字：09-2014-788

西方思想史
The Passion of the Western Mind
Understanding the Ideas That Have Shaped Our World View

作　　者：[美] 理查德·塔纳斯 Richard Tarnas
译　　者：吴象婴　晏可佳　张广勇
责任编辑：王　勤
特邀编辑：郭道全
封面设计：主语设计
出版发行：上海社会科学院出版社
　　　　　上海顺昌路 622 号　邮编 200025
　　　　　电话总机 021-63315947　销售热线 021-53063735
　　　　　http://www.sassp.cn　E-mail：sassp@sassp.cn
照　　排：南京展望文化发展有限公司
印　　刷：上海市崇明县裕安印刷厂
开　　本：710 毫米×1010 毫米　1/16
印　　张：39.5
插　　页：2
字　　数：583 千
版　　次：2017 年 3 月第 1 版　2021 年 11 月第 4 次印刷

ISBN 978-7-5520-1580-5/B·135　　　定价：118.00 元

版权所有　翻印必究